Excel
在人力资源管理中的应用

凤凰高新教育 ◎ 编著

HR总监+Excel高手，
告诉你从"如何工作"到"如何有效率地工作"

北京大学出版社
PEKING UNIVERSITY PRESS

内 容 提 要

Excel 是微软公司推出的 Office 办公软件中最重要、最常用的电子表格软件。在现代企业的人力资源管理工作中，经常需要使用 Excel 来完成相关事项处理。

本书精心挑选了多个案例，讲解了 Excel 在人力资源管理工作中的实战操作与应用技巧。全书共分为 12 章，第 1~5 章主要讲解 HR 必知必会的 Excel 技能及应用经验，包括 HR 如何学习 Excel、HR 高效处理数据的技能、HR 制表的规范与原则、HR 掌握公式与函数的应用经验、HR 这样统计数据更直观等内容；第 6~12 章主要讲解了 Excel 在人力资源管理各个模块中的实操应用，包括人力资源规划管理，人员招聘、面试与录用管理，员工培训管理，绩效与评价管理，薪酬福利管理以及人事信息数据统计分析等内容。

本书既适合在公司中从事人力资源管理工作的人员学习，也适合作为大中专职业院校人力资源管理相关专业的学习用书，同时还可以作为人力资源技能培训教材。

图书在版编目(CIP)数据

Excel 在人力资源管理中的应用 / 凤凰高新教育编著. — 北京：北京大学出版社，2018.4
ISBN 978-7-301-29381-2

Ⅰ.①E… Ⅱ.①凤… Ⅲ.①表处理软件—应用—人力资源管理 Ⅳ.①F243-39

中国版本图书馆CIP数据核字(2018)第035621号

书　　　名	Excel在人力资源管理中的应用	
	EXCEL ZAI RENLI ZIYUAN GUANLI ZHONG DE YINGYONG	
著作责任者	凤凰高新教育　编著	
责 任 编 辑	吴晓月	
标 准 书 号	ISBN 978-7-301-29381-2	
出 版 发 行	北京大学出版社	
地　　　址	北京市海淀区成府路205号　100871	
网　　　址	http://www.pup.cn　　新浪微博：@北京大学出版社	
电 子 邮 箱	编辑部 pup7@pup.cn　　总编室 zpup@pup.cn	
电　　　话	邮购部 010-62752015　发行部 010-62750672　编辑部 010-62570390	
印 刷 者	河北博文科技印务有限公司	
经 销 者	新华书店	
	787毫米×1092毫米　16开本　25.5印张　590千字	
	2018年4月第1版　2025年8月第4次印刷	
印　　　数	6501-8000册	
定　　　价	69.00 元	

未经许可，不得以任何方式复制或抄袭本书之部分或全部内容。
版权所有，侵权必究
举报电话：010-62752024　电子信箱：fd@pup.cn
图书如有印装质量问题，请与出版部联系。电话：010-62756370

PREFACE 前言

公司领导要求做人力资源规划，HR如何科学设计？
企业要招聘人员，HR如何做好招聘工作，又如何做好面试安排？
新进员工、在职员工需要培训，HR如何做好培训规划与分析工作？
员工薪酬与绩效需要管理与统计，HR如何高效完成？
定期的人事信息数据需要分析与管理，HR如何准确统计？
来吧，用好Excel软件，学习完本书，就能助您轻松解决以上问题！

本书具有以下特色。

案例引导
本书不是一本软件学习书，而是一本以解决人力资源管理工作中的相关事务为出发点的专著。精选多个案例，借鉴性强，旨在提高人力资源从业者的工作效率。

实战经验
本书从人力资源管理工作实际出发，全面考虑工作中各项事务的数据统计、分析处理等要求，精心安排了相关案例来讲解。同时，还总结了42个"大神支招"，133个"温馨提示"和55个"教您一招"的内容，让读者快速掌握Excel高效处理人力资源管理工作中的技巧与经验，让从业人员在实际操作中不走弯路。

双目录索引
本书在内容安排及目录设计时，细心地考虑到读者学习和工作中的使用情况，为方便用户查询，设置了案例及软件知识功能索引。

双栏排版
本书在讲解中，采用N字型阅读的双栏排版方式进行编写，其图书信息容量是传统单栏图书的2倍，力争将内容讲全、讲透。

超值资源
本书赠送超值学习资源，里面包含了丰富的内容，无论是教学视频，还是赠送的其他资源，都能帮助读者学习到相关的技能，让读者在职场中快速提升自己的竞争力，真正做到"早做完，不加班，只加薪！"

赠送资源具体内容如下。
- 与书同步的素材文件和结果文件。
- 与书同步长达5小时的多媒体视频教程。
- 与书同步的PPT课件。
- "如何学好用好Excel""5分钟学会番茄工作法"视频教程。
- 200个Word办公模板、200个Excel办公模板、100个PPT办公模板。
- 高效办公电子书,包括"微信高手技巧随身查""QQ高手技巧随身查""手机办公10招就够"。

温馨提示: 以上资源,请扫描下方任意二维码关注公众账号,输入代码JY326459,获取下载地址及密码。

资源下载

官方微信公众账号

更多职场技能,也可以登录精英网(www.elite168.top)。

本书由"凤凰高新教育"策划编著,由从事人力资源管理工作多年的相关教师执笔编写,他们具有丰富的Excel职场应用经验和人力资源管理实战经验,对于他们的辛苦付出在此表示衷心的感谢!同时,由于计算机技术发展非常迅速,书中疏漏和不足之处在所难免,敬请广大读者及专家指正。若在学习过程中产生疑问或有任何建议,可以通过E-mail或QQ群与我们联系。

投稿信箱: pup7@pup.cn
读者信箱: 2751801073@qq.com
读者交流QQ群: 218192911(办公之家)、586527675(职场办公之家群2)

CONTENTS 目录

第1章　HR如何学好Excel

1.1 Excel对HR的重要性 2
　1.1.1　Excel在人力资源管理中究竟有什么用 2
　1.1.2　学好Excel要有积极的心态和正确的方法 3
　1.1.3　Excel版本那么多，应该如何选择 4

1.2 用好Excel的6个习惯 5
　1.2.1　打造适合自己的Excel工作环境 5
　1.2.2　计算机中Excel文件管理的好习惯 6
　1.2.3　管理保护好工作表、工作簿 6
　1.2.4　厘清计算机中的三大表格类型 8
　1.2.5　图表很直观，但使用图表要得当 9
　1.2.6　掌握数据透视表的正确应用方法 11

1.3 Excel六大"偷懒"技法 11
　1.3.1　如何快速导入已有数据 11
　1.3.2　合适的数字格式让你制表看表都轻松 14
　1.3.3　设置数据有效性有效规避数据输入错误 16
　1.3.4　将常用的表格做成模板 17
　1.3.5　数据处理不要小看辅助列的使用 17

大神支招

01：轻轻松松让行高列宽智能适应内容 19
02：导入数据序列 19
03：统一精确设置多表列宽 21

第2章　HR高效处理数据的技能

2.1 巧用快捷键 23
　2.1.1　常用快捷键 23

         2.1.2 高效快捷键……………………23
2.2 高效处理数据的实操技巧……………25
         2.2.1 快速填充相同或规律数据……25
         2.2.2 行列快速转置…………………26
         2.2.3 限制重复数据的输入…………28
         2.2.4 让数据单位自动生成…………30

         2.2.5 一键美化表格…………………31
         2.2.6 图形标识数据大小和状态……33
         2.2.7 数据一步排序…………………34
         2.2.8 项目数据快速筛选……………35
         2.2.9 图表智能创建…………………36
         2.2.10 报表智能创建…………………36

大神支招

01：如何按行对表格数据进行排序……………………………………………………38
02：如何对双行/多行标题的工作表进行筛选…………………………………………38
03：筛选出包含特定文字的记录………………………………………………………40
04：如何自动让多列数据合并为一列…………………………………………………41
05：打印指定数据区域…………………………………………………………………42

第3章　HR制表的规范与原则

3.1 表格结构要规范……………………44
         3.1.1 字段顺序合理安排…………44
         3.1.2 合计行不能随意出现………44
         3.1.3 表名简要统一………………45
         3.1.4 隔行隔列不能有……………46
         3.1.5 合并不能太随意……………47
3.2 人事表格内容的基本规范…………49

         3.2.1 同类名称要统一……………………49
         3.2.2 空格不能泛滥……………………49
         3.2.3 数据格式要规范…………………50
3.3 表格保护要规范…………………………52
         3.3.1 不设密码的保护等于
                  无保护………………………………52
         3.3.2 公用表格不保护……………………53
         3.3.3 单张表格特定保护…………………53

大神支招

01：善用最终状态标记………………………………………………………………………53
02：如何赋予指定人员修改权限……………………………………………………………54
03：养成自动备份的好习惯…………………………………………………………………56
04：适当缩短自动保存时间减少数据意外丢失……………………………………………57

第4章　HR掌握公式与函数的应用经验

- 4.1 如何轻松掌握公式与函数………59
  - 4.1.1 查看函数完整说明………59
  - 4.1.2 搜集学习Excel函数大量的案例………61
  - 4.1.3 结合练习和变化式练习………62
- 4.2 调用函数的方法………63
  - 4.2.1 在函数库中调用………63
  - 4.2.2 在对话框中调用………64
  - 4.2.3 在最近使用记录中调用………65
- 4.3 HR必会的八大函数………65
  - 4.3.1 求和函数（SUM）………66
  - 4.3.2 平均函数（AVERAGE）………66
  - 4.3.3 最大值函数（MAX）………67
  - 4.3.4 最小值函数（MIN）………68
  - 4.3.5 计数函数（COUNTIF）………68
  - 4.3.6 逻辑函数（IF）………70
  - 4.3.7 查找函数（VLOOKUP）………71
  - 4.3.8 匹配函数（INDEX）………73
- 4.4 调试公式与函数………76
  - 4.4.1 查看公式的求值过程………76
  - 4.4.2 公式错误检查………77
  - 4.4.3 追踪数据引用情况………78

大神支招

- 01：使用函数提示工具………79
- 02：突破函数层级限制，只需一个小动作………79
- 03：函数报错的几大项………80
- 04：巧省函数参数………80

第5章　HR这样统计分析数据更直观

- 5.1 活用图表的方法………82
  - 5.1.1 创建想要的图表………82
  - 5.1.2 更改图表类型………83
  - 5.1.3 次要坐标轴轻易添加………84
  - 5.1.4 数据标签让系列情况更直观………85
  - 5.1.5 趋势线让走势明了………86
  - 5.1.6 美化图表很必要………87
  - 5.1.7 图表布局很灵活………88
- 5.2 数据透视这样用………89
  - 5.2.1 手动创建透视表………89
  - 5.2.2 添加字段的方法………90
  - 5.2.3 报表布局随意设置………91
  - 5.2.4 报表样式直接用………92
  - 5.2.5 创建字段很简单………93
  - 5.2.6 创建数据透视图………95
  - 5.2.7 筛选数据透视图表………97

大神支招

01：图表初衷不能忘 ········· 100
02：透视字段的添加区域和顺序有考究 ········· 100
03：数据简析使用迷你图 ········· 101

第6章　人力资源规划管理

6.1 制作总体人力资源结构表 ········· 104
  6.1.1 利用重复项删除技能快速获取学历数据 ········· 105
  6.1.2 使用COUNTIF函数，快速统计出各个字段对应的人数 ········· 108
  6.1.3 使用公式函数计算总人数与总比列 ········· 111
  6.1.4 完善人力资源结构表格 ········· 113
  6.1.5 使用饼图展示人力资源结构 ········· 114

6.2 预测及优化人力资源配置需求 ········· 116
  6.2.1 预测人力资源效益走势情况 ········· 117
  6.2.2 预测员工潜力决定去留 ········· 120
  6.2.3 线性规划人力资源配置 ········· 129

6.3 预测人员流失高峰期，做好人员引进准备 ········· 135
  6.3.1 计算人员流失年份和期限 ········· 136
  6.3.2 统计近几年人员可能流失的数据 ········· 139
  6.3.3 半自动图表展示人员流失趋势 ········· 141
  6.3.4 完善数据区域 ········· 144

大神支招

01：插入电子表格方案 ········· 145
02：制作斜线表头 ········· 146
03：切换图表的行列显示方式 ········· 147

第7章　人员招聘

7.1 招聘流程图 ········· 149
  7.1.1 绘制招聘流程图 ········· 150
  7.1.2 美化招聘流程图 ········· 152

7.2 招聘之费用预算表 ········· 157
  7.2.1 创建招聘费用预算表 ········· 157
  7.2.2 美化招聘预算表 ········· 161

| 7.2.3 工作组中共享招聘预算表……164
| 7.3 **招聘面试通知书**……166
| 7.3.1 制作应聘人员信息简易表……167
| 7.3.2 使用Word制作面试通知书样板……168

7.3.3 利用邮件合并批量发送面试通知书……169

7.4 **招聘效果统计分析**……172
    7.4.1 招聘计划完成情况统计分析……173
    7.4.2 招聘周期和渠道统计分析……177

大神支招

01：快速选择表格中所有对象……183
02：局部区域放大，微调编辑形状更方便……184
03：查看共享工作簿中的编辑或修改情况……185

第8章　面试与录用管理

8.1 **制作员工面试登记表**……188
    8.1.1 创建员工面试登记表……189
    8.1.2 完善面试登记表……191
    8.1.3 设置面试登记表打印显示……193

8.2 **制作面试评估表**……193
    8.2.1 创建面试评估表……194

8.2.2 美化面试评估表……197
8.2.3 用控件制作评估项……198

8.3 **制作录用登记表**……201
    8.3.1 制作员工填写的录用登记表……203
    8.3.2 制作用人单位的录用登记表……210

大神支招

01：如何显示出【开发工具】选项卡……215
02：如何使用嵌入式的ActiveX控件……216
03：设置控件的默认选择状态……218
04：添加页脚……219

第9章　员工培训管理

9.1 **培训需求调查表**……223　　9.1.1 创建培训需求调查表……224

9.1.2 美化培训调查表……………225
9.1.3 打印培训需求调查表………228
9.2 培训流程一览表……………………231
9.2.1 利用SmartArt图形制作培训流程示意图……………231
9.2.2 手动更改SmartArt布局样式………………232
9.2.3 设置培训流程展示图外观样式……………234
9.2.4 插入艺术字和矩形形状完善流程示意图……………235
9.3 培训成绩统计分析表………………238
9.3.1 培训前后效果对比展示……239
9.3.2 培训效果提升展示…………243

大神支招

01：让心仪图片秒变SmartArt图形……………249
02：将表格变成网页文件……………249
03：让图表独占整张表格……………250

第10章 绩效评估与分析管理

10.1 员工业绩管理分析………………253
10.1.1 找出指定人员业绩数据……254
10.1.2 按周管理分析业绩数据……256
10.1.3 预测员工未来业绩…………259
10.2 创建员工工作态度评估表………262
10.2.1 创建和设置员工工作态度评估表……………263
10.2.2 设置评分范围和提醒………266
10.2.3 使用SUM和RANK.EQ函数自动获取总分和排序情况……267
10.2.4 设置允许编辑区域…………268
10.3 创建员工业绩评定表………………270
10.3.1 制作和设置表格格式………272
10.3.2 插入批注补充说明…………273
10.3.3 使用公式计算比重、单项得分和加权得分……………274
10.3.4 使用RANK.EQ和IF函数计算综合排名和所属等级………275
10.3.5 使用CHOOSE函数自动进行评估……………277
10.3.6 完善表格……………………278

大神支招

01：一次性全部显示表格中的批注……………279
02：高级筛选条件"或"………………280
03：快速突出显示低于平均值的数据项……………281

目 录

第11章 薪酬福利管理

- 11.1 制作员工工资条……283
  - 11.1.1 完善工资表数据……284
  - 11.1.2 制作内部人员工资条……292
  - 11.1.3 制作外部兼职人员工资条……294
  - 11.1.4 打印工资条……296
- 11.2 制作员工月度工资部门汇总表……298
  - 11.2.1 部门分类汇总统计……299
  - 11.2.2 高亮显示部门小计……303
  - 11.2.3 打印不同汇总结果……305
- 11.3 员工薪酬分析……307
  - 11.3.1 统计公司人员薪资状况数据……308
  - 11.3.2 分析公司人员薪资状况数据……315
  - 11.3.3 分析公司薪酬现状和竞争力……321
- 11.4 制作年度薪酬福利费用预算……324
  - 11.4.1 工资奖金数据预算……325
  - 11.4.2 保险福利预算……328

大神支招

- 01：快速切换到指定工作表中……331
- 02：如何消除右侧的分级显示窗格……331
- 03：自由分组归类……332
- 04：如何恢复通过排序制作的工资条数据……333

第12章 人事信息数据统计分析

- 12.1 制作人事信息数据表……335
  - 12.1.1 限制身份证号和员工编号重复……335
  - 12.1.2 为身份证号添加提示信息……336
  - 12.1.3 提供部门数据选项……337
  - 12.1.4 自动获取身份证中性别、出生日期数据信息……338
  - 12.1.5 使用YEAR和DAY函数计算员工年龄和退休日期……339
  - 12.1.6 完善并美化表格……341
- 12.2 在职人员数据统计分析……343
  - 12.2.1 统计部门人员数……344
  - 12.2.2 统计同一部门各学历人数……345
  - 12.2.3 员工学历情况分析……346
  - 12.2.4 统计不同年龄段员工信息……351
- 12.3 员工信息快速查询区……356

        12.3.1 设计查询区样式……………357
        12.3.2 插入图片进行装饰…………359
        12.3.3 设计查询区显示……………361
        12.3.4 锁定自动查询区域…………364
        12.3.5 对数据明细表格进行
               全方位保护………………366
        12.3.6 完善整个表格………………367
    12.4 人员流动情况分析………………368
        12.4.1 年度人员流动情况分析……369

        12.4.2 离职原因统计分析…………374
    12.5 制作人事月度报表………………377
        12.5.1 数据汇总……………………378
        12.5.2 插入单选按钮控件…………380
        12.5.3 定义单元格名称……………381
        12.5.4 创建动态图表………………382
        12.5.5 完善图表……………………385
        12.5.6 制作报表输出………………386

大神支招

    01：身份证中的升位计算…………………………………………………………………388
    02：动态图表名称…………………………………………………………………………389
    03：数据横向查找其实也很方便…………………………………………………………391

附录　索引………………………………………………………………………………393

第1章
HR如何学好Excel

本章导读

HR在工作中使用Excel，不仅可以快捷地收集职员的基本信息数据，还可以使用图表，让抽象的数据变成直观的信息，让人事存在的潜在问题和规律呈现出来；甚至可以使用透视表、分析工具库等功能进行多维度立体、交叉、智能地分析人力资源的整体结构状况及人力优化配置等深层次问题。本书的第1章，将会介绍一些如何学好、用好Excel的方法和经验。

知识要点

- ❖ Excel对HR的重要性
- ❖ 用好Excel的6个习惯
- ❖ Excel六大"偷懒"技法

1.1　Excel对HR的重要性

对于HR（Human Resources，人力资源从业者）而言，"人"是最重要的资源，所有工作都是围绕人开展的，为了更好地提升工作效率和能力，真正做到选好人、用好人，HR需要必备一些管理、汇总和分析数据的方式、方法，特别是在招聘管理、培训管理、绩效管理、薪酬待遇设计及人力规划等方面，如果用好Excel，将事半功倍。

Excel是办公自动化中首选的数据管理和分析软件，不仅因为其应用广泛、数据处理功能强大，同时也因为其操作具有简洁、易学易用的特点，而被大众喜爱和推崇。因此，HR学习并掌握Excel就成为其必备的能力。

1.1.1　Excel在人力资源管理中究竟有什么用

一些HR新手或是菜鸟会问：Excel作为电子表格软件，在人力资源中能用到吗？有什么用？

有这样疑惑的HR可能不在少数，笔者通过翻阅相应资料发现，Excel在人力资源中主要有如下两个方面的用途。

（1）数据处理：对相关数据进行汇总、管理和分析，如招聘和培训需求、出勤状况、人力规划等，得出科学合理的评估和结果，为后续工作提供数据支撑。下图是Excel在人力资源中较为常见的应用。

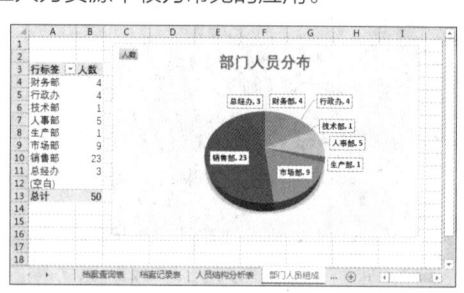

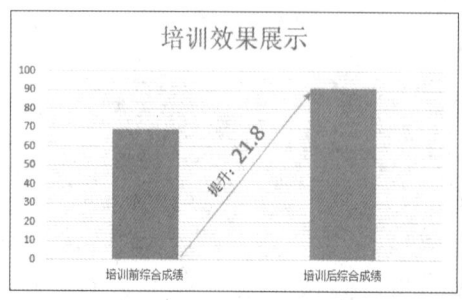

（2）适应时代的发展需求：大数据时代的到来，要求HR使用Excel对人力资源数据进行量化，打破传统的主观评估，更有效地做好人员的选、用、育、留。

此外学习并掌握Excel对HR自身而言，可更好地、更快地提高其个人职业能力，得到同事和领导的认可，提升机会更大。因为，不同的人力岗位层级要求掌握不同的Excel技能，如HR专员要求掌握Excel建表技能，对数据进行简单汇总分析。HR主管要求对数据表进行深入分析，发现问题并提出对应的解决方法。HR经理要求对数据进行模块化分析，发现数据潜在问题，提出对应的人力资源决策。

1.1.2 学好Excel要有积极的心态和正确的方法

要想快速学习掌握Excel，并将其应用于工作中，就必须掌握正确的学习方法。

下面为HR总结了一些经典的学习方法。

1. 学习需要循序渐进

学习Excel需要在自己现有水平的基础上，根据学习资源，有步骤地由浅入深地学习。

根据学习Excel知识的难易度，可以把学习的整个过程划分为3个阶段，即Excel入门阶段、Excel中级阶段、Excel高级阶段。

（1）Excel入门阶段：学习的内容主要针对Excel新手，这一阶段只需要对Excel软件有一个大概的认识，Excel软件的基本操作方法和常用功能如下图所示。

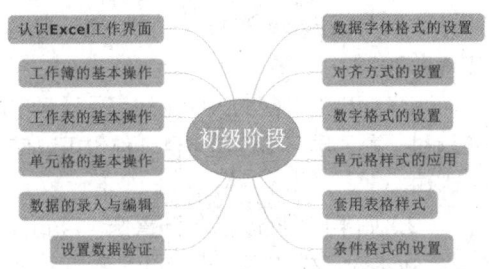

（2）Excel中级阶段：在入门基础上理解并熟练使用各个Excel菜单命令，掌握图表和数据透视表的使用方法，并掌握部分常用的函数及函数的嵌套运用。具体内容如下图所示。

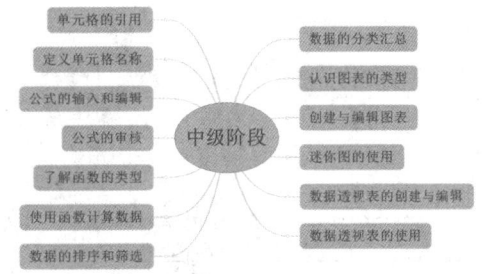

（3）Excel高级阶段：熟练运用数组公式，能够利用VBA编写简单的自定义函数或过程。具体内容如下图所示。

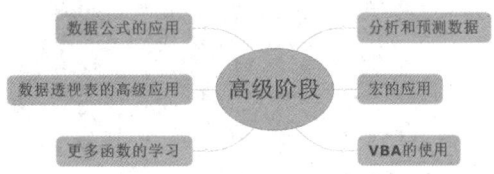

2. 合理利用资源

除了通过本书学习Excel外，还可以通过Excel的联机帮助、互联网等途径，如下图所示。另外，还可以通过书刊杂志和周边人群进行学习。

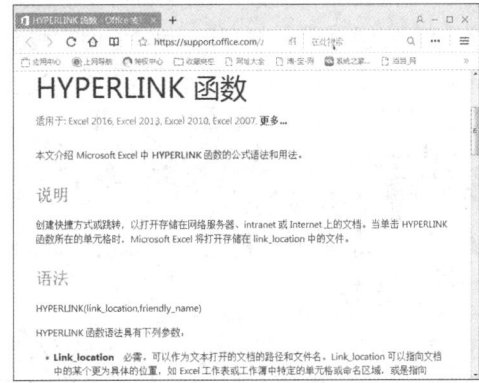

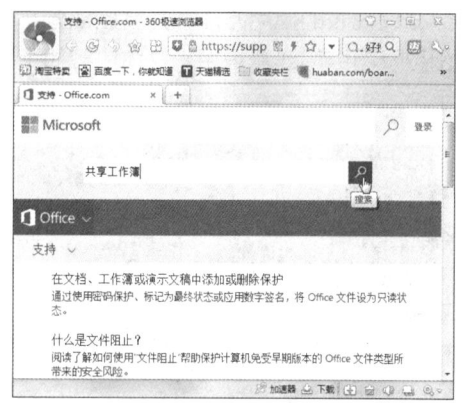

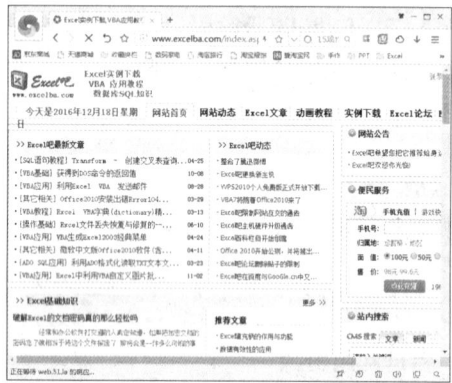

3. 多练习

不勤加练习，把学到的知识和技能转化为自己的知识，过一段时间也就忘记了。所以，学习Excel，阅读与实践必须并重。伟人说"实践出真知"，学习Excel，不但实践出真知，而且实践出技巧，只有通过反复练习，才能把解决方法理解得更透彻，以便在实际工作中举一反三。

1.1.3 Excel版本那么多，应该如何选择

学习完本书后，读者将会深谙Excel在人力资源中的应用，而且这种应用不仅适用于Excel 2016，还适用于Excel 2013、Excel 2010、Excel 2007和Excel 2003。

对于这几种版本，作为熟手的HR，在实际工作中应该如何选择呢？笔者有如下几点看法供HR参考。

1. Excel 2016的功能更强大

从Excel的整体发展上来看，肯定是最新的版本拥有的功能最强大，因为新版本一般都是兼容低版本的。这使得高版本的Excel始终可以顺利打开低版本的文件，如在Excel 2016中就可以直接打开Excel2003、Excel2007、Excel2010、Excel2013格式的文件。只是在打开低版本文件时，会在标题栏中显示【兼容性模式】字样，如下图所示。

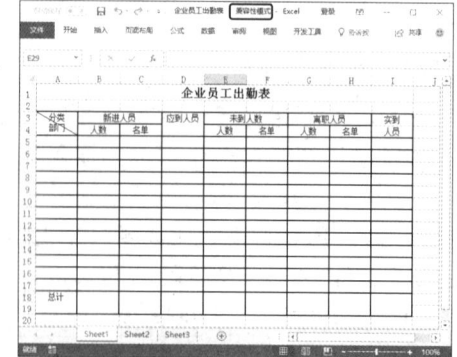

2. 选择Excel的低版本

如果出现以下情况中的任何一种，可以考虑选择使用Excel的较低版本（这里主要是指Excel 2013及Excel 2013以下的版本，特别是Excel 2003）。

（1）如果你周围的人使用的都是低版本的Excel，为了学习和工作方便，你也可以使用低版本。

（2）如果使用的计算机配置低，且低版本或高版本对工作和学习没有什么影响，那么可选择低版本，这样不至于拖慢计算机的运行速度。

（3）如果习惯使用低版本的Excel，且不会使用到Excel高版本新增的功能，那么可继续使用低版本的Excel，因为更换版本后，对版本操作不熟悉，就会影响操作速度，降低工作效率。

1.2 用好Excel的6个习惯

HR要成为Excel熟手或是高手，并不是一朝一夕就能达成的事情，成功的道路上也并没有什么捷径可循，需经历实践的磨练及时间的沉淀。但是在学习Excel的初级阶段，尽量避免走入六大误区。这里将介绍用好Excel的6个习惯。

1.2.1 打造适合自己的Excel工作环境

工欲善其事，必先利其器。Excel是一款较为智能和人性化的软件，不仅可以根据需要对数据进行各种处理，还可以对软件的工作环境进行设置，以符合自身的操作习惯和喜好。

1. 自定义快速访问工具栏

自定义快速访问工具栏比较简单，只需单击快速访问工具栏右侧的【自定义快速访问工具栏】下拉按钮，在弹出的下拉菜单中显示了一些常用命令，选择相应的命令后即可将对应的命令按钮添加到快速访问工具栏中，如下图所示。

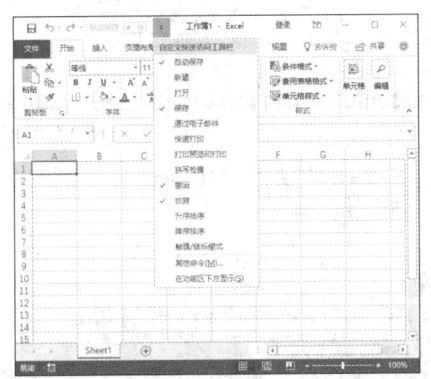

> **温馨提示**
> 要更改快速访问工具栏的位置，在弹出的下拉菜单中选择【在功能区下方显示】命令即可。

如果需要添加其他命令按钮，可以在该菜单中选择【其他命令】命令打开【Excel选项】对话框，在该对话框左侧的列表框中选择需要添加的命令选项，单击【添加】按钮，最后单击【确定】按钮即可，如下图所示。

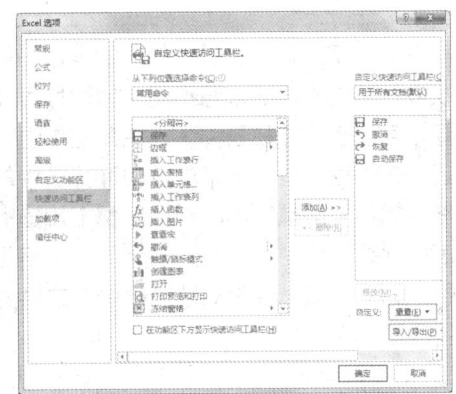

2. 自定义功能区

Excel 2016根据各个命令的功能按模块划分功能区的各选项卡和组，所以，用户也可在功能区中根据需要创建选项卡和组。

操作方法为：打开【Excel选项】对话框，选择【自定义功能区】选项，单击【新建选项卡】按钮创建选项卡，将常用的操作放置在新建的选项卡和组中，这样操作起来会更加方便，如下图所示。

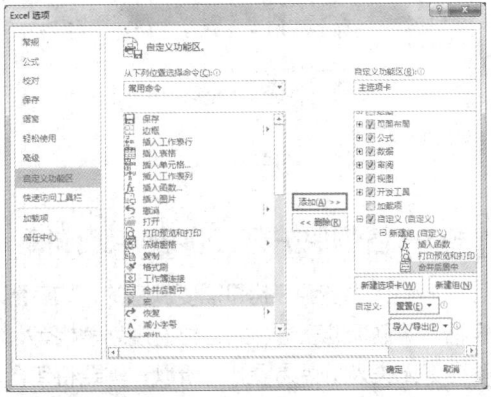

Excel 在人力资源管理中的应用

> **温馨提示**
>
> 新建的选项卡和组的名称都需要手动更改，只需选择新建的选项卡或组，单击【重命名】按钮，在打开的对话框中输入名称，单击【确定】按钮即可。

1.2.2 计算机中Excel文件管理的好习惯

在人力资源管理工作中使用的表格一般比较多，这些表格的来源不同，用途也可能不同。管理表格往往是件令人头痛的事情。而且，在整理的过程中不难发现计算机中的表格数据很多是重复的，到最后都不知道哪个表格才是最终的，不知道使用哪个表格是最恰当的。所以，经常对计算机中的文件进行管理是非常必要的。

HR在管理文件时，可以先将计算机中多余的Excel文件删除，然后再按作用、类别或日期等将文件分门别类地放置在相应的文件夹中，这样方便查看和管理。

如下图所示是将提成绩效统计文件名称统一以【月.日】格式进行重命名的，然后存放在对应卖场名称的相应月份文件夹下。

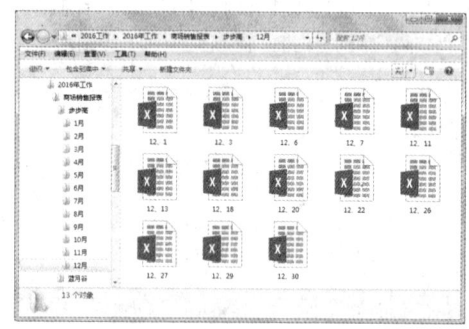

1.2.3 管理保护好工作表、工作簿

一些人力资源表格是需要保密的，如薪酬表格、津贴标准表格、人力配置规划表格等，不允许无关人员轻易看到，所以，需要将包含这些数据的工作表、工作簿进行保护管理。

1. 隐藏工作表

对于一些不太重要，如招聘流程图、登记表、普通工人工资表等，但又不希望其他人轻易查看或是修改、删除文件，较为简便的方法是将其所在的工作表隐藏。

最常用的操作方法有如下两种。

方法一：1选择需要隐藏的工作表，2单击【开始】选项卡【单元格】组中的【格式】按钮，3在弹出的下拉菜单中选择【隐藏和取消隐藏】选项，4 在弹出的级联菜单中选择【隐藏工作表】选项，如下图所示。

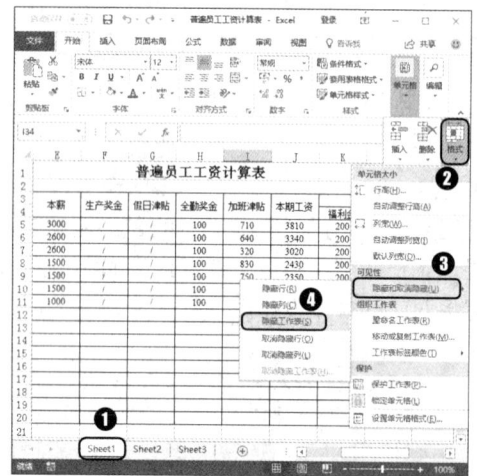

方法二：在要隐藏的工作表标签上右击，在弹出的快捷菜单中选择【隐藏】命令，如下图所示。

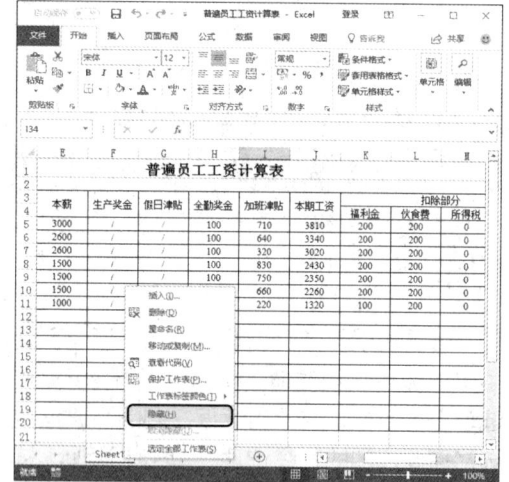

教您一招

取消隐藏工作表

在任一工作表标签上右击，在弹出的快捷菜单中选择【取消隐藏】命令，在打开的【取消隐藏】对话框中选择要显示的工作表选项，单击【确定】按钮即可，如下图所示。

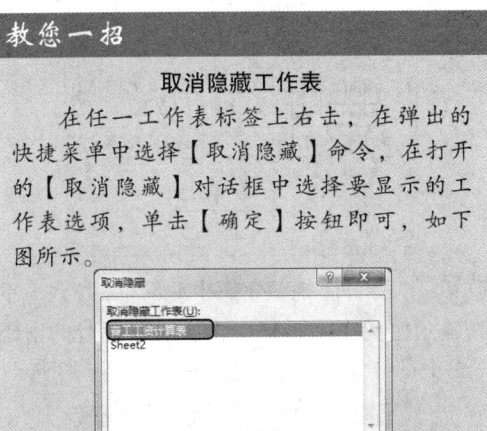

2. 保护工作表

在HR的日常工作中，常常会将一些表格，如考勤表、招聘流程表、登记表等，分发给其他同事，为了防止他们随意修改工作表中的数据、样式，对工作表进行保护就是一个不错的选择，具体操作步骤如下。

第1步 打开"下载\素材文件\第1章\员工招聘登记表.xlsx"文件，1选择要保护的工作表，2单击【审阅】选项卡【保护】组中的【保护工作表】按钮（或是在目标工作表标签上右击，在弹出的快捷菜单中选择【保护工作表】命令），如下图所示。

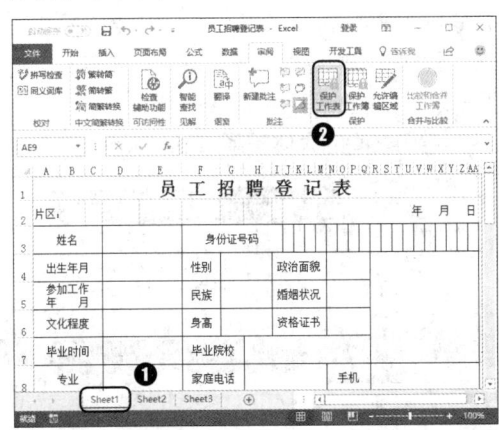

第2步 打开【保护工作表】对话框，1在【取消工作表保护时使用的密码】文本框中输入密码，如输入"123"，2在【允许此工作表的所有用户进行】列表框中选中允许所有用户对工作表进行的操作，如这里选中【选定锁定单元格】和【选定未锁定的单元格】复选框，3单击【确定】按钮，如下图所示。

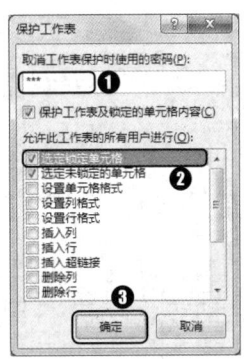

第3步 打开【确认密码】对话框，1在【重新输入密码】文本框中再次输入设置的密码"123"，2单击【确定】按钮，如下图所示。

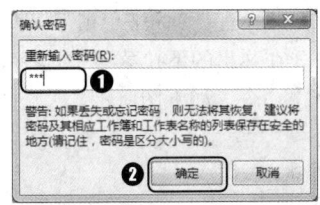

教您一招

撤销工作表保护

单击【审阅】选项卡【保护】组中的【撤销保护工作表】按钮，打开【撤销工作表保护】对话框，在【密码】文本框中输入正确密码，单击【确定】按钮就能撤销工作表保护。

3. 加密工作簿

对于那些重要或是敏感的人事工作簿，如薪酬体系工作簿、人力资源优化配置工作簿、工资标准工作簿，最好对其进行密码加密保护，以防止数据信息泄露，对公司造成损失，具体操步骤作如下。

第1步 打开"下载\素材文件\第1章\薪酬体系构成一览表.xlsx"文件，选择【文件】选项卡，如下图所示。

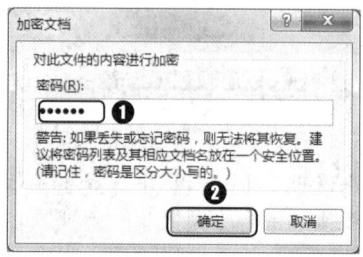

第2步 1在打开的界面右侧选择【信息】命令，2在打开的【信息】界面中单击【保护工作簿】按钮，3在弹出的下拉菜单中选择【用密码进行加密】命令，如下图所示。

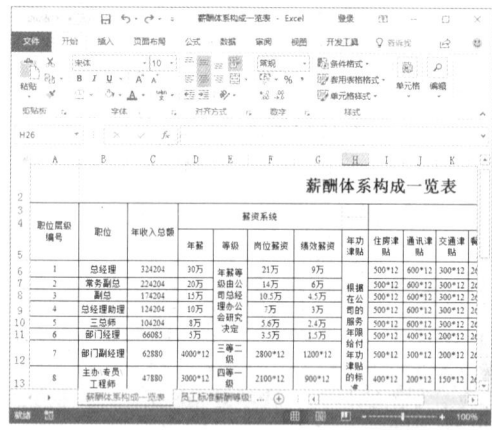

第3步 打开【加密文档】对话框，1在【密码】文本框中输入密码，如"123456"，2单击【确定】按钮，如下图所示。

第4步 打开【确认密码】对话框，1在【重新输入密码】文本框中再次输入设置的密码"123456"，2单击【确定】按钮，如下图所示。

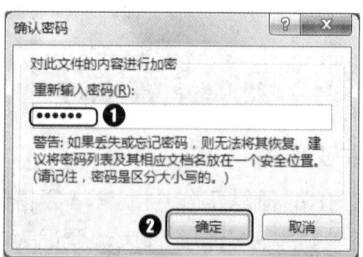

教您一招

取消工作簿密码保护

要取消工作簿的密码保护，重复第2步操作，在打开的【加密文档】对话框中删除已有的密码，单击【确定】按钮即可。

1.2.4 厘清计算机中的三大表格类型

有经验的HR告诉我们，使用Excel汇总分析人事数据并不复杂，只需要牢记"三表"概念——原始数据表、基础参数表、结果汇总表，就能快速得到想要的结果。

它们之间的大体关系如下图所示。

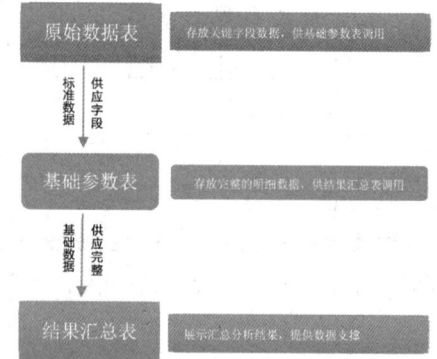

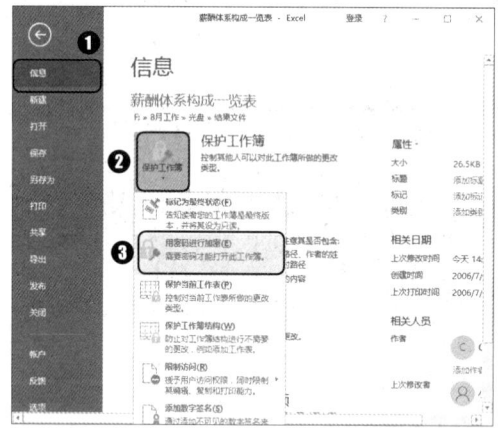

上述"三表"到底是什么呢？下面为大家分别进行介绍。

1. 原始数据表

原始数据表用于设置、配置表格参数，属于原始数据，供基础表或是数据表进行数据调用，通常用于表示数据之间的匹配关系，或者用于表示事物或事件属性明细等不会经常变更的数据，如下图所示为住房津贴额度的原始数据。

2. 基础参数表

基础参数表主要用于输入明细数据以及对数据进行计算等，输入数据时，有些数据需要手动输入，有些数据可直接引用原始数据表中的数据，以便能快速有效地输入数据，如下图所示是根据原始数据表引用填写的普通员工工资基础表（根据职位引用对应的工资数据）。

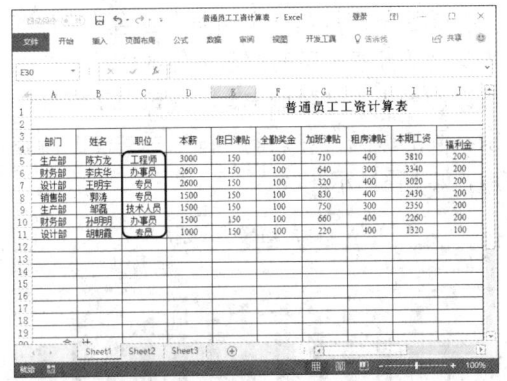

3. 结果汇总表

结果汇总表（基于基础参数表数据，通过排序、汇总、图表分析或是透视表等操作得到）用于放置汇总和分析数据，主要用于展示结果汇总和分析结果，供我们发现问题和解决问题。

如下图所示为对部门工资数据进行汇总和对比分析的效果。

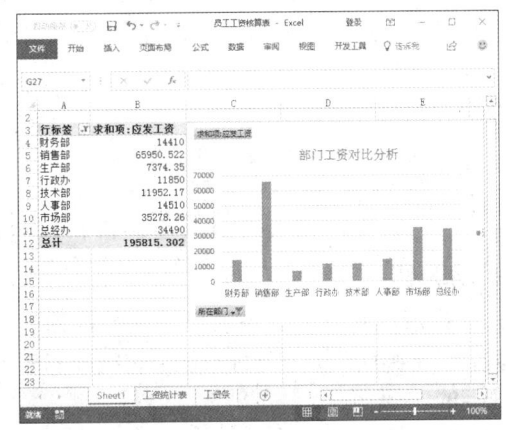

1.2.5 图表很直观，但使用图表要得当

图表展示分析数据，非常常见、好用，特别是在各类人事报表中，如人事流入、流出月度报表，以及岗位变迁年度报表等，必须使用得当。

其中，最基本也是最硬性的要求为：图表类型必须合适，如部门薪酬占比关系分析，选择的图表类型就应是饼图类；人力潜力开发预测，就应是折线图类；员工个人或团队部门业绩对比分析，就应是柱形图类等。

一些新手HR分析的数据，无法直观地达到分析数据的目的，让看图表的人一头雾水，不知道分析的什么，甚至有些还是错误的。

下面我们就对人力资源中常用的图表类型进行展示和介绍，并简单说明该类型图表适合分析哪类人事数据，帮助大家在分析人事数据时，能快速准确地选择合适的图表。

1. 柱形图

柱形图通常沿水平轴组织类别，而沿垂直轴组织数值，利用柱子的高度，反映数据的差异。下图所示为用柱形图对比展示部门薪酬差异。

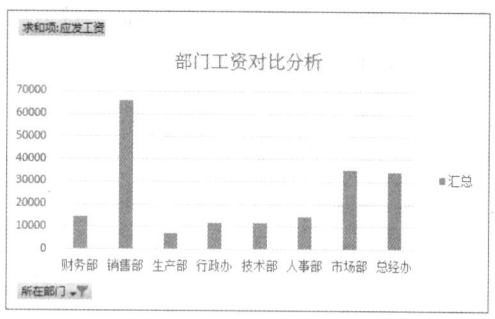

2. 条形图

条形图用于显示各项目之间数据的差异，如下图所示，它与柱形图具有相同的表现目的。

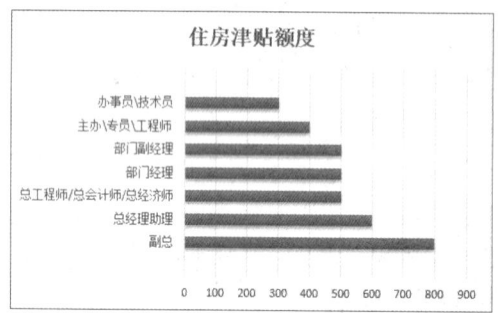

3. 折线图

折线图是将同一数据系列的数据点在图上用直线连接起来，以等间隔显示数据的变化趋势。非常适用于显示在相等时间间隔下数据的变化趋势，如下图所示。

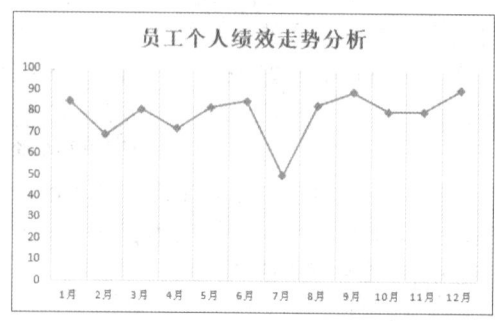

4. 饼图

饼图用于显示每个值占总数的百分比（或是比重），如下图所示。

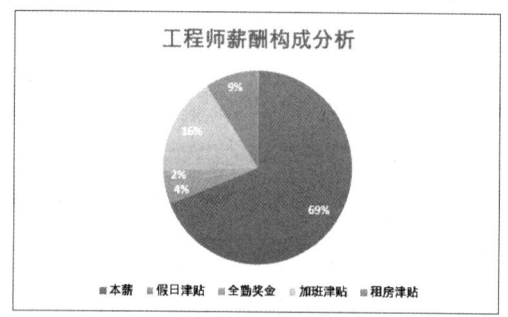

5. 雷达图

雷达图又可称为戴布拉图、蜘蛛网图。它用于显示独立数据系列之间及某个特定系列与其他系列的整体关系，如下图所示。

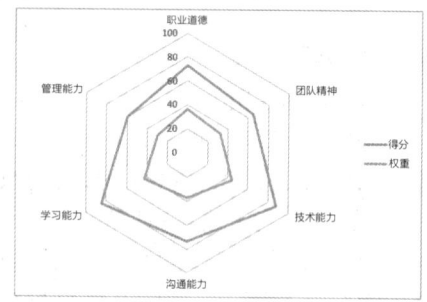

6. 组合图表

组合图表是在一个图表中应用了多种图表类型的元素来同时展示多组数据。组合图可以使图表类型更加丰富，还可以更好地区别不同的数据，并强调不同数据关注的侧重点，如下图所示。

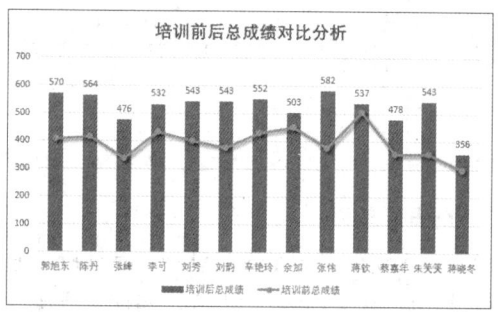

第1章
HR 如何学好 Excel

温馨提示

选择图表类型前，需要对表格中的数据进行提炼，弄清楚数据表达的信息和主题，再根据这个信息来决定选择哪种图表类型，以及对图表做特别处理，最后动手制作图表。

1.2.6 掌握数据透视表的正确应用方法

数据透视表是根据基础参数表中的数据汇总的结果。在人力资源管理工作中，如何用好数据透视表呢？可以从下面3个方面把握。

（1）有一张好的数据源表。

（2）要清楚需要哪种透视的角度，以确定哪些透视字段要添加及添加的先后顺序。

（3）没有特殊要求的透视表，最好放置在新工作表中，不打破基础数据表的数据完整性，以备再次使用。

1.3 Excel六大"偷懒"技法

与Excel打交道多年，总结了六大"偷懒"方法，恰好这些"偷懒"方法又可以灵活应用于人力资源工作中，让工作更加轻松、顺畅。

1.3.1 如何快速导入已有数据

一些明细数据，如员工基本信息数据、通讯信息数据及一些临时考勤、补贴数据等，不一定完全及时地记录在Excel中，它们可能被临时写在文本文件中或是已经收录在Access数据库中。对于这些已有的人事数据，快速导入即可。

1. 导入文本文件中的人事数据

文本文件中的数据，基本上都是一些"碎片"数据，临时或是随手记录。可通过简单操作将它们直接导入到Excel中，具体操作步骤如下。

第1步 新建空白工作簿，选择 A1 单元格，单击【数据】选项卡【获取外部数据】组中的【自文本】按钮，如下图所示。

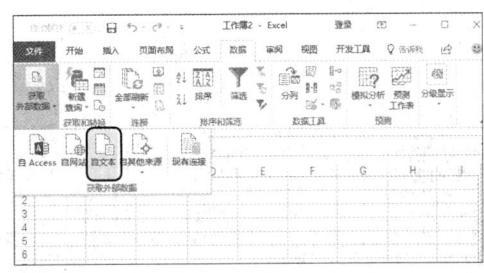

第2步 打开【导入文本文件】对话框，1 选择文本文件存放的路径，2 选择需要导入的文件，这里选择【联系方式】文件，3 单击【导入】按钮，如下图所示。

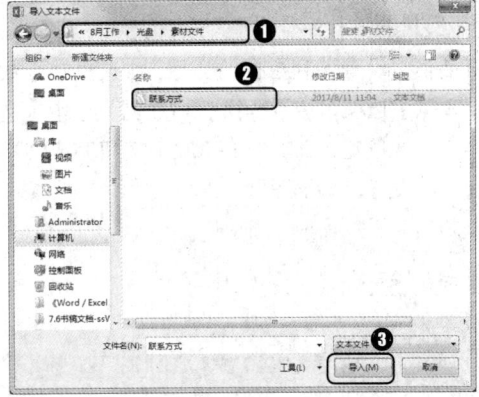

第3步 打开【文本导入向导-第1步,共3步】对话框,其他选项保持默认设置,单击【下一步】按钮,如下图所示。

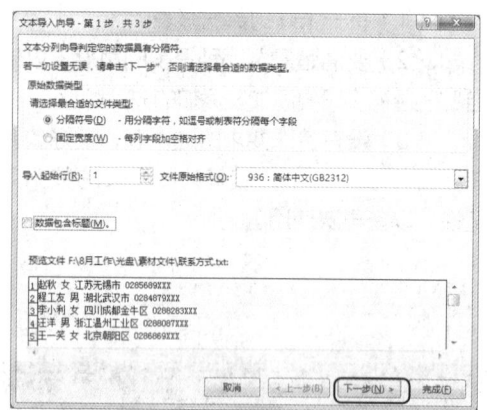

第4步 打开【文本导入向导-第2步,共3步】对话框,1 选择文本数据项的分隔符号,这里选中【空格】复选框,2 单击【下一步】按钮,如下图所示。

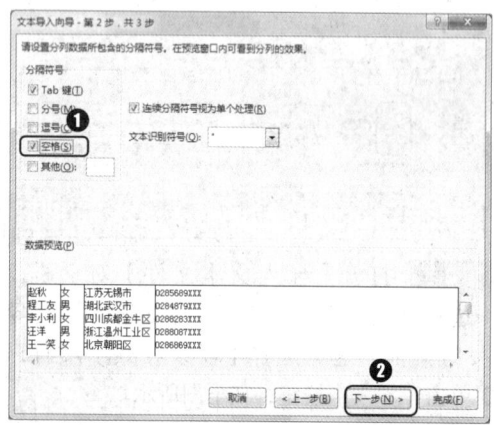

第5步 打开【文本导入向导-第3步,共3步】对话框,设置各列数据的类型,1 这里在【数据预览】选项区域选择第一列数据,选中【文本】单选按钮,2 单击【完成】按钮完成文本向导的设置,如下图所示。

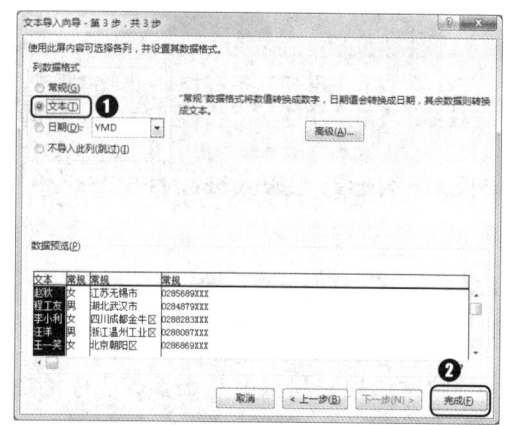

第6步 打开【导入数据】对话框,1 选择导入数据存放的位置,如 A1 单元格,2 单击【确定】按钮,如下图所示。

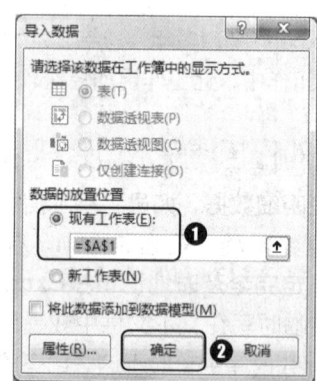

> **温馨提示**
>
> 默认情况下,所有数据都会设置为【常规】格式,该数据格式可以将数值转换为数字格式,日期值转换为日期格式,其余数据转换为文本格式。如果导入的数据长度大于或等于11位时,为了数据的准确性,要选择导入为【文本】类型。

第7步 返回 Excel 工作表中即可查看到导入的外部文本数据,如下图所示。然后将其保存为"联系方式"。

第1章
HR 如何学好 Excel

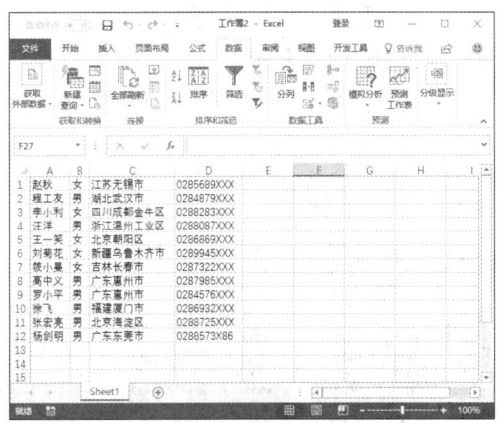

2. 导入Access数据库中的人事数据

存放于Access数据库中的人事数据，基本上都是一些关键长存数据，如员工档案数据、薪酬体系数据、KPI考核量化数据等。要将这些数据输入到Excel中，必须用导入，因为这些数据通常多和繁。

下面以导入Access数据库中的员工通讯信息数据到Excel中为例，具体操作步骤如下。

第1步 新建一个空白工作簿，选择 A1 单元格作为存放 Access 数据库中数据的单元格，单击【数据】选项卡【获取外部数据】组中的【自 Access】按钮，如下图所示。

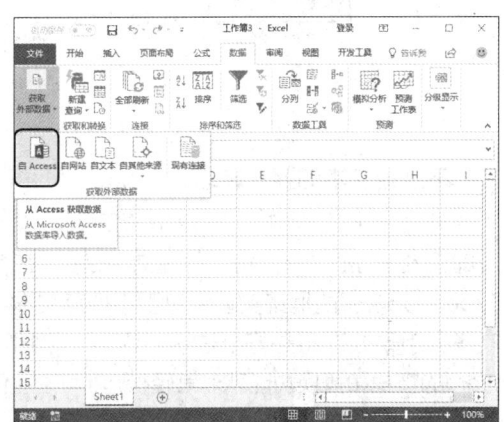

第2步 打开【选取数据源】对话框，1 选择需要打开的数据库文件的保存位置，2 在中间的列表框中选择需要打开的文件，3 单击【打开】按钮，如下图所示。

第3步 打开【选择表格】对话框，1 选择要打开的数据表，这里选择【通讯录】选项，2 单击【确定】按钮，如下图所示。

第4步 打开【导入数据】对话框，1 在【请选择该数据在工作簿中的显示方式】选项区域中根据导入数据的类型和需要选择相应的显示方式，这里选中【表】单选按钮，2 单击【确定】按钮，如下图所示。

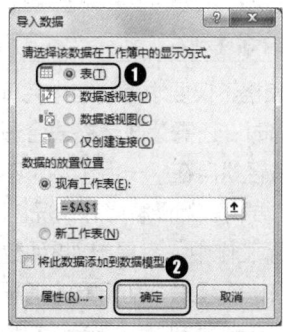

第5步 返回工作表中即可查看到导入的通讯录数据记录效果，如下图所示。然后将其保存，

| 13

命名为"员工通讯录"。

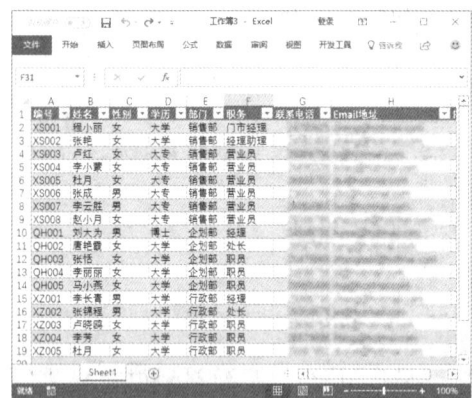

温馨提示

在【导入数据】对话框中的【请选择该数据在工作簿中的显示方式】栏中选中【表】单选按钮,可将外部数据创建为一张表,方便进行简单排序和筛选;选中【数据透视表】单选按钮可创建为数据透视表,方便通过聚合及合计数据来汇总大量数据;选中【数据透视图】单选按钮可创建为数据透视图,以方便用可视方式汇总数据;若要将所选连接存储在工作簿中以供以后使用,需选中【仅创建连接】单选按钮。

在【数据的放置位置】栏中选中【现有工作表】单选按钮,可将数据返回选择的位置;选中【新工作表】单选按钮,可将数据返回新工作表的第一个单元格。

1.3.2 合适的数字格式让你制表看表都轻松

人事表格不仅要求表格结构完善,数据准确可靠,同时,还需让数字格式合适,让整个表格看起来轻松自如,一目了然,不出现会让人费解或需要再次翻译解释等情况。

在实际工作中,容易出现3种数字格式不规范,让表格看起来杂乱无章的情况。

(1)不规范数字:被无意转换为文本类型的数字,多出现在导入外部数据和函数计算中。

(2)不规范文本:包含空格、强行分行符,为后期处理带来麻烦。如下图所示的是姓名中间人为空格及部门名称中手动换行。

(3)不规范日期:不按Excel指定的格式输入日期数据,如将2018年1月3日输成了20180103或18103等样式。

针对上面3种让表格看起来不轻松的情况,可以采用如下"偷懒"技巧轻松应对。

1.不规范数字的整理技巧

对于那些无意或是过失性将数字转换为文本的,只需选择该单元格,单击出现的【追踪错误】按钮,在弹出的下拉菜单中选择【转换为数字】命令,即可将其转换为数值型数据,如下图所示。

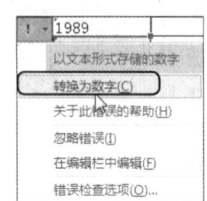

2.不规范文本的整理技巧

处理不规范文本,主要是清除人为输入的空格、强行分行符、隐藏字符等。在Excel中无法智能批量实现(对于不规范文本较多,手动处理不是好办法),这时,借助Word的查找和替换功能就非常轻松。

具体操作方法为:从Excel中复制不规范数据到空白Word文档中,按【Ctrl+H】组合键打开【查找和替换】对话框,将文本插入点定位在【查找内容】文本框中,单击【特殊格式】按钮，在弹出的下拉菜单中选择对应的选项（删除空格选择【不间断空格】选项、删除手动分行选择【段落标记】或【手动换行符】选项），然后单击【全部替换】按钮，如下图所示。最后将文档中的数据粘贴到表格中，即可完成操作。

所示。

对于上述不规范的日期数据，要用一种特殊的"偷懒"技巧来处理，操作步骤如下。

第1步 ❶选择不规范日期所在的单元格区域，❷单击【数据】选项卡下【数据工具】组中的【分列】按钮，如下图所示。

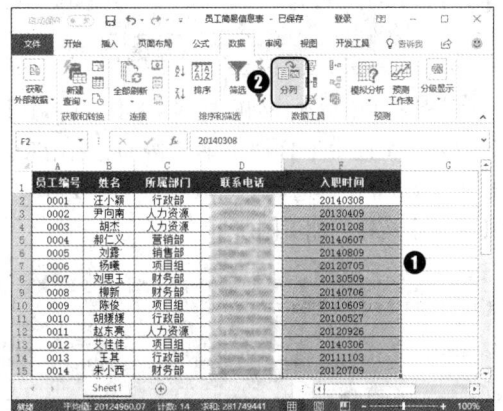

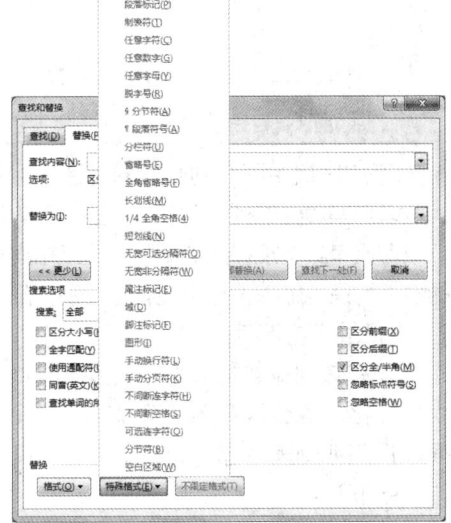

3. 不规范日期的整理技巧

在Excel中，日期类型分为两种：短日期（如2017/8/11）和长日期（如2017年8月11日）。其他类型日期都不规范，如2017.8.11、2017\8\11。对于这两种不规范的日期格式，可直接使用Excel的查找和替换功能，将日期数据的点（.）或左斜杠（\）批量替换为右斜杠（/）。

如下图所示的是用右斜杠（/）批量替换点（.）的批量操作。

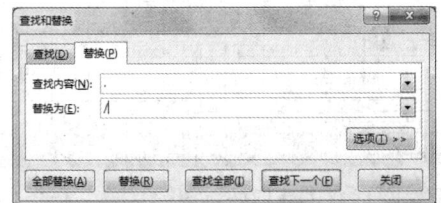

另外还有一种人为输入不规范的日期数据，如将2018年5月4日输成20180504，如下图

第2步 打开【文本分列向导-第1步，共3步】对话框，保持默认设置，单击【下一步】按钮，如下图所示。

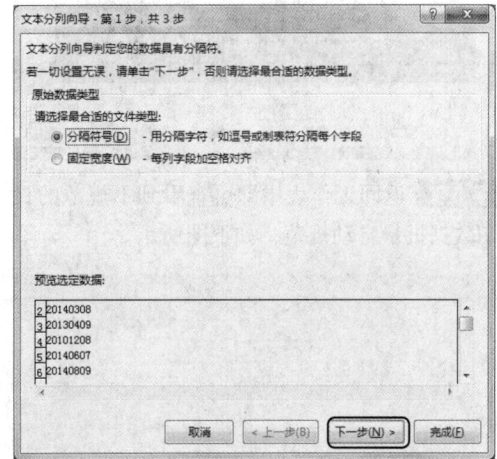

15

第3步 打开【文本分列向导-第2步,共3步】对话框,保持默认设置,单击【下一步】按钮,如下图所示。

第4步 打开【文本分列向导-第3步,共3步】对话框,1 选中【日期】单选按钮,并在其后的下拉列表中选择【YMD】选项,2 单击【完成】按钮,如下图所示。

第5步 返回工作表中即可查看到不规范的日期数据批量自动规范,如下图所示。

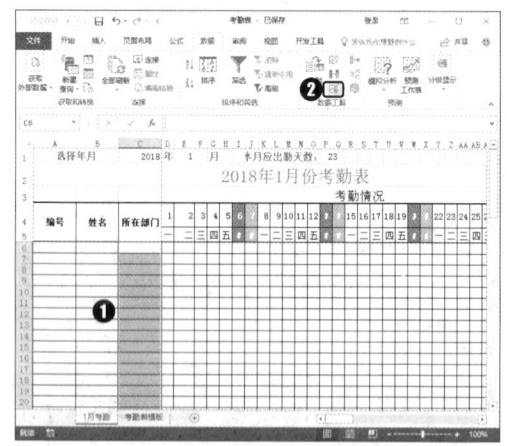

1.3.3 设置数据有效性有效规避数据输入错误

规范的表格中同一列数据的属性是相同的,所以有些属性的列只能输入某些固定的内容,或者具有某些规律的数据,如员工档案表中的性别列只能输入【男】或者【女】,部门列只能输入企业内部存在的部门。

怎样有效规避数据人为输入错误呢?通过为单元格设置数据有效性可以轻松实现。下面以规范考勤表中部门列数据为例,具体操作步骤如下。

第1步 打开"下载\素材文件\第1章\考勤表.xlsx"文件,1 选择要设置输入序列的目标单元格区域,2 单击【数据】选项卡【数据工具】组中的【数据验证】按钮,如下图所示。

第2步 打开【数据验证】对话框,1 在【允许】下拉列表中选择【序列】选项,2 在【来源】参数框中输入该单元格中允许输入的各种数据,且各数据之间用半角逗号【,】隔开,这里输入【总经办,财务部,销售部,生产部,技术部,人事部,行政办,市场部】,3单击【确定】按钮,如下图所示。

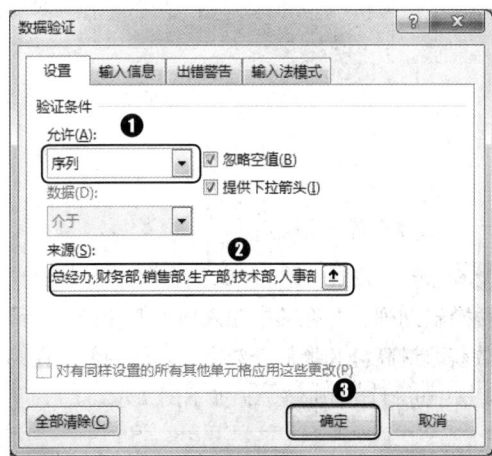

第3步 经过以上操作,单击工作表中设置了序列的单元格时,单元格右侧将显示一个下拉按钮,单击该按钮,在弹出的下拉列表中提供了该单元格允许输入的数据选项,如下图所示。

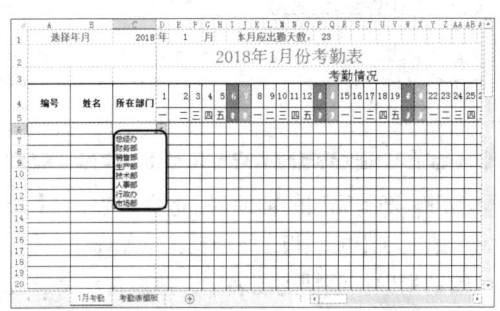

1.3.4 将常用的表格做成模板

在人力资源管理工作中,很多表格结构都大致相同或完全相同,如面试登记表、面试评估表、绩效考核表、考勤表等。对于这样的表格,可以将表格样式保存为模板,再次应用或是批量应用时,直接根据该模板进行快速创建,达到"偷懒"的目的。

操作方法为:打开要保存为模板的工作

表,按【F12】键打开【另存为】对话框,1选择【保存类型】为【Excel模板】,2单击【保存】按钮,如下图所示。

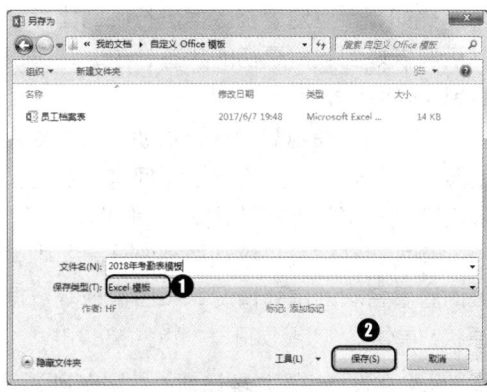

当再次调用模板时或是根据模板创建表格时,1只需在【新建】界面中单击【个人】超链接,进入个人模板界面,2双击相应的表格模板图标按钮即可,如下图所示。

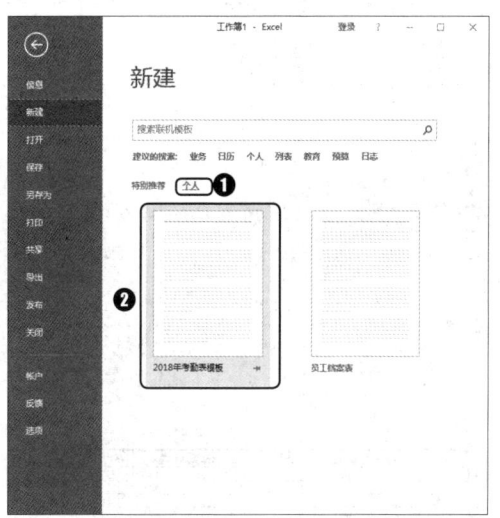

1.3.5 数据处理不要小看辅助列的使用

在Excel中进行数据处理的方法好不好,有两个评判标准:一是得到了需要的结果,二是使用了最简单的方法得到结果。

当遇到了复杂的问题,不能编写出相应

的公式来得到结果，或者自己掌握的知识技能有限时，就应该想一想是否可以添加辅助列来得到结果。

例如，希望对表格数据进行临时排序，然后再恢复到数据最初的状态，这时，可通过辅助列来完成。

方法为：使用数字序列辅助列记住最初的数据排列顺序，无论数据如何排列变化，最后只需按辅助列进行最初的排列即可。

例如，在"员工培训成绩统计表"中，临时查看名次的排列情况，然后再恢复数据原状，具体操作步骤如下。

第1步 在表格中添加辅助列（数字序列），如下图所示。

第2步 对表格中的数据按名次先后进行排序，数据顺序发生很大变化，如下图所示。

第3步 对辅助列进行升序排列（排序操作将在第2章中进行讲解），数据恢复原状。

又如，在下面的图表中自动突显最大值和最小值标记（动态性）。

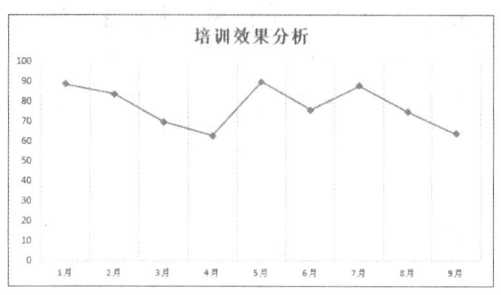

具体操作步骤如下。

第1步 在表格中添加"最高分"和"最低分"两个辅助列，并在其中输入最大值和最小值函数获取最高分和最低分数字（函数的使用在第4章中进行详细讲解），如下图所示。

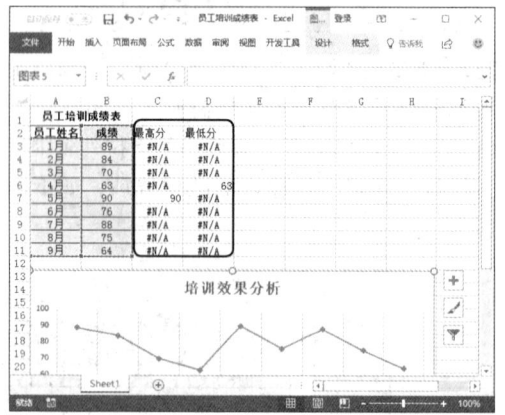

第2步 复制添加的辅助列，选择图表，在【开始】选项卡【剪贴板】组中单击【粘贴】按钮，将辅助列数据添加到图表中，图表自动突显最高分和最低分标记点，如下图所示。

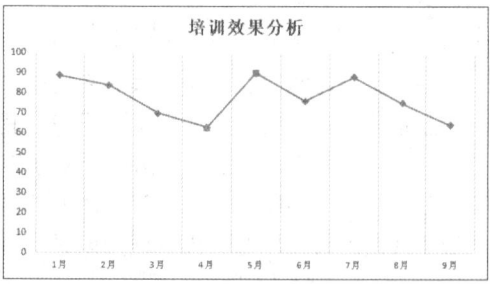

第1章
HR 如何学好 Excel

大神支招

在本章中，主要为大家介绍了如何学习Excel的方法、经验、习惯及"偷懒"技巧。下面为HR分享一些高效常用的技巧和招数，帮助大家更好更快地提升工作效率，灵活自如地处理实际工作中遇到的一些操作问题。

01：轻轻松松让行高列宽智能适应内容

Excel中行高列宽相对固定的，每当输入内容超过列宽宽度或是行高高度，明显会影响数据的显示，不利于表格的阅读。同时，表格的美观和专业度将会大大降低。

对于没有特殊要求的行高和列宽，可以让它们恰好适应单元格内容的宽度和高度。当然，对于这种要求，可让Excel智能完成，操作方法如下。

（1）智能调整列宽。将鼠标指针移至列与列之间的分隔线处，当鼠标指针变为↔形状时双击，系统自动根据单元格内容宽度调整列宽，如下图所示。

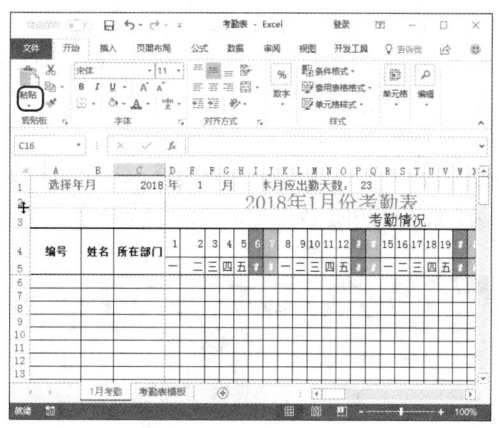

（2）智能调整行高。将鼠标指针移至行与行之间的分隔线处，当鼠标指针变为↕形状时双击，系统智能根据单元格内容高度自动调整行高，如下图所示。

02：导入数据序列

💿 视频文件：下载\视频文件\第1章\02.mp4

在设置序列数据验证，规范列输入数据时会发现这样一些烦琐操作：序列项目过多，手动输入麻烦，且容易出错，导致数据验证功能失效或是序列选项异常，如下图所示。

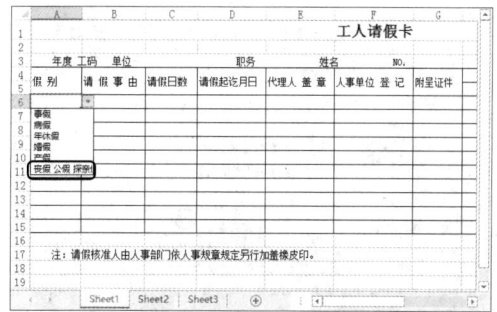

这时，为了操作更加简便，提高成功率，可以通过导入的方式快速实现，具体操作步骤如下。

| 19

第1步 打开"下载\素材文件\第1章\工人请假卡.xlsx"文件,在合适的位置输入序列内容,如下图所示。

第2步 1选择目标单元格区域,2单击【数据工具】组中的【数据验证】按钮,如下图所示。

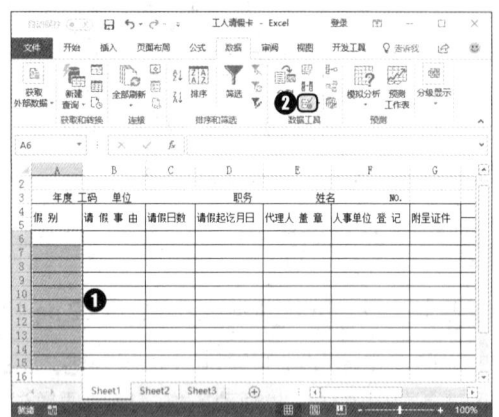

第3步 打开【数据验证】对话框,1在【允许】下拉列表中选择【序列】选项,2单击【来源】文本框后的【折叠】按钮,如下图所示。

第4步 折叠【数据验证】对话框,1在表格中选择序列选项数据所在的单元格区域,2单击【展开】按钮,返回【数据验证】对话框中单击【确定】按钮,如下图所示。

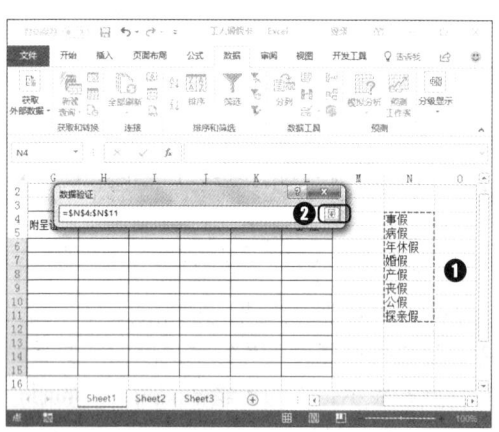

第5步 返回表格中,在目标区域中即可查看到通过引用数据的方式添加序列选项的效果,如下图所示。

第6步 在表格中事先输入序列数据的单元格区域上右击,在弹出的快捷菜单中选择【隐藏】命令,如下图所示。

第1章
HR 如何学好 Excel

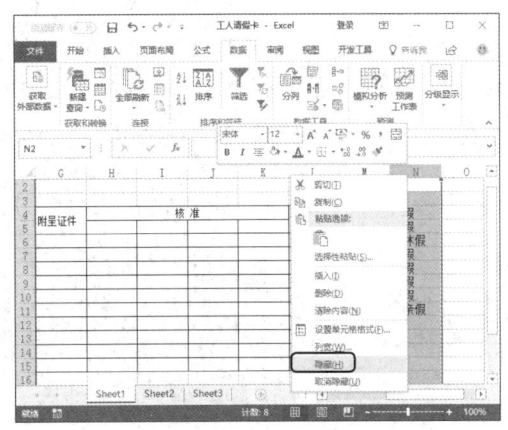

03：统一精确设置多表列宽

🔵 视频文件：下载\视频文件\第1章\03.mp4

要对同一工作簿中多张表格统一精确设置列宽，手动设置相当麻烦和烦琐，这时，使用工作组+精确设置列宽技巧能轻松解决，具体操作步骤如下。

第1步 打开"下载\素材文件\第1章\月度用餐统计表.xlsx"文件，1 按住【Ctrl】键的同时，分别单击要选择的工作表标签，将它们选择组成工作组，2 选择所有数据列并在其上右击，3 在弹出的快捷菜单中选择【列宽】命令，如下图所示。

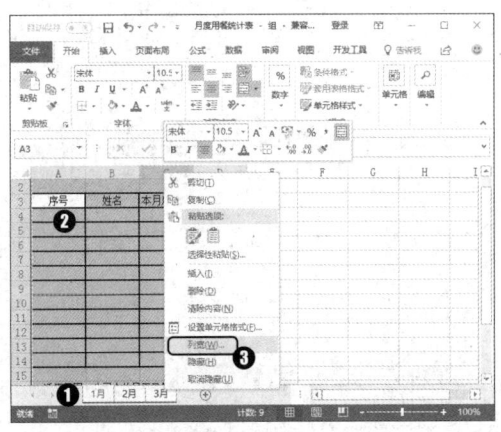

第2步 打开【列宽】对话框，1 在【列宽】文本框中输入"12"，2 单击【确定】按钮，如下图所示。

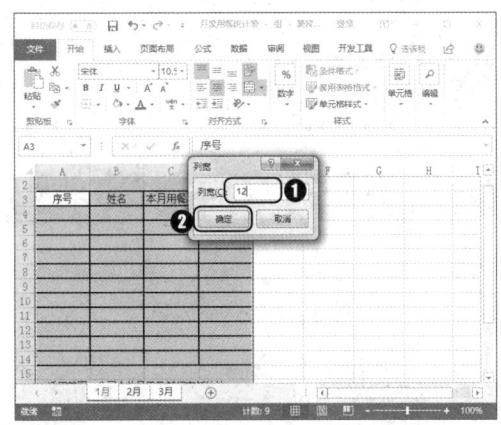

第3步 完成设置后，在任一工作表标签上右击，在弹出的快捷菜单中选择【取消组合工作表】命令取消工作表的组合状态，恢复到正常单一状态，如下图所示。

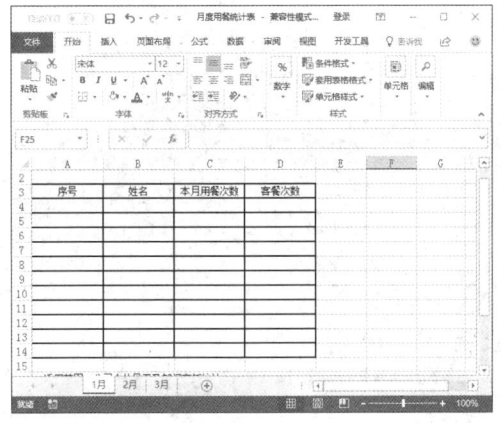

| 21

第2章
HR高效处理数据的技能

本章导读

数据处理主要在于对整个人事表格数据的输入、编辑、汇总和分析,因此,HR需要掌握一些关于数据处理的操作技能,如常用和高效快捷键、相同或是规律性数据的输入等,从而提高工作效率,节省时间和精力,得到同事和领导的赏识。

知识要点

❖ 常用和高效快捷键

❖ 高效处理数据的实操技巧

2.1 巧用快捷键

使用Excel处理人事数据，特别是编辑数据时，如数据位置的移动、复制、选择等，虽然可以通过菜单命令功能或是选项功能，但不是很快速。HR想让制表或是编辑处理数据的速度更快，效率更高，可尝试使用快捷键。

2.1.1 常用快捷键

常用快捷键是指那些使用频率非常高的快捷键，如复制快捷键【Ctrl+C】、粘贴快捷键【Ctrl+V】等。一些特别常用的Excel快捷键，如下表所示。

快捷键	作用	快捷键	作用
Ctrl+C	复制选定的单元格	Ctrl+V	粘贴复制的单元格
Ctrl+X	剪切选定的单元格	Ctrl+A	选择所有单元格
Ctrl+B	加粗数据	Ctrl+1	打开【设置单元格格式】对话框
Delete	清除选定单元格的内容	Ctrl+I	倾斜数据
Ctrl+Enter	确认公式函数输入并不换行	Enter	确认输入或设置
F4	重复上一步操作或是在公式函数中切换引用方式	Alt+E+S	打开【选择性粘贴】对话框
Ctrl+Shift+Enter	将公式函数转换为数组公式函数		

2.1.2 高效快捷键

常用快捷键已被多数人掌握使用，要让自己的操作与他人相比更加高效，需要掌握一些高效的快捷键，如下表所示。

单元格与行列的选择			
快捷键	作用	快捷键	作用
Ctrl+Space	选定整列	Shift+Space	选定整行
Shift+Backspace	在选定了多个单元格的情况下，只选定活动单元格	Ctrl+/	选定包含活动单元格的数组
Ctrl+Shift+O	选定含有批注的所有单元格	Alt+;	选取当前选定区域中的可见单元格

续表

\multicolumn{4}{c}{单元格的插入和删除}
快捷键	作用	快捷键	作用
Ctrl+Shift++	插入空白单元格	Ctrl+-	删除选定的单元格
Ctrl+Shift+=	插入单元格		

\multicolumn{4}{c}{数据的输入与编辑}
快捷键	作用	快捷键	作用
Ctrl+;（分号）	输入日期	Ctrl+Shift+:（冒号）	输入时间
Ctrl+D	向下填充	Ctrl+R	向右填充
Alt+Enter	在单元格中软换行		

\multicolumn{4}{c}{公式的输入与编辑}
快捷键	作用	快捷键	作用
Shift+F3	在公式中，打开【插入函数】对话框	F3	打开【粘贴名称】对话框
Alt+=	用SUM函数插入"自动求和"公式	Ctrl+'（右单引号）	将活动单元格上方单元格中的公式复制到当前单元格或编辑栏中

\multicolumn{4}{c}{数据筛选}
快捷键	作用	快捷键	作用
Ctrl+Shift+L	添加筛选下拉按钮	Alt+↓	在包含下拉按钮的单元格中，显示当前列的"自动筛选"列表
↓	选择"自动筛选"列表中的下一项	↑	选择"自动筛选"列表中的上一项
Alt+↑	关闭当前列的"自动筛选"列表	Home	选择"自动筛选"列表中的第一项（"全部"）
End	选择"自动筛选"列表中的最后一项		

\multicolumn{4}{c}{显示、隐藏和分级显示汇总数据}
快捷键	作用	快捷键	作用
Alt+Shift+→	对行或列分组	Alt+Shift+←	取消行或列分组
Ctrl+8	显示或隐藏分级显示符号	Ctrl+9	隐藏选定的行
Ctrl+Shift+(	取消选定区域内的所有隐藏行的隐藏状态	Ctrl+0（零）	隐藏选定的列
Ctrl+Shift+)	取消选定区域内的所有隐藏列的隐藏状态		

温馨提示

高效快捷键的记忆和掌握，不用依赖于死记硬背，HR可在日常工作中通过实际操作加深记忆和使用速度，建议将上表中的快捷键作为参照和快捷键查询的工具。

续表

2.2 高效处理数据的实操技巧

在制作和设计人事数据或是表格时，除了使用快捷键外，HR还能采用一些快速便捷的技巧，提高工作效率和速度，节省时间和精力。下面是笔者经过多年探索、使用和总结，归纳了一些高效处理数据的实操技巧，分享给大家。

2.2.1 快速填充相同或规律数据

对于人事统计表格中的相同或是规律数据，如部门、学历、性别、职务、日期、月份、工作日等，HR不用手动输入，采用填充技巧，非常简洁快速。

1. 填充相同数据

填充相同数据有两种最常用技巧：及时输入填充和填充句柄填充，下面分别进行介绍。

（1）及时输入填充：1选择要输入相同数据的单元格区域或单元格，2输入数据，然后按【Ctrl+Enter】组合键，如下图所示。

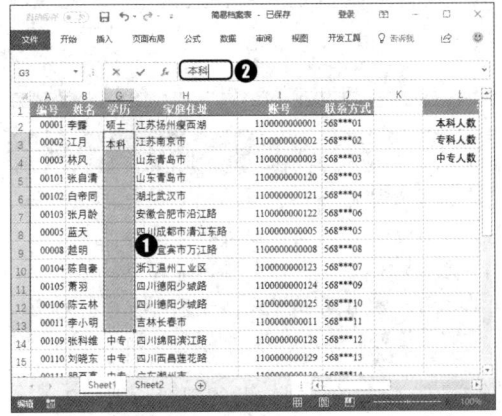

（2）填充句柄填充：在起始单元格输入目标数据，然后选择该单元格，将鼠标指针移到该单元格的右下角，当鼠标指针变成＋形状时，按住鼠标左键不放，拖动鼠标进行相同数据填充，如下图所示。

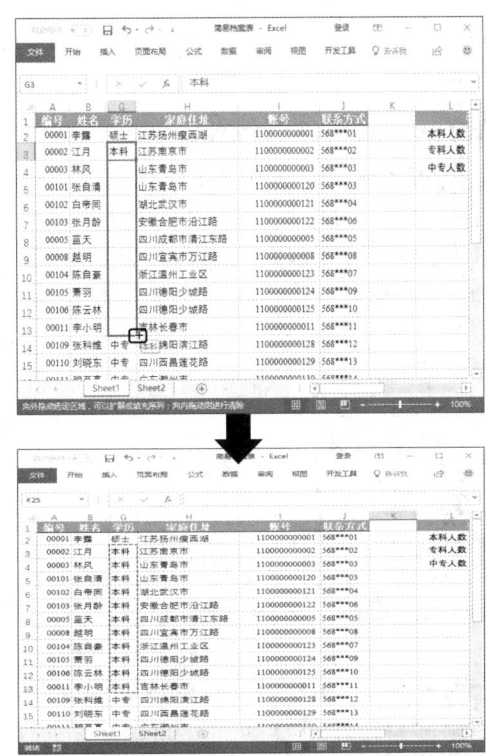

2. 填充序列数据

对于有规律的序列数据，如日期、星期或是工作日等数据，可直接用填充句柄进行填充。

例如，在"简易档案表"中使用填充句柄填充序列编号数据，具体操作步骤如下。

第1步 打开"下载\素材文件\第2章\简易档案表.xlsx"文件，选择起始编号单元格，将鼠标指针移到其右下角，当鼠标指针变成＋形状时双击，系统自动填充连续的编号到数据末行，如下图所示。

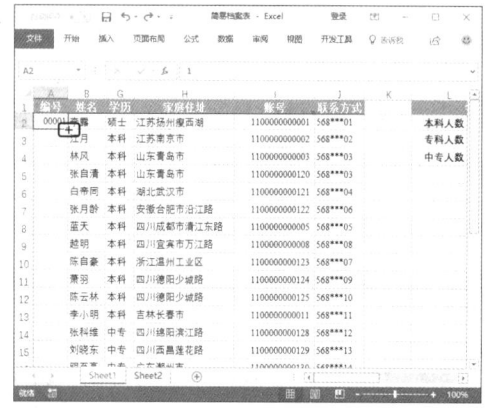

第2步 ❶单击【自动填充选项】下拉按钮，❷在弹出的下拉列表中选中【填充序列】单选按钮，完成数据序列的输入，如下图所示。

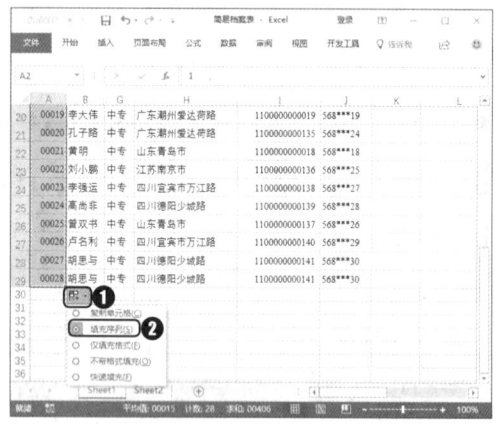

温馨提示

【自动填充选项】下拉列表会随着单元格中的数字类型变化而变化，如日期数据，在【自动填充选项】下拉列表中就会出现有关日期的单选按钮，如下图所示。

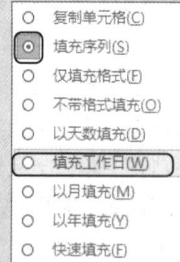

2.2.2 行列快速转置

制作统计表的过程中将行列数据进行互相调换的情况时有发生，手动逐一更改数据位置非常烦琐，HR可以通过转置技巧快速完成。

1. 通过粘贴选项转置

例如，在"薪酬体系构成一览表"中通过选择转置下拉选项来使行列数据转换，具体操作步骤如下。

第1步 打开"下载\素材文件\第2章\薪酬体系构成一览表.xlsx"文件，❶在"过节费补贴一览表"中选择A5:J12单元格区域，❷单击【复制】按钮复制数据，如下图所示。

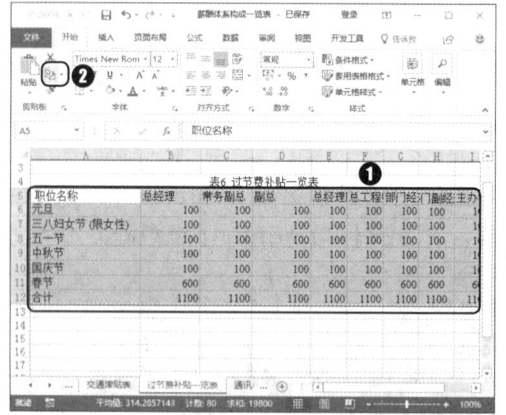

温馨提示

通过粘贴下拉选项【转置】来让表格行列进行切换，必须对原有数据进行复制，而不是剪切，一旦剪切数据，粘贴下拉选项中就只有一个普通粘贴选项（大部分选择性粘贴都是这样的）。

第2步 ❶选择复制粘贴的起始位置，❷单击【粘贴】下拉按钮，❸在弹出的下拉列表中选择【转置】选项，如下图所示。

第2章
HR 高效处理数据的技能

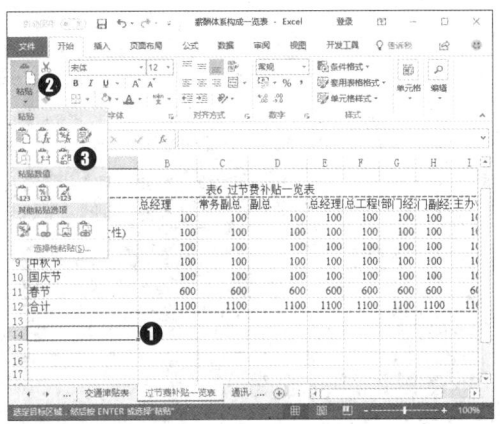

第3步 系统自动将表格行列进行互换转置，如下图所示。

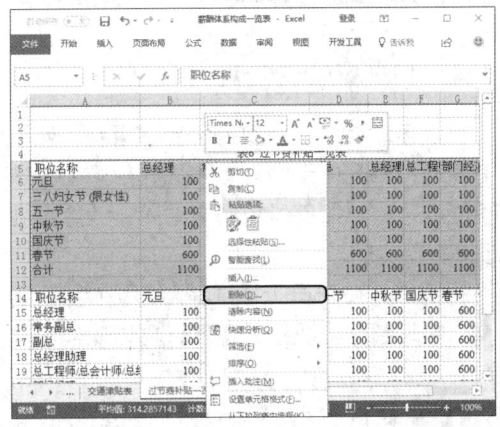

第4步 选择原有表格单元格区域及不需要的空行并在其上右击，在弹出的快捷菜单中选择【删除】命令，如下图所示。

第5步 在打开的【删除】对话框中，1 选中【整行】单选按钮，2 单击【确定】按钮，如下图所示。

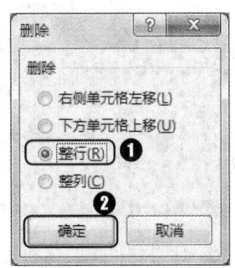

第6步 在表格中转置行列数据的最终效果如下图所示。

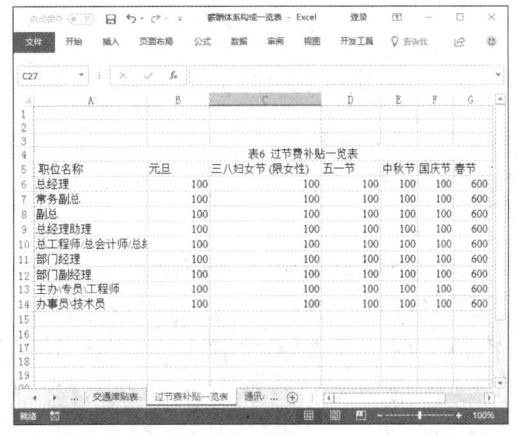

2. 通过对话框转置

例如，在"薪酬体系构成一览表"中将员工标准薪酬等级表的行列进行转置，具体操作步骤如下。

第1步 打开"下载\素材文件\第2章\薪酬体系构成一览表 1.xlsx"文件，在"员工标准薪酬等级表"中选择 A2:K27 单元格区域，按【Ctrl+C】组合键复制数据，如下图所示。

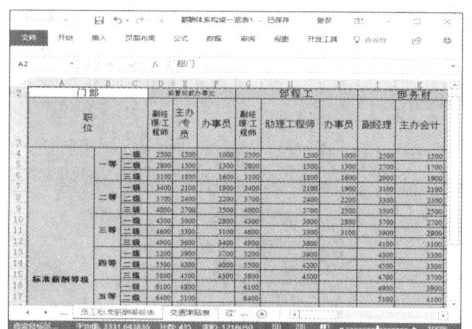

第2步 选择粘贴的起始位置，按【Alt+E+S】组合键，如下图所示。

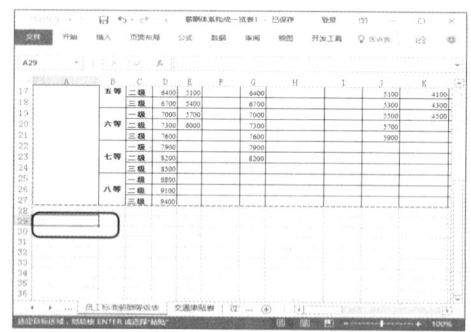

第3步 打开【选择性粘贴】对话框，1选中【转置】复选框，2单击【确定】按钮，如下图所示。

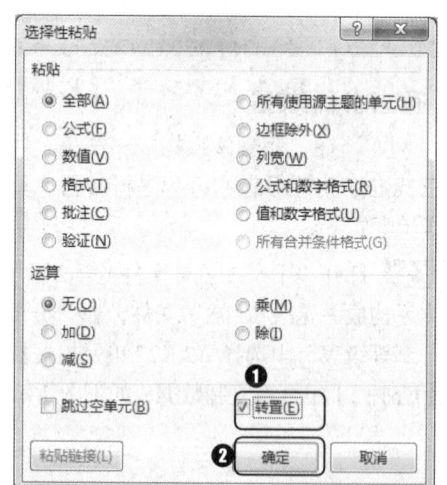

第4步 选择原有表格单元格区域及不需要的空行并在其上右击，在弹出的快捷菜单中选择【删除】命令，删除原有数据区域，如下图所示。

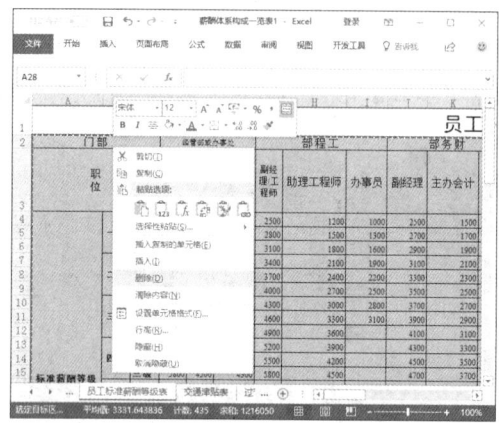

温馨提示

在快捷菜单中选择【删除】命令，不一定会打开【删除】对话框，有时会直接删除选择的数据或数据单元格。

第5步 行列数据转置后的效果如下图所示。

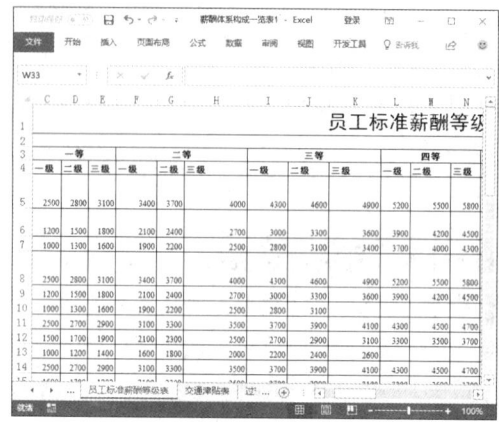

2.2.3 限制重复数据的输入

人事表格中一些数据不允许重复，如员工编号、薪酬体系中层级名称、部门名称、职位编号等。如何避免重复输入，让数据验证来轻松实现。

例如，在"员工标准薪酬等级(月薪类)表"中限制职位数据的重复，具体操作步骤如下。

第1步 打开"下载\素材文件\第2章\薪

酬体系构成一览表2.xlsx"文件，1 在"员工标准薪酬等级表"中选择 B3:B33 单元格区域，2 在【数据】选项卡【数据工具】组中单击【数据验证】按钮，如下图所示。

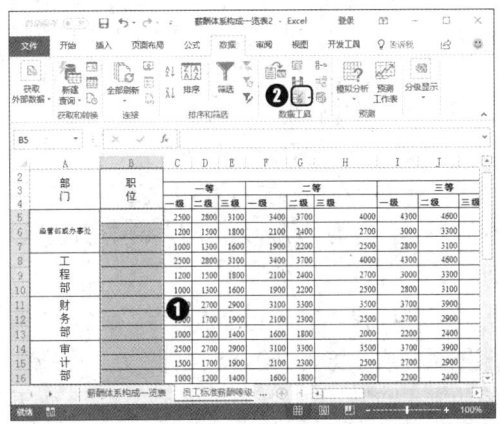

> **温馨提示**
>
> 使用【数据验证】可以防止数据重复输入，一般用于数据项较多的列中，若只有少量几行，一旦输入重复可立马发现，反而让数据验证的操作显得多余。

第2步 打开【数据验证】对话框，1 在【设置】选项卡中单击【允许】下拉按钮，2 在弹出的下拉列表中选择【自定义】选项，如下图所示。

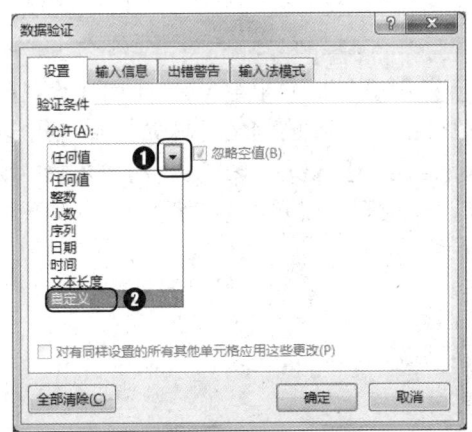

第3步 1 在激活的【公式】文本框中输入限制 B 列中输入重复数据的函数"=COUNTIF(B:B,B5)<2"，2 单击【确定】按钮，如下图所示。

> **温馨提示**
>
> 限制重复值的关键在于公式：=COUNTIF(B:B, B5)<2。其中 B:B 表示要限制的列，B5 是限制列的第一个数据单元格。<2 表示在受限制列中不能有任一重复。
>
> 要在其他列中进行重复数据的限制，只需修改限制列和受限制的第一个数据单元格位置即可。

第4步 在受限制列中输入任一已输入的职位数据，如办事员，系统会立即打开错误警告提示对话框，如下图所示。

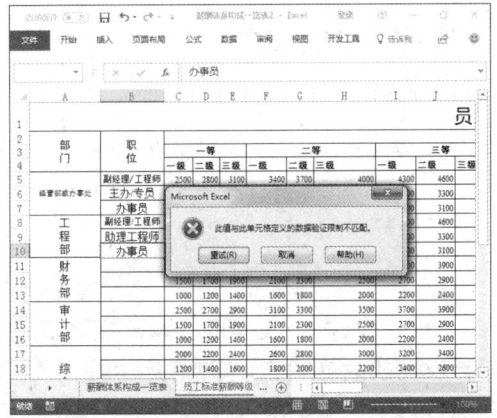

> **教您一招**
>
> **删除数据限制**
>
> 要取消表格中的数据限制，只需再次选择已设置数据验证的单元格或单元格区域，打开【数据验证】对话框，单击【全部清除】按钮，最后单击【确认】按钮即可。

要让其他使用表格的人员明确知晓当前列中不能输入重复值，可让重复警告框内容更直白，而不是系统默认的警告提示语，如下图所示。

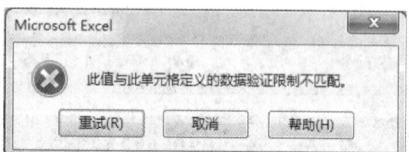

这时，HR选择已设置限制重复数据输入的单元格或单元格区域，再次打开【数据验证】对话框，在【出错警告】选项卡中设置【样式】为【警告】，然后设置警告标题和错误信息，最后单击【确认】按钮（也可以在设置限制重复数据时，一并完成，不用再次打开【数据验证】对话框进行设置），如下图所示。

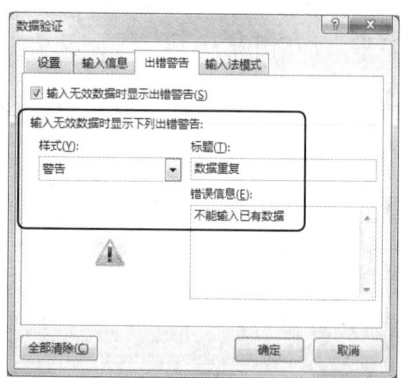

在限制列中输入重复职位数据，系统自动打开设置的警示对话框，如下图所示。

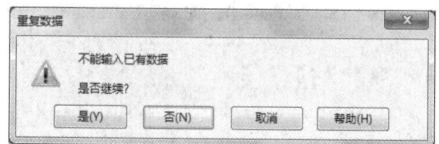

2.2.4 让数据单位自动生成

要为表格中的数据添加单位，同时，不影响各种计算或筛选等（手动输入单位，会将数据转换为文本，有时不能参与计算或是计算错误），可以让系统自动为其添加单位，如金额单位为"元"，招聘阶段为"期"，人数单位为"人"。

例如，在"薪酬体系构成一览表"中为年薪、岗位薪资和绩效薪资数据统一添加单位"万"，完善薪酬体系表格，具体操作步骤如下。

第1步 打开"下载\素材文件\第2章\薪酬体系构成一览表3.xlsx"文件，在"薪酬体系构成一览表"中选择目标单元格区域，如下图所示。

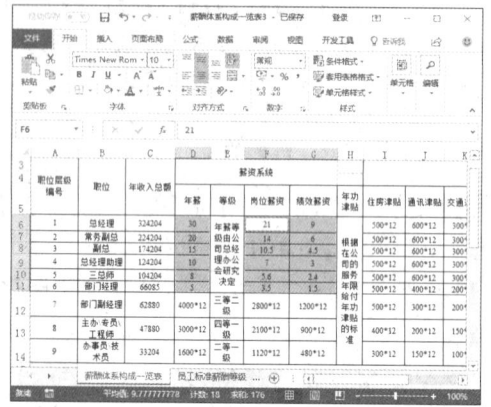

第2步 按【Ctrl+1】组合键，打开【设置单元格格式】对话框，1在【分类】列表框中选择【自定义】选项，2在【类型】文本框中接着输入【万】，3单击【确定】按钮，如下图所示。

第2章
HR 高效处理数据的技能

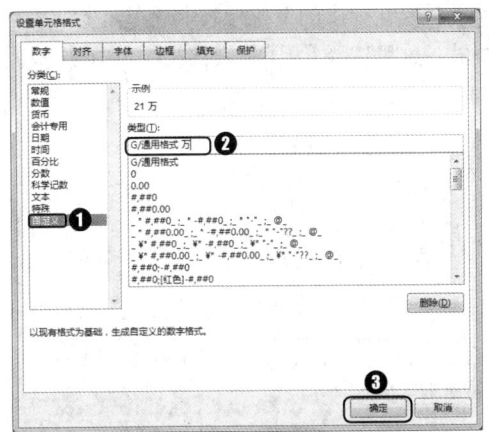

第3步 系统自动为选择的数据单元格添加单位【万】，如下图所示。

2.2.5 一键美化表格

要对人事汇总表格进行快速美化，最简洁有效的方法是套用表格样式，基本上只需要几步操作就能快速完成。

这里要特别强调这类表格最好是汇总表格，也就是普通的二维表格，如下图所示。

避免使用类似如下图所示的复杂性结构的表格，因为它们应用图表样式后的后续调整操作比手动设置格式更加烦琐。

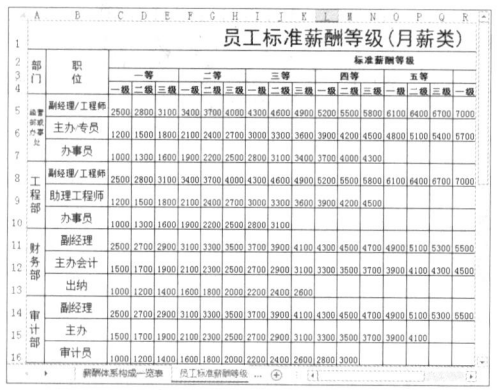

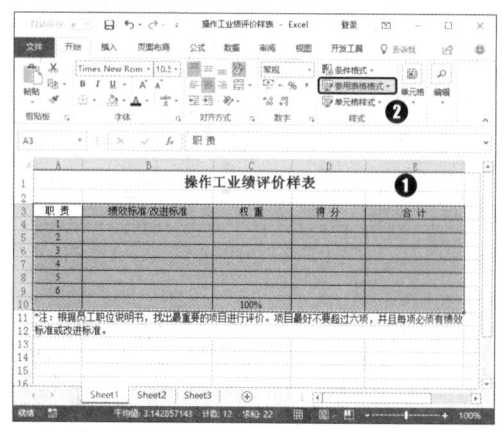

下面通过一键式美化"操作工业绩评价样表"为例,来讲解相应操作,具体操作步骤如下。

第1步 打开"下载\素材文件\第2章\操作工业绩评价样表.xlsx"文件,1选择表格中的数据单元格区域,2单击【开始】选项卡【样式】组中的【套用表格格式】按钮,如下图所示。

第2步 在弹出的下拉列表中选择需要的表格样式,这里选择【橙色,表样式浅色10】选项,如下图所示。

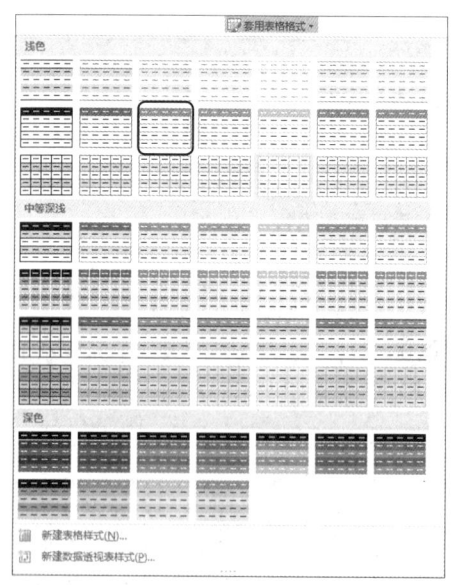

第3步 打开【套用表格式】对话框,1选中【表包含标题】复选框,2单击【确定】按钮,如下图所示。

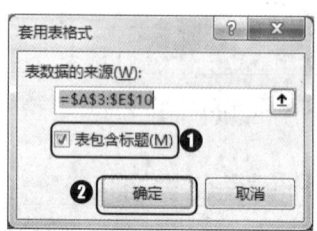

温馨提示

在选择套用表格样式的单元格区域中,若是包含了标题行,则在【套用表格式】对话框中,选中【表包含标题】复选框。若是没有包含标题行,就不用选中【表包含标题】复选框。

第4步 选择标题行中的任一单元格,单击【数据】选项卡中的【筛选】按钮,清除标题行中的下拉按钮,如下图所示。

第 2 章
HR 高效处理数据的技能

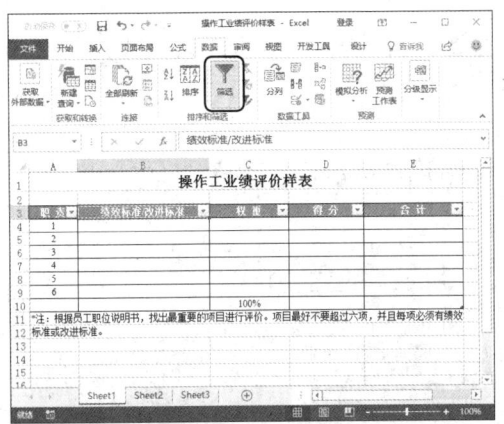

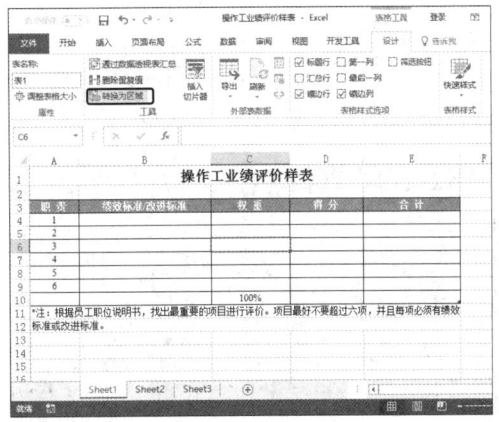

教您一招

另一常用去掉筛选按钮方法

在激活的【表格工具/设计】选项卡中的【表格样式选项】组中取消选中【标题行】复选框。

第5步 应用表格样式快速美化表格的效果如下图所示。

第2步 在打开的提示对话框中单击【是】按钮，如下图所示。

2.2.6 图形标识数据大小和状态

若要直观对比人事数据的大小，如月绩效、季度绩效、工资高低等，使用数据条图形非常适合。若要标明数据的状态，如销售业绩起伏状态等，使用箭头形状较为合适。

1. 用数据条标识数据大小

例如，在"业绩统计表"中用数据条标识累计业绩大小，具体操作步骤如下。

第1步 打开"下载\素材文件\第 2 章\业绩统计表 .xlsx"文件，选择 H2:H22 单元格区域，1 单击【条件格式】按钮，2 在弹出的下拉菜单中选择【数据条】选项，在弹出的级联菜单中选择【橙色数据条】选项，如下图所示。

套用表格样式美化表格，其实是将普通表格转换为列表。若要再次将表格转换为普通表格，可按如下操作步骤进行。

第1步 在激活的【表格工具 / 设计】选项卡中单击【转换为区域】按钮，如下图所示。

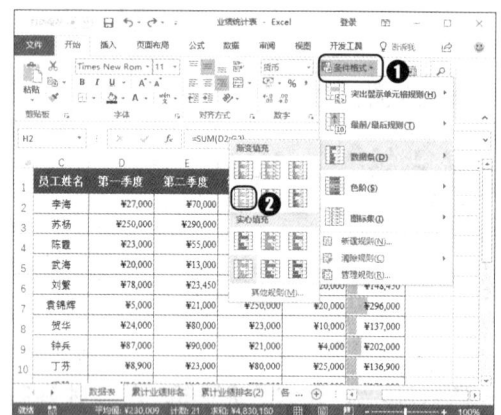

第2步 即可在目标单元格区域中根据数值大小填充长短不同的橙色渐变数据条，如下图所示。

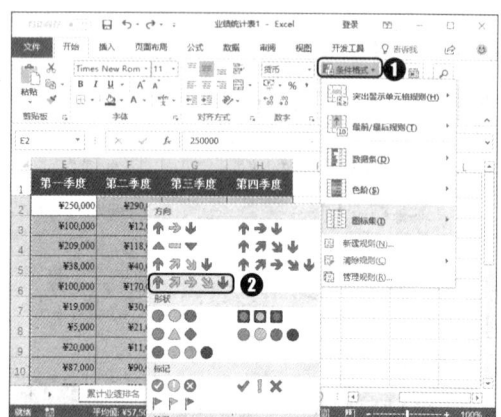

第2步 即可在目标单元格区域中根据数值大小填充不同状态的箭头形状，如下图所示。

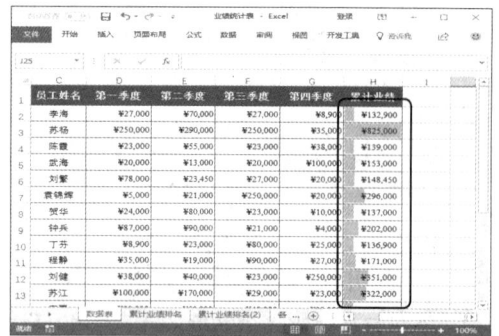

2. 使用箭头形状标识业绩状态

例如，在"累计业绩排名"中使用五色箭头标识各位员工分别在各个季度的业绩状态，具体操作步骤如下。

第1步 打开"下载\素材文件\第2章\业绩统计表1.xlsx"文件，选择 E2:H22 单元格区域，1单击【条件格式】按钮，2在弹出的下拉菜单中选择【图标集】选项，在弹出的级联菜单中选择【五项箭头（彩色）】选项，如下图所示。

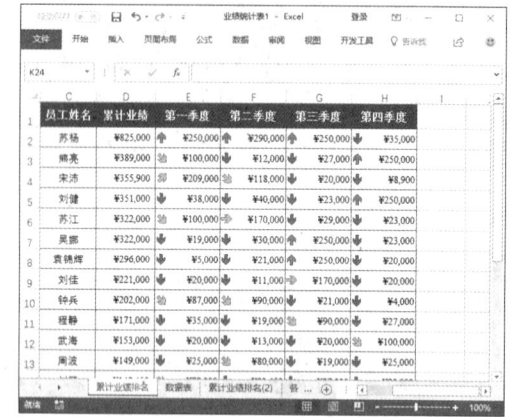

2.2.7 数据一步排序

要让统计表中的数据有条理，最简洁的方式就是对其进行排序，同时，最快速的排序方式就是单字段排序。

方法非常简单：1在目标列中选择任一数据单元格，2单击【数据】选项卡中的【升序】或【降序】按钮，如下图所示的是对"业绩统计表"中的所属分区列进行升序排列。

第 2 章
HR 高效处理数据的技能

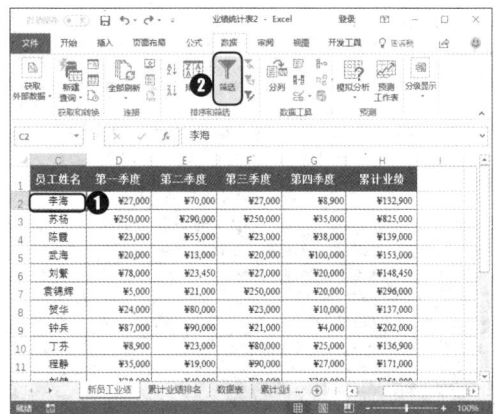

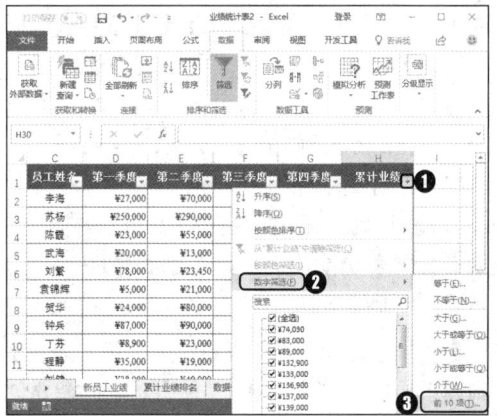

2.2.8 项目数据快速筛选

要对人事统计表中的数据，如业绩数据、工资数据、加班数据等进行项目式筛选（如前多少项、后多少项等），利用数据筛选功能最为快捷。

例如，在"新员工业绩"表中利用筛选功能快速筛选出排名前5的新员工业绩数据，具体操作步骤如下。

第1步 打开"下载\素材文件\第2章\业绩统计表2.xlsx"文件，1选择任一数据单元格，2单击【数据】选项卡中的【筛选】按钮进入自动筛选状态，如下图所示。

第2步 1单击"累计业绩"单元格右侧的下拉按钮，2在弹出的下拉列表中选择【数字筛选】选项，3在弹出的级联菜单中选择【前10项】选项，如下图所示。

第3步 打开【自动筛选前10个】对话框，1在【最大】右侧的数值框中输入【5】，2单击【确定】按钮，如下图所示。

第4步 在表格中即可查看到筛选出前5项的数据，如下图所示。

| 35 |

2.2.9 图表智能创建

能够应用到人力资源中的Excel图表大概有6类（在第1章中已介绍，这里不再赘述），不过这6类图表不一定全部适合分析指定的人事数据，所以，需要根据当前数据选择合适的图表类型，若是不能做出明确的选择，可让Excel智能推荐，展示几种最适合当前数据的图表类型供用户选用。

例如，在"薪酬体系构成一览表"中使用推荐图表功能快速创建合适类型图表，具体操作步骤如下。

第1步 打开"下载\素材文件\第2章\薪酬体系构成一览表4.xlsx"文件，1 选择要创建为图表的数据单元格区域，2 单击【插入】选项卡【图表】组中的【推荐的图表】按钮，如下图所示。

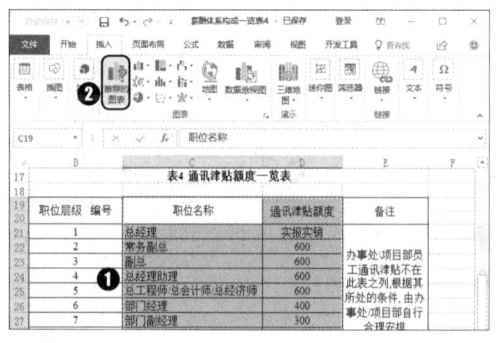

第2步 打开【插入图表】对话框，1 在左侧推荐的图表中选择需要的图表类型，这里选择【漏斗图】选项，2 单击【确定】按钮，如下图所示。

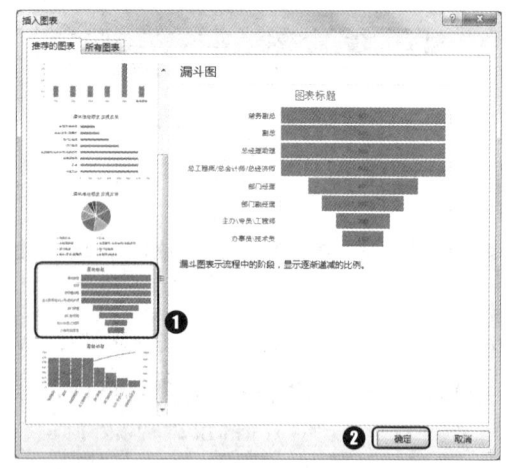

第3步 系统会自动插入选择的类型图表，对图表进行完善和格式设置操作（关于图表完善和格式设置操作将在第5章中进行详细讲解），如下图所示。

2.2.10 报表智能创建

在Excel中数据透视表可以手动创建，也就是手动插入（在第5章中将会详细讲解数据透视表的手动创建和设置方法），同时，也可以"偷懒"让系统自动创建，从而省去字段添加和设置的操作。

例如，在"员工档案表"中使用推荐的数据透视表功能智能创建报表，透视分析部门人员构成，具体操作步骤如下。

第1步 打开"下载\素材文件\第2章\员工档案表.xlsx"文件，1 选择要创建为图表的表格数据；2 单击【插入】选项卡【图表】组中的【推荐的数据透视表】按钮，如下图所示。

第2步 打开【推荐的数据透视表】对话框，1 在左侧推荐的图表中选择需要的透视表选项，2 单击【确定】按钮，如下图所示。

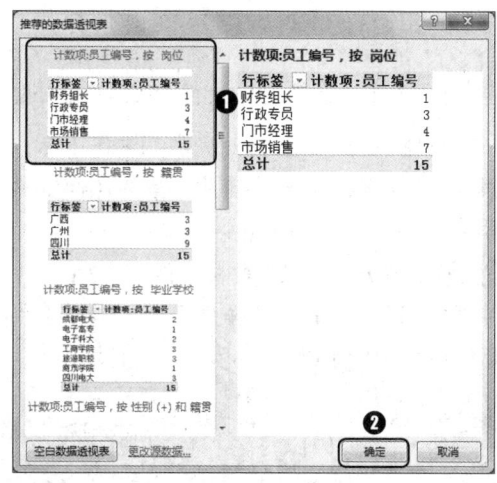

> **温馨提示**
>
> 使用推荐的图表或是数据透视表创建的图表和数据透视表，后期HR都可以对其进行调整和设置。不是一成不变的。

第3步 系统自动在新工作表中插入选择的数据透视表，其中字段的添加和值显示方式已自动完成，如下图所示。

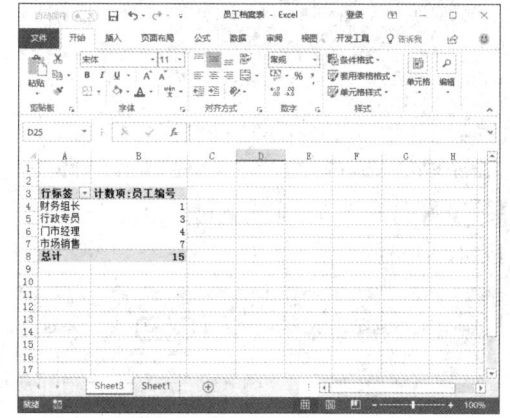

经过前面知识的讲解，相信大家已经掌握了数据高效处理的方法、技巧及相应的经验。下面笔者再结合本章内容与实际工作经验，与HR分享几个棘手问题的解决方法和经验。

01：如何按行对表格数据进行排序

🎬 视频文件：下载\视频文件\第2章\01.mp4

通常情况下，都是对列数据进行排序，其实，还可以对行进行排序，具体操作步骤如下。

第1步 打开"下载\素材文件\第2章\业绩管理.xlsx"文件，1 选择 D~L 列，2 单击【数据】选项卡中的【排序】按钮，如下图所示。

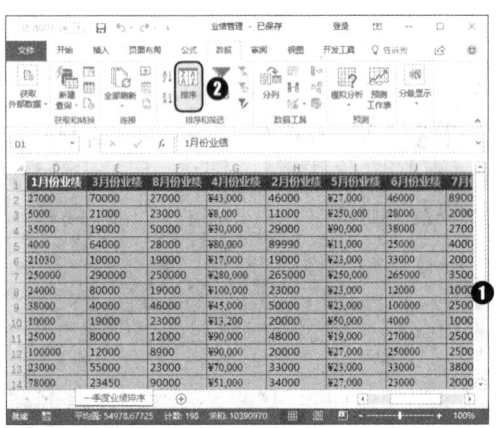

第2步 打开【排序】对话框，单击【选项】按钮，如下图所示。

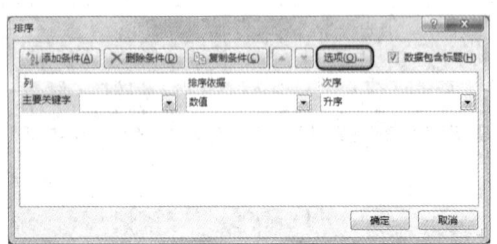

第3步 打开【排序选项】对话框，1 选中【按行排序】单选按钮，2 单击【确定】按钮，如下图所示。

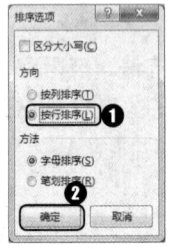

第4步 返回【排序】对话框，1 选择【主要关键字】选项为【行1】，2 单击【确定】按钮，如下图所示。

第5步 系统自动按行1（这里是标题行）进行排序，如下图所示。

温馨提示

切换到按行进行排序方式后，需要手动将其切换到按列排序方式，也就是要再一次打开【排序选项】对话框，选中【按列排序】单选按钮，单击【确定】按钮。

02：如何对双行/多行标题的工作表进行筛选

在人事表格中双行标题有很多，如下图所示。

第 2 章
HR 高效处理数据的技能

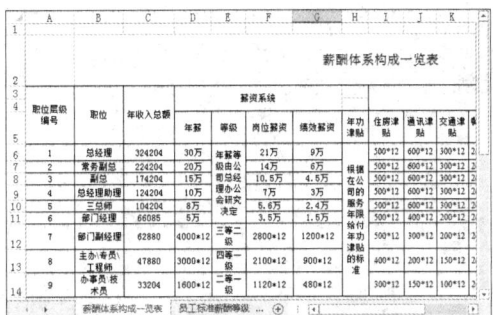

要对上述类型的表格进行项目筛选,需要一个小技巧,不然就会出现错误或是不希望看到的筛选状态(筛选按钮总是出现在第一标题处),如下图所示。

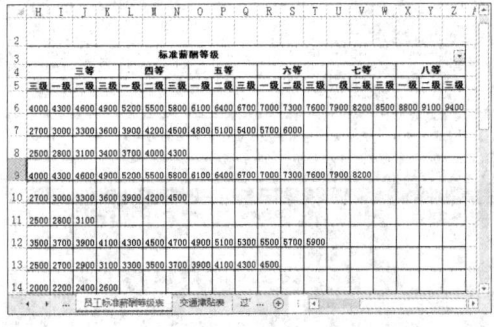

这时,只需一个小技巧,就能让筛选按钮正常出现在用户需要的标题行中。操作方法为:1 选择多行标题的最后一行(或是标题级别最底层的一行),这里选择第 3 行,2 单击【筛选】按钮进入自动筛选状态,然后再进行项目数据筛选的操作,如下图所示。

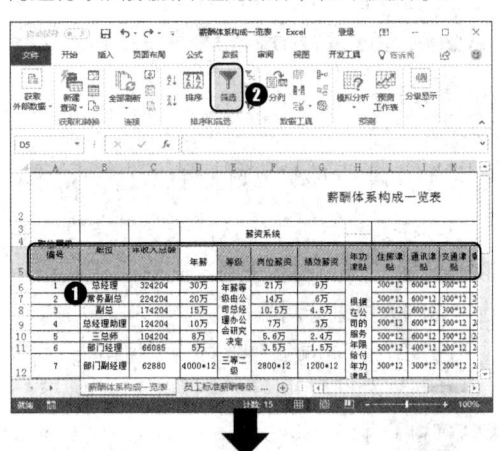

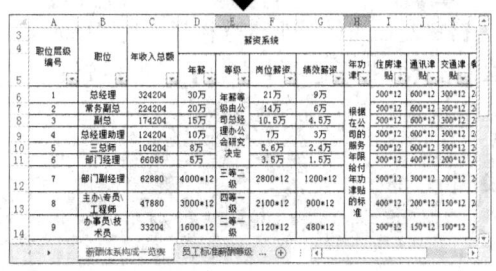

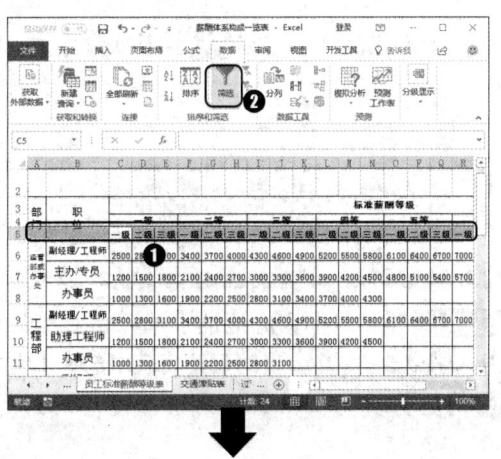

Excel
在人力资源管理中的应用

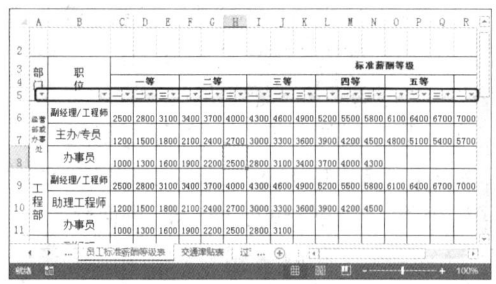

03：筛选出包含特定文字的记录

🎬 视频文件：下载\视频文件\第2章\03.mp4

要在人事表格中筛选出包含特定文字的数据记录，如在人事异地调岗时，筛选出指定地区的人员进行调派等。

例如，在"员工档案表"中筛选出包含"巴中"文本的人员数据，具体操作步骤如下。

第1步 打开"下载\素材文件\第2章\员工档案表1.xlsx"文件，❶选择任一数据单元格，❷单击【数据】选项卡中的【筛选】按钮进入自动筛选状态，如下图所示。

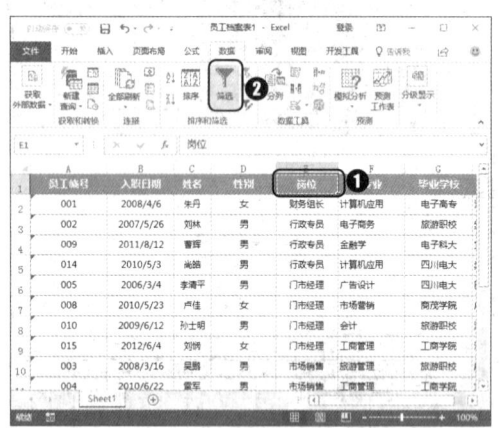

第2步 ❶单击【家庭地址】单元格右侧的下拉按钮，❷在弹出的下拉列表中选择【文本筛选】命令，❸在弹出的级联菜单中选择【包含】命令，如下图所示。

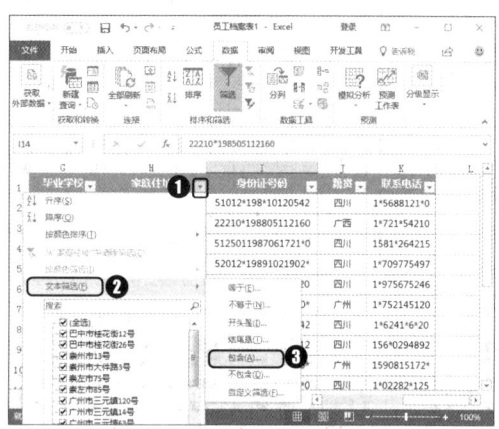

第3步 打开【自定义自动筛选方式】对话框，❶在【包含】右侧的文本框中输入包含文字，这里输入"巴中"，❷单击【确定】按钮，如下图所示。

第4步 系统自动筛选出包含指定文本的数据记录，如下图所示。

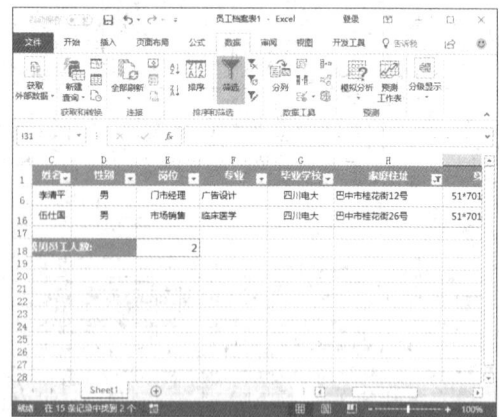

04：如何自动让多列数据合并为一列

🎬 视频文件：下载\视频文件\第2章\04.mp4

要将表格中已有的多列数据合并为一列，重新输入或是选择复制粘贴的方法，是很浪费时间的，这时HR可采用两个不同的小技巧来快速完成。

例如，在"员工联系地址"表中通过使用快速填充功能将"所在城市""所在区域"和"地址"列中数据合并到"具体地址"列中构成完整的联系地址。

技巧一

第1步 打开"下载\素材文件\第2章\员工联系地址.xlsx"文件，在E3单元格中输入B3、C3和D3单元格中的地址内容，选择E3单元格并将鼠标指针移到其右下角，当鼠标指针变成+形状时双击将数据填充到数据末行，如下图所示。

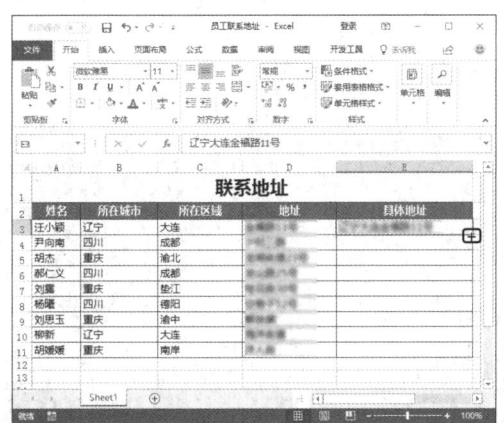

第2步 ❶单击【自动填充选项】下拉按钮，❷在弹出的下拉列表中选中【快速填充】单选按钮实现多列数据合并为一列，如下图所示。

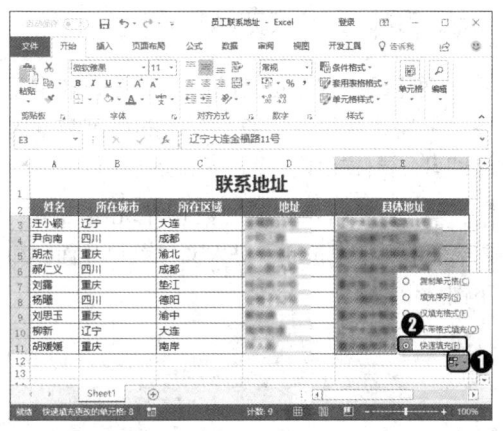

技巧二

打开"下载\素材文件\第2章\员工联系地址.xlsx"文件，❶选择目标单元格区域，这里选择E3:E11单元格区域，❷在编辑栏中输入带有连接符的公式（关于公式/函数的具体知识，在第4章中进行详细讲解），按【Ctrl+Enter】组合键，系统自动将B列、C列和D列中的数据合并为一列，如下图所示。

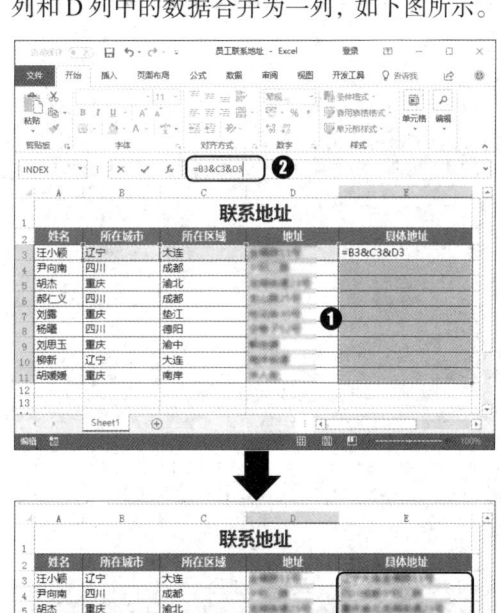

05：打印指定数据区域

要打印表格中指定的部分数据，非常简单，只需让系统"知道"打印的指定数据区域即可，具体操作步骤如下。

第1步 1 选择要打印的数据单元格区域，2 单击【文件】选项卡进入文件菜单界面，如下图所示。

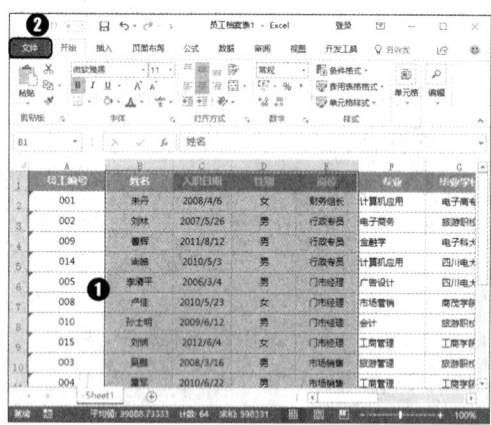

第2步 1 选择【打印】命令，2 在【打印】界面中单击【打印活动工作表】按钮，3 在弹出的下拉列表中选择【打印选定区域】选项，如下图所示。

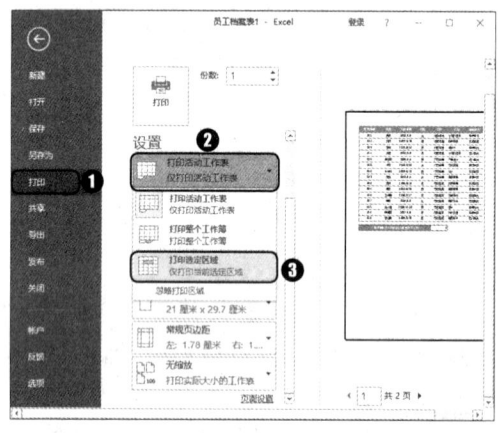

第3章
HR制表的规范与原则

本章导读

HR不仅要掌握使用Excel制作表格、编辑、完善美化表格的方法和技巧，还需要明白表格的一些规范和原则。在本章中将会把这些规范和原则介绍给大家，帮助大家少走弯路，把表格做得更加规范和专业。

知识要点

- ❖ 怎样做到表格结构的规范
- ❖ 人事表格内容有哪些原则
- ❖ 如何做到表格保护的规范

3.1 表格结构要规范

人事表格的制作和设计，要保证其专业性和可读性，必须保证结构规范合理，如字段的顺序、汇总行的位置、合并行的放置等。让表格结构符合逻辑顺序的同时，保证阅读顺畅，数据处理正常。

3.1.1 字段顺序合理安排

字段顺序安排是否合理，直接确定了表格逻辑结构是否清晰，直接关系到制表人是否厘清当前工作的逻辑顺序。

因此，字段顺序应该按事情发展的逻辑顺序进行安排。

例如，制作人员招聘预算表的结构，先厘清结构顺序：招聘的批次、为哪个部门招聘、招聘的人数、招聘的岗位、希望招聘的时间及招聘的渠道、费用等。经过分析整理，可得到这样一些字段和顺序：项次（批次）、部门、人数、岗位、希望招聘时间，如下图所示。

再如，制作部门绩效考核表，思路顺序应该为：第几次考核、目标绩效是多少、实际完成绩效是多少、完成的比例、未完成的原因、相应的评分等。大体可以确定字段和字段顺序，即序号、目标、目标完成情况、权重、未完成原因和评分，如下图所示。

温馨提示

确定字段有哪些与确定字段顺序，都可以通过厘清当前表格的逻辑顺序来确定，不过，最好是先确定字段，再确定字段的安排顺序。

3.1.2 合计行不能随意出现

在人事表格中，特别是统计表格中合计行不能随意出现（这里指的是人为制作的，不包括汇总数据出现的汇总行），因为它把整个表格人为地划分为好几大块，分割了表格，如下图所示，为数据的汇总分析增添了麻烦和阻碍。

第 3 章
HR 制表的规范与原则

通常情况下，人事数据汇总或统计表格不需要这些人为的合计行。一旦表格中出现了合计行也需要将其手动删除，以保证数据区域的整体性和连续性。操作方法为：1选择任一数据单元格，2单击【升序】按钮，合计行自动排列到最后几行，3选中合计行并右击，在弹出的快捷菜单中选择【删除】命令将其删除即可。

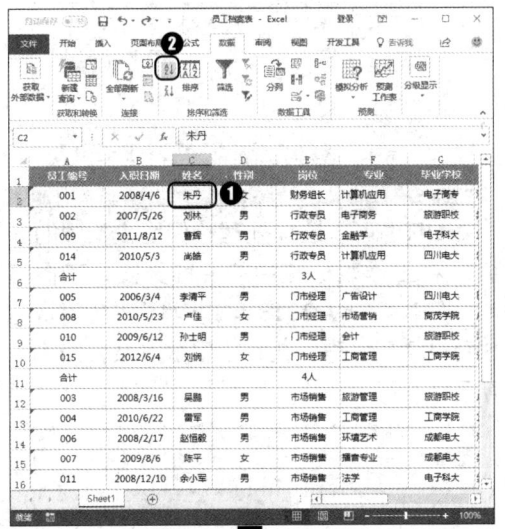

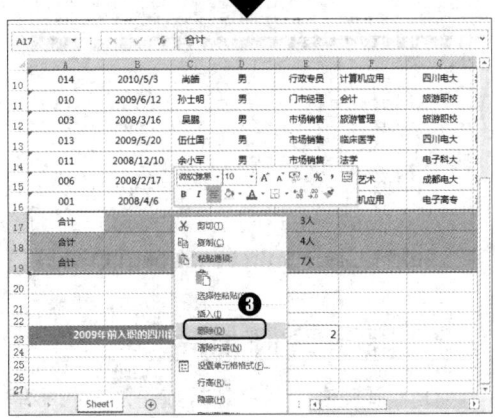

需要注意的是：有的人事表单中需要有合计行或合计列，如下图所示。

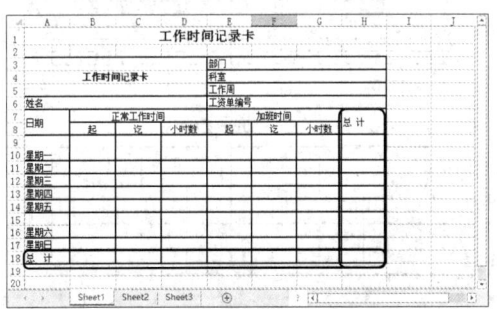

3.1.3 表名简要统一

制作人事数据统计表时，不仅要让表名简要，体现关键信息，让受众一看就懂，没有冗余的信息，还需要起到提纲挈领的作用。

例如，在一年的业绩统计表中，可将表名命名为"全年业绩统计""年度绩效统计""2018年绩效汇总"等；公司统一招聘登记表，可将表名命名为"招聘登记表"等。

如下图所示的是常见人事表格的典型表名。

当面对这样多个表名时，可直接将表头中的表名删除，保留工作表标签的表名和工作簿名，如下图所示。

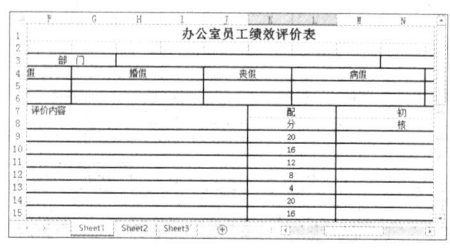

HR也可以这样处理：保留表头中的表名，将工作表标签中的名称更换为其他名称，如2017年、2018年或将其更改为默认的Sheet系列名称，让其不累赘多余，如下图所示。

另外，表名简要体现在关键位置即可，一些统计表中无须多次出现相同的表名，如下图所示，同一表名出现3次，显得非常烦琐冗余。

3.1.4 隔行隔列不能有

在人事表格中，合计行或是汇总行不能随意有，空行空列同样不能随意有（除特殊情况外），需让表格主体数据区域是一个整体，不能出现数据断裂或残缺。

如下图所示的是隔行或隔列的错误表格样式，需要手动将这些隔行隔列手动删除。

3.1.5 合并不能太随意

在人事表格中能不能合并单元格，可不可以有合并单元格的存在，答案是肯定的，合并单元格可以有，也可以进行合并。HR，只需进行分别对待即可。可以从两个大体方面进行区分：是否为表单、是否为源数据表（或是基础表）。这个问题一旦厘清就非常简单。

对于人事表单，多用于打印，可在其中进行合并操作，而且是按需进行，没有限制，如下图所示。

对于人事统计和汇总表，多用于数据的汇总分析，为了避免操作失效或结果错误，应尽量避免在数据主体部分进行合并操作。

如下图所示，由于统计表中具有合并单元格，导致数据表中的单元格大小不同，致使排序不能进行。

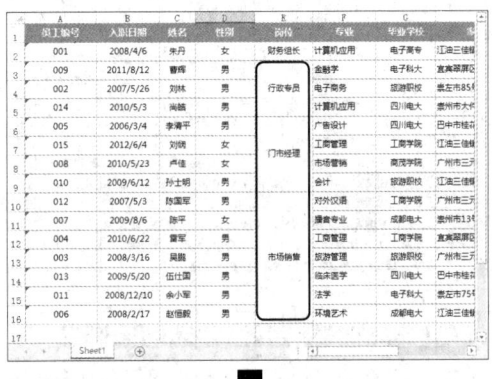

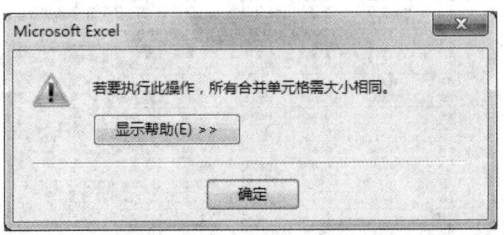

如下图所示，由于统计表中具有合并单元格，导致分类计数汇总结果错误。

这里需要强调一点，在汇总表中虽然不能随意出现合并行，但也有特殊情况，如标题行中的合并项，表格末列的合并汇总列，如下图所示。

对于标题行中的合并单元格会影响数据处理操作的问题，如快速筛选（已在第2章中进行了讲解，这里就不再赘述），以及对于表格末列存在合并单元格，导致数据主体部分无法正常排序可采用技巧操作进行解决。

操作方法为：1选择要排序的数据区域（不包含末列的合并单元格区域），2单击排序按钮，如【升序】按钮，系统直接对选择数据区域进行排序，如下图所示。

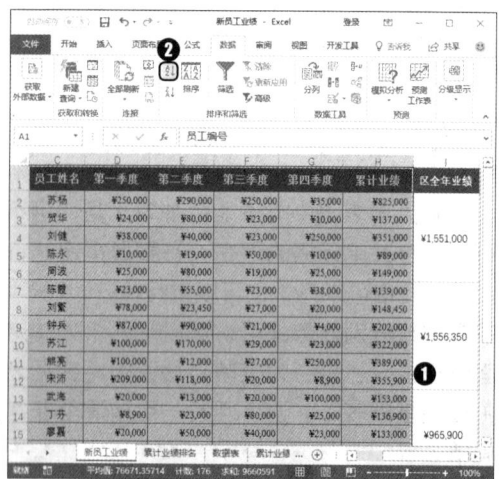

由于是对表格区域中的部分数据进行排序，有时系统会自动打开【排序提醒】对话框要求给出排序依据，此时，需要1选中【以当前选定区域排序】单选按钮，2单击【排序】按钮，如下图所示。

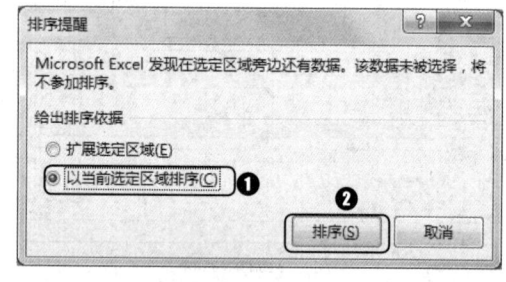

教您一招

借助空白列分割表格区

面对有合并列的表格，要让数据明细字段数据正常排序，可在合并列前插入空白列，将表格区域分割为两部分，然后再对字段明细部分数据区进行排序。最后，将插入的空白列删除即可。

3.2 人事表格内容的基本规范

HR在填写或编辑人事表格、表单时,需要遵循最基本的三项规范:同类名称要统一、空格不能泛滥、数据格式要规范。

3.2.1 同类名称要统一

在人事表格中同类名称要统一,如部门名称、学历、编号等。最常见和最容易犯错误的是学历这类名称不统一,如下图所示。

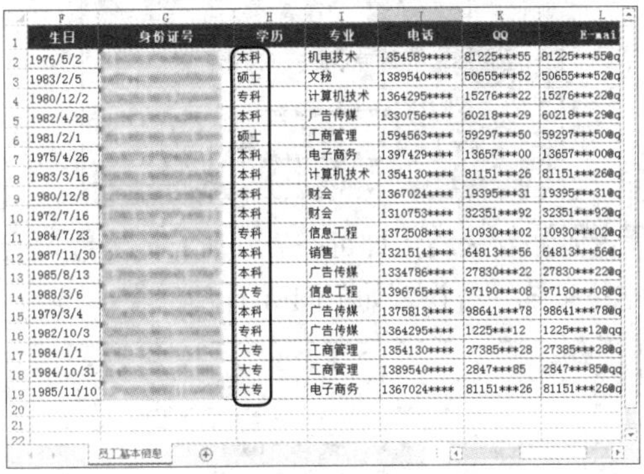

在表格中可以看出,学历列中的数据名称不统一:本科、硕士、专科、大专。其中,专科与大专是同一学历(中专与高中学历对应,不能被包含在专科中),硕士是学位,与本科对应学士一样。为了整个档案表的严谨性,需要将学历列中名称进行统一,如下图所示。

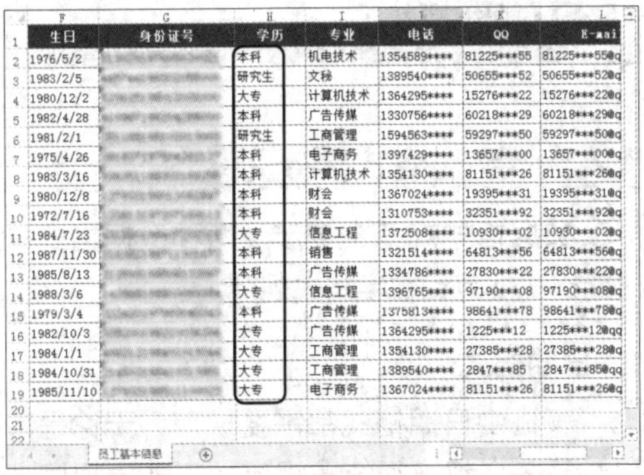

3.2.2 空格不能泛滥

空格不能泛滥是指人为在一些文本数据中添加空格,最常见的是在姓名输入中,为了保持同列名称数据的宽度一致,在姓和名之间人为添加空格,如下图所示。

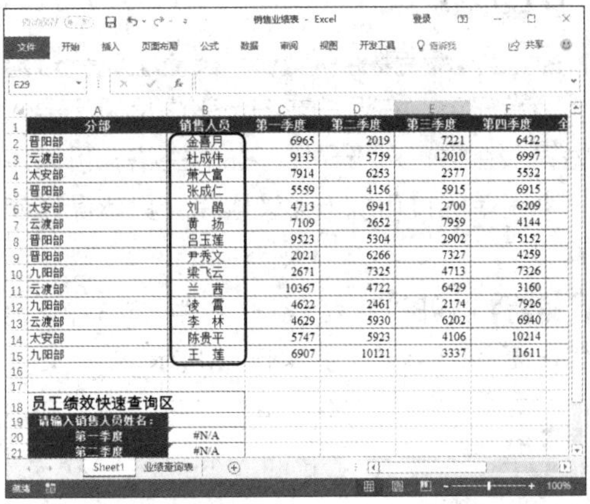

乍一看没有问题,但在汇总分析数据时,通过这些添加空格的字段数据作为关键字段进行数据查询时,容易出现查找不到的情况,如下图所示(在B19单元格中输入销售人员姓名后,无法正常查找对应的季度销售数据)。

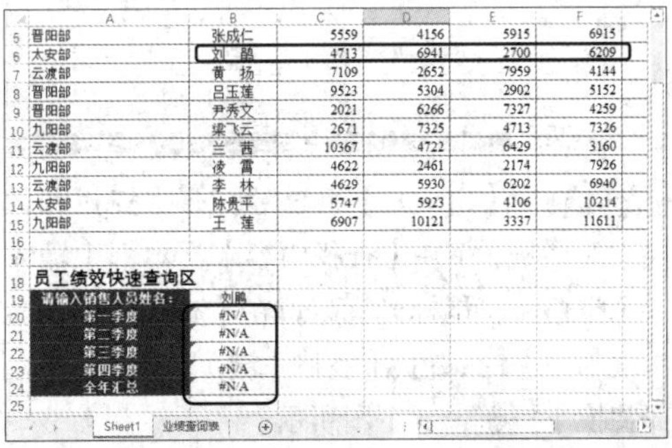

使用其他没有人为输入空格的销售人员

姓名，就能查找到对应的销售数据，如下图所示。

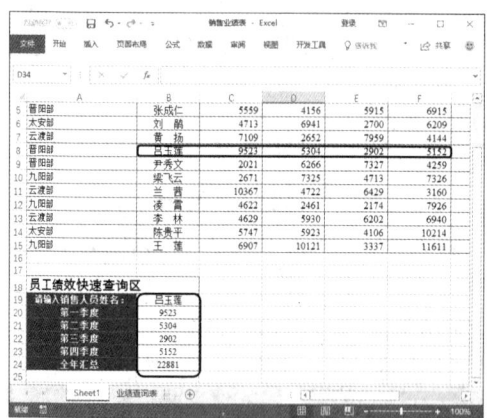

鉴于此，在汇总或统计表中尽量不要人为输入空格，对于已经存在的空格，可采用一个简单的技巧统一批量删除，具体操作步骤如下。

第1步 打开"下载\素材文件\第3章\销售业绩表.xlsx"文件，如下图所示。

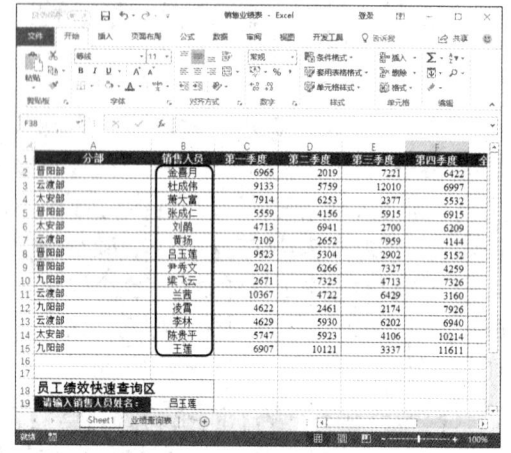

第2步 按【Ctrl+H】组合键打开【查找和替换】对话框，❶在【查找内容】文本框中输入一个空格（将鼠标光标定位在【查找内容】文本框中按【Space】/【空格】键），❷单击【全部替换】按钮，如下图所示。

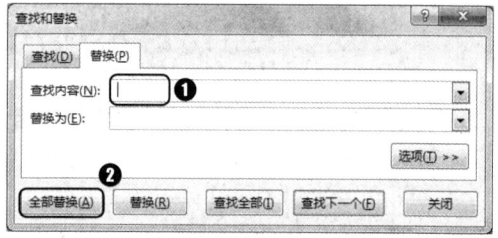

第3步 在打开的提示对话框中可以查看到替换的空格数，单击【确定】按钮，如下图所示。

第4步 在表格中即可查看到所有人为输入的空格被统一替换，如下图所示。

3.2.3 数据格式要规范

数据格式规范主要涉及两种数据格式：日期格式规范和数字格式规范。

1. 日期格式规范

表格中日期格式都需要规范，无论是单列或是多列都必须统一规范，不能出现同一表格中或是同一列中有多种日期格式数据，如下图所示。

第 3 章
HR 制表的规范与原则

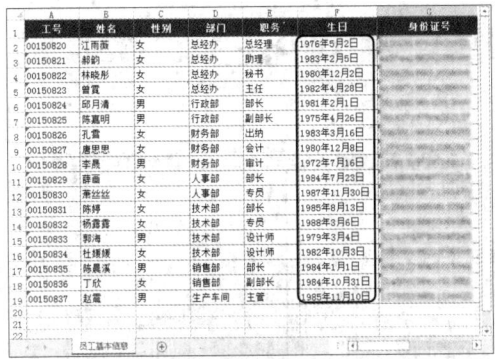

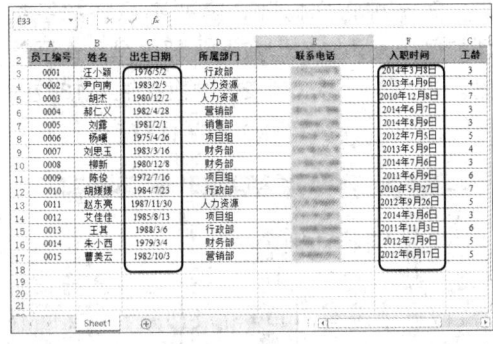

2. 数字格式规范

数字格式规范主要是要求表格中的数字型数据，不能轻易变成文本型数据，因为文本型数据有时不能参与直接计算或是将数字型计算转换为文本型结果。

如下图所示，对规范的数字进行求和计算，得出四季度的累计业绩。

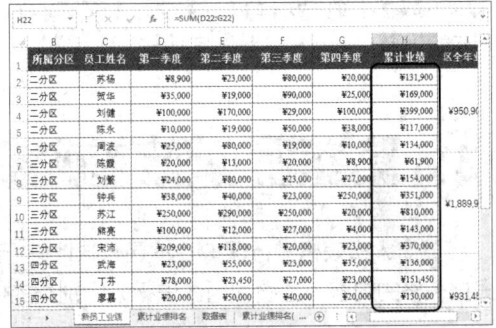

> **温馨提示**
> 统一日期格式，一定要是正确的格式，不能随意自己确定，具体的可参考1.3.2节中的知识，这里不再赘述。

不能出现单列或多列日期格式不统一、不规范的情况，如下图所示。

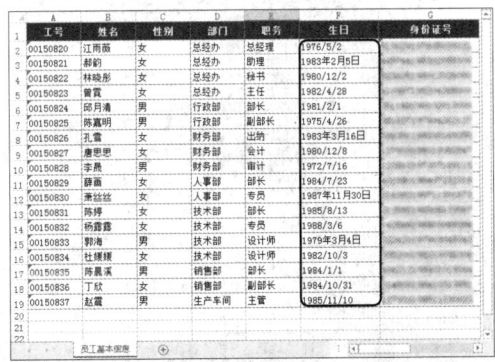

随意对四季度中的任一季度数据进行类型修改，将其更改为文本型，累计业绩数据计算随着进行变化，得出错误的结果（因为系统不会计算包含文本型的数据），如下图所示。

有一种特殊情况，需要刻意将数字类型数据更改为文本型数据，那就是身份证号码。如下图所示，在表格中直接输入18位的身份证号码，直接转换为科学计数法。

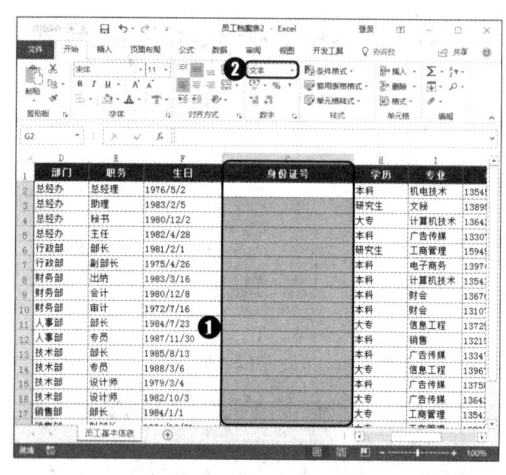

操作方法为：1实现先将单元格的数据类型转换为文本类型，也就是选择要输入身份证号码的单元格或单元格区域，2在【开始】选项卡【数字】组中选择数字类型为【文本】，然后输入身份证号码，如下图所示。

温馨提示

除了上面将单元格区域的数据类型转换为文本的方法外，HR还可以直接在单元格中输入英文状态下的单引号【'】，将数据类型转换为文本。这种方法需要手动逐一输入，对单一或少许几个分离较远的单元格非常实用。

3.3 表格保护要规范

要对人事表格进行保护，不是一味地进行绝对的保护，也不是进行随意的保护。HR一定要根据表格的内容、性质和用途进行分门别类的保护，否则就失去保护表格的初衷。

3.3.1 不设密码的保护等于无保护

在对表格进行保护时，要设置密码，特别要设置稍微烦琐的密码。对于不设密码的表格保护或者密码太简单，如1位数密码，其他人可以轻易取消保护，随意对数据和结构进行修改编辑，这等于对表格没有保护。

如果保护工作表不设置密码，直接在打开的【保护工作表】对话框中单击【确定】按钮进行保护，如下图所示。

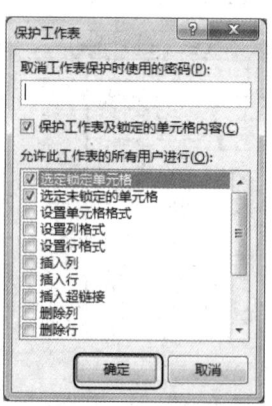

其他人员，只需单击【撤消工作表保护】按钮，如下图所示，直接取消保护，表格数据和结构样式处于随意修改状态，可

第 3 章
HR 制表的规范与原则

能为自己或是公司造成不必要的麻烦和损失（关于设置密码保护的操作请参考1.2.3节知识，这里不再赘述）。

类似的密码保护包括：保护工作簿结构和修改权限、编辑区域的指定、隐藏公式函数等（这些操作将会在第2篇结合实例进行操作讲解）。

3.3.2 公用表格不保护

对于数据和结构不允许他人随意修改的重要表格，需要进行密码保护，但对于那些大家都要使用的表格，如招聘登记表、简历表、请假单、个人考勤表、个人绩效填写表等，不需要密码保护，甚至连无密码保护都不需要。

因为一旦保护，其他使用人员可能无法正常使用，为工作带来麻烦和阻碍。

同时，作为补充和提示，局域网中的共享表格，更不能对工作簿进行密码保护，因为，它直接影响共享能否成功。

但是，对于那些不公用，只可公开查看的表格，仍然可根据实际需要进行数据结构保护或是限制性局部保护等。

3.3.3 单张表格特定保护

在一些工作簿中，如薪酬体系工作簿、年度出勤工作簿、报表工作簿，有很多表格同时形成体系。这时，要对其中的单张表格进行保护，必须是特定保护，也就是指定保护。需要保护哪一张表格就对哪一张表格保护，不能为了简便，对整个工作簿进行密码保护，影响工作簿的共享传阅和工作的协同开展。

 大神支招

本章主要是对人事表格的制作和设计的规范、原则进行简要的讲解和介绍，避免HR走入误区或雷区，让制作和设计的人事表格更加专业和规范。下面结合本章内容介绍几个实用和常用的相关技巧，帮助HR提高工作效率和质量。

01：善用最终状态标记

视频文件：下载\视频文件\第3章\01.mp4

对于那些需要共享或是公用的人事表格，可以在其中添加最终标记状态，用于提醒该表格结构或是数据样式都已完善，建议不用进行过多的修改和编辑，在一定程度上保证同类表格的风格样式一致，具体操作步骤如下。

第1步 打开"下载\素材文件\第3章\薪酬体系构成一览表5.xlsx"文件，选择【文件】选项卡，如下图所示。

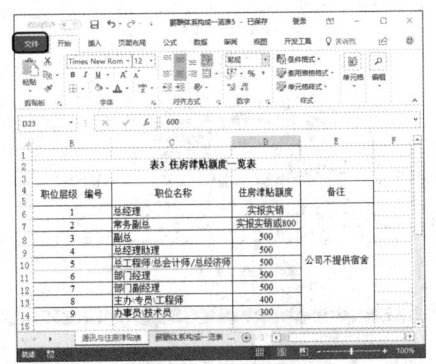

第2步 在【信息】界面中，1单击【保护工作簿】下拉按钮，2在弹出的下拉列表中选择【标记为最终状态】选项，如下图所示。

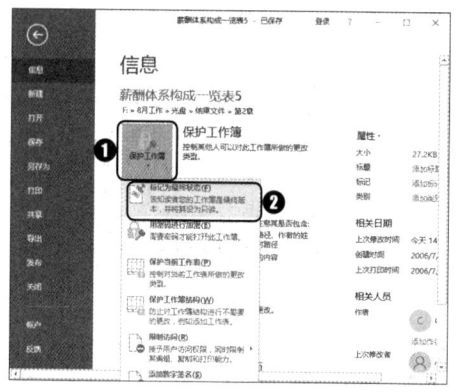

赋予指定人员修改权限，最直接的方式就是为表格或是工作簿进行密码保护，然后将密码告知指定人员来实现。

在Excel中设置修改权限，通常有两种常用方法：一是设置整个工作簿的修改权限，二是对指定区域设置编辑权限。

1. 设置整个工作簿的修改权限

例如，对"薪酬体系构成一览表"设置修改权限，具体操作步骤如下。

第1步 打开"下载\素材文件\第3章\薪酬体系构成一览表.xlsx"文件，如下图所示。

第3步 在打开的提示对话框中单击【确定】按钮，如下图所示。

第4步 在打开的提示对话框中单击【确定】按钮，如下图所示。

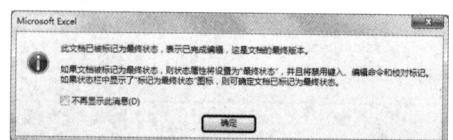

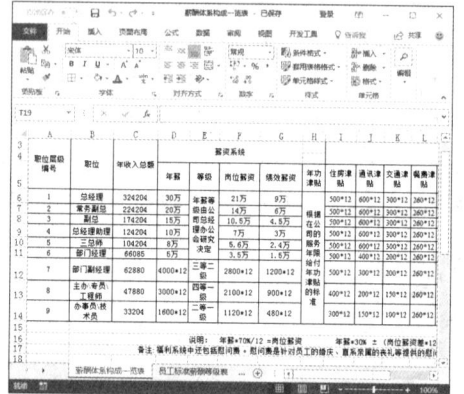

第2步 按【F12】键，打开【另存为】对话框，1单击【工具】下拉按钮，2在弹出的下拉菜单中选择【常规选项】命令，如下图所示。

第5步 当前工作簿被限制为"只读"并出现最终版本的标记条，如下图所示。

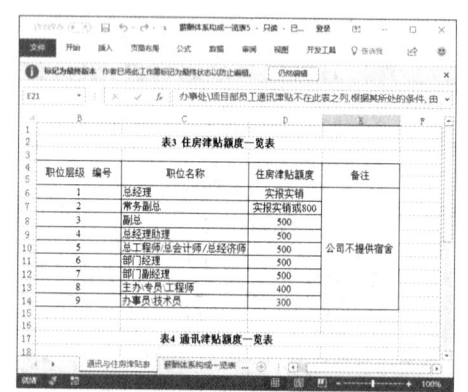

02：如何赋予指定人员修改权限

🎬 视频文件：下载\视频文件\第3章\02.mp4

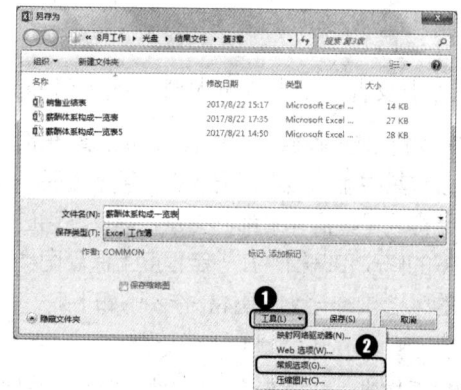

第3步 打开【常规选项】对话框，1在【修改权限密码】文本框中输入密码，这里输入

"123456"；2 单击【确定】按钮，如下图所示。

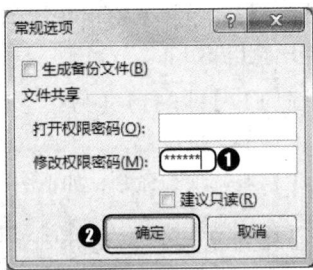

第4步 打开【确认密码】对话框，1 再次输入密码"123456"，2 单击【确定】按钮，返回【另存为】对话框中单击【保存】按钮，如下图所示。

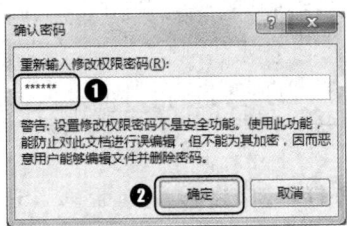

第5步 关闭工作簿，然后再次打开，系统自动打开【密码】对话框，要求输入修改权限密码，否则只能以只读方式打开，如下图所示。

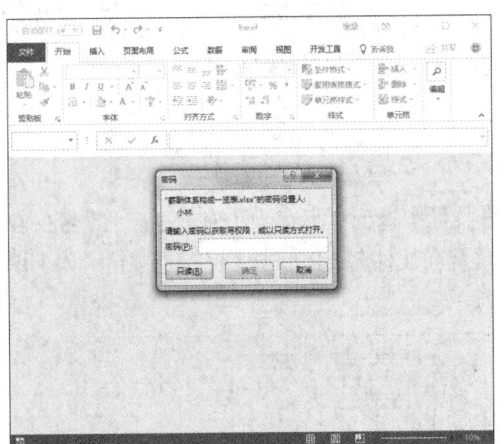

2. 对指定区域设置编辑权限

例如，在"销售业绩表"中对指定区域设置编辑权限密码，具体操作步骤如下。

第1步 打开"下载\素材文件\第3章\销售业绩表1.xlsx"文件，选择允许编辑的单元格区域，如下图所示。

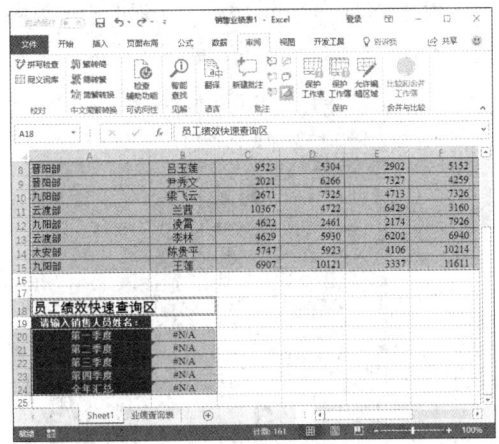

第2步 按【Ctrl+1】组合键打开【设置单元格格式】对话框，1 切换到【保护】选项卡中，2 选中【锁定】复选框，3 单击【确定】按钮，如下图所示。

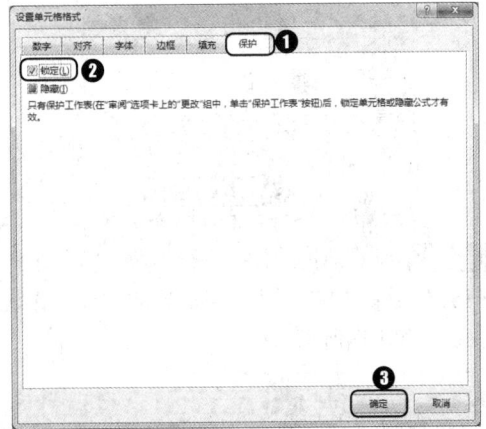

第3步 返回工作表，单击【保护工作表】按钮，如下图所示。

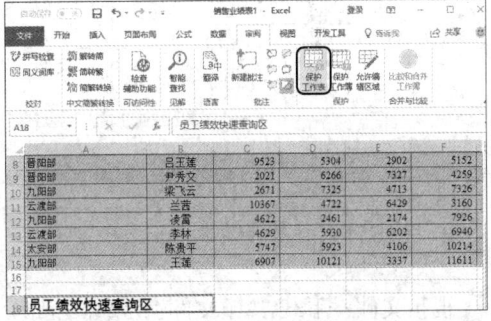

第4步 打开【保护工作表】对话框，1在【取消工作表保护时使用的密码】文本框中输入密码，2单击【确定】按钮，如下图所示。

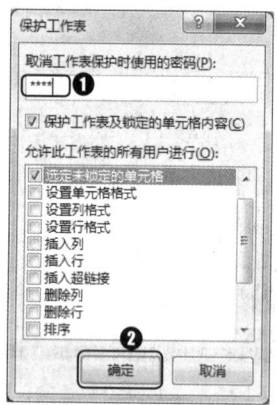

第5步 打开【确认密码】对话框，1在【重新输入密码】文本框中再次输入密码，2单击【确定】按钮，如下图所示。

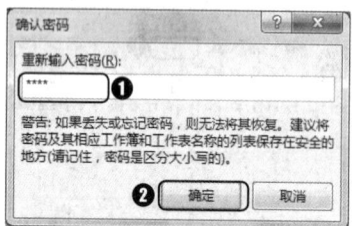

第6步 要对保护的数据进行修改，需在【撤销工作表保护】对话框中输入密码取消工作表保护，如下图所示。

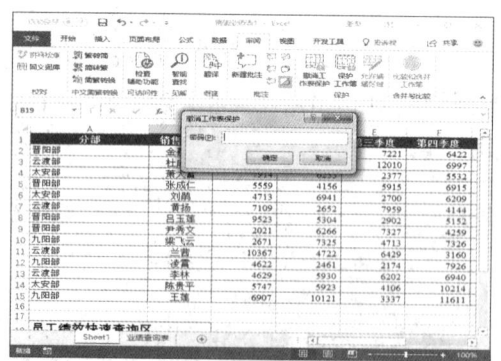

03：养成自动备份的好习惯

📀 视频文件：下载\视频文件\第3章\03.mp4

对于一些比较重要的人事表格，为了保证数据不会丢失，可以让Excel自动进行备份，具体操作步骤如下。

第1步 按【F12】键，打开【另存为】对话框，1单击【工具】下拉按钮，2在弹出的下拉菜单中选择【常规选项】命令，如下图所示。

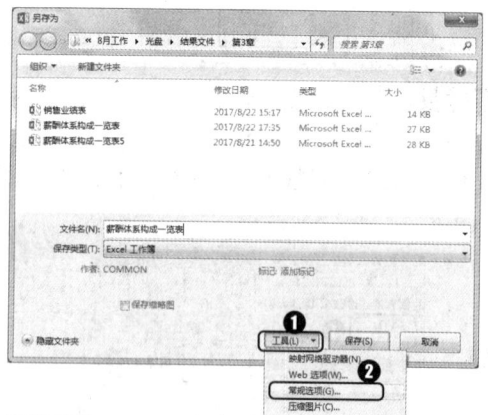

第2步 打开【常规选项】对话框，1选中【生成备份文件】复选框，2单击【确定】按钮，如下图所示。

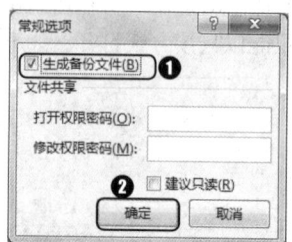

第3步 返回【另存为】对话框，1设置保存位置和文件名，2单击【保存】按钮，如下图所示。

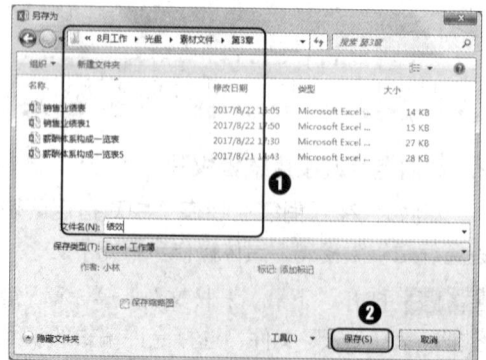

第3章
HR制表的规范与原则

第4步 在文件保存的位置，系统自动生成备份文件，如下图所示。

要打开备份文件，可直接在文件上双击，在打开的提示对话框中单击【是】按钮，系统自动将其打开，如下图所示。

温馨提示

除了让Excel自动备份外，HR也可以通过复制表格，将其粘贴到指定位置实现备份，不过，这种方法，需要HR每次对原始表格进行更改后重复一次，以保证两处位置的表格数据完全相同。

04：适当缩短自动保存时间减少数据意外丢失

视频文件：下载\视频文件\第3章\04.mp4

在制作和完善人事表格时，难免会遇到意外情况，导致Excel自动关闭程序（如突然断电、死机等），造成一些数据的丢失。

为了减少数据丢失，HR可以缩短Excel的"保存自动恢复信息时间间隔"的时间，具体操作步骤如下。

打开【Excel选项】对话框，1选择【保存】选项，2在【保存工作簿】选项区域的【保存自动恢复信息时间间隔】右侧的文本框中设置自动保存文档的间隔时间，如8分钟，3单击【确定】按钮即可，如下图所示。

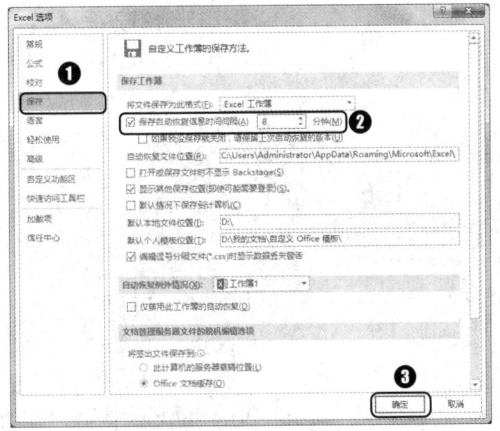

第4章
HR掌握公式与函数的应用经验

本章导读

公式函数是Excel计算公式的"神器",也是Excel的看家本领之一,将其应用到人事数据计算中再合适不过,不仅计算准确,还能简化操作,让复杂的数据计算变得简单。所以,HR必须学习和掌握公式与函数。本章将把多年使用公式函数的经验、方法介绍给广大的HR,让大家轻松学习并掌握公式与函数,同时,还能灵活地应用于实际工作中。

知识要点

- ❖ 如何轻松掌握公式与函数
- ❖ 掌握函数调用的方法
- ❖ HR必会的八大函数
- ❖ 调试公式与函数

第 4 章
HR 掌握公式与函数的应用经验

4.1 如何轻松掌握公式与函数

在费用预算、薪酬设计和绩效计算等工作中，会经常与数据计算打交道，公式与函数也就自然地被应用到。对HR而言，如何才能轻松掌握Excel中的公式与函数呢？下面将分享一些实际经验和方法。

4.1.1 查看函数完整说明

在使用公式函数计算数据时，一些函数不认识或完全不认识，不知道其拼写方法，也不知道它的参数结构。对于这种情况，可以借助Excel的帮助系统来查看完整的说明。主要方法有以下几种。

方法一

第1步 在 Excel 中，按【F1】键，打开【帮助】任务窗格，1 在【搜索】文本框中输入要查看完整说明的函数，如 COUNTIF，2 单击 🔍 按钮搜索，如下图所示。

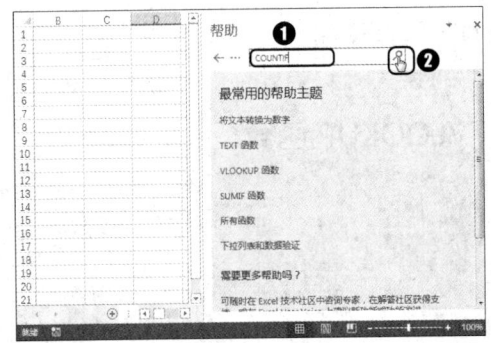

第2步 在搜索的结果中单击需要查看完整结构的函数超链接，这里单击【COUNTIF 函数】超链接，如下图所示。

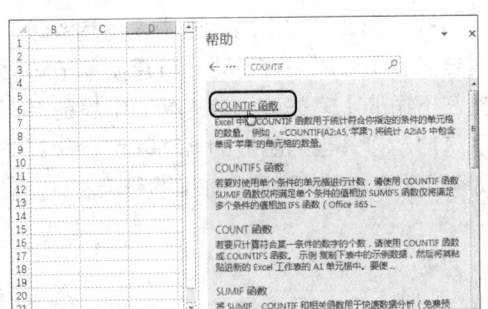

第3步 在任务窗格中显示出该函数的完整说明，如下图所示。

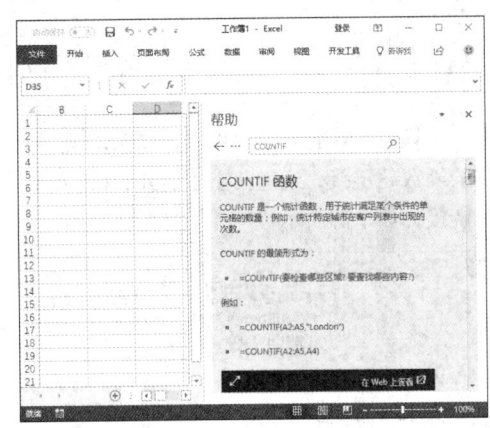

方法二

第1步 在【文件】菜单中，选择【打开】选项卡，在打开界面中单击【Microsoft Excel 帮助】按钮 ？，如下图所示。

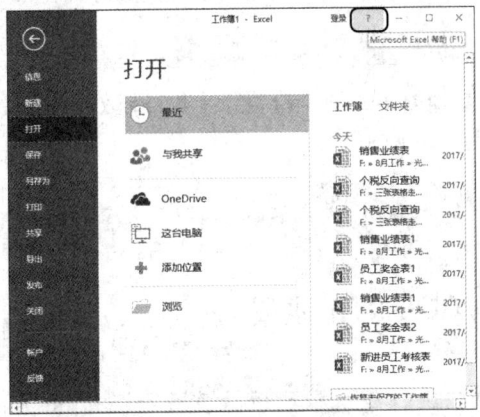

第2步 打开 Excel 帮助网页，在【搜索】文本框中输入要查看完整说明的函数，如 COUNTIF，然后按【Enter】键确认并搜索，如下图所示。

方法三

在输入函数时,要查看函数完整说明,可将鼠标光标定位在函数的括号中,在弹出的提示工具中单击函数名部分,系统自动打开对应的帮助页面,在其中即可查看到完整的说明及示例,如下图所示。

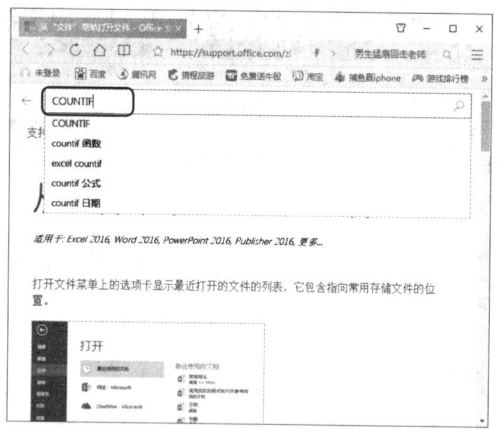

第3步 在搜索的结果中单击需要查看完整结构的函数超链接,这里单击【COUNTIF 函数】超链接,如下图所示。

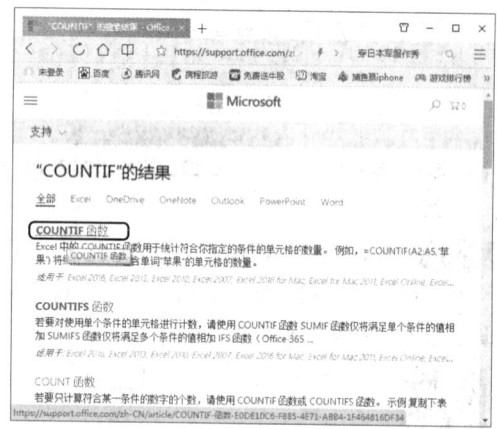

第4步 在网页中自动显示出该函数的完整说明,如下图所示。

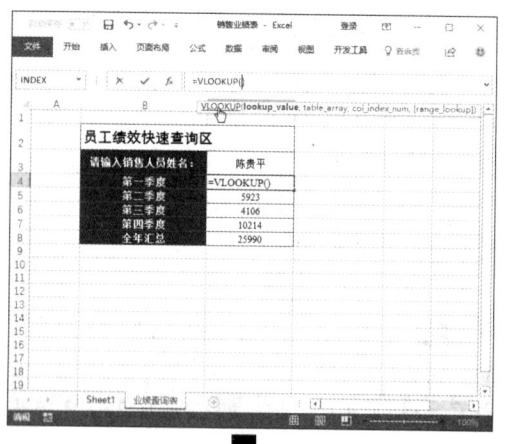

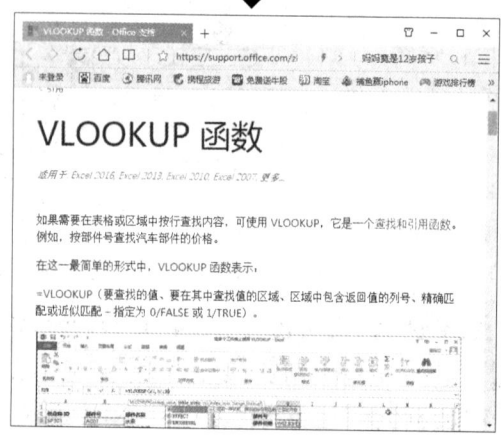

方法四

在【函数参数】对话框中设置参数时,需要查看函数的完整说明,可直接单击对话框左下角的【有关该函数的帮助】超链接,系统自动打开当前函数的帮助网页,在其中即可查看到完整的说明,如下图所示。

第 4 章
HR 掌握公式与函数的应用经验

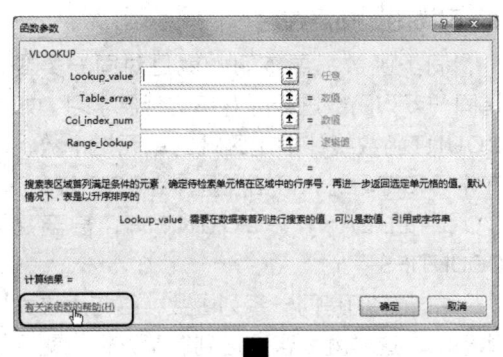

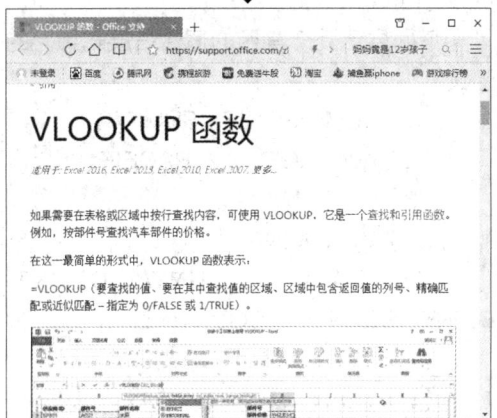

4.1.2 搜集学习Excel函数大量的案例

对于不了解或是完全不懂的函数，仅从Excel帮助中不一定能够完全弄明白，因为，帮助中的信息更多趋向于理论和简化应用，更实用于临时提示帮助或是指点帮助。在实际的人事工作中，不一定完全够用，特别是嵌套函数，如 "=F1-IF(F1>=B1,VLOOKUP(F1-B1,A3:B9,2,TRUE)*(F1-B1)-VLOOKUP(F1-B1,A3:C9,3,TRUE),0)"。

这时，有人会问，怎样学习函数才能更贴近实际应用呢？很简单，可通过搜索函数的相关实际应用案例，对其中的用法和解决问题的思路进行分析、学习、模仿和延伸，最终应用到实际工作中（一些能够直接应用到工作中的函数，直接复制粘贴到表格中，

然后更改相应的参数即可，对参数结构不明白，可以查看帮助信息）。

关于IF函数在人事工作中的实际应用如下。

（1）IF函数在考核表中判定录用情况，如下图所示。

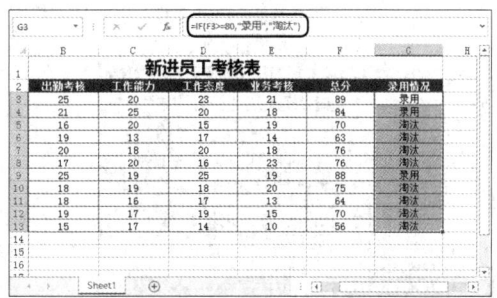

（2）IF函数在业绩表中计算奖金金额，如下图所示。

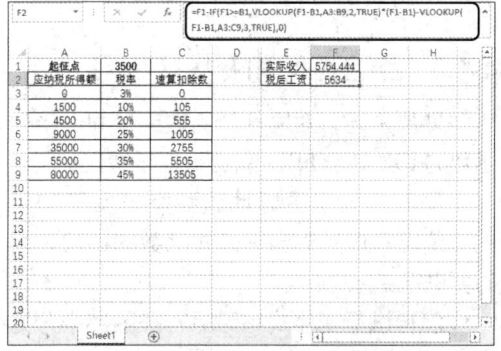

（3）IF函数在薪酬体系设计设计中个税的计算，如下图所示。

需要注意的是：不管通过任何途径搜索的函数案例，都不只是为了看看或是"借用"，而是为了掌握该函数，达到灵活应用

于实际工作中。因此，在整个学习过程中，需要有剖析的步骤，最好弄清楚函数每个部分的含义。

这里举例说明，如分析IF函数在业绩表中计算奖金金额。

销售金额	提成比例	实收金额	提成额	奖金金额
¥16,260.00	0.75	¥12,205.00	¥122.05	无
¥27,240.00	0.8	¥21,802.00	¥218.02	200
¥18,010.00	0.7	¥12,617.00	¥126.17	100
¥3,760.00	0.8	¥3,018.00	¥30.18	无
¥15,202.00	0.75	¥11,411.50	¥114.12	100
¥4,590.00	0.7	¥3,223.00	¥32.23	无
¥16,510.00	0.75	¥12,392.50	¥123.93	100
¥1,482.00	0.7	¥1,047.40	¥10.47	无
¥5,008.00	0.75	¥3,766.00	¥37.66	无
¥9,760.00	0.75	¥7,330.00	¥73.30	50
¥22,510.00	0.7	¥15,767.00	¥157.67	100
¥3,298.00	0.8	¥2,648.40	¥26.48	无

具体设置如下。

（1）整个函数分成4个判定部分：小于5000元、5000~10000元、10000~20000元、大于20000元。

（2）其中"H4<5000"判定销售绩效是否达到奖励标准5000元，作为奖励点。

（3）将IF函数作为内嵌函数，先用"H4>=20000，200"的奖励进行计算。

（4）对于达不到20000元，同时又大于10000元奖励进行计算"H4>=10000,100"。

（5）对大于5000元，同时又小于10000元的业绩奖励进行计算"IF(H4>=5000,50)"。

4.1.3 结合练习和变化式练习

熟能生巧，对同一个函数或是同一系列函数的多次实际使用，就会很快掌握。

同时，为了更好地达到举一反三的目的，练习不仅是对当前公式函数的练习，同时要进行变化式练习。

怎样进行变化式练习呢？在函数中分为两个方向：一是同类函数拓展练习，二是正反练习。下面分别进行介绍。

1. 同类函数拓展练习

同类函数拓展练习，就是对同一类或是同一系列函数进行的开拓式延展学习。如COUNT函数统计指定区域的单元格个数，在学习和练习时，可拓展延伸到COUNTA、COUNTBLANK、COUNTIF，甚至是COUNTIFS等。

由于它们是同一系列函数，结构用法大体相同，这样就很容易达到联系记忆、融会贯通的目的。

下面展示几个常用的适合拓展式练习的函数。

（1）SUM、SUMIF、SUMIFS。

（2）AVAERGE、AVERAGEIF。

（3）MAX、MAXA。

（4）MIN、MINA。

（5）COUNT、COUNTA、COUNTBLANK、COUNTIF、COUNTIFS。

（6）DAY、DAYS、DAY360。

（7）YEAR、MONTH、DAY。

（8）HOUR、MINUTE、SECOND。

（9）VLOOUP、HLOOKUP、LOOKUP。

2. 正反练习

正反练习，不仅要掌握正确的设置方法，还要分析错误或失败的函数案例（同一个函数案例最好），了解掌握当前函数可能会有用错的情形，从而避免在人事工作中用同样的错误模式使用或设置函数。从而"吃透"该函数。

在日常中要找到正反案例，有个非常好的途径：在一些求助网站或论坛中，一些朋友会在线求助，将自己错误或者失败的实例放在其中，寻求大家的帮助（这就是一个实际反例）。

这时，会有一些高手对求助案例进行指点，提出解决方法，我们就可以在其中吸取教训的同时，找到问题答案，实现正反练习。

当然，也可对求助案例进行分析和解答，做到自己分析自己解答的正反练习。

第 4 章
HR 掌握公式与函数的应用经验

4.2 调用函数的方法

在Excel中函数很多，如何调用它们呢？有多少方法可以进行快速调用呢？下面介绍几个常用和实用的调用函数方法，分享给广大的HR。

4.2.1 在函数库中调用

Excel中的函数大体分为12类，构成Excel的函数库，其中有6~7类在人事数据计算中会应用到，分别是：文本函数、逻辑函数、统计函数、数学函数、查找和引用、统计函数和信息函数。其中，信息函数使用相对较少。

对这些分门别类的函数调用，可直接在对应的函数类中选择调用，方法也非常简单，只需在【公式】选项卡中单击函数类下拉按钮，在弹出的下拉菜单中选择对应的函数选项进行调用，然后按操作对话框进行设置即可，如下图所示。

例如，在【统计】函数库中调用COUNTA函数来统计获得奖金的员工人数，具体操作步骤如下。

第1步 打开"下载\素材文件\第4章\员工奖金表.xlsx"文件，1选择用于存放统计结果的B21单元格，2单击【公式】选项卡中的【其他函数】下拉按钮，3在弹出的下拉菜单中选择【统计】→【COUNTA】选项，如下图所示。

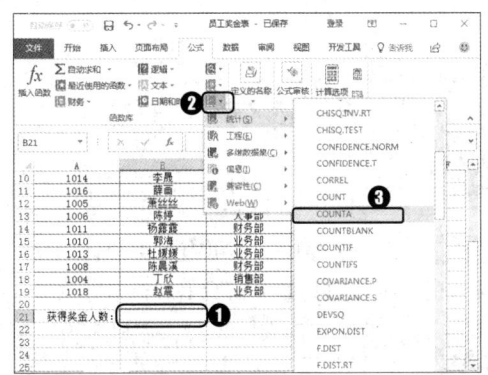

第2步 打开【函数参数】对话框，单击【Value1】参数框右侧的【折叠】按钮，如下图所示。

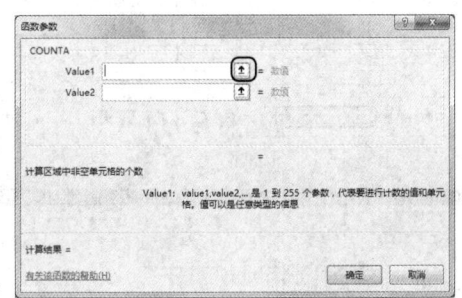

第3步 将【函数参数】对话框折叠，1在表格中选择用于统计的单元格区域，这里选择D2:D19单元格区域，2单击【展开】按钮，如下图所示。

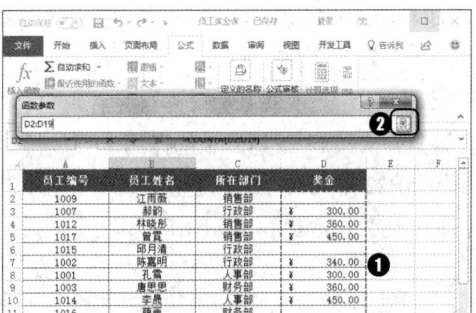

第4步 返回【函数参数】对话框，单击【确定】按钮，如下图所示。

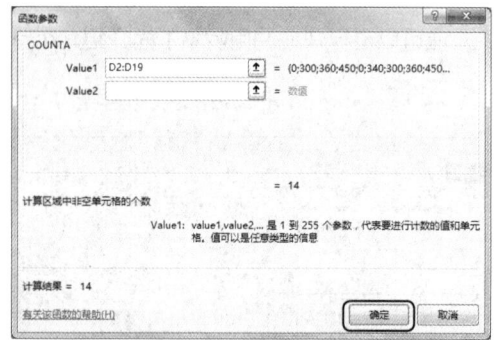

第5步 返回表格中，即可查看到统计出获得奖金的员工人数，如下图所示。

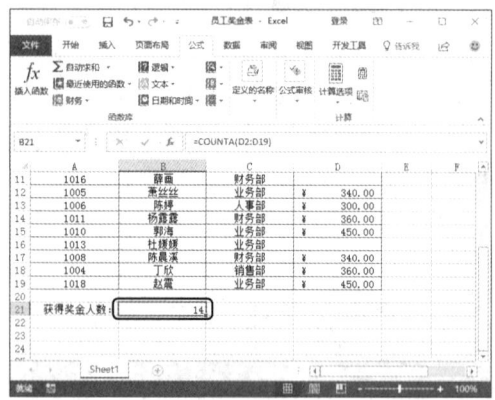

4.2.2 在对话框中调用

除了直接在函数库中对函数进行调用外，还可以通过【插入函数】对话框进行灵活快速的调用。

例如，通过【插入函数】对话框调用COUNTBLANK函数统计未获得奖金的员工人数，具体操作步骤如下。

第1步 打开"下载\素材文件\第4章\员工奖金表1.xlsx"文件，1选择用于存放统计结果的B22单元格，2单击【函数库】组中的【插入函数】按钮 fx，如下图所示。

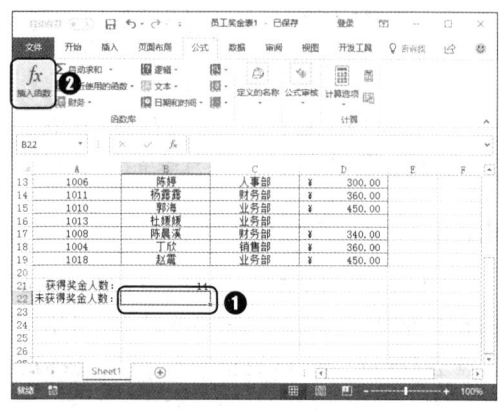

> **温馨提示**
>
> 单击编辑栏中的【插入函数】按钮 fx，同样能打开【插入函数】对话框。

第2步 打开【插入函数】对话框，1选择【或选择类别】选项为【统计】，2在【选择函数】列表框中选择【COUNTBLANK】选项，3单击【确定】按钮，如下图所示。

> **教您一招**
>
> **搜索函数**
>
> 在【插入函数】对话框中，对于只知道功能，不知道具体函数的，可在【搜索函数】文本框中输入需要搜索的关键字，然后单击【转到】按钮，即可搜索与关键字相符的函数，最后在【选择函数】列表框中进行选择即可。

第4章
HR掌握公式与函数的应用经验

第3步 打开【函数参数】对话框,单击【Range】参数框右侧的【折叠】按钮,如下图所示。

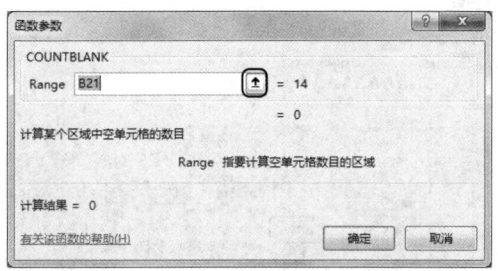

第4步 折叠【函数参数】对话框1在表格中选择用于统计的单元格区域,这里选择D2:D19单元格区域,2单击【展开】按钮,如下图所示。

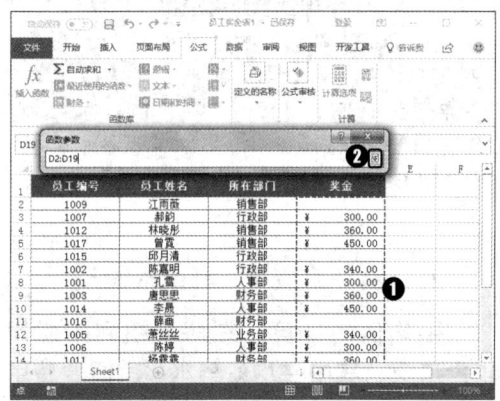

第5步 返回【函数参数】对话框,单击【确定】按钮,如下图所示。

第6步 返回表格中,即可查看到统计出未获得奖金的员工人数,如下图所示。

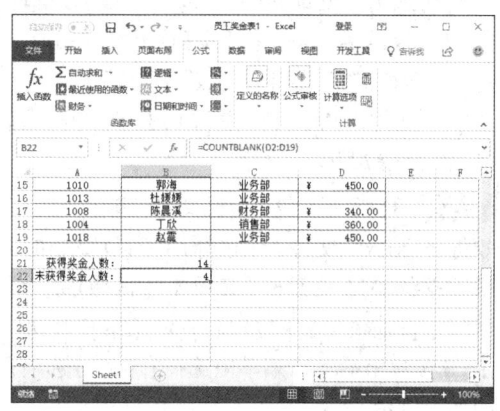

4.2.3 在最近使用记录中调用

在Excel中系统会自动记住已使用过的函数,将他们放置在最近使用函数选项中,再次调用时,可直接在其中选择,如下图所示,从而节省时间,提高效率。

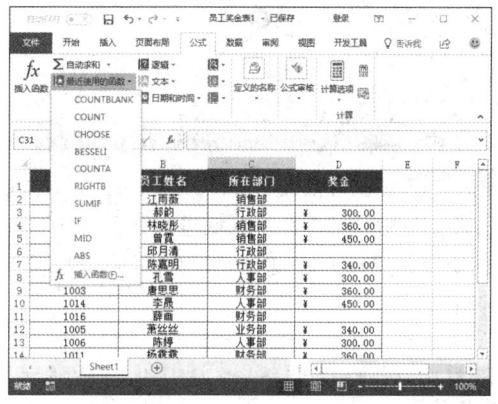

4.3 HR必会的八大函数

在Excel函数中,有八大函数需要HR掌握,不仅因为其常用,更是因为它们的使用方法和模式与其他函数大致相同。只要掌握了这八大函数,就能学习掌握和使用其他函数。

4.3.1 求和函数（SUM）

在人事数据计算中，对数据求和非常常见，如绩效总和、薪酬总和及费用预算总和等。对于连续的数据，用SUM函数最直接高效。

下面用SUM函数计算项目业绩数据，具体操作步骤如下。

第1步 打开"下载\素材文件\第4章\绩效报告.xlsx"文件，1 选择用于存放求和结果数据的 D16 单元格，2 单击【函数库】组中的【自动求和Σ】按钮右侧的【下拉按钮▼】，3 在弹出的下拉菜单中选择【求和】选项，如下图所示。

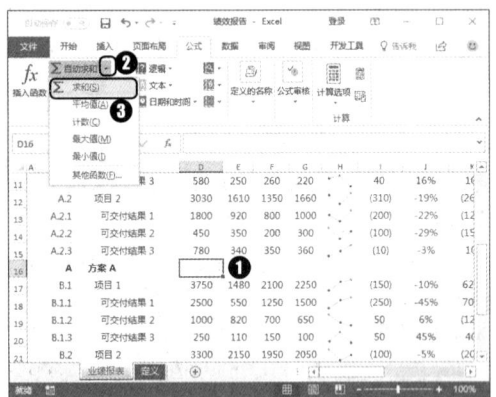

第2步 系统会根据放置计算结果的单元格选择相邻有数值的单元格区域进行计算，这里自动识别并选择了 D8:D15 单元格区域，如下图所示。

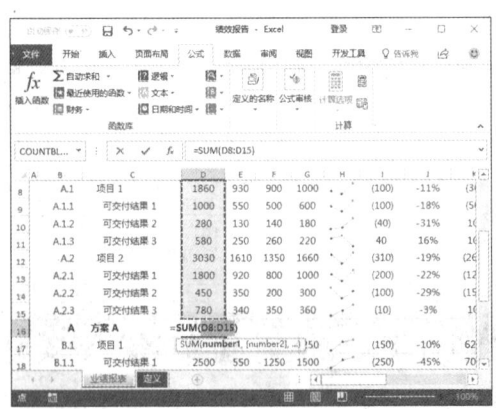

第3步 按【Ctrl+Enter】组合键确认函数并得到计算结果，如下图所示。

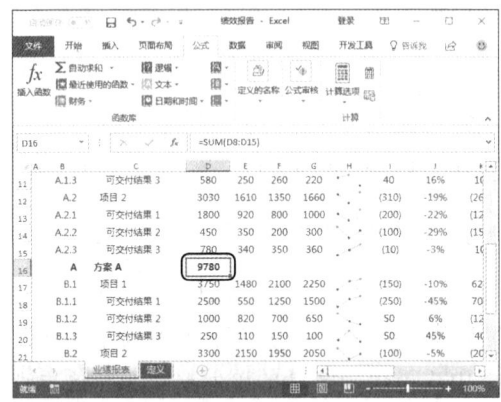

教您一招

不连续单元格求和

对于不连续的数据单元格求和，仍然可使用SUM函数，方法非常简单，只需在单元格引用中间用逗号隔开，如对B2、B5、B7单元格数据求和，在单元格中输入SUM（B2,B5,B7）即可。

4.3.2 平均函数（AVERAGE）

平均值的计算，在薪酬福利中应用较为广泛，其中平均薪酬水平就需要使用AVERAGE函数计算。

例如，在工资表中使用AVERAGE函数计算工程师的平均工资水平，具体操作步骤如下。

第1步 打开"下载\素材文件\第4章\生产部工资表.xlsx"文件，1 选择用于存放平均工资数据的 J4 单元格，2 单击【函数库】组中的【自动求和Σ】按钮右侧的【下拉按钮▼】，3 在弹出的下拉菜单中选择【平均值】选项，如下图所示。

4.3.3 最大值函数（MAX）

要在一组数据中获取最大值，如最高工资、最高绩效、最高奖金、最大出勤数等，使用MAX函数最合适。

例如，继续在"生产部工资表"中使用MAX函数计算工程师的最高工资数据，具体操作步骤如下。

第1步 1选择用于存放工程师最高工资数据的J2单元格，2单击【自动求和】按钮Σ右侧的下拉按钮，3在弹出的下拉菜单中选择【最大值】选项，如下图所示。

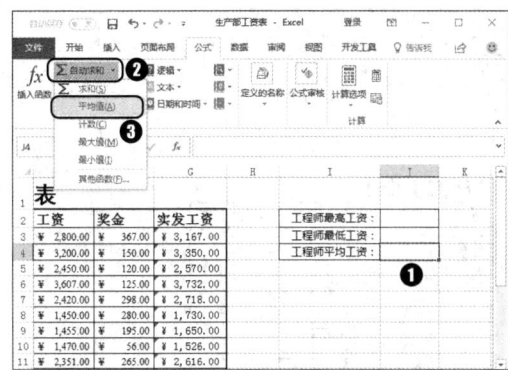

第2步 在表格中手动选择G3:G6单元格区域（工程师对应的工资数据单元格区域），如下图所示。

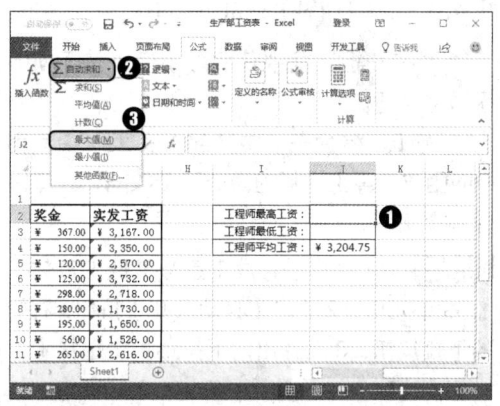

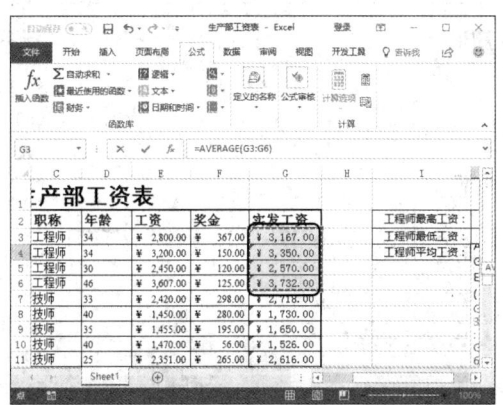

第3步 按【Ctrl+Enter】组合键确认函数并得到工程师的平均薪酬数据，如下图所示。

第2步 在表格中手动选择G3:G6单元格区域（工程师对应的工资数据单元格区域），如下图所示。

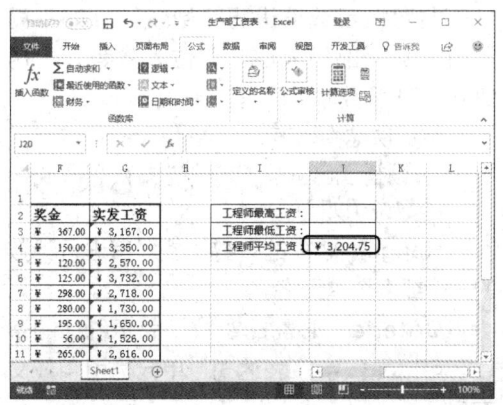

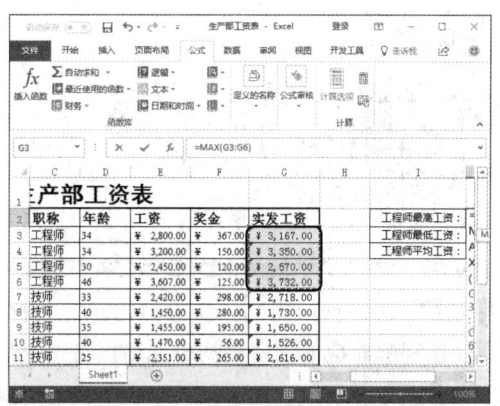

第3步 按【Ctrl+Enter】组合键确认函数并得到工程师的最高工资数据，如下图所示。

4.3.4 最小值函数（MIN）

要在一组数据中获取最小值，使用MIN函数最合适。

例如，继续在"生产部工资表"中使用MIN函数计算工程师的最低工资数据，具体操作步骤如下。

第1步 1选择用于存放工程师最低工资数据的J3单元格，2单击【自动求和】按钮Σ右侧的下拉按钮，3在弹出的下拉菜单中选择【最小值】选项，如下图所示。

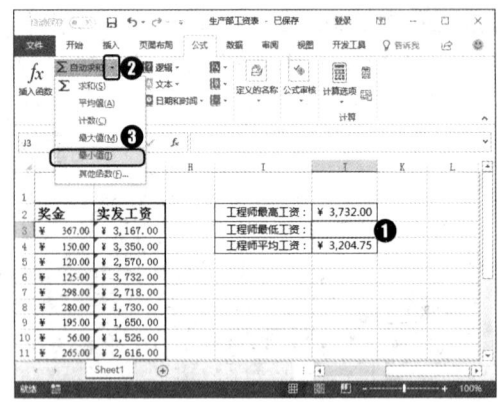

第2步 在表格中手动选择G3:G6单元格区域（工程师对应的工资数据单元格区域），如下图所示。

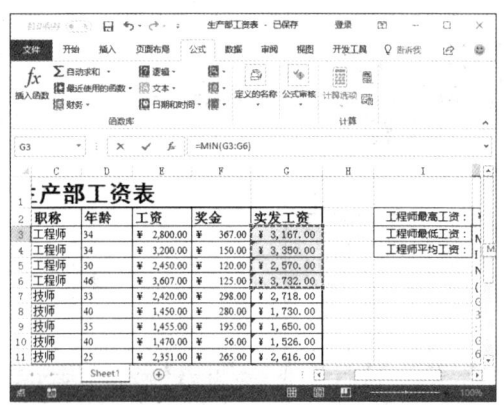

第3步 按【Ctrl+Enter】组合键确认函数并得到工程师的最低工资数据，如下图所示。

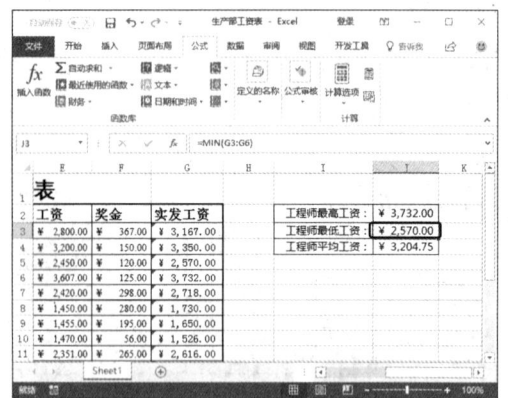

4.3.5 计数函数（COUNTIF）

要对指定数据进行个数统计，如不同学历人数、部门人数、职位人数等，使用COUNTIF函数非常快速。

其语法结构如下。

`COUNTIF(Range,Criteria)`
参数说明如下。

Range：必需的参数，要对其进行计数的一个或多个单元格。

Criteria：必需的参数，表示统计的条件。可以是数字、表达式、单元格引用或文本字符串。

可将函数结构翻译如下。

`COUNTIF(统计范围,统计条件)`

第4章
HR 掌握公式与函数的应用经验

例如，在"简易档案表"中使用COUNTIF函数统计各个学历的员工人数，具体操作步骤如下。

第1步 打开"下载\素材文件\第4章\简易档案表.xlsx"文件，❶选择 M2 单元格，❷单击【其他函数】下拉按钮，❸在弹出的下拉菜单中选择【统计】→【COUNTIF】选项，如下图所示。

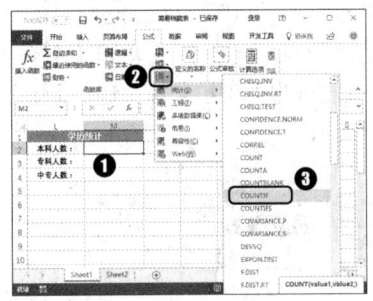

第2步 打开【函数参数】对话框，单击【Range】参数框右侧的【折叠】按钮，如下图所示。

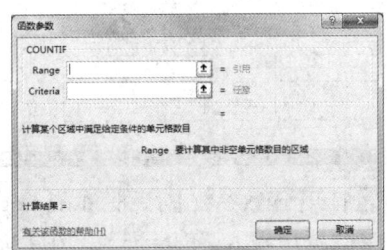

第3步 折叠【函数参数】对话框，❶在表格中选择用于统计的单元格区域，这里选择 G2:G29 单元格区域，❷单击【展开】按钮，如下图所示。

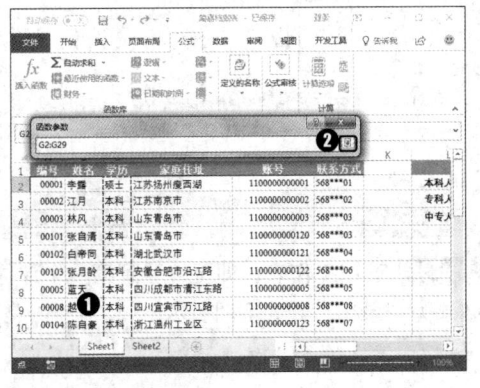

第4步 展开【函数参数】对话框，❶在【Criteria】文本框中输入统计条件"本科"，❷单击【确定】按钮，如下图所示。

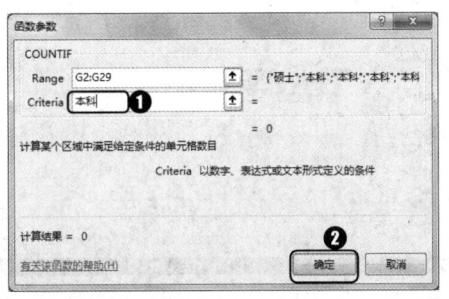

第5步 返回工作表中，即可查看到公司内部的本科学历人数，如下图所示。

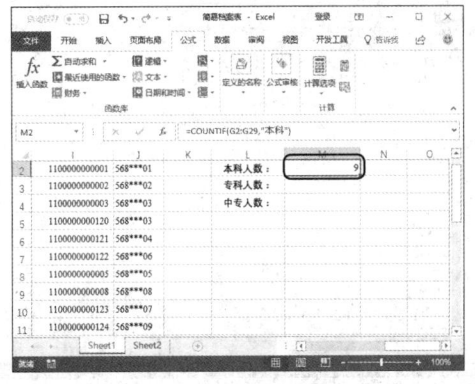

第6步 将鼠标光标定位在编辑栏中，选择函数，按【Ctrl+C】组合键复制，然后按【Esc】键退出函数编辑状态，如下图所示。

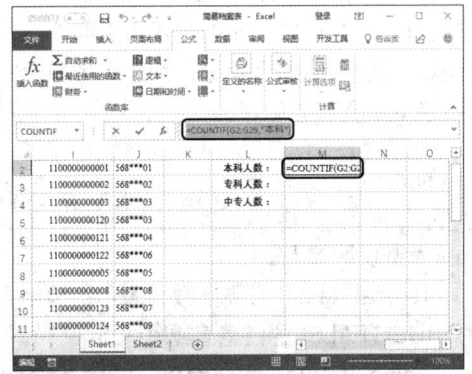

第7步 选择 M3 单元格，在编辑栏中按【Ctrl+V】组合键粘贴函数，并将原有的"本科"更改为"专科"，按【Ctrl+Enter】组合键确认并得到计算结果，如下图所示。

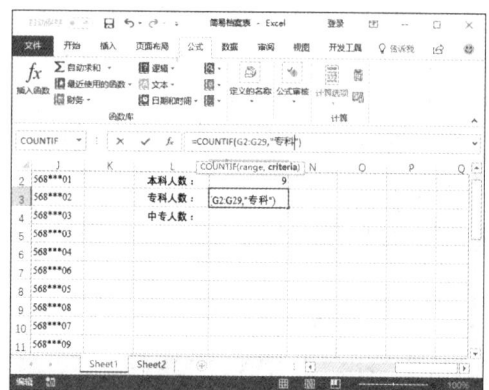

第8步 以上两种方法都可统计出中专学历人数，如下图所示。

4.3.6 逻辑函数（IF）

IF逻辑函数，用于判定条件是否成立。它应用范围非常广，如判定是否上缴个人所得税、判定培训是否合格、判定绩效是否达标、判定是否被录用等。

其语法结构如下。

IF(logical_test,[value_if_true],[value_if_false])

参数说明如下。

logical_test：必需参数，表示计算结果为TRUE或FALSE的任意值或表达式。

value_if_true：可选参数，表示Logical_test为TRUE时要返回的值，可以是任意数据。

value_if_false：可选参数，表示Logical_test为FALSE时要返回的值，也可以是任意数据。

可将函数结构翻译如下。

IF(条件判定，成立指令，不成立指令)

例如，在"新进员工考核表"中使用IF函数根据F列的总分数据，判定新进员工是去是留，具体操作步骤如下。

第1步 打开"下载\素材文件\第4章\新进员工考核表.xlsx"文件，❶选择第一个存放评估结果的G3单元格，❷单击【逻辑】下拉按钮，❸在弹出的下拉菜单中选择【IF】选项，如下图所示。

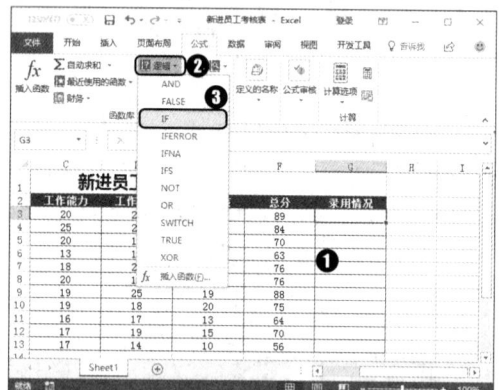

第2步 打开【函数参数】对话框，❶在【Logical_test】参数框中输入"F3>=75"，在【Value_if_true】参数框中输入"录用"，在【Value_if_false】参数框中输入"抱歉"，❷单击【确定】按钮，如下图所示。

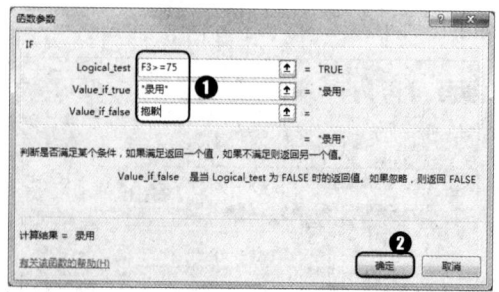

第3步 返回工作表，即可查看到第一个评估结果为"录用"，如下图所示。

第 4 章
HR 掌握公式与函数的应用经验

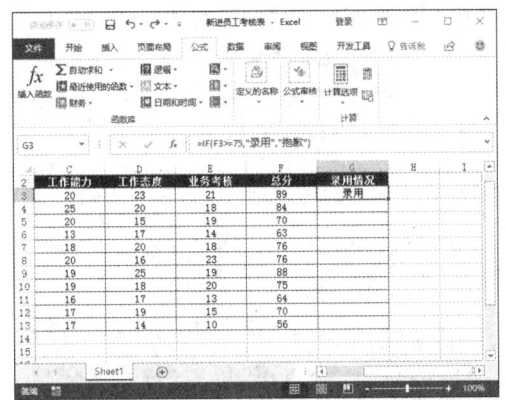

第4步 使用填充功能将函数填充到 G13 单元格，得出对应人员的去留评估结果，如下图所示。

4.3.7 查找函数（VLOOKUP）

在销售业绩表、工资薪酬表、出勤统计表及福利津贴表中，有很大概率需要根据关键字进行数据的查找与引用。在Excel中最高效和使用频率最高的函数应属VLOOKUP函数。

其语法结构如下。

```
VLOOKUP(lookup_value,table_array,col_index_num,range_lookup)
```

参数说明如下。

lookup_value：必需参数，用于设置需要在表的第一行中进行查找的值，可以是数值，也可以是文本字符串或引用。

table_array：必需参数，用于设置要在其中查找数据的数据表，可以使用区域或区域名称的引用。

col_index_num：必需参数，在查找之后要返回的匹配值的列序号。

range_lookup：可选参数，在查找之后要返回的匹配值的列序号。逻辑值，用于指明函数在查找时是精确匹配，还是近似匹配。如果该参数为TRUE或被忽略，则返回一个近似的匹配值（如果没有找到精确匹配值，就返回一个小于查找值的最大值）。如果该参数是FALSE，函数就查找精确的匹配值。如果这个函数没有找到精确的匹配值，就会返回错误值【#N/A】。

可将函数结构翻译如下。

```
VLOOKUP（查找的值，查找范围，返回值所在的列，精确查找/模糊查找）
```

例如，在"销售业绩表"中借助VLOOKUP函数制作一个简单的动态查询系统，动态查询指定员工的绩效汇总数据，以观察分析其工作的状态，具体操作步骤如下。

第1步 打开"下载\素材文件\第 4 章\销售业绩表 .xlsx"文件，1 选择 C4 单元格，2 单击【公式】选项卡【函数库】组中的【插入函数】按钮，如下图所示。

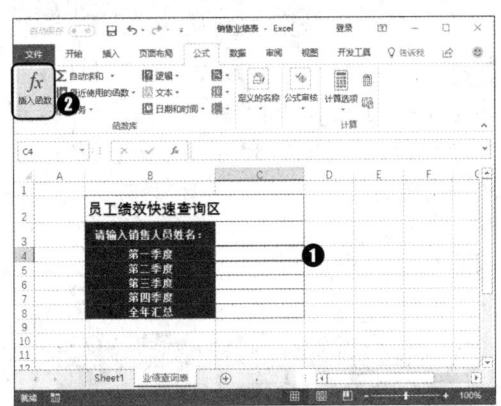

第2步 打开【插入函数】对话框，1 在【或选择类别】下拉列表框中选择【查找与引用】选项，2 在【选择函数】列表框中选择【VLOOKUP】选项，3 单击【确定】按钮，

如下图所示。

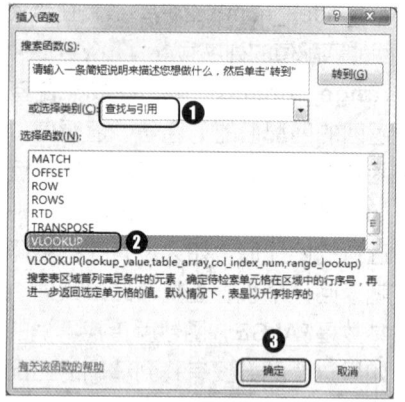

第3步 打开【函数参数】对话框，1在【Lookup_value】参数框中输入"C3"，2单击【Table_array】参数框右侧的【折叠】按钮，如下图所示。

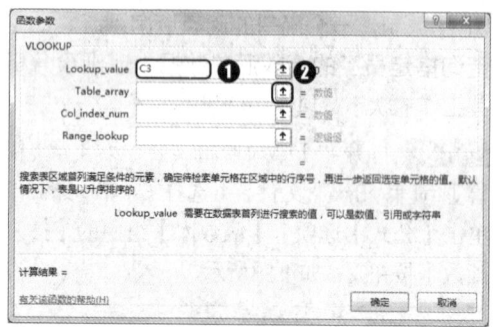

第4步 折叠【函数参数】对话框，1单击【Sheet1】工作表标签，2在表格中选择B2:G15单元格区域，3单击【展开】按钮，如下图所示。

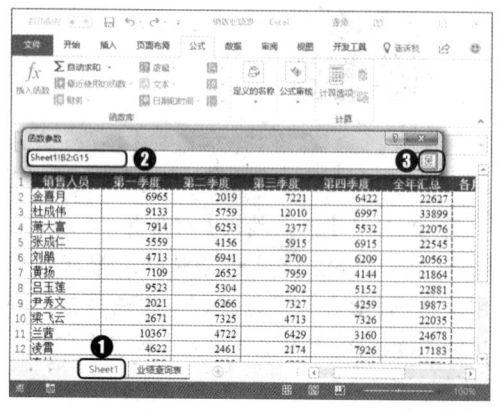

第5步 展开【函数参数】对话框，1在【Col_index_num】参数框中输入"2"，在【Range_lookup】参数框中输入"FALSE"，2单击【确定】按钮，如下图所示。

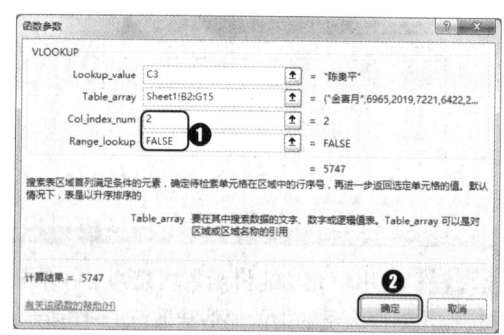

第6步 复制VLOOKUP函数到C5:C8单元格区域中，并依次修改公式中Col_index_num参数的值分别为"3""4""5""6"，如下图所示。

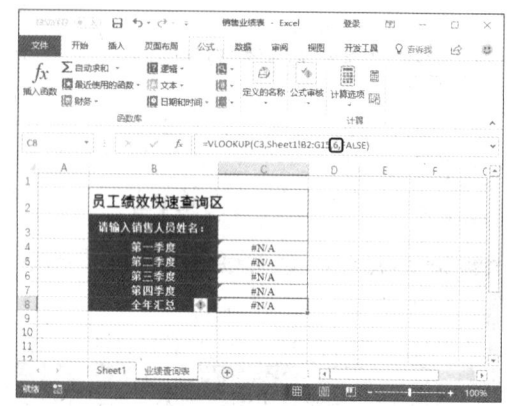

温馨提示

本例中，C5~C8中的函数依次为：
=VLOOKUP(C3,Sheet1!B2:G15,3,FALSE)
=VLOOKUP(C3,Sheet1!B2:G15,4,FALSE)
=VLOOKUP(C3,Sheet1!B2:G15,5,FALSE)
=VLOOKUP(C3,Sheet1!B2:G15,6,FALSE)

第7步 在C3单元格中输入员工姓名，这里输入第一个动态查询的员工姓名"陈贵平"，如下图所示。

row_num，则必须有column_num。

column_num：可选参数，代表数组中某列的列标，函数从该列返回数值。如果省略column_num，则必须有row_num。

可将函数结构翻译如下。

INDEX（目标区域，查找引用行，查找引用列）

（2）INDEX的引用形式。INDEX函数的引用形式用于返回指定的行与列交叉处的单元格引用。

其语法结构如下。

INDEX(reference, row_num, [column_num], [area_num])

参数说明如下。

reference：必需参数，对一个或多个单元格区域的引用。如果为引用输入一个不连续的区域，必须用括号括起来。

row_num：必需参数，引用中某行的行号，函数从该行返回一个引用。

column_num：可选参数，引用中某列的列标，函数从该列返回一个引用。

area_num：可选参数，引用中某列的列标，函数从该列返回一个引用。选择引用中的一个区域，以从中返回row_num和column_num的交叉区域。选中或输入的第一个区域序号为1，第二个为2，以此类推。如果省略area_num，则INDEX使用区域1。

可将函数结构翻译如下：

INDEX(目标区域，查找引用行，查找引用列，交叉位置)

例如，使用INDEX的数组形式，制作动态的绩效查询区域，具体操作步骤如下。

第1步 打开"下载\素材文件\第4章\销售业绩表 1.xlsx"文件，1 选择 C4 单元格，2 单击编辑栏中的【插入函数】按钮 f_x，如下图所示。

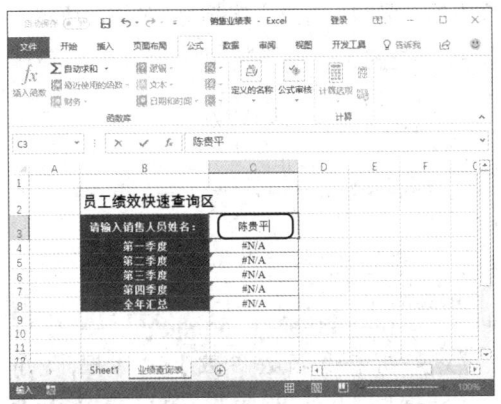

第8步 按【Ctrl+Enter】组合键，系统自动查找并引用对应的绩效数据，如下图所示。

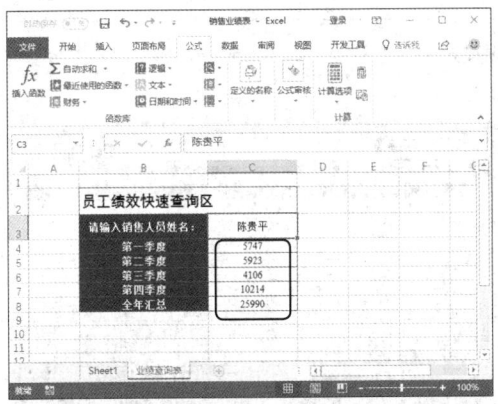

4.3.8 匹配函数（INDEX）

INDEX函数有两种查找形式：数组和引用。两种形式大体相同，但有些差异。下面分别进行介绍。

（1）INDEX的数组形式。INDEX函数的数组形式用于返回表格或数组中的元素值，此元素由行序号和列序号的索引值给定。

其语法结构如下。

INDEX(array,row_num,[column_num]);

参数说明如下。

array：必需参数，单元格区域或数组常量，也就是查找范围。

row_num：必需参数，代表数组中某行的行号，函数从该行返回数值。如果省略

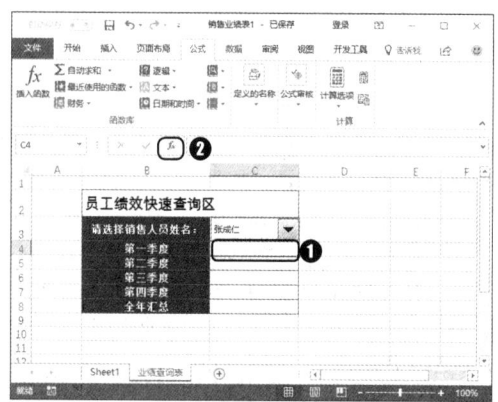

第2步 打开【插入函数】对话框，1在【或选择类别】下拉列表框中选择【查找与引用】选项，2在【选择函数】列表框中选择【INDEX】选项，3单击【确定】按钮，如下图所示。

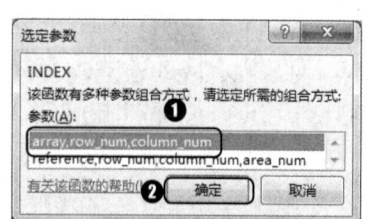

第3步 打开【选定参数】对话框，1在【参数】列表框中选择INDEX的数组形式选项，也就是第一个选项，2单击【确定】按钮，如下图所示。

第4步 打开【函数参数】对话框，单击【Array】文本框右侧的【折叠】按钮，如下图所示。

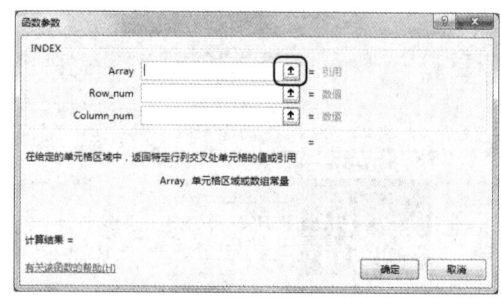

第5步 折叠【函数参数】对话框，1单击【Sheet1】工作表标签，2在表格中选择B2:G15单元格区域，3单击【展开】按钮，如下图所示。

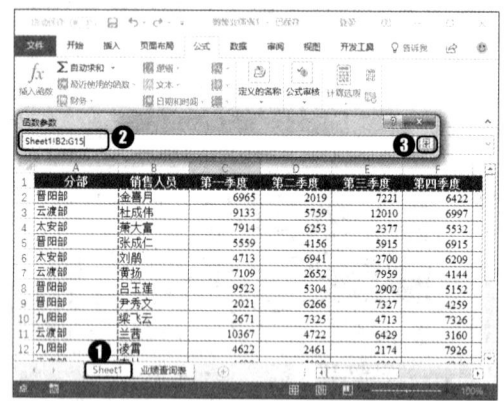

第6步 展开【函数参数】对话框，在【Array】文本框中选择B2:G15，按【F4】键将其转换为绝对引用，如下图所示。

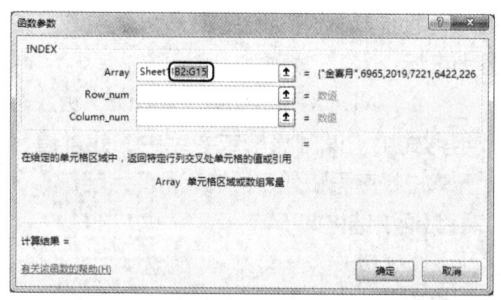

第7步 在【Row_num】文本框中输入"C3"（这里的C3单元格，包含行号，被带有姓名内容的组合框控件挡住了），并将其转换为绝对引用，如下图所示。

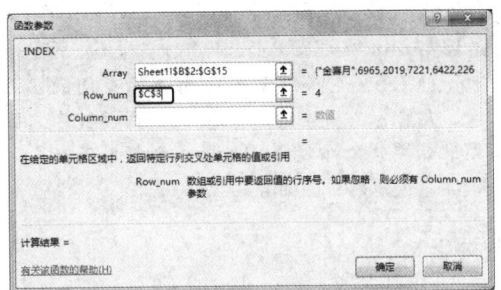

第8步 ❶在【Column_num】文本框中输入"2"（第一季度列，在Array区域中是第2列，所以，这里输入2），❷单击【确定】按钮，如下图所示。

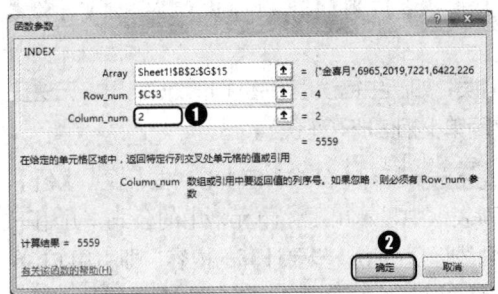

第9步 返回工作表，系统自动查找引用到【张成仁】第一季度的绩效数据"5559"，如下图所示。

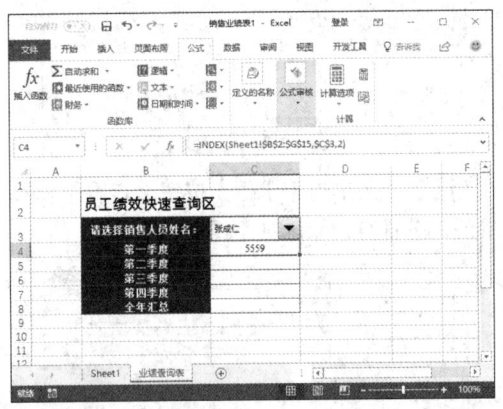

第10步 复制INDEX函数到C5:C8单元格区域中，并依次修改公式中Column_num参数的值分别为"3""4""5""6"，系统自动查找引用对应的绩效数据，如下图所示。

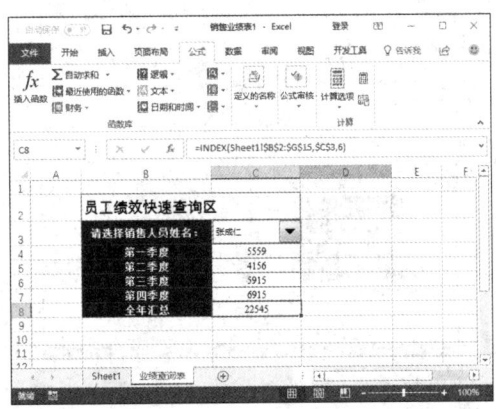

温馨提示

本例中，C5~C8中的函数依次为：
=INDEX(Sheet1!$B$2:$G$15,$C$3,3)
=INDEX(Sheet1!$B$2:$G$15,$C$3,4)
=INDEX(Sheet1!$B$2:$G$15,$C$3,5)
=INDEX(Sheet1!$B$2:$G$15,$C$3,6)

第11步 ❶单击组合框控件右侧的下拉按钮，❷在弹出的下拉列表中选择其他员工姓名选项，如下图所示。

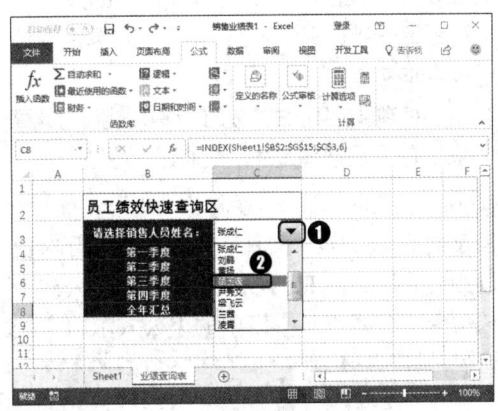

第12步 INDEX函数自动根据C3单元格中的行号（C3单元格作为组合框控件的链接单元格，所以能返回当前员工姓名选项对应的行号，关于组合框控件的插入和参数设置将在后面的章节中进行详细讲解），查找引用出当前员工的季度绩效数据，如下图所示。

Excel
在人力资源管理中的应用

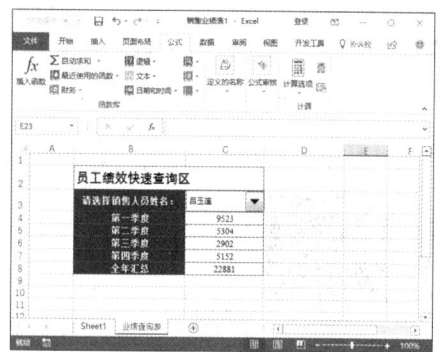

温馨提示

INDEX是以行号或列号进行查询的函数，所以必须是数字作为查找引用关键字。因此需要借助于能返回行号或列标的函数或工具，如本例中的组合框控件。

4.4 调试公式与函数

在使用公式与函数计算数据过程中，容易出现错误，如产生错误值、错误的数据结果、无法正常计算等。这时就需要手动调试。这些调试方法非常简单，相信HR会轻松掌握。

4.4.1 查看公式的求值过程

对于一些结构复杂或多层嵌套的函数，如计算不同收入员工缴纳的个税、从身份证中获取性别数据等，要查看其计算的过程，也就是每一步计算的结果，用Excel提供的公式求值非常合适。

例如，要使用公式的分步计算功能查看计算个税的嵌套函数求值过程，具体操作步骤如下。

第1步 打开"下载\素材文件\第4章\个税反向查询.xlsx"文件，1选择要查看求值过程公式所在的F2单元格，2单击【公式】选项卡【公式审核】组中的【公式求值】按钮，如下图所示。

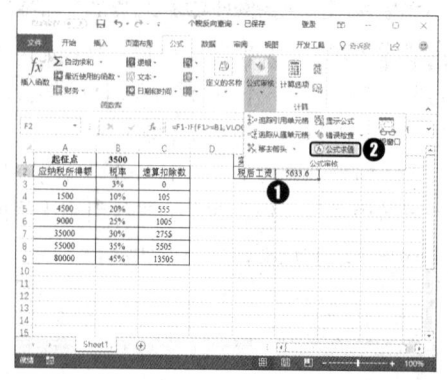

第2步 打开【公式求值】对话框，在【求值】列表框中显示出了该单元格中的公式，并用下画线标记出第一步要计算的内容，即引用F1单元格中的数值，单击【求值】按钮，如下图所示。

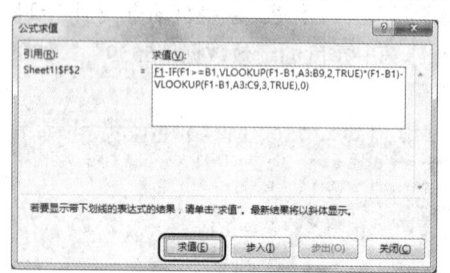

第3步 依次单击【求值】按钮，查看想要查看的部分计算结果，如下图所示。

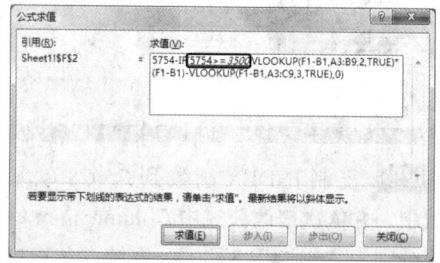

第4步 继续单击【求值】按钮，进入函数计算的最后一步，直接查看到应发工资数字减去

第 4 章
HR 掌握公式与函数的应用经验

个税数字（直接看出个税的多少），然后单击【关闭】按钮关闭对话框，如下图所示。

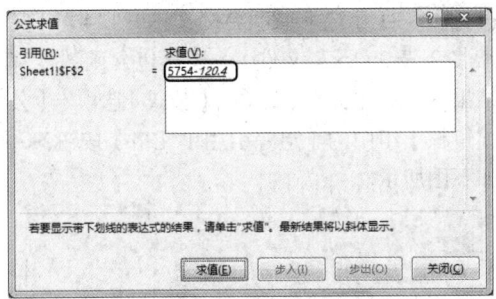

4.4.2 公式错误检查

在使用公式过程中，难免会出现失误，导致错误值，如VALUR、NA、#NAME?等，若是不能直接看出问题的所在，HR可借助Excel的公式错误检查功能。

例如，使用检查错误功能检查纠正计算错误，具体操作步骤如下。

第1步 打开"下载\素材文件\第4章\绩效报告1.xlsx"文件，1选择包含错误值#VALUE！的D16单元格，2单击【公式】选项卡【公式审核】组中的【错误检查】按钮，如下图所示。

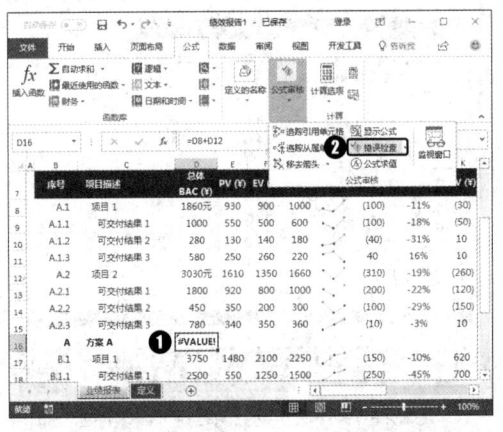

第2步 打开【错误检查】对话框，在其中显示了检查到的第一处错误，单击【显示计算步骤】按钮，如下图所示。

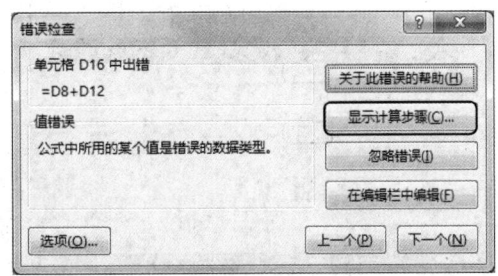

第3步 打开【公式求值】对话框，在【求值】文本框中可以看出单元格中的数据不是数字，而是带有收入的单位文本，找出了问题所在，单击【关闭】按钮，如下图所示。

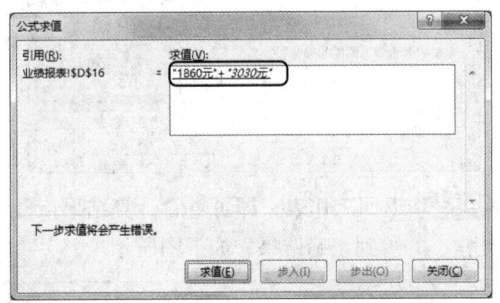

第4步 返回【错误检查】对话框，单击【在编辑栏中编辑】按钮，如下图所示。

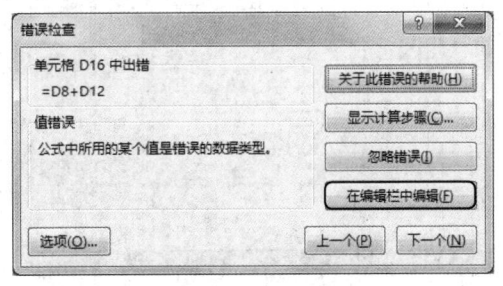

第5步 在表格中分别将参与计算的单元格D8和单元格D12中单位文本删除，只保留金额数字，如下图所示。

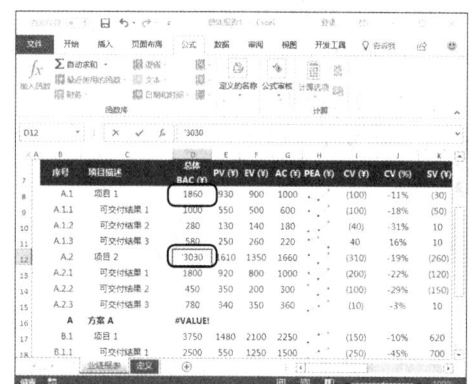

第6步 在【错误检查】对话框中单击【关闭】按钮，如下图所示。

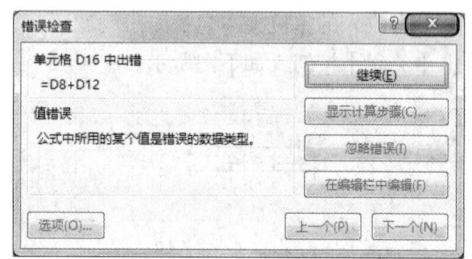

第7步 返回工作表，即可查看计算结果恢复正常，并得到正确结果，如下图所示。

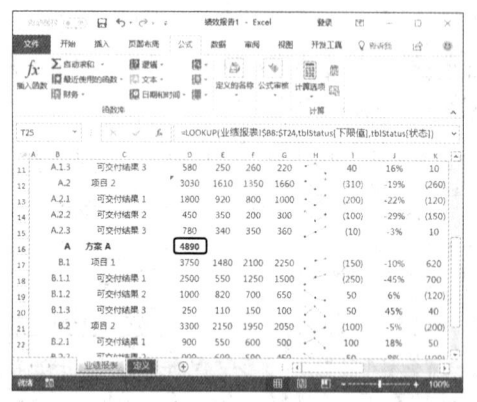

4.4.3 追踪数据引用情况

检查函数计算结果是否正确，不仅是对函数名、参数设置是否正确，还需要对参与计算的单元格进行追踪检查。

例如，在"员工奖金表"中查看哪些单元格参与了COUNTIF的统计计算，具体操作步骤如下。

第1步 打开"下载\素材文件\第4章\员工奖金表2.xlsx"文件，1 选择包含函数计算结果的B21单元格，2 单击【公式】选项卡【公式审核】组中的【追踪引用单元格】按钮，如下图所示。

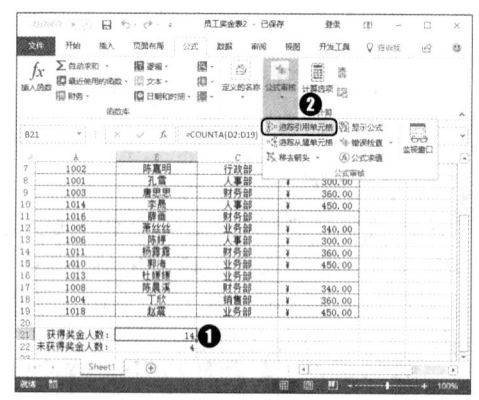

第2步 系统自动以蓝色箭头符号标识出所选单元格中公式的引用源（可以直观地看出D2:D19 单元格区域参与 COUNTIF 的统计计算），如下图所示。

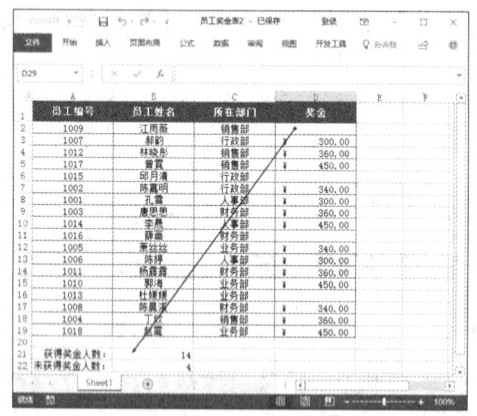

温馨提示

无论追踪引用单元格还是从属单元格的蓝色箭头，都无法进行保存。

若是希望查看指定单元格参与了指定单元格的函数计算，用追踪从属单元格的方法，可将

第4章
HR掌握公式与函数的应用经验

其一步找出，操作方法如下。

1选择目标单元格，2单击【公式】选项卡【公式审核】组中的【追踪从属单元格】按钮，系统自动用蓝色箭头指示，如下图所示。

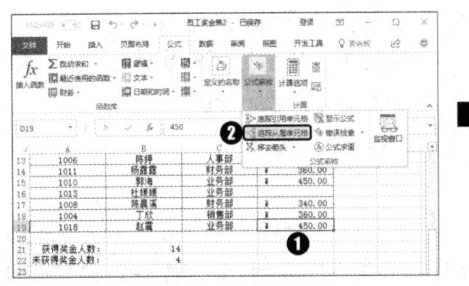 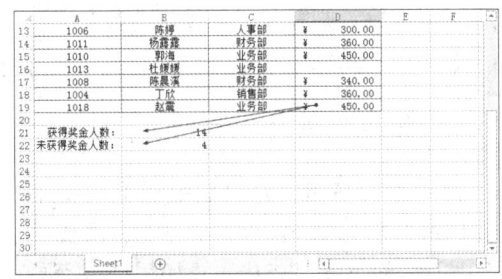

大神支招

经过前面知识的讲解，相信大家已经掌握了函数调用、使用、调试及相应的经验。下面结合本章内容与实际工作经验，与HR分享几个棘手问题的解决方法和经验。

01：使用函数提示工具

对于一些不熟悉或是完全陌生的函数，在输入或设置函数参数时，为了保证设置结构和参数类别的正确，借助与函数提示工具相当合适，方法也非常简单。

在编辑栏中将鼠标光标定位到函数括号中，系统自动在其下方显示完整参数结构，如下图所示。根据这些提示，依次输入相应的参数，最大程度上避免了输入或设置错误，保证计算结果的正常和正确。

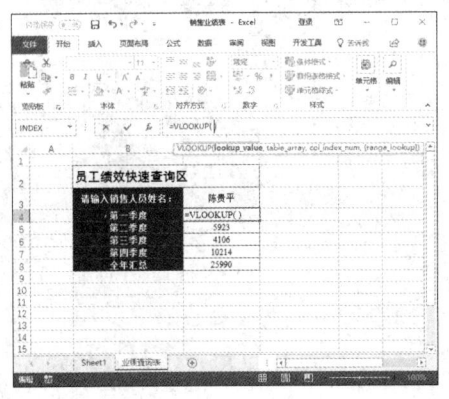

02：突破函数层级限制，只需一个小动作

在嵌套函数中，若函数B在函数A中作为参数，则函数B相当于第2级函数。如果在函数B中继续嵌套函数C，则函数C相当于第3级函数，以此类推……一个Excel函数公式中可以包含多达7级的嵌套函数。

但在实际工作中，常常需要突破函数的7层嵌套限制才能编写出满足计算要求的公式。

例如，要编写一个超过7层嵌套限制的IF函数，具体结构如下。

=IF(AND(A1<60),"F","")&IF(AND(A1>=60,A1<=63),"D","")&IF(AND(A1>=64,A1<=67),"C-","")&IF(AND(A1>=68,A1<=71),"C","")&IF(AND(A1>=72,A1<=74),"C+","")&IF(AND(A1>=75,A1<=77),"B-","")&IF(AND(A1>=78,A1<=81),"B","")&IF(AND(A1>=82,A1<=84),"B+","")&IF(AND(A1>=85,A1<=89),"A-","")&IF(AND(A1>=90),"A","")

从上面这个IF函数中可以看出，它使用了10个IF语句，是将多个7层IF语句用【&】符号连接起来突破7层限制的。当然如果是数值进行运算，则需要将连接符【&】改为【+】，【""】改为【0】。

03：函数报错的几大项

使用函数多年，对函数报错类型有了一定研究，发现同一类型报错，有相同或相似的原因，在人事工作中可直接根据报错原因进行修改，就能保证函数正常计算、结果正确。

（1）错误结果：【#VALUE!】。
原因：参数错误或是参数类型错误。
解决方法：按要求修改函数参数或参数类型。

（2）错误结果：【#NUM!】。
原因：使用无效数字/值
解决方法：更改参数的数值范围/类型

（3）错误结果：【#DIV/0!】。
原因：除数可能为0。
解决方法：更改除数为非零值。

（4）错误结果：【#N/A】。
原因：参数不完整或是过多。
解决方法：添加或是减少函数参数个数。

（5）错误结果：【#NAME?】。
原因：找不到对应的函数或定义的单元格名称。
解决方法：修正函数名称或是参数。

（6）错误结果：【#REF!】。

原因：单元格引用无效。
解决方法：正确引用单元格地址或是名称

（7）错误结果：【#NULL!】。
原因：使用不正确的运算符。
解决方法：检查运算符是否正确，同时避免存在空值或是返回空值。

04：巧省函数参数

函数在使用过程中，并非所有参数都需要书写完整，可以根据实际需要省略某些参数，如可选参数、默认值等，以达到缩短公式长度或减少计算步骤的目的。

例如，判断B5是否与A5的值相等，如果相等返回TRUE，如果不相等则返回FALSE。
完整的函数书写法为。
`=IF(B5=A5,TRUE,FALSE)`
省略的函数书写法为。
`=IF (B5=A5,TRUE)`
两个函数得到的结果完全一样，使用省略的方法书写函数，明显让函数结构简洁、清晰，省时省力。

在Excel中这样的函数很多，如AND、NOT、LEFT、RIGHT等，这里不再一一列举。这里有一个小窍门：只要看到参数中有默认、可选等参数字样，就可以考虑用简写。

> **温馨提示**
> 以省略的方式输入函数，必须注意：相应参数省略不写，就意味着紧挨其前面的逗号也不要写，有时写了反而导致计算错误。

第5章
HR这样统计分析数据更直观

本章导读

图表和数据透视图表是统计分析数据的利器，它们能将抽象复杂的数据变得直观整洁有规律，帮助用户发现潜在问题，为各种对策或是决策提供数据支撑。鉴于此，HR必须学会和掌握图表和数据透视图表的使用方法，为后面的实战与实际工作应用夯实基础。

知识要点

- ❖ 如何制作和设置图表
- ❖ 如何创建和设置数据透视图表
- ❖ 如何让图表精准的分析和展示数据
- ❖ 如何对数据透视图表数据进行随意筛选

5.1 活用图表的方法

在人事工作中对数据进行分析是常事，如部门薪酬对比分析、人力资源开发的规划分析、培训需求和效果的评估分析及招聘渠道优劣分析等，在各种分析中使用图表是HR的首选。那么在人事工作中图表该怎么用？如何用好、用活？下面就将这几年图表使用的方法分享给大家，希望对大家的实际工作有帮助。

5.1.1 创建想要的图表

在第1章中已经介绍过在人事工作中常用的图表类型，HR只需根据分析需求和目标，选择相应的图表类型进行创建即可。

例如，使用二维簇状柱形图对比分析员工培训前后的综合素质，具体操作步骤如下。

第1步 打开"下载\素材文件\第5章\培训效果评估.xlsx"文件，1选择E2:G3单元格区域，2在【插入】选项卡【图表】组中单击【插入柱形图或条形图】按钮，3在弹出的下拉列表中选择【二维柱形图】选项，如下图所示。

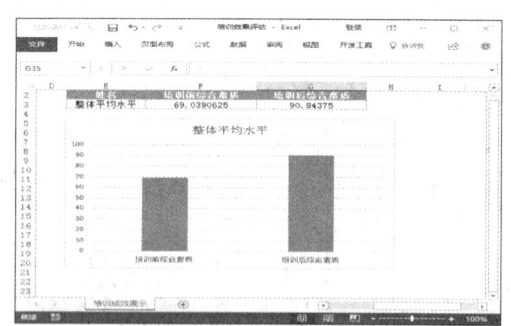

第3步 在图表标题文本框上单击进入其编辑状态，删除原有的默认图表标题，输入需要的标题，这里输入"培训前后对比分析"，如下图所示。

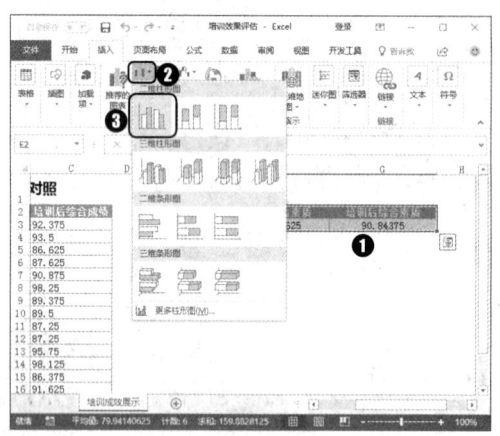

第2步 系统自动创建选择的图表，如下图所示。

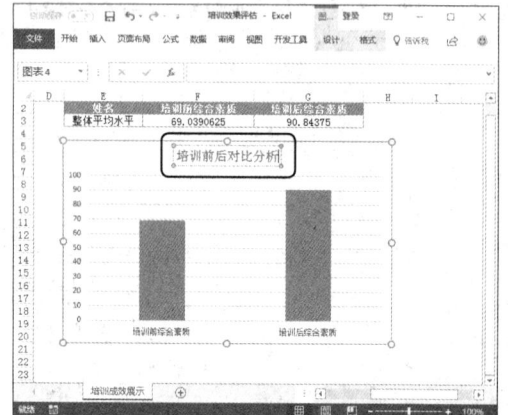

在Excel 2016中，还可以通过快速分析创建图表，方法非常简单：选择图表数据源区域后，1单击浮现的【快速分析】按钮，2在出现的面板中选择【图表】选项卡，3在其中选择程序推荐的图表类型，这里选择【簇状】选项，如下图所示。

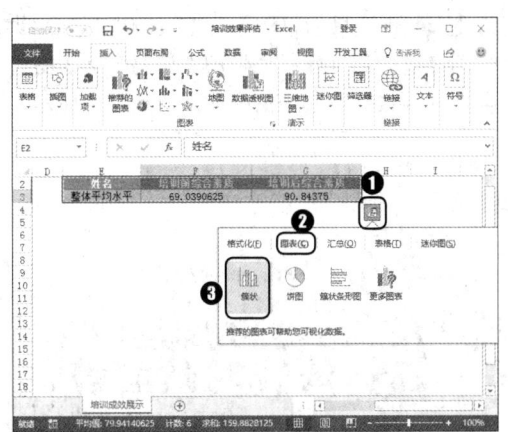
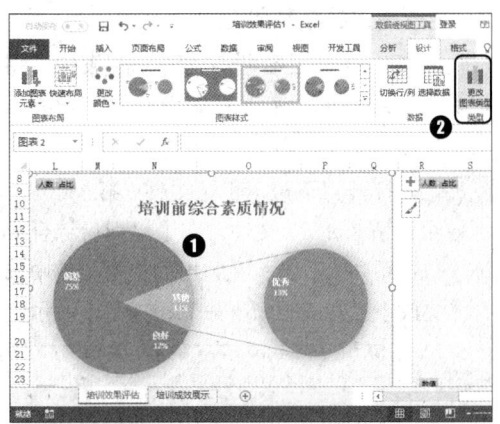

第2步 打开【更改图表类型】对话框，1在右侧选择【饼图】选项，2单击【确定】按钮，如下图所示。

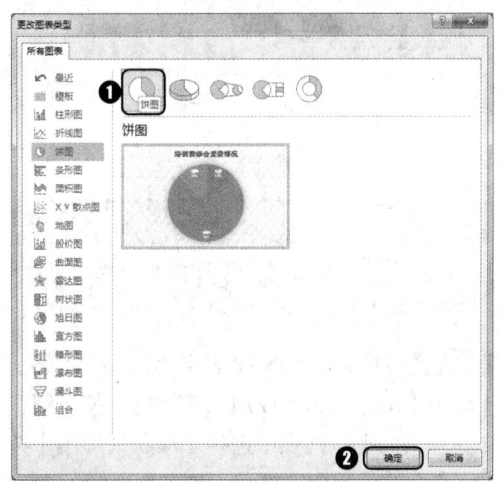

第3步 程序立即将复合饼图更改为饼图，更加符合数据分析的需要，如下图所示。

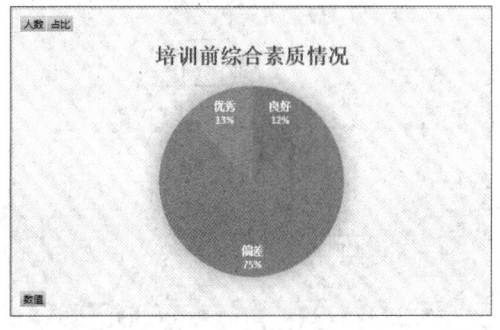

5.1.2 更改图表类型

分析人力资源数据，首先要保证图表是最合适的，也是最需要的。合适是指要保证图表展示分析准确，需要是指能满足受众的需求。

如果不适合满足分析数据需求及不符合受众的"口味"，可以直接对图表类型进行更换。

更改图表类型分为两种情况：一是对整个图表类型进行更改，二是对图表中指定数据系列进行单独更改。

1. 更改整个图表类型

例如，以将分析员工培训前的综合素质情况的复合饼图更改为饼图为例，具体操作步骤如下。

第1步 打开"下载\素材文件\第 5 章\培训效果评估 1.xlsx"文件，1选择要更改图表类型的图表，2单击【数据透视图工具/设计】选项卡【数据】组中的【更改图表类型】按钮，如下图所示。

> **温馨提示**
> 在图表上右击，在弹出的快捷菜单中选择【更改图表类型】命令，同样可以打开【更改图表类型】对话框。

2. 更改指定数据系列类型

例如，在员工培训前后对比图表中，将培训后的综合成绩数据系列更改为柱形图为例，具体操作步骤如下。

第1步 打开"下载\素材文件\第5章\培训效果评估2.xlsx"文件，在【培训后综合成绩】数据系列上右击，在弹出的快捷菜单中选择【更改系列图表类型】命令，如下图所示。

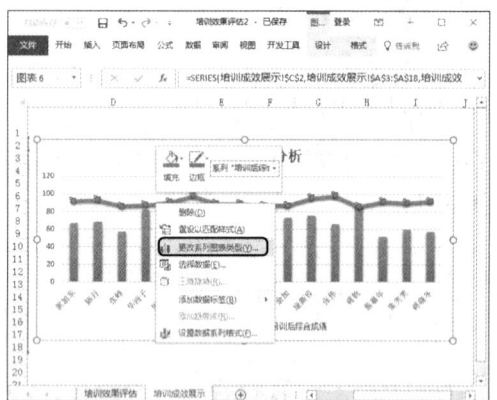

温馨提示

对于单数据系列的类型更改，也相当于的整个图表类型更改。

第2步 打开【更改图表类型】对话框，1 单击【培训后综合成绩】右侧的下拉按钮，2 在弹出的下拉列表中选择【簇状柱形图】选项，3 单击【确定】按钮，如下图所示。

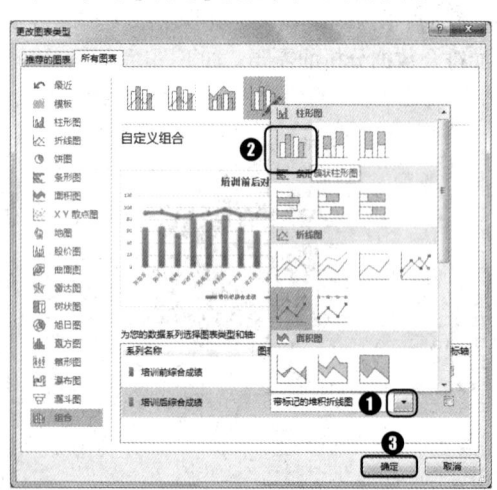

第3步 程序自动将图表中原有的堆积标记折线图更改为二维簇状柱形图，使整个图表更符合常规，数据看起来清晰明了，如下图所示。

5.1.3 次要坐标轴轻易添加

当图表中有两组刻度大小不同的数据时，为了更好地展示数据分析结果或更准确地展示数据分析结果，可以在图表中添加次要坐标轴，形成双坐标轴图表。

例如，要在年度绩效分析图表中，为累计业绩数据系列添加次要坐标轴，以方便查看分析员工各个季度的业绩情况，具体操作步骤如下。

第1步 打开"下载\素材文件\第5章\年度绩效统计.xlsx"文件，在【累计业绩】数据系列上右击，在弹出的快捷菜单中选择【设置数据系列格式】命令，如下图所示。

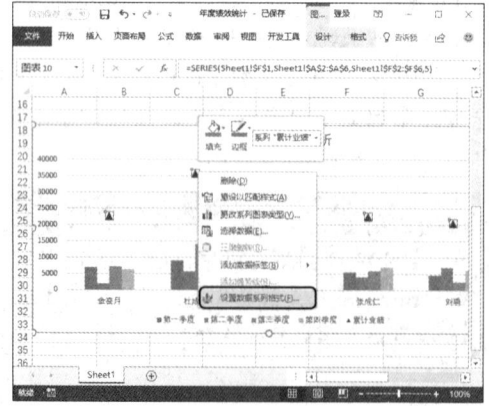

第 5 章
HR 这样统计分析数据更直观

第2步 打开【设置数据系列格式】任务窗格，1选择【序列选项】选项卡，2选中【次坐标轴】单选按钮，如下图所示。

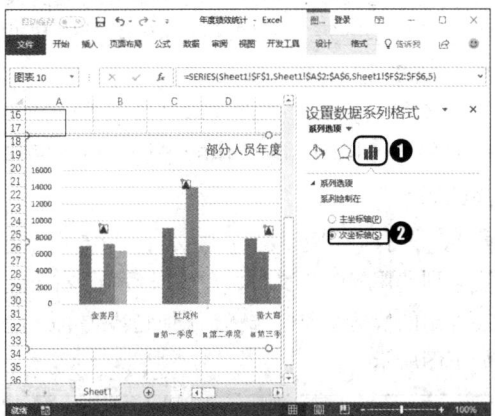

> **温馨提示**
> 若是只添加次要坐标轴或是添加的坐标轴刻度刚好满足实际需要，则在这里添加次要坐标轴的操作已经结束。若添加的次要坐标轴需要设置刻度大小，则需继续进行下面的操作。

第3步 1在图表中选择添加的次要坐标轴，此时任务窗格名称变为【设置坐标轴格式】窗格，2选择【坐标轴选项】选项卡，如下图所示。

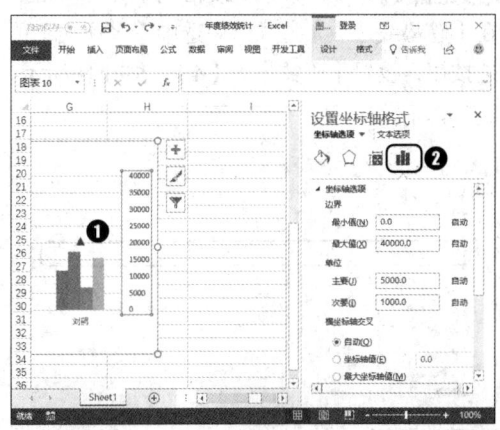

第4步 在【最大值】数值框中输入最大刻度数字，这里输入"38000"，按【Enter】键，然后在【最小值】数值框中输入"0"（设置

最大值刻度后，最小值会自动变化，有时会自动设置为负数，所以这里手动进行设置），如下图所示。

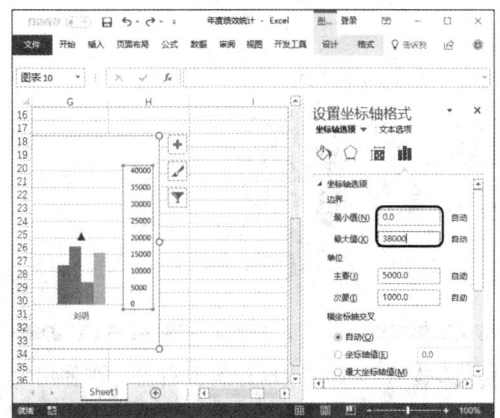

第5步 在图表中即可查看到双坐标轴的图表展示数据更加完美，如下图所示。

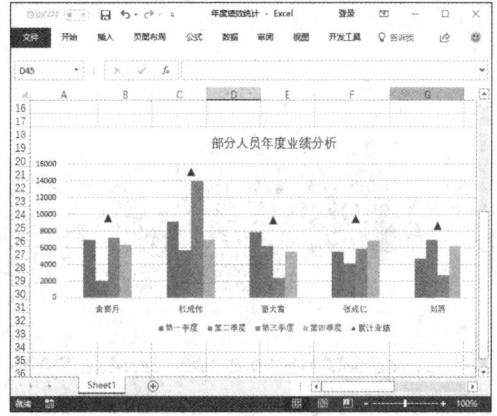

5.1.4 数据标签让系列情况更直观

图表中的数字很多时，需要添加数据标签，如规定/累计业绩数据、不同渠道招聘占比数据等，让图表更加直观明了，让人一看就懂。

例如，在年度统计表中为累计业绩数据添加数据标签，并在上方位置显示，具体操作步骤如下。

第1步 打开"下载\素材文件\第 5 章\年度绩效统计 1.xlsx"文件，在【累计业绩】数据系列上右击，在弹出的快捷菜单中选择【添

| 85

加数据标签】命令，如下图所示。

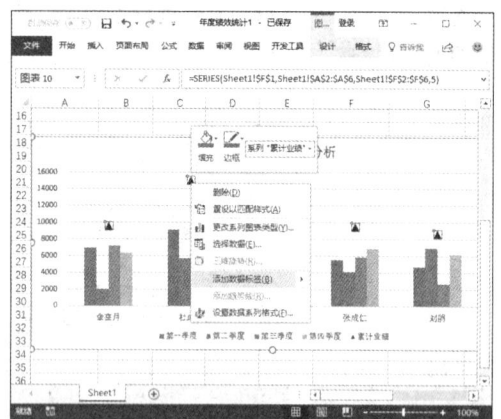

第2步 在添加的数据标签上右击，在弹出的快捷菜单中选择【设置数据标签格式】命令，如下图所示。

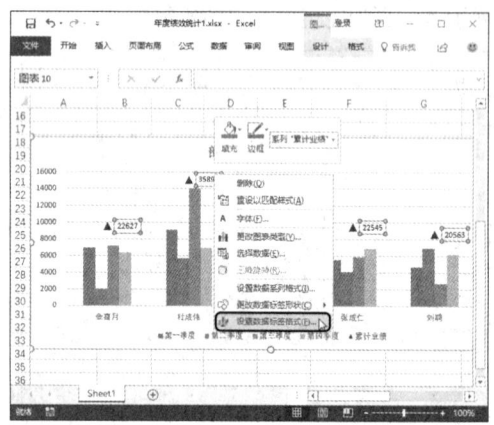

第3步 打开【设置数据标签格式】任务窗格，1选择【标签选项】选项卡，2选中【靠上】单选按钮，如下图所示。

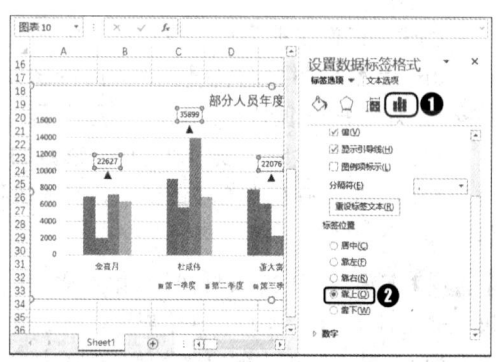

5.1.5 趋势线让走势明了

要在图表中展示指定时间段的数据走势，如人力成本的走势、人才流失的走势及员工绩效走势等，添加趋势线使数据走势非常直观清晰。

例如，为年度培训费用分析图表添加多项式趋势线标明投入费用的走势，具体操作步骤如下。

第1步 打开"下载\素材文件\第5章\年度培训费用.xlsx"文件，在数据系列上右击，在弹出的快捷菜单中选择【添加趋势线】命令，如下图所示。

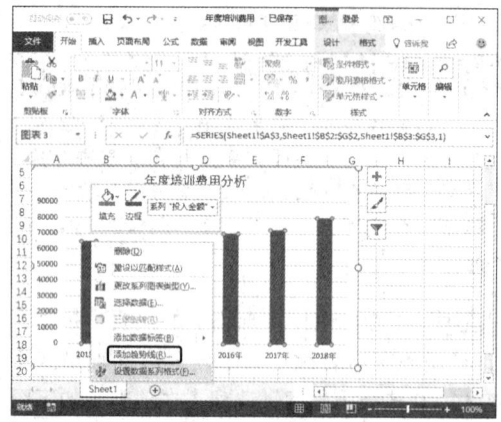

第2步 打开【设置趋势线格式】任务窗格，在【趋势线选项】选项卡中选中【多项式】单选按钮，设置【阶数】为【4】，如下图所示。

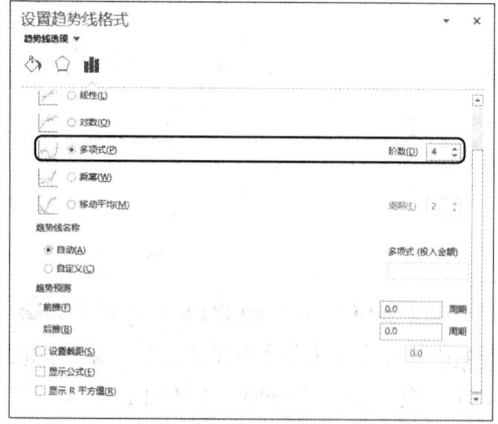

第 5 章
HR 这样统计分析数据更直观

第3步 在图表中即可查看到添加和设置的趋势线样式，直白地标明从 2015 年开始公司对培训费用的投入逐步增大，总体为上升趋势，如下图所示。

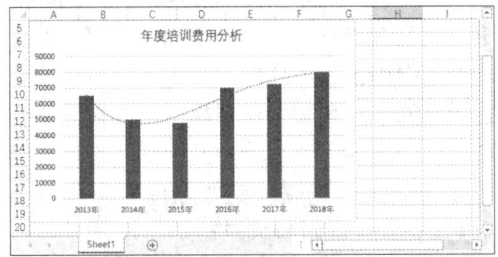

5.1.6 美化图表很必要

要让图表更加专业和好看，可对图表进行美化操作，主要方法有两种：一是手动美化，二是套用图表样式快速美化。

1. 手动美化图表

手动美化图表，其实就是对图表中的元素，如图表标题、坐标轴及数据系列颜色进行设置，从而让图表看起来更加舒服。

例如，对年度培训费用图表进行手动美化，具体操作步骤如下。

第1步 打开"下载\素材文件\第 5 章\年度培训费用.xlsx"文件，选择图表标题，设置字体格式为【微软雅黑】【14】【加粗】，如下图所示。

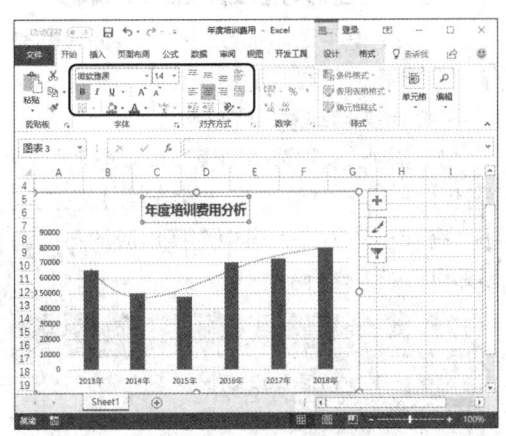

第2步 选择需要设置颜色的数据系列（一般是需要突出的或是重点数据系列），1 单击【填充颜色】下拉按钮，2 在弹出的拾色器中选择相应的颜色选项，如下图所示。

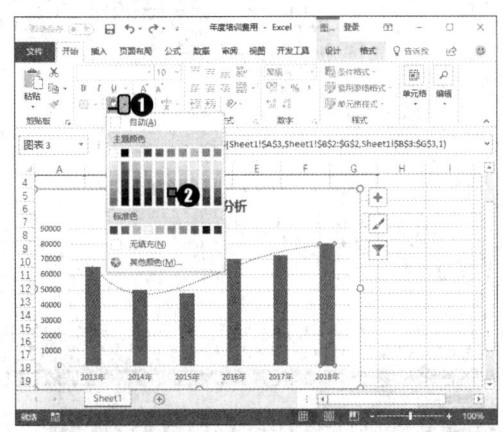

教您一招

自动为每个数据系列着色

在单数据系列图表中，若要为每一数据系列着不同的颜色，可让 Excel 自动完成。方法为：打开【设置数据系列格式】任务窗格，在【填充与线条】选项卡中选中【依数据点着色】复选框，如下图所示。

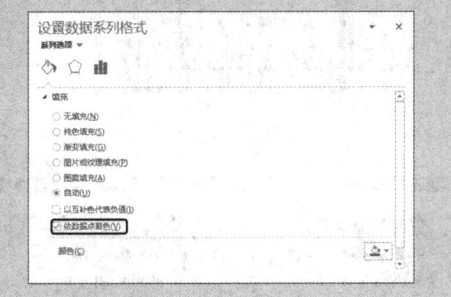

2. 套用图表样式快速美化

Excel 系统自带了 10 多种图表样式，可以直接进行套用，对图表进行快速美化，从而提高工作效率。

例如，套用图表样式快速对年度培训费用图表进行美化，具体操作步骤如下。

第1步 打开"下载\素材文件\第 5 章\培训效果评估 4.xlsx"文件，1 选择整个图表，2

| 87

在【图表工具/设计】选项卡中的【图表样式】列表框中选择一种合适的图表样式，如下图所示。

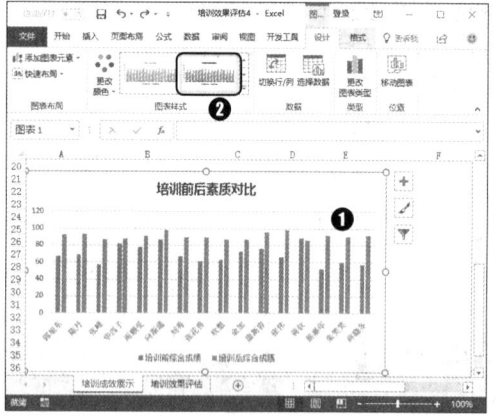

第2步 系统自动为图表应用选择的样式，实现图表的快速美化，如下图所示。

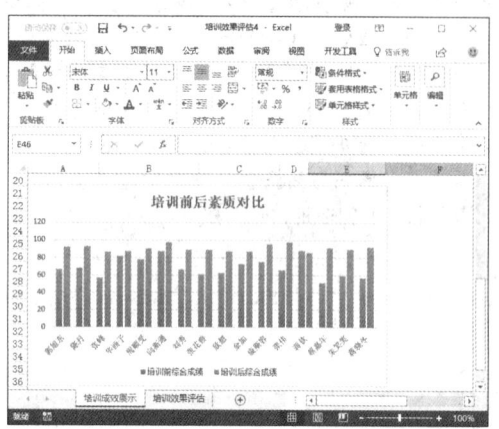

> **温馨提示**
>
> 无论是手动美化图表还是套用图表样式美化图表，都不是绝对的独立应用。可以将它们相互进行融合应用，也就是手动设置图表样式后，再应用图表样式。或是应用图表样式后，再手动设置图标元素格式，让图表整体样式更加美观、协调和专业。

5.1.7 图表布局很灵活

图表是一个构成整体，但不是绝对的整体。图表中的各个元素，如图例、图标题、网格线、坐标轴标题等都可以根据实际情况进行位置的移动和添减。

1. 图表元素的手动添加或减少

图表元素的手动添加或减少，通用的方法为：选择图表后，在【图表工具/设计】选项卡中单击【添加图表元素】下拉按钮，在弹出的下拉列表中选择相应的图表元素选项，在弹出的级联菜单中选择对应选项（若是要删除图例元素，则在级联菜单中选择【无】选项），如下图所示。

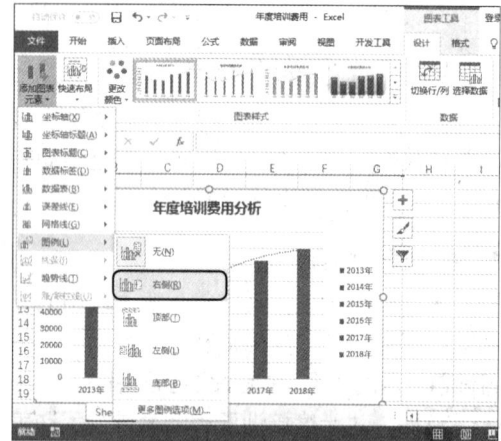

> **温馨提示**
>
> 要删除图表中的元素，只需选择该元素，按【Delete】键将其删除。

2. 快速布局自动对图表原始添加或减少

如果觉得手动添加或减少图表元素的操作过于麻烦，可尝试使用快速布局功能，让图表中的元素自动添加或减少。

方法为：只需选择图表，在【图表工具/设计】选项卡中单击【快速布局】下拉按钮，在弹出的下拉列表中选择相应的布局选项即可，如下图所示。

> **温馨提示**
>
> 相对于手动添加或减少图表元素，快速布局功能或许不能一次性完全符合制图者的心意，需要后续进行手动完善。

第 5 章
HR 这样统计分析数据更直观

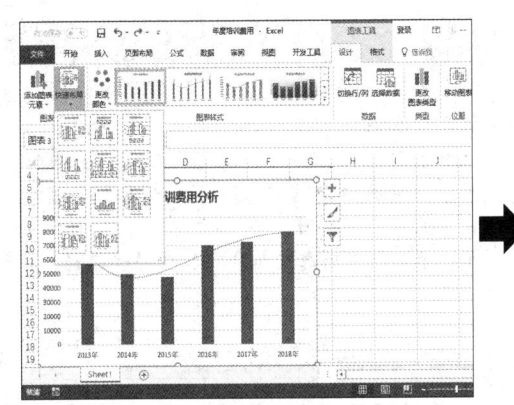 

5.2 数据透视这样用

要对人事数据进行多维度的透视分析，只是使用图表显然无法达到，最主要的原因是图表本身是静态的，无法实现数据动态显示和绘制。幸运的是 Excel 有数据透视图表（也被称为数据报表）能轻松完成透视分析。

5.2.1 手动创建透视表

对人事数据进行透视分析，首先需要手动创建数据透视表结构，然后添加需要的字段数据，制作一个完整的数据透视表，实现人事数据的透视分析。

例如，在"培训效果评估"中创建数据透视表，透视分析各个评估的人数，具体操作步骤如下。

第1步 打开"下载\素材文件\第 5 章\培训效果评估 5.xlsx"文件，1 选择任一数据单元格，2 单击【插入】选项卡【表格】组中的【数据透视表】按钮，如下图所示。

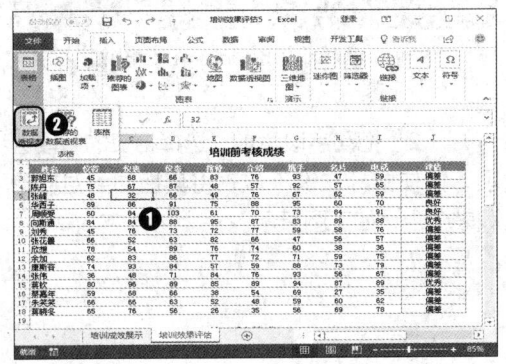

第2步 打开【创建数据透视表】对话框，1 在【选择放置数据透视表的位置】选项区域中选中【新工作表】单选按钮，2 单击【确定】按钮，如下图所示。

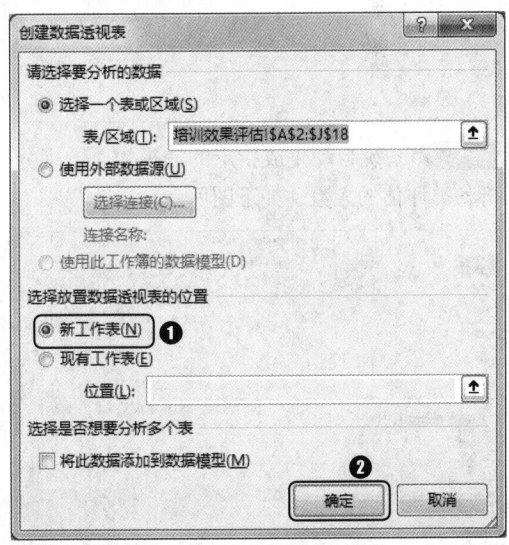

第3步 系统自动在新工作表中创建一个空白数据透视表，并自动打开【数据透视表字段】任务窗格。在任务窗格中的【选择要添加到报表的字段】列表框中选中【评估】复选框，如

下图所示。

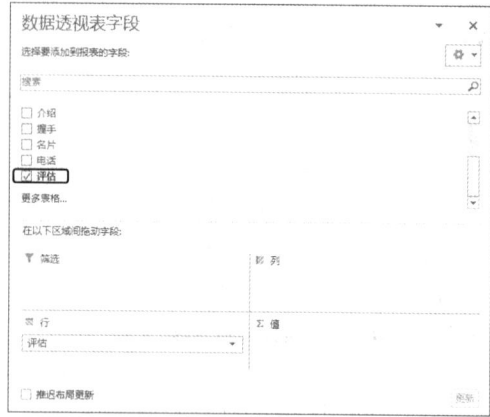

第4步 在【姓名】字段上右击,在弹出的快捷菜单中选择【添加到值】命令,如下图所示。

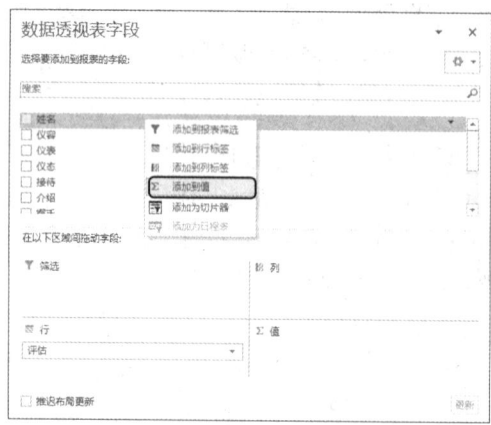

第5步 系统自动生成指定的透视表,透视分析各类评估的人数,如下图所示。

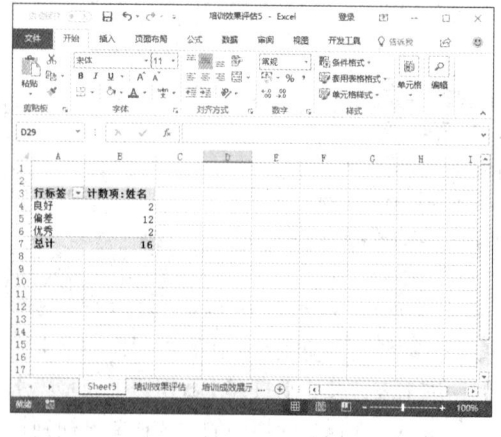

> **温馨提示**
>
> 如果要将创建的数据透视表存放到源数据所在的工作表中,可以在【创建数据透视表】对话框的【选择放置数据透视表的位置】选项区域中选中【现有工作表】单选按钮,并在下方的【位置】文本框中选择要以哪个单元格作为起始位置存放数据透视表。

5.2.2 添加字段的方法

在数据透视表中添加字段,大体方法有3种:选中复选框添加、拖动字段添加和选择菜单命令添加。

没有绝对要求应该指定用哪种方法,完全决定于自己的操作习惯。

(1)选中复选框添加字段:直接在【数据透视表字段】任务窗格中选中相应的复选框进行字段添加,这是最常用的方法,如下图所示。

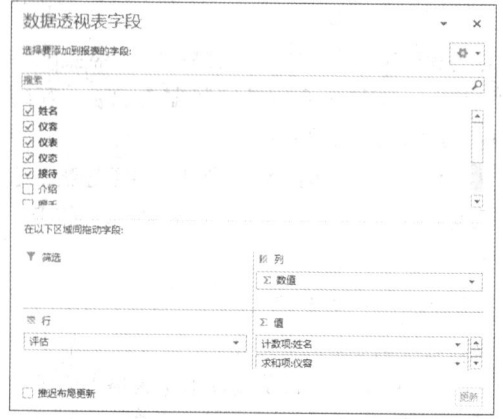

> **温馨提示**
>
> 要删除字段,可直接取消选中的字段复选框。

(2)拖动字段添加:选择相应的字段选项,按住鼠标左键不放,将其拖动到对应的列表框中,如下图所示。

第 5 章
HR 这样统计分析数据更直观

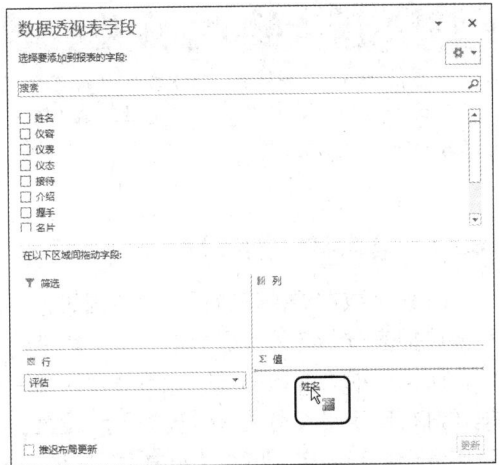

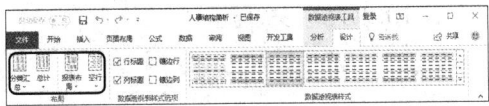

其中,【分类汇总】【总计】【空行】都只是确定两个关键选项：是否显示、在哪里显示，如下图所示。

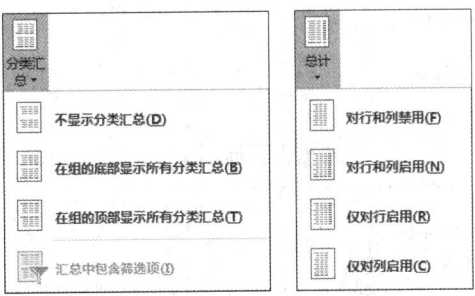

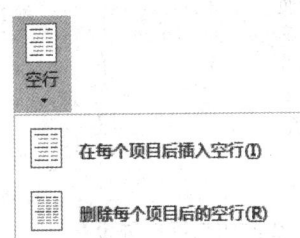

（3）选择菜单命令添加：在相应的字段选项上右击，在弹出的快捷菜单中选择要添加到的位置命令，如下图所示。

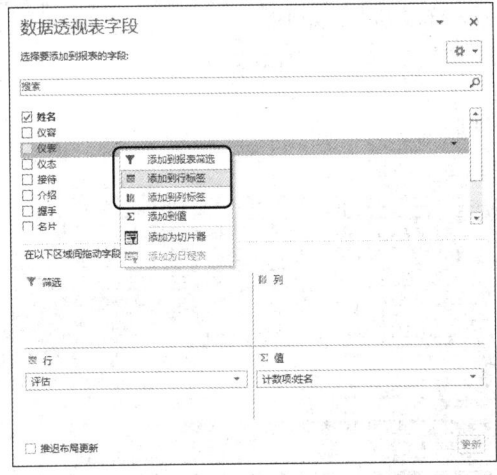

5.2.3 报表布局随意设置

人事数据透视分析，不仅能透视，还能清晰透视，让受众清晰、舒服地看懂数据信息。

报表布局能让数据透视表的整体架构舒畅、自然、协调。作为 HR 需要掌握这些布局设置的基础操作。

在 Excel 中对数据透视表布局，主要是在【布局】组中进行的，主要有：分类汇总、总计、报表布局和空行，如下图所示。

【报表布局】稍微特殊一点，它确定数据透视表的整体架构情况，如下图所示。

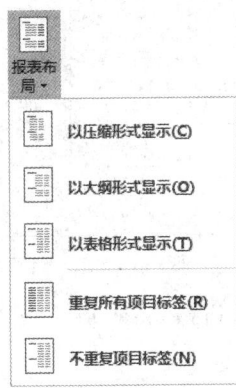

下面在同一张数据透视表中分别展示不同布局的样式效果，帮助大家更好地理解和选择，分别如下图所示（其中，以压缩形式显示是数据透视表的默认显示方式，这里就不再进行展示）。

（1）以大纲形式显示。

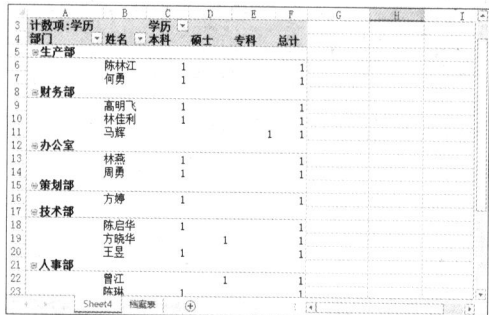

（2）以表格形式显示。

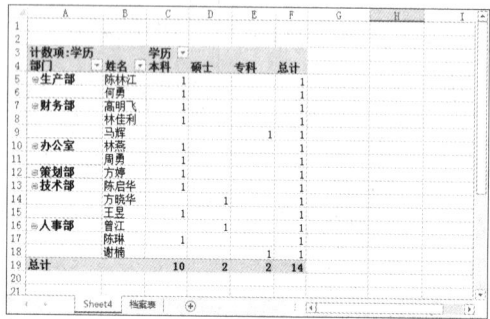

（3）重复所有项目标签。

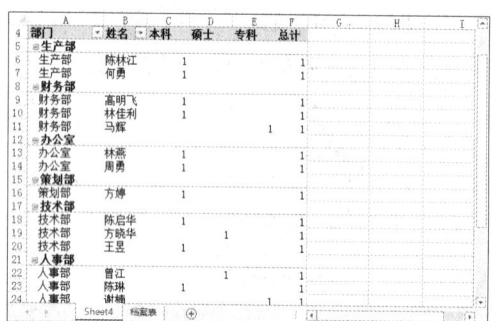

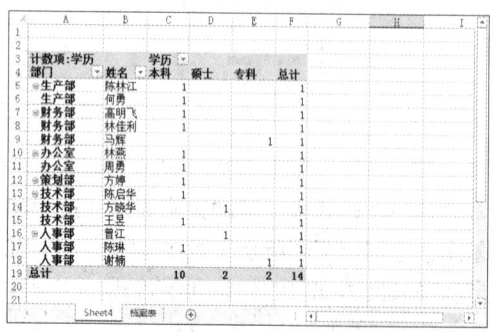

温馨提示

重复所有项目标签布局方式，只能在大纲形式和表格形式布局方式中有效，在压缩形式的布局中无效。

5.2.4　报表样式直接用

在使用数据透视表分析人事数据时，不需要让报表过分花哨或是惊艳，平平常常就好。所以，绝大多数情况下，不需要对布局样式进行自定义设置或是过多的手动设置。直接套用系统中自带的报表样式就可以，方法为：只需选择数据透视表中的任意单元格，在【数据透视表工具/设计】选项卡【数据透视表样式】组中的列表框中选择需要的报表样式选项，如下图所示。

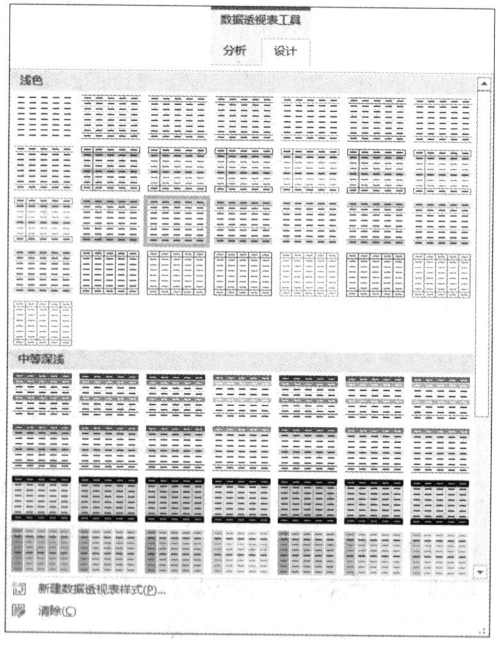

应用数据透视表样式后，可继续对细节进行调整，如是否将样式应到行/列标题、是否对行列进行镶边等，如下图所示。

第 5 章
HR 这样统计分析数据更直观

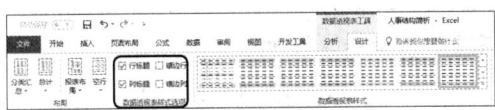

5.2.5 创建字段很简单

数据透视表中每一个字段都是唯一的，不能随意复制。不过，在人事工作中，需要创建一些字段数据来满足实际分析需要，如人事结构分析、培训效果分析或绩效情况及部门薪酬占比分析等。

在析部门薪酬占比的数据透视表中添加"部门薪酬比重"字段，并以百分值直观显示，如下图所示。

要创建透视表中没有的新字段，不能复制粘贴，因为复制粘贴的字段只能是普通数据，不具备任何数据透视表属性，如下图所示（快捷菜单中没有透视表字段应具有的菜单命令，如值显示方式、汇总方式，同时无法激活【数据透视表工具】选项卡）。

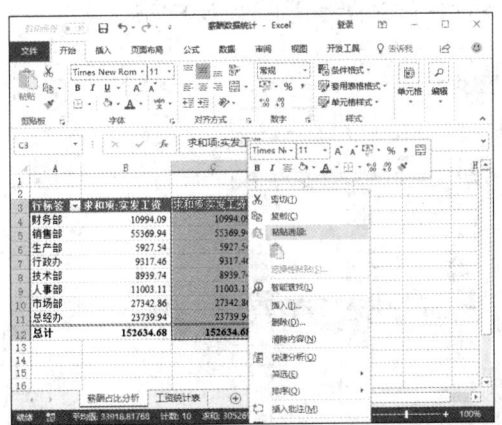

这时，HR可按以下的操作方法进行，具体操作步骤如下。

第1步 打开"下载\素材文件\第5章\薪酬数据统计.xlsx"文件，1 选择任一数据单元格，2 在【数据透视表工具/分析】选项卡中单击【字段、项目和集】下拉按钮，3 在弹出的下拉列表中选择【计算字段】选项，如下图所示。

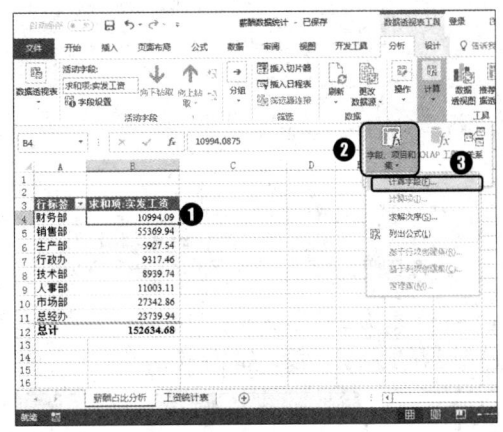

第2步 打开【插入计算字段】对话框，1 设置字段名称为"部门薪酬比重"，2 在【字段】列表框中双击【应付工资】字段，将其添加到【公式】文本框中作为新字段的赋值，3 单击【确定】按钮，如下图所示。

教您一招

自定义新字段的赋值

新字段的赋值，不一定完全是已有字段，可在【公式】文本框中输入相应的计算公式，如应发工资减去个人所得税，或是直接赋值，如直接输入1000，如下图所示。

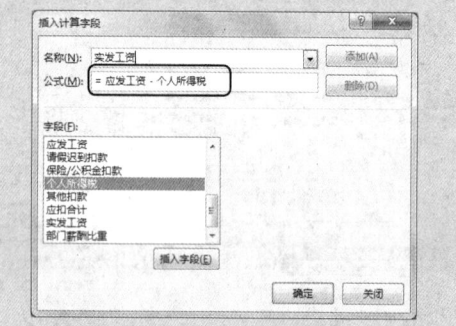

第3步 系统在数据透视表的最后一个字段右侧创建添加的新字段，如下图所示。

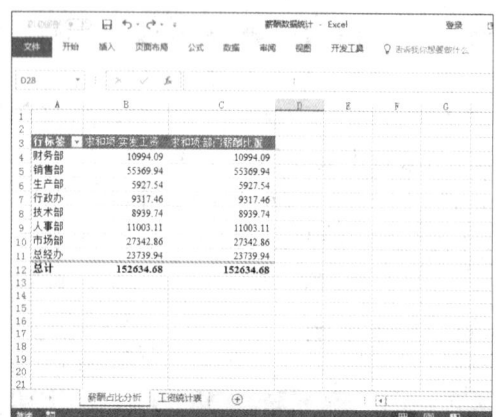

温馨提示

创建的新字段由于直接引用已有字段的值，因此需要进行下一步操作，如值的汇总方式、显示方式等。因为，在数据透视表中不允许有重复数据字段出现。但有一种情况可以操作到此步就结束，如薪资段数据由指定公式计算得到。

第4步 在新字段上右击，在弹出的快捷菜单中选择【值显示方式】→【总计的百分比】命令，如下图所示。

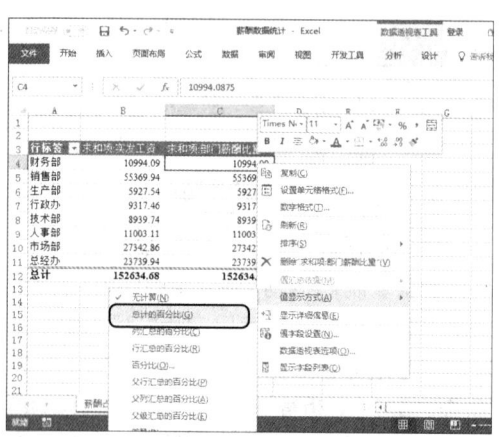

第5步 字段数据的显示方式随即发生变化，满足实际分析数据需要，如下图所示。

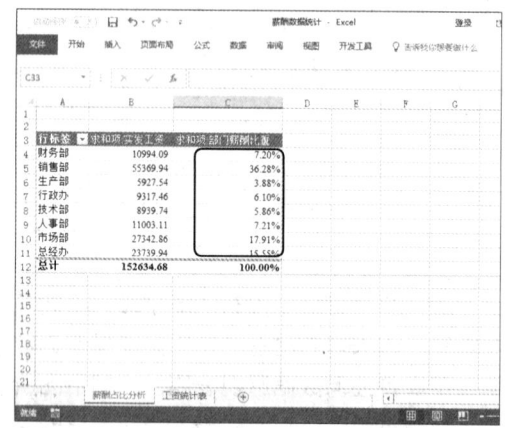

第6步 选择字段名称所在的单元格，在编辑栏中删除系统自带的【求和项：】，只留手动的命名部分【部门薪酬比重】，如下图所示。

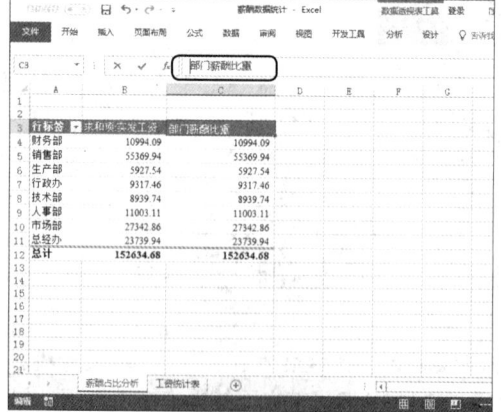

新添加的字段属于当前数据透视表的一部分，具有数据透视表的属性，在【数据透视表字段】任务窗格中也会存在该字段的复选框选项，如下图所示。

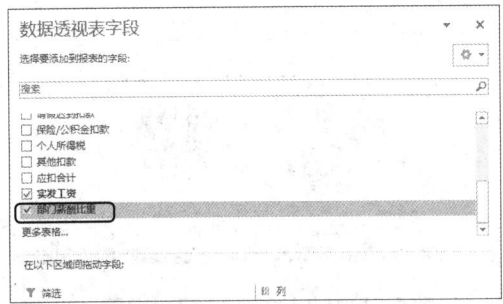

教您一招

删除创建的字段

要删除手动创建的字段，需要在【插入计算字段】对话框中进行，方法为：单击【名称】下拉按钮，在弹出的下拉列表中选择要删除的字段名称选项，然后单击激活【删除】按钮，如下图所示。

5.2.6 创建数据透视图

要让数据透视更加直观和明了，还可以让数据透视表与数据透视图同时搭配存在。

1. 在透视表基础上创建数据透视图

若是表格中已有数据透视表，HR可直接在数据透视表基础上进行创建，以节省设置字段的操作。

例如，根据已完成的薪酬数据统计数据透视表创建数据透视图为例，具体操作步骤如下。

第1步 打开"下载\素材文件\第5章\薪酬数据统计.xlsx"文件，1 在数据透视表中选择任一数据单元格，2 单击【数据透视表工具/分析】选项卡【工具】组中的【数据透视图】按钮，如下图所示。

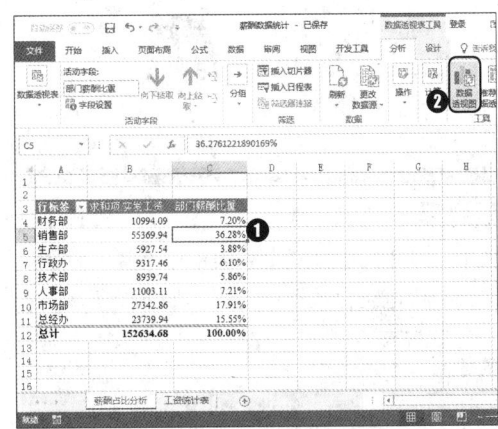

第2步 打开【插入图表】对话框，1 在左侧选择需要展示的图表类型，这里选择【饼图】选项，2 在右侧上方选择具体的图表分类，这里选择【复合饼图】选项，3 单击【确定】按钮，如下图所示。

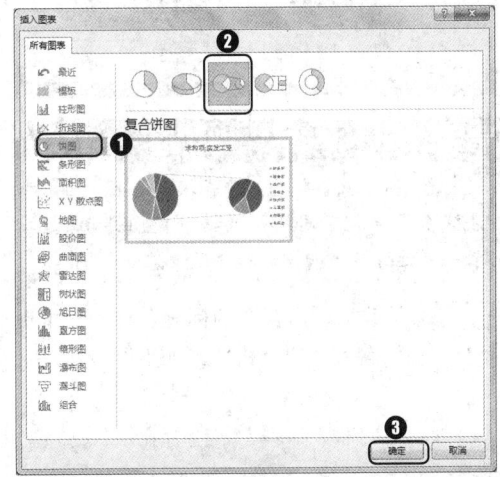

第3步 将插入的数据透视图移到合适位置，如下图所示。

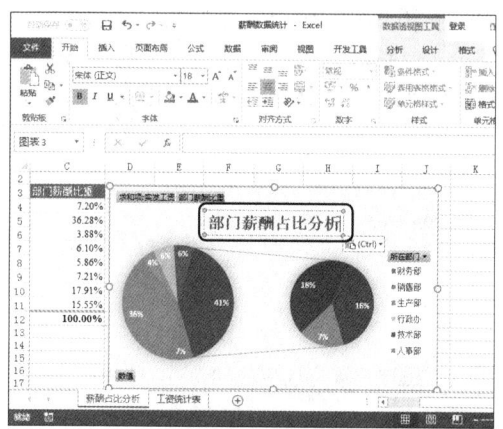

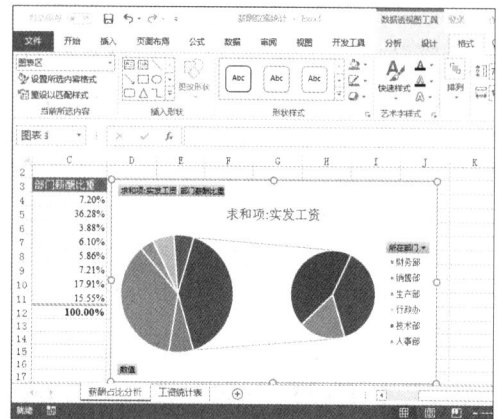

第4步 切换到【数据透视图工具/设计】选项卡，在【图表样式】列表框中选择一种图表样式，快速美化数据透视图，如下图所示。

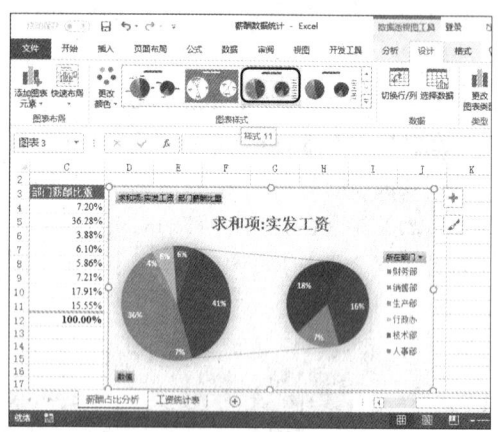

温馨提示

数据透视图美化和设置操作与图表的方法完全一样，不同的是数据透视图是动态图表，可进行数据的动态筛选绘制。

第5步 更改数据透视图的标题名称，这里更改为"部门薪酬占比分析"，如下图所示。

2. 在数据源基础上创建数据透视图

如果表格中没有数据透视表的，可以直接在数据源的基础上创建数据透视图。

例如，在"薪酬数据统计1"表格中直接在数据源基础上创建数据透视图，具体操作步骤如下。

第1步 打开"下载\素材文件\第5章\薪酬数据统计1.xlsx"文件，1 选择包含数据的任一单元格，2 单击【插入】选项卡【图表】组中的【数据透视图】按钮，3 在弹出的下拉列表中选择【数据透视图】选项，如下图所示。

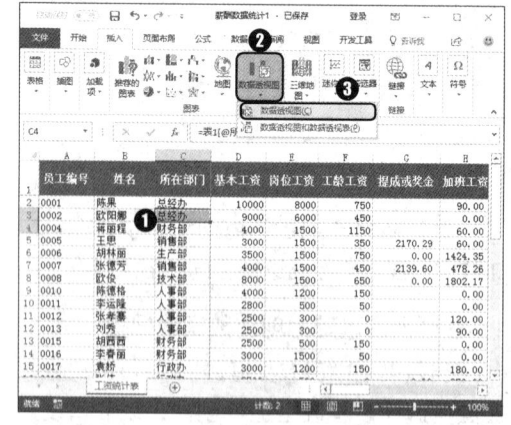

第2步 打开【创建数据透视图】对话框，直接单击【确定】按钮，如下图所示。

第 5 章
HR 这样统计分析数据更直观

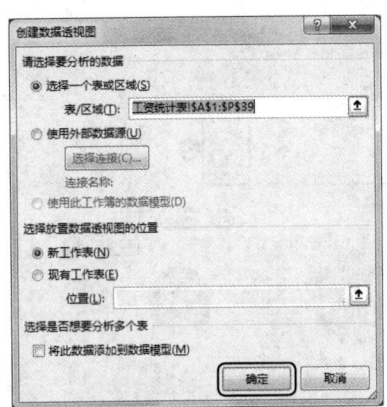

第3步 在【数据透视图字段】任务窗格的【选择要添加到报表的字段】列表框中选中需要添加到数据透视图中的字段对应的复选框，如下图所示。

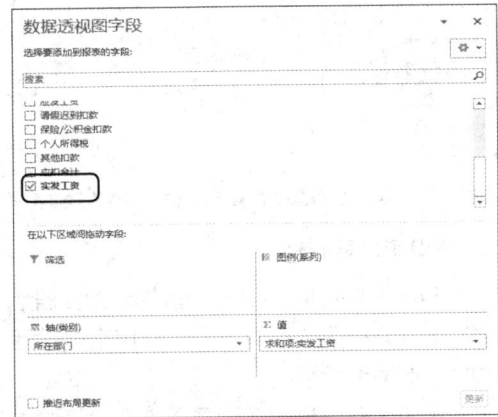

第4步 在图表上右击，在弹出的快捷菜单中选择【更改图表类型】命令，如下图所示。

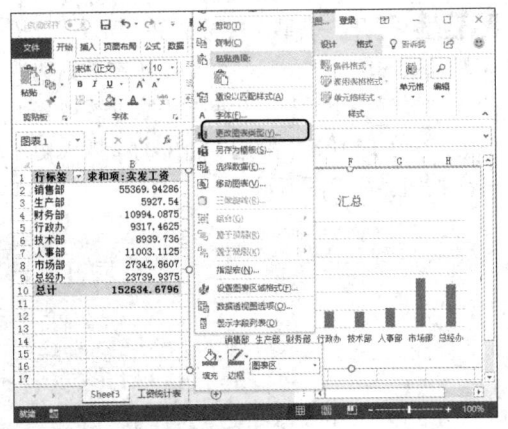

第5步 打开【更改图标类型】对话框，1在左侧选择【饼图】选项，2选择【复合饼图】选项，3单击【确定】按钮，如下图所示。

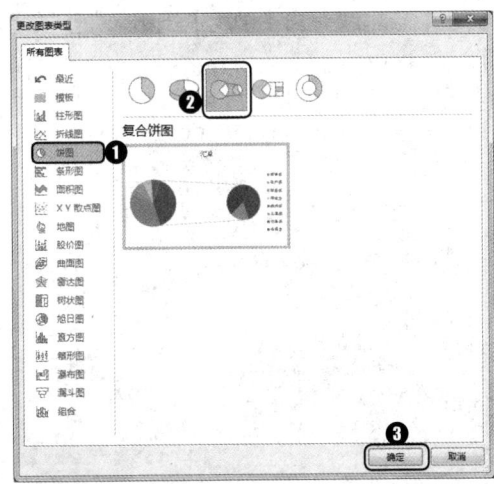

第6步 应用图表样式并修改图表标题，如下图所示。

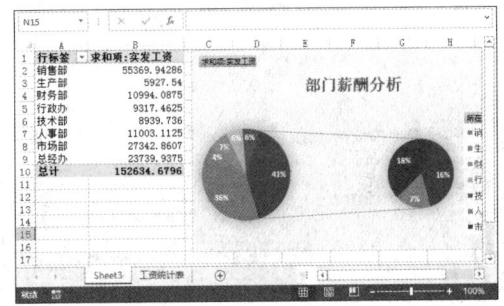

5.2.7 筛选数据透视图表

利用数据透视图表分析人事数据，最大的好处在于它可以动态筛选数据，让一张图、表能分析多项不同的数据或是满足多个不同的分析需求。

Excel筛选图表数据的方法有很多，HR需要掌握的实用方法有3种。下面分别介绍。

1．通过数据透视表筛选

数据透视图与数据透视表是一体的，对数据透视表中的数据进行筛选，数据透视图中的数据也会随之进行同步筛选。

操作方法为：1在数据透视表中单击行标签字段下拉按钮，2在弹出列表框中选中相应的复选框，3单击【确定】按钮，如下图所示。

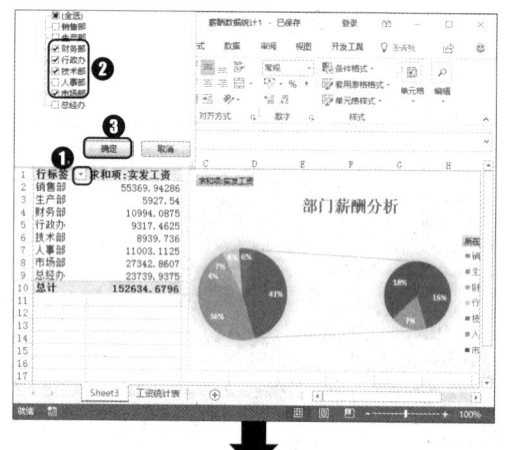

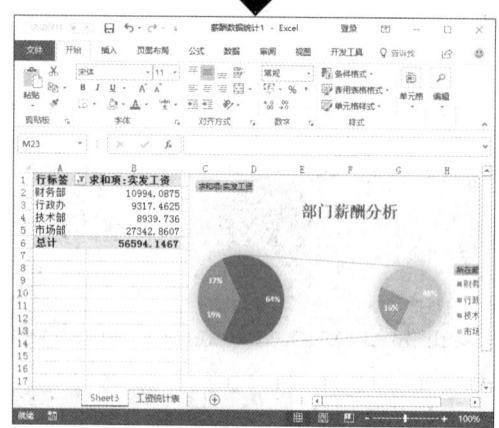

2. 直接在数据透视图中筛选

数据透视图中自带的字段下拉按钮，可以直接在图表中进行快速筛选。

操作方法为：1在数据透视图中单击标签字段下拉按钮，2在弹出的列表框中选中相应的复选框，3单击【确定】按钮，如下图所示。

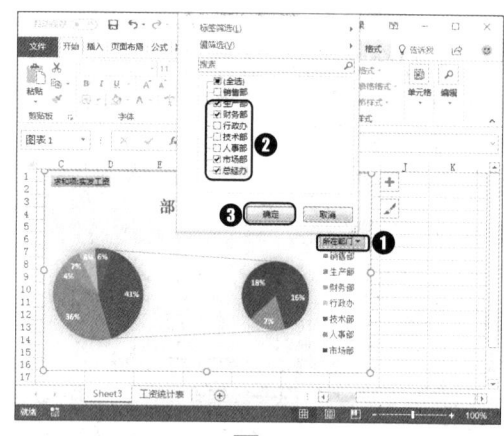

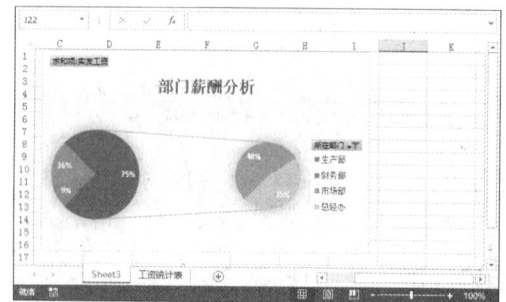

3. 使用切片器筛选

Excel中的切片器是一种能控制的数据透视图表的数据筛选工具，可以使用它更灵活地控制数据透视图表。

例如，在"招聘培训费用统计表"中，插入【所属部门】切片器对数据透视图表数据进行筛选，具体操作步骤如下。

第1步 打开"下载\素材文件\第5章\招聘培训费用统计表.xlsx"文件，1在数据透视表中选择任一单元格，2单击【数据透视表工具/分析】选项卡【筛选】组中的【插入切片器】按钮，如下图所示。

第5章
HR 这样统计分析数据更直观

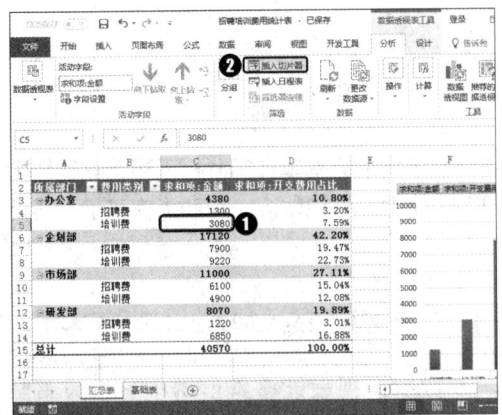

第2步 打开【插入切片器】对话框，1 选中对应的切片器复选框，这里选中【所属部门】复选框，2 单击【确定】按钮，如下图所示。

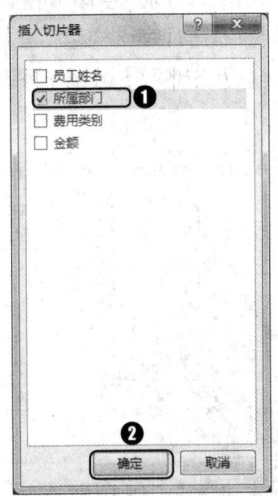

温馨提示

在【插入切片器】对话框中选中多个复选框，可以一次性创建多个切片器，只要实际需要，没有数量的限制。

第3步 将插入的【所属部门】切片器移到合适位置，以方便操作和数据查看，同时，在【切片工具 / 选项】选项卡的【切片器样式】列表框中选择相应的样式选项，快速美化切片器，如下图所示。

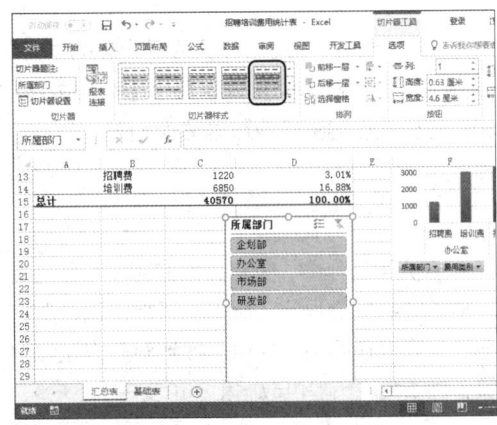

第4步 在切片器中单击相应的筛选形状，如【办公室】筛选形状，数据透视图表中的数据立即筛选出对应的数据，如下图所示。

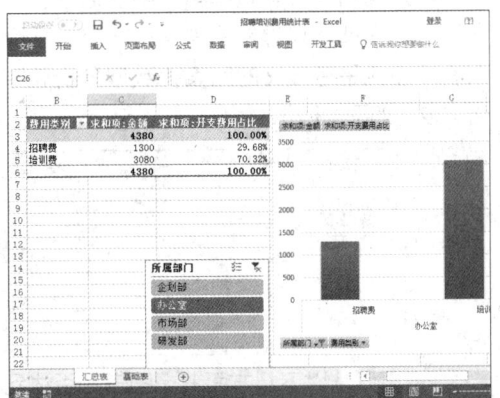

教您一招

多字段数据筛选

在切片器中单击【多选】按钮进入多选模式，在切片器中单击筛选形状，系统会自动将单击形状对应的数据全部筛选出来。

| 99

大神支招

经过上面对图表和数据透视图表的讲解和使用，相信大家已基本具备分析人事数据的综合能力。下面接着为大家分享几个图表和数据透视图表的使用心得和体会，帮助大家正确、灵活和有感悟地使用图表或数据透视图表。

01：图表初衷不能忘

在人事工作中，分析数据的初衷和目的是让抽象的数据直观化，直接明了地传递数据信息，发现潜在问题和规律，找到对应方法和对策，为重大决策提供数据和理论支撑。

同时，HR在使用图表或是数据透图/表分析人事数据时，不仅要考虑实际数据分析情况和自身习惯，更要从受众的角度出发，让他们能直观和轻松地看出图表中的信息，不能让他们去猜、去想或是去问。一旦出现受众看不懂或是有歧义的图表，数据分析就宣告失败，如下图所示。

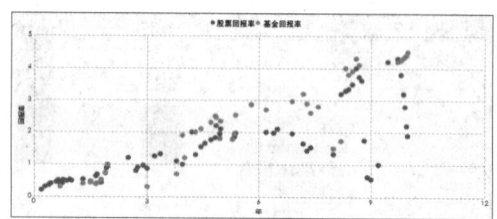

HR可以从以下几方面考虑图表是否达到最初的目的。

（1）确定图表主题，即确定要展示和分析的关键信息。

（2）确定关键数据，也就是图表的数据源字段。

（3）选用适当、常用和常见的图表类型。尽量不用过于生僻或过于复杂的图表。

（4）在图表中添加必要的数据标签。

02：透视字段的添加区域和顺序有考究

数据透视表能多维度透视分析人事数据，全靠字段数据的灵活变化，即包括字段数据所放置的位置，如行、列、值、筛选区域，也包括字段数据添加的先后顺序。

如下图所示，同一字段放置在不同的区域中，得到数据透视表结构也不一样。

（1）【所在部门】数据字段在【行】区域中。

（2）【所在部门】数据字段在【列】区域中。

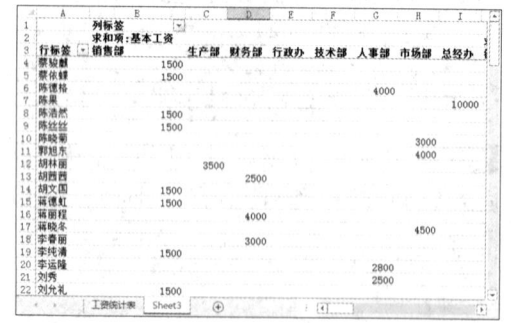

第 5 章
HR 这样统计分析数据更直观

（3）【所在部门】数据字段在【筛选】区域中。

如下图所示，同一张数据透视表，同样的数据字段，只因为不同的字段添加顺序，出现了不同的表格结构。

（4）【所属部门】字段→【费用类别】字段→【金额】字段。

（5）【费用类别】字段→【所属部门】字段→【金额】字段。

综上所述，在透视分析人事数据时，HR 要多维度分析数据，可以从字段添加的位置和先后顺序入手。

需要注意的是，对于那些作为行标签或列标签的字段选项，一定要有多条相同的数据项，否则，即使是最先添加，也会被安排在后面的列位置。

例如，上面的两张数据透视表中，即使把没有重复项的【金额】字段第一个添加，再添加【所属部门】和【费用类别】字段数据，得到的结果，也会是上面中的一种。【金额】字段数据不可能变成行标签字段。

03：数据简析使用迷你图

🎥 视频文件：下载\视频文件\第5章\03.mp4

要对人事工作中的数据进行简单分析，如对员工绩效的大体走势进行分析、投入费用的简单对比分析，不用使用高大上的图表或是数据透视图，使用迷你图就行了，具体操作步骤如下。

第1步 打开 "下载\素材文件\第 5 章\销售业绩表 .xlsx" 文件，1 选择需要存放迷你图的单元格或单元格区域，2 在【插入】选项卡【迷你图】组中选择需要的迷你图类型，这里单击【柱形图】按钮 ，如下图所示。

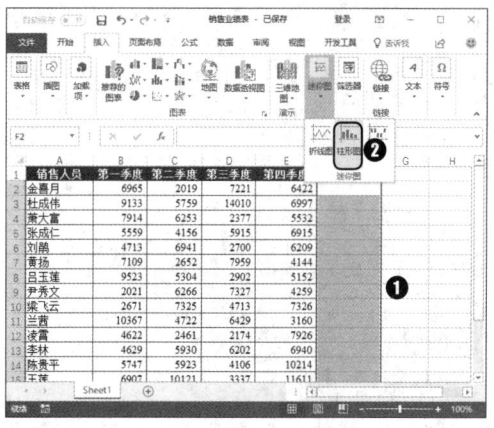

第2步 打开【创建迷你图】对话框，1 在【数据范围】文本框中引用需要创建迷你图的源数据区域，2 单击【确定】按钮，如下图所示。

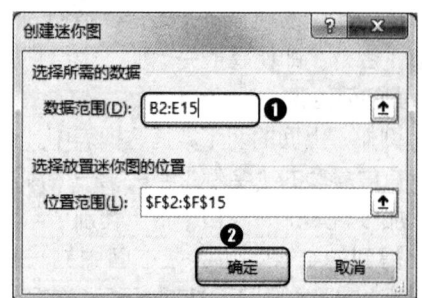

第3步 系统自动根据每一行的数字大小绘制对应的迷你图，如下图所示。

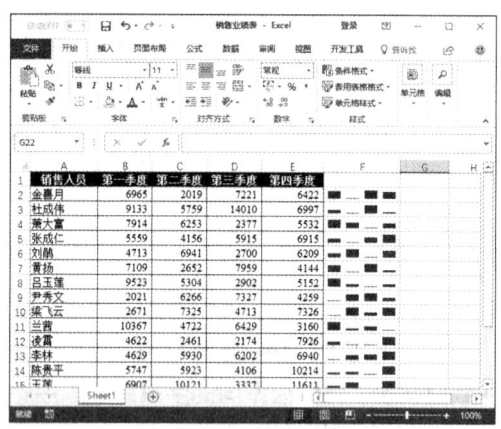

温馨提示

单个迷你图只能使用一行或一列数据作为源数据，如果使用多行或多列数据创建单个迷你图，则Excel会打开提示对话框提示数据引用出错。

第6章
人力资源规划管理

本章导读

人力资源规划是各项具体人力资源管理活动的起点和依据，直接影响着企业整体人力资源管理的效率，被视为HR首要的工作要求。同时，它具有两个明显特点——前瞻性和先导性，以此来实现人力资源与其他资源的最佳配置，更注重事前和过程中的激励开发，以达到人事相宜的人力资源管理效果。本章将分别从整体和局部对人力资源进行管理、规划和预测。

知识要点

- ❖ 制作总体人力资源结构表
- ❖ 预测及优化人力资源配置需求
- ❖ 预测人员流失高峰期，做好人员引进准备

Excel
在人力资源管理中的应用

6.1 制作总体人力资源结构表

案例背景

人力资源规划是指根据其内外部环境的变化，预测企业未来发展对人力资源的需求，以及为满足这种需要所提供人力资源的活动过程。它主要是根据公司的战略需求及人力资源现状，对公司的人力资源招聘、整合、培训开发及薪酬策略等进行了规划性的方案制订。在此过程中，需要HR对公司内部的人力资源进行结构性统计和汇总。

本例将围绕总体人力资源结构表数据的统计和数据格式的设置来展开，制作完成后的效果如下图所示。实例最终效果见"下载\结果文件\第6章\人力资源结构.xlsx"文件。

总体人力资源结构 Overall human resources structure											
性别结构			年龄结构			学历结构			系统结构		
性别	数量	比例	年龄	人数	比例	学历	数量	比例	类别	数量	比例
男	15	50.0%	<=20	0	0.0%	研究生	2	6.7%	管理	11	36.7%
女	15	50.0%	21~25	0	0.0%	本科	9	30.0%	生产	5	16.7%
			26~30	2	6.7%	大专	2	6.7%	营销	5	16.7%
			31~35	13	43.3%	中专	16	53.3%	服务	3	10.0%
			36~40	11	36.7%	高中	1	3.3%	后勤	6	20.0%
			41~45	4	13.3%						
			46~50	0	0.0%						
			>=50	0	0.0%						
合计	30	100.0%		30			30	100.0%		30	100.0%

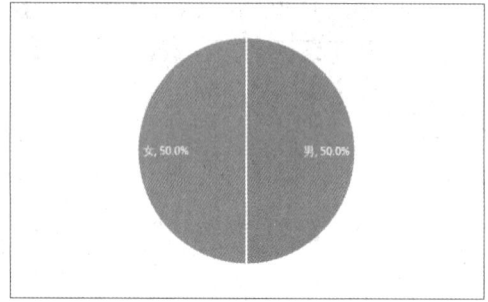
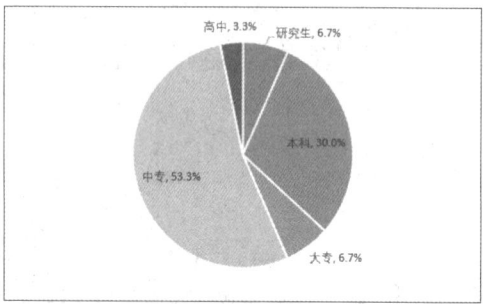
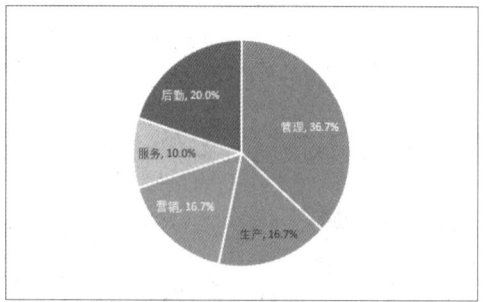
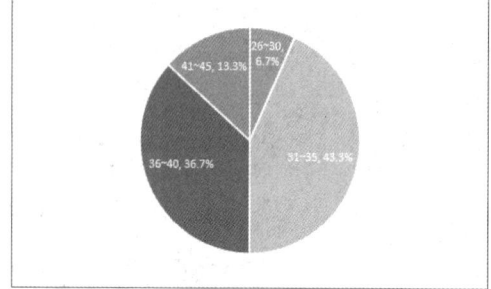

第6章

人力资源规划管理

	素材文件	下载\素材文件\第6章\人力资源结构.xlsx
下载文件	结果文件	下载\结果文件\第6章\人力资源结构.xlsx
	教学视频	下载\视频文件\第6章\6.1 制作总体人力资源结构表.mp4

6.1.1 利用重复项删除技能快速获取学历数据

在制作人力资源汇总表时，有很多数据可以直接利用，如学历、部门、职务等。因为它们具有唯一性，所以，可通过删除重复项快速获取字段数据，不用手动输入，同时，保证统计汇总的准确性，避免任务的遗漏、失误，具体操作步骤如下。

第1步 打开"下载\素材文件\第6章\人力资源结构.xlsx"文件，❶单击【结构】工作表标签，❷选择A3:L12单元格区域，❸单击【开始】选项卡中的【居中】按钮 ≡ 使数据水平居中对齐，如下图所示。

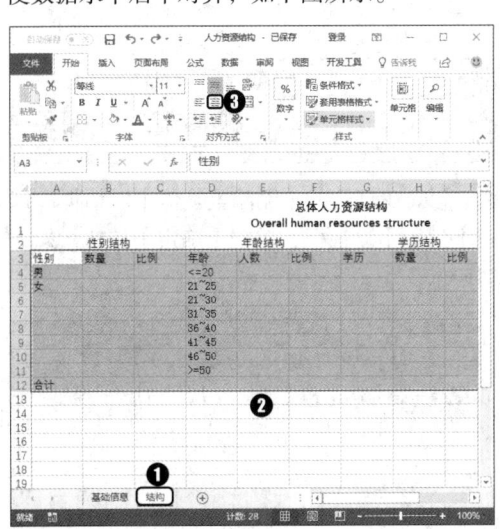

第2步 ❶单击【基础信息】工作表标签，❷选择F2单元格，按【Ctrl+Shift+↓】组合键选择F2:F31单元格区域，如下图所示。

第3步 ❶按【Ctrl+C】组合键复制选择的学历数据，❷单击【结构】工作表标签，如下图所示。

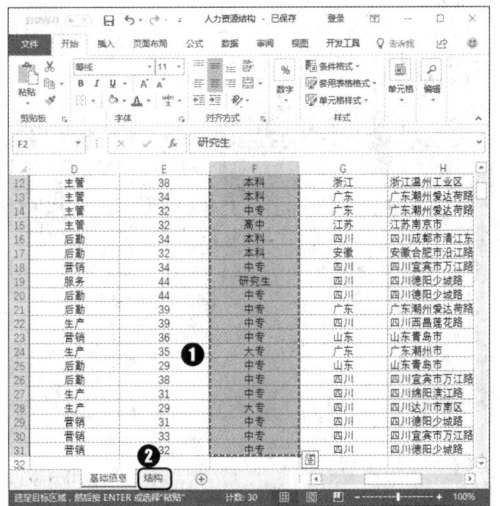

第4步 选择G4单元格，按【Alt+E+S】组合键，如下图所示。

105

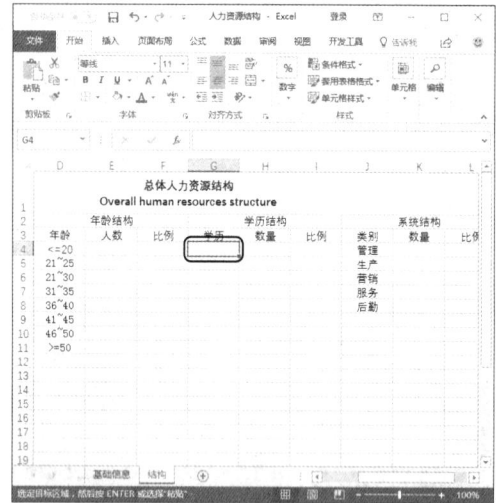

温馨提示

HR也可通过单击【粘贴】下拉按钮，在弹出的下拉菜单中选择【选择性粘贴】命令，打开【选择性粘贴】对话框。

第5步 打开【选择性粘贴】对话框，❶选中【数值】单选按钮，❷单击【确定】按钮，如下图所示。

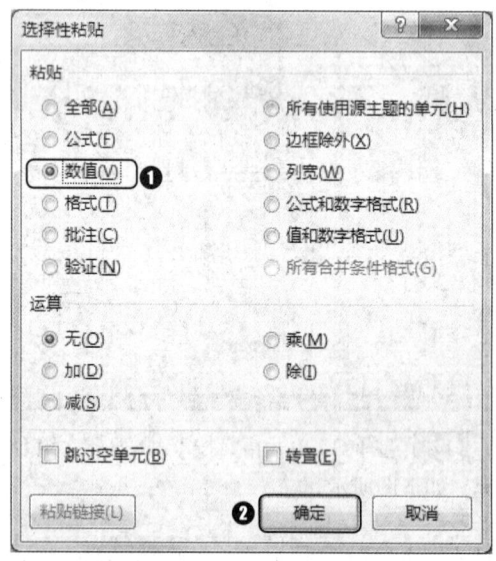

第6步 保持粘贴学历数据区域，单击【数据】选项卡中的【删除重复项】按钮，如下图所示。

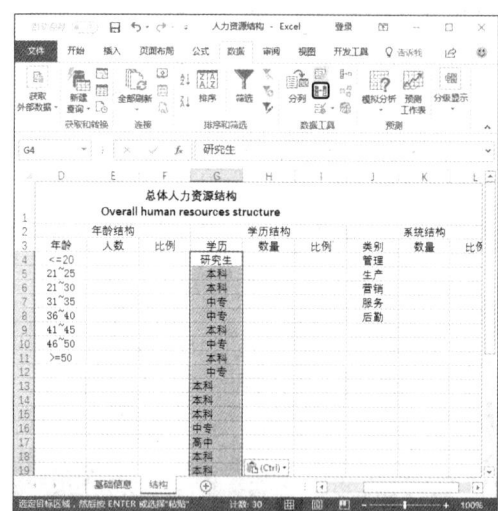

第7步 ❶在打开的【删除重复项警告】对话框中选中【以当前选定区域排序】单选按钮，❷单击【删除重复项】按钮，如下图所示。

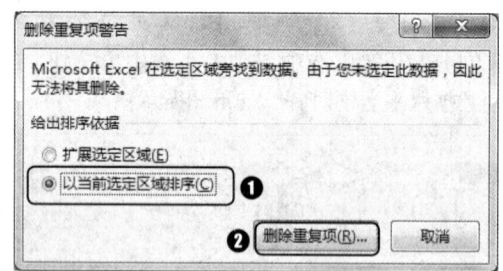

第8步 在打开的【删除重复值】对话框中选中【学历】复选框，单击【确定】按钮，如下图所示。

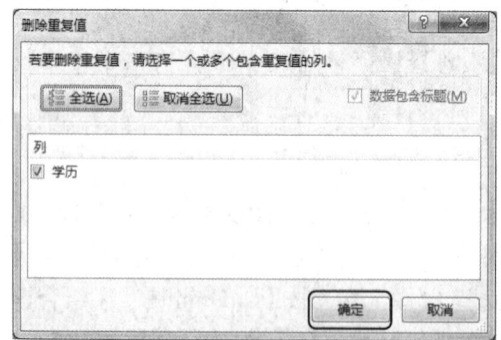

第9步 在打开的提示对话框中单击【确定】按钮，如下图所示。

第6章
人力资源规划管理

第10步 系统自动保留【学历】数据的唯一值，单击两次【居中】按钮，让【学历】数据统一水平居中对齐，如下图所示。

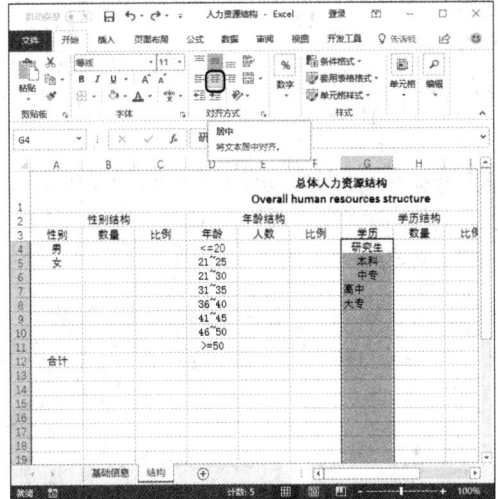

第11步 选择 G8 单元格，按【Ctrl+X】组合键剪切【大专】数据，如下图所示。

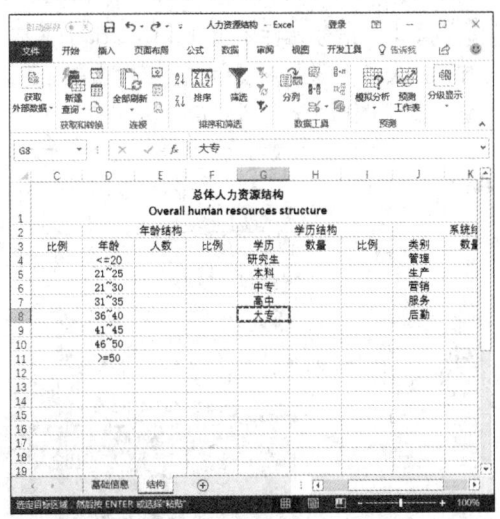

第12步 选择 G6 单元格并在其上右击，在弹出的快捷菜单中选择【插入剪切的单元格】命令，如下图所示。

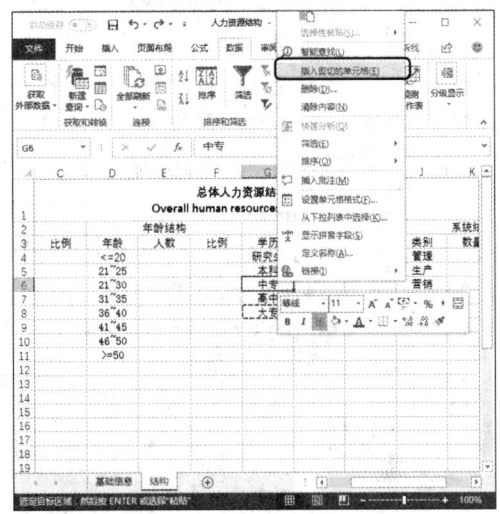

第13步 系统自动将【大专】数据移到【中专】数据的上一个单元格中，让学历排列顺序符合大众阅读习惯，如下图所示。

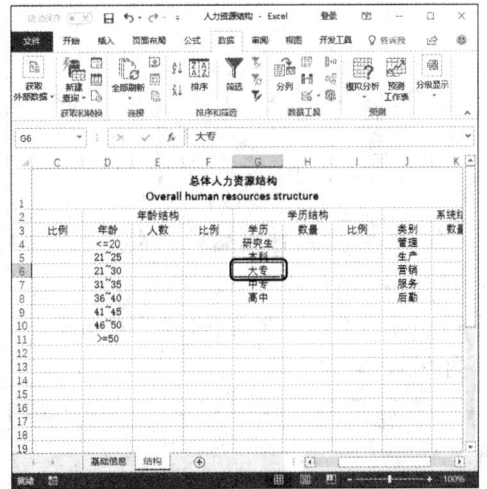

教您一招

如何让您的表格看起来顺畅

为了让表格数据看上去更加流畅、舒服，一些数据需要遵循大众的阅读习惯，如学历、职务、日期等，由高到低或是由低到高。

6.1.2 使用COUNTIF函数，快速统计出各个字段对应的人数

从基础人事信息表中分别统计出男、女人数、各个学历对应的人数、各个年龄段的人数及各个职位的人数。最有效的方法是使用COUNTIF函数，具体操作步骤如下。

第1步 1 在【基础信息】工作表中的【部门】列前面添加【性别】列数据，切换到【结构】工作表中，选择 B4 单元格，2 单击【其他函数】下拉按钮，3 在弹出的下拉菜单中选择【统计】→【COUNTIF】选项，如下图所示。

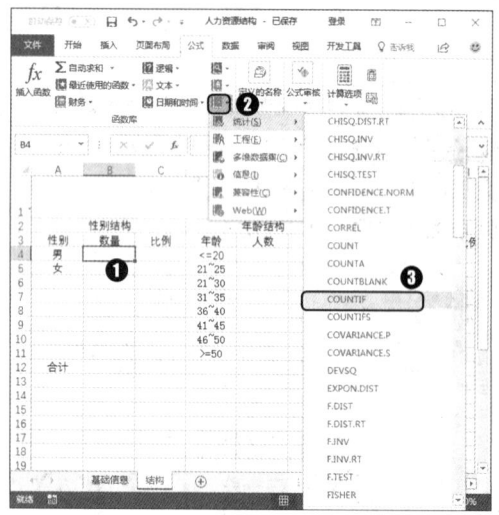

第2步 打开【函数参数】对话框，单击【Range】参数框右侧的【折叠】按钮，如下图所示。

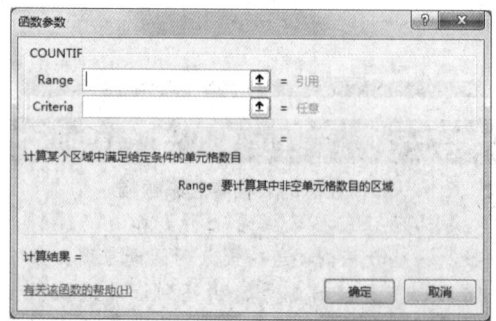

第3步 折叠【函数参数】对话框，1 单击【基础信息】工作表标签，2 选择 C2:C31 单元格区域，3 单击【展开】按钮，如下图所示。

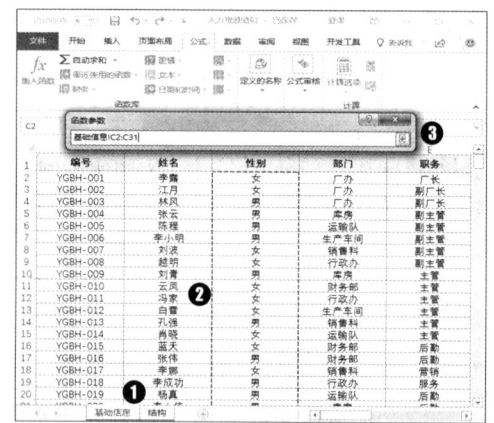

第4步 展开【函数参数】对话框，在【Range】文本框中选择参数【C2:C31】，按【F4】键将其转换为绝对引用，如下图所示。

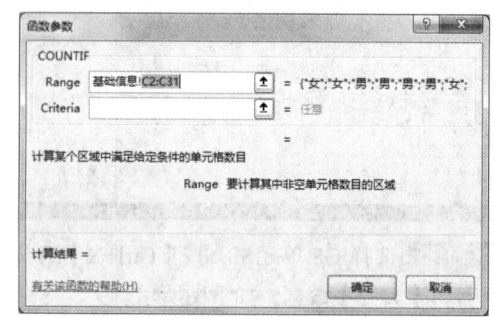

第5步 1 将鼠标光标定位在【Criteria】文本框中，在表格中选择 A4 单元格，2 单击【确定】按钮，如下图所示。

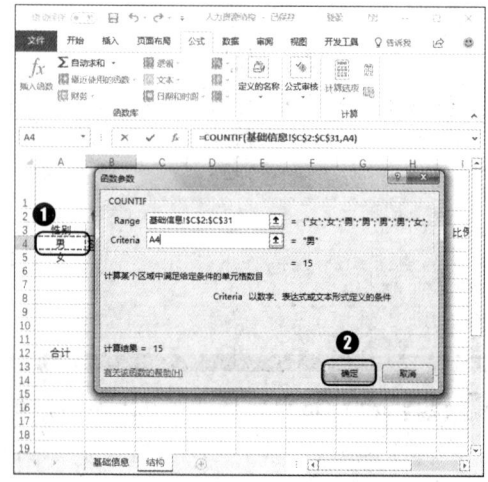

第6步 拖动填充句柄填充 COUNTIF 函数到 B5 单元格统计出女员工的数量，如下图所示。

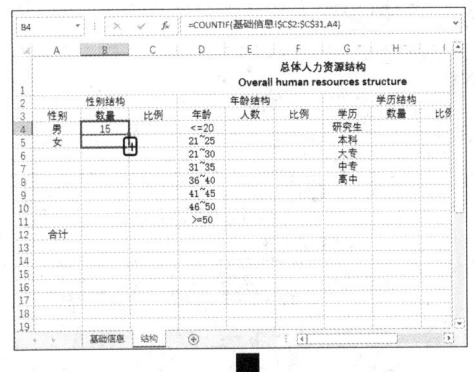

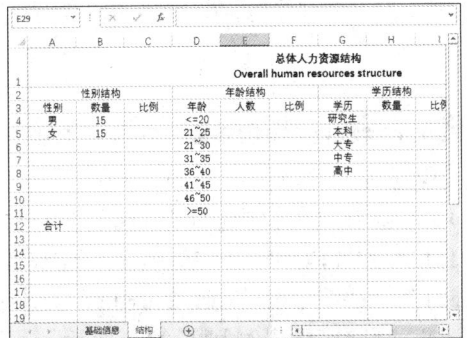

教您一招

填充句柄拖与双击的应用

在B列对应数量单元格区域中，只有B4和B5两个单元格需要使用COUNTIF函数统计男女人数，所以，这里通过拖动填充句柄填充函数，如果是双击填充句柄填充函数，则会将函数填充到B12单元格，如下图所示，显然不合适。

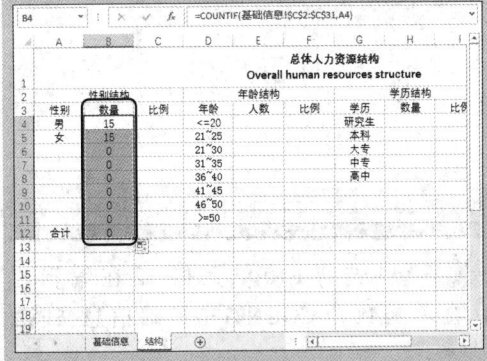

第7步 以同样的方法，使用 COUNTIF 统计出其他字段对应的人数，如下图所示。

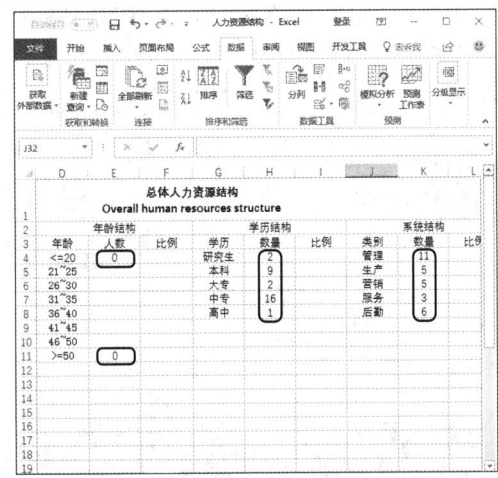

温馨提示

需要注意的是，由于【基础信息】工作表中的【职务】列数据名称与【结构】工作表中的【系统结构—类别】列的数据名称不一致，所以在计算K列时，需要先对【基础信息】工作表中的【职务】列数据进行修改，否则，计算出来的结果将是错误的。

第8步 ❶选择 E5 单元格，❷在编辑栏中输入函数"=COUNTIF(基础信息!$F$2:$F$31,">=21")−COUNTIF(基础信息!$F$2:$F$31,">=26")"，按【Ctrl+Enter】组合键计算出年龄为 21~25 岁的人数，如下图所示。

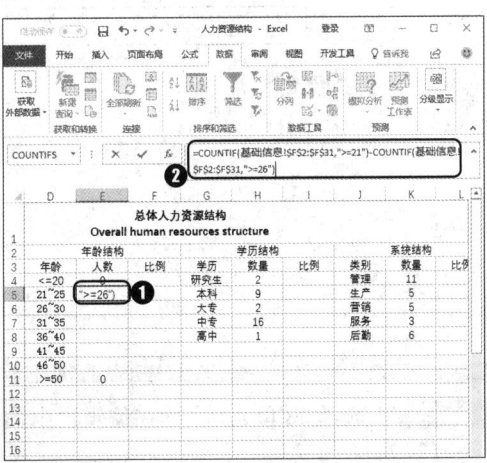

第9步 ①选择E6单元格，②在编辑栏中输入函数"=COUNTIF(基础信息!$F$2:$F$31,">=26")-COUNTIF(基础信息!$F$2:$F$31,">=31")"，按【Ctrl+Enter】组合键计算出年龄为26~30岁的人数，如下图所示。

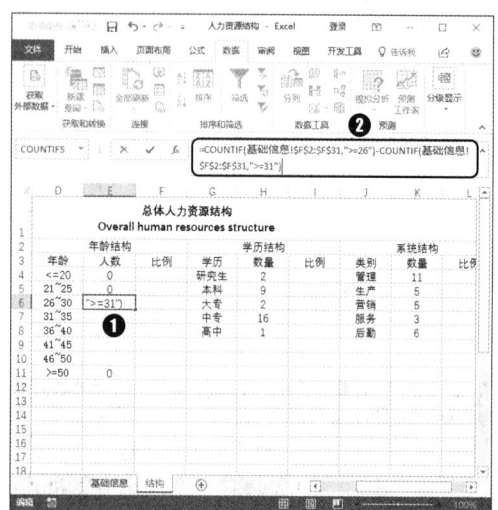

第10步 ①选择E7单元格，②在编辑栏中输入函数"=COUNTIF(基础信息!$F$2:$F$31,">=31")-COUNTIF(基础信息!$F$2:$F$31,">=36")"，按【Ctrl+Enter】组合键计算出年龄为31~35岁的人数，如下图所示。

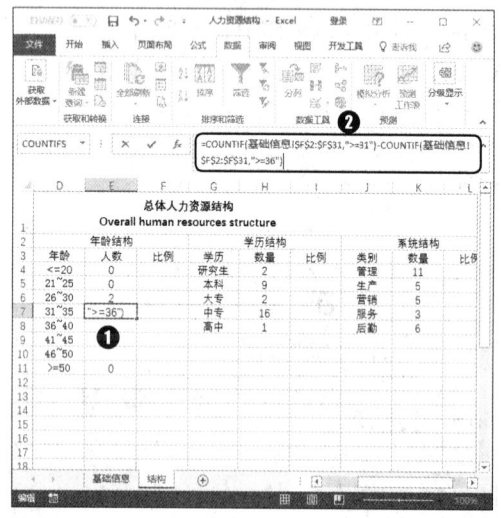

第11步 ①选择E8单元格，②在编辑栏中输

入函数"=COUNTIF(基础信息!$F$2:$F$31,">=36")-COUNTIF(基础信息!$F$2:$F$31,">=41")"，按【Ctrl+Enter】组合键计算出年龄为35~40岁的人数，如下图所示。

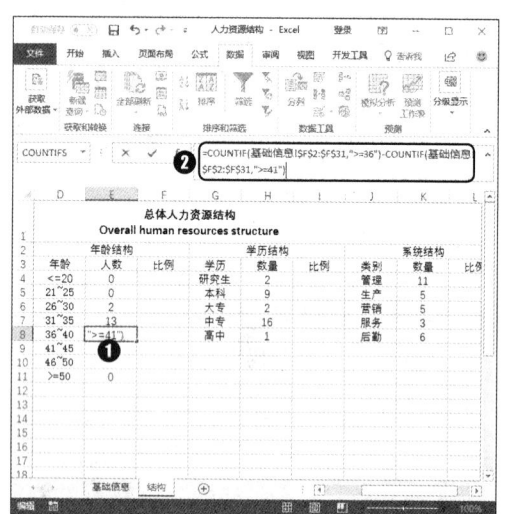

第12步 ①选择E9单元格，②在编辑栏中输入函数"=COUNTIF(基础信息!$F$2:$F$31,">=41")-COUNTIF(基础信息!$F$2:$F$31,">=46")"，按【Ctrl+Enter】组合键计算出年龄为41~45岁的人数，如下图所示。

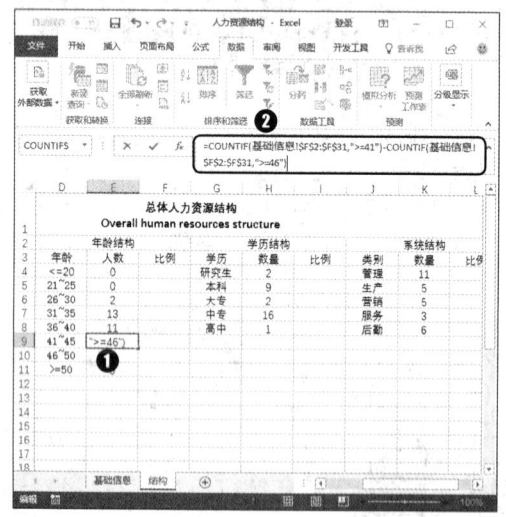

第13步 ①选择E10单元格，②在编辑栏中输入函数"=COUNTIF(基础信息!$F$2:

$F$31,">=46")-COUNTIF(基础信息!$F$2:$F$31,">=51")"，按【Ctrl+Enter】组合键计算出年龄为46~50岁的人数，如下图所示。

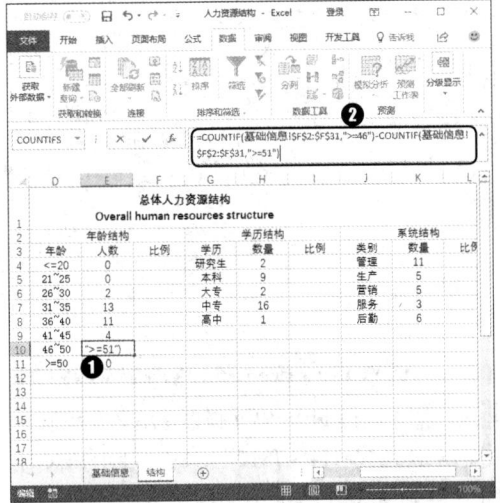

6.1.3 使用公式函数计算总人数与总比列

在总体人力资源结构表中，需要一行合计列，用于汇总总人数和总比例，给表格一个收尾的部分，具体操作步骤如下。

第1步 ❶选择B12:L12单元格区域，❷单击【公式】选项卡中的【自动求和】按钮计算出对应的求和数据（总人数和总比例），如下图所示。

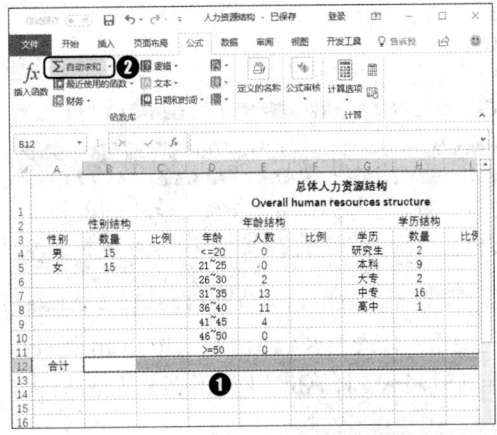

第2步 按住【Ctrl】键选择D12、G12、J12单元格，按【Delete】键将其删除，如下图所示。

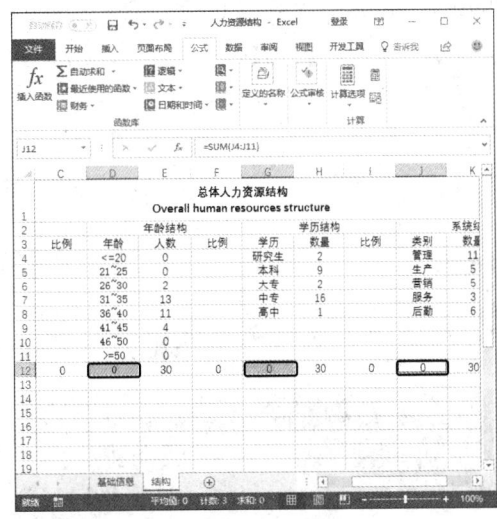

第3步 按住【Ctrl】键选择C4:C12、F4:F12、I4:I12、L4:L12单元格区域，按【Ctrl+1】组合键，如下图所示。

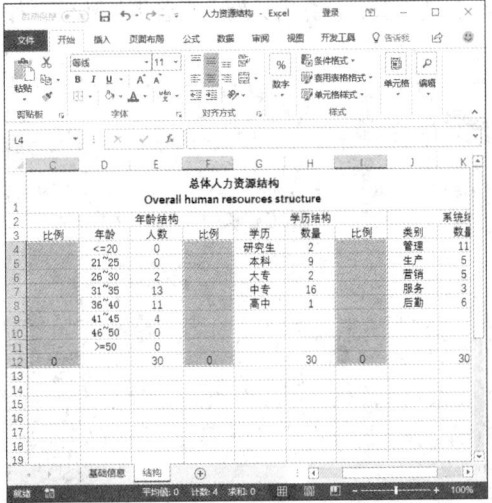

第4步 打开【设置单元格格式】对话框，❶选择【数字】选项卡，❷在【分类】列表框中选择【百分比】选项，❸在【小数位数】数值框中输入"1"，❹单击【确定】按钮，如下图所示。

Excel
在人力资源管理中的应用

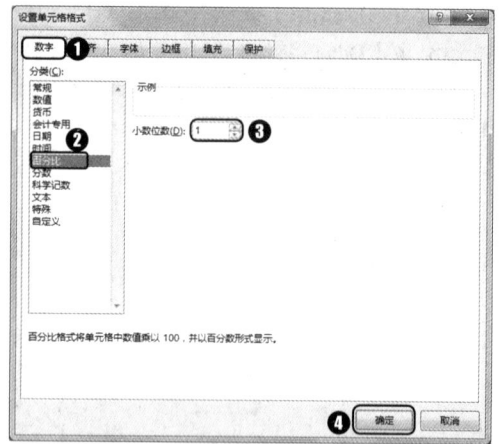

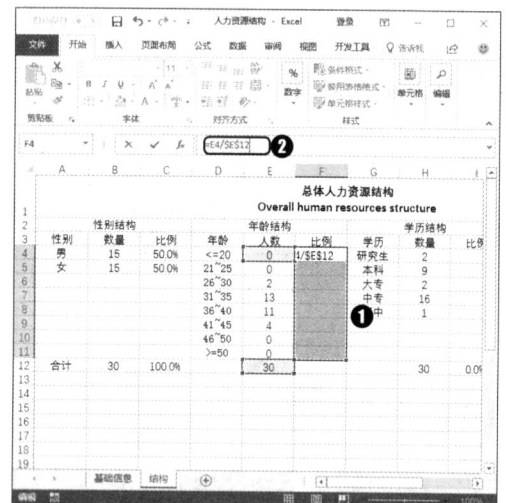

温馨提示

对单元格区域百分比数据类型的设置,是为了让各类字段的比例单元格区域数据显示为1位小数的百分值。

第5步 1选择C4:C5单元格区域,2在编辑栏中输入公式"=B4/$B$12",按【Ctrl+Enter】组合键确认,计算出男女人数各占的比例,如下图所示。

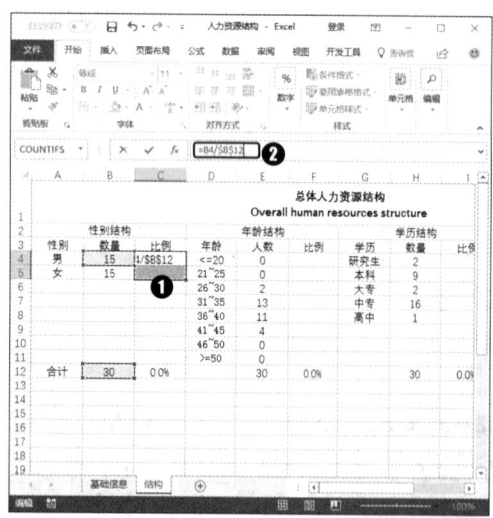

第6步 1选择F4:F11单元格区域,2在编辑栏中输入公式"=E4/$E$12",按【Ctrl+Enter】组合键确认,计算出各个年龄段所占的比例,如下图所示。

第7步 1选择I4:I8单元格区域,2在编辑栏中输入公式"=H4/$H$12",按【Ctrl+Enter】组合键确认,计算出不同学历人数所占的比例,如下图所示。

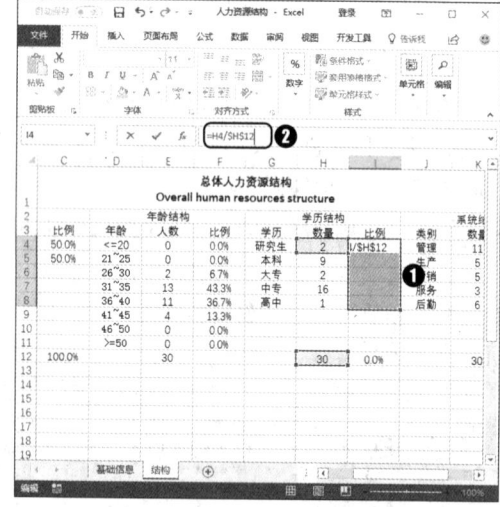

温馨提示

由于中专和高中属于同一学历,HR可以根据实际工作情况将其归为一类。

第8步 1选择L4:L8单元格区域,2在编辑栏中输入公式"=K4/$K$12",按【Ctrl+Enter】组合键确认,计算出不同工作类别人数所占的比例，如下图所示。

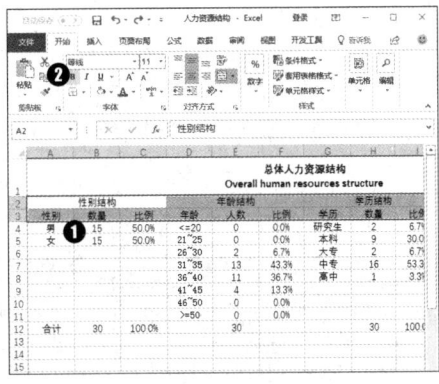

6.1.4 完善人力资源结构表格

为了让人力资源总体结构表格更加规范和专业，需要对其进行完善，如为指定区域添加边框、加粗字体和隐藏网格线，具体操作步骤如下。

第1步 1 选择 A2:L3 单元格区域，2 单击【开始】选项卡中的【加粗】按钮，按【Ctrl+1】组合键，如下图所示。

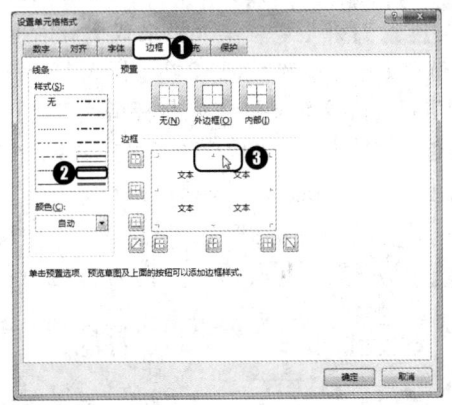

第2步 打开【设置单元格格式】对话框，1 选择【边框】选项卡，2 在【样式】列表框中选择较粗线条选项，3 将鼠标指针移到上边框位置并单击，添加上边框，如下图所示。

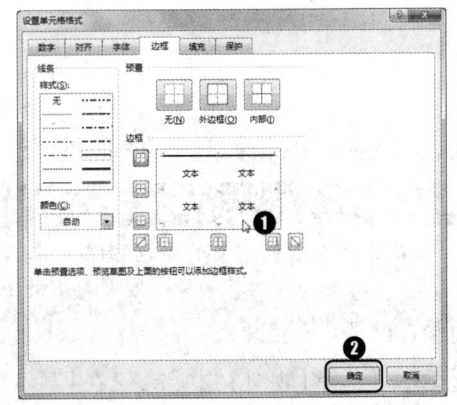

第3步 1 将鼠标指针移到下边框位置并单击，添加下边框，2 单击【确定】按钮，如下图所示。

第4步 选择 A12:L12 单元格区域，按【Ctrl+1】

组合键，如下图所示。

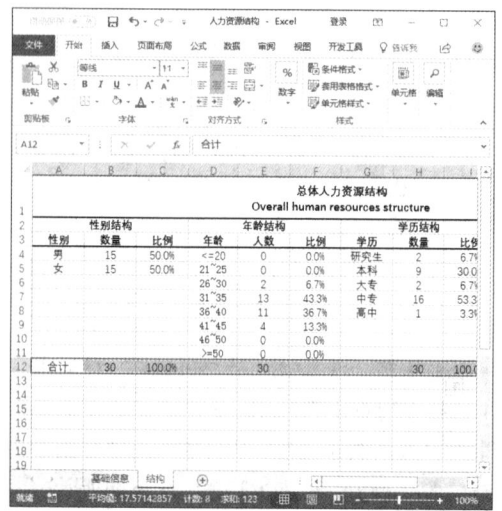

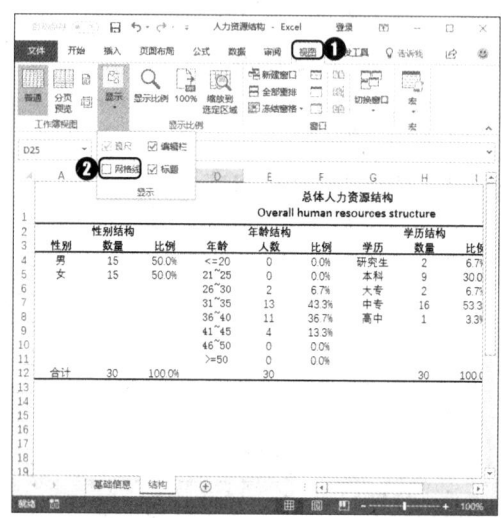

第5步 打开【设置单元格格式】对话框，1选择【边框】选项卡，2在【样式】列表框中选择较粗线条选项，3将鼠标指针移到下边框位置并单击，添加较粗的下边框线条，4单击【确定】按钮，如下图所示。

6.1.5 使用饼图展示人力资源结构

为了更加直观地展示人力资源结构情况，可以用饼图分别展示性别、学历、年龄和工作类别的占比情况，具体操作步骤如下。

第1步 1按住【Ctrl】键选择 G3:G8、I3:I8 单元格区域，2单击【插入】选项卡中的【插入饼图和圆环图】按钮，3在弹出的下拉列表中选择【二维饼图】选项，如下图所示。

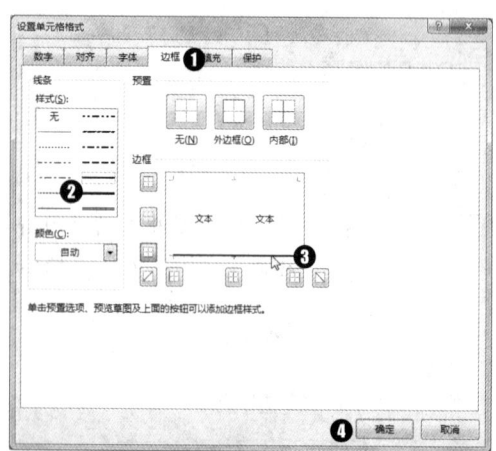

温馨提示

若要设置边框线条的颜色，单击【颜色】下拉按钮，在弹出的拾色器中选择相应的颜色选项。

第6步 1选择【视图】选项卡，2在【显示】组中取消选中【网格线】复选框，如下图所示。

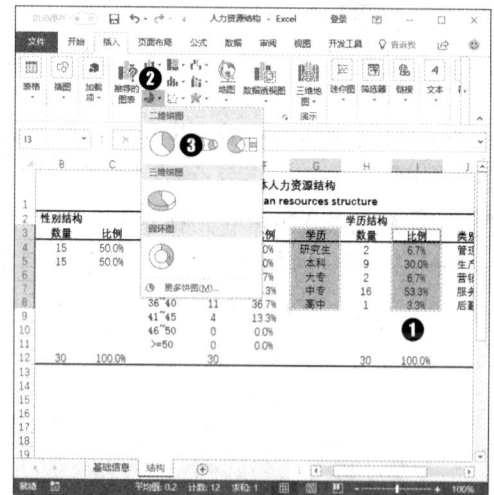

第2步 将插入的饼图移到合适位置并将其选中，1单击【图表工具/设计】选项卡中的【快速布局】下拉按钮，2在弹出的下拉列表中选

第6章
人力资源规划管理

择【布局4】选项，如下图所示。

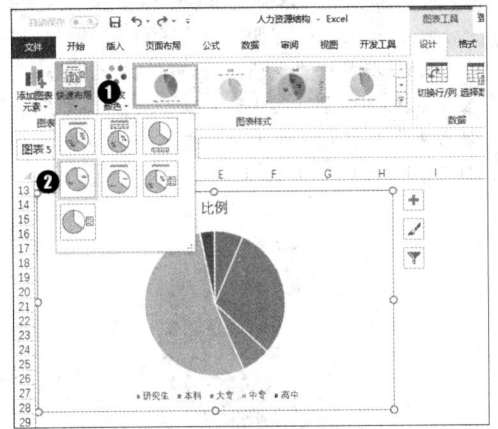

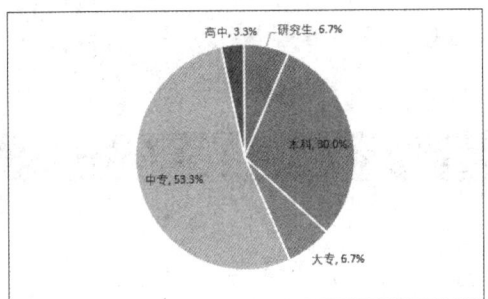

第3步 以同样的方法分别制作男女比例、年龄比例和工作类别总体结构比例，如下图所示。

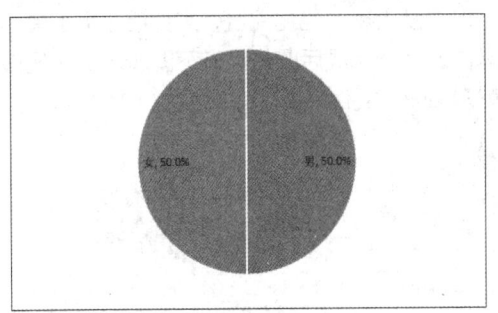

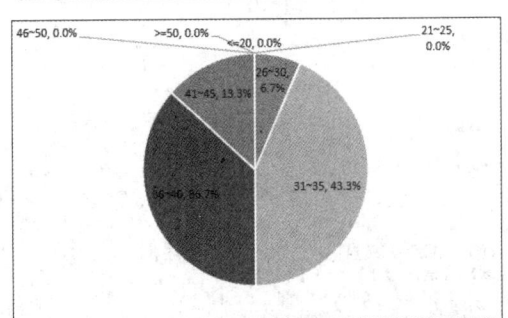

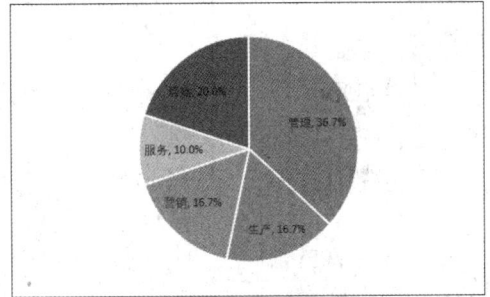

第4步 在年龄结构分布图表中，在比例为0%的数据标签上连续单击两次将其指定选中，按【Delete】键将其删除，如下图所示。

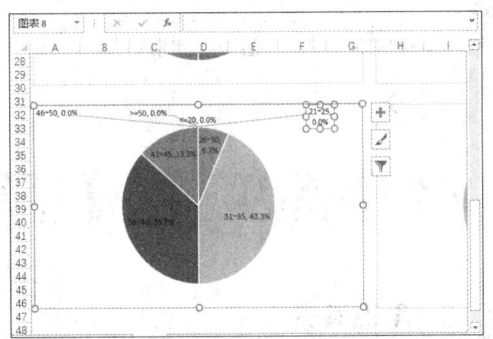

第5步 以同样的方法删除图表中其余的0%的数据标签，如下图所示。

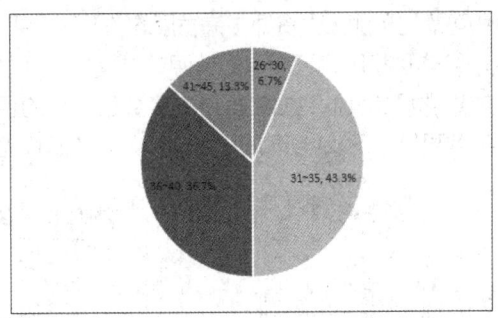

第6步 1选择图表中需要设置颜色的数据标签，2单击【开始】选项卡中【字体颜色】下拉按钮，3在弹出的拾色器中选择【白色,背景1】选项将其字体颜色设置为白色，让数据标签更加醒目，如下图所示。

Excel
在人力资源管理中的应用

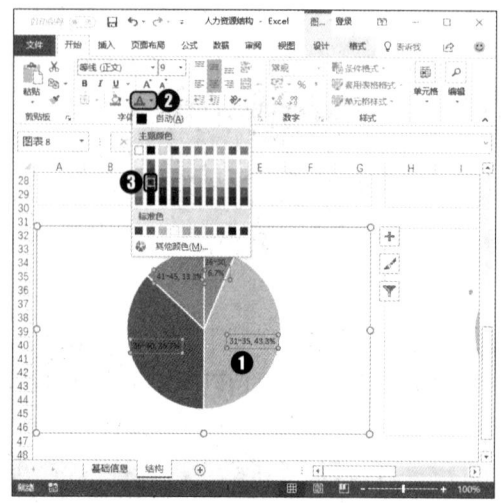

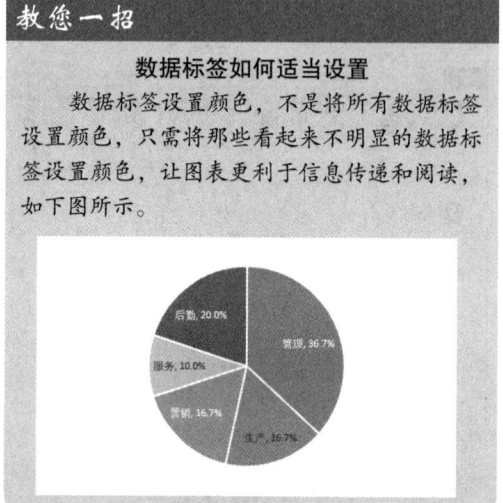

教您一招

数据标签如何适当设置

数据标签设置颜色,不是将所有数据标签设置颜色,只需将那些看起来不明显的数据标签设置颜色,让图表更利于信息传递和阅读,如下图所示。

6.2 预测及优化人力资源配置需求

案例背景

对于HR而言,人力是最重要的资源,需要对其进行预测,同时进行人员的优化配置,实现公司人岗匹配,有效控制人力成本,提升生产效率,增强企业核心竞争力。在Excel中较为稳定和可靠地预测人力资源未来发展均势,移动平均是可靠的工具之一。

本例将围绕预测人力资源效益比例、评估员工潜力及人员的优化配置,来介绍分析工具、规划求解及其他数据模型建立和数据分析的相关操作,制作完成后的效果如下图所示。实例最终效果见"下载\结果文件\第6章\人力资源优化与配置.xlsx"文件。

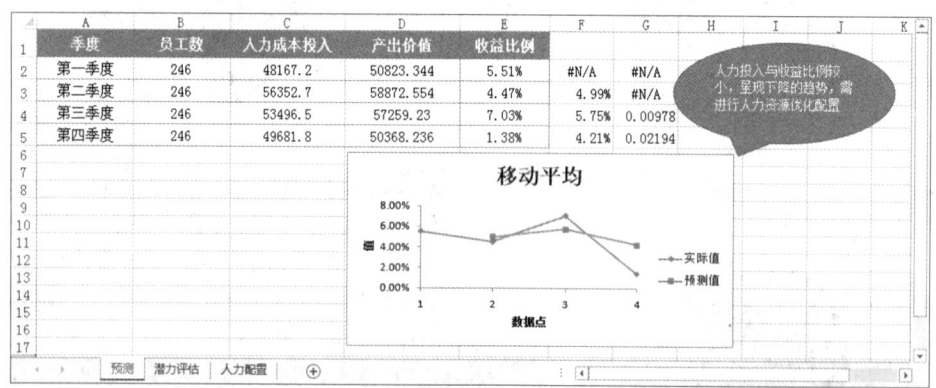

第 6 章
人力资源规划管理

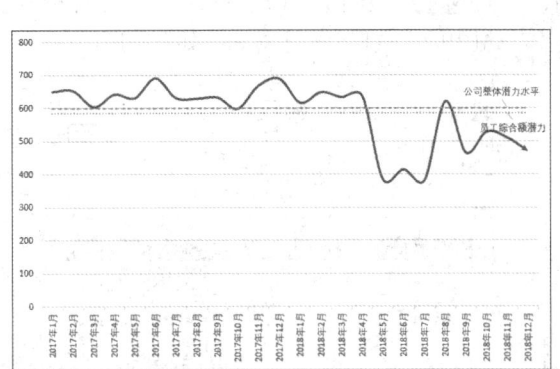
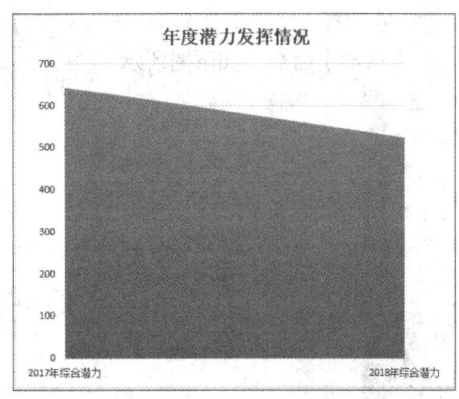

	素材文件	下载\素材文件\第6章\人力资源优化与配置.xlsx
下载文件	结果文件	下载\结果文件\第6章\人力资源优化与配置.xlsx
	教学视频	下载\视频文件\第6章\6.2预测及优化人力资源配置需求.mp4

6.2.1 预测人力资源效益走势情况

人力资源配置是否合理及人员潜能开发是否到位，可以通过人力资源效益进行预测分析，分析当前获益情况及未来的走势情况，从而决定是否对人力资源进行优化和裁减。

下面使用数据分析工具库中的移动平均进行预算推演，达到预测的目的，具体操作步骤如下。

第1步 打开"下载\素材文件\第6章\人力资源优化与配置.xlsx"文件，❶选择E2:E5单元格区域，❷在编辑栏中输入公式"=(D2-C2)/C2"，❸按【Ctrl+Enter】组合键计算出人力成本投入与产出价值的收益比例，如下图所示。

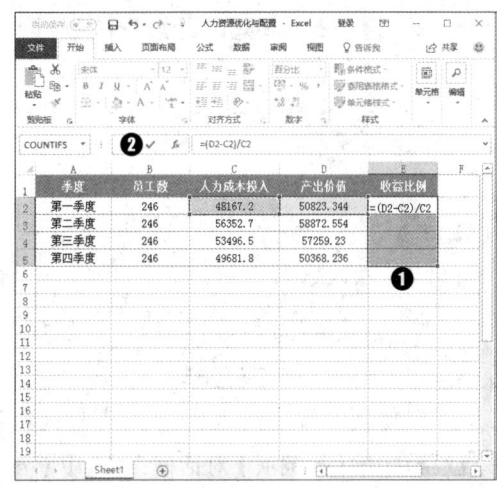

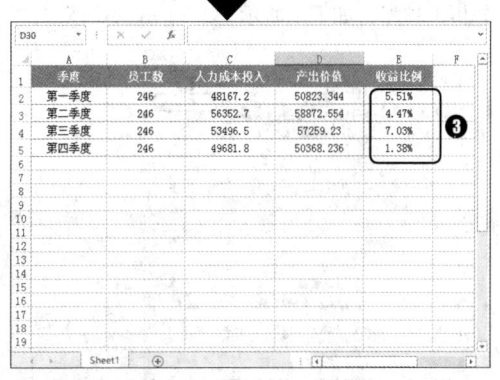

第2步 选择【文件】选项卡，进入菜单界面，选择【选项】命令，如下图所示。

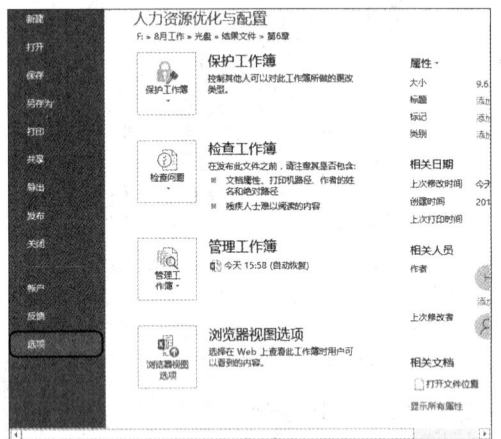

第3步 打开【Excel 选项】对话框，1 选择【加载项】选项，2 单击【转到】按钮，如下图所示。

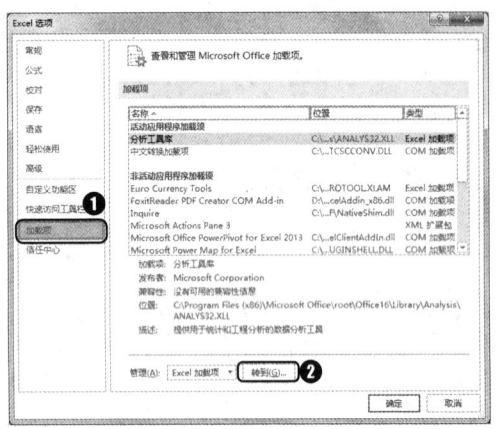

第4步 打开【加载项】对话框，1 选中【分析工具库】复选框，2 单击【确定】按钮，添加分析工具库，如下图所示。

第5步 1 选择【数据】选项卡，2 单击【分析】组中的【数据分析】按钮，如下图所示。

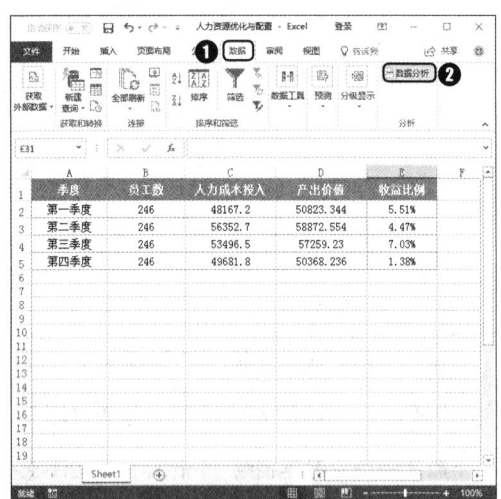

第6步 打开【数据分析】对话框，1 选择【移动平均】选项，2 单击【确定】按钮，加载移动平均功能，如下图所示。

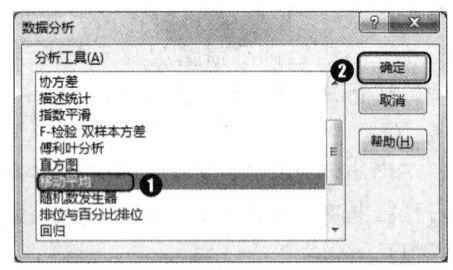

第7步 打开【移动平均】对话框，1 将鼠标光标定位在【输入区域】文本框中，2 在表格中选择 E1:E5 单元格区域，如下图所示。

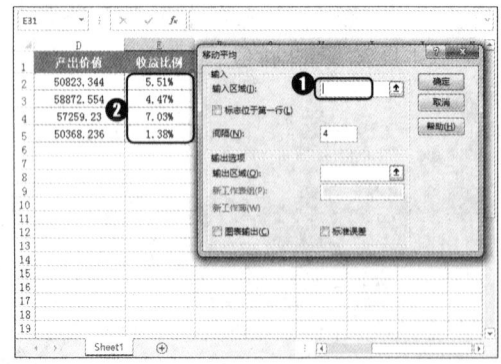

第8步 1 选中【标志位于第一行】复选框，

2在【间隔】文本框中输入"2",3将鼠标光标定位在【输出区域】文本框中,4在表格中选择F2单元格,如下图所示。

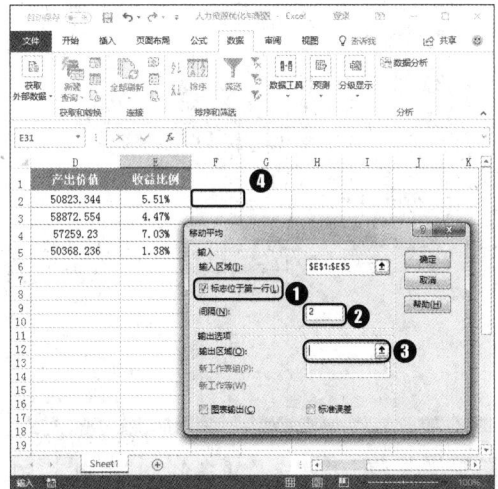

教您一招

避免让移动平均超出边界

在设置移动平均的间隔时,间隔不能为0或是1,因为移动平均需要至少两个数字(一组数字)进行平均计算,否则,将会被提示超出边界,如下图所示。

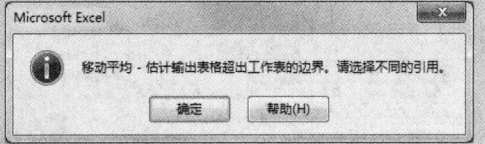

第9步 1选中【图表输出】和【标准误差】复选框,2单击【确定】按钮,如下图所示。

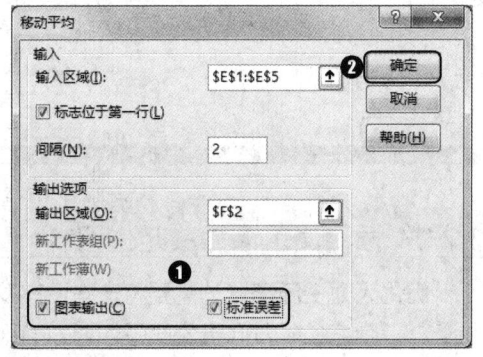

第10步 系统自动创建收益比例的移动走势图表和移动平均数字(F列)及误差数字(G列),如下图所示。

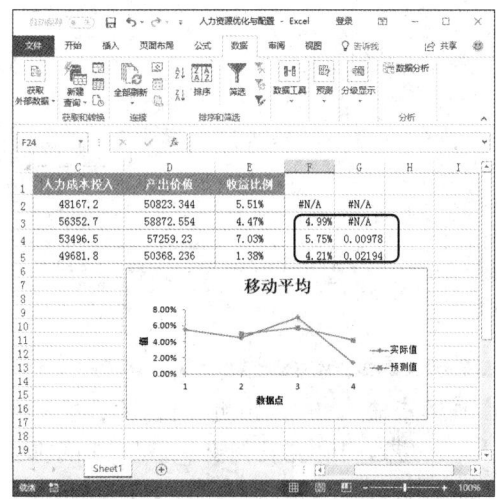

第11步 1单击【插入】选项卡中的【形状】下拉按钮,2在弹出的下拉列表中选择【对话气泡:椭圆形】选项,如下图所示。

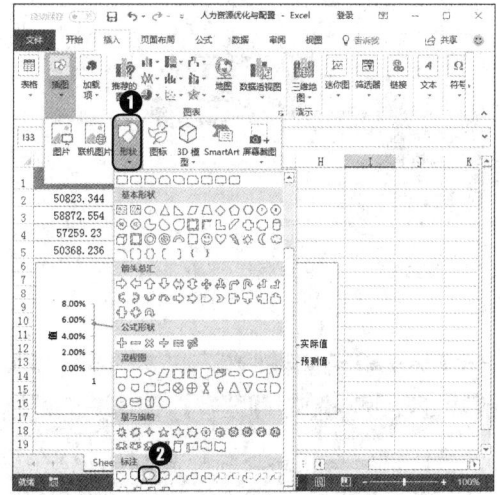

第12步 在图表斜上方绘制气泡对话形状,并在其上右击,在弹出的快捷菜单中选择【编辑文字】命令,进入文字编辑模式,如下图所示。

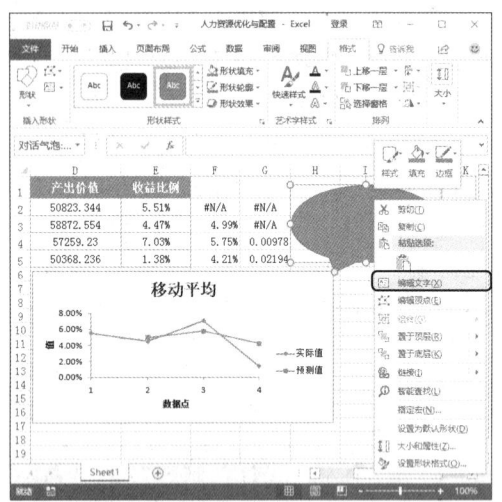

第13步 输入相应的预测结果文本,这里输入"人力投入与收益比例较小,呈现下降的趋势,需进行人力资源优化配置",如下图所示。

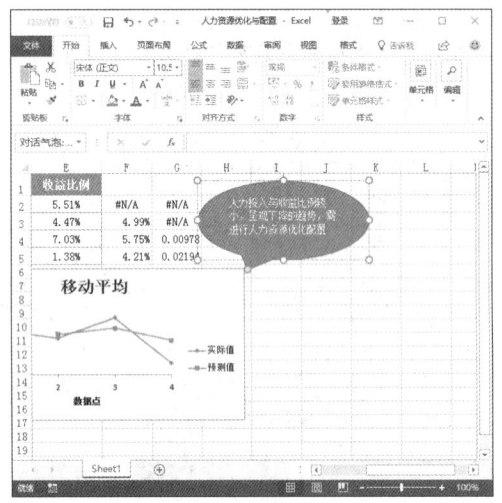

> **温馨提示**
>
> 在形状中输入的文字内容,是基于移动平局图表走势和移动平均数字及误差值综合决定的,不是随意输入的。

第14步 选择整个形状,在【绘图工具/格式】选项卡【形状样式】列表框中选择【彩色填充-橙色,强调颜色2】选项,对形状进行快速美化,如下图所示。

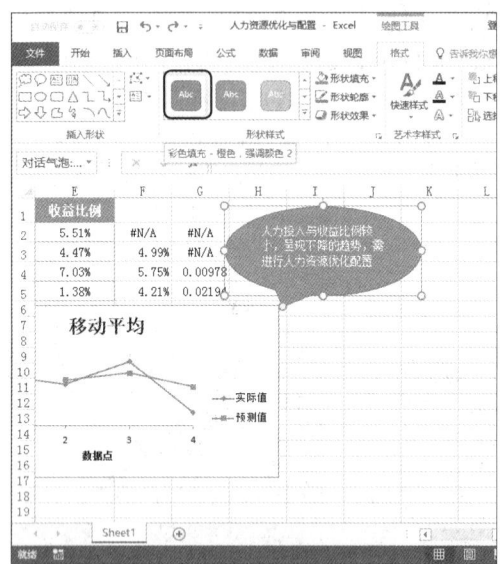

第15步 将工作表名称重命名为"预测"(在工作表标签上双击,进入其编辑状态,删除原有的名称输入"预测",按【Enter】键确认),完成整个操作,如下图所示。

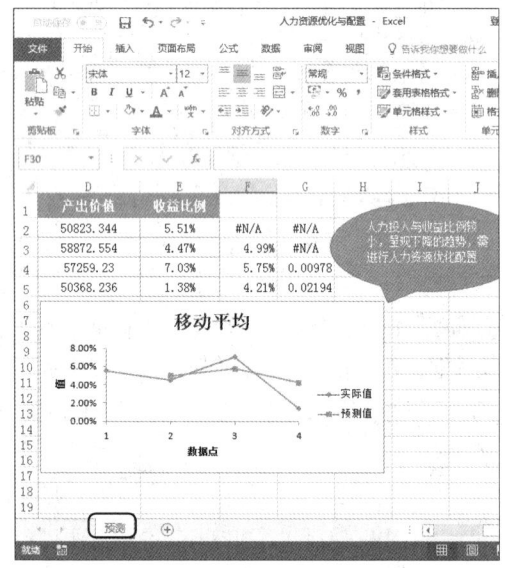

6.2.2 预测员工潜力决定去留

优化人力资源配置,需要将一些没有发展潜力,且综合能力低于公司平均能力的人

第6章
人力资源规划管理

员裁掉，以打造一支精兵强将的团队。

1. 汇总员工潜力数据

在人力资源中，测评员工潜力的方法有很多种，不同的HR对测评面或是点的选取也不同。不过，通常情况下会通过多个面进行综合评估，其中包括工作态度、业绩、学历能力、沟通能力、责任心等，具体操作步骤如下。

第1步 1单击【新建工作表】按钮新建空白工作表，2重命名工作表名称为"潜力评估"，如下图所示。

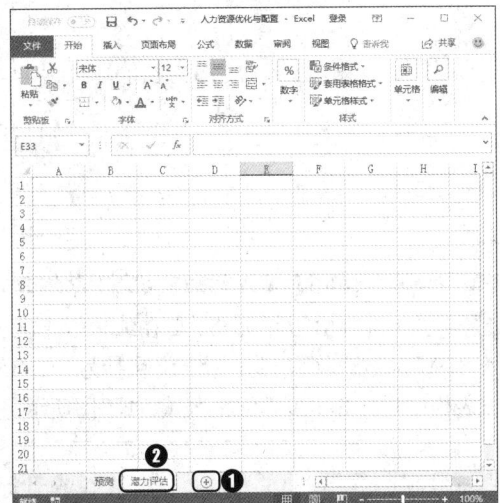

第2步 在表格中输入对应的评估项、日期和对应的分析数据，如下图所示。

> **温馨提示**
>
> 员工潜力的测评，需要一段较长的时间，不能是只有几天、几个月或是半年等，最好是以年为单位。本例中为2年，24个月。

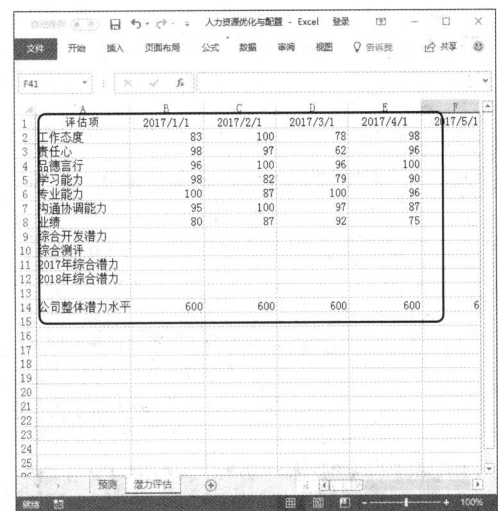

第3步 选择B1单元格，按【Ctrl+Shift+→】组合键选择B1:Y1单元格区域，如下图所示。

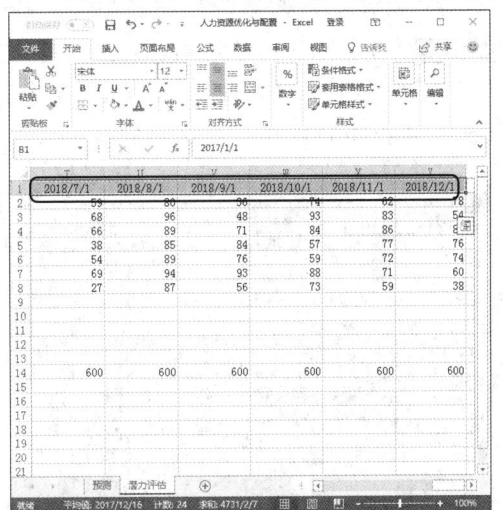

第4步 按【Ctrl+1】组合键打开【设置单元格格式】对话框，1选择【数字】选项卡，2在【分类】列表框中选择【日期】选项，3在【类型】列表框中选择年和月组成的日期选项，4单击【确定】按钮，如下图所示。

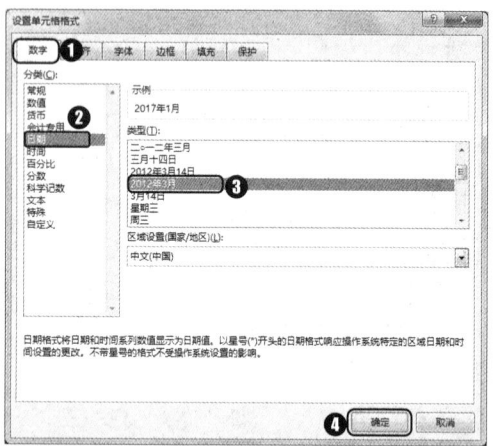

> **温馨提示**
>
> 在表格中输入的日期数据,默认都是【年+月+日】模式,要将其设置为指定模式,需要通过【设置单元格格式】对话框设置。

第5步 1选择A1:Y14单元格区域,2设置【字体】为"Times New Roman",3单击【居中】按钮,如下图所示。

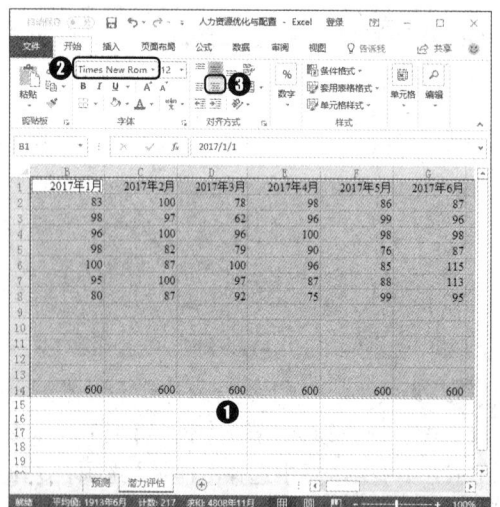

第6步 1选择B9:Y9单元格区域,2单击【公式】选项卡中的【自动求和】按钮,计算出"综合开发潜力"数据,如下图所示。

> **温馨提示**
>
> 由于B9:Y9单元格区域没有数字,所以不能用步骤3中的操作方式快速选择(采用该方法,系统会自动选择B9到表格最后一列对应的第9行单元格区域),需要拖动鼠标光标手动选择。

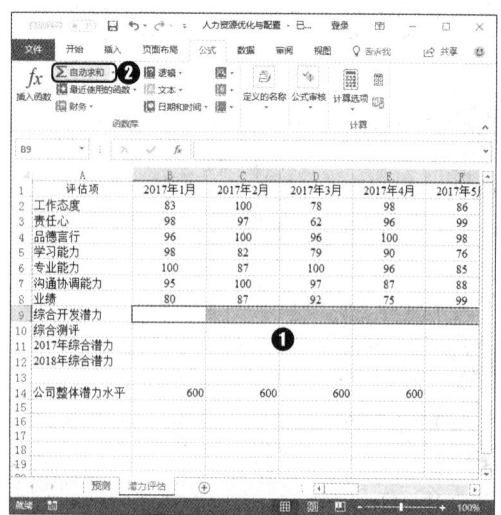

第7步 1选择B10单元格,2在编辑栏中输入SUM函数,将鼠标光标定位在括号中,3在表格中选择B9:Y9单元格区域,如下图所示。

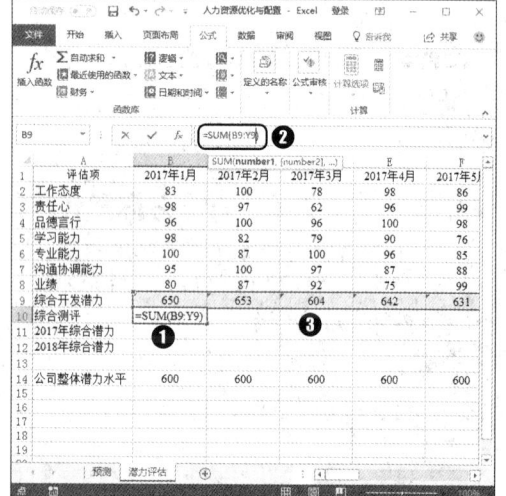

第 6 章
人力资源规划管理

> **温馨提示**
>
> 对于连续的同行或是同列单元格区域的，SUM能自动识别并选择数据单元格区域进行计算。对于结果单元格与参与计算的单元格区域没有在同行或是同列的，又或是有间隔的，则需要手动进行选择。

第8步 接着在编辑栏中输入"/24"，按【Ctrl+Enter】组合键计算出员工两年内的综合潜力测评数据，如下图所示。

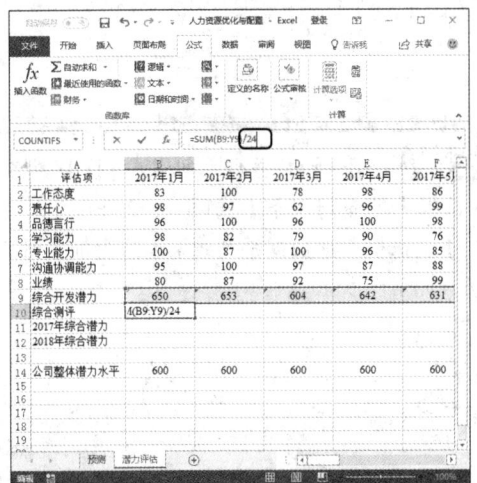

第9步 ❶选择B11单元格，❷在编辑栏中输入公式"=SUM(B9:M9)/12"，按【Ctrl+Enter】组合键计算出员工2017年综合潜力数据，如下图所示。

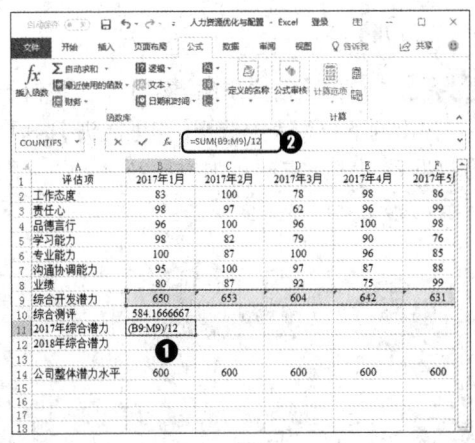

> **温馨提示**
>
> 在计算2017和2018年员工综合潜力时，除以系数都是12（一年12个月）。

第10步 ❶选择B12单元格，❷在编辑栏中输入公式"=SUM(N9:Y9)/12"，按【Ctrl+Enter】组合键计算出员工2018年综合潜力数据，如下图所示。

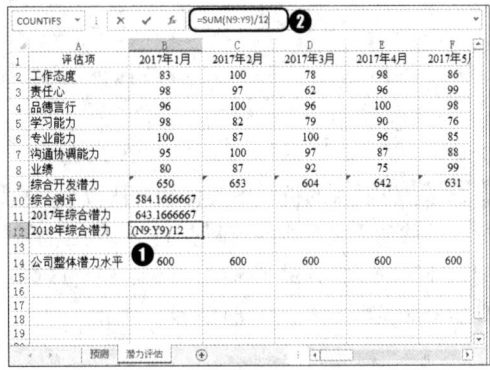

↓

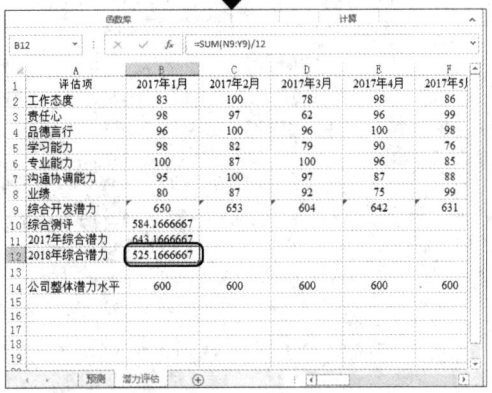

2. 分析员工潜力情况

进行员工潜力数据统计后，借助图表将其直观展示，特别是潜力随着时间推移发挥的实际情况，然后决定是否留用该员工，具体操作步骤如下。

第1步 ❶按住【Ctrl】键分别选择A1:Y1和A9:Y9单元格区域，❷单击【插入】选项卡中的【插入折线图或面积图】下拉按钮，

3 在弹出的下拉列表中选择【折线图】选项，如下图所示。

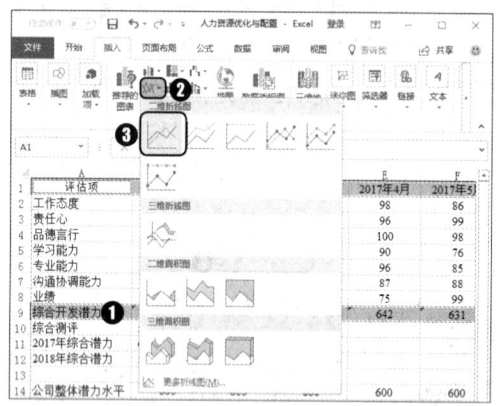

第2步 将插入的折线图表移到合适位置，鼠标指针移到图表右侧的控制点上，按住鼠标左键，拖动鼠标指针进行调整，直到横坐标轴中日期全部显示出来，如下图所示。

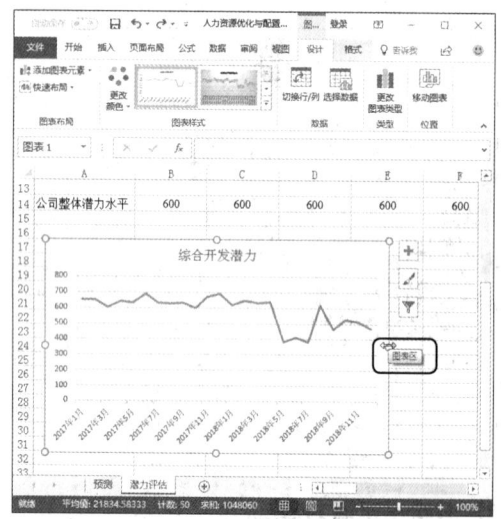

第3步 在数据系列上右击，在弹出的快捷菜单中选择【设置数据系列格式】命令，如下图所示。

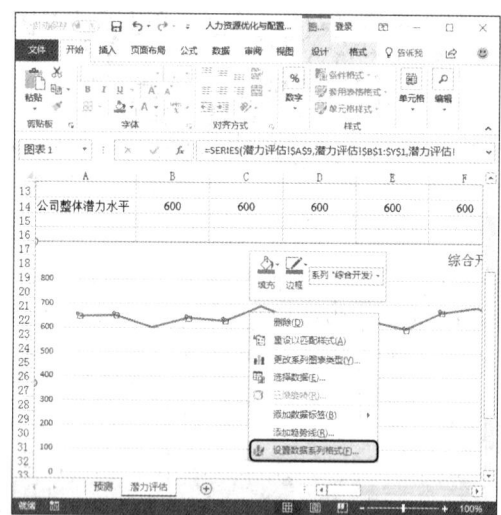

第4步 打开【设置数据系列格式】任务窗格，1 选择【填充与线条】选项卡，2 选中【平滑线】复选框，让数据系列线条走势更加平滑流畅，如下图所示。

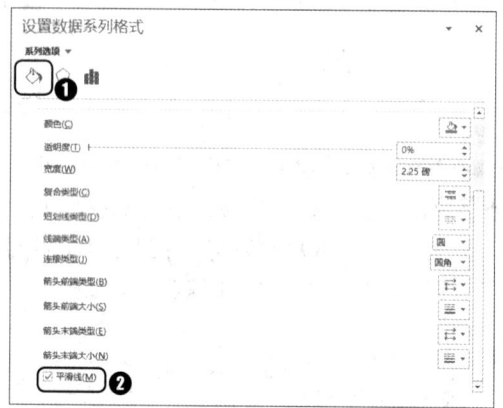

第5步 1 单击【箭头末端类型】下拉按钮，2 在弹出的下拉列表中选择【燕尾箭头】选项，为数据系列线条末端添加方向箭头，如下图所示。

第 6 章
人力资源规划管理

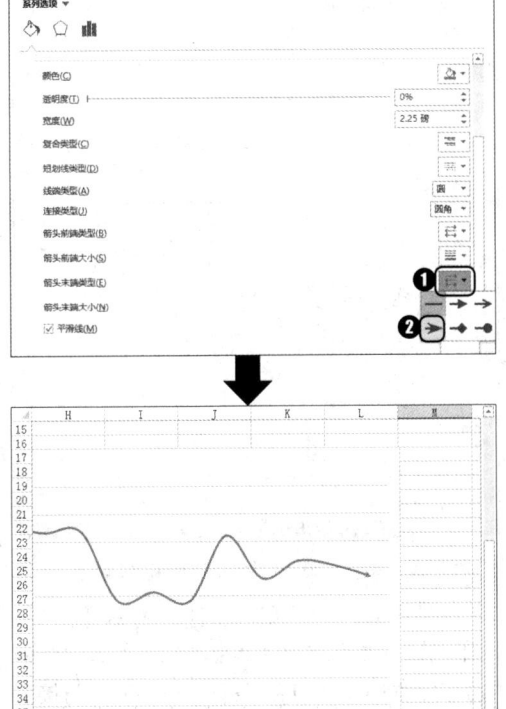

第6步 1 选择 B10 单元格，按【Ctrl+C】组合键复制，2 选择 C10:Y10 单元格区域，3 单击【粘贴】下拉按钮，4 在弹出的下拉列表中选择【数字】选项，如下图所示。

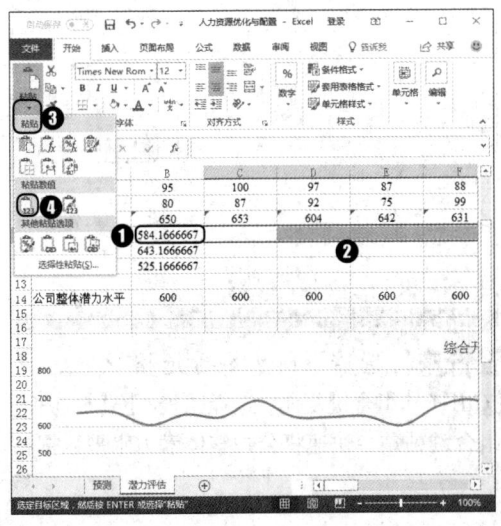

第7步 选择 A10:Y10 单元格区域，按【Ctrl+C】组合键复制，选择图表，按【Ctrl+V】组合键粘贴，快速将员工个人综合潜力数据粘贴到图表中成为一个数据系列，如下图所示。

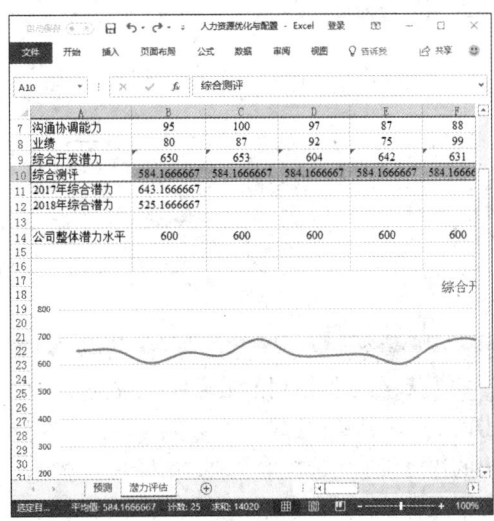

第8步 1 选择刚粘贴生成的数据系列，2 在【设置数据系列格式】任务窗格中单击【短画线类型】下拉按钮，3 在弹出的下拉列表中选择【圆点】选项，将数据线条更改为虚线，如下图所示。

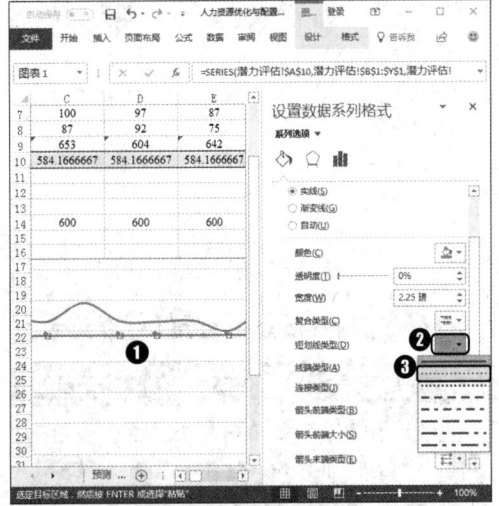

第9步 在【宽度】数字框中输入"1.75 磅"，按【Enter】键确认，如下图所示。

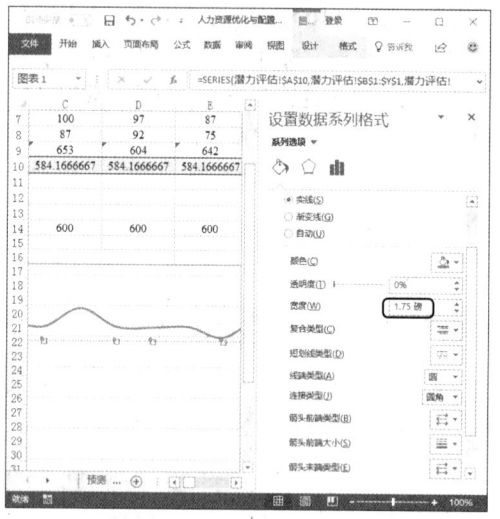

第10步 在数据系列的最后一个数据点上单击两次,将其单独选择,并在其上右击,在弹出的快捷菜单中选择【添加数据标签】命令,如下图所示。

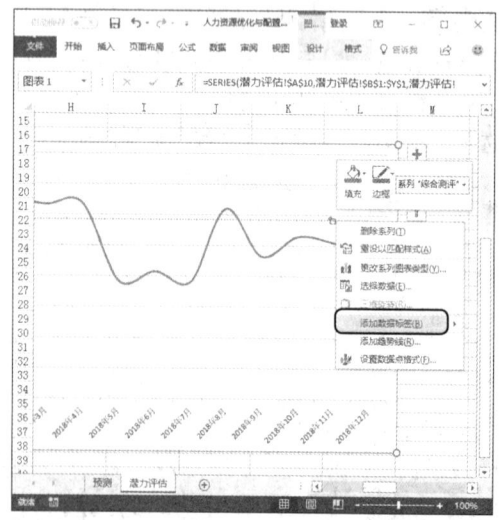

温馨提示

在图表中要单独选择某个元素,如单个数据系列、单个数据点,只需在目标对象上单击两次即可(不是双击)。

第11步 在添加的数据标签上多次单击,进入其文字编辑状态,删除原有的数据标签内容,输入新的数据标签内容为"员工综合潜力",如下图所示。

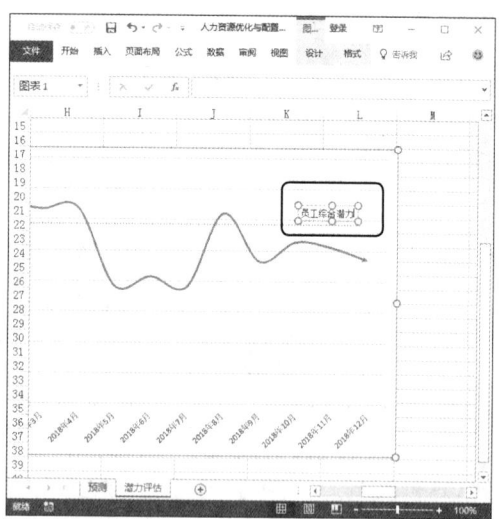

第12步 将鼠标指针移到数据标签的控制框上(或是边框上),当鼠标指针变成形状时,按住鼠标左键不放,将其拖动到当前数据系列的下方,同时显示出一条引导线(避免与接下来要添加的数据系列标签位置重合,从而影响到图表的阅读),如下图所示。

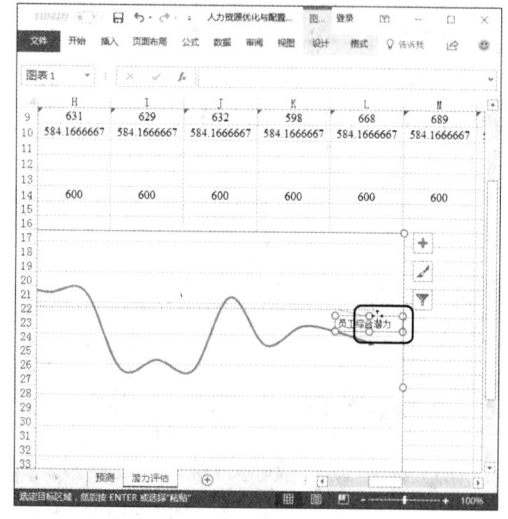

第13步 选择 A14:Y14 单元格区域,按【Ctrl+C】组合键复制,选择图表,按【Ctrl+V】组合键粘贴,快速将公司整体潜力水平数据粘

贴到图表中成为一个数据系列，如下图所示。

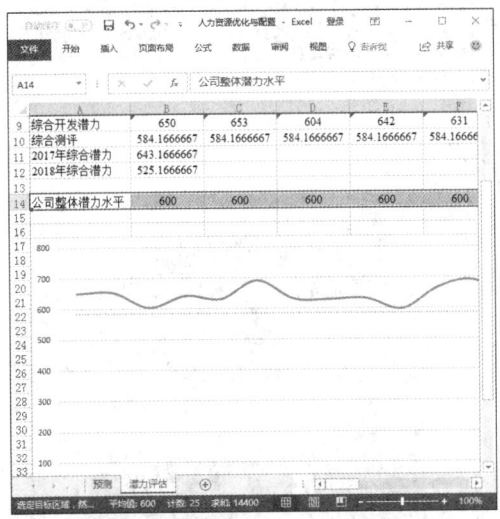

温馨提示

这里的操作，也可以在第7步操作时，按住【Ctrl】键，将A14:Y14单元格区域与A10:Y10单元格区域一起选择，一并粘贴到图表中。

第14步 重复第8~12步的操作，为公司整体潜力水平数据系列设置样式并添加对应的数据标签，如下图所示。

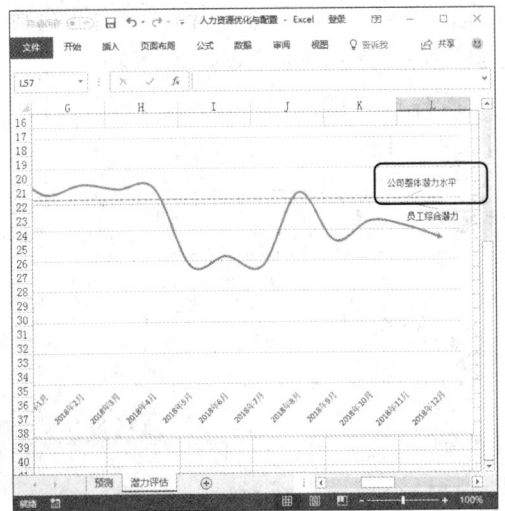

第15步 1选择A11:B12单元格区域，2单击【插入】选项卡中【推荐的图表】按钮，如

下图所示。

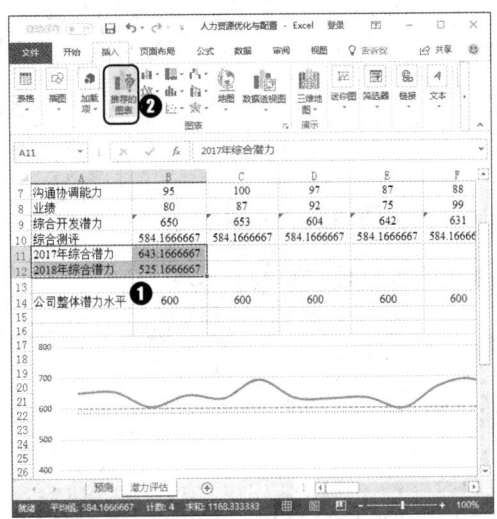

第16步 打开【插入图表】对话框，1选择【堆积面积图】选项，2单击【确定】按钮，如下图所示。

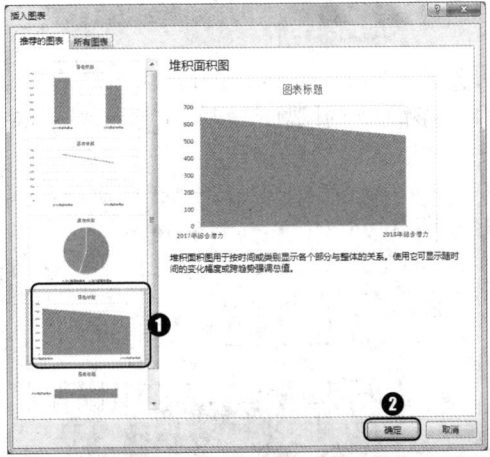

温馨提示

在创建图表时，图表类型不确定，建议使用推荐的图表功能创建，系统会自动推荐最适合的选择数据的图表，同时，样式已设置完善，既节省时间，又提高效率。

第17步 将图表移到合适位置，将鼠标指针移到图表的右下角，当鼠标指针变成形状时，按住鼠标左键不放拖动鼠标调整高度和宽度，如下图所示。

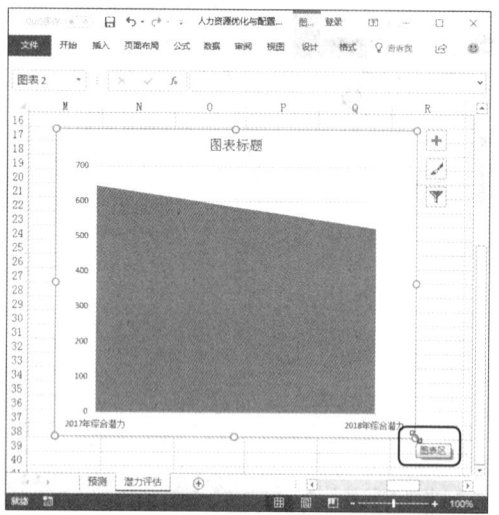

> **温馨提示**
>
> 图表高度最好与其左边图表高度基本相同，或是完全相同，保证两种图表看起来协调，更像是一组图表。

第18步 将鼠标光标定位在图表标题文本框中，删除原有的标题，输入新的标题"年度潜力发挥情况"，如下图所示。

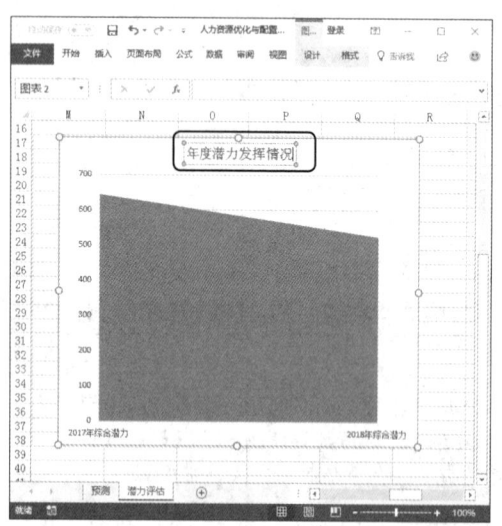

第19步 保持图表选择状态，在【图表工具/设计】选项卡的【图表样式】列表框中选择【样式6】选项，快速美化图表，如下图所示。

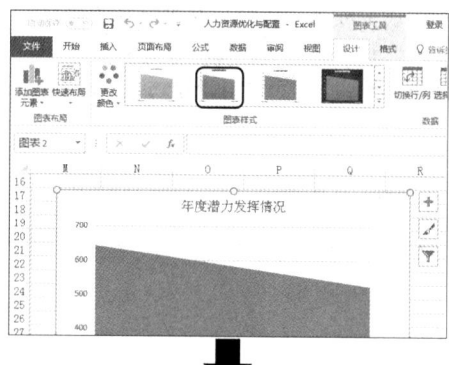

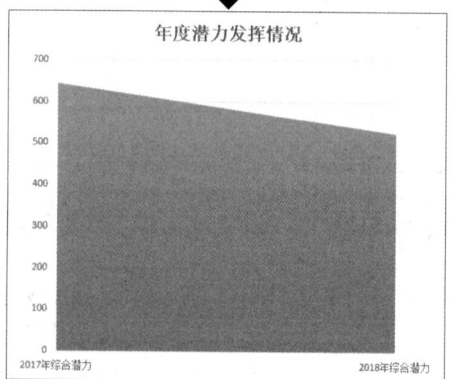

3. 插入文本框输入分析结果

对员工潜力进行数据和图表分析后，可以对其分析结果进行简要阐述或是说明，作为自己的意见，为后续人事调动工作提供数据和理论支撑，具体操作步骤如下。

第1步 单击【插入】选项卡【文本】组中的【文本框】按钮，如下图所示。

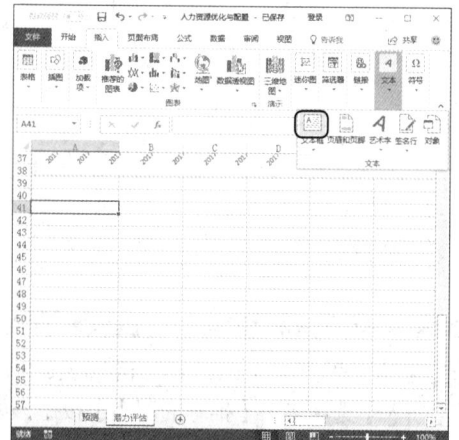

第2步 在表格合适位置单击，绘制一个任意大小的文本框（这样的文本框会随着文本内容的增加自动增加宽度和高度），如下图所示。

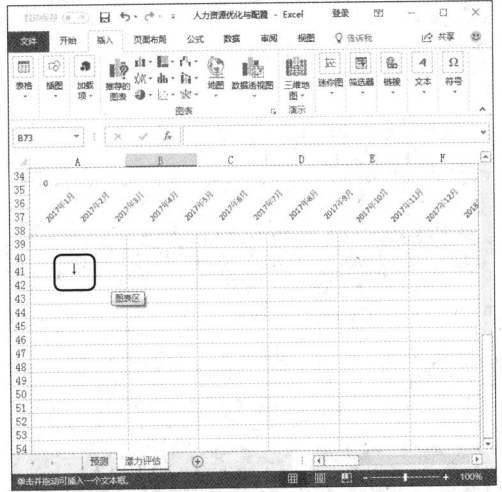

第3步 在文本框中输入分析结果（根据图表和潜力数据得出来的），如下图所示。

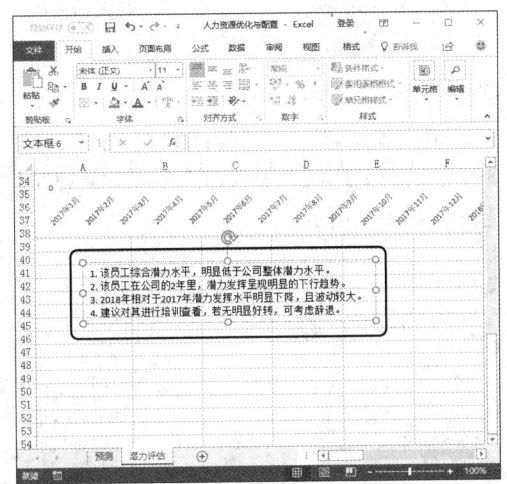

第4步 选择整个文本框，在【绘图工具/格式】选项卡【形状样式】列表框中选择【浅色1轮廓，彩色填充—橙色，强调颜色2】选项，如下图所示。

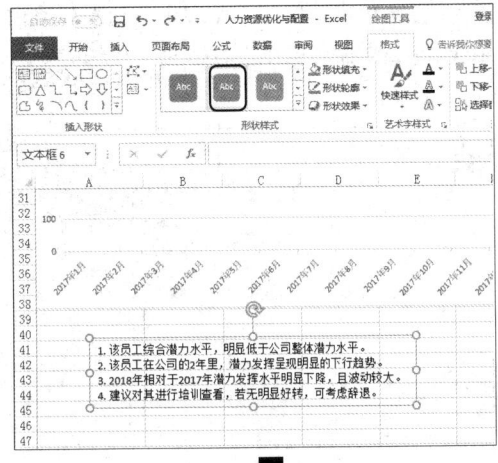

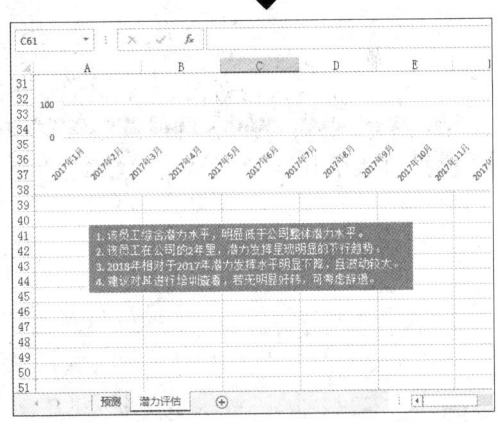

6.2.3 线性规划人力资源配置

人力资源管理中优化人力资源配置非常重要，它能将固定人力以最优的方式分配到不同的岗位上，产生最大的效益。

在Excel中优化人力资源的配置，特别是在固定人员、固定金额的情况下，使用线性规划功能能非常轻松实现人力资源的优化分配。

1. 构建数据模型

使用线性规划模型对人力资源进行优化配置前，需先建立一个数据模型，模型中需要包括基础数据和公式函数，具体操作步骤如下。

第1步 1 单击【新建工作表】按钮新建空白工作表，2 重命名工作表名称为"人力配置"，如下图所示。

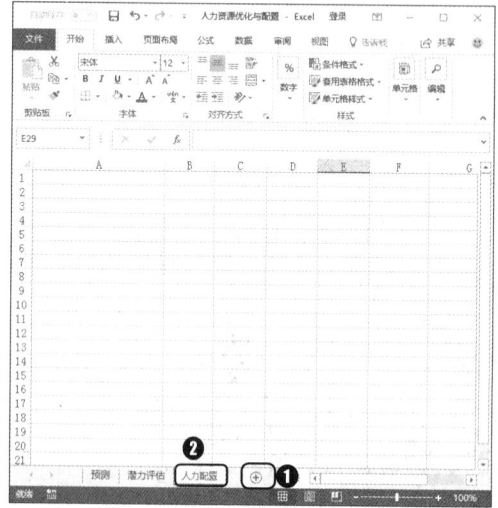

第2步 在表格中输入对应人力配置数据，如下图所示。

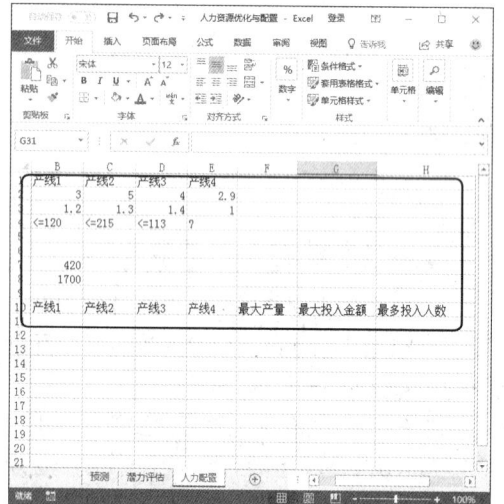

教您一招

线性规划完善设置方法

使用线性规划对人力资源进行分配，需要很多的先提条件，如最大人力数、最大人力成本投入金额、每个岗位上安排的人数限制等，若是缺少关键的先提条件，线性规划的结果会有很大的偏差。

第3步 1 选择 B1:H11 单元格区域，2 单击【居中】按钮，如下图所示。

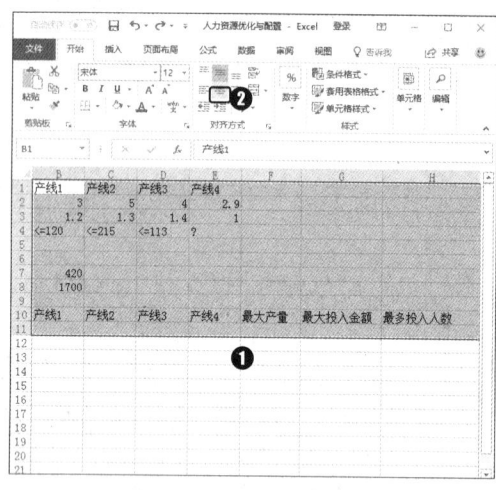

温馨提示

在本例中，B10:H11单元格区域是规划求解数据模型区域，因为其中包含未知的4个数据单元格，同时包含3个带有计算方式的单元格：F11、G11、H11单元格。

第4步 1 选择 F11 单元格，2 单击【公式】选项卡中的【数学与三角函数】下拉按钮，3 在弹出的下拉列表中选择【SUMPRODUCT】选项，如下图所示。

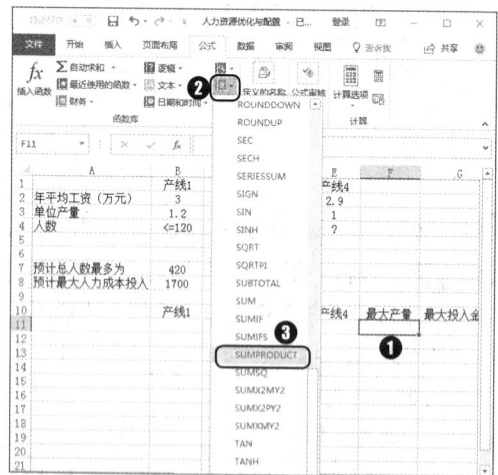

第5步 打开【函数参数】对话框，单击【Array1】文本框右侧的【折叠】按钮，如

第 6 章
人力资源规划管理

下图所示。

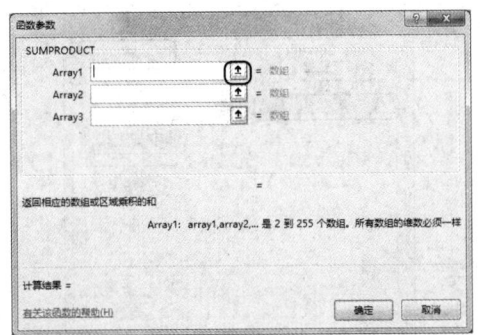

第6步 折叠【函数参数】对话框，1 选择 B11:E11 单元格区域，2 单击【展开】按钮，如下图所示。

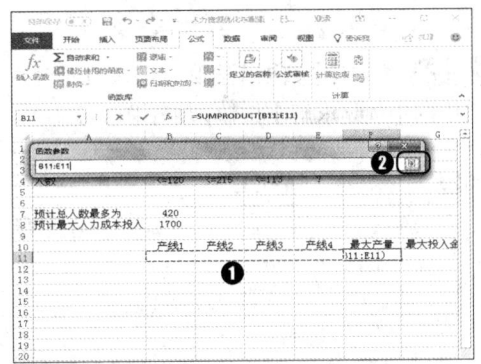

第7步 展开【函数参数】对话框，1 将鼠标光标定位在【Array2】文本框中，在表格中选择 B3:E3 单元格区域，2 单击【确定】按钮，如下图所示。

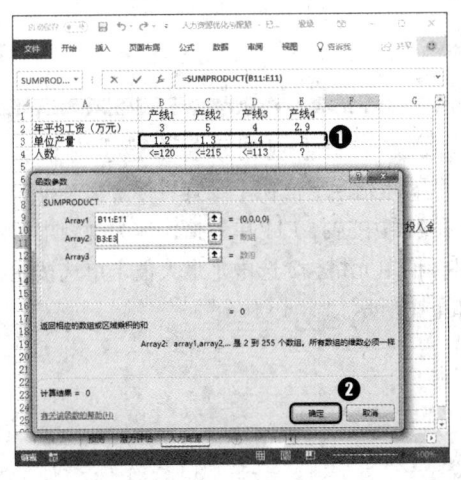

第8步 以同样的方法在 G11 单元格中插入函数 "=SUMPRODUCT(B11:E11,B2:E2)"，按【Ctrl+Enter】组合键确认，如下图所示。

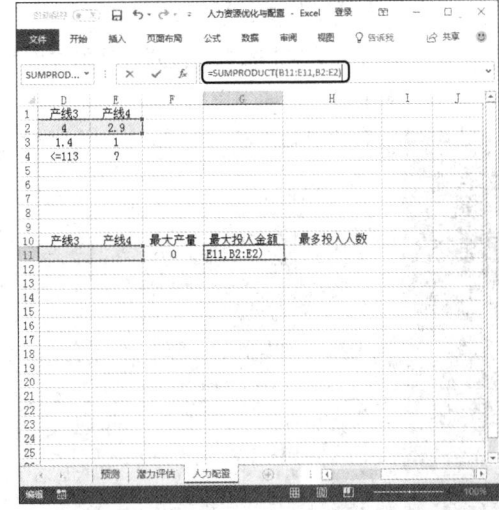

> **温馨提示**
>
> 在 G11 单元格中，除了手动插入 SUMPRODUCT 函数外，还可以直接复制 F11 单元格中的函数，然后将参数【B3:E3】更改为【B2:E2】，最后确认。

第9步 1 选择 H11 单元格，2 在编辑栏中输入公式 "=B11+C11+D11+E11"，按【Ctrl+Enter】组合键，如下图所示。

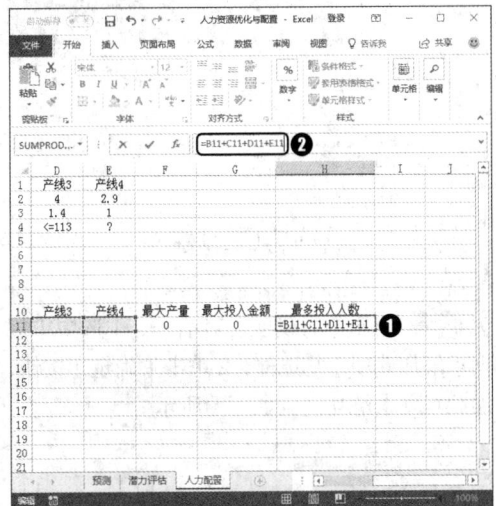

2. 线性规划人力资源配置

线性计算数据模板建立后,就可以加载和调用规划求解工具,自动对人力资源进行最优配置,具体操作步骤如下。

第1步 单击【文件】选项卡,进入菜单界面,选择【选项】命令,如下图所示。

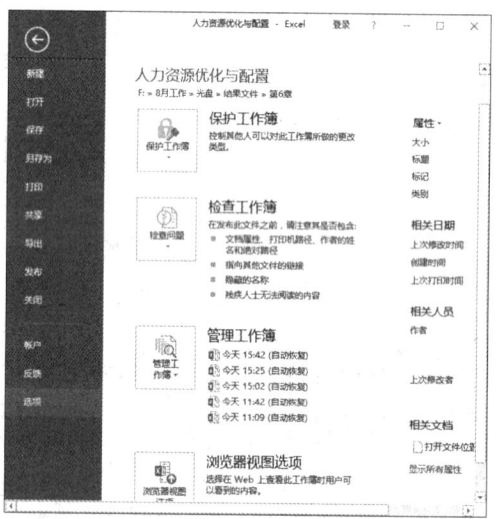

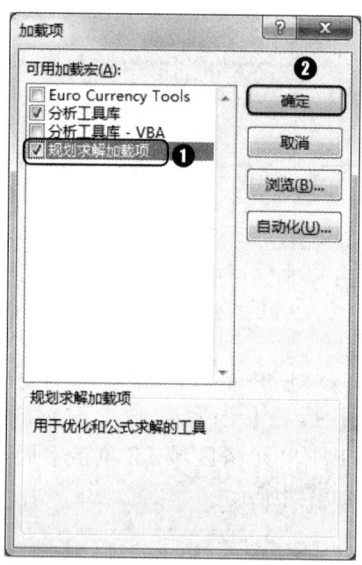

第2步 打开【Excel选项】对话框,1选择【加载项】选项,2单击【转到】按钮,如下图所示。

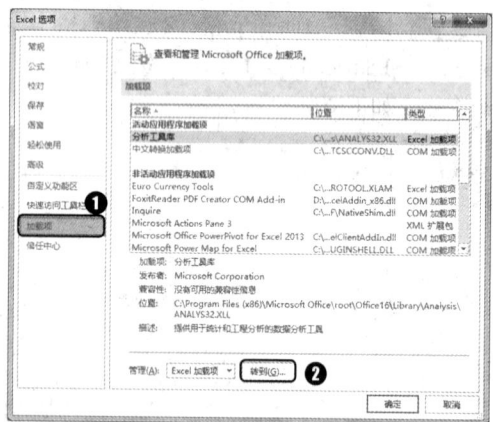

第3步 打开【加载项】对话框,1选中【规划求解加载项】复选框,2单击【确定】按钮,加载规划求解功能,如下图所示。

第4步 1选择【数据】选项卡,2单击【分析】组中的【规划求解】按钮,如下图所示。

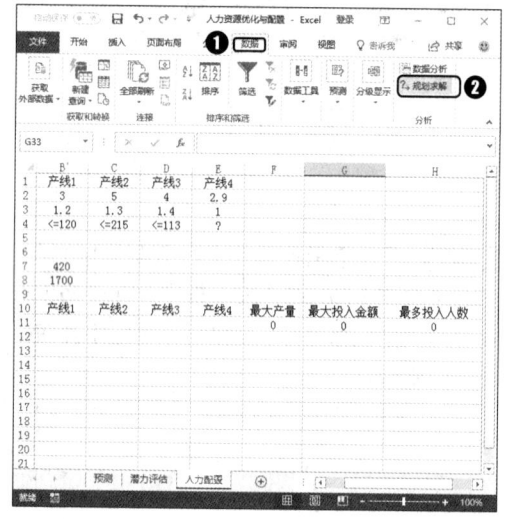

第5步 打开【规划求解参数】对话框,1将鼠标光标定位在【设置目标】文本框中,2在表格中选择F11单元格,作为规划求解的目标值单元格,3选中【最大值】单选按钮,如下图所示。

第6章
人力资源规划管理

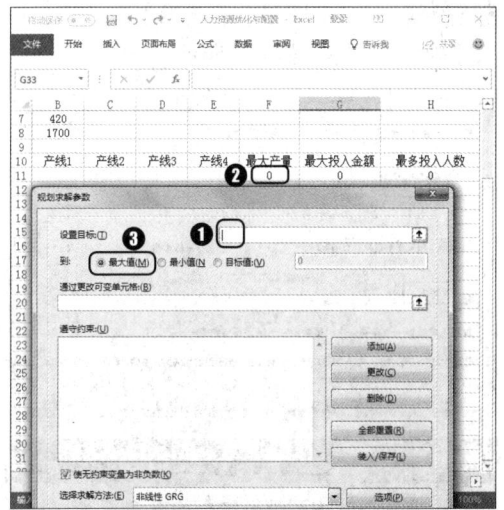

教您一招
追求最小方案的设置方法

在本例中，优化人力资源配置的目的，是追求整体产量的最大化，所以，这里选中【最大值】单选按钮；若要追求投入最小化，则可将目标单元格设置为G11单元格，选中【最小值】单选按钮。

第6步 1 将鼠标光标定位在【通过更改可变单元格】文本框中，2 在表格中选择B11:E11单元格区域，如下图所示。

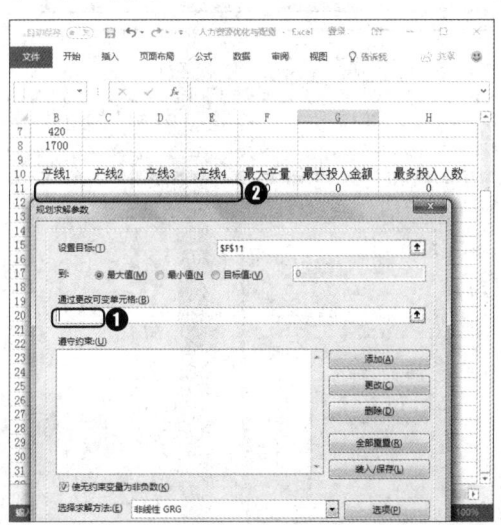

第7步 单击【添加】按钮，添加约束条件，如下图所示。

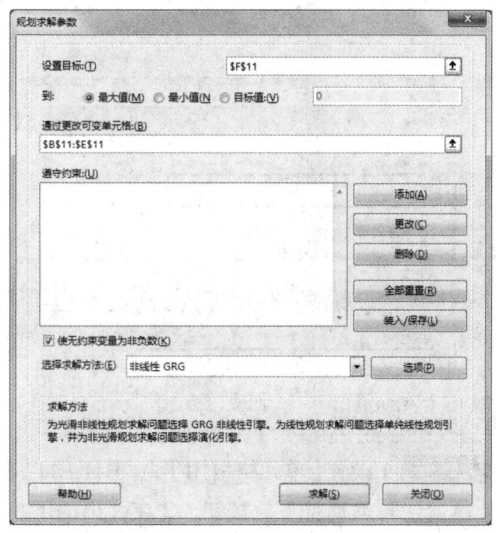

第8步 打开【添加约束】对话框，1 设置【单元格引用】参数为"G11"，运算符为小于等于，在【约束】文本框中输入"1700"（预计人力成本最大的投入金额），2 单击【添加】按钮，如下图所示。

第9步 1 设置【单元格引用】参数为"H11"，运算符为小于等于，在【约束】文本框中输入"420"（预计投入的最多人数），2 单击【添加】按钮，如下图所示。

第10步 以同样的方法添加其他几个约束条件，如下图所示。

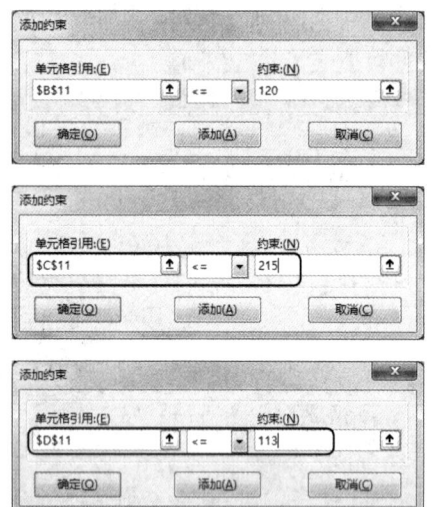

第11步 1设置【单元格引用】为"B11:E11"，2单击比较运算符下拉按钮，3在弹出的下拉选项中选择【int】选项，4单击【确定】按钮，如下图所示。

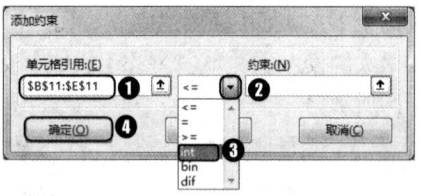

第12步 返回【规划求解参数】对话框，1单击【选择求解方法】下拉按钮，2在弹出的下拉列表中选择【单纯线性规划】选项，3单击【求解】按钮，如下图所示。

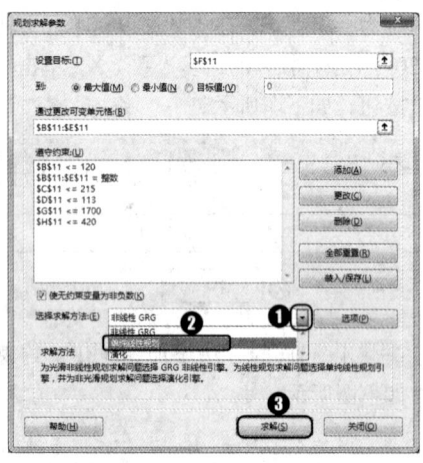

第13步 打开【规划求解结果】对话框，单击【确定】按钮，如下图所示。

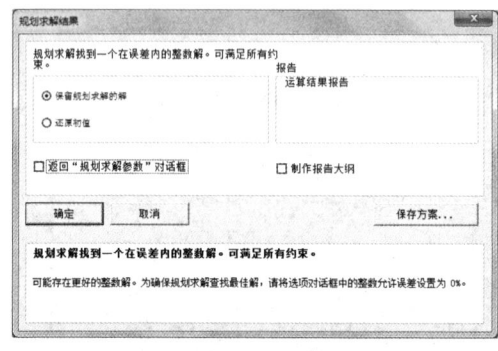

教您一招

不能找到计算结果的方法

在人力资源优化配置中，若是在【规划求解结果】对话框中，出现不能找到计算结果时，需要对相关参数进行调试更改。

第14步 系统自动对4个产线的人数进行最优分配，如下图所示。

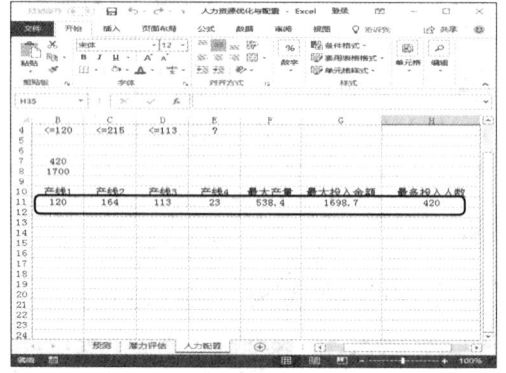

第 6 章
人力资源规划管理

教您一招

生成线性规划报告

要生成一份人员配置的线性规划报告，HR可在【规划求解结果】对话框中，1选中【制作报告大纲】复选框，2单击【确定】按钮，系统自动在新工作表中生成一份运算结果报告（在其中可以明显看到人员配置是否达到极限、公式及其他重要信息），如下图所示。

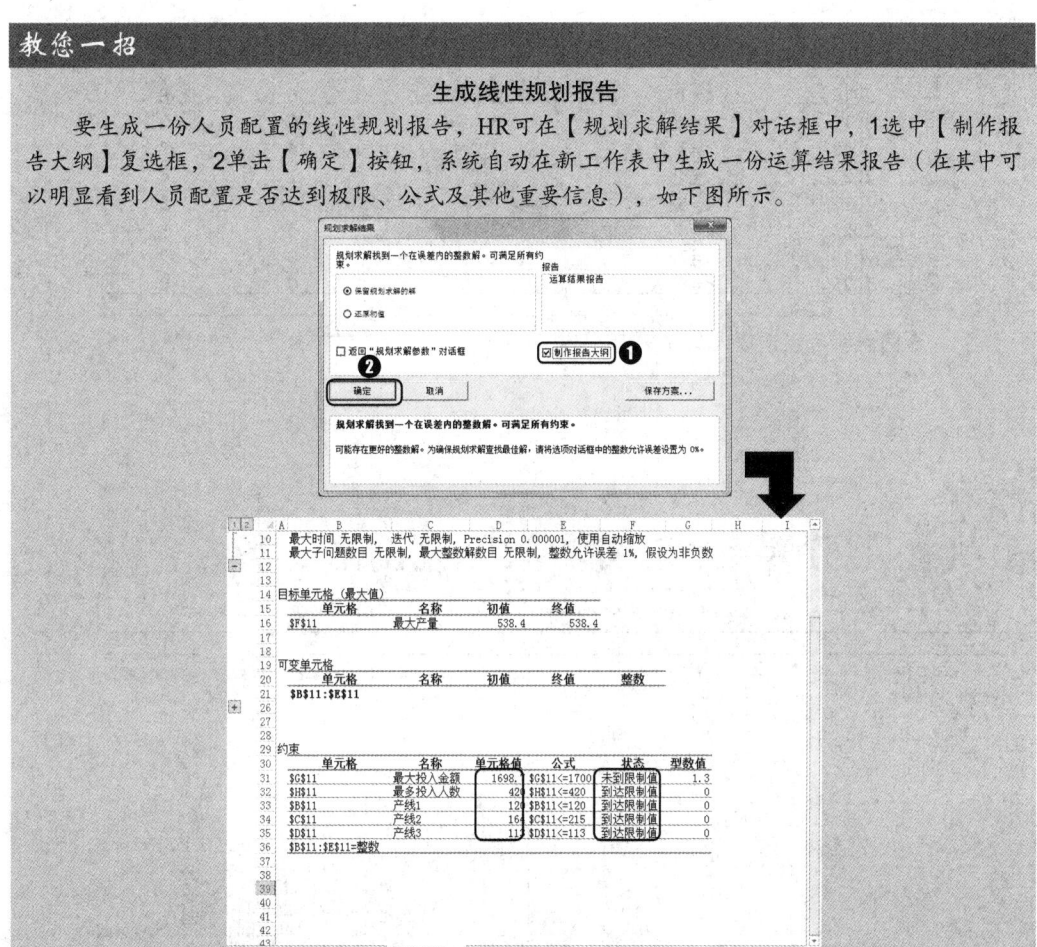

6.3 预测人员流失高峰期，做好人员引进准备

案例背景

人员流动对用人单位而言，是常见的人事现象，不过，对于HR而言，必须对人员流失情况进行掌握，特别是可能会出现的人员流失高峰，从而做好事先准备工作及人员的招聘、培训工作，为企业引进新的血液，保证公司的运营正常，避免人员流失带来较大的损失。

本例将围绕合同到期人员流失和退休导致的人员流失两方面，来介绍使用到的日期函数、数学函数、统计函数及自动筛选和图表等知识，制作完成后的部分效果如下图所示。实例最终效果见"下载\结果文件\第6章\人员流失预测.xlsx"文件。

Excel
在人力资源管理中的应用

年份	剩余年限	合同到期可能造成人员流失	退休人员流失	合计
2017	0	2	2	4
2018	<=1	8	0	8
2019	<=2	3	0	3
2020	<=3	3	4	7
2021	<=4	2	2	4
2022	<=5	2	1	3
2023	<=6	3	0	3
2024	<=7	2	0	2
2025	<=8	0	0	0

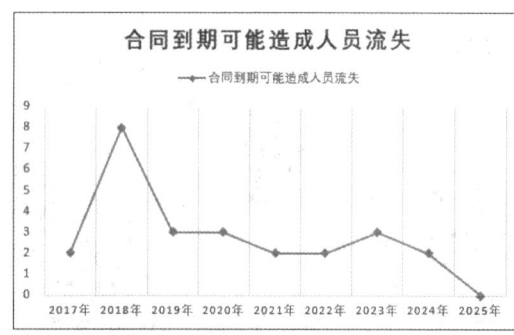

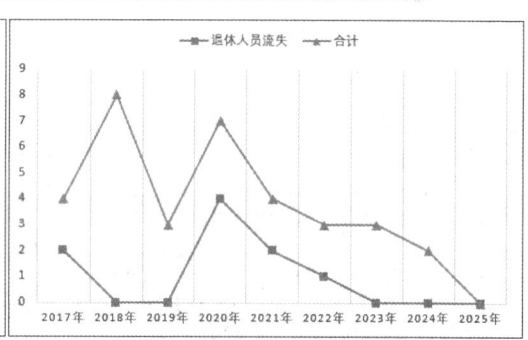

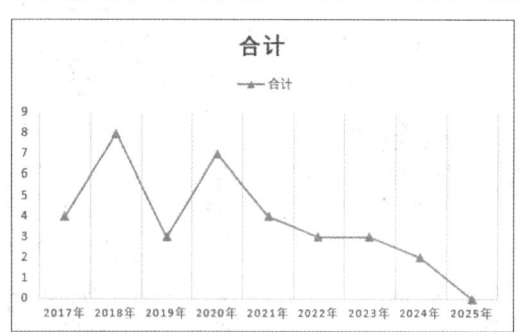

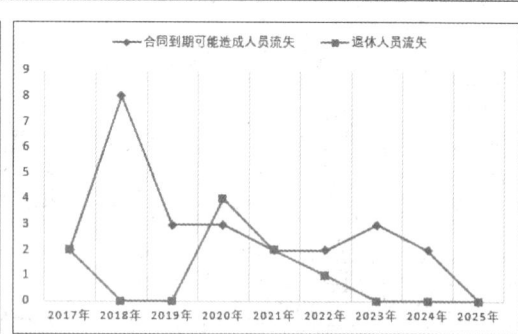

下载文件	素材文件	下载\素材文件\第6章\人员流失预测.xlsx
	结果文件	下载\结果文件\第6章\人员流失预测.xlsx
	教学视频	下载\视频文件\第6章\6.3预测人员流失高峰期，做好人员引进储备.mp4

6.3.1 计算人员流失年份和期限

预测人员可能流失的方向，主要有两个：一是合同到期时（单位或是个人不续签劳动合同），二是退休期。

在Excel中HR可以通过函数自动计算出合同到期日期数、退休日期及剩余年限等，让其成为一个自动计算的数据模型，具体操作步骤如下。

第1步 打开"下载\素材文件\第6章\人员流失预测.xlsx"文件，1选择J2:J26单元格区域，2在编辑栏中输入函数"=DATE(YEAR(H2)+I2,MONTH(H2),DAY(H2)+1)"，按【Ctrl+Enter】组合键计算出员工劳动合同到期日期，如下图所示。

第6章
人力资源规划管理

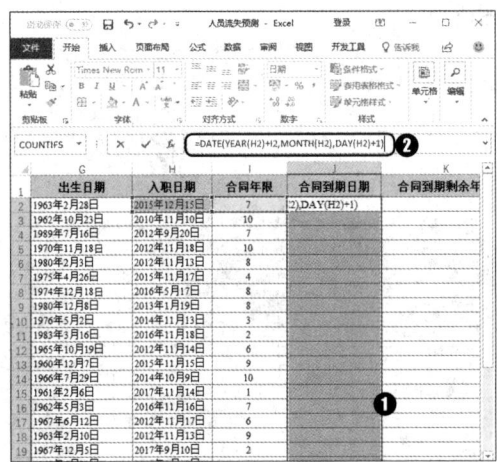

第2步 1 选择 K2 单元格，2 在编辑栏中输入函数 "(J2-TODAY())/365"，按【Ctrl+Enter】组合键计算出合同到期剩余年限，如下图所示。

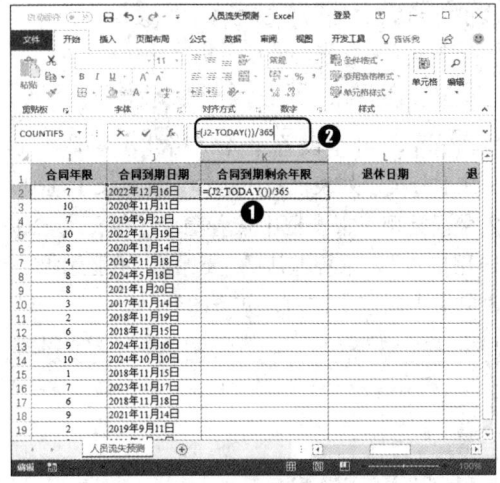

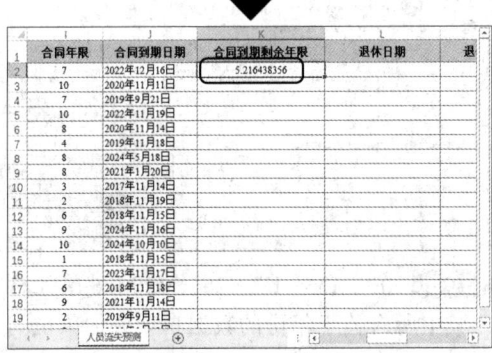

温馨提示

J2-TODAY()，表示合同到期日期距离今天还有多少天，然后除以365，转换为年。这里的当前日期不能手动输入，如2017年5月1日，一定要让系统自动获取当前日期（使用TODAY），让该表变成一个自动计算的动态模型表，自动计算。

第3步 将鼠标光标定位在编辑栏中，在函数前嵌套 INT() 函数，让年份数据取整，如下图所示。

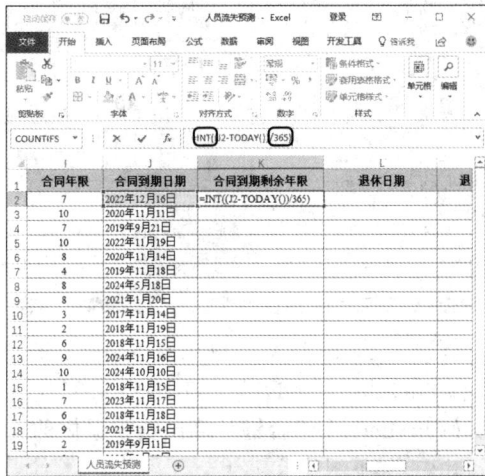

第4步 将鼠标指针移到 K2 单元格右下侧，当鼠标指针变成 + 形状时双击，填充函数到 K26 单元格，自动计算出各个员工对应的合同到期剩余年限，如下图所示。

第5步 ❶选择 L2:L26 单元格区域，❷在编辑栏中输入函数"=DATE(YEAR(G2)+IF(C2=" 男 ",60,55),MONTH(G2),DAY(G2)+1)"，按【Ctrl+Enter】组合键计算出员工退休日期，如下图所示。

第6步 ❶选择 M2:M26 单元格区域，❷在编辑栏中输入函数"=INT((L2−TODAY())/365)"，按【Ctrl+Enter】组合键计算出员工退休的剩余年限，如下图所示。

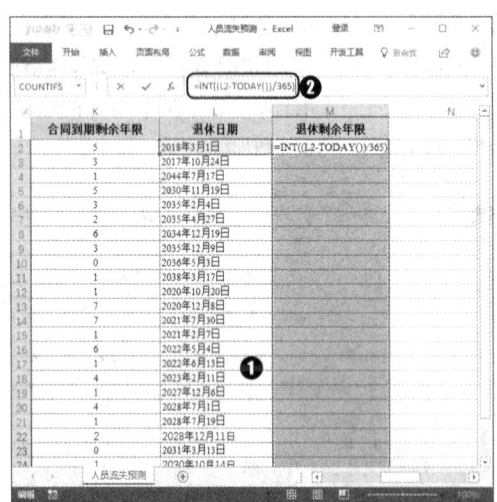

第7步 ❶按住【Ctrl】键，选择 I2:I26、K2:K26、M2:M26 单元格区域，❷单击【数据】选项卡中的【对话框启动器】按钮，如下图所示。

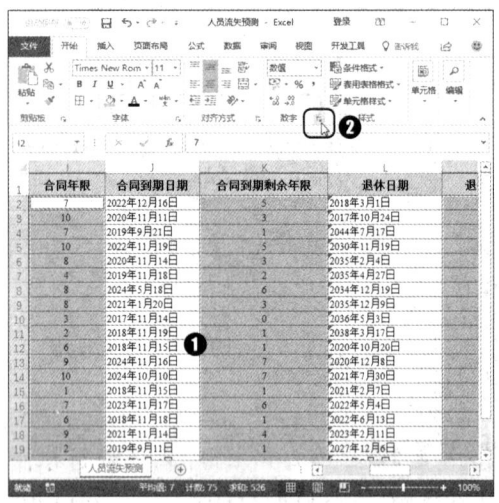

温馨提示

自动计算合同到期日期、退休日期及剩余年限，到第6步已经结束。从第7步开始是对数据类型设置美化，让年限数据更加直观，HR可根据实际需要进行取舍选择。

第8步 打开【设置单元格格式】对话框，❶在【分类】列表框找中选择【自定义】选项，❷在【类型】文本框中接着输入"年"（"G/通用格式"是系统默认的，要保留，不能删除），❸单击【确定】按钮，如下图所示。

第9步 在 I2:I26、K2:K26、M2:M26 单元格区域中所有关于年份的数据自动添加单位为

"年",更利于数据信息的直观传递,如下图所示。

> **教您一招**
>
> **不影响数据计算的数据类型更改方法**
>
> 通过自定义数据类型方式,为数据添加单位,不仅快速高效,同时,还不影响数据的计算。

6.3.2 统计近几年人员可能流失的数据

将合同到期和退休剩余年限数据计算出来后,需要HR手动统计近几年人员可能流失的数据,为预测和展示人员流失高峰做好数据准备,以统计近8年数据为例介绍,具体操作步骤如下。

第1步 ❶在 A29:E38 单元格区域中输入框架结构数据并将其选择,❷单击【居中】按钮≡,让数据水平居中对齐,如下图所示。

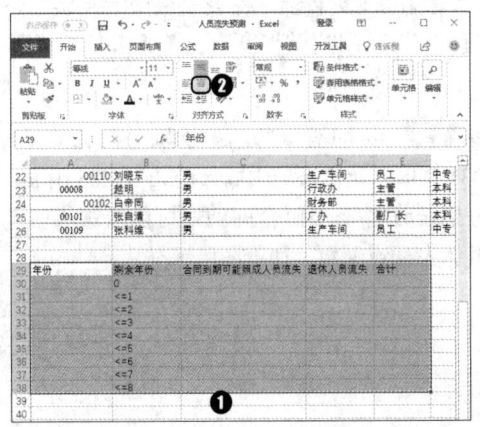

第2步 ❶选择 A30 单元格,❷在编辑栏中输入函数"=YEAR(NOW())",按【Ctrl+Enter】组合键获取当前年份数据,如下图所示。

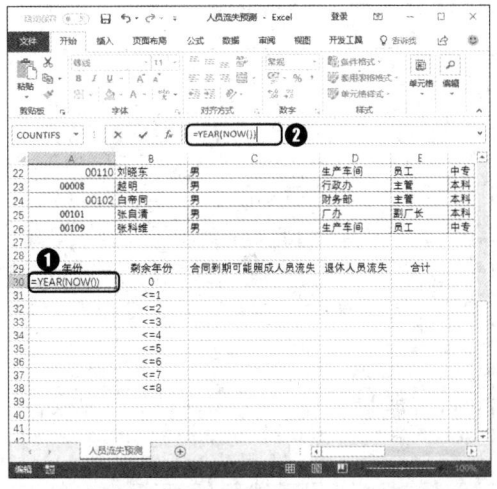

> **教您一招**
>
> **NOW出错时的替代考虑**
>
> NOW函数直接获取当前系统的年月日时间。YEAR获取NOW函数获得的日期数据中的年。这里也可将NOW换成TODAY,也就是【=YEAR(TODAY)】。

第3步 ❶选择 A31:A38 单元格区域,❷在编辑栏中输入公式"=A30+1",按【Ctrl+Enter】组合键获取动态的相邻年份数据,如下图所示。

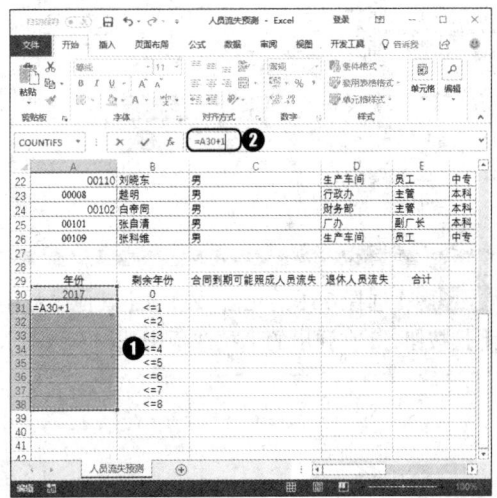

第4步 ❶选择C30单元格，❷在编辑栏中输入公式"=COUNTIF(K2:K26,0)"，按【Ctrl+Enter】组合键统计出今年合同到期可能流失的人员数，如下图所示。

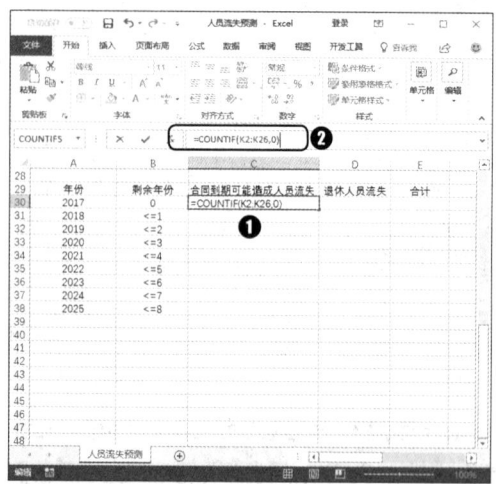

第5步 ❶选择D30单元格，❷在编辑栏中输入公式"=COUNTIF(M2:M26,0)"，按【Ctrl+Enter】组合键统计出退休人员流失数，如下图所示。

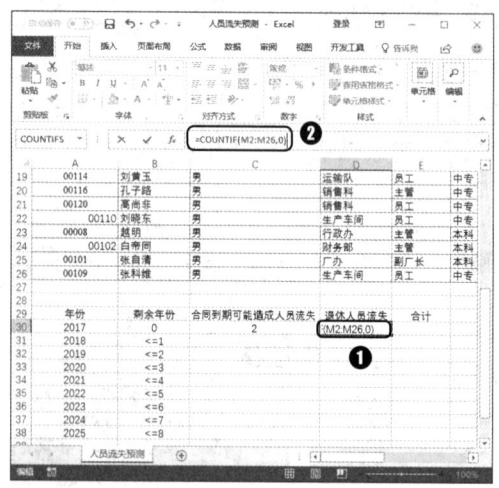

第6步 ❶选择C31单元格，❷单击【其他函数】下拉按钮，❸在弹出的下拉选项中选择【统计】

→【COUNTIFS】选项，如下图所示。

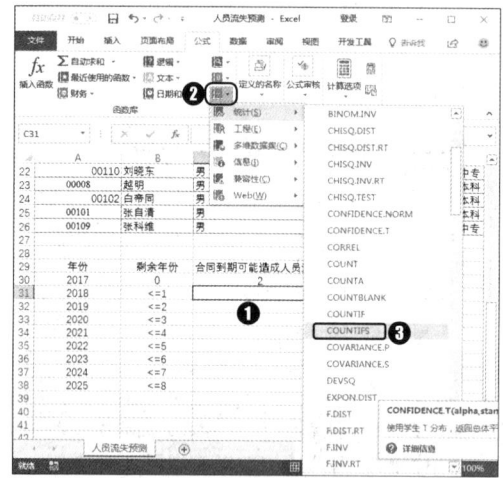

第7步 打开【函数参数】对话框，❶分别设置其各项参数，❷单击【确定】按钮，如下图所示。

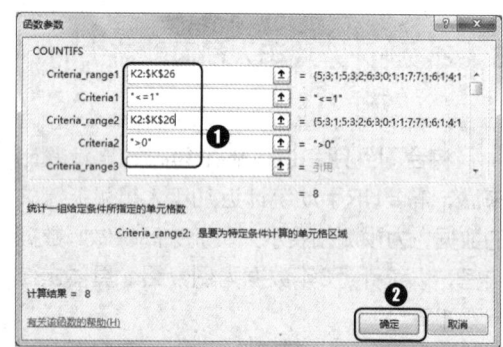

> **温馨提示**
>
> 本例中，Criteria_range1和Criteria_range2参数都是K2:K26单元格区域，Criteria1和Criteria2联合构成符合条件大于0小于等于1。

第8步 以同样的方法分别在C32:C38、D31:D38单元格区域中插入COUNTIFS函数，分别统计各个年份合同到期可能流失人数与退休人员流失数，如下图所示。

第9步 1 选择 E30:E38 单元格区域，2 在编辑栏中输入公式"=C30+D30"，按【Ctrl+Enter】组合键计算出各个年份人员流失总数，如下图所示。

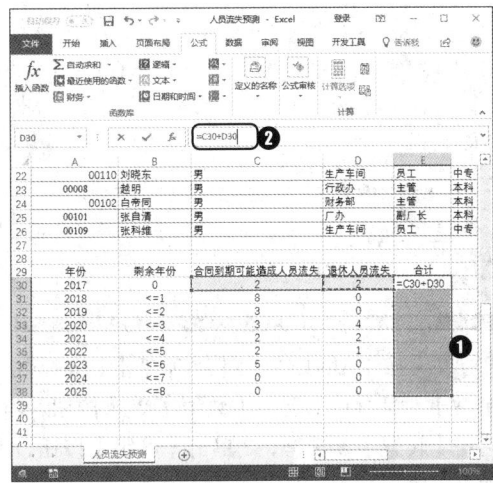

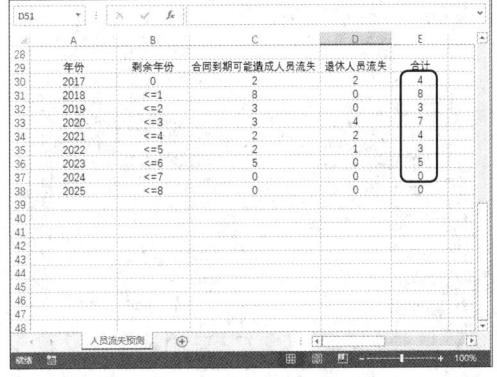

温馨提示

C32:C38 单元格区域中的函数分别为：=COUNTIFS($K$2:$K$26,"<=2",$K$2:$K$26,">1")

=COUNTIFS($K$2:$K$26,"<=3",$K$2:$K$26,">2")

=COUNTIFS($K$2:$K$26,"<=4",$K$2:$K$26,">3")

=COUNTIFS($K$2:$K$26,"<=5",$K$2:$K$26,">4")

=COUNTIFS($K$2:$K$26,"<=6",$K$2:$K$26,">5")

=COUNTIFS($K$2:$K$26,"<=7",$K$2:$K$26,">6")

=COUNTIFS($K$2:$K$26,"<=8",$K$2:$K$26,">7")

D31:D37 单元格区域中的函数分别为：
=COUNTIFS($M$2:$M$26,"<=1",$M$2:$M$26,">0")

=COUNTIFS($M$2:$M$26,"<=2",$M$2:$M$26,">1")

=COUNTIFS($M$2:$M$26,"<=3",$M$2:$M$26,">2")

=COUNTIFS($M$2:$M$26,"<=4",$M$2:$M$26,">3")

=COUNTIFS($M$2:$M$26,"<=5",$M$2:$M$26,">4")

=COUNTIFS($M$2:$M$26,"<=6",$M$2:$M$26,">5")

=COUNTIFS($M$2:$M$26,"<=7",$M$2:$M$26,">6")

6.3.3 半自动图表展示人员流失趋势

将合同到期和退休剩余年限数据计算出来后，需要HR手动统计近几年人员可能流失的数据，为预测和展示人员流失高峰做好数据准备，具体操作步骤如下。

第1步 1 按住【Ctrl】键，选择 A29:A38、C29:E38 单元格区域，按【Ctrl+C】组合键复制，2 选择 A41 单元格，如下图所示。

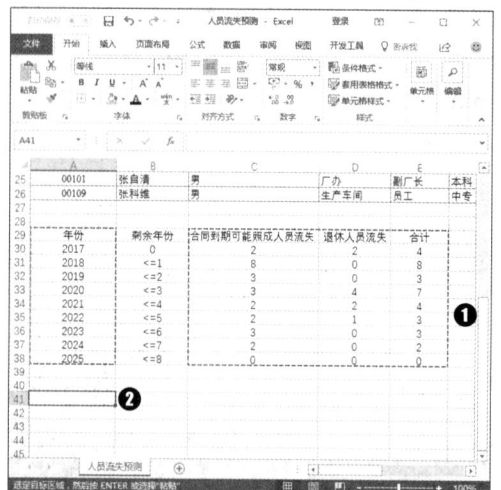

第2步 按【Alt+E+S】组合键打开【选择性粘贴】对话框，1选中【数值】单选按钮，2选中【转置】复选框，3单击【确定】按钮，如下图所示。

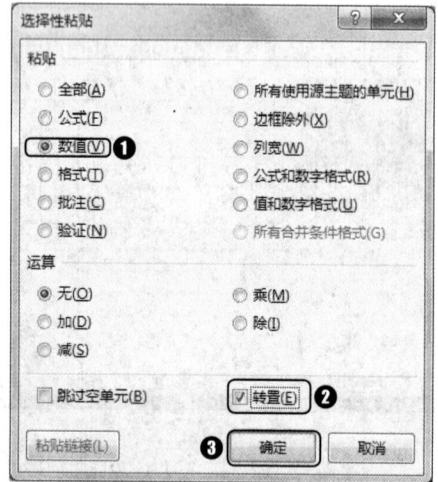

第3步 在 B41~J41 单元格中分别手动添加"年"，让系统识别其为标题行，而不是表格主体数据，如下图所示。

温馨提示

不能用自定义数据类型方法统一添加，这里主要目的是让系统将其识别为标题行数据，作为图表的横坐标轴数据。

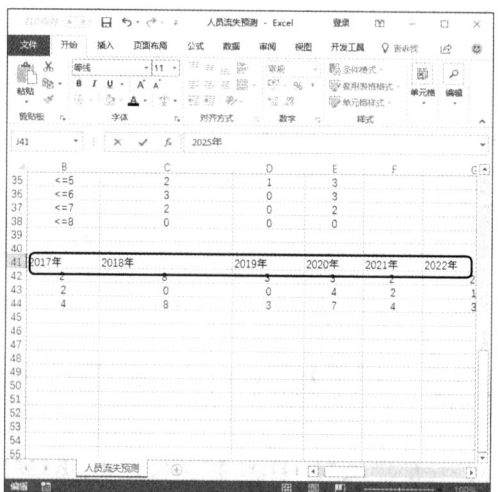

第4步 1选择A41:J44单元格区域，2单击【插入】选项卡中的【插入折线图或面积图】下拉按钮，3在弹出的下拉列表中选择【折线图】选项，如下图所示。

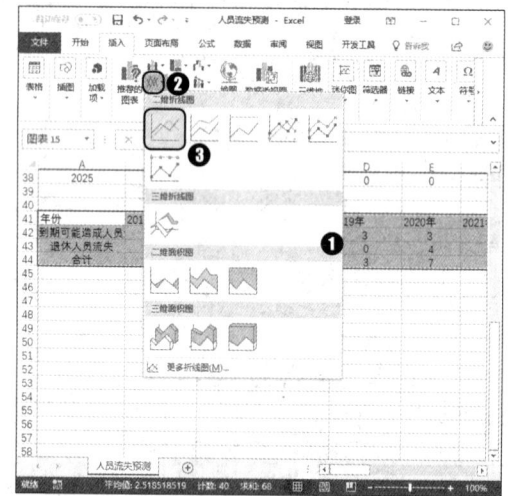

第5步 将图表移到合适位置，在【图表工具/设计】选项卡【图表样式】列表框中选择【样式11】选项，快速美化图表，如下图所示。

温馨提示

图表中的图表标题不用做任何更改，也不要手动输入新的内容，让其自动显示筛选后的标题。

第6章 人力资源规划管理

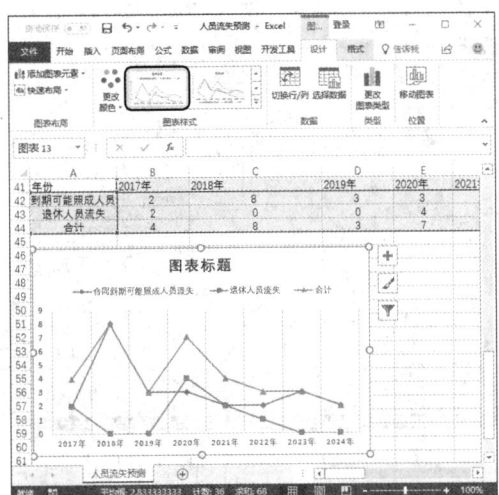

第6步 1选择A41单元格，2单击【数据】选项卡中的【筛选】按钮进入自定义筛选状态，如下图所示。

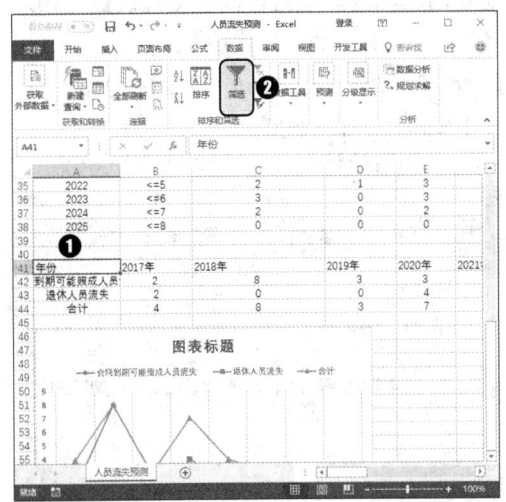

第7步 1单击A41单元格右侧的下拉按钮，2在弹出的下拉列表中的【名称框】中选中要显示的数据复选框【合计】，3单击【确定】按钮，如下图所示。

温馨提示

名称框中的复选框，默认情况下是全部选中的，也可取消选中那些不需要显示的数据复选框。

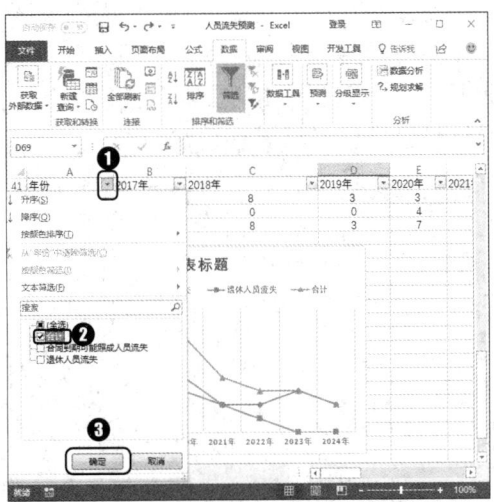

温馨提示

在本例中由自定义筛选和图表的联合应用，实现了图表的半自动动态，相比与控件和函数的联合应用，更加简洁。

第8步 在图表中只显示了【合计】系列，可以清楚地看出人员流失高峰出现在2018年和2020年，从2022年开始人员流失量逐步下降直到2025年的0，如下图所示。

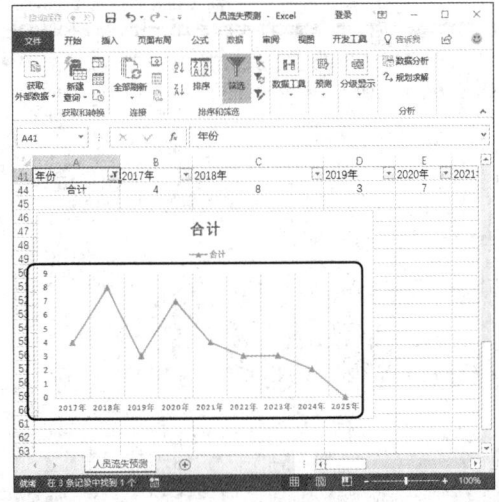

第9步 使用同样的方法半动态地单独显示绘制"合同到期可能造成人员流失"图表、"退休人员流失"图表及其他多项组合图表，

143

如下图所示。

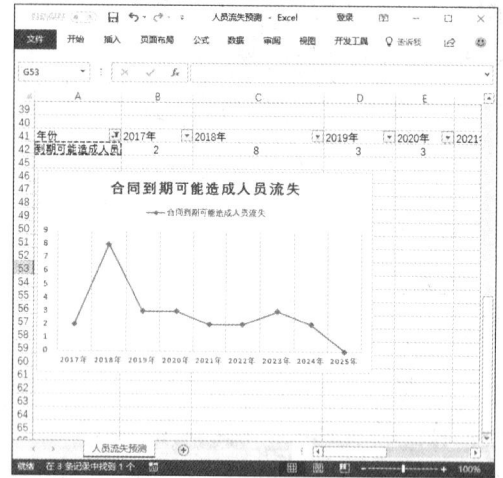

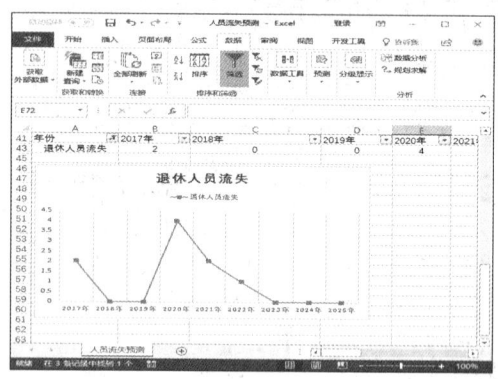

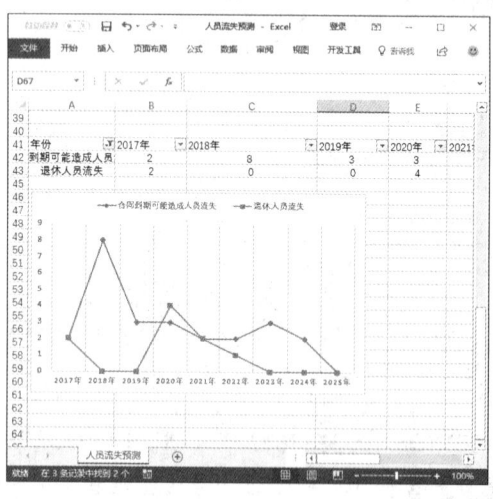

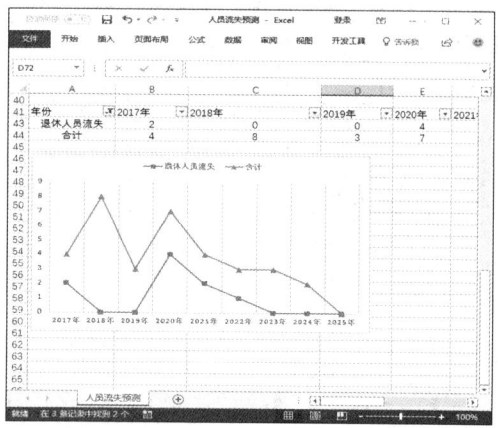

6.3.4 完善数据区域

制作的表格不仅要实现应用目的，同时还要美观，让其规范和专业。所以，需要手动对自动筛选区域进行简单格式设置，如对齐方式等，具体操作步骤如下。

第1步 1选择A41:J41单元格区域，2单击【居中】按钮≡，如下图所示。

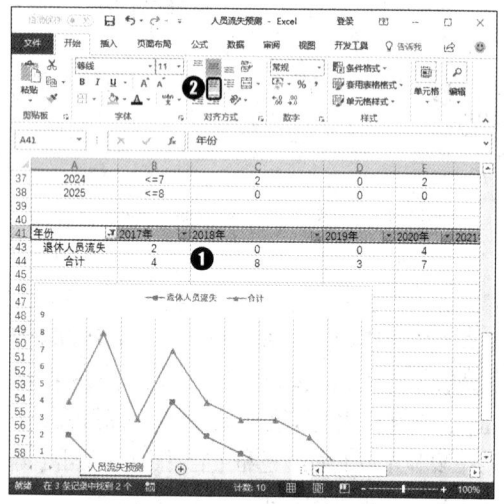

第2步 1选择A43:A44单元格区域，2单击【左对齐】按钮≡，让列标题数据统一左对齐，如下图所示。

第6章 人力资源规划管理

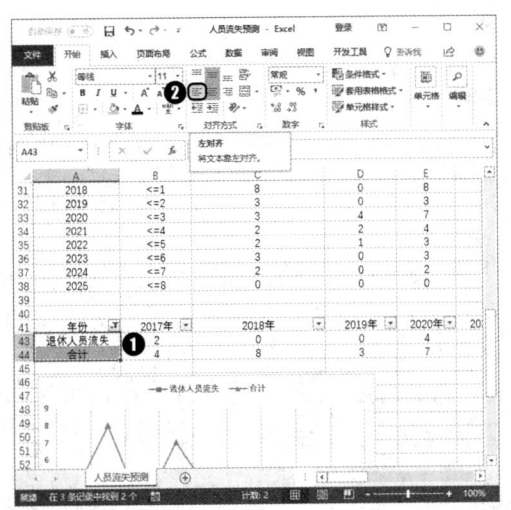

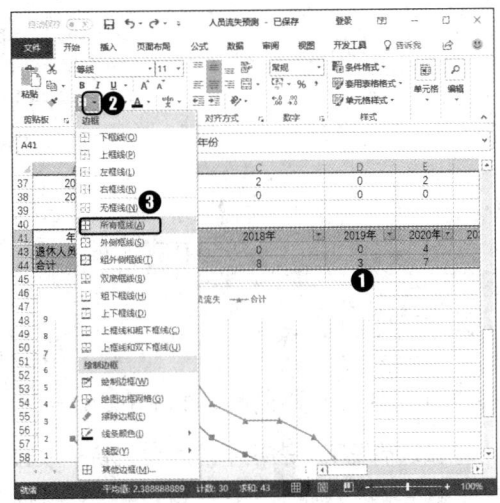

【所有框线】选项,如下图所示。

第3步 1选择A41:J44单元格区域,2单击【下画线】下拉按钮▼,3在弹出下拉列表中选择

大神支招

本章主要围绕人力资源规划管理方面进行展开,其中主要应用的知识,包括函数、图表、分析工具及一些表格、数据的基础操作。下面结合本章中应用的知识,分享一些实用的小技巧,帮助HR提高工作效率。

01:插入电子表格方案

视频文件:下载\视频文件\第6章\01.mp4

在表格中新建的工作表都是空白工作表,需要手动输入相应的数据,其实,HR也可以直接插入需要的人事表格,具体操作步骤如下。

第1步 在工作表标签上右击,在弹出的快捷菜单中选择【插入】命令,如下图所示。

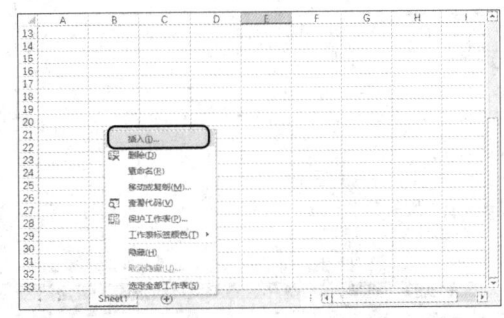

第2步 打开【插入】对话框,1在【常用】或是【电子表格方案】选项卡中选择需要的人事表格方案选项,2单击【确定】按钮,如下图所示。

145

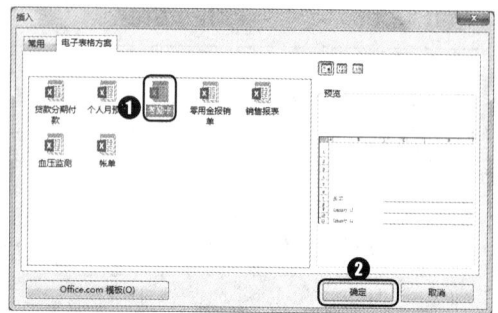

02：制作斜线表头

📀 视频文件：下载\视频文件\第6章\02.mp4

默认情况下，表格中的表头只有一项数据（通常标识列标题），若要让其标识行标题和列标题，可通过制作斜线表头轻松使实现，具体操作步骤如下。

第1步 打开"下载\素材文件\第6章\流失预测.xlsx"文件，将鼠标指针移到第1~2行之间的交界线上，按住鼠标左键，拖动调整行高，如下图所示。

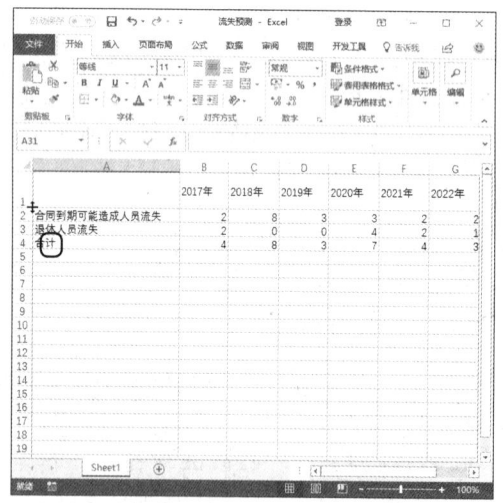

第2步 选择表头单元格，这里选择A1单元格，如下图所示。

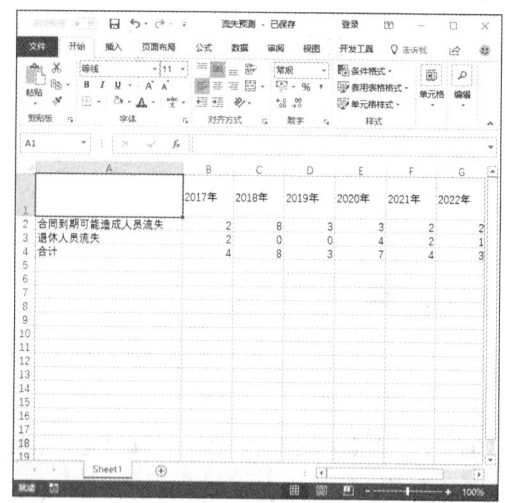

第3步 按【Ctrl+1】组合键打开【设置单元格格式】对话框，1选择【边框】选项卡，2单击 按钮，绘制表头斜线，3单击【确定】按钮，如下图所示。

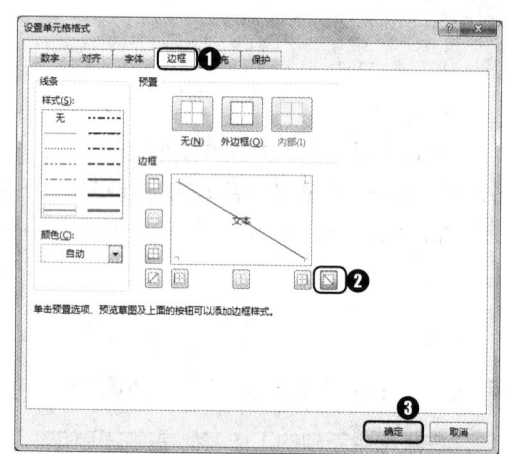

第4步 在表头中分别输入列标题和行标题标识数据（两者之间需要输入多个空格），按【Enter】键确认，实现斜线表头的制作，如下图所示。

第 6 章
人力资源规划管理

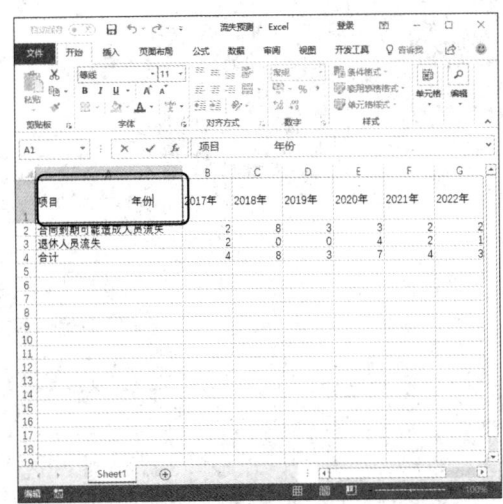

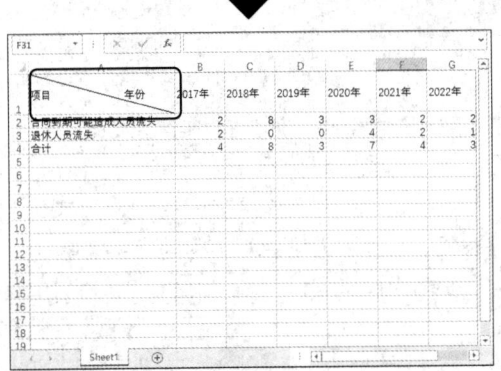

03：切换图表的行列显示方式

📀 视频文件：下载\视频文件\第6章\03.mp4

使用图表分析人事方面的数据时，若要将图表的行列数据进行对调，如下图所示。

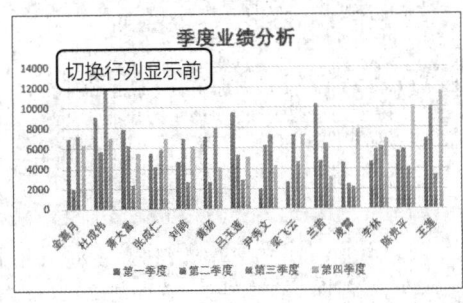

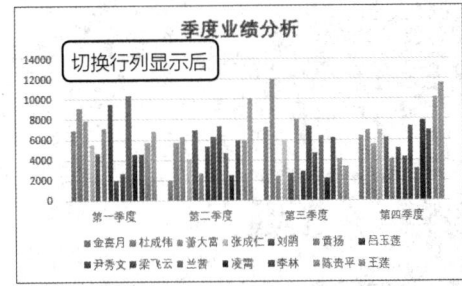

可通过简单的一步操作进行自由切换，具体操作为：打开"下载\素材文件\第6章\销售业绩表.xlsx"文件，选择整个图表，在【图表工具/设计】选项卡的【数据】组中单击【切换行/列】按钮，如下图所示。

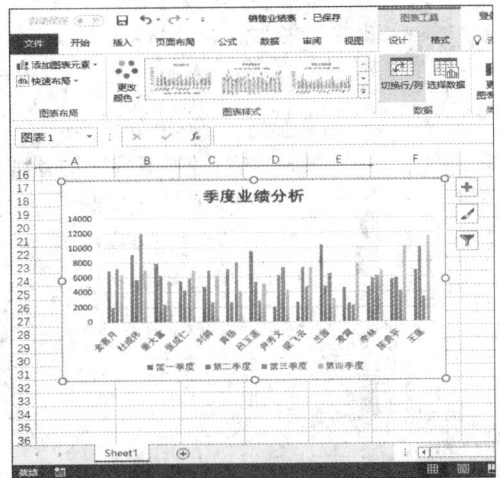

> **温馨提示**
>
> 切换行和列，只对图表中行列数据进行切换，并不会对表格中数据源行列造成任何影响。

| 147 |

第7章
人员招聘

本章导读

招聘是HR的一项基础工作，对HR而言，除了通过各种渠道发布招聘信息、筛选简历、通知面试和面试外，还需要设计招聘流程，安排招聘费用，对招聘效果进行评估、判定和分析，让招聘工作更加顺畅高效。本章将介绍招聘流程图的制作，招聘表格的设计，面试通知书的制作和批量发送，招聘数据的处理以及招聘效果的管理和分析。

知识要点

- ❖ 制作和设置招聘流程图
- ❖ 制作和发送招聘通知书
- ❖ 制作录用登记表

第 7 章
人员招聘

7.1 招聘流程图

 案例背景

招聘工作流程一般由公司的人力资源部制定，主要目的是规范公司的人员招聘行为，保障公司及招聘人员权益，招聘流程的内容主要包括招聘计划、招聘、应聘、面试、录用等几个方面。主要流程分为：制定招聘计划阶段、人员甄选阶段和招聘评估阶段。

本例将围绕人员甄选阶段和招聘评估阶段制作外部招聘流程示意图，以明确招聘渠道、过程，制作完成后的效果如下图所示。实例最终效果见"下载结果文件\第7章\招聘流程.xlsx"文件。

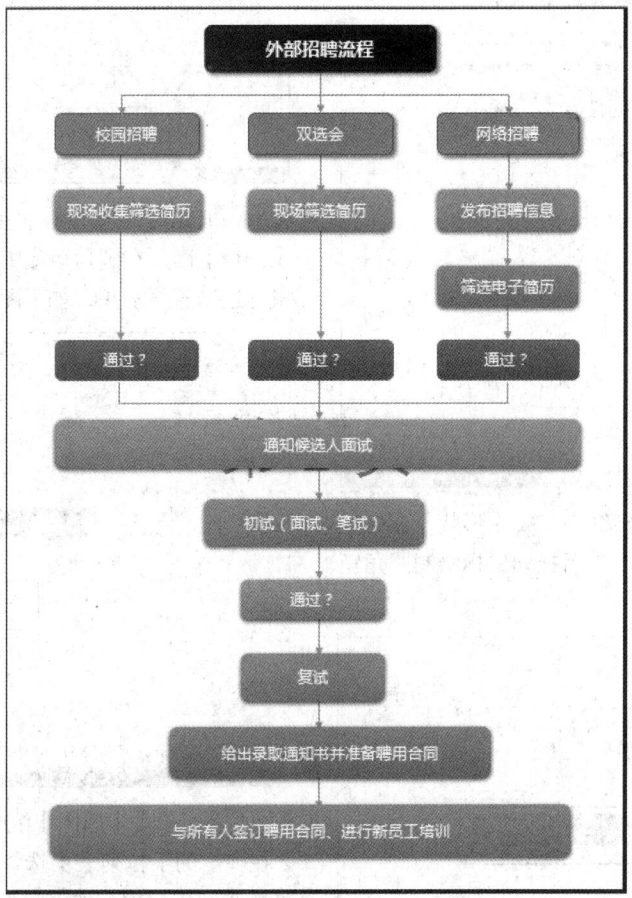

下载文件	素材文件	无
	结果文件	下载\结果文件\第7章\招聘流程.xlsx
	教学视频	下载\视频文件\第7章\7.1招聘流程图.mp4

| 149

Excel
在人力资源管理中的应用

7.1.1 绘制招聘流程图

在Excel中绘制招聘流程图，一般情况下都是使用形状制作，灵活多样（SmartArt形状个数相对较少、而且位置相对固定，不太适合制作复杂的图示），完全能满足实际工作的需要，具体操作步骤如下。

第1步 新建【招聘流程】工作簿，1单击【插入】选项卡【插图】组中的【形状】按钮，2在弹出的下拉列表中选择【矩形】选项栏中的【圆角矩形】选项，如下图所示。

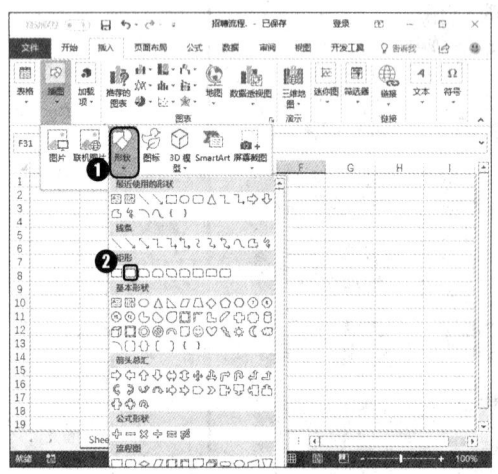

第2步 此时鼠标指针将变成＋形状，在合适位置按住鼠标左键，然后拖动鼠标绘制圆角矩形，如下图所示。

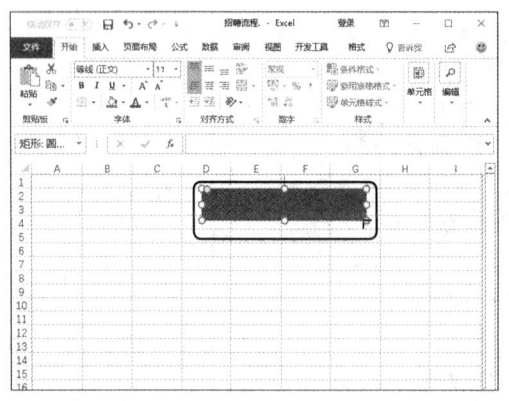

第3步 1单击【插图】组中的【形状】按钮，2在弹出的下拉列表中选择【线条】选项栏中的【箭头】选项，如下图所示。

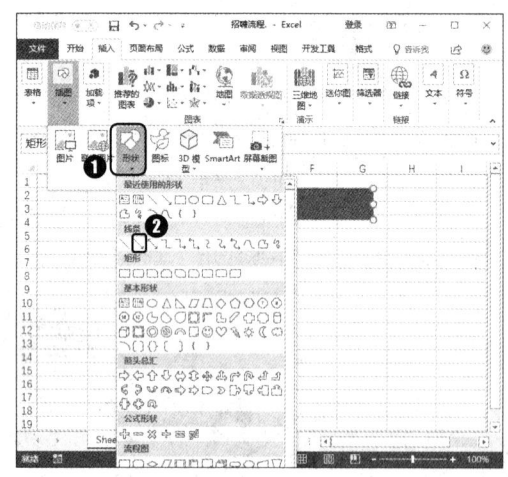

第4步 此时鼠标指针将变成＋形状，按住【Shift】键，在圆角矩形中间控制点下方拖动鼠标绘制直线箭头，如下图所示。

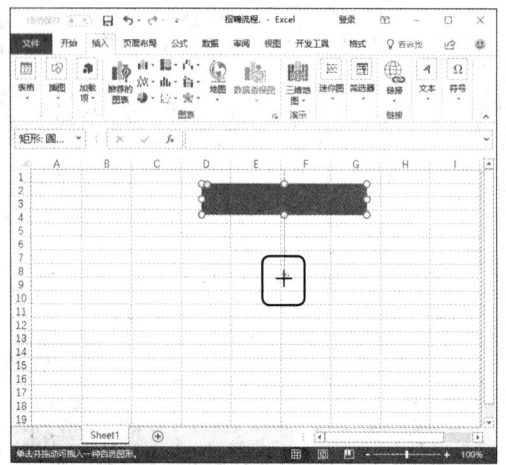

第5步 1单击【插图】组中的【形状】按钮，2在弹出的下拉列表中选择【线条】选项栏中的【直线】选项，如下图所示。

第7章
人员招聘

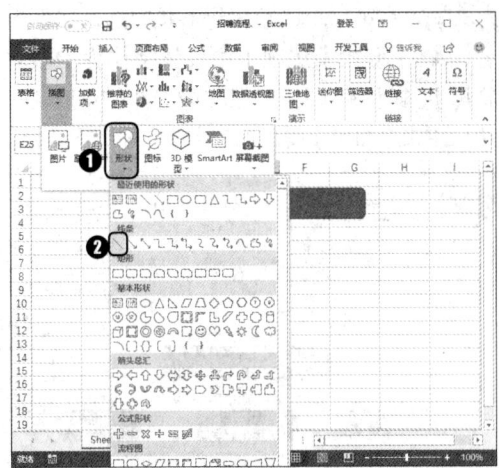

第6步 当鼠标指针变成十形状时，按住【Shift】键，在合适位置水平绘制直线，如下图所示。

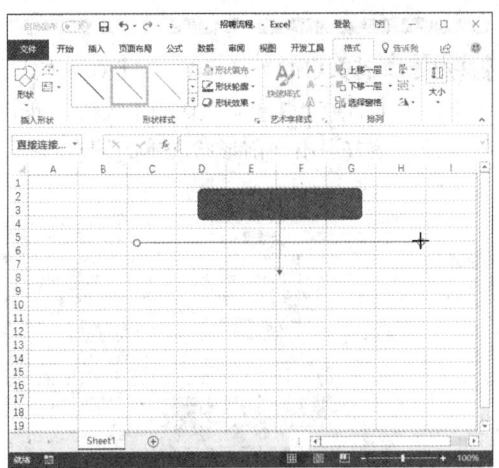

温馨提示

在Excel 2016中绘制形状时，按住【Ctrl】键拖动绘制，可以使鼠标位置作为图形的中心点，按住【Shift】键拖动进行绘制则可以绘制出固定宽度比的形状，如绘制正方形、正圆形和直线等。

第7步 以同样的方法绘制其他需要的图形，如下图所示。

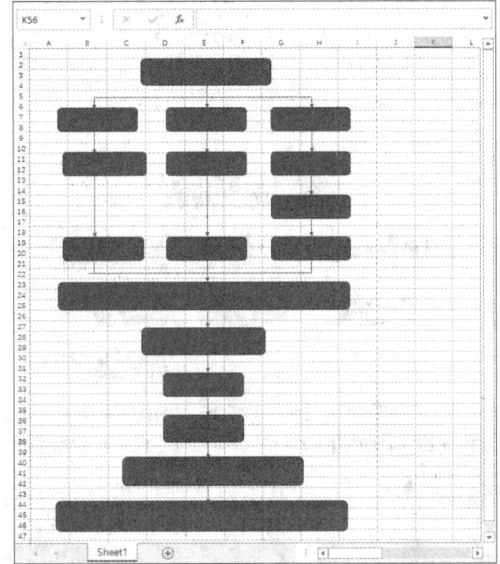

第8步 选择第一个圆角矩形并右击，在弹出的快捷菜单中选择【编辑文字】命令，如下图所示。

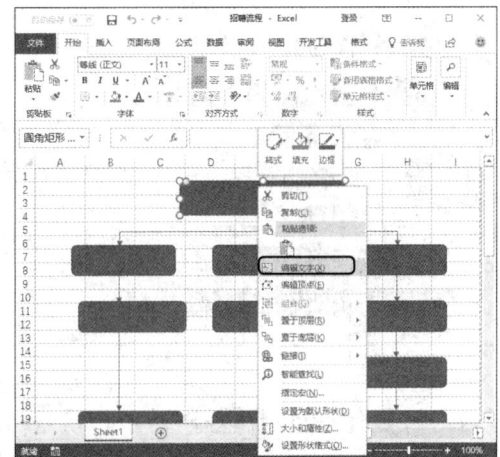

第9步 此时，选择的形状中将出现光标插入点，然后直接输入标题文本内容"外部招聘流程"，单击形状外的任一位置退出文字编辑状态，如下图所示。

| 151

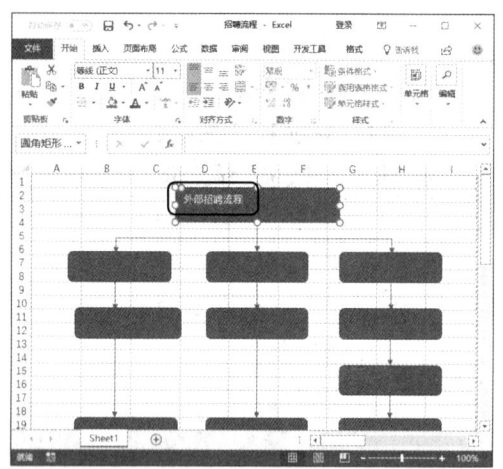

第10步 以同样的方法为其他形状添加对应的文本内容，如下图所示。

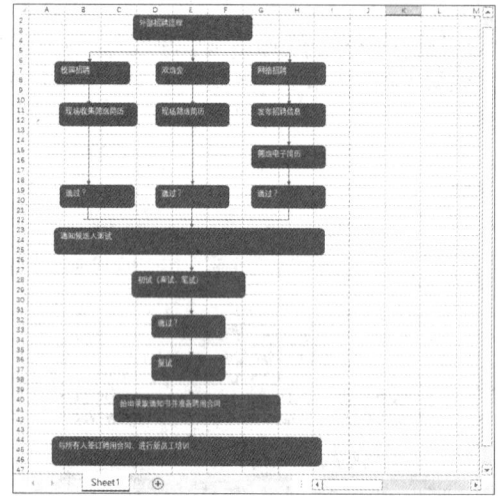

7.1.2 美化招聘流程图

通过插入形状的方式制作外部招聘流程示意图框架和主体，下面需要对其进行美化设置，如设置形状文本格式、段落格式、对齐方式、形状样式等。

1. 设置形状文本格式

在表格中可以看到输入的文本明显不能与当前形状协调，需要对其进行格式的设置，具体操作步骤如下。

第1步 在第一个圆角矩形形状中选择文本内容，在【开始】选项卡中设置字体为【微软雅黑】，在【字号】下拉菜单中选择【14】选项，然后单击【加粗】按钮加粗文本，如下图所示。

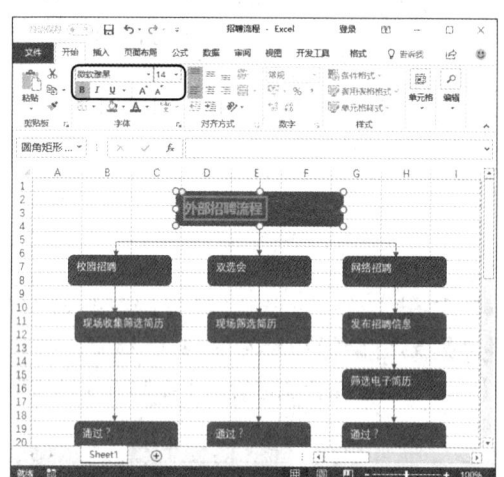

第2步 保持文本的选择状态，在【对齐方式】组中单击【居中】和【垂直居中】按钮，单击其他任一地方退出当前形状文本的编辑状态，如下图所示。

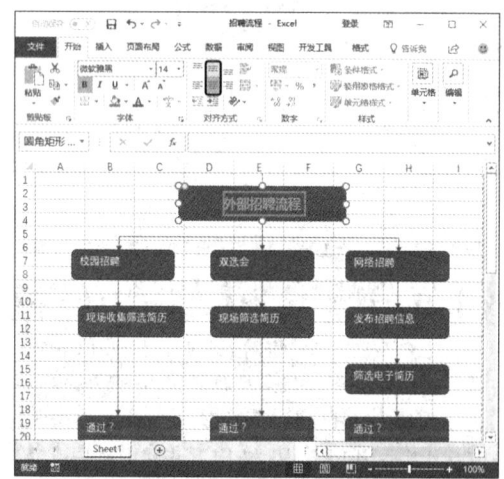

第3步 以同样的方法为其他形状中的文本，设置对应的字体格式和对齐方式，设置后的效果样式如下图所示。

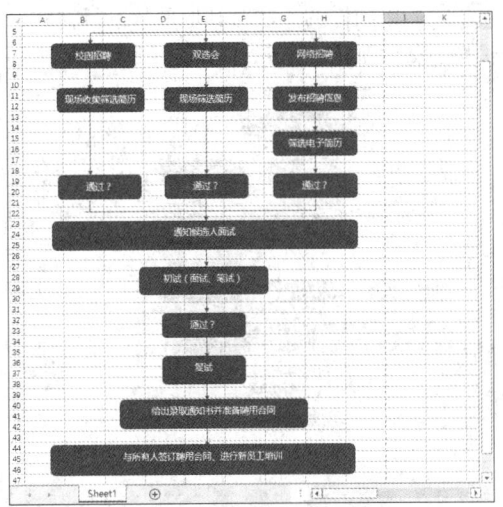

下拉列表中选择【蓝色，个性色1，深色50%】选项，如下图所示。

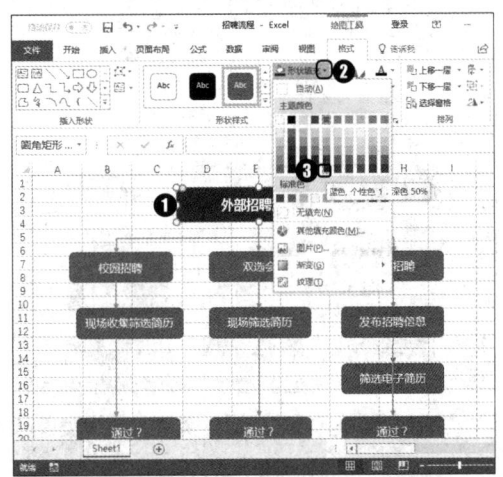

2. 设置形状样式

为了让整个招聘流程图能够层次分明，样式更加丰富多彩，可以为其设置形状样式，具体操作步骤如下。

第1步 按住【Ctrl】键，选择所有的直线和箭头形状，在【绘图工具/格式】选项卡【形状样式】列表框中选择【粗线-强调颜色3】选项，为直线和箭头形状应用选择的样式，如下图所示。

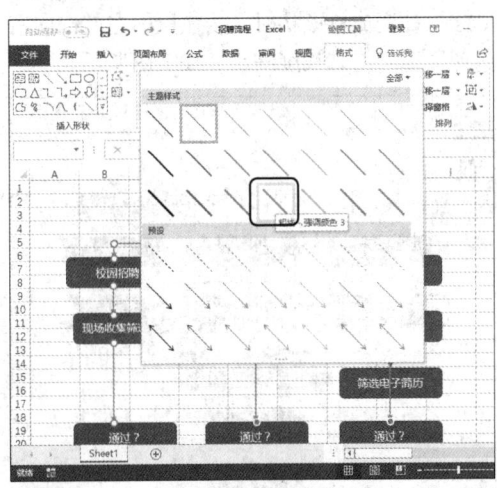

第2步 1 选择【外部招聘流程】形状，2 单击【形状填充】下拉按钮 ，3 在弹出的

第3步 1 单击【形状填充】下拉按钮 ，2 在弹出的下拉列表中选择【渐变】命令，3 在弹出的级联菜单中选择【深色变体】选项栏中的【从右下角】命令，如下图所示。

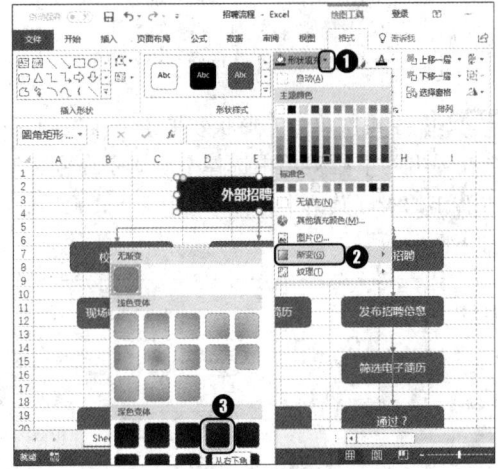

第4步 保持【外部招聘流程】形状的选中状态，1 单击【形状效果】下拉按钮，2 在弹出的下拉菜单中选择【预设】命令，3 在弹出的级联菜单中选择【预设3】命令，如下图所示。

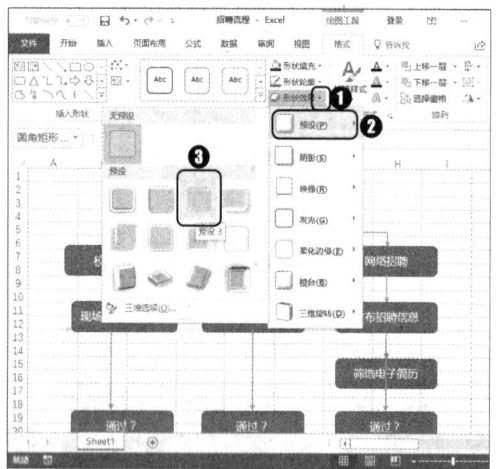

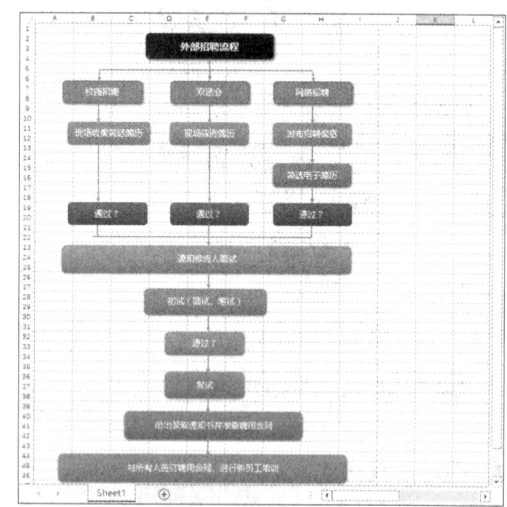

第6步 以同样的方法对其他形状进行样式的设置，效果如下图所示。

教您一招

纹理填充形状

除了可渐变填充形状外，还可使Excel 2016提供的纹理样式对形状进行填充。其方法为：选择需要填充的形状，单击【格式】选项卡【形状样式】组中的【形状填充】下拉按钮，在弹出的下拉菜单中选择【纹理】命令，在弹出的级联菜单中选择需要的纹理样式，即可将其填充到形状中。

第5步 1再次单击【形状效果】下拉按钮，2在弹出的下拉菜单中选择【阴影】命令，3在弹出的级联菜单中选择【偏移：下】命令，如下图所示。

3. 调整形状大小和位置

一些形状宽度或是高度明显过长或是过高，这在绘制时能完全精确控制，现在需要对其进行微调，让整个招聘流程图规范和专业，具体操作步骤如下。

第1步 选择【通知候选人面试】形状，将鼠标指针移到形状的左侧中间的□控制点上，当鼠标指针变成⇔形状时，按住鼠标左键并向右拖动鼠标，将其长度缩小，如下图所示。

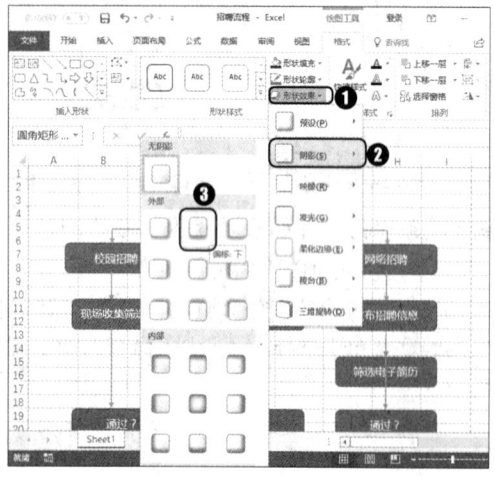

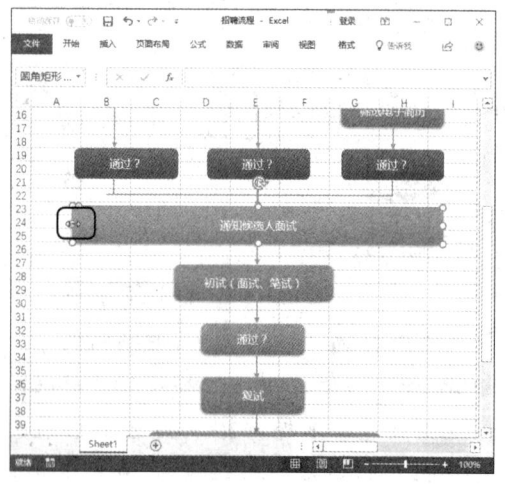

第2步 以同样的方法调整直线形状的宽度，

如下图所示。

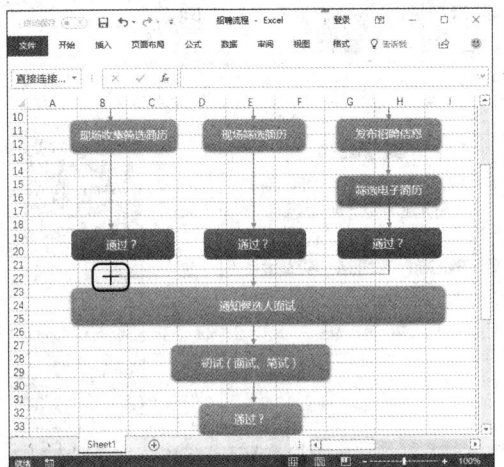

第3步 按住【Ctrl】键选择所有的直线和箭头形状，并在其上右击，在弹出的快捷菜单中选择【置于底层】命令，将直线形状置于矩形形状的底层，如下图所示。

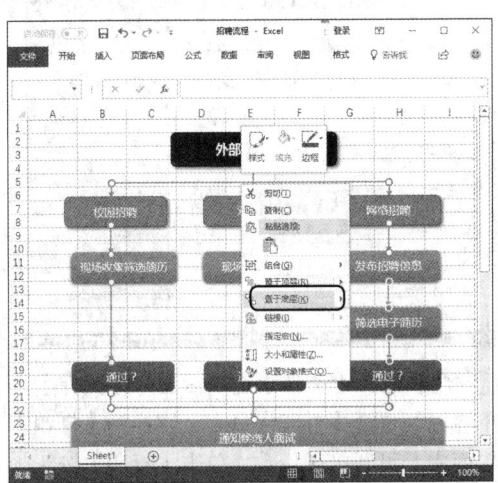

温馨提示

若是直线和箭头形状不容易选择，可选择矩形形状，然后在其上右击，在弹出的快捷菜单中选择【置于顶层】命令，可以达到同样的效果。

第4步 按住【Ctrl】键分别选择【校园招聘】【现场收集筛选简历】【通过？】和【通知候选人面试】形状，1单击【绘图工具/格式】

选项卡中的【对齐】下拉按钮，2在弹出的下拉列表中选择【左对齐】选项，如下图所示。

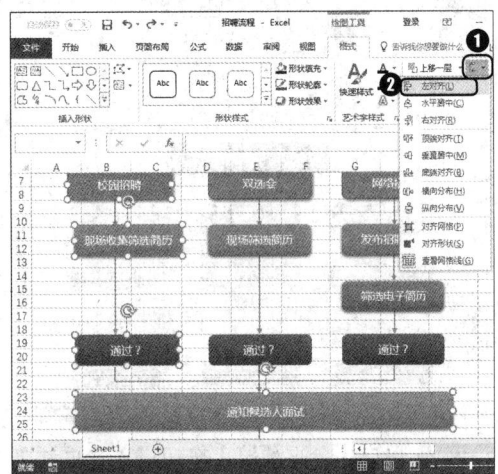

第5步 按住【Ctrl】键选择所有的招聘流程形状，并在其上右击，在弹出的快捷菜单中选择【组合】→【组合】命令，将所有招聘流程对象组合成为一个整体，如下图所示。

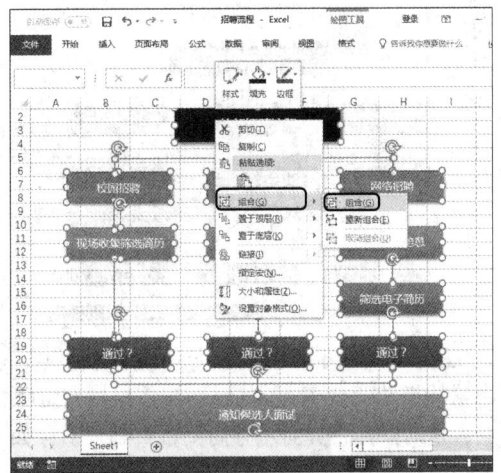

4. 打印招聘流程

为了更加方便招聘工作的开展，通常会将招聘流程图打印出来，用于分发和张贴，保证招聘工作更顺畅、更稳健的开展，提高工作效率，具体操作步骤如下。

第1步 1选择【视图】选项卡，2取消选中【网格线】复选框，取消显示表格网格，如下图所示。

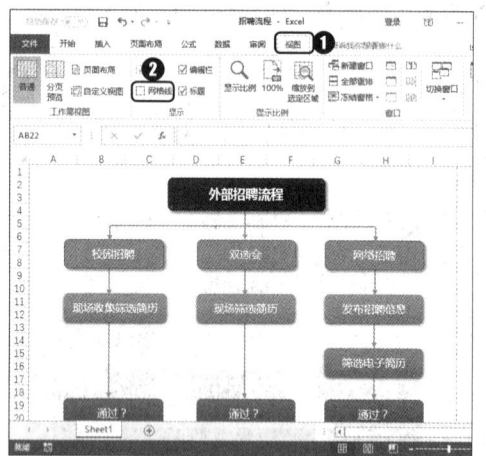

第2步 单击【分页预览】按钮进入分页预览视图中，如下图所示。

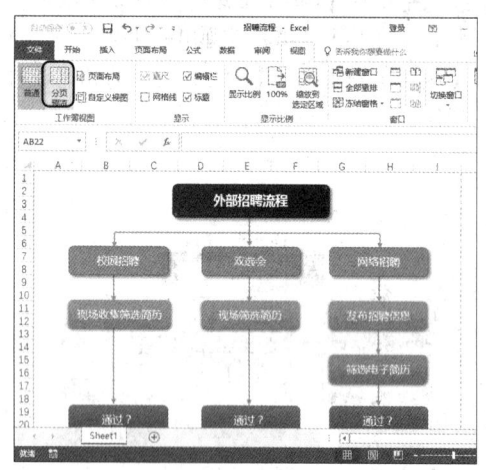

第3步 将鼠标指针移到蓝色的外框粗线上，当鼠标指针变成 ↔ 形状时，按住鼠标左键不放，拖动鼠标将其向左方向调整直到合适，如下图所示。

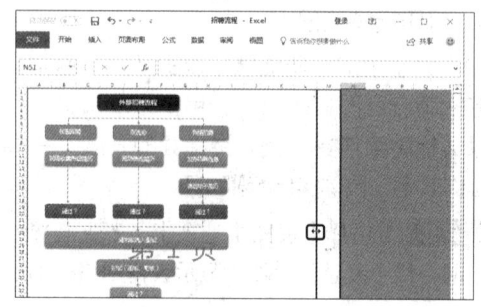

第4步 以同样的方法调整最外面的蓝色框线向左移动，直到合适，如下图所示。

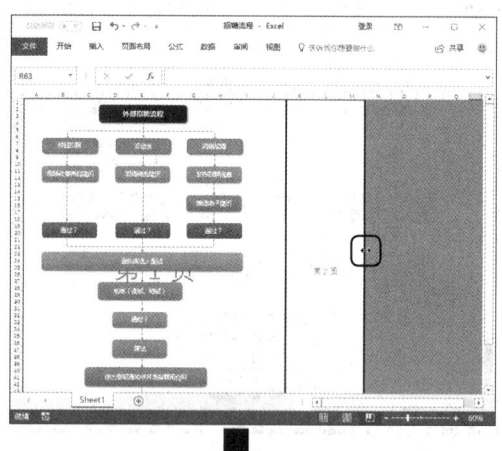

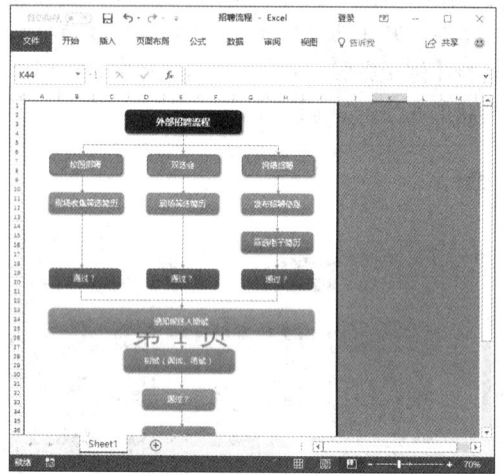

第5步 选择【文件】选项卡进入【文件】菜单界面，选择【打印】命令，切换到【打印】界面中，设置打印份数，单击【打印】按钮，如下图所示。

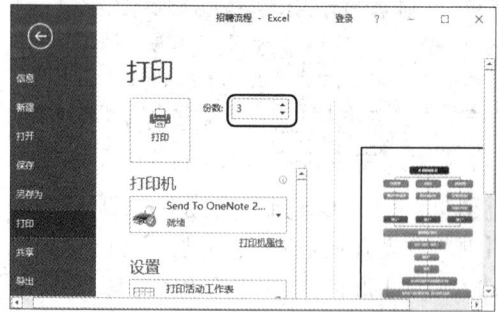

7.2 招聘之费用预算表

案例背景

本例将制作一张招聘费用预算的表格模板，便于多次使用，制作完成后的效果如下图所示。实例最终效果见"下载\结果文件\第7章\招聘预算表.xlsx"文件。

公司招聘预算表

招聘时间：			
招聘地点：			
具体负责人：			
招聘岗位			
岗位名称	人数	岗位名称	人数
招聘费用预算明细			
序号	招聘费用项目		预算金额
1	招聘信息发布费		
2	宣传海报及广告制作费		
3	场地租用费		
4	食宿费		
5	交通费		
6	资料复印打印费		
7	其他		
合计			

人力资源总监意见：

签 字：

____年___月___日

总经理意见：

签 字：

____年___月___日

下载文件	素材文件	无
	结果文件	下载\结果文件\第7章\招聘预算表.xlsx
	教学视频	下载\视频文件\第7章\7.2招聘之费用预算表.mp4

7.2.1 创建招聘费用预算表

用Excel制作招聘预算表，操作其实非常简单，其中主要涉及关键数据的输入、单元格的合并和边框线条的添加。

下面用最简洁的方式让HR掌握制作招聘预算表的方法，具体操作步骤如下。

第1步 新建工作簿，并将其保存为"公司招聘预算表"，在表格中输入招聘费用预算表的关键字段数据，如下图所示。

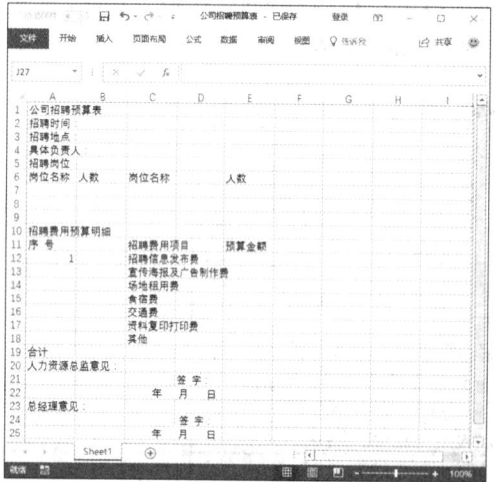

第2步 选择 A12 单元格，将鼠标指针移到单元格的右下角，当鼠标指针变成 + 形状时，拖动鼠标填充数据到 A18 单元格，如下图所示。

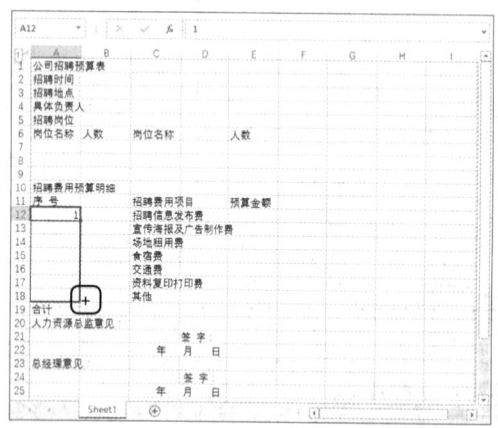

第3步 1 单击【填充选项】下拉按钮，2 在弹出的下拉列表中选中【填充序列】单选按钮，如下图所示。

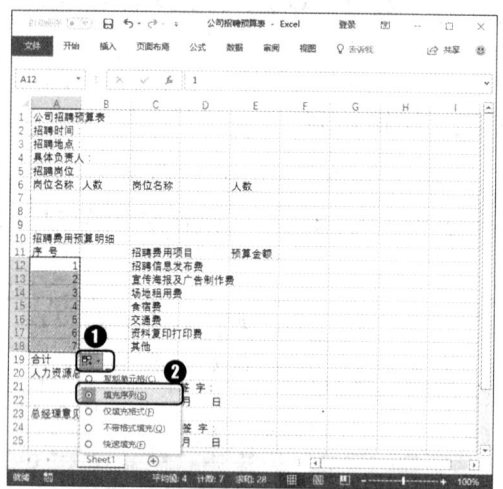

第4步 1 选择 A1:E1 单元格区域，2 单击【合并后居中】按钮，如下图所示。

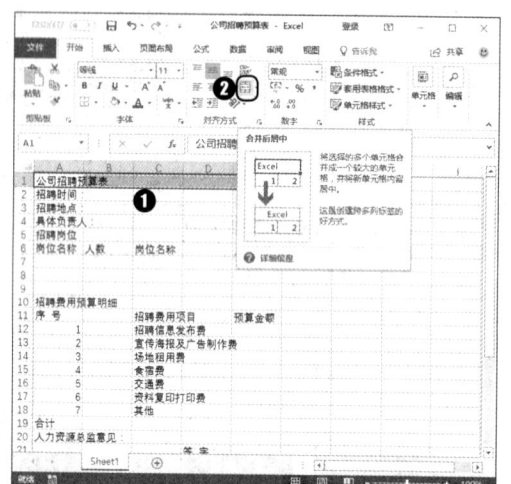

第5步 1 选择 B2:E2 单元格区域，2 单击【合并后居中】按钮，3 双击【格式刷】按钮复制合并居中功能，如下图所示。

第7章
人员招聘

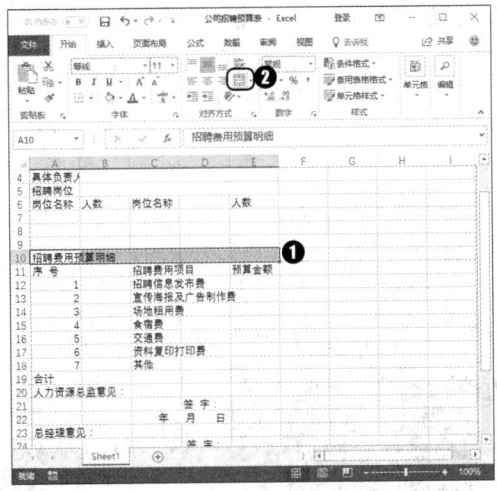

第6步 选择 B3:E5 单元格区域，分别让 B3:E3、B4:E4、B5:E5 单元格区域合并成一个单元格，如下图所示。

第8步 使用同样的方法合并其他需要合并的单元格，如下图所示。

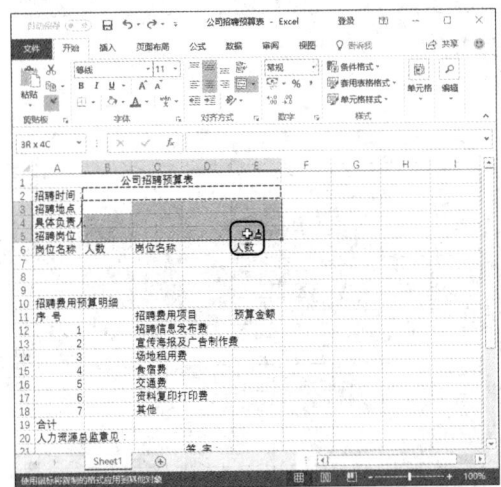

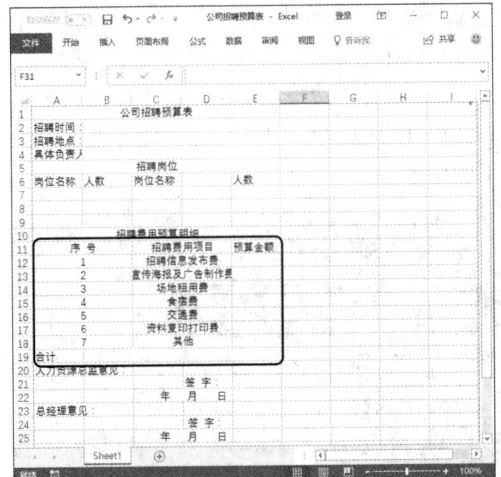

温馨提示

使用【格式刷】快速让相应的单元格区域合并成一个单元格，必须保证【格式刷】选择的单元格区域与原有的单元格区域大小相同。

第7步 ①选择 A10:E10 单元格区域，②单击【合并后居中】按钮，将其合并成一个单元格，如下图所示。

教您一招

合并不居中

对于那些只需合并不让数据居中显示的情况，可以选择要合并的单元格区域，单击【合并后居中】下拉按钮，在弹出的下拉选项中选择【合并单元格】选项，如下图所示。

| 159 |

Excel
在人力资源管理中的应用

第9步 选择A1:E25单元格区域，如下图所示。

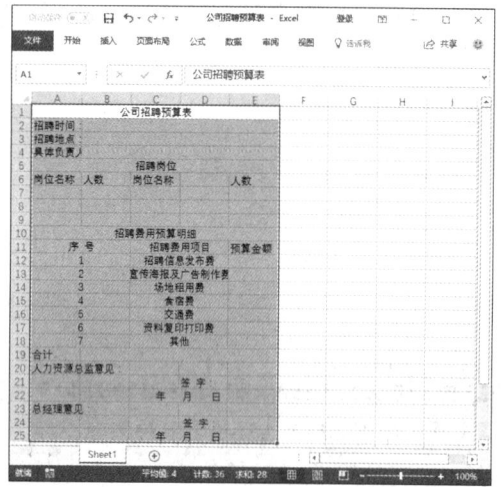

第10步 按【Ctrl+1】组合键，打开【设置单元格格式】对话框，1 选择【边框】选项卡，2 分别单击【外边框】和【内部】按钮为表格添加内外边框线条，3 单击【确定】按钮，如下图所示。

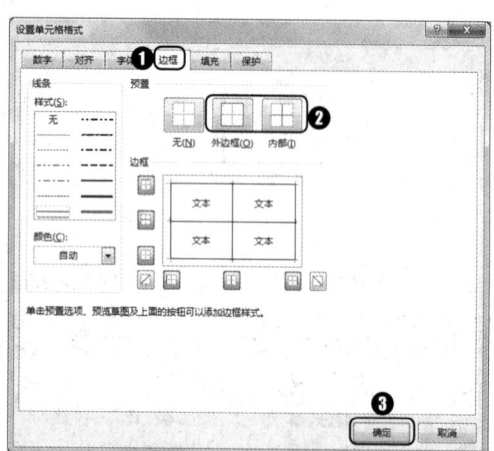

第11步 如果单元格中有多余或是不需要的边框，需要我们手动进行擦除，1 单击【下框线】按钮右侧的下拉按钮，2 在弹出的下拉列表中选择【擦除边框】选项进入手动擦除边框模式，如下图所示。

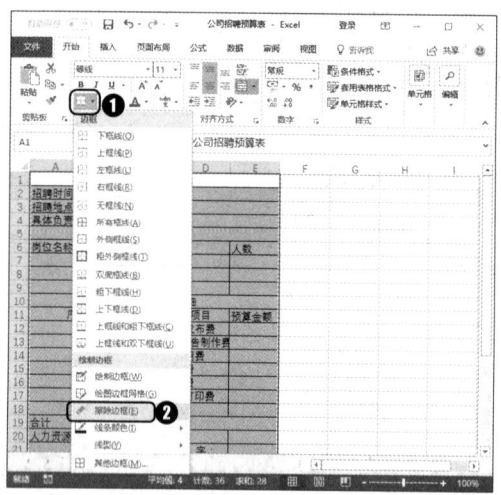

第12步 此时鼠标指针变成 ⌀ 形状，依次在需要擦除的边框处单击，最后按【Esc】键退出手动擦除边框模式，如下图所示。

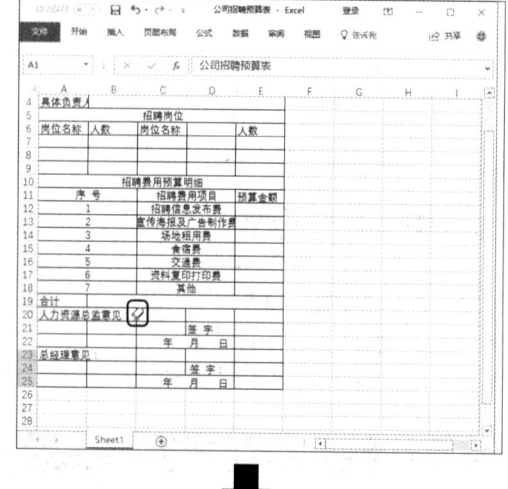

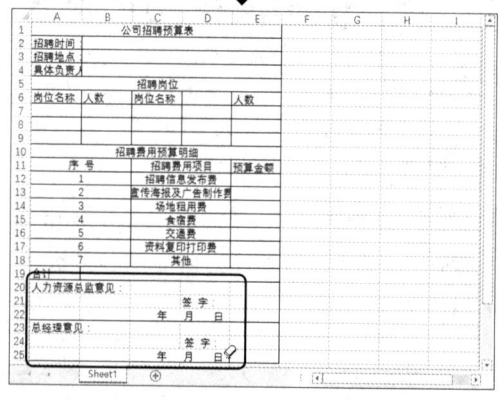

7.2.2 美化招聘预算表

招聘预算表的结构和框架已完成，下面需要对其字体格式、字号大小、行高列宽等进行调整，让表格整体更加专业和美观，具体操作步骤如下。

第1步 ❶选择 A1:E25 单元格区域，❷设置字体为【微软雅黑】，按【Enter】键确认，如下图所示。

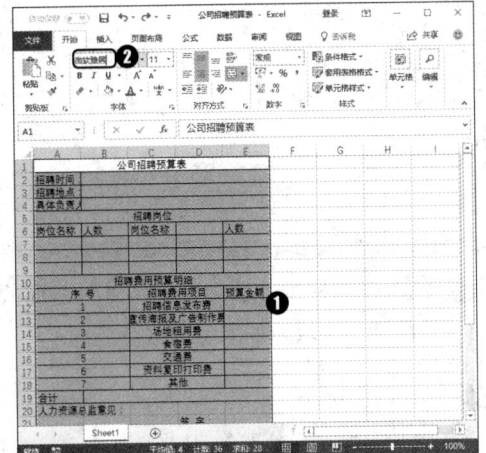

第2步 ❶选择 A1 单元格，❷在【字号】下拉菜单中选择【18】选项，按【Enter】键确认，如下图所示。

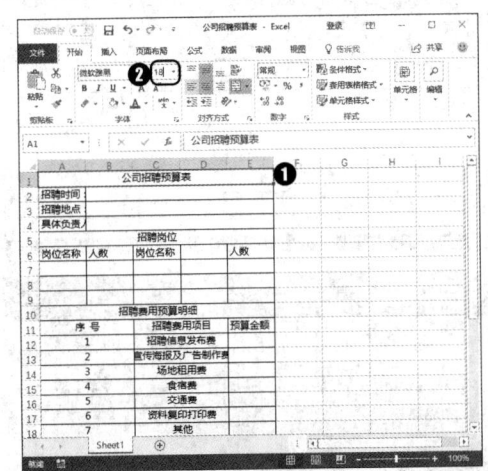

第3步 将鼠标指针移到第 1 行和第 2 行交界处，当鼠标指针变成 ✢ 形状时，按住鼠标左键，拖动鼠标调整行高到合适高度，然后释放鼠标，如下图所示。

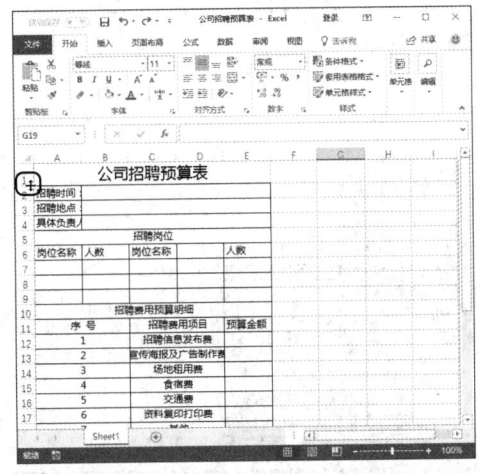

第4步 选择第 2~25 行并在其上右击，在弹出的快捷菜单中选择【行高】命令，如下图所示。

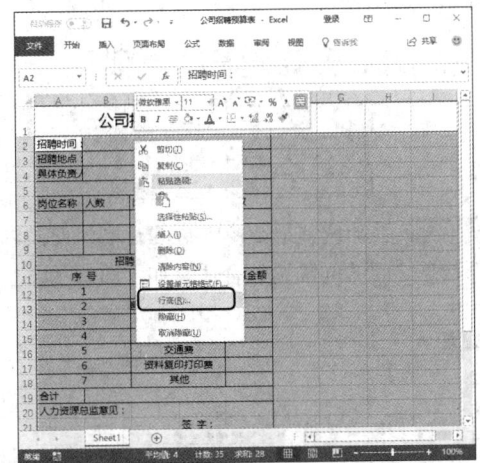

第5步 打开【行高】对话框，❶在【行高】文本框中输入"20"，❷单击【确定】按钮，如下图所示。

第6步 选择第 A~E 列，并在其上右击，在

弹出的快捷菜单中选择【列宽】命令，如下图所示。

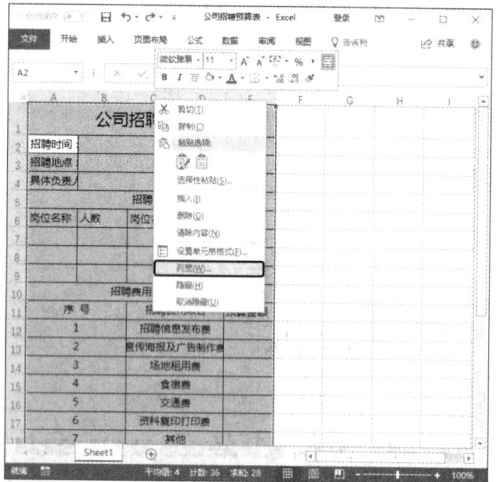

第7步 打开【列宽】对话框，1 在【列宽】文本框中输入"15"，2 单击【确定】按钮，如下图所示。

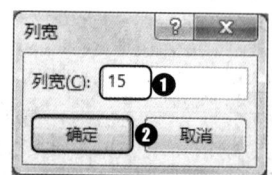

第8步 手动调整第 20~25 行的行高，使其内部数据之间的间隔更加合适，如下图所示。

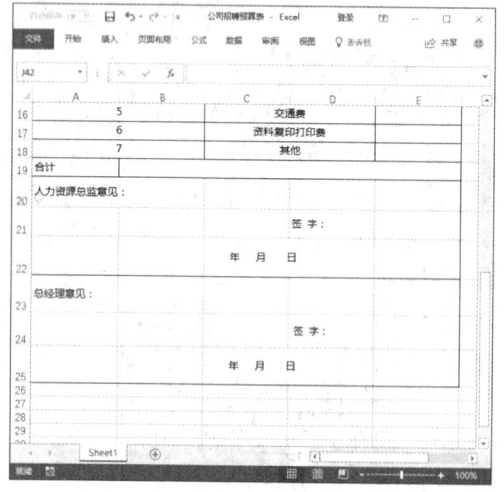

第9步 1 选择【人力资源总监意见】区域中【年】数据前的空位置，2 单击【下画线】按钮，添加填写年份的横线，如下图所示。

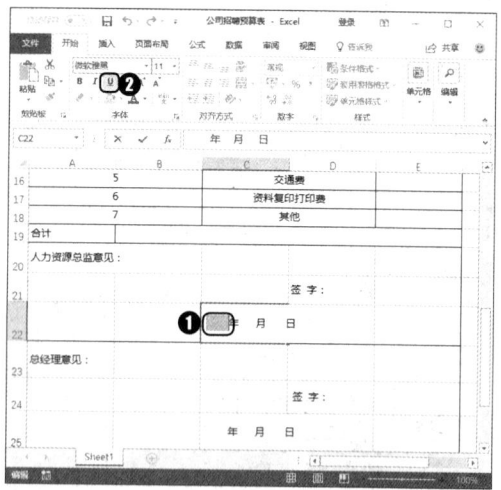

第10步 以同样的方法为其他年月日前面的空位置添加下画线，如下图所示。

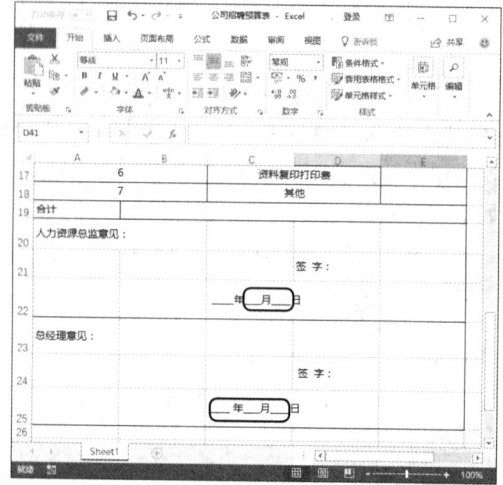

温馨提示

为单元格中的空位置添加下画线，无法使用格式刷进行快速添加，需要逐一手动添加。

第11步 1 选择 A6:E6 单元格区域，2 单击【居中】按钮，如下图所示。

第7章
人员招聘

第12步 ❶选择C12:C18单元格区域，❷单击【左对齐】按钮，如下图所示。

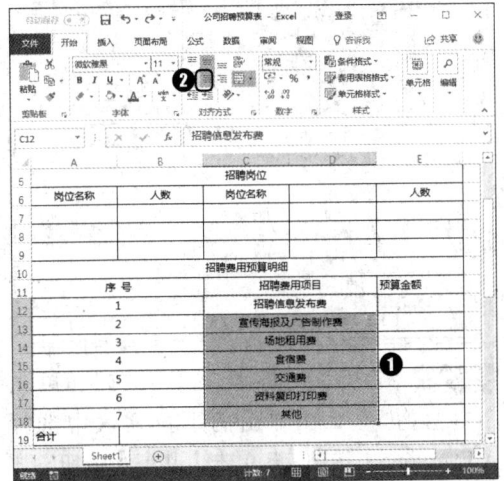

第13步 居中对齐E11和A19单元格中的数据，如下图所示。

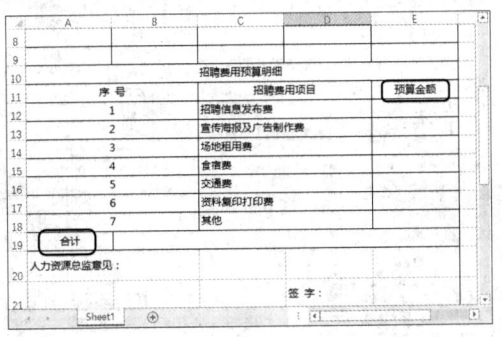

第14步 将E6单元格中的【人数】数据剪切到D6单元格中，在E6单元格中输入"备注"数据，如下图所示。

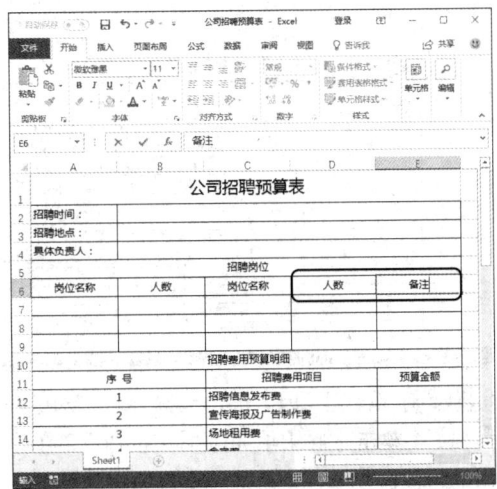

第15步 选择A列单元格，并在其上右击，在弹出的快捷键中选择【插入】命令，插入空白列，如下图所示。

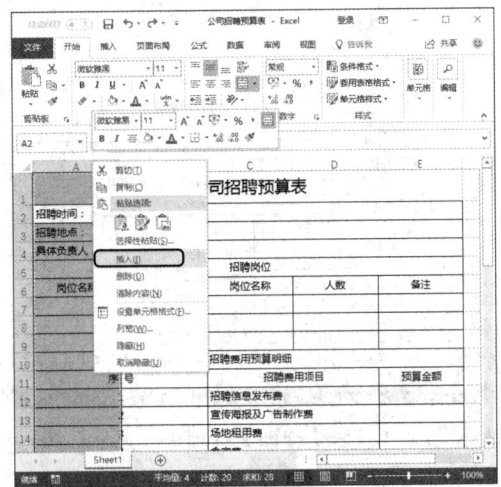

第16步 ❶单击【擦除边框】按钮，❷在A1单元格右侧的边框线上单击，将其擦除，按【Esc】键退出擦除边框模式（在操作过程中若发现有边框需要擦除或是忘记擦除的都可以用该方法进行补救），如下图所示。

7.2.3　工作组中共享招聘预算表

制作的招聘预算表模板，不仅可以自己用，还可以将其放在工作组中让HR同事都能使用。

共享可以通过三步来实现：第一步在工作组中共享文件夹，第二步共享工作簿，第三步将共享的工作簿放置到共享文件夹中，具体操作步骤如下。

第1步　新建要共享的文件夹"工作组中共享文件"，在其上右击，在弹出的快捷菜单中选择【共享】→【特定用户】命令，如下图所示。

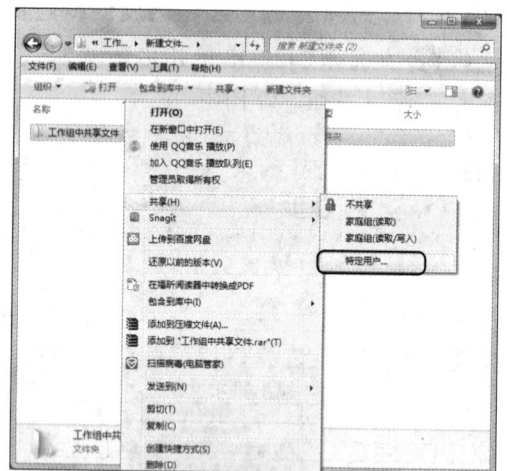

第2步　打开【文件共享】窗口，1单击下拉按钮，2在弹出的下拉列表中选择【Everyone】选项，3单击【共享】按钮，如下图所示。

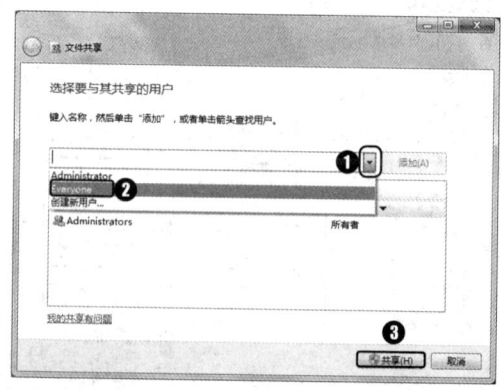

第3步　在打开的窗口中直接单击【完成】按

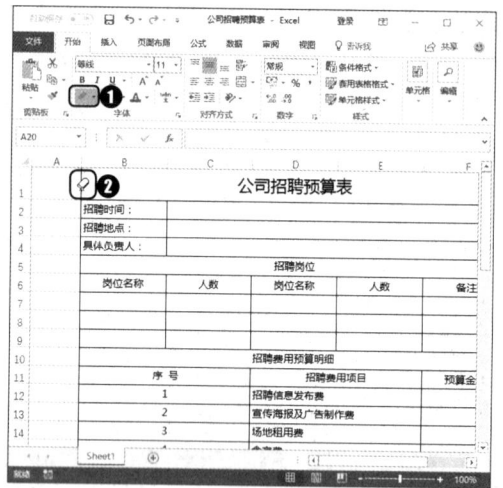

第17步　按住【Ctrl】键，选择B5和B10单元格，1单击【底纹填充】下拉按钮，2在弹出的拾色器中选择【淡灰色】选项，如下图所示。

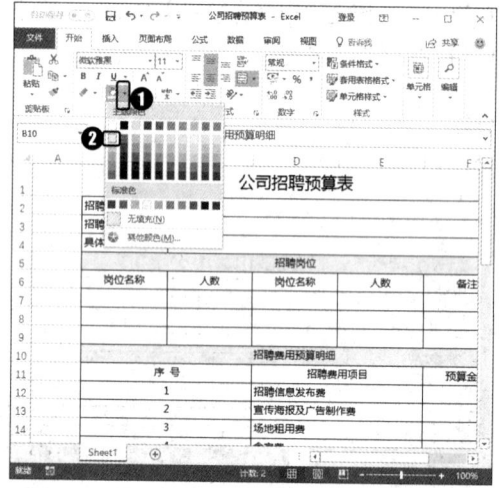

第18步　1选择【视图】选项卡，2在【显示】组中取消选中【网格线】复选框，取消显示表格中的网格线，如下图所示。

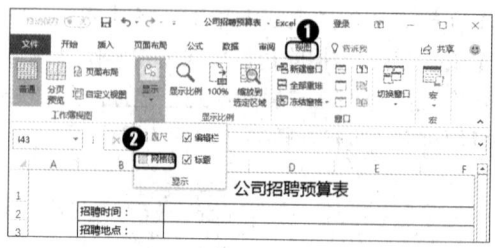

钮，如下图所示。

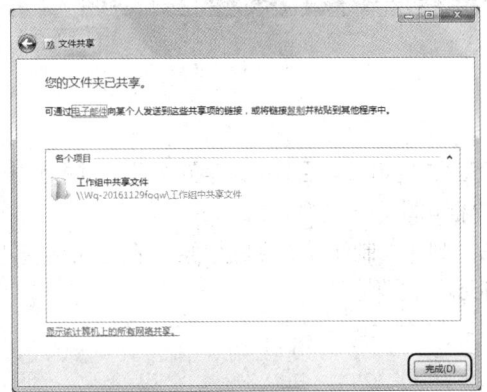

第6步 在打开的【共享工作簿】对话框中，1选中【允许多用户同时编辑，同时允许工作簿合并】复选框，2单击【确定】按钮，如下图所示。

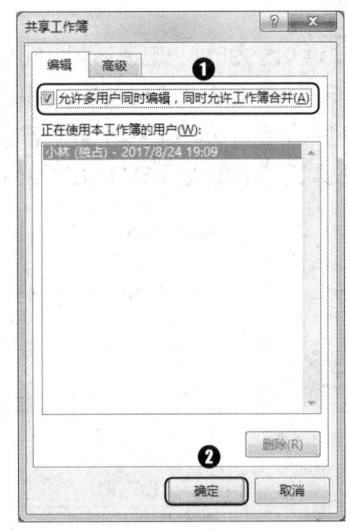

第4步 系统自动将文件夹在局域网工作组中共享，如下图所示。

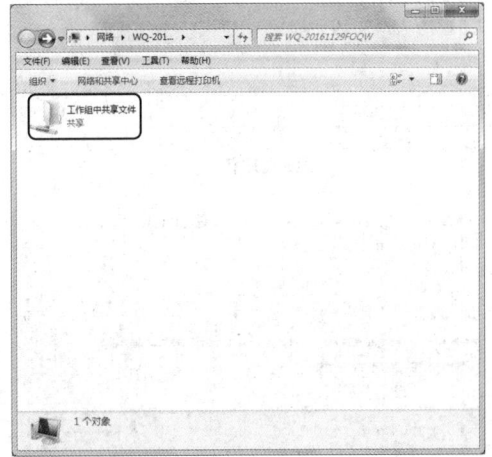

第7步 在打开的提示对话框中单击【确定】按钮，如下图所示。

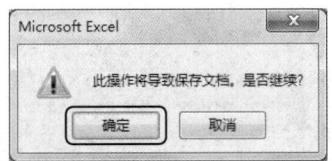

第5步 在招聘预算表中，1选择【审阅】选项卡，2单击【更改】组中的【共享工作簿】按钮，如下图所示。

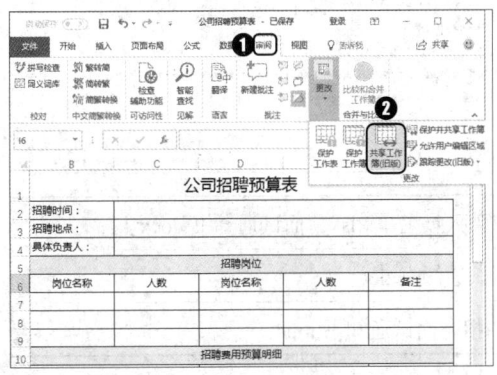

第8步 关闭共享的工作簿，将工作簿文件复制或是剪切到事先共享的文件夹中，在区域网工作组中实现招聘预算表共享，如下图所示。

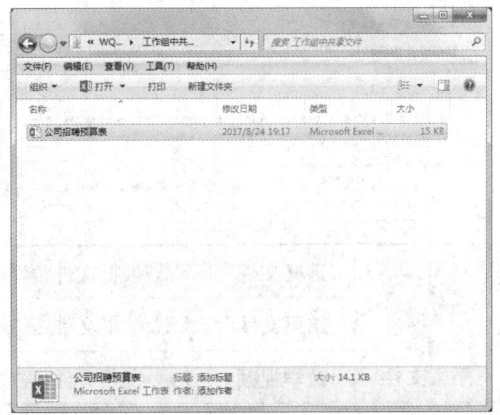

7.3 招聘面试通知书

 案例背景

面试通知分为3种：电话通知、短信通知和邮寄面试通知书。招聘面试通知书是一种书面告知单，HR可以根据公司实际情况，借助Word合并文档功能来一次性完成。

本例将结合Word和Excel自动完成面试通知书的制作，制作完成后的效果如下图所示。实例最终效果见"下载\结果文件\第7章\面试通知书.docx"文件。

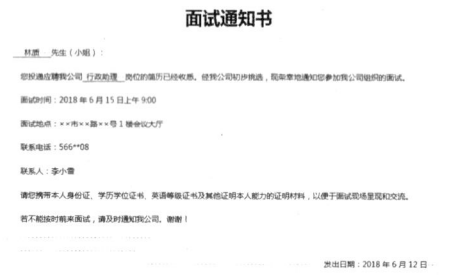
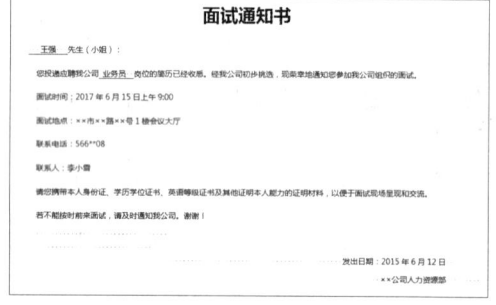
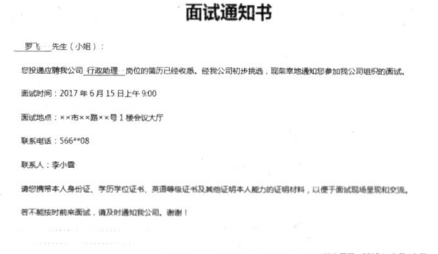
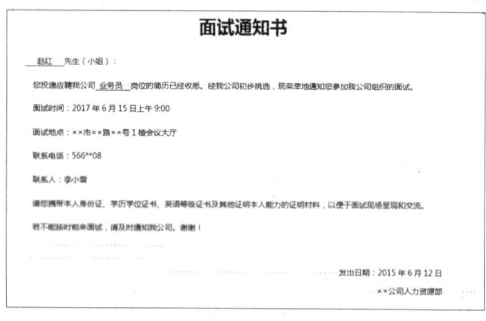
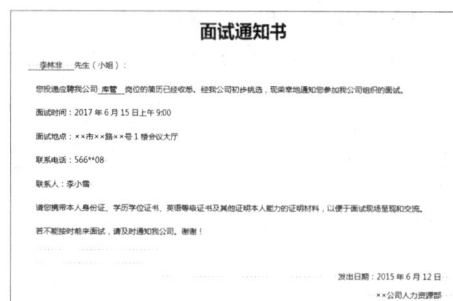
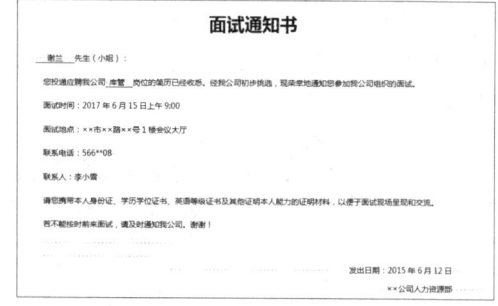

下载文件	素材文件	下载\素材文件\第7章\应聘人员名单.xlsx，面试通知书.docx
	结果文件	下载\结果文件\第7章\面试通知书.docx
	教学视频	下载\视频文件\第7章\7.3招聘面试通知书.mp4

7.3.1 制作应聘人员信息简易表

要利用Word的邮件合并功能自动批量地制作面试通知书，就必须具有面试人员的数据信息，作为插入合并域的列表数据。在Excel中制作应聘人员信息的简易表，具体操作步骤如下。

第1步 打开"下载\素材文件\第7章\应聘人员名单.xlsx"文件，在A1单元格中输入第一个关键字段"姓名"，如下图所示。

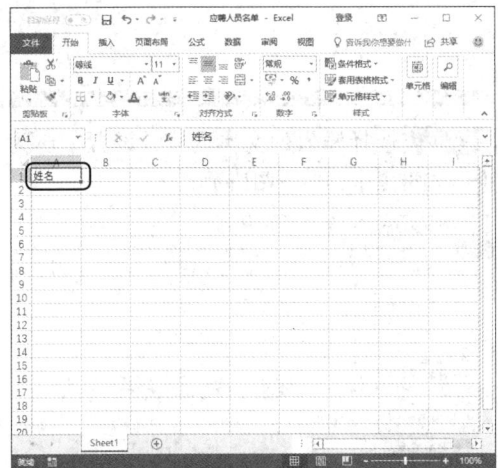

第2步 按【Table】键切换到B1单元格，输入"应聘岗位"，如下图所示。

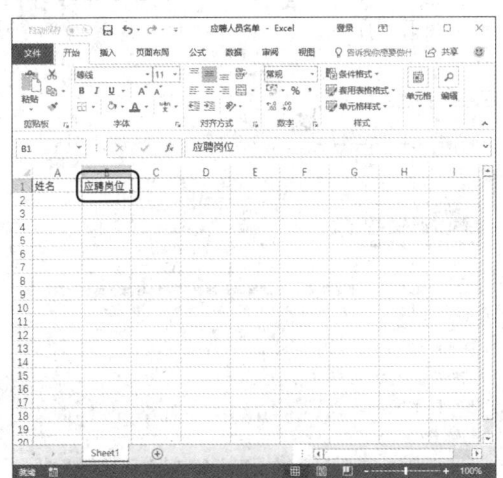

第3步 选择C1单元格，输入"邮箱"，如下图所示。

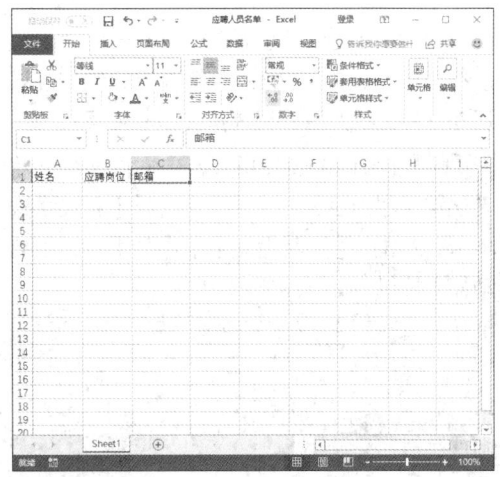

第4步 分别在【姓名】【应聘岗位】和【邮箱】列中输入对应的姓名数据、岗位数据和邮箱地址，按【Ctrl+S】组合键保存，如下图所示。

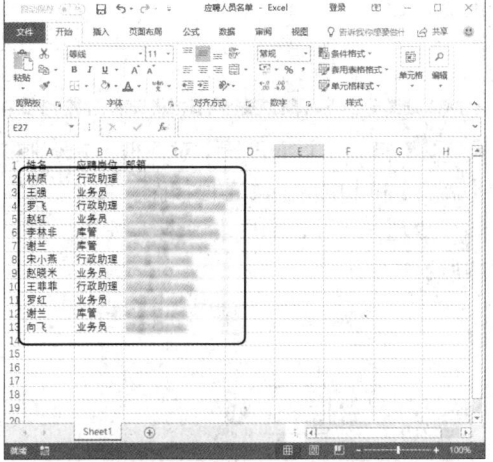

教您一招

取消邮箱超链接

在Excel中输入的邮箱地址，都会以超链接的方式显示，要将其显示为普通数据样式，可在其上右击，在弹出的快捷菜单中选择【取消超链接】命令。

7.3.2 使用Word制作面试通知书样板

除了在网上下载面试通知书模板，对其进行内容修改外，HR还应掌握自己制作面试通知书模板的方法，具体操作步骤如下。

第1步 启动 Word 2016，新建空白文档并将其保存为"面试通知书"，1选择【布局】选项卡，2单击【页面设置】组中的【对话框启动器】按钮，如下图所示。

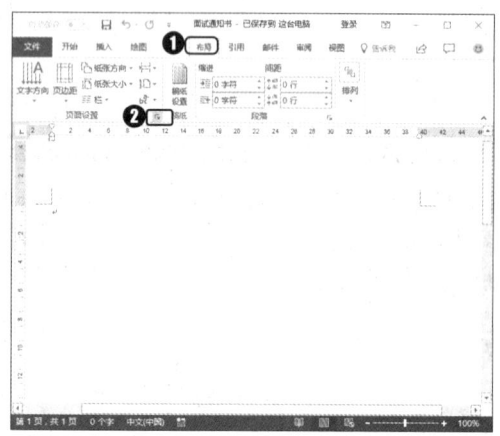

第2步 打开【页面设置】对话框，1分别在【高度】和【宽度】数值框中输入"21厘米"和"25厘米"，2单击【确定】按钮，如下图所示。

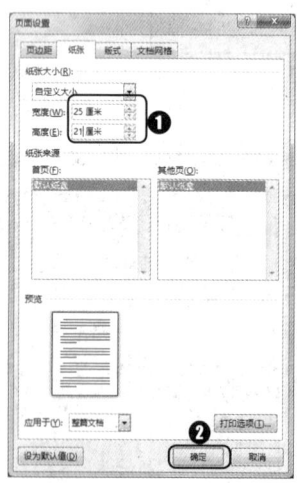

第3步 在文档中输入面试通知书的主体内容，如下图所示。

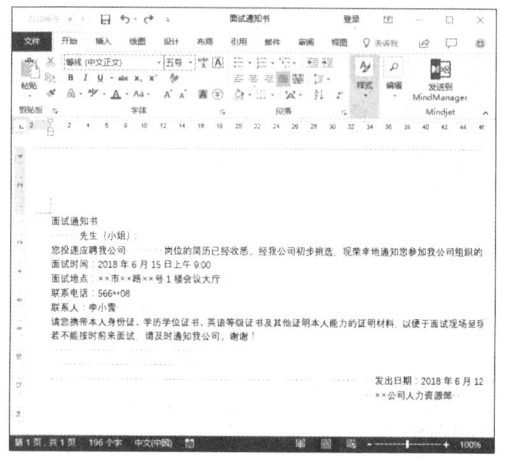

第4步 选择输入的文本内容，设置字体为【微软雅黑】，如下图所示。

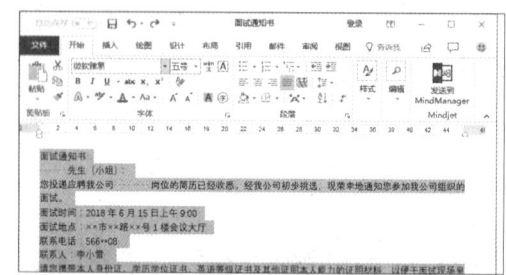

第5步 1选择文档标题【面试通知书】文本，2设置【字号】为【小一】，单击【加粗】按钮，如下图所示。

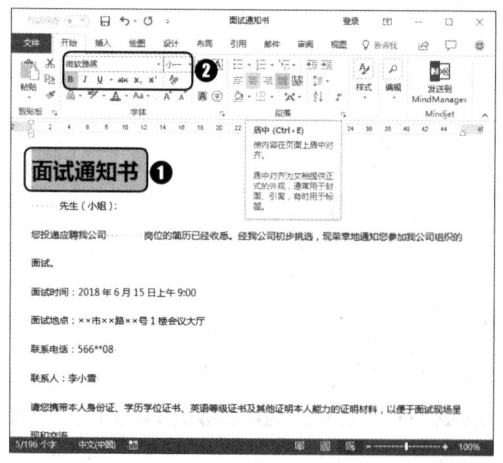

第6步 1选择要插入合并域的位置（也就是

插入 Excel 表格中姓名和应聘岗位的位置），2 单击【下画线】按钮，完成操作，如下图所示。

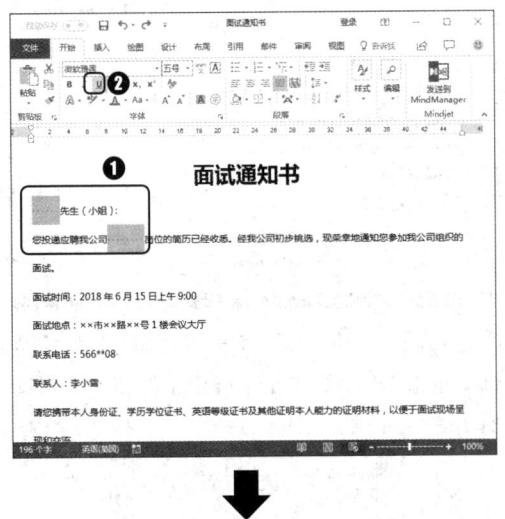

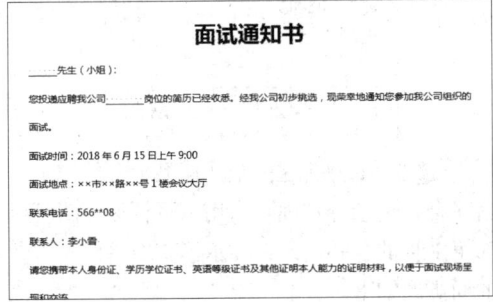

7.3.3 利用邮件合并批量发送面试通知书

面试通知书模板和应聘人员信息表都已准备好，下面就可以直接利用邮件合并批量发送面试通知书，具体操作步骤如下。

第1步 1 单击【开始邮件合并】组中的【选择收件人】下拉按钮，2 在弹出的下拉列表中选择【使用现有列表】命令，如下图所示。

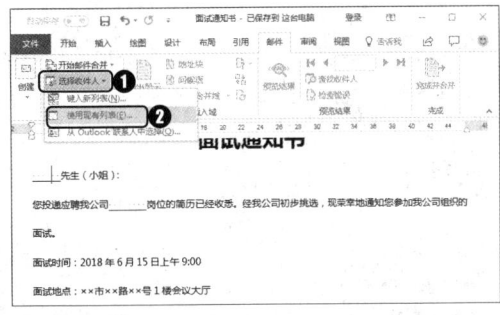

第2步 打开【选取数据源】对话框，1 选择联系人列表文件保存的位置，2 选择保存有联系人列表数据的文件，这里选择【应聘人员名单】选项，3 单击【打开】按钮，如下图所示。

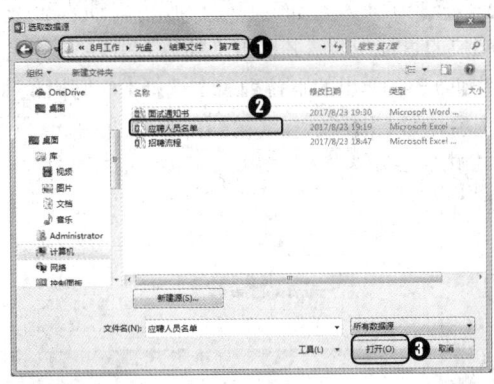

第3步 打开【选择表格】对话框，直接单击【确定】按钮，如下图所示。

第4步 1 将文本插入点定位在需要插入姓名的目标位置，2 单击【插入合并域】下拉按钮，3 在弹出的下拉列表中选择【姓名】选项，如下图所示。

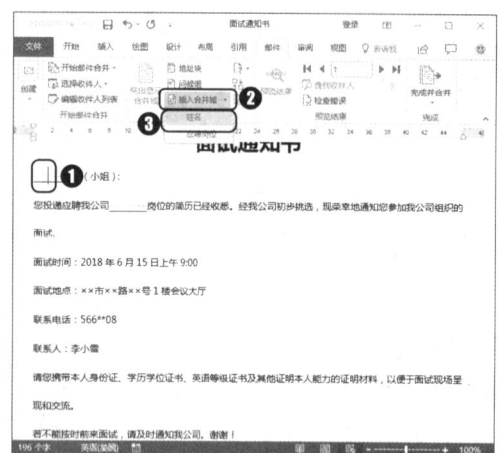

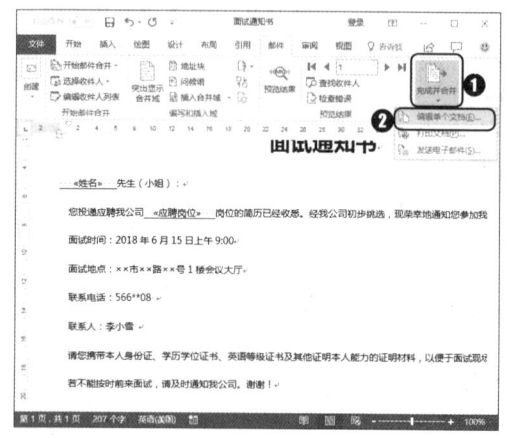

第5步 1将文本插入点定位在需要插入应聘岗位的目标位置,2单击【插入合并域】下拉按钮,3在弹出的下拉列表中选择【应聘岗位】选项,如下图所示。

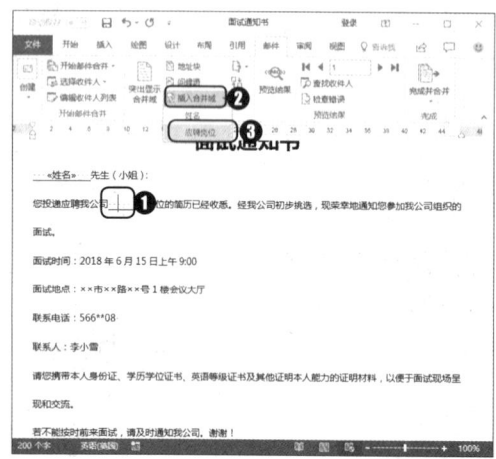

第6步 在【完成】组中,1单击【完成并合并】按钮,2在弹出的下拉列表中选择【编辑单个文档】选项,如下图所示。

第7步 打开【合并到新文档】对话框,1选中【全部】单选按钮,2单击【确定】按钮,如下图所示。

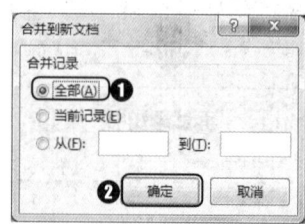

第8步 Word将新建一个文档显示合并记录,这些合并记录分别独自占用一页,如下图所示为第1页的合并记录,显示了其中一位应聘者的面试通知书。

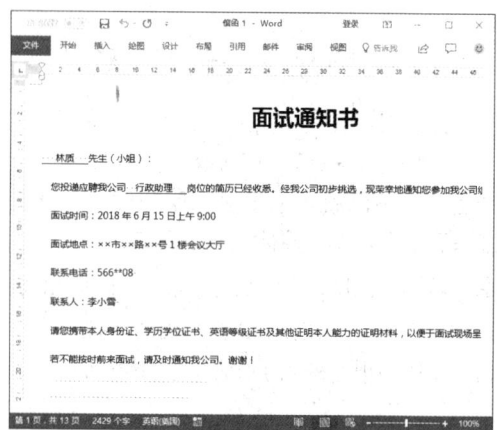

第9步 1单击【完成并合并】按钮,2在弹出的下拉列表中选择【发送电子邮件】选项,

如下图所示。

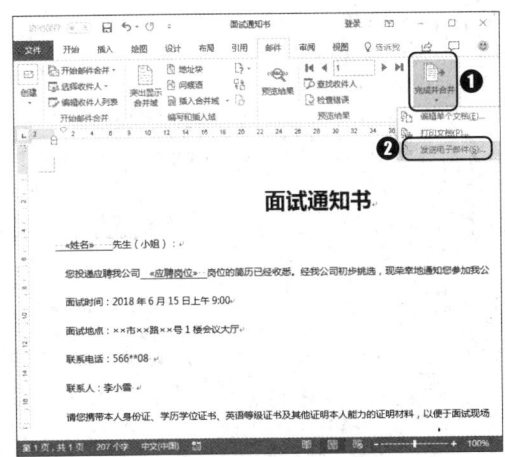

第10步 在打开的【选择配置文件】对话框中，单击【新建】按钮，如下图所示。

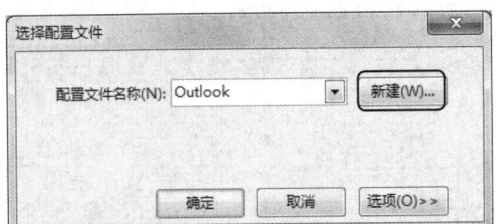

第11步 打开【新建配置文件】对话框，1输入配置文件名称，2单击【确定】按钮，如下图所示。

第12步 在打开的【欢迎使用Outlook】页面中，1输入Outlook邮箱地址，2单击【连接】按钮，如下图所示。

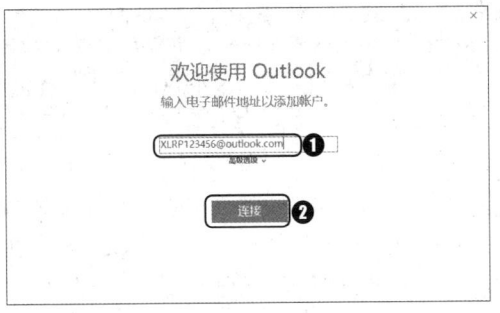

第13步 打开【Windows安全】对话框，1输入Outlook邮箱地址对应的密码，2单击【确定】按钮，如下图所示。

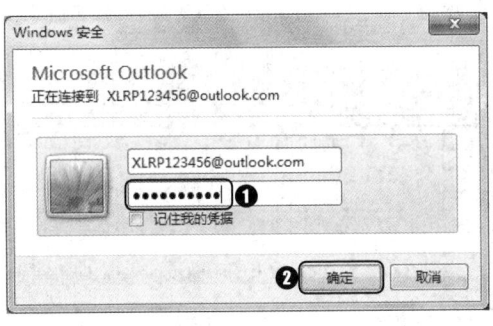

第14步 在打开的页面中直接单击【确定】按钮，如下图所示。

第15步 返回【选择配置文件】对话框，单击【确定】按钮，如下图所示。

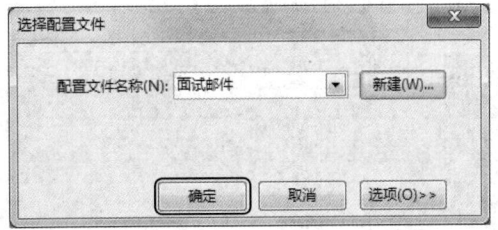

> **温馨提示**
>
> 由于Outlook会逐一从表格中获取邮箱地址，在发送时需要排队等待，因此，需要一定的时间。

第16步 系统自动一一对应发送面试通知书到每一位应聘者的邮箱中，打开 Outlook，在导航窗格中选择【发件箱】选项，如下图所示。

第17步 即可查看到已经成功发送的面试通知书，如下图所示。

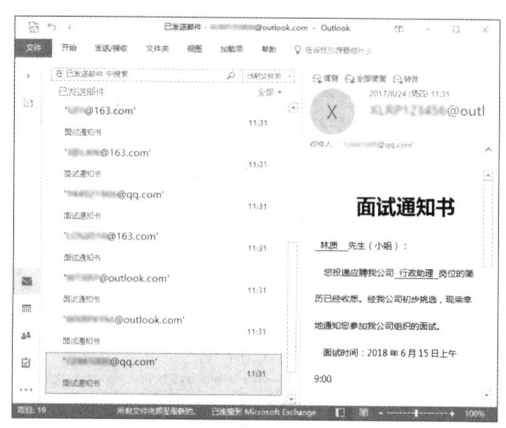

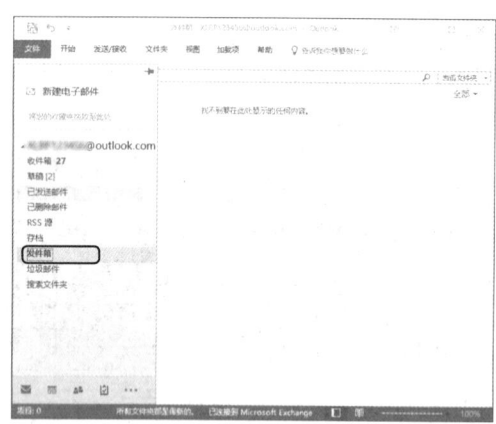

7.4 招聘效果统计分析

案例背景

招聘工作完成后，HR需要对招聘效果和相关的数据信息进行统计和分析，如招聘渠道的成效占比、招聘的高峰期、招聘的完成情况等，发现其中的规律，找到科学方法，让以后的招聘工作开展得更加顺利和顺畅。

本例将结合公式函数、图表、分类汇总、筛选等功能，展示分析招聘效果和招聘现状，制作完成后的效果如下图所示。实例最终效果见"下载\结果文件\第7章\招聘情况分析表.xlxs"文件。

	1月	2月	3月	4月	5月	6月	7月	8月	9月	10月	11月	12月	全年
计划招聘	6	11	13	18	35	11	49	16	33	14	8	11	225
实际招聘	3	8	13	18	24	10	49	14	31	12	7	4	193
招聘完成率	50.00%	72.73%	100.00%	100.00%	68.57%	90.91%	100.00%	87.50%	93.94%	85.71%	87.50%	36.36%	85.78%
是否完成	未完成	未完成	完成	完成	未完成	未完成	完成	未完成	未完成	未完成	未完成	未完成	未完成

第 7 章

人员招聘

招聘月份	预计招聘人数	网络招聘	校园招聘	人才市场	报到人数
1月汇总	6	3	0	0	3
2月汇总	11	7	0	1	8
3月汇总	13	8	0	5	13
4月汇总	18	10	0	8	18
5月汇总	35	15	0	9	24
6月汇总	11	3	7	1	10
7月汇总	49	12	28	9	49
8月汇总	16	13	0	1	14
9月汇总	33	13	9	9	31
10月汇总	14	8	0	4	12
11月汇总	8	7	0	0	7
12月汇总	11	3	0	1	4
总计	225	102	44	49	193

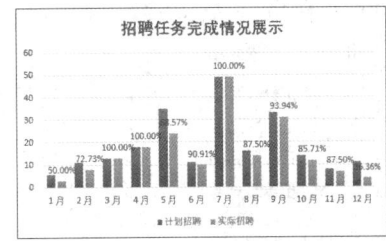

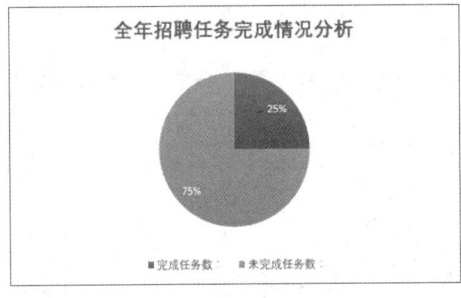

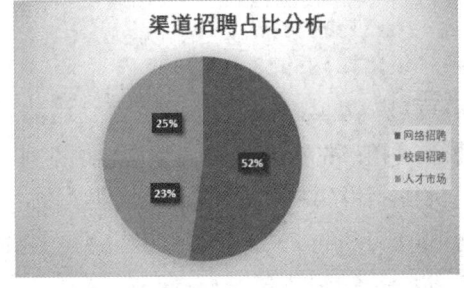

报告	
全年招聘周期情况：	全年招聘高峰出现在5月、7月、9月。在1月和11月处于招聘低谷，2~4月处于人员招聘急剧上升期
网络招聘渠道高峰月份：	5月、8月、9月
校园招聘高峰月份：	7月、9月
人才市场高峰月份：	5月、7月、9月

下载文件	素材文件	下载\素材文件\第7章\招聘情况分析表.xlsx
	结果文件	下载\结果文件\第7章\招聘情况分析表.xlsx
	教学视频	下载\视频文件\第7章\7.4招聘效果统计分析.mp4

7.4.1 招聘计划完成情况统计分析

招聘工作阶段性完成后，如月、季度、半年和全年，需要对招聘任务或计划完成的相关数据进行统计分析。

1. 使用函数统计招聘数据

要对全年招聘数据进行统计和分析，首先需要将相应数据，如招聘计划人数、报到人数进行统计，并计算出完成率等关键数据。然后对招聘任务是否完成进行评估，具体操作步骤如下。

第1步 打开"下载\素材文件\第7章\招聘情况分析表.xlsx"文件，1 选择 B2 单元格，2 单击【公式】选项卡中的【数学和三角函数】下拉按钮，3 在弹出的下拉列表中选择

【SUMIF】选项，如下图所示。

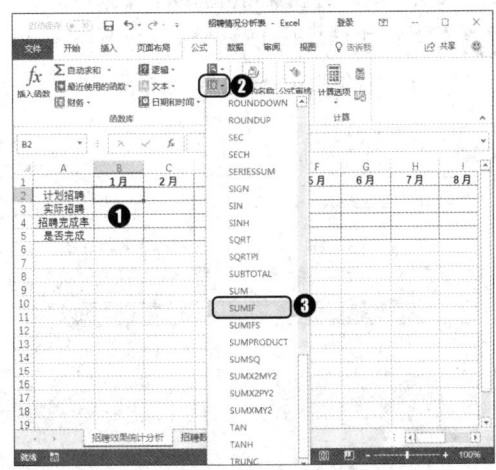

第2步 打开【函数参数】对话框，1 设置参数并将【Range】和【Sum_range】引用单元格

| 173

转换为绝对引用（选择后按【F4】键），2单击【确定】按钮，如下图所示。

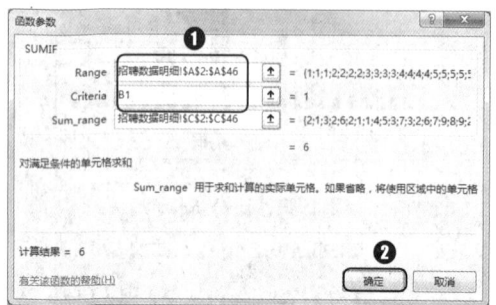

第3步 使用填充柄将B2单元格函数填充到M2单元格，计算出各个月份的计划招聘人数，如下图所示。

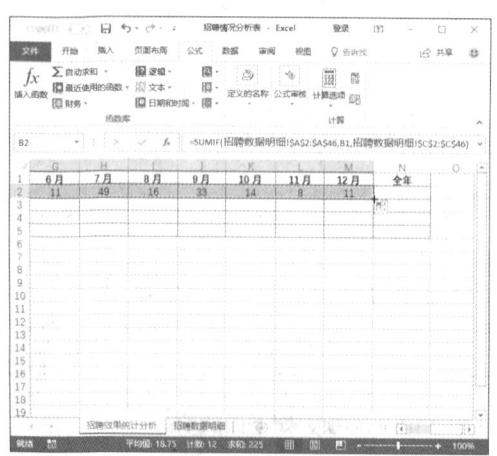

第4步 使用同样的方法，用SUMIF函数统计出1~12月的招聘报到人数，如下图所示。

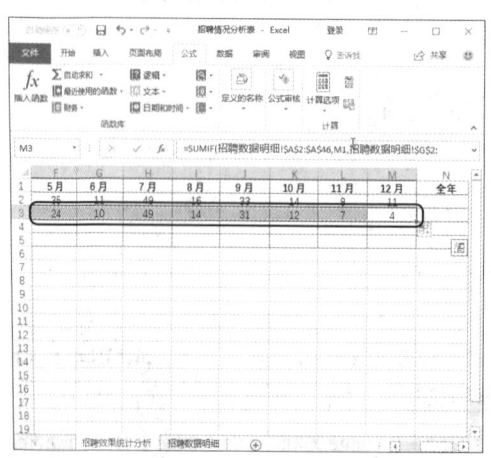

第5步 1选择N2:N3单元格区域，2单击【公式】选项卡中的【自动求和】按钮，分别计算出全年的计划招聘人数和实际招聘到的人数，如下图所示。

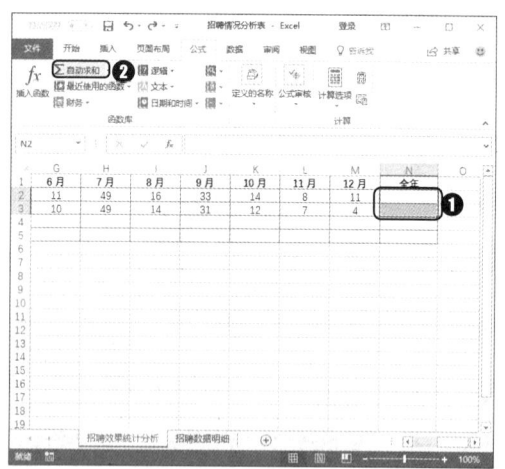

第6步 1选择B4:N4单元格区域，2在编辑栏中输入公式"=(B3/B2*100%)"，按【Ctrl+Enter】组合键计算出招聘完成率数据，如下图所示。

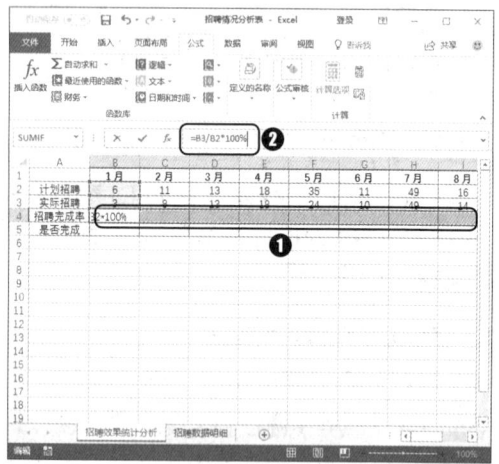

第7步 1选择B5:N5单元格区域，2在编辑栏中输入公式"=IF(B4=100%," 完成 "," 未完成 ")"，按【Ctrl+Enter】组合键计算出招聘是否完成数据，如下图所示。

第7章
人员招聘

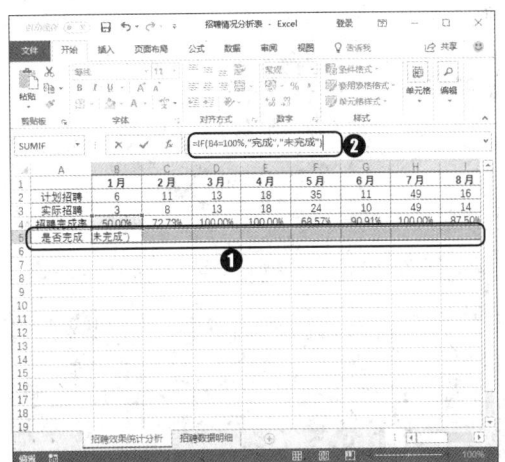

温馨提示

在使用IF函数计算完成率时，若出现#NAME或是其他错误值，只需检查和更换IF参数的双引号是否为英文状态下输入的即可。

2. 使用图表展示分析招聘效果

要让招聘效果更加直观形象，HR可以使用图表来轻松实现。下面使用柱形图和饼图分别展示招聘效果和完成率与未完成率的占比关系，具体操作步骤如下。

第1步 ❶选择A1:M3单元格区域，❷单击【插入】选项卡中的【插入柱形图】下拉按钮，❸在弹出的下拉列表中选择【簇状柱形图】选项，如下图所示。

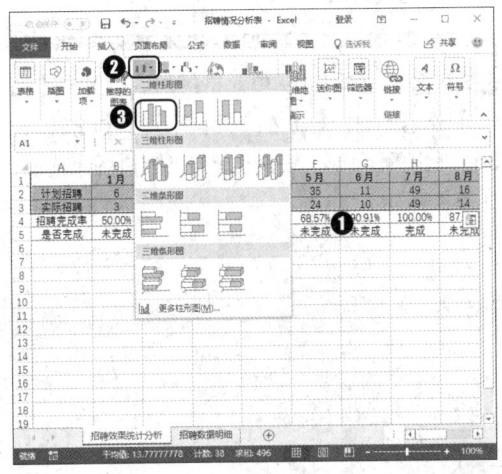

第2步 将图表移到合适位置，在任一数据系列上右击，在弹出的快捷菜单中选择【添加数据标签】命令，如下图所示。

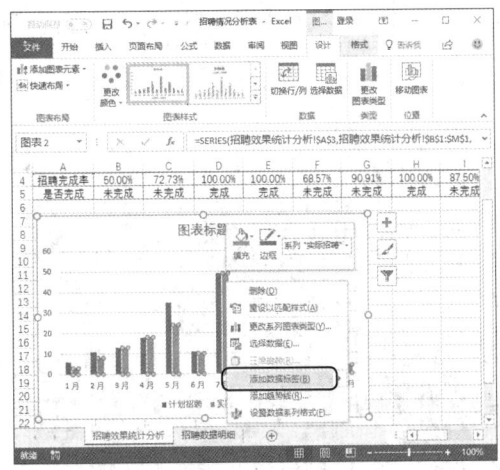

第3步 在任一数据标签上双击，在打开的【设置数据标签格式】任务窗格中选中【单元格中的值】复选框，如下图所示。

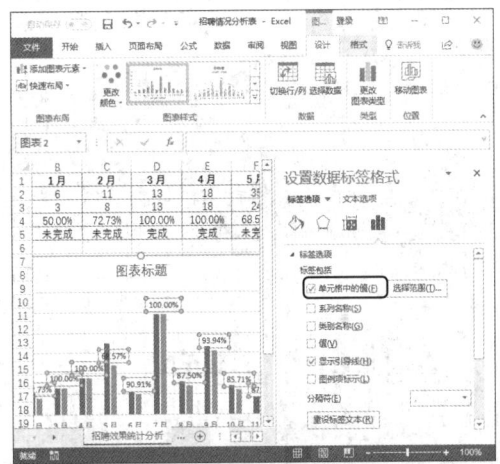

温馨提示

在图表中双击元素，会直接打开对应的格式设置任务窗格；若是连续单击两次，则会单独选择当前的元素，如单一数据标签、单一数据系列等。

第4步 打开【数据标签区域】对话框，将鼠标光标定位在【选择数据标签区域】文本框中，

175

1 在表格中选择 B4:M4 单元格区域，2 单击【确定】按钮，3 返回【设置数据标签格式】任务窗格中，并取消选中【值】复选框，如下图所示。

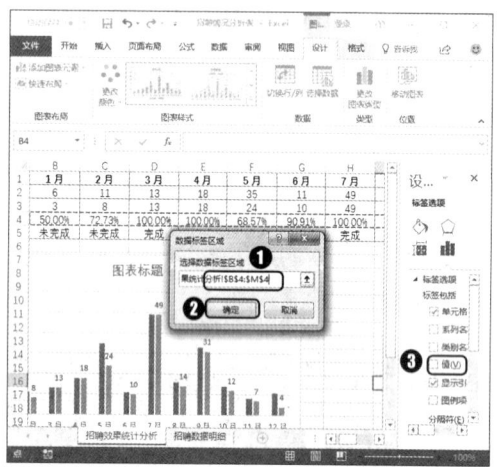

第 5 步 1 更改图表标题为"招聘任务完成情况展示"，2 应用图表样式对图表进行快速美化，如下图所示。

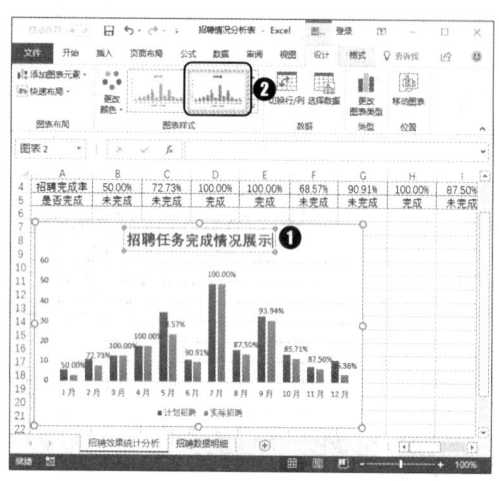

第 6 步 1 在 I8、I9 单元格中分别输入"完成任务数："和"未完成任务数："，选择 J8 单元格，2 在编辑栏中输入函数"=COUNTIF(B5:N5,"完成")"，按【Ctrl+Enter】组合键，计算出全年完成招聘任务的月份数据，如下图所示。

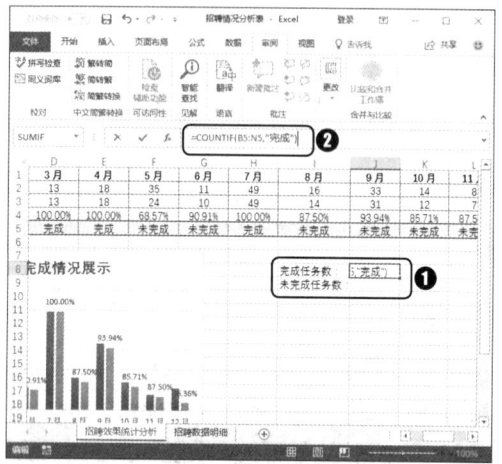

第 7 步 1 选择 J9 单元格，2 在编辑栏中输入公式"=12-J8"，按【Ctrl+Enter】组合键，计算出全年未完成招聘任务的月份数据，如下图所示。

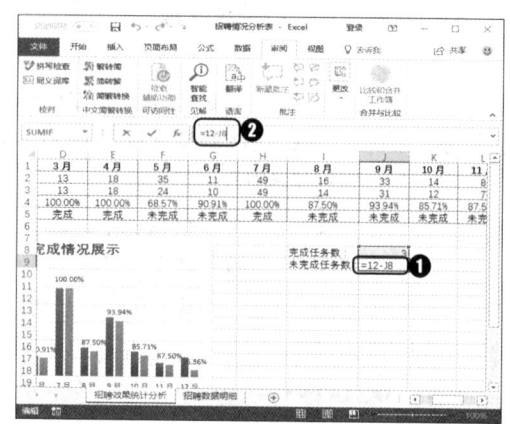

第 8 步 1 选择 I8:J9 单元格区域，2 单击【插入】选项卡中的【插入饼图】下拉按钮，3 在弹出的下拉列表中选择【二维饼图】选项，如下图所示。

第7章
人员招聘

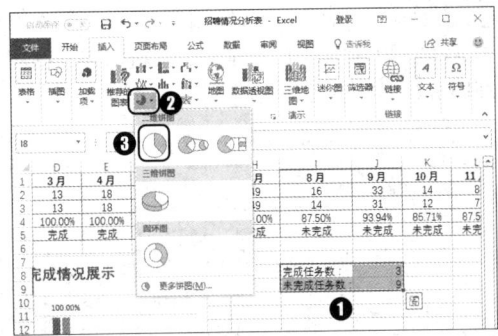

第9步 1更改图表标题为"全年招聘任务完成情况分析",2在【图表样式】列表框中选择样式选项,快速美化图表,如下图所示。

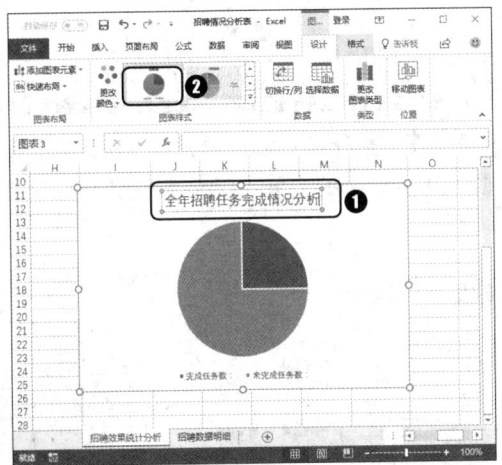

第10步 在图表上右击,在弹出的快捷菜单中选择【添加数据标签】命令添加数据标签,如下图所示。

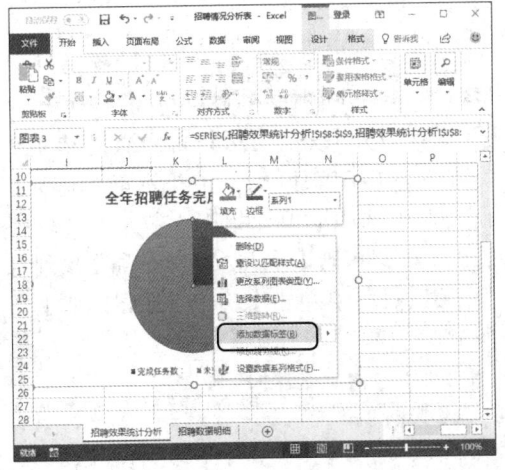

第11步 在添加的数据标签上双击,打开【设置数据标签格式】任务窗格,选中【百分比】复选框,再取消选中【值】复选框(若是先取消选中【值】复选框,数据标签就会被取消,【设置数据标签格式】任务窗格也会自动关闭,所以,这里必须先选中【百分比】复选框,再取消选中【值】复选框),如下图所示。

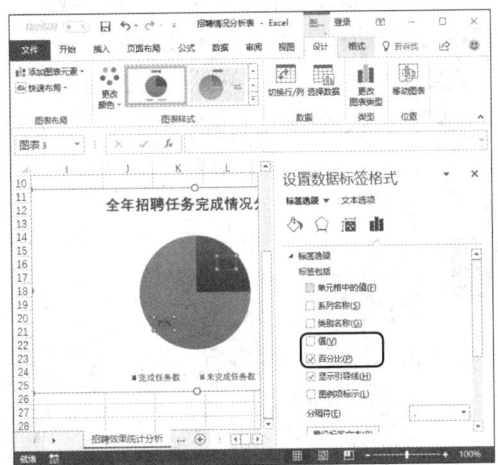

第12步 选择数据标签,1单击【开始】选项卡中的【字体颜色】下拉按钮,2在弹出的拾色器中选择【白色】选项,完成操作,如下图所示。

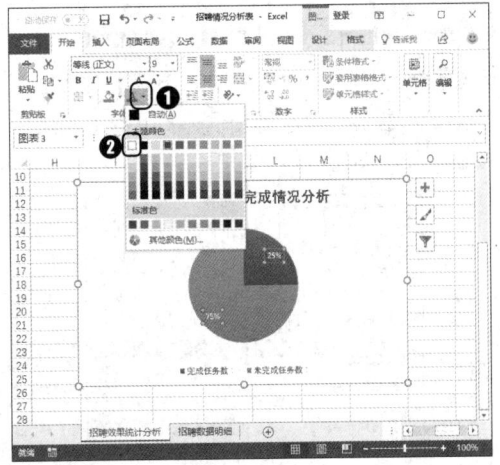

7.4.2 招聘周期和渠道统计分析

招聘工作并不是盲目的,HR可通过数据

的简单统计，明确当年的招聘高峰周期出现的月份，同时，还可以明白各种招聘渠道的招聘高峰周期，为来年的招聘工作做好准备或是提供经验教训。

1. 汇总招聘数据

要分析全年的招聘周期，首先需要对各个月份、各类数据进行统计。若用函数统计显得有些麻烦，这里可以借助分类汇总，统计速度会更快一些，具体操作步骤如下。

第1步 在【招聘数据明细】工作表标签上右击，在弹出的快捷菜单中选择【移动或复制】命令，如下图所示。

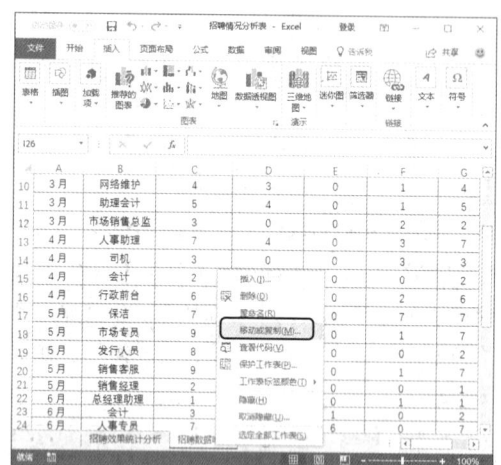

第2步 打开【移动或复制工作表】对话框，1选中【建立副本】复选框，2单击【确定】按钮，如下图所示。

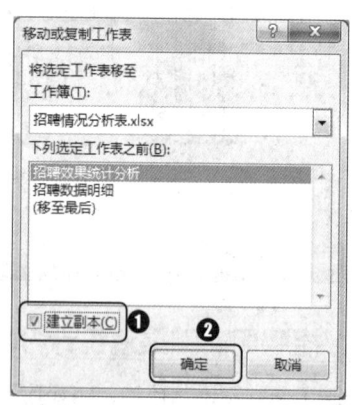

第3步 在复制的工作表标签上双击，进入编辑状态，删除原有的名称，输入新名称"招聘周期分析"，按【Enter】键，如下图所示。

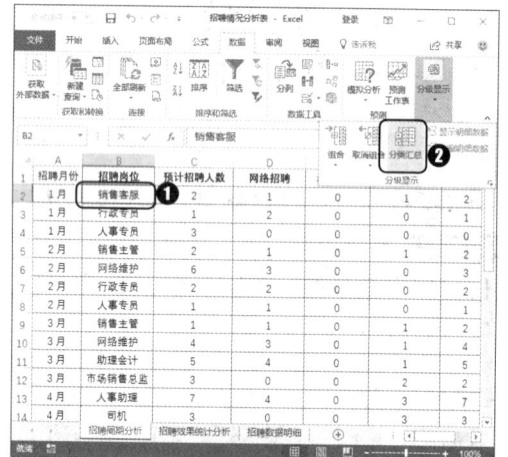

第4步 1选择任一数据单元格，2单击【数据】选项卡中的【分类汇总】按钮，如下图所示。

第5步 打开【分类汇总】对话框，1选择分类字段为【招聘月份】，在【选定汇总项】列表框中选中【预计招聘人数】【网络招聘】【校园招聘】【人才市场】和【报到人数】复选框，2单击【确定】按钮，如下图所示。

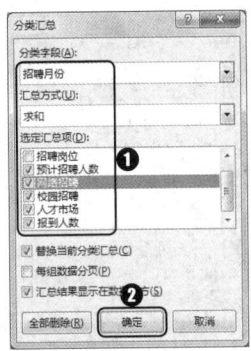

第6步 单击分级显示窗格中的 按钮，显示分类字段汇总数据，如下图所示。

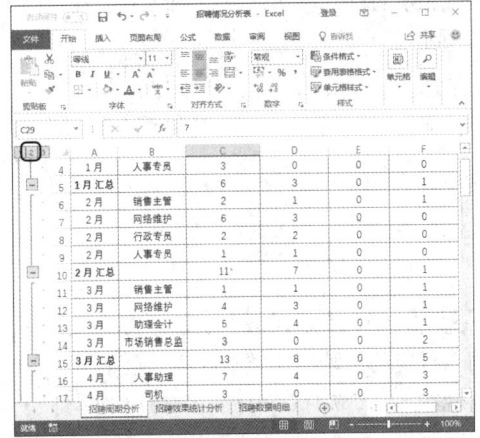

第7步 1选择A1:G59单元格区域，2单击【开始】选项卡编辑组中的【查找和选择】下拉按钮，3在弹出的下拉列表中选择【定位条件】命令，如下图所示。

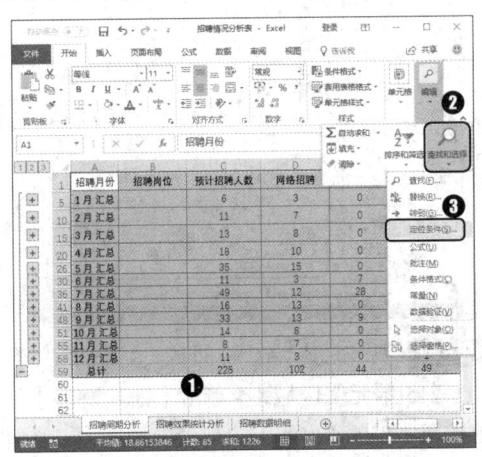

第8步 打开【定位条件】对话框，1选中【可见单元格】单选按钮，2单击【确定】按钮，如下图所示。

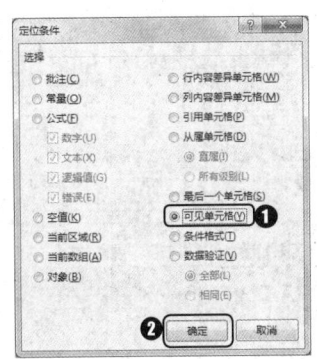

第9步 按【Ctrl+C】组合键复制，选择A61单元格，按【Ctrl+V】组合键粘贴，如下图所示。

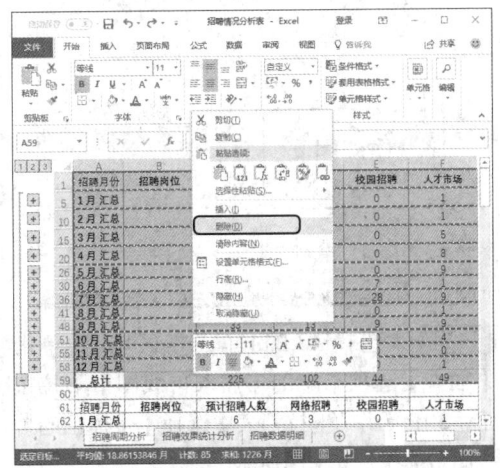

第10步 选择原有的分类汇总数据行并在其上右击，在弹出的快捷菜单中选择【删除】命令，如下图所示。

第11步 在粘贴的明细数据中选择 B 列并右击，在弹出的快捷菜单中选择【删除】命令，如下图所示。

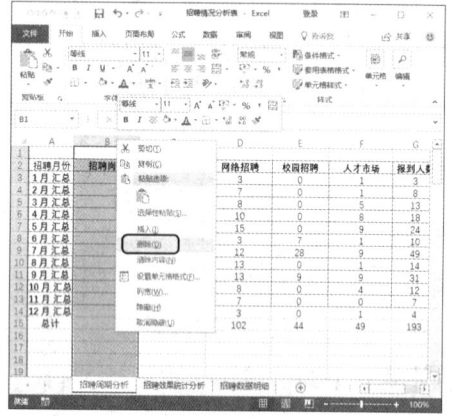

2. 分析招聘周期和渠道占比

要明确知道全年招聘的高峰期出现在哪几个月，谷底在哪几个月及各个招聘渠道招聘人数的占比情况，使用图表可以轻松实现，具体操作步骤如下。

第1步 在 A34:C38 单元格区域中输入对应的分析报告数据内容，并对部分单元格中数据的字体格式进行相应的设置，如下图所示。

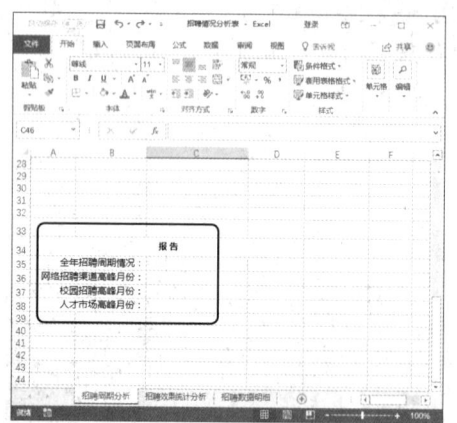

第2步 1 选择 A2:B14 单元格区域，2 单击【插入】选项卡中的【插入折线图】下拉按钮，3 在弹出的下拉列表中选择【带标记的折线图】选项，如下图所示。

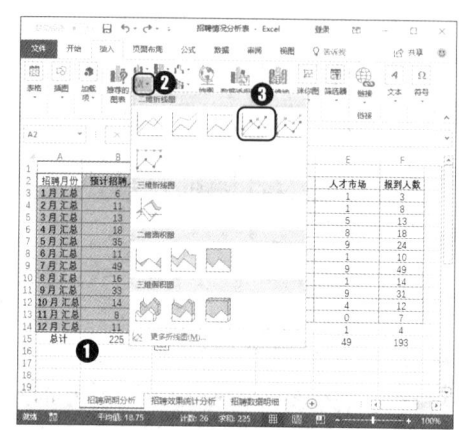

第3步 将插入的折线图移到合适位置，如下图所示。

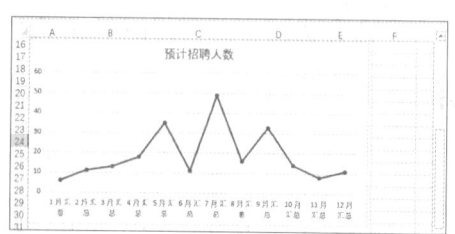

第4步 在 C35 单元格中根据折线图的走势，输入对应的招聘周期文本内容"全年招聘高峰出现在 5 月、7 月、9 月。在 1 月和 11 月处于招聘底谷，2~4 月处于人员招聘急剧上升期"，如下图所示。

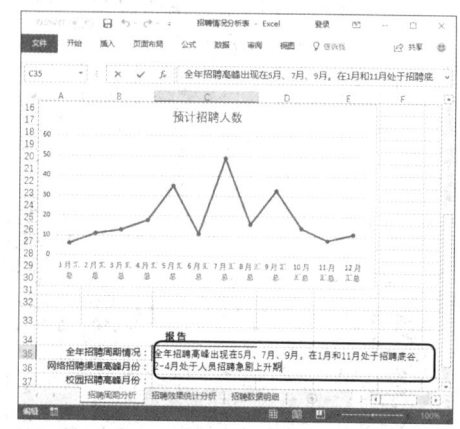

第5步 按【Ctrl】键的同时选择 C2:E2 和 C15:E15 单元格区域，1 单击【插入饼图】下拉按钮，2 在弹出的下拉列表中选择【二维饼

第7章 人员招聘

图】选项,如下图所示。

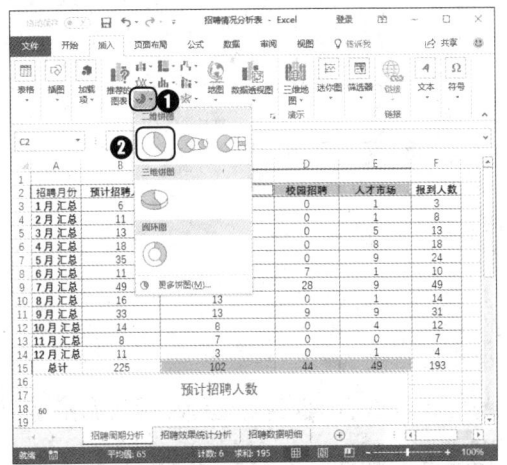

第6步 1更改图表标题为"渠道招聘占比分析",2在【图表样式】列表中选择合适的图表样式选项应用样式,快速设置图表格式,如下图所示。

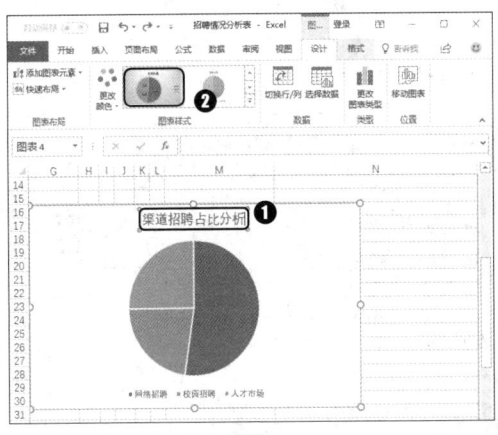

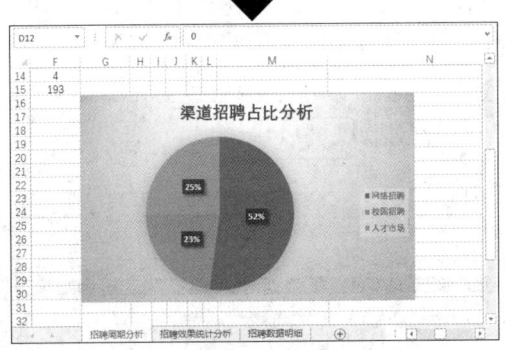

3. 对各个渠道招聘高峰月份进行统计

对各个招聘渠道的高峰月份进行统计,可非常清楚知道哪些月份是该渠道招聘的最佳时期,HR就可以在对应月份做出最佳的招聘渠道选择,具体操作步骤如下。

第1步 1选择C2单元格,2单击【数据】选项卡中的【筛选】按钮,如下图所示。

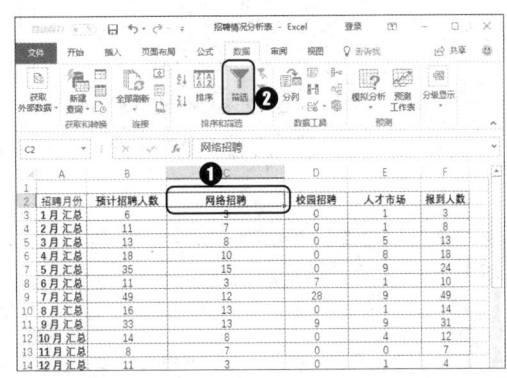

第2步 1单击【网络招聘】单元格右侧的下拉按钮,2在弹出的下拉列表中选择【数字筛选】选项,3在弹出的级联列表中选择【前10项】选项,如下图所示。

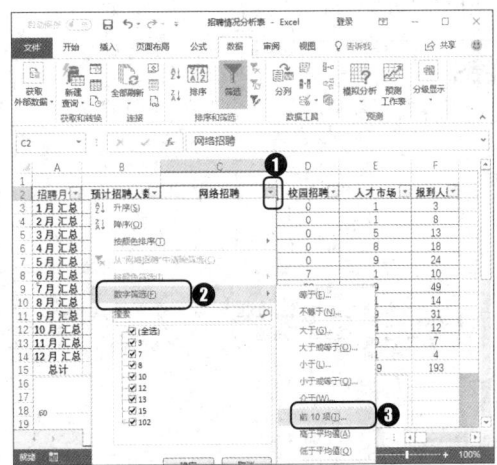

第3步 打开【自动筛选前10个】对话框,1在【最大】右侧的数值框中输入"3",2单击【确定】按钮,如下图所示。

| 181

Excel 在人力资源管理中的应用

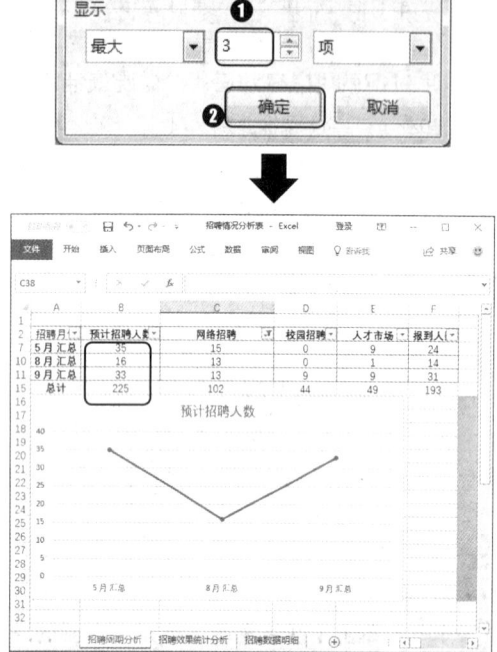

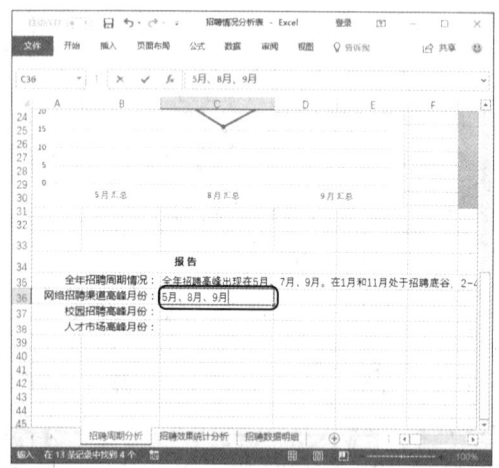

第4步 根据【网络招聘】筛选数据，在C36单元格中输入高峰月份数据"5月、8月、9月"，如下图所示。

第5步 ❶单击【网络招聘】单元格右侧的下拉按钮，❷在弹出的下拉列表中选择【从"网络招聘"中清除筛选】选项，如下图所示。

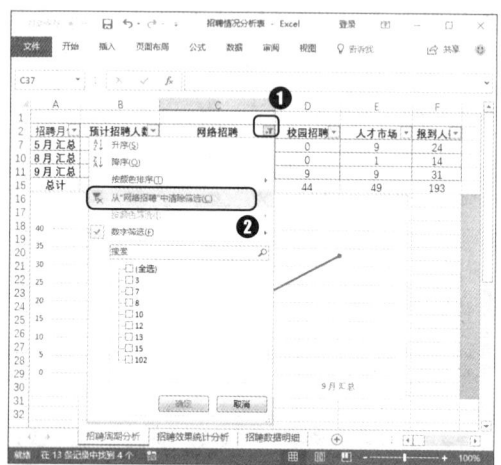

第6步 以同样的方法筛选其他招聘渠道的前3项数据，并在对应的单元格中输入高峰月份数据，如下图所示。

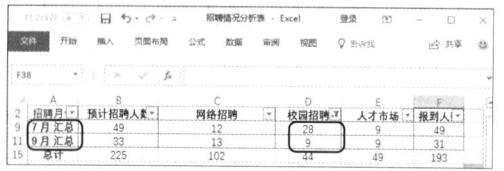

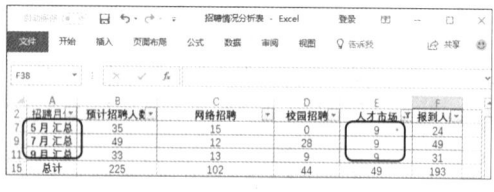

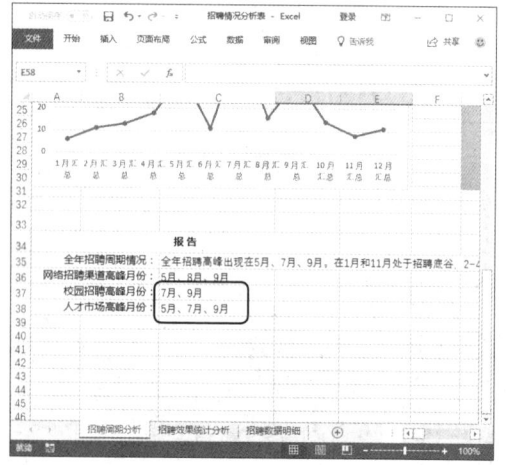

第7章
人员招聘

第7步 1再次选择C2单元格，2单击【数据】选项卡中的【筛选】按钮取消自动筛选状态，完成整个操作，如下图所示。

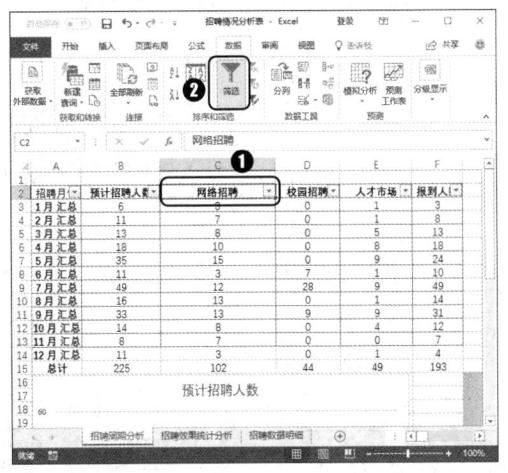

下面结合本章内容分享几个实用小技巧。

01：快速选择表格中所有对象

视频文件：下载\视频文件\第7章\01.mp4

如果在招聘流程表格中有很多对象时，要想一次性选择所有的对象，可采用下面的选择技巧，具体操作步骤如下。

第1步 在状态栏的缩放区域中拖动滑块调整窗口的显示区域到合适大小，足以显示要选择的所有对象，如下图所示。

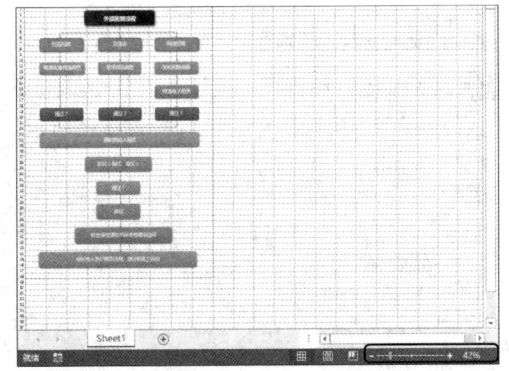

第2步 1单击【开始】选项卡【编辑】组中的【查找和选择】按钮，2在弹出的下拉列表中选择【选择对象】选项，如下图所示。

183

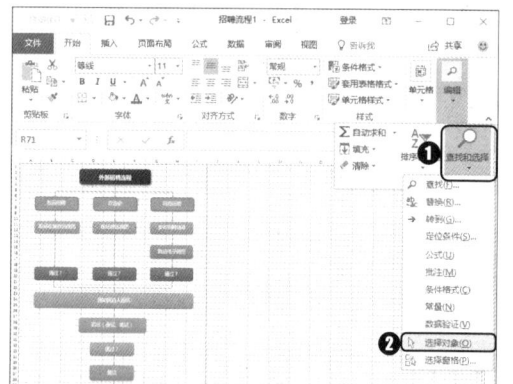

第 3 步 在工作表中拖动鼠标进行框选，如下图所示。

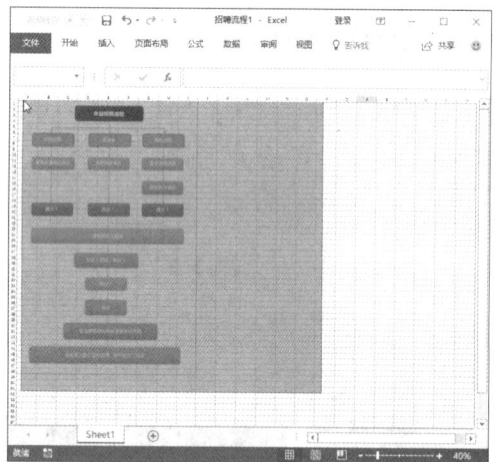

第 4 步 系统自动将框选区域的对象全部选择（按【Esc】键退出选择对象状态），如下图所示。

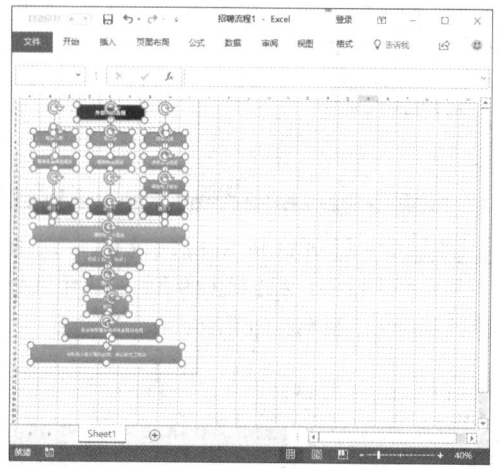

02：局部区域放大，微调编辑形状更方便

📹 视频文件：下载\视频文件\第7章\02.mp4

在表格中微调形状时，在较小状态下编辑修改很不方便，也不精确，如下图所示。

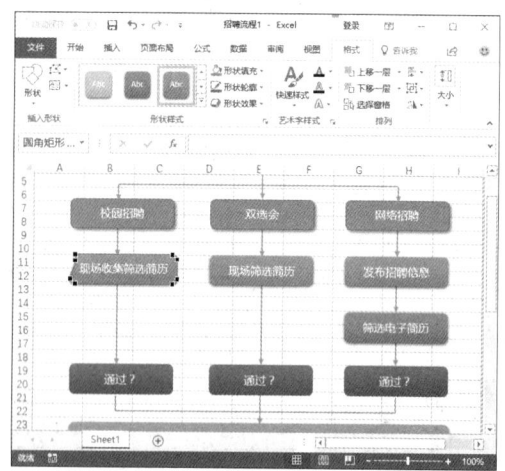

此时，可以采用区域放大的功能，将形状满屏放大，让编辑修正操作更加清晰，具体操作步骤如下。

第 1 步 ❶选择目标形状，❷单击【视图】选项卡中的【缩放到选定区域】按钮，如下图所示。

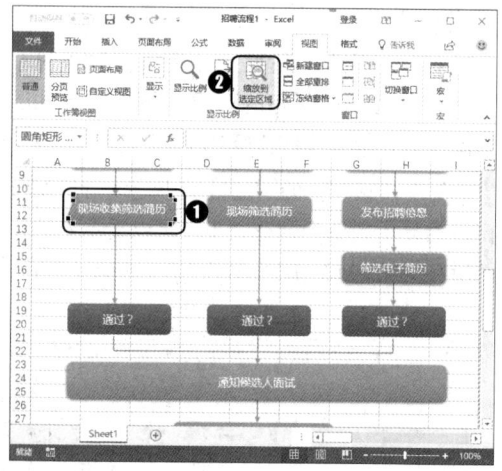

第 2 步 系统自动将选定形状以满屏方式放大

第7章
人员招聘

（该方法也适用于选定的单元格区域），再进行相应的操作就非常清晰和直观了，如下图所示。

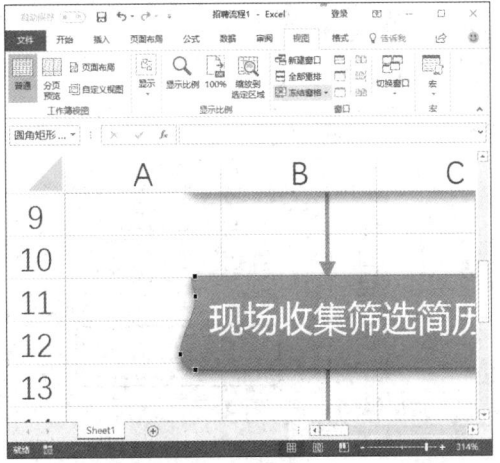

温馨提示

要恢复到正常的显示状态，可直接单击【视图】选项卡中的【100%】按钮。

03：查看共享工作簿中的编辑或修改情况

视频文件：下载\视频文件\第7章\03.mp4

对于一些协同办公的工作簿，如考勤、绩效标准、福利津贴标准、通讯录信息等，其他HR或是领导，可以在其中进行相应编辑或修订。作为表格的制作者和共享者，必须知道哪些数据被修订或修改过，方法很简单，具体操作步骤如下。

第1步 1单击【审阅】选项卡【更改】组中的【跟踪更改（旧版）】按钮，2在弹出的下拉列表中选择【突出显示修订】选项，如下图所示。

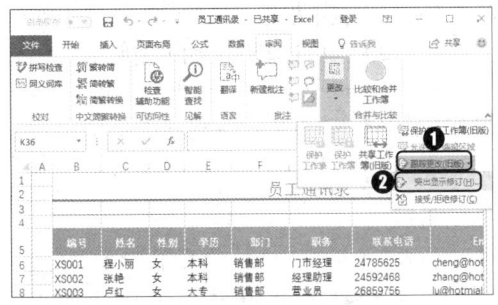

第2步 打开【突出显示修订】对话框，1选中【编辑时跟踪修订信息，同时共享工作簿】复选框，2在【突出显示的修订选项】选项区域中取消选中【时间】和【修订人】复选框，分别在各个复选框后的下拉列表框中设置时间、修订人参数，这里设置为突出显示每个时间内每个人进行的修订，3选中【在新工作表上显示修订】复选框，4单击【确定】按钮，如下图所示。

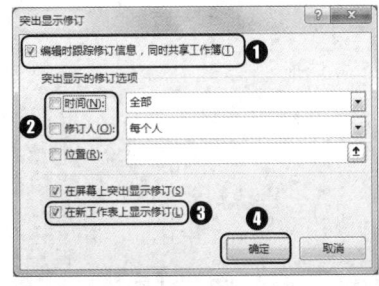

教您一招

在表格中显示指定人员对数据的修改或修订

要在表格中只显示指定人员对数据的修改或是修订，1可在【突出显示修订】对话框中选中【修订人】复选框，2单击文本框右侧的下拉按钮，3在弹出的下拉列表中选择指定人员选项，4单击【确定】按钮，如下图所示。

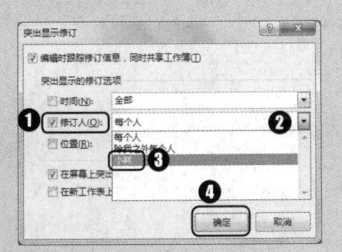

第3步 系统自动新建一个名为"历史记录"

的工作表，在其中根据设置的参数统计了所有人对该工作簿的修订操作，如下图所示。

记。将鼠标指针移动到该单元格上时，将在弹出的信息框中显示修订的用户、时间及原始数据和修订数据等，如下图所示。

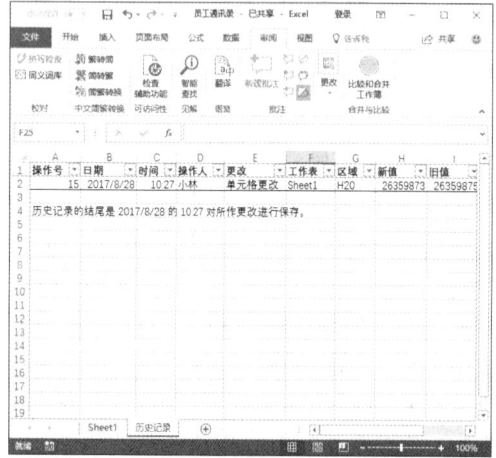

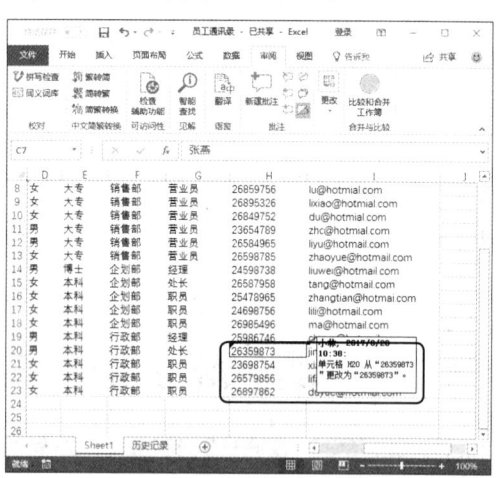

第4步 在共享数据表中，可以看到被用户修订的单元格其左上角显示了一个小三角形标

第8章
面试与录用管理

本章导读

对人员进行面试是招聘专员的常态化工作，为了让面试工作开展得更加顺畅、高效，就需要制作公司内部的面试登记表和评估表。紧接着是对面试通过的入职人员进行录用登记，而录用登记表仍然需要HR根据公司实际情况进行手动制作。本章将会按实际工作情况，分别制作3张表格，帮助HR解决实际工作问题。

知识要点

- ❖ 制作员工面试登记表
- ❖ 制作面试评估表
- ❖ 制作录用登记表

8.1 制作员工面试登记表

面试登记表是应聘人员到公司必须填写的表格，它是招聘面试流程之一，也是公司自我保护的手段之一，能有效防止员工因提供虚假信息，为公司造成人为损失，同时提供相关法律保障。一旦出现不真实信息，公司可提出因与登记表中的个人信息不符合，辞退员工。作为HR，需要根据公司的实际情况来手动制作面试登记表。

本例将根据现有公司的实际需要手动制作一份面试登记表，制作完成后的效果如下图所示。实例最终效果见“下载\结果文件\第8章\面试登记表.xlsx”文件。

员工应聘登记表

应聘职位：__________　　　　日期：__________

姓 名		性 别		婚 否		寸照
籍 贯		身份证号码		出生日期		
家庭电话		联系电话		Email		
户籍所在地						
现住地址						
亲属姓名	亲属关系	职 业	工作单位			联系电话
教育情况						
时 间	学校名称	专 业	学 历			证件号
工作经历						
时 间	单位名称	所在部门	职 位	月 薪	部门领导	联系电话
注：个人所填资料属实，如有虚报，一经查实，愿受解雇处分。						
签 字：						

下载文件		
	素材文件	无
	结果文件	下载\结果文件\第8章\面试登记表.xlsx
	教学视频	下载\视频文件\第8章\8.1制作员工面试登记表.mp4

第 8 章
面试与录用管理

8.1.1 创建员工面试登记表

手动制作面试登记表，主要步骤有三步：制作大体框架→输入关键文字→设置格式。在Excel中，登记表框架由于关键字段的存放位置不同会有不同变化，因此，下面实际的操作顺序是：输入关键文字→设置框架→设置格式，具体操作步骤如下。

第1步 新建空白工作簿并将其保存为"面试登记表"，在表格中输入需要的数据，如下图所示。

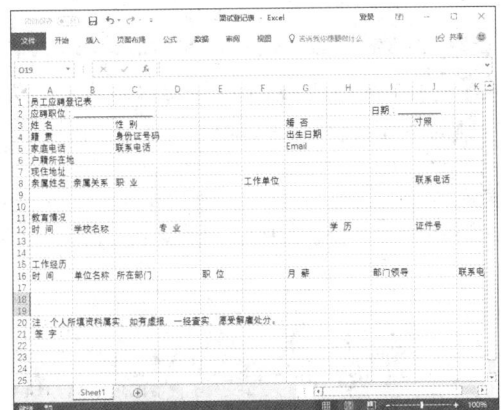

第2步 1选择 A1:K1 单元格区域，2单击【合并后居中】按钮合并单元格，如下图所示。

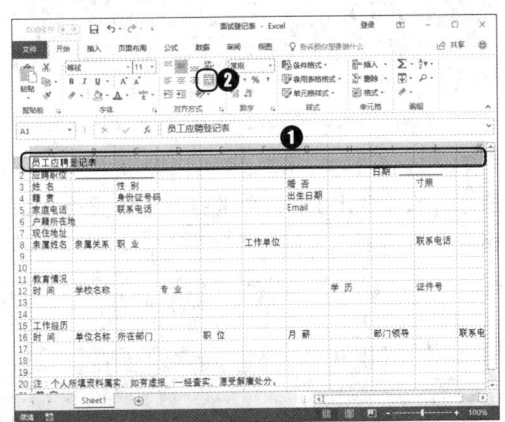

第3步 保持合并后的单元格 A1 选择状态，设置字体为【宋体】、字号为【18】，然后单击【加粗】按钮，如下图所示。

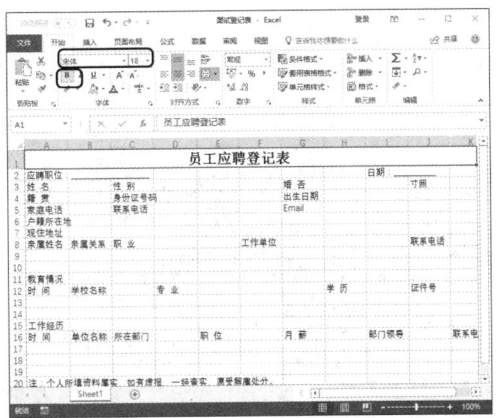

第4步 将鼠标指针移到第 1~2 行交界处，当鼠标指针变成 ✛ 形状时，按住鼠标左键进行拖动调整行高到合适高度，然后释放鼠标，如下图所示。

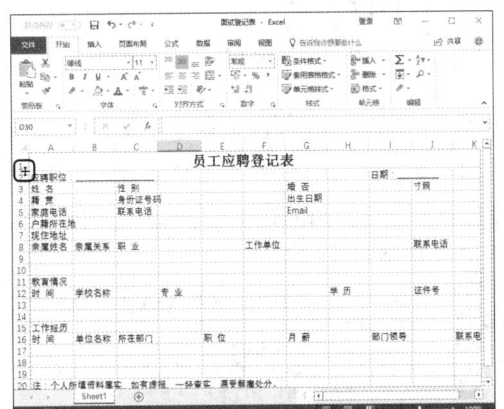

> **教您一招**
>
> **节省行高调整操作**
>
> 通常表头行明显会高于其他行，因此在设置其行高时，既不要与其他行一起设置行高，同时，也不要通过【行高】对话框进行设置，最直观又简便的操作方法，是单独通过拖动调整行高的方法来直接实现，其简便程度是对话框设置完全达不到的。

第5步 1拖动鼠标指针选择第 2~21 行，2单击【格式】下拉按钮，3在弹出的下拉列表中选择【行高】命令，如下图所示。

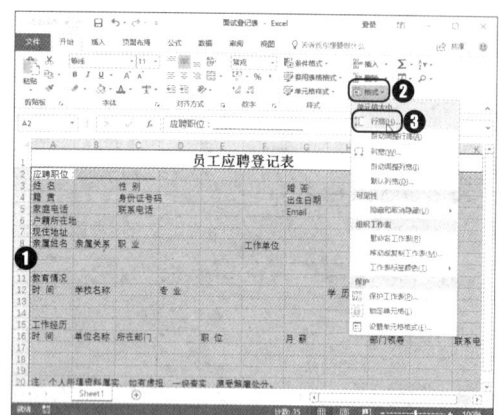

第6步 打开【行高】对话框，1 在【行高】文本框中输入"25"，2 单击【确定】按钮，如下图所示。

第7步 1 选择 D3:F3 单元格区域，2 单击【合并后居中】按钮合并单元格为一个单元格，如下图所示。

第8步 以同样的方法，合并其他需要合并的单元格，完成表格整体框架的操作，如下图所示。

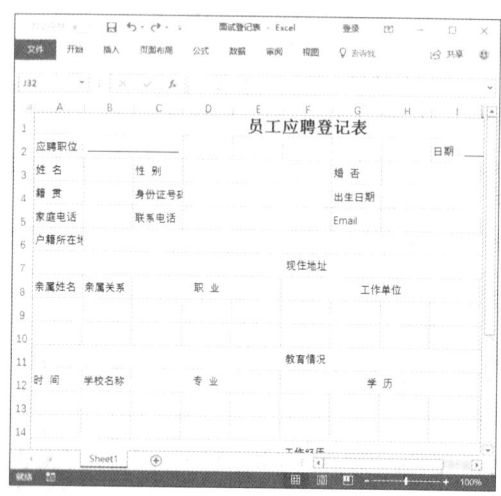

第9步 1 选择 A2:K21 单元格区域，2 设置字体为【Times New Roman】，如下图所示。

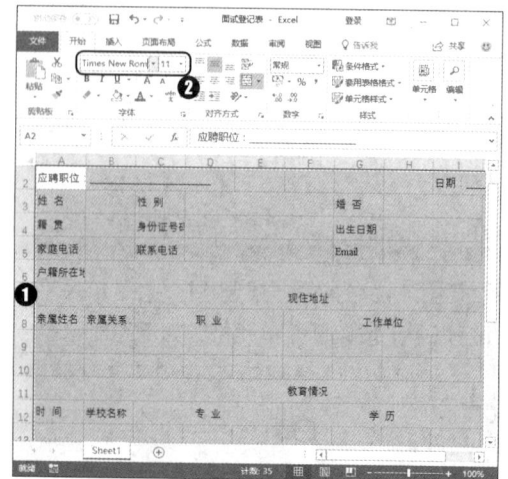

第10步 选择 A3:K21 单元格区域，如下图所示，按【Ctrl+1】组合键打开【设置单元格格式】对话框。

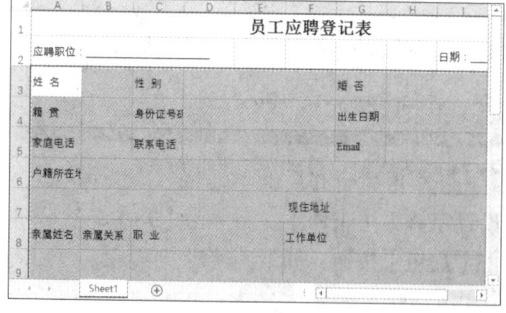

第 8 章
面试与录用管理

第11步 1选择【边框】选项卡，2单击【内部】按钮，如下图所示。

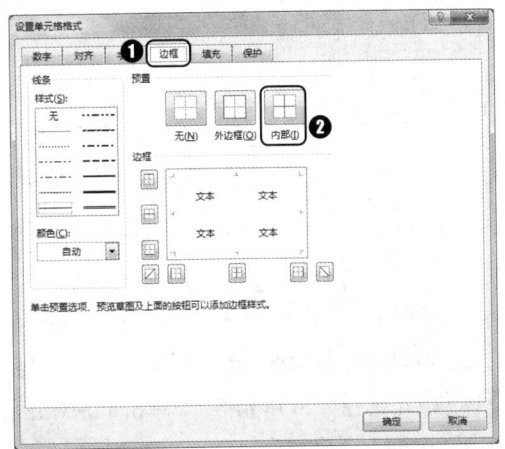

第12步 1在【样式】列表框中选择较粗一点的线条，2单击【外边框】按钮，3单击【确定】按钮，如下图所示。

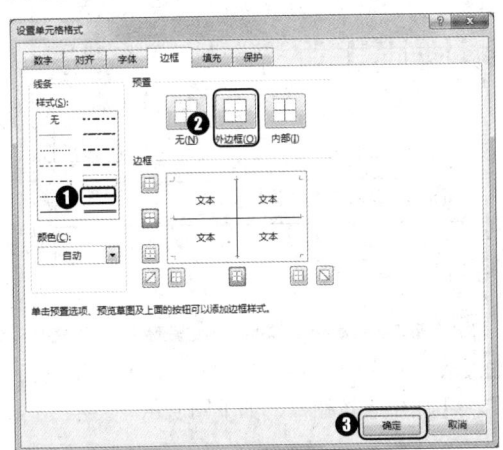

8.1.2 完善面试登记表

在对面试登记表进行统一格式设置后，一些细小的地方需要手动进行完善处理，让整个表格规范和专业，具体操作步骤如下。

第1步 将鼠标指针移到 A 列与 B 列的交界处，当鼠标指针变成 + 形状时，按住鼠标左键拖动调整列宽，如下图所示。

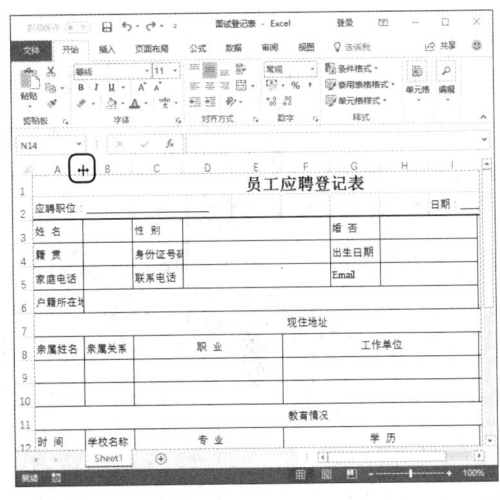

第2步 以同样的方法手动调整其他列的宽度，如下图所示。

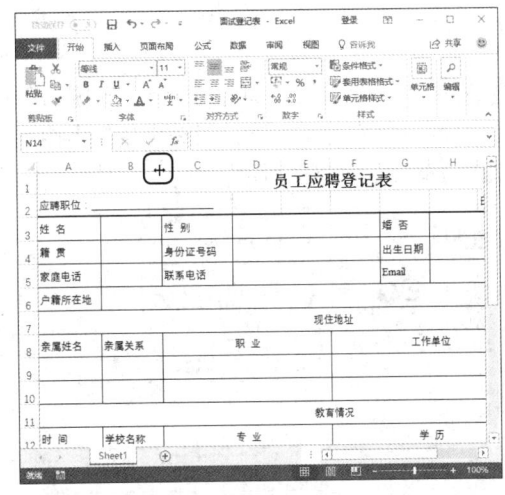

> **温馨提示**
>
> 由于有很多单元格进行了合并，因此这里不用【列宽】对话框统一设置列宽，避免出现整个表格列宽不协调，导致后续完善操作烦琐。

第3步 1选中 J3 单元格，2单击【方向】下拉按钮，3在弹出的下拉列表中选择【竖排文字】选项，如下图所示。

Excel
在人力资源管理中的应用

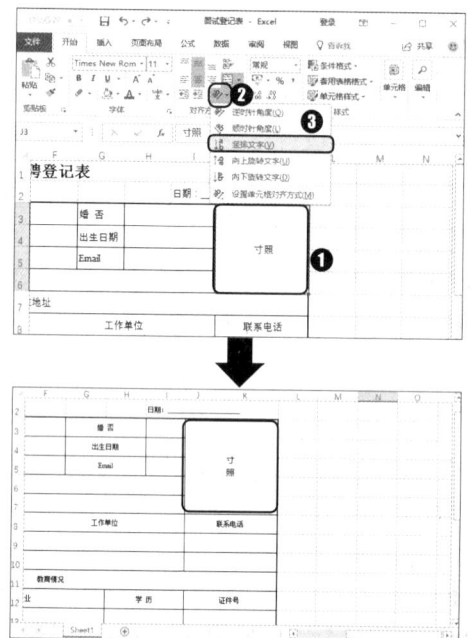

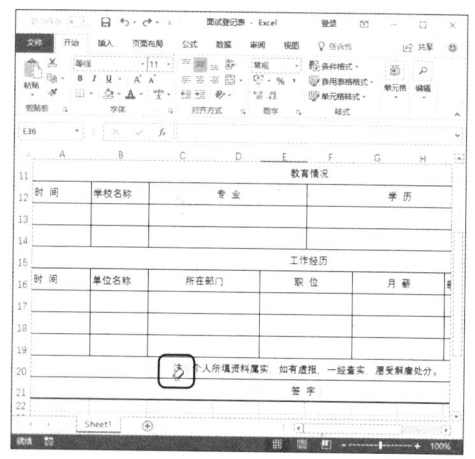

第6步 1选择A20单元格，2单击【左对齐】按钮，如下图所示。

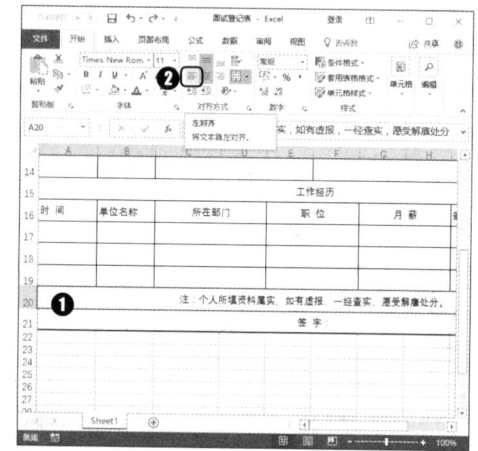

第4步 1单击【下框线】按钮右侧的下拉按钮，2在弹出的下拉列表中选择【擦除边框】选项，如下图所示。

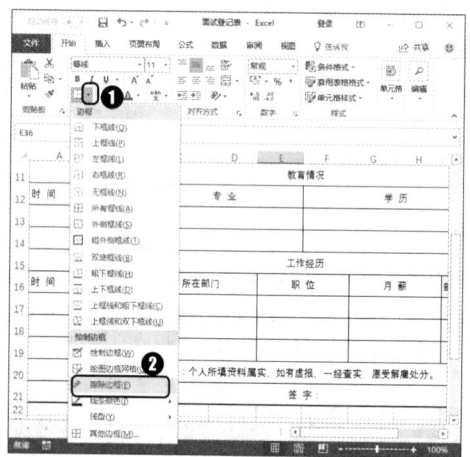

第5步 鼠标指针变成形状，在第20行与第21行交界边框线条上单击，将其擦除，如下图所示。

第7步 1选择A3:K19单元格区域，2单击两次【居中】按钮，如下图所示。

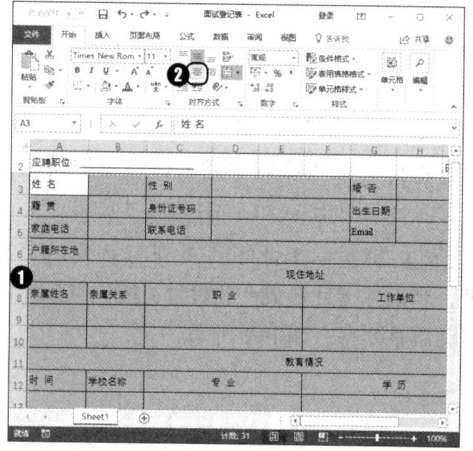

第8步 手动调整第 20 行和第 21 行的高度，如下图所示。

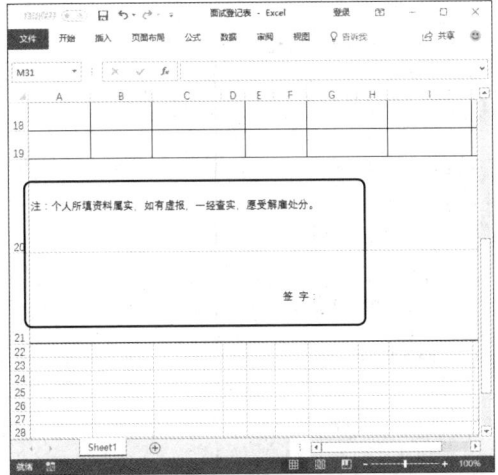

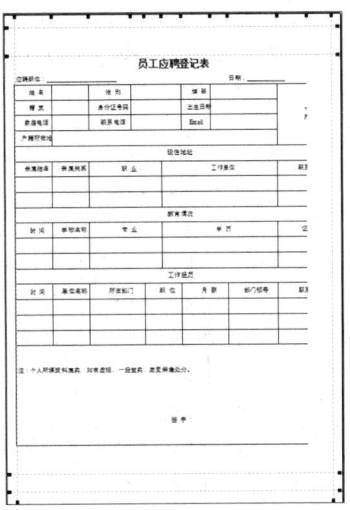

8.1.3 设置面试登记表打印显示

制作的面试登记表，除了以电子方式存在外，多以纸质方式存在，是专为公司面试人员准备的。因此，需要将制作的面试登记表打印出来，具体操作步骤如下。

第1步 按【Ctrl+P】组合键切换到打印界面，在打印预览区域中直接查看到面试登记表的最终打印样式，如下图所示。

第2步 将鼠标指针移到对应列间距控制线上，分别调整宽度，让登记表的所有字段全部显示在同一页中，如下图所示。

8.2 制作面试评估表

案例背景

面试评估是人事招聘专员必做的重要工作，也是对面试过程的一次再现。面试评估表的形式多种多样，常见的有两种：文档报告式和列表式。HR可以完全根据公司的实际情况和部门的使用情况进行决定。

Excel
在人力资源管理中的应用

本例将制作一份文档报告式的面试评估表，制作完成后的效果如下图所示。实例最终效果见"下载\结果文件\第8章\面试评估表.xlsx"文件。

	素材文件	无
下载文件	结果文件	下载\结果文件\第8章\面试评估表.xlsx
	教学视频	下载\视频文件\第8章\8.2 制作面试评估表.mp4

8.2.1 创建面试评估表

文档报告式面试评估表的制作比列表式面试评估表的制作相对简单一些，只需要几步就能将大体结构制作完成，具体操作步骤如下。

第1步 新建空白工作簿并将其保存为"面试评估表"，在表格中输入相应的数据，如下图所示。

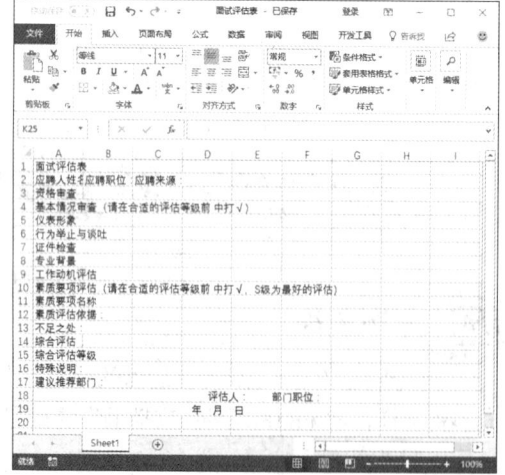

| 194 |

第 8 章
面试与录用管理

第2步 1 双击 A4 单元格进入编辑状态,将鼠标光标定位在【前】和【中】两文本之间,2 单击【插入】选项卡中的【符号】按钮,如下图所示。

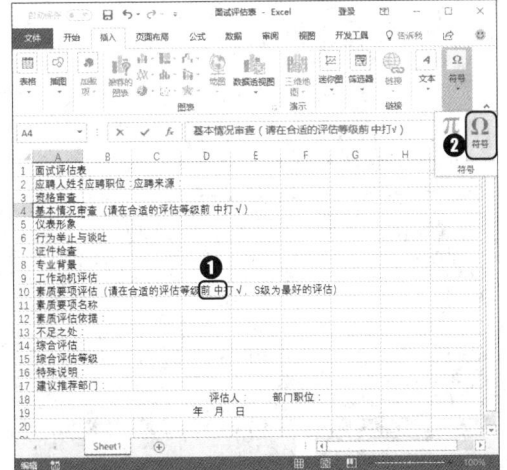

第3步 打开【符号】对话框,1 单击【字体】文本框右侧的下拉按钮,2 在弹出的下拉列表中选择【Wingdings】选项,如下图所示。

第4步 1 选择正方形图形选项,2 单击【插入】按钮,3 单击【关闭】按钮,如下图所示。

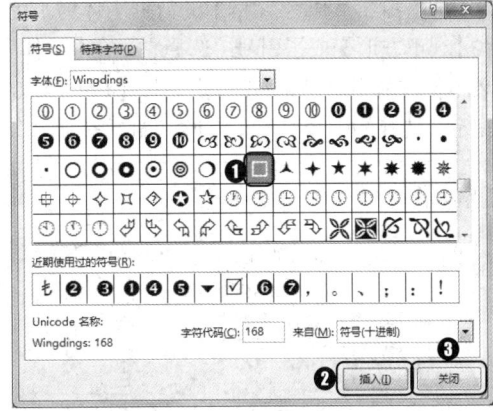

第5步 在目标位置成功插入正方形符号,选择它并按【Ctrl+C】组合键复制,如下图所示。

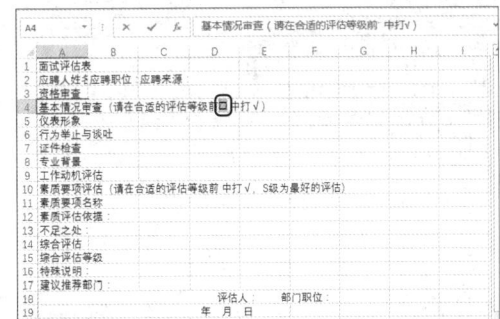

第6步 双击 A10 单元格进入编辑状态,将鼠标光标定位在【前】和【中】两文本之间,按【Ctrl+V】组合键粘贴插入的正方形,如下图所示。

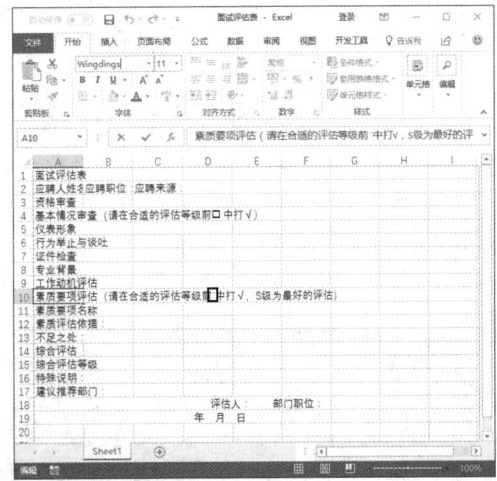

| 195

第7步 由于A10单元格中的数据字体为【等线】，正方形变成了引号，选择它，在【字体】文本框中输入【Wingdings】，按【Enter】键确定，选择的引号变成正方形，如下图所示。

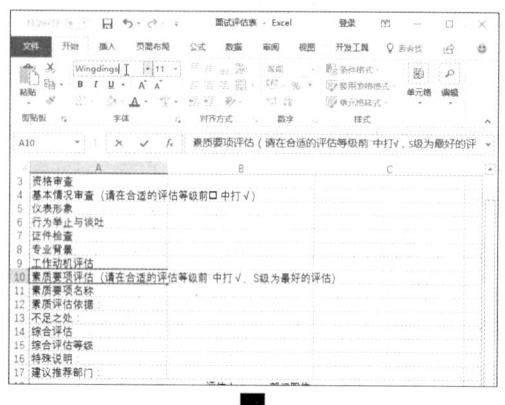

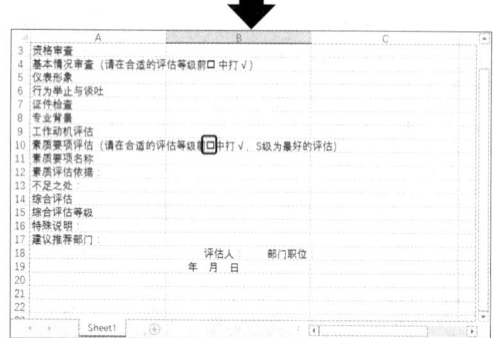

第8步 ❶选择A1:C1单元格区域，❷单击【合并后居中】按钮，将其合并成A1单元格，如下图所示。

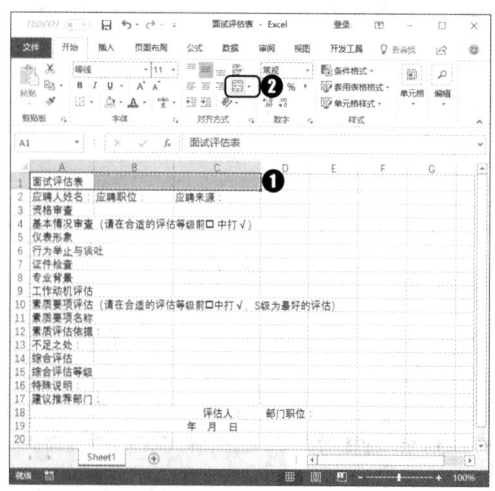

第9步 保持A1单元格选择状态，设置字体、字号、字形分别为【宋体】【20】【加粗】，手动调整行高到合适高度，如下图所示。

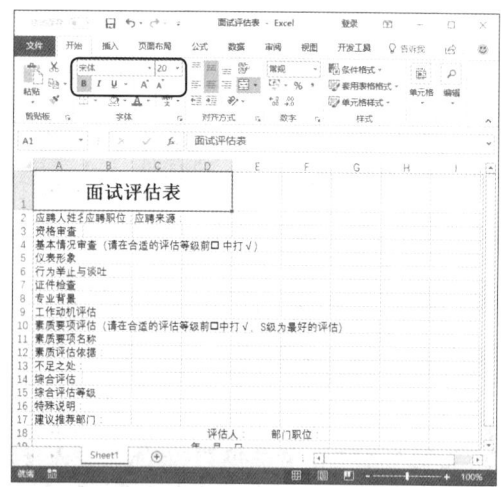

教您一招

解决插入符号变样问题

有时候读者会发现，插入的符号到表格中马上变成其他样式，这是因为表格中的字体与图形的字体不一样，这时，只需将符号所在的字体更改为【Wingdings】字体即可。

第10步 手动调整A列、B列、C列的列宽到合适宽度，如下图所示。

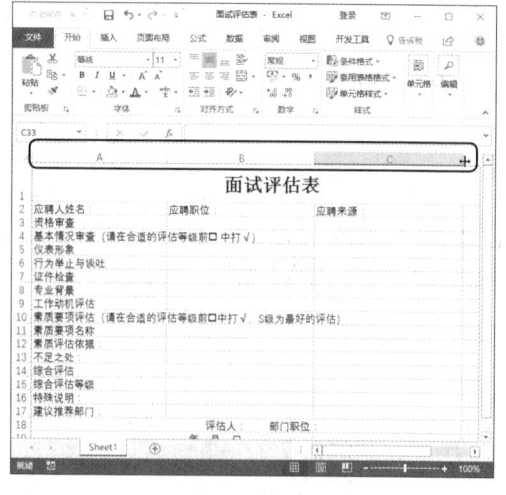

8.2.2 美化面试评估表

面试评估表不仅要有内容，同时也需要美观，需要手动对其进行格式设置，具体操作步骤如下。

第1步 1按住【Ctrl】键，选择A2:C2、A3、A9、A14单元格，2单击【加粗】按钮 B，如下图所示。

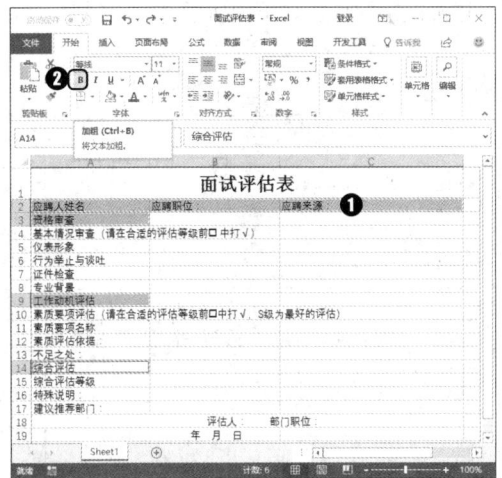

第2步 选择A2:C19单元格区域，1单击【下框线】按钮右侧的下拉按钮，2在弹出的下拉列表中选择【粗外侧框线】选项添加外边框线条，如下图所示。

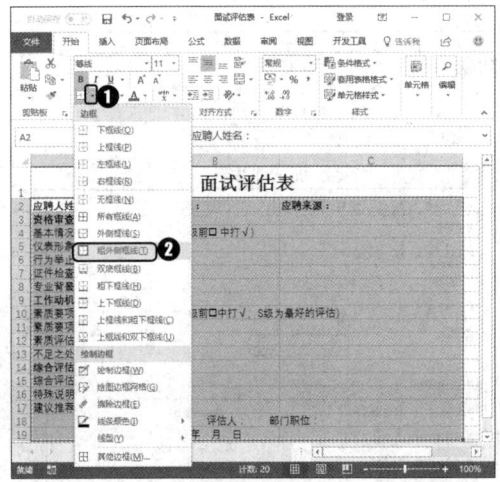

第3步 1单击【边框线】按钮右侧的下拉

按钮，2在弹出的下拉列表中选择【线型】选项，3在弹出的子列表中选择较粗的线条选项，如下图所示。

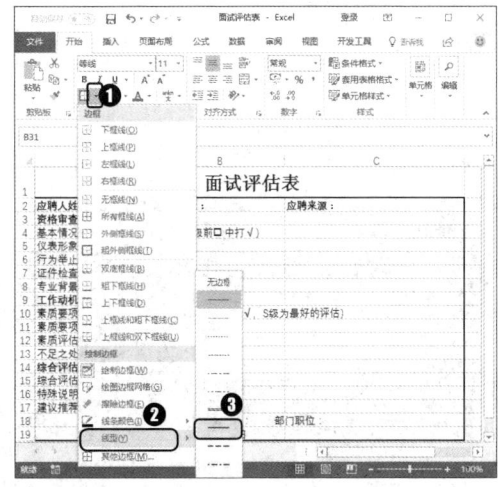

第4步 此时鼠标指针变成 ⌀ 形状，在第2行和第3行之间绘制黑色直线线条，如下图所示。

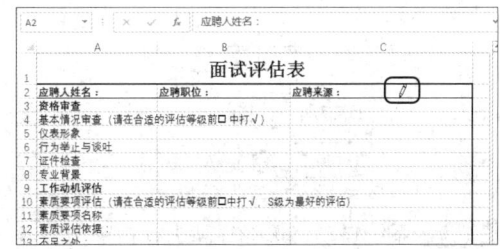

第5步 以同样的方法在表格中绘制其他直线，如下图所示。

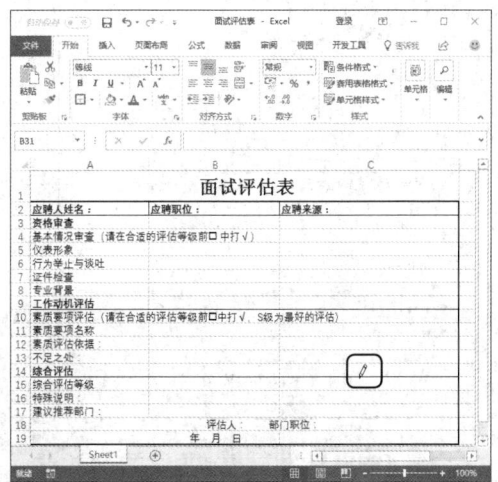

第6步 选择第 2~19 行，并在其上右击，在弹出的快捷菜单中选择【行高】命令，如下图所示。

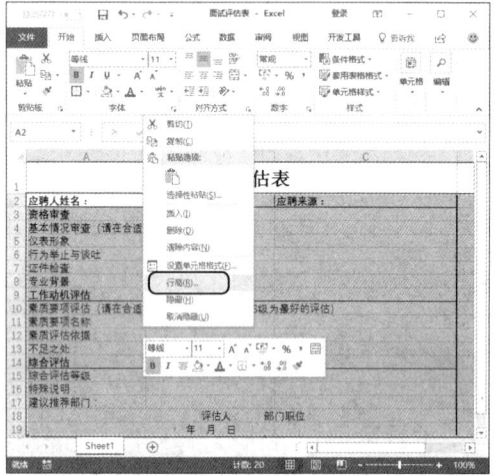

第7步 在打开的【行高】对话框中，1 设置【行高】为【28】，2 单击【确定】按钮，如下图所示。

第8步 系统自动将选择行高进行指定调整，如下图所示。

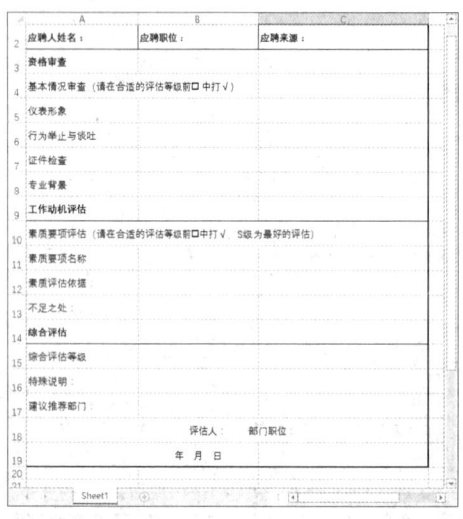

8.2.3 用控件制作评估项

办公自动化越来越趋向于潮流，因此，制作评估表的同时也可以直接在Excel中进行评估项目的选择（打印后仍然可以），具体操作步骤如下。

第1步 1 选择【开发工具】选项卡，2 单击【插入】下拉按钮，3 在弹出下拉列表中选择【复选框】控件，如下图所示。

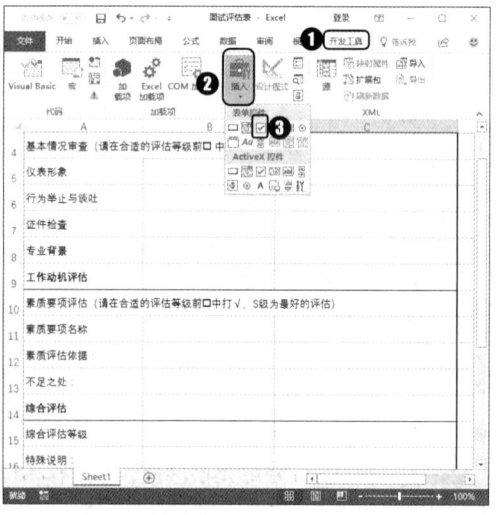

第2步 在表格中绘制复选框并在其上右击，在弹出的快捷菜单中选择【编辑文字】命令，如下图所示。

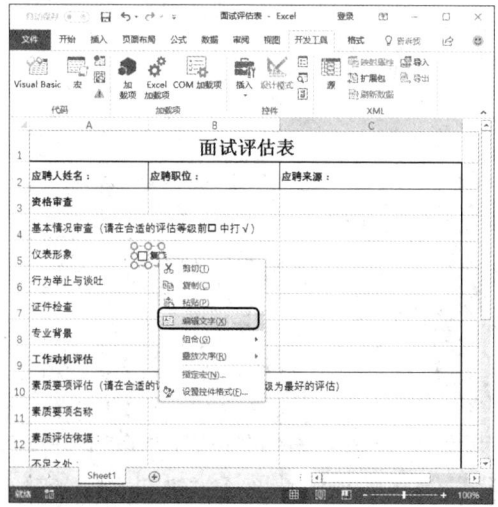

第 8 章
面试与录用管理

第3步 进入复选框控件名称编辑状态，删除原有的名称内容，输入文字"较好"，单击表格中其他任一位置退出文本编辑状态，如下图所示。

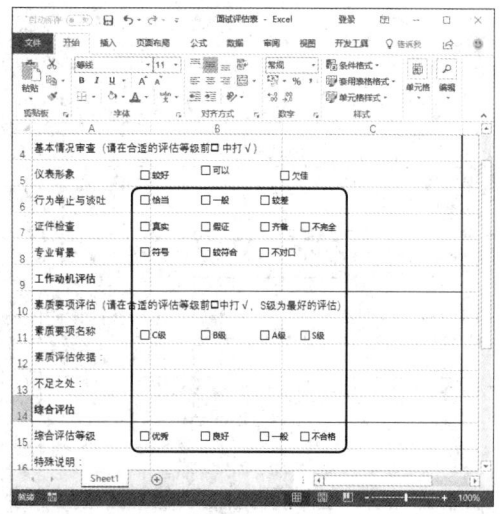

第4步 在控件上右击（单击左键不能正常选择控件，会直接将复选框选中）将其选中，按【Ctrl+C】组合键复制，按【Ctrl+V】组合键粘贴，进入名称编辑状态修改复选框控件名称为"可以"，如下图所示。

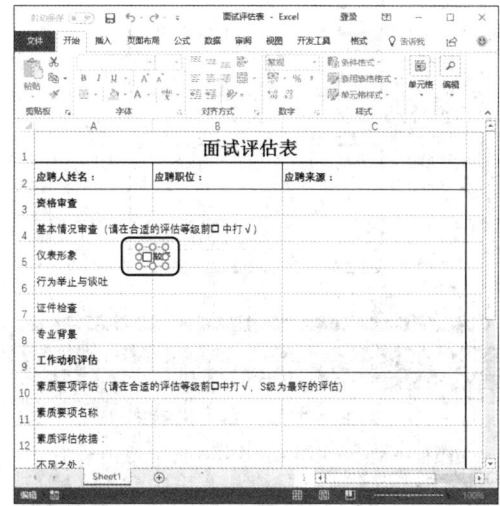

第5步 通过复制粘贴的方法制作其他评估选项，如下图所示。

第6步 1选择【仪表形象】对应的3个复选框控件（按住【Ctrl】键，依次右击进行选择），2选择【绘图工具/格式】选项卡，3单击【对齐】下拉按钮，4在弹出的下拉列表中选择【垂直居中】选项，让选择的3个控件垂直水平对齐，如下图所示。

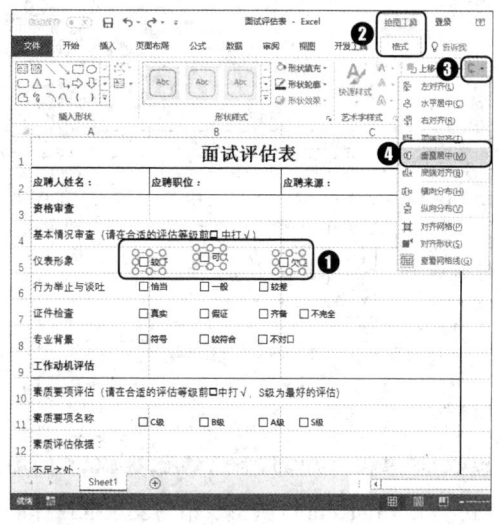

第7步 保持【仪表形象】对应的3个复选框控件的选择状态，1单击【对齐】下拉按钮，2在弹出的下拉列表中选择【横向分布】选项，让选择的3个复选框控件的水平相距位置相等，如下图所示。

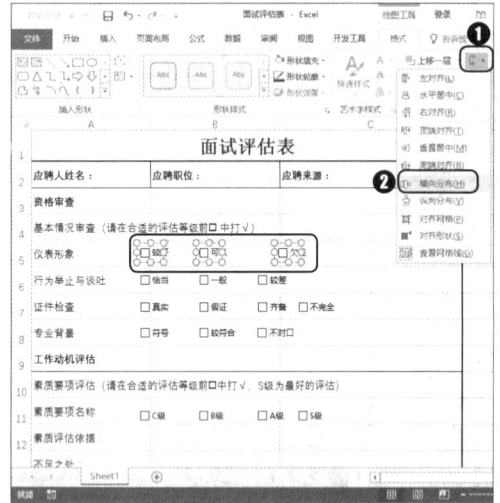

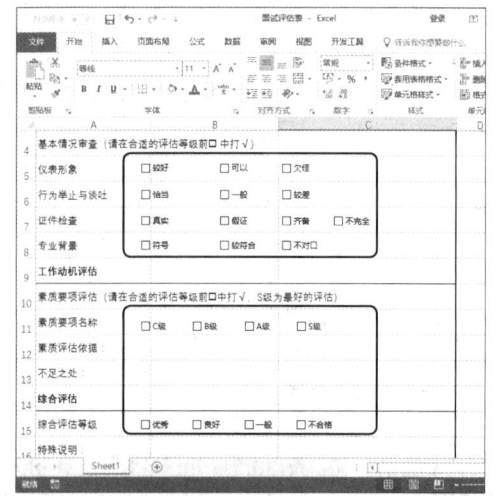

第8步 1选择需要左对齐的复选框控件，2单击【对齐】下拉按钮，3在弹出的下拉列表中选择【左对齐】选项，让选中的复选框控件与第一个复选框的左边对齐，如下图所示。

教您一招

完全显示控件自定义名称

复选框控件中，若是输入的名称较长，同在3个字以上，可能就无法显示，这时，可直接通过拖动控件右侧文本框的宽度来解决，如下图所示。

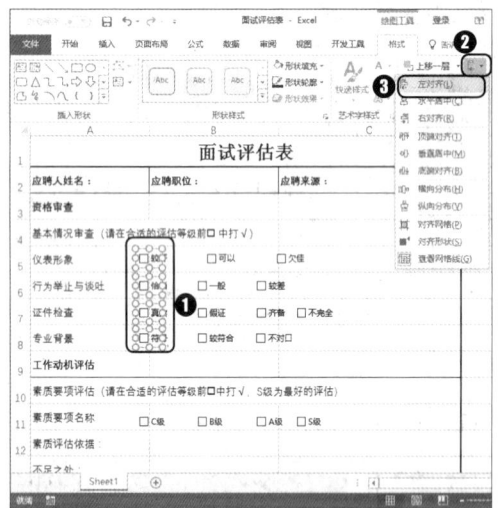

第10步 1单击【开始】选项卡中的【编辑】→【查找和选择】下拉按钮，2在弹出的下拉列表中选择【选择对象】选项，如下图所示。

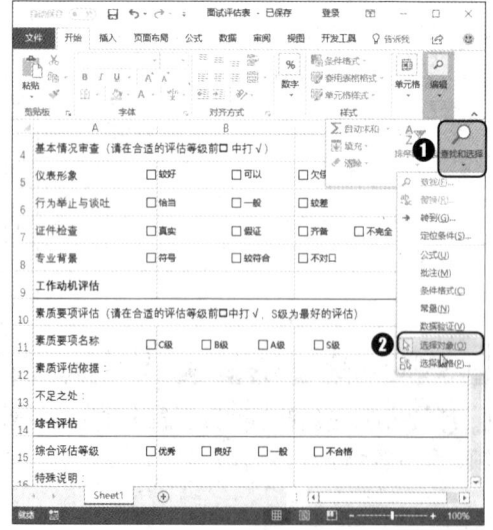

第9步 用同样的方法将表格中复选框控件以指定方式对齐，让整个评估选项整齐规范，如下图所示。

第 8 章
面试与录用管理

第 11 步 在表格中拖动鼠标选中所有的复选框控件，如下图所示。

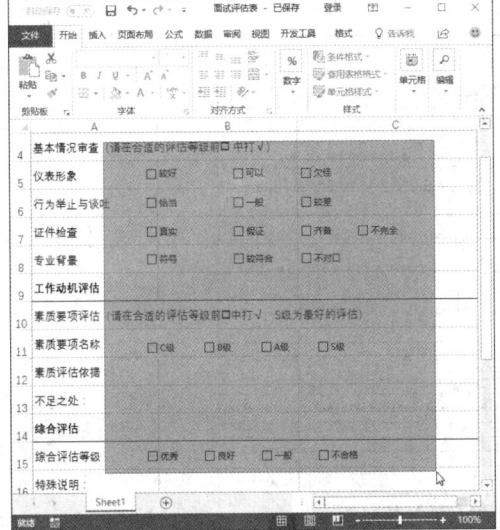

第 12 步 在任一复选框控件上右击，在弹出的快捷菜单中选择【组合】→【组合】命令，如下图所示。

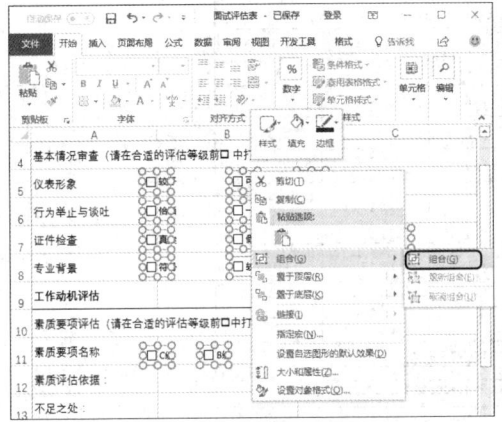

第 13 步 1 选择【视图】选项卡，2 取消选中【网格线】复选框隐藏表格中网格线，完成整个操作，如下图所示。

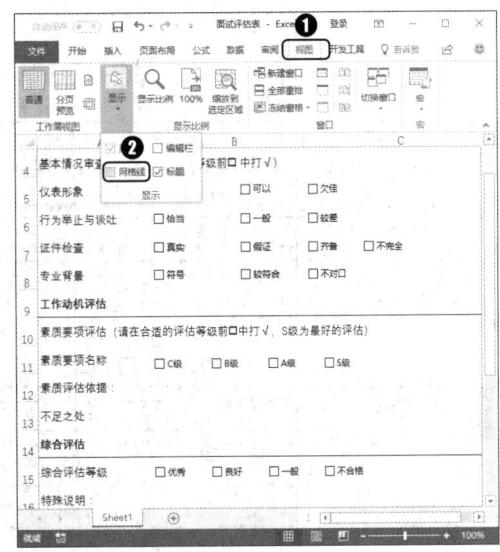

8.3 制作录用登记表

案例背景

企业录用登记表共有两份：一份是由入职人员填写的；另一份是由用人单位或是用人部门填写的。入职人员填写的录用登记表会作为档案存档，具有法律效应。用人单位或部门填写的

201

Excel 在人力资源管理中的应用

录用登记表与职工填写的录用登记表构成一份完整的录用登记表，用于保管和备案。

本例将制作两份完整的员工录用登记表，制作完成后的效果如下图所示。实例最终效果见"下载\结果文件\第8章\员工录用登记表.xlsx"文件。

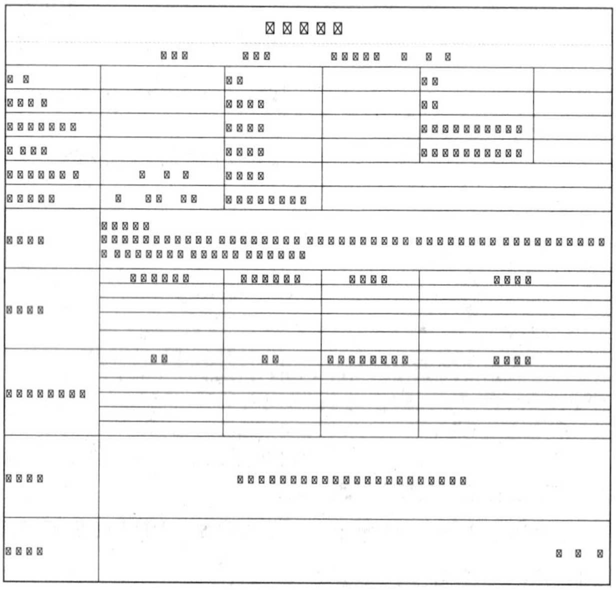

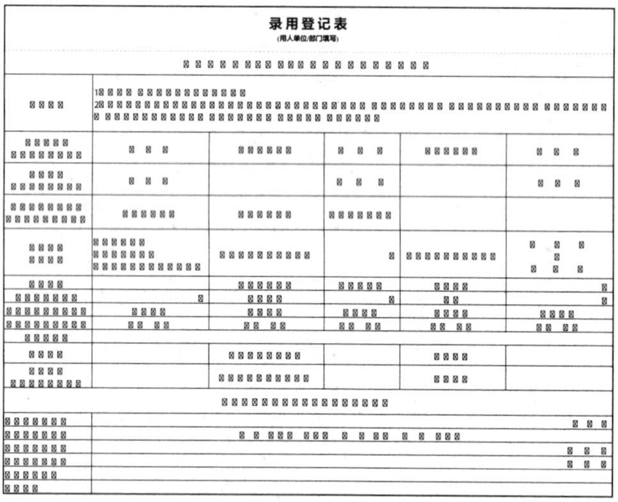

下载文件	素材文件	无
	结果文件	下载\结果文件\第8章\员工录用登记表.xlsx
	教学视频	下载\视频文件\第8章\8.3制作录用登记表.mp4

8.3.1 制作员工填写的录用登记表

员工填写的录用登记表需要员工手动填写，也就是在纸质表上手动签写，以具有法律效应，因此，HR在制作时，只需考虑打印输出后的效果即可，不用考虑直接在电子表格中的填写情况，如用工形式的选项选择方面等。

1. 制作表格整体样式结构

员工录用表格字段结构较为清晰简单，只需要简单几步操作就能轻松实现，具体操作步骤如下。

第1步 新建空白工作簿并将其保存为"员工录用登记表"，将工作表名称更改为"员工填写"，如下图所示。

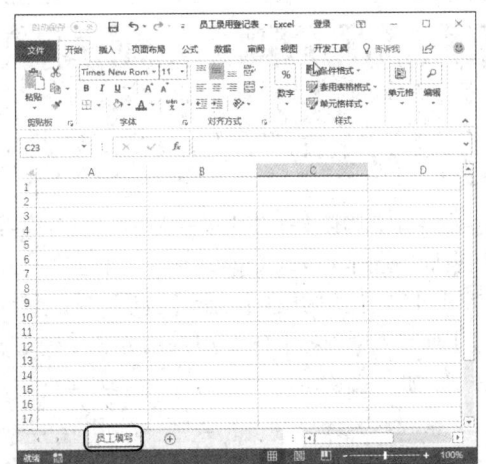

第2步 在表格中输入录用登记的关键字段数据，如下图所示。

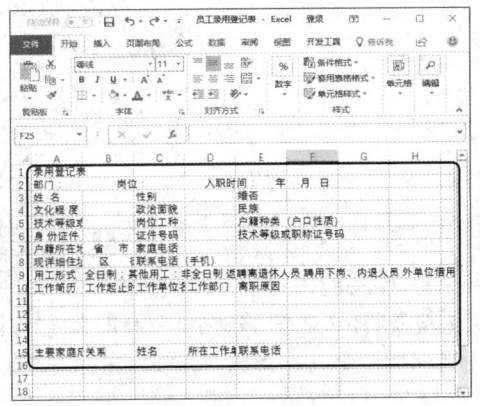

第3步 选择A~F列并在其上右击，在弹出的快捷菜单中选择【列宽】命令，如下图所示。

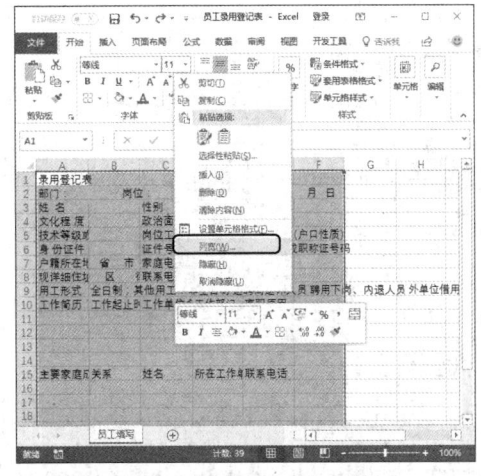

第4步 在打开的【列宽】对话框中，1设置【列宽】为【19】，2单击【确定】按钮，如下图所示。

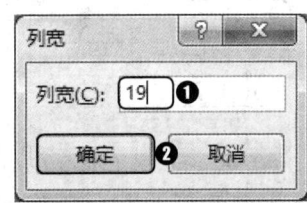

第5步 保持列选择状态，设置【字体】为【Times New Roman】，如下图所示。

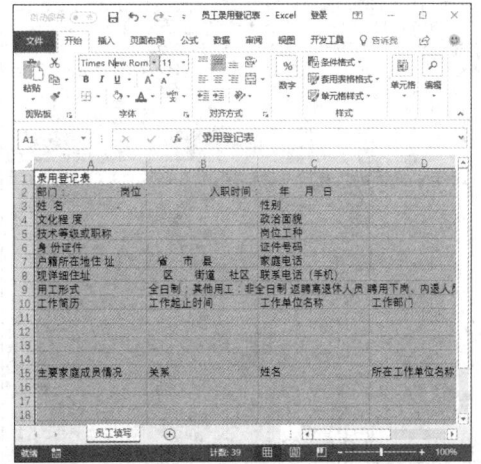

第6步 选择第1~22行并在其上右击，在弹

出的快捷菜单中选择【行高】命令，如下图所示。

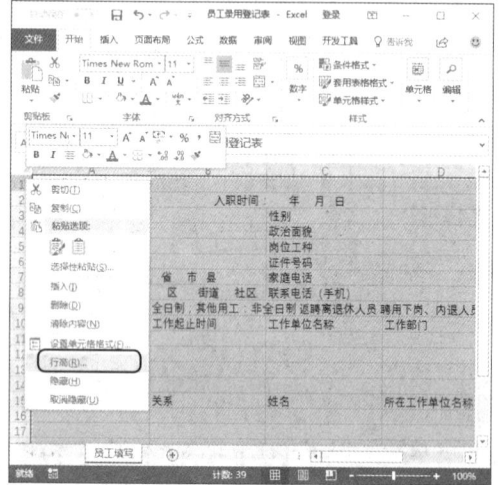

第7步 在打开【行高】对话框中，1设置【行高】为【24】，2单击【确定】按钮，如下图所示。

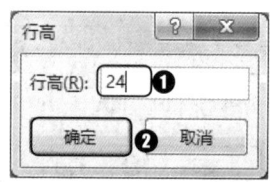

第8步 选择A1:F1单元格区域，如下图所示，按【Ctrl+1】组合键打开【设置单元格格式】对话框。

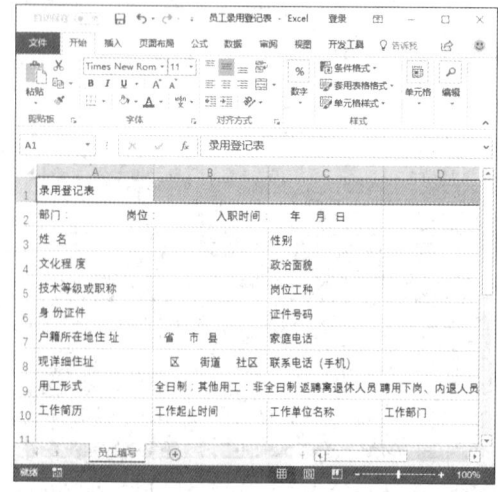

第9步 1选择【对齐】选项卡，2选择【水平对齐】选项为【居中】，3选中【合并单元格】复选框，如下图所示。

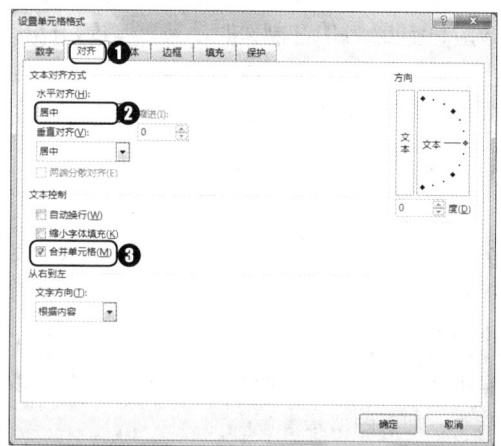

温馨提示

在Excel中，单元格中的数据垂直对齐方式，默认的是垂直居中对齐方式，因此，这里不需要手动进行选择。

第10步 1选择【字体】选项卡，2在【字体】列表框中选择【等线 Light（标题）】选项，在【字形】列表框中选择【加粗】选项，3在【字号】列表框中选择【18】选项，4单击【确定】按钮，如下图所示。

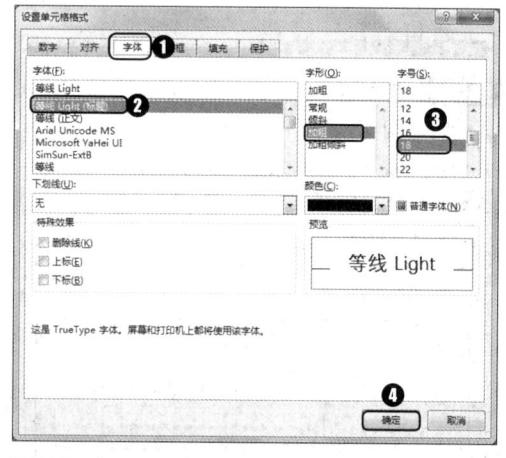

第11步 将鼠标指针移到第1~2行的交界处，当鼠标指针变成+形状时，按住鼠标左键拖

动进行调整，如下图所示。

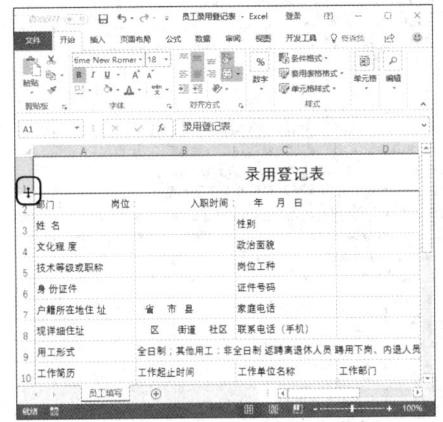

第12步 用同样的方法手动调整第21行和第22行的行高，如下图所示。

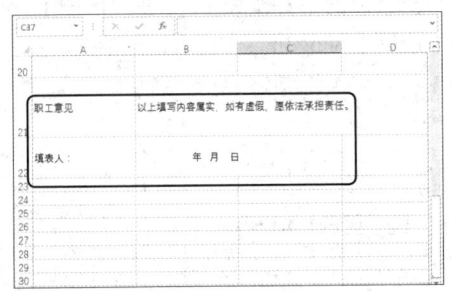

第13步 1按住【Ctrl】键，选择A2:F2、B9:F9、A10:A14、A15:A20单元格区域，2单击【合并后居中】按钮，如下图所示。

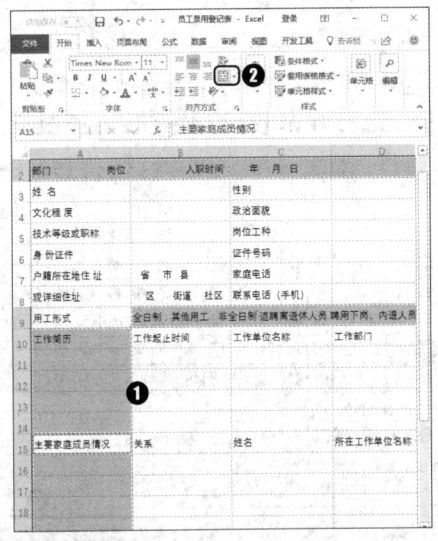

第14步 1选择B9:F9单元格区域，2单击【自动换行】按钮，允许单元格中数据多行显示，如下图所示。

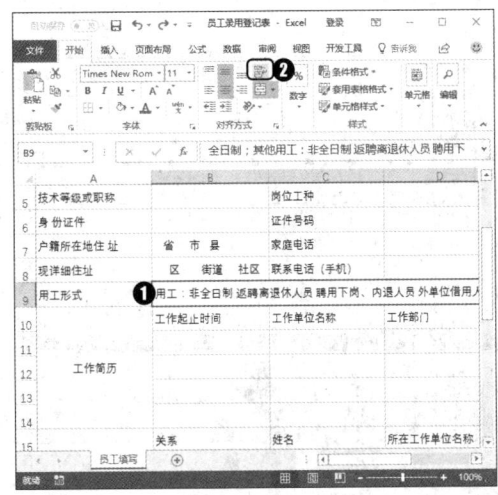

第15步 手动调整第9行行高到合适高度，1选择B9单元格，2单击【左对齐】按钮，让单元格中的数据左对齐，如下图所示。

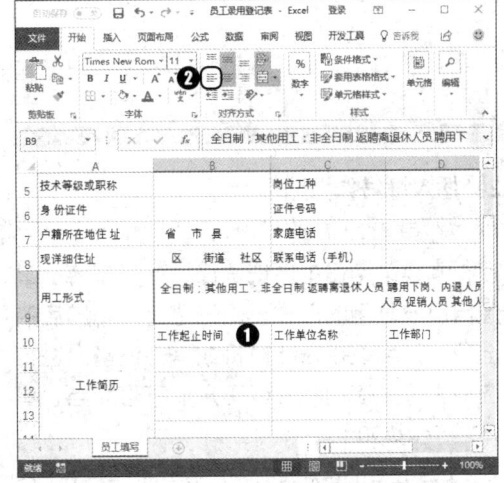

第16步 将鼠标光标定位在【其他用工】文本前，按【Alt+Enter】组合键进行分行，如下图所示。

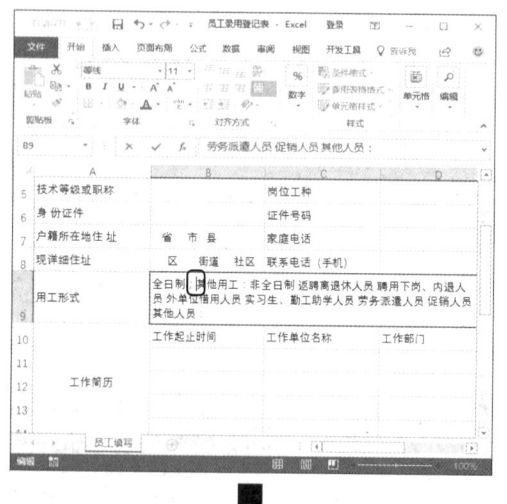

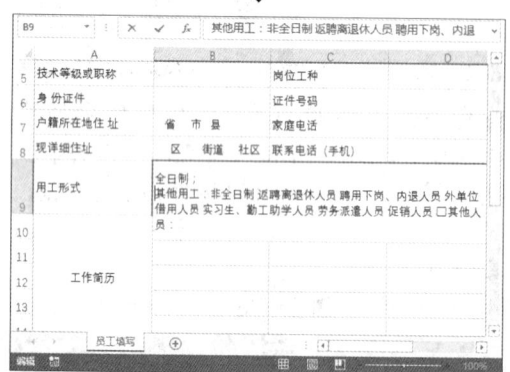

2. 插入符号作为选项

在录用登记表中可以看出有一些备选项，需要录用员工进行选择，让其了解、掌握自己被录用的形式。由于是打印输出后的选项，不用直接在计算机或其他设备上进行选择，可直接用圆形或正方形符号充当，具体操作步骤如下。

第1步 在B9单元格中将鼠标光标定位在【全日制】文本之前，单击【插入】选项卡中的【符号】按钮，如下图所示。

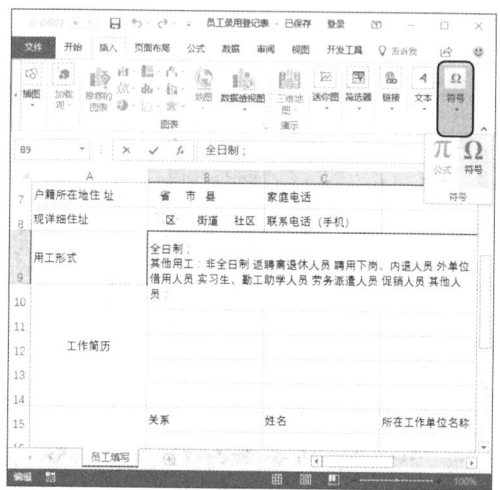

第2步 打开【符号】对话框，1单击【字体】文本框右侧的下拉按钮，2在弹出的下拉列表中选择【Wingdings】选项，如下图所示。

第3步 1选择【圆形】形状选项，2单击【插入】按钮，3单击【取消】按钮，如下图所示。

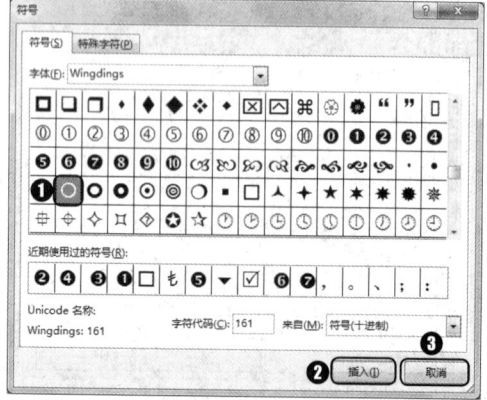

第8章
面试与录用管理

第4步 在目标位置成功插入圆形符号，选中它并按【Ctrl+C】组合键复制，如下图所示。

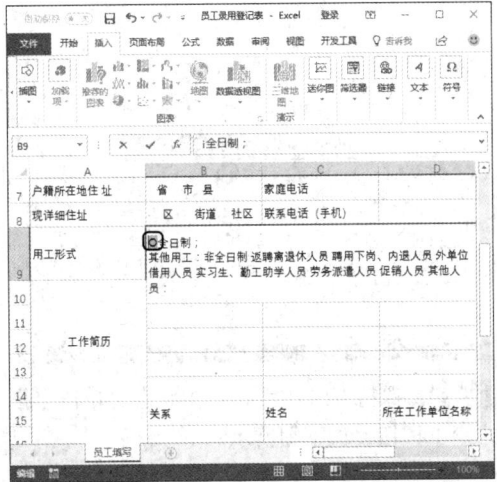

第5步 将鼠标光标定位在【其他用工】文本前，按【Ctrl+V】组合键粘贴，默认显示为{i}，如下图所示。

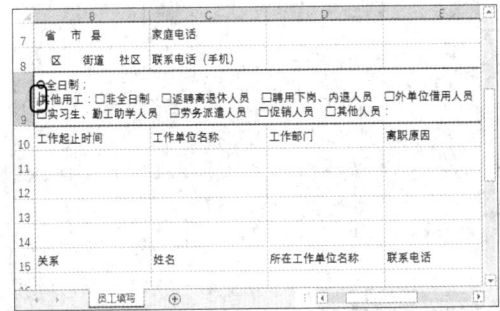

第6步 1选择【i】，2在【字体】文本框中输入【Wingdings】，按【Enter】键确认变成圆形，如下图所示。

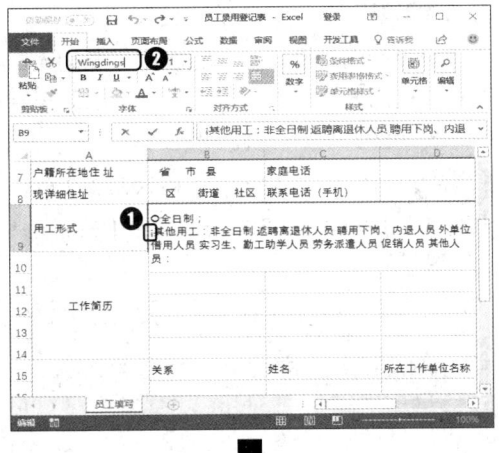

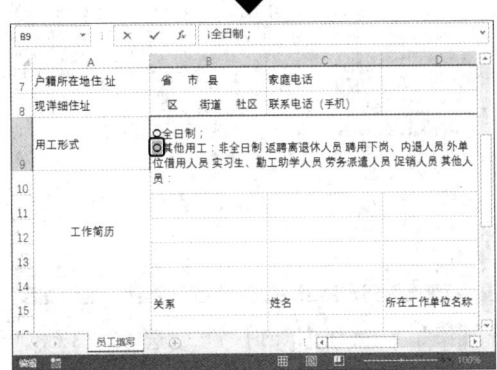

第7步 以同样的方法在B9单元格中插入需要的正方形符号，作为其他用工的选项，如下图所示。

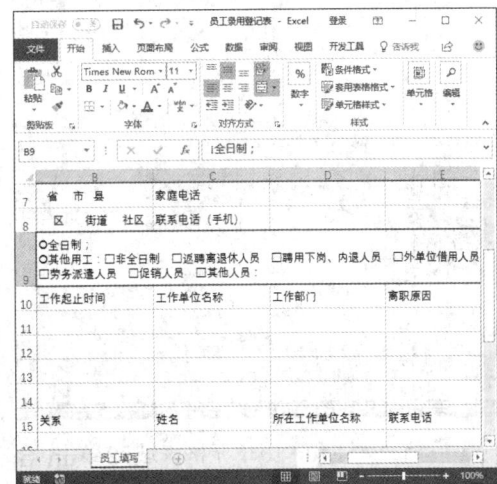

3. 完善表格

经过前面的操作，已完成用于录用人员填写的登记表的绝大部分制作，下面对表格中的细节进行完善，具体操作步骤如下。

第1步 1选择 A3:A22 单元格区域，2 单击【左对齐】按钮≡，3 单击【加粗】按钮 B，如下图所示。

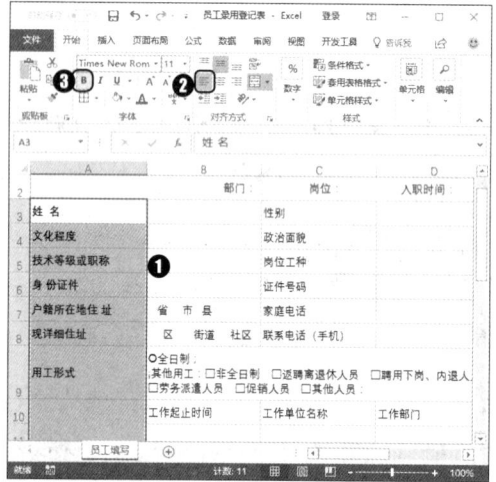

第2步 1按住【Ctrl】键，选择 C3:C8、E3:E6 单元格区域，2 单击【加粗】按钮 B，如下图所示。

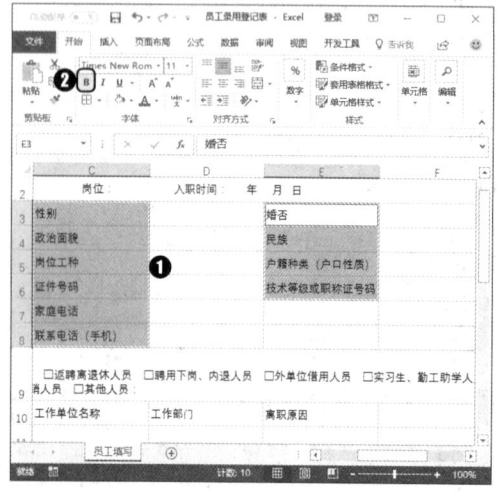

第3步 1选择 E10:F10 单元格区域，2单击【合并后居中】按钮，合并单元格为 E10 并水平居中对齐，如下图所示。

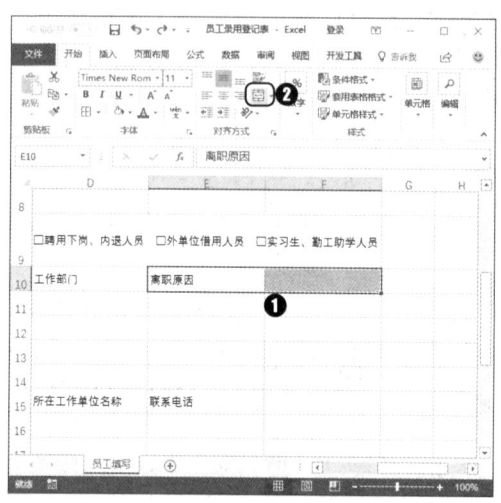

第4步 保持 E10 单元格选中状态，单击【格式刷】按钮，如下图所示。

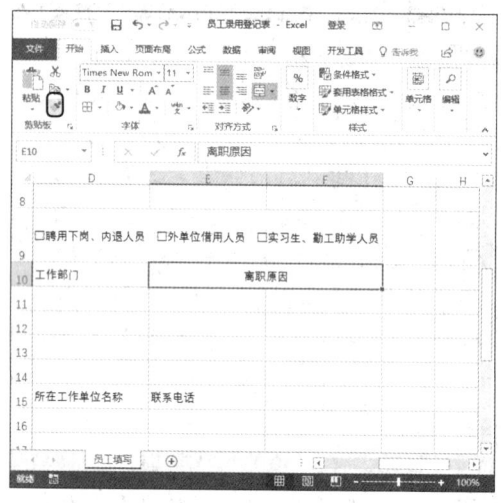

第5步 拖动鼠标指针选择 E11:F20 单元格区域，系统自动按 E10 与 F10 单元格合并的方式进行合并，如下图所示。

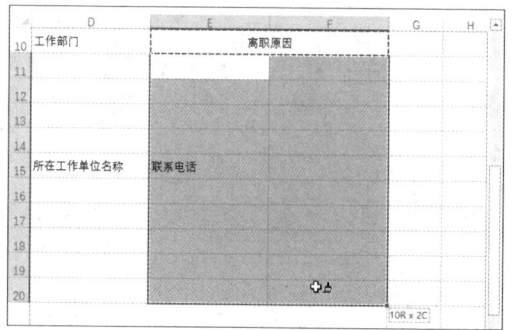

第6步 1按住【Ctrl】键选择B10:D10、B15:D15单元格区域，2单击【居中】按钮，如下图所示。

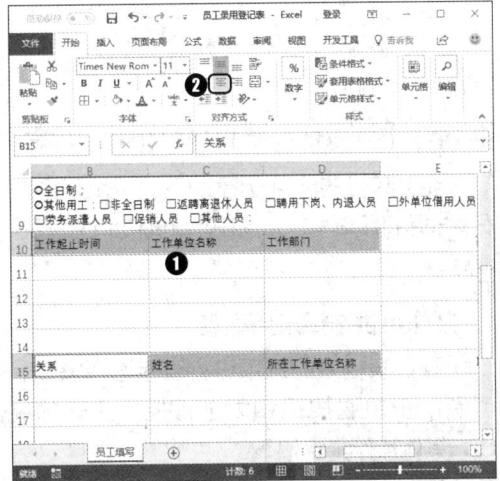

第7步 1选择B22:F22单元格区域，2单击【合并后居中】按钮，如下图所示。

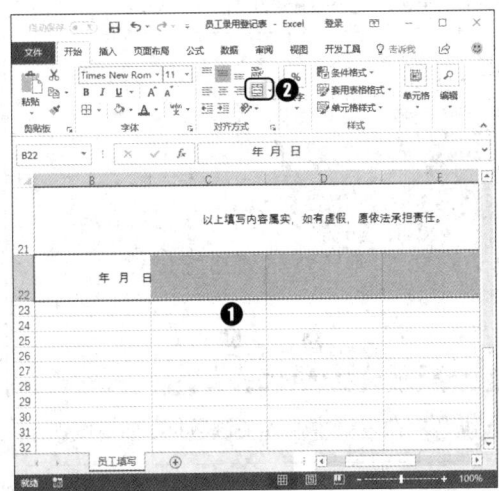

第8步 1选择合并后B22单元格，2单击【右对齐】按钮，如下图所示。

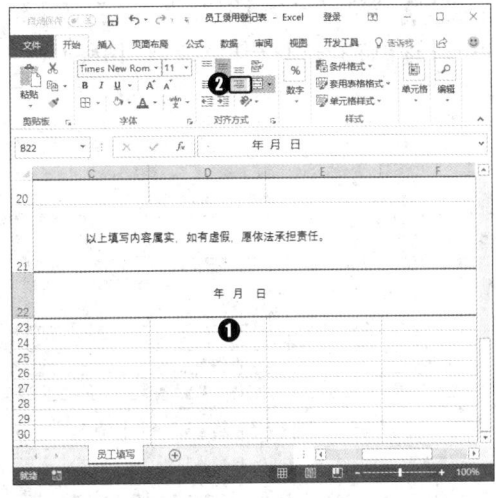

第9步 1选择A3:F22单元格区域，2单击【下框线】右侧的下拉按钮，3在弹出的下拉列表中选择【所有框线】选项，如下图所示。

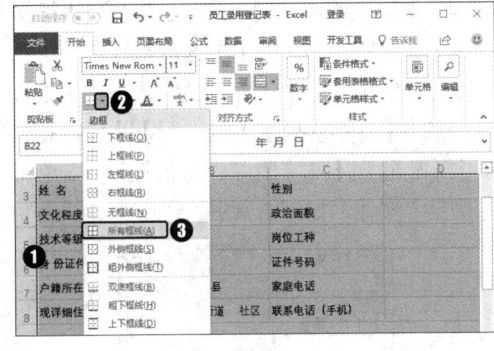

第10步 单击【审阅】选项卡下【更改】组中的【保护工作表】按钮，如下图所示。

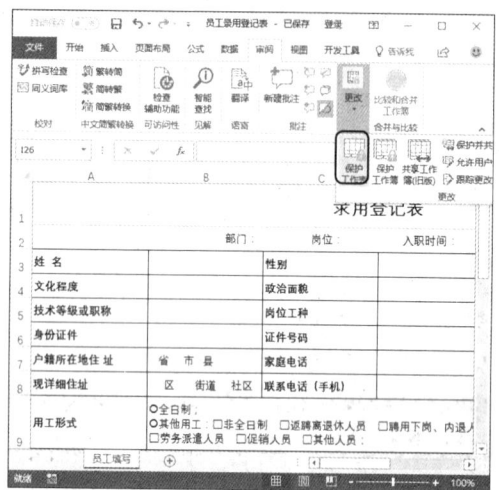

第11步 打开【保护工作表】对话框，1 在文本框中输入密码"123456"，2 在列表框中选中【选定锁定单元格】【选定未锁定的单元格】【设置单元格格式】【设置列格式】【设置行格式】【插入列】【插入行】【插入超链接】【删除列】和【删除行】复选框，3 单击【确定】按钮，如下图所示。

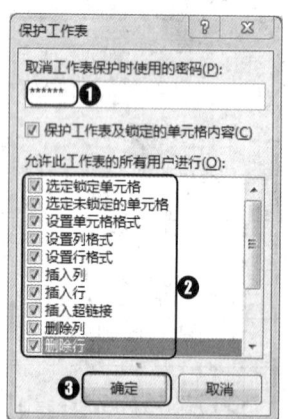

第12步 打开【确认密码】对话框，1 在文本框中再次输入设置的密码"123456"，2 单击【确定】按钮完成工作表的保护，也完成当前整个表格制作与设计的操作，如下图所示。

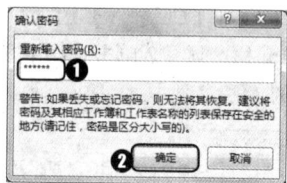

8.3.2 制作用人单位的录用登记表

用人单位的录用登记表，需要考虑两种情况：一是打印填写；二是在计算机和其他设备中填写。

1. 制作可供选择录用项表

要让表格中的选项进行直接选择操作，可借助于单选按钮和复选框控件来轻松完成，具体操作步骤如下。

第1步 1 单击【新建工作表】按钮，新建空白工作表，2 重命名工作表名称为"用人单位、部门填写"，如下图所示。

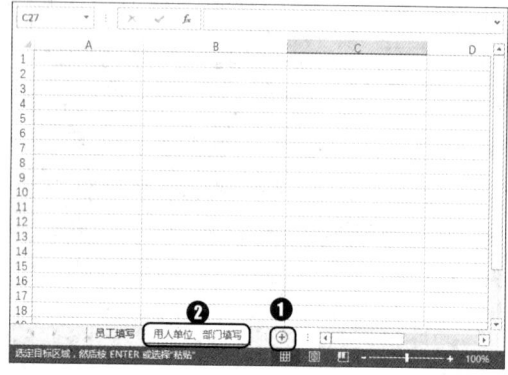

第2步 在表格中输入关键数据，如下图所示。

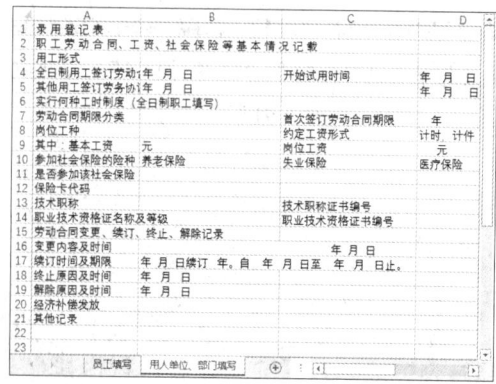

第8章
面试与录用管理

第3步 按照制作员工填写的录用登记表的方法，设置当前录用登记表的样式，如下图所示。

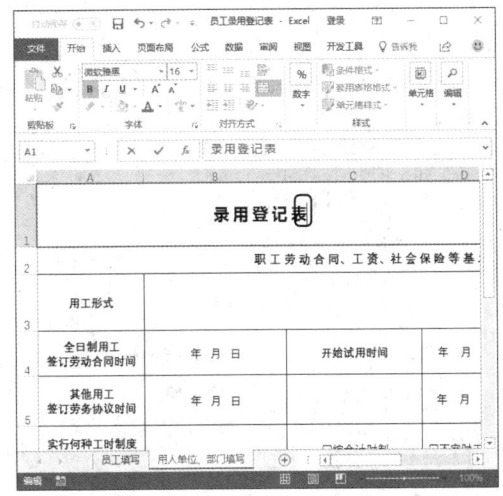

第4步 ①选择 A1 单元格，②单击【自动换行】按钮，如下图所示。

第5步 双击 A1 单元格进入其编辑状态，将鼠标光标定位在【录用登记表】文本最后，按【Alt+Enter】组合键分行，如下图所示。

> **温馨提示**
> 在单元格中，理论上应用先有多行操作，才能在一个单元格中进行分行。不过，在单元格中进行软分行后，系统也就默认允许多行显示。

第6步 输入"（用人单位/部门填写）"，如下图所示。

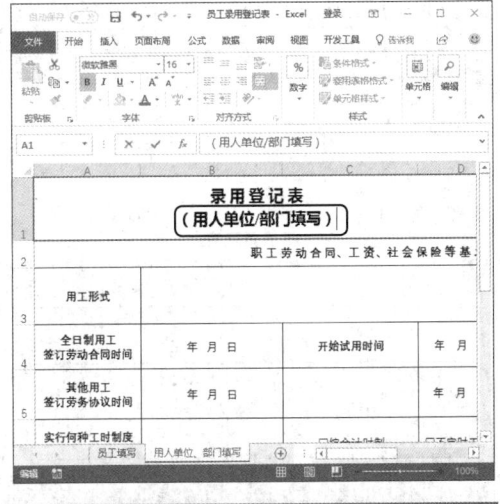

> **温馨提示**
> 表格中的括号，用于补充、解释和说明时，必须在中文状态下输入，不能在英文状态下输入半角括号，以保证规范和专业。

第7步 选择文字"（用人单位/部门填写）"，①单击【字体颜色】右侧的下拉按钮，②在弹出的拾色器中选择【深红】选项，让其更加显眼，起到明显的标识作用，如下图所示。

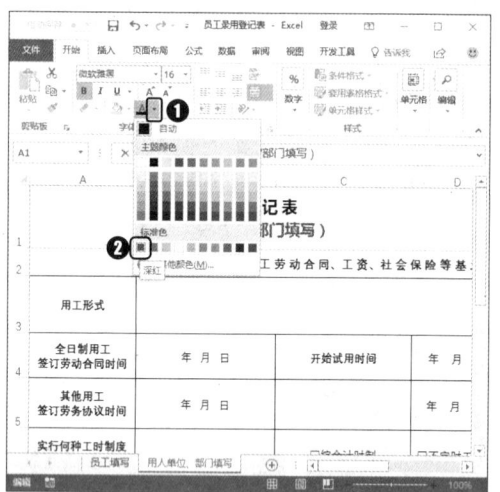

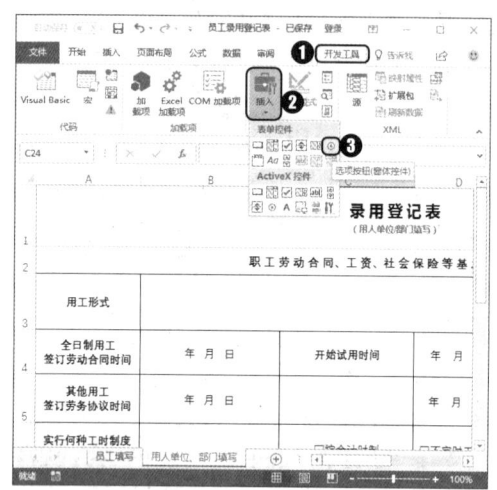

第8步 保持"(用人单位/部门填写)"的选择状态,在【字号】文本框中输入【9】,按【Enter】键确认,如下图所示。

第10步 在B3单元格中绘制单选按钮并在其上右击,在弹出的快捷菜单中选择【编辑文字】命令,如下图所示。

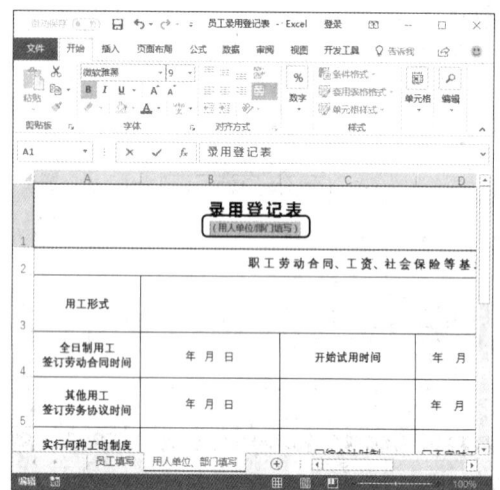

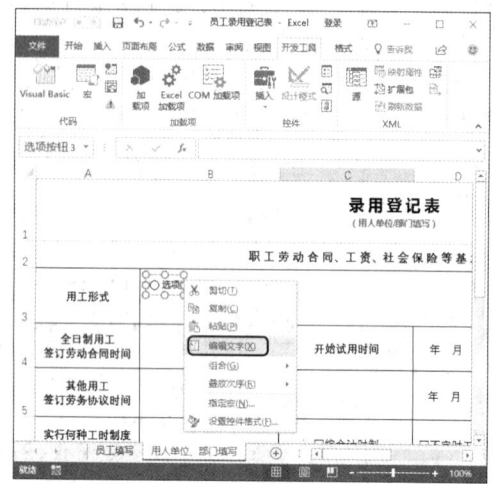

温馨提示

表格中的副标题相对于正标题,字号必须要小一些,具体小多少没有硬性规定,完全根据制表者个人的习惯。如本例中副标题"(用人单位/部门填写)"的字号必须小于正标题"录用登记表"。

第9步 1选择【开发工具】选项卡,2单击【插入】下拉按钮,3在弹出下列表中选择【单选按钮】控件,如下图所示。

第11步 进入单选按钮控件名称编辑状态,删除原有的名称内容,输入"全日制(应当签订劳动合同)",如下图所示。

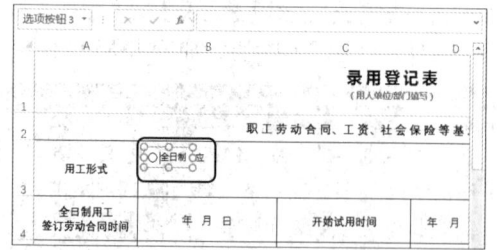

第12步 将鼠标指针移动单选按钮的控制框

第 8 章
面试与录用管理

上，当鼠标指针变成 ⇔ 形状时，按住鼠标左键进行拖动，直到输入的文字全部显示，然后释放鼠标，如下图所示。

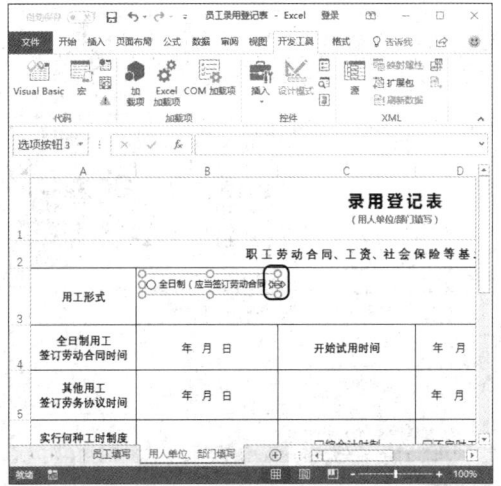

第 13 步 1 单击【插入】下拉按钮，2 在弹出下拉列表中选择【复选框】控件，如下图所示。

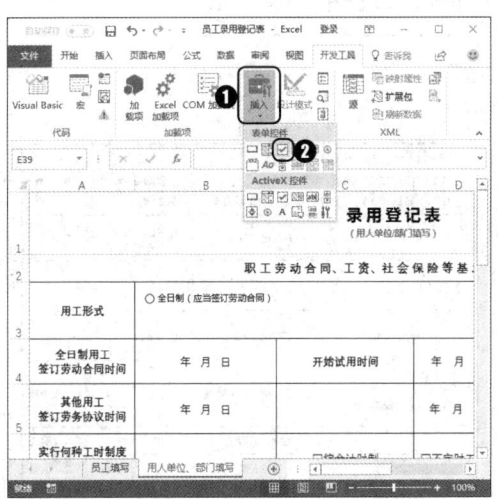

第 14 步 在 B3 单元格中的合适位置绘制复选框控件，输入对应的名称文本并调整控件的宽度，显示全部文本，如下图所示。

温馨提示

在调整控件宽度时，最好让控件宽度与文本内容宽度相当，以方便多个控件的选择和其他操作。

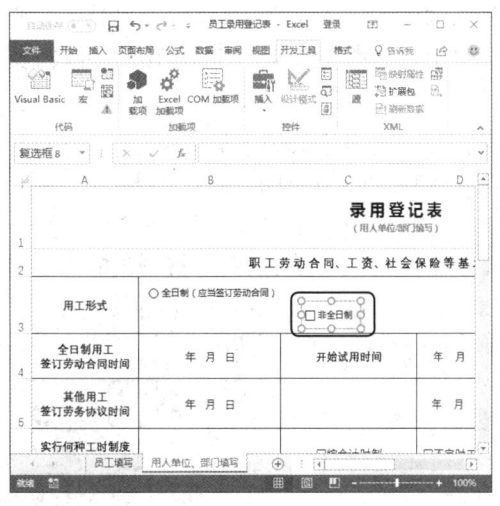

第 15 步 重复第 8~13 步操作，制作其他选项的控件，如下图所示。

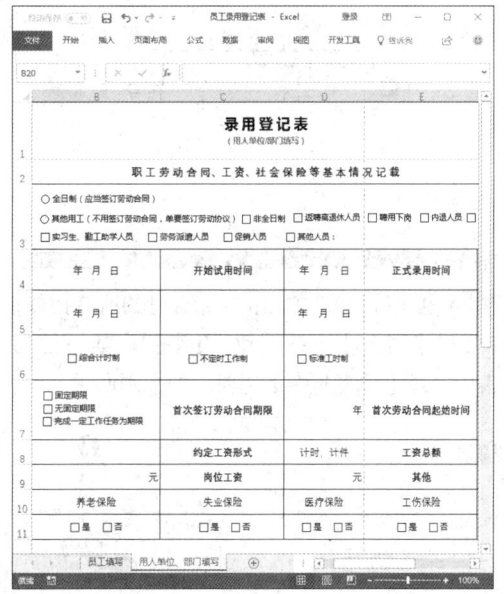

温馨提示

在 B3 单元格中添加选项时，若行高不够，可手动进行拖动调整。

2. 完善表格

如果想让用人单位或部门填写的录用登记表更加完善，可以从两个方面入手：一是

| 213

插入的控件对齐方式；二是将表格整体进行保护（包括插入的控件不能被移动、编辑操作等），具体操作步骤如下。

第1步 1按住【Ctrl】键，依次在【全日制】【其他用工】和【实习生、勤工俭学】上右击将其选择，2单击【绘图工具/格式】选项卡，3单击【对齐】下拉按钮，4在弹出的下拉列表中选择【左对齐】选项，让选择的3个控件垂直水平对齐，如下图所示。

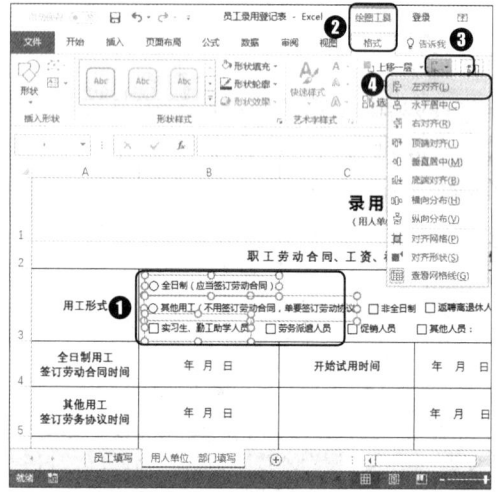

第2步 1选择B3单元格中第2行的所有控件，2单击【对齐】下拉按钮，3在弹出的下拉列表中选择【垂直居中】选项，如下图所示。

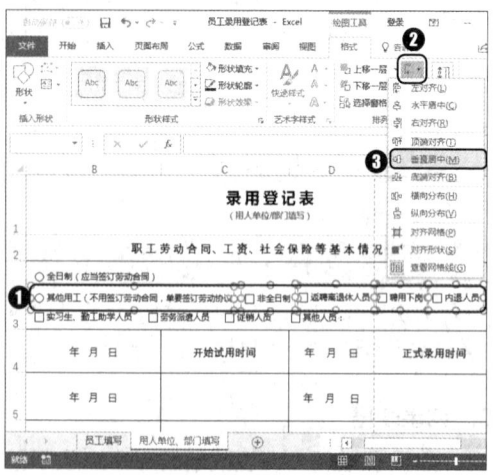

第3步 保持控件的选择状态，1单击【对齐】下拉按钮，2在弹出的下拉列表中选择【横向分布】选项，如下图所示。

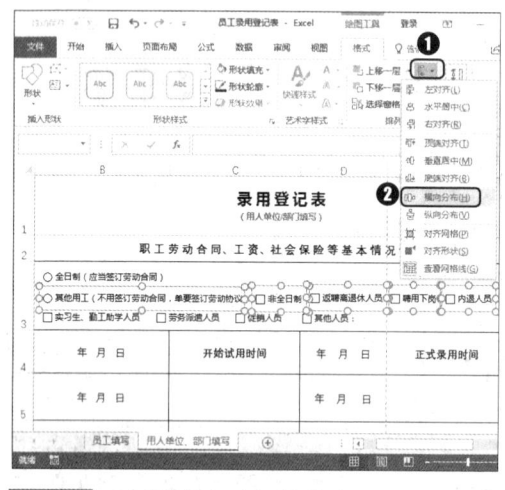

第4步 以同样的方法将其他成组的控件对象进行相应的对齐，如左对齐、垂直居中、横向分布等，如下图所示。

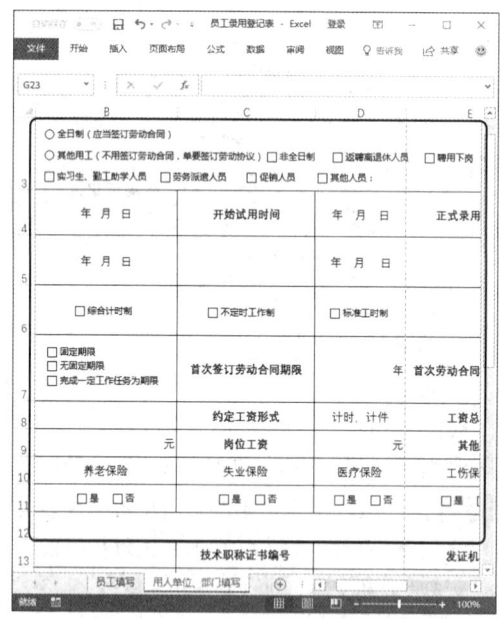

第5步 1单击【开始】选项卡中的【查找和选择】下拉按钮，2在弹出的下拉列表中选择【选择对象】选项，如下图所示。

第 8 章
面试与录用管理

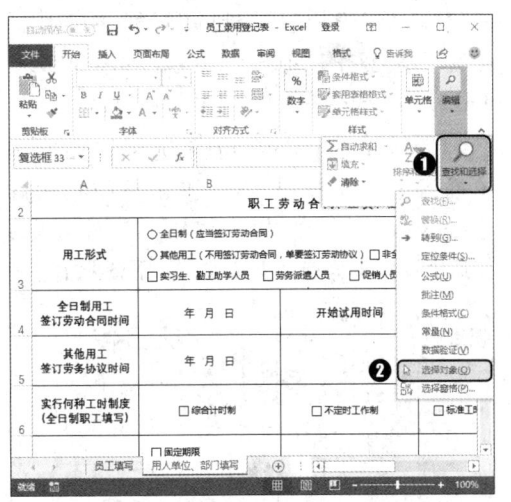

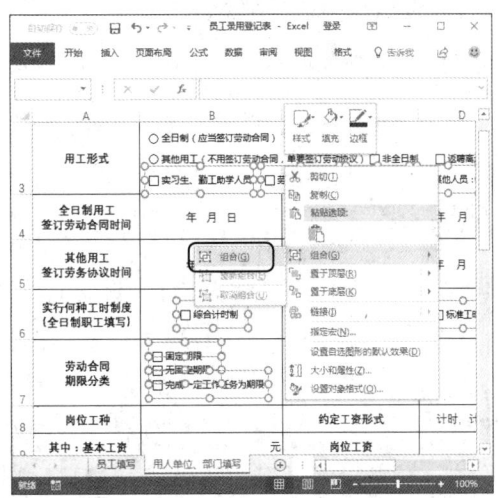

菜单中选择【组合】→【组合】命令，将所有控件对象组成一个整体，如下图所示。

第6步 在表格中拖动鼠标选择所有的控件对象，在任一复选框控件上右击，在弹出的快捷

大神支招

面试与录用方面的表格制作，方法大体相同，使用到的知识点也大致类似，只是制作思路、先后顺序及功能实现的途径不大一样。下面结合本章知识，讲解几个实用的操作技巧，帮助人力资源从业者提高制作此类表格的速度效率，或解答一些操作上的疑惑。

01：如何显示出【开发工具】选项卡

视频文件：下载\视频文件\第8章\01.mp4

有些时候Excel 2016中的【开发工具】选项卡并没有默认显示在软件窗体上（可能是安装过程上出现漏洞），当插入复选框或单选按钮控件时需要将其显示出来，具体操作步骤如下。

第1步 在功能区上右击，在弹出的快捷菜单中选择【自定义功能区】命令，如下图所示。

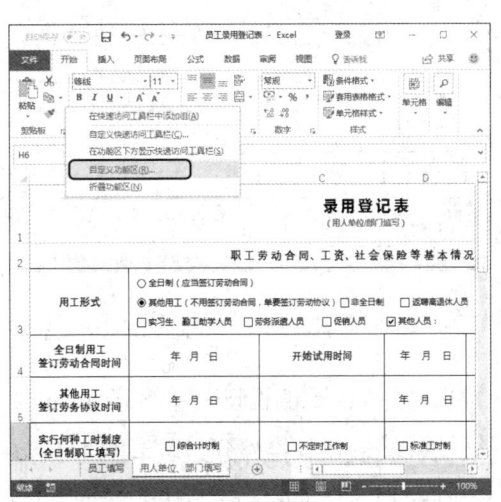

215

第2步 在打开的【Excel 选项】对话框中，1选中【开发工具】复选框，2单击【确定】按钮，如下图所示。

第3步 系统自动将【开发工具】选项卡显示在软件窗体上，供用户使用，如下图所示。

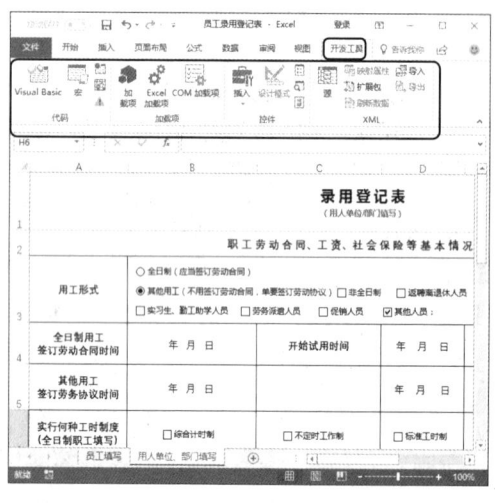

02：如何使用嵌入式的 ActiveX 控件

🎬 视频文件：下载\视频文件\第8章\02.mp4

在Excel中，控件分为表单控件和ActiveX控件，两者的区别主要在于表单控件更适合在表格中直接使用，ActiveX控件更适合在窗体（用VBA代码控制的界面）中应用。但这不是绝对的，用户仍然可以将ActiveX控件直接用于表格中，具体操作步骤如下。

第1步 1单击【开发工具】选项卡，2单击【插入】下拉按钮，3在弹出下拉列表的【ActiveX 控件】栏中选择需要的控件选项，如这里选择【复选框】选项，如下图所示。

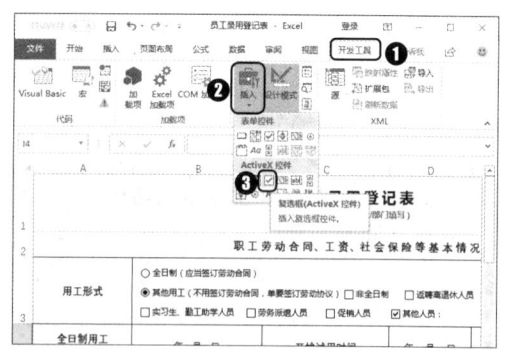

第2步 在目标位置绘制 ActiveX 控件，然后在其上右击，在弹出的快捷菜单中选择【复选框/对象】→【编辑】命令，如下图所示。

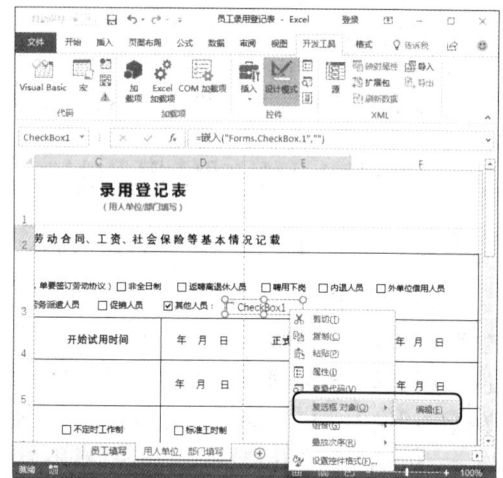

第3步 进入 ActiveX 控件的文本编辑状态，删除原有的名称，输入需要的名称，如下图所示。

第8章
面试与录用管理

置，如颜色、字体等，基本上都可以通过【属性】对话框轻松实现，具体操作步骤如下。

第1步 单击【开发工具】选项卡中的【设计模式】按钮，如下图所示。

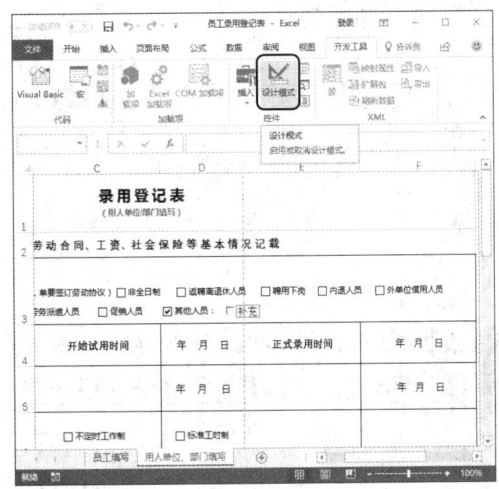

第2步 在 ActiveX 控件上右击，在弹出的快捷菜单中选择【属性】命令，如下图所示。

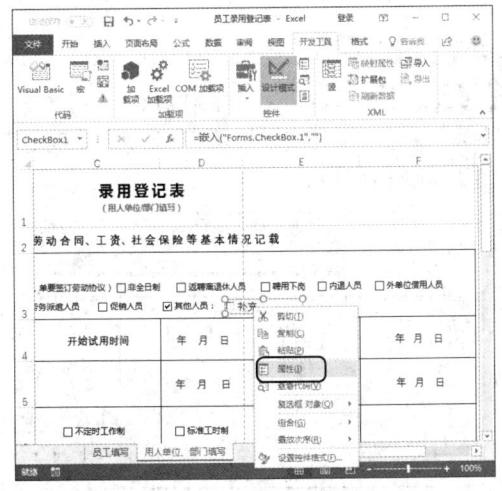

第3步 在打开的【属性】对话框中，1 单击【ForeColor】文本框后的下拉按钮，2 在弹出的面板中单击【调色板】选项卡，3 在拾色器中选择色块选项，为 ActiveX 控件文本设置颜色，如下图所示。

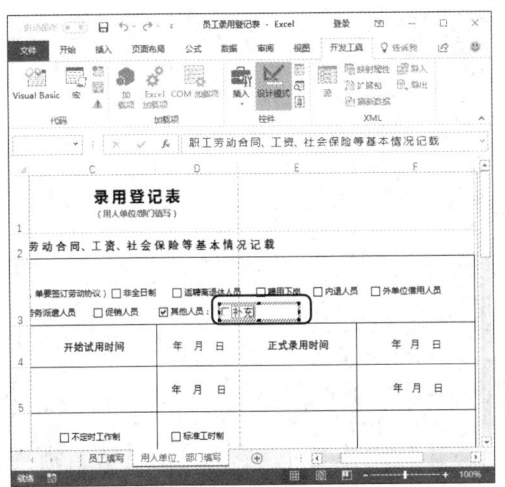

第4步 单击【设计模式】按钮，退出 ActiveX 控件的编辑状态（若要再次进入 ActiveX 控件编辑状态，需单击【设计模式】按钮），如下图所示。

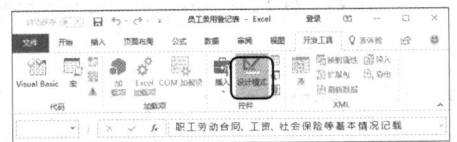

第5步 在 ActiveX 控件上单击进行选择或取消选择，如下图所示。

作为补充，ActiveX 控件不仅能嵌入表格中，同时，还能对控件名称文本进行格式的设

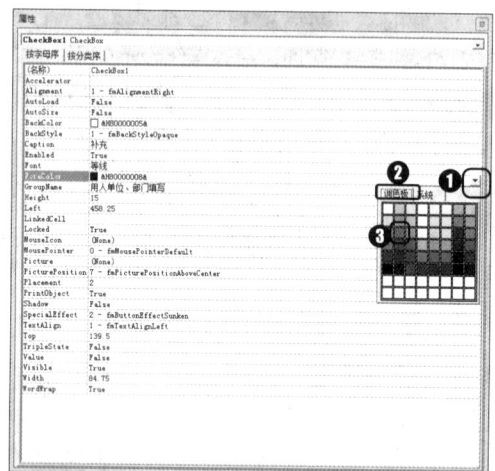

第4步 在【Font】文本框上双击，如下图所示。

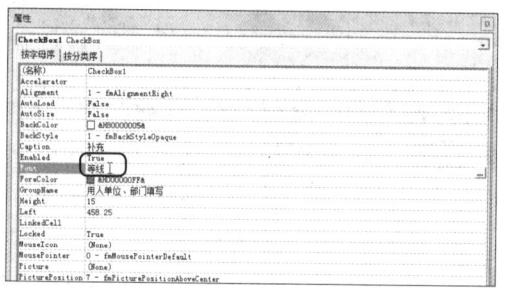

第5步 在打开的【字体】对话框中，1 设置字体、字形、字号或者效果等，2 单击【确定】按钮，如下图所示。

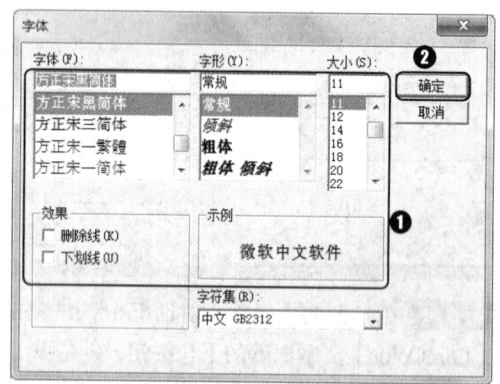

第6步 返回【属性】对话框，单击【关闭】按钮关闭对话框，如下图所示。

第7步 在表格中即可查看到设置 ActiveX 控件样式效果，如下图所示。最后单击【设计模式】按钮退出 ActiveX 设计状态，结束操作。

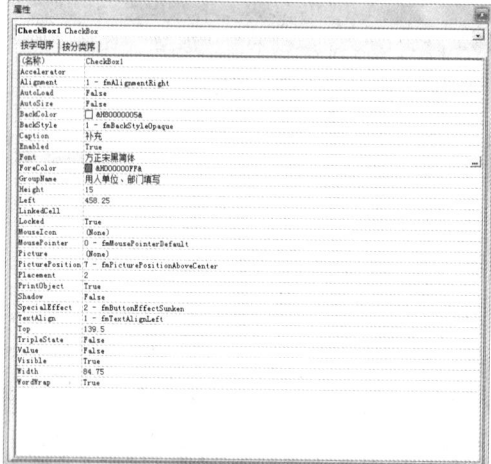

03：设置控件的默认选择状态

视频文件：下载\视频文件\第8章\03.mp4

单选按钮控件、复选框控件有选中状态和未选中状态，除了手动进行选中外，用户还可以让指定控件的默认状态成为选中状态。

1. 设置表单控件的默认选择状态

第1步 在目标控件上（表单控件）右击，在弹出的快捷菜单中选择【设置控件格式】命令，如下图所示。

第8章
面试与录用管理

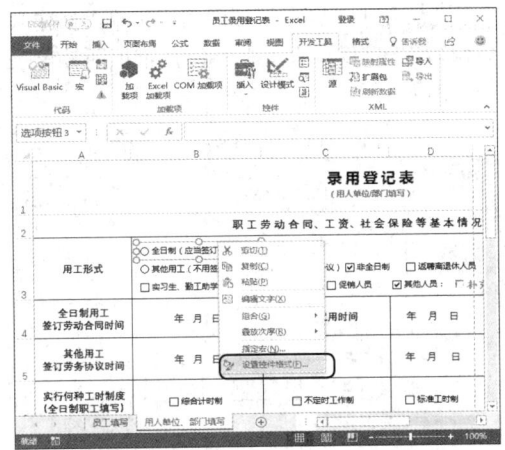

第2步 在打开的【设置控件格式】对话框中，1 选择【控制】选项卡，2 选中【已选择】或【未选择】单选按钮，这里设置控件的默认选择状态，3 单击【确定】按钮，如下图所示。

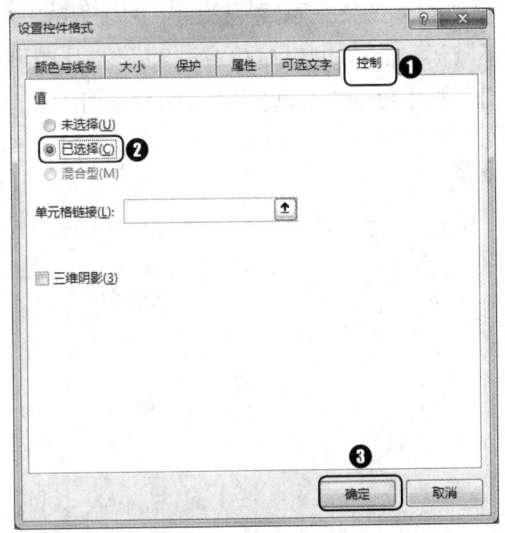

2. 设置ActiveX控件的默认选择状态

第1步 1 单击【设计模式】按钮，2 在 ActiveX 控件上右击，在弹出的快捷菜单中选择【属性】命令，如下图所示。

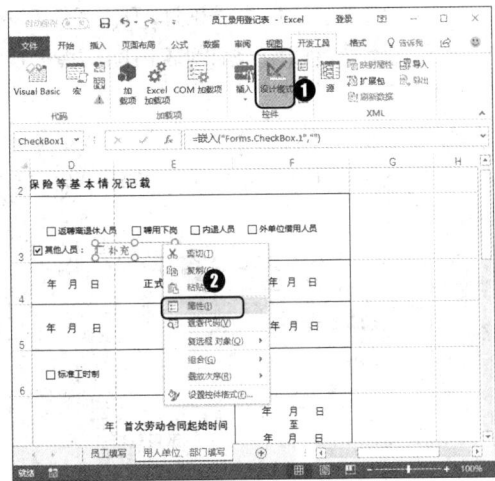

第2步 打开【属性】对话框，1 在【Value】文本框中输入【True】（True 表示默认选择）或【False】（False 表示默认不选择），这里设置 ActiveX 控件的默认选择状态，2 单击【关闭】按钮，如下图所示。

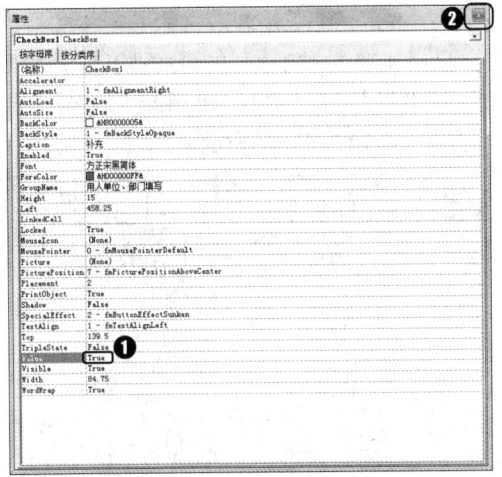

04：添加页脚

视频文件：下载\视频文件\第8章\04.mp4

有些公司、企业会在一些表格中添加单位名称、制表日期等，形成统一的内部文件风格。在Excel中不能直接在表格中添加，需要通过页面布局视图来实现。

| 219 |

下面将通过添加页眉来让打印的表格文件下方有公司名称和当前制表日期，具体操作步骤如下。

第1步 1选择【视图】选项卡，2单击【页面布局】按钮切换到页面布局视图中，如下图所示。

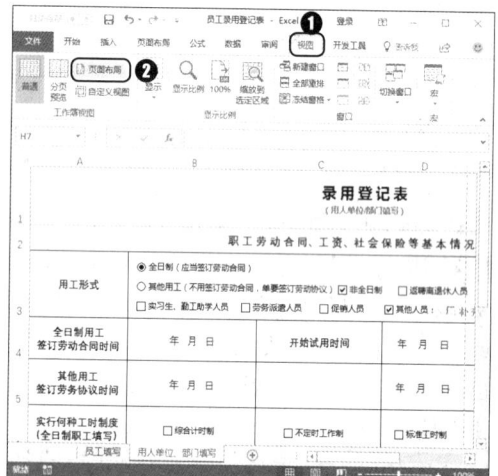

第2步 1在激活的【页眉和页脚工具】选项卡的【页眉】区域选择任一单元格，2单击【转至页脚】按钮，如下图所示。

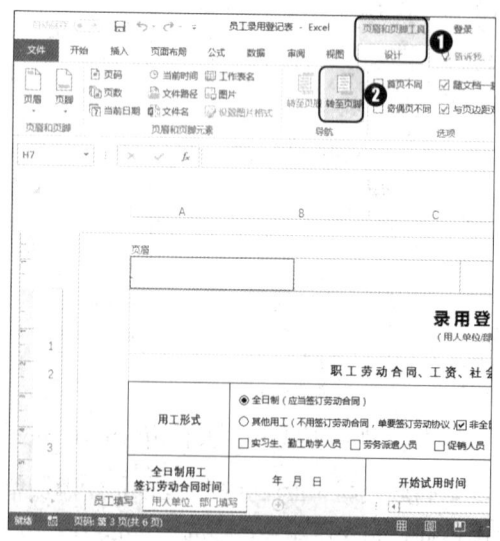

第3步 在【页脚】区域中的任一单元格输入公司名称，这里输入"制表者：成都恒图教育"，如下图所示。

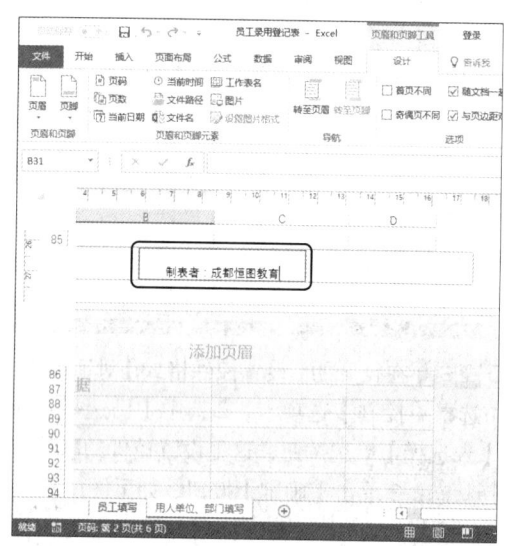

第4步 1选择另一页脚单元格，2单击【当前日期】按钮插入动态的日期，如下图所示。

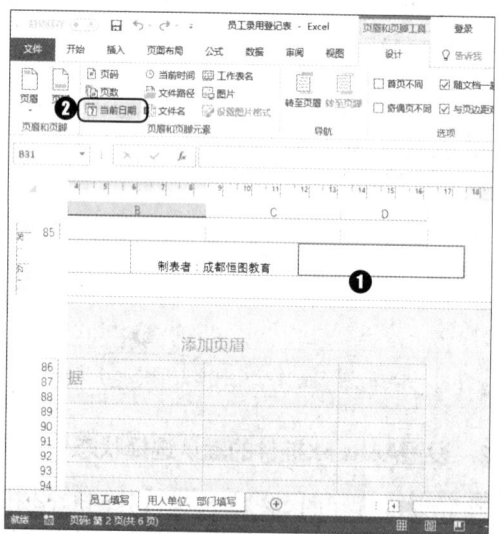

第5步 在表格任一其他位置单击，退出页脚编辑状态，显示当前获取的系统日期，如下图所示。

第 8 章
面试与录用管理

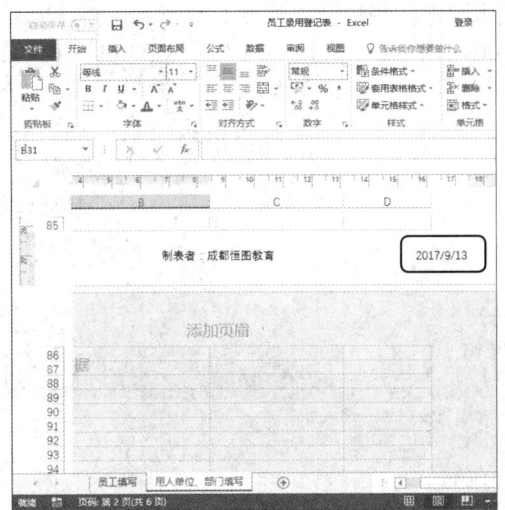

第 6 步 按【Ctrl+P】组合键切换到【打印】界面，在打印区域中即可查看到添加页脚的实际打印效果，如下图所示。

第 7 步 在【视图】选项卡中单击【普通】按钮切换到普通表格视图中，结束操作，如下图所示。

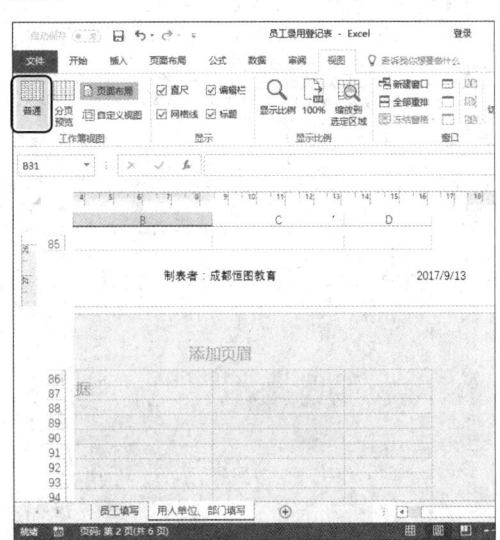

第9章
员工培训管理

本章导读

员工培训是HR的一项重要工作,是对员工进行有目的、有计划的培养和训练的管理活动,能使员工不断地更新知识、开拓技能,更好地胜任现职工作或担负更高级别的职务,从而促进组织效率的提高和组织目标的实现。本章将介绍如何使用Excel高效制作和设计培训管理中需要使用的表格的知识和操作步骤,帮助大家提升工作效率和质量。

知识要点

❖ 培训需求调查表
❖ 培训成绩统计分析表

❖ 培训流程一览表

9.1 培训需求调查表

案例背景

为做好员工培训工作，提升员工工作技能，实现公司发展战略，使培训工作真正体现员工所需、公司所需，人力资源部会对员工进行培训需求调查。通常情况下，会以培训调查表的方式进行。通过对数据汇总分析，得出员工的需求和急需提高的知识或技能。同时，也有助于员工积极参与后续的培训工作。

本例将制作和设计一份常用的员工培训需求调查表，制作完成后的效果如下图所示。实例最终效果见"下载\结果文件\第9章\培训需求调查表.xlsx"文件。

培训类别	培训内容	是否同意	参加人员			培训方式				
			自愿参加	指定人员	全体员工	课堂授课	在实践中演示	标杆	座谈提问	其他

部门_____　　　　　　日期___年___月___日

员工培训需求调查表

培训类别	培训内容	是否同意	参加人员			培训方式				
公共教育	公司发展史、组织结构、主要业务									
	公司规章制度及福利待遇									
	其他	请说明								
业务知识	各部门员工根据各自的岗位特点提出需求	是否同意	自愿参加	指定人员	全体员工	课堂授课	实践中演示	标杆	座谈提问	其他
	计算机/IT行业动态									
	互联网方面									
	交际谈判									
	广告创意									
	写作									
	网页制作									
	通讯									
	市场调查									
	其他	请说明								
知识其他	请说明									

下载文件	素材文件	无
	结果文件	下载\结果文件\第9章\培训需求调查表.xlsx
	教学视频	下载\视频文件\第9章\9.1培训需求调查表.mp4

9.1.1 创建培训需求调查表

培训需求调查表，一般都是以表单的形式出现的，相对于统计表或汇总表，结构稍微复杂一些，不过，用户仍然可以通过简捷的操作将其快速完成，具体操作步骤如下。

第1步 新建工作簿并将其保存为"培训需求调查表"，在对应单元格中输入相应的数据，如下图所示。

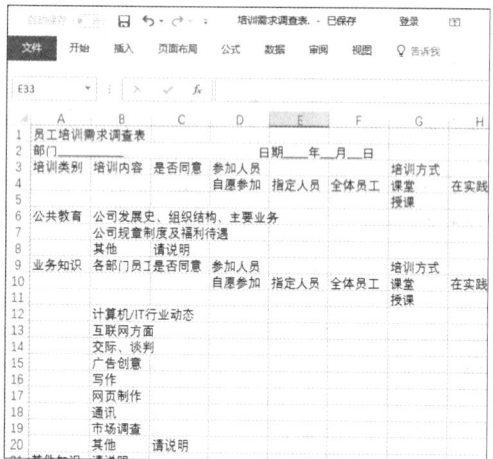

第2步 ❶选择 A1:K1 单元格区域，❷单击【合并后居中】按钮合并单元格，如下图所示。

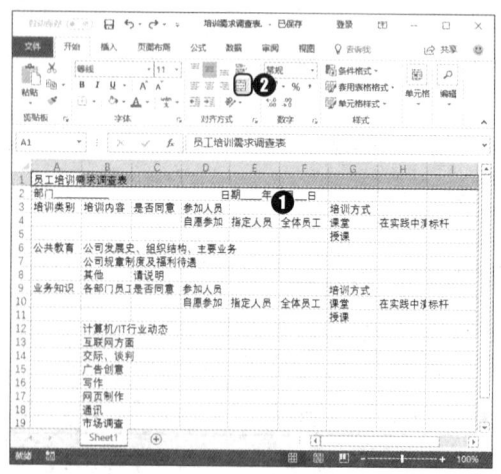

第3步 ❶按住【Ctrl】键选择 D3:F3、D9:F9、G3:L3、G9:L9 单元格区域，❷单击【合并后居中】按钮，系统自动按照选定的单元格区域进行合并，如下图所示。

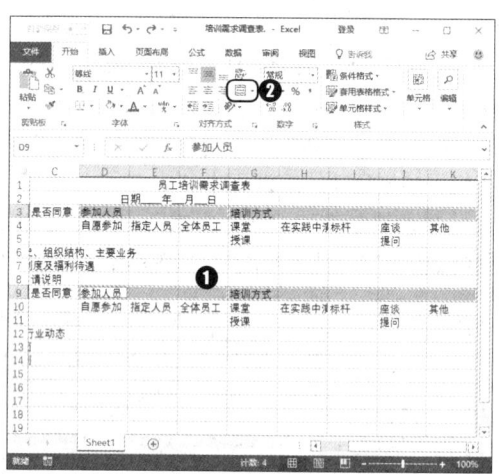

第4步 ❶按住【Ctrl】键选择 A3:A5、B3:B5、C3:C5、D4:D5、E4:E5、F4:F5、H4:H5、I4:I5、K4:K5 单元格区域，❷单击【合并后居中】按钮，系统自动按照选定的单元格区域进行合并，如下图所示。

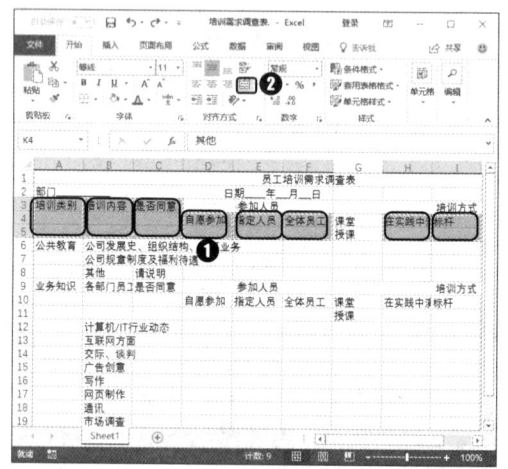

第5步 以同样的方法将其他需要合并的单元格进行合并，如下图所示。

第 9 章
员工培训管理

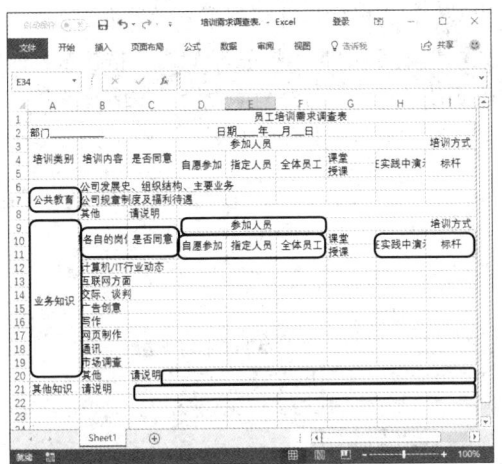

第6步 1选择B6单元格，2单击【自动换行】按钮，如下图所示。

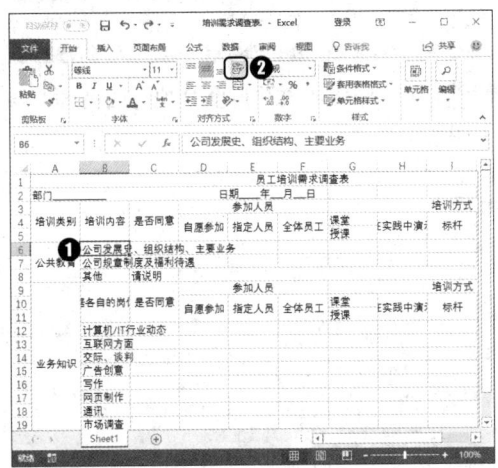

第7步 以同样的方法让其他单元格中的数据换行，如下图所示。

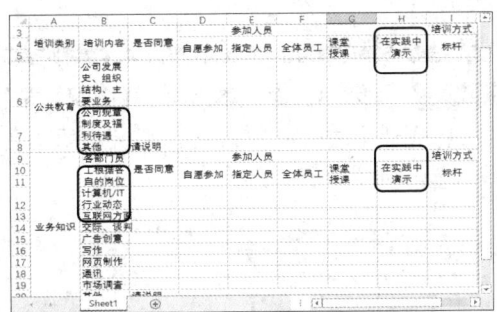

第8步 1选择A6单元格，2单击【方向】按钮，3在弹出的下拉列表中选择【竖排文字】选项，如下图所示。

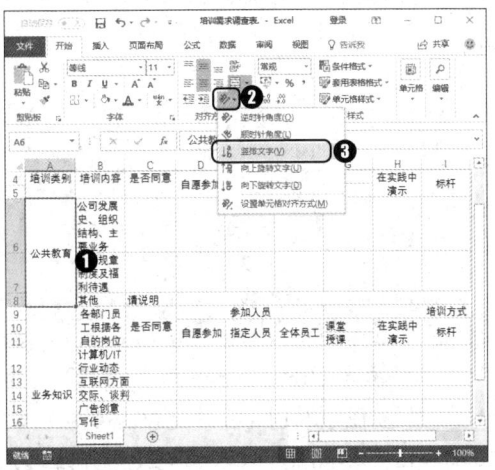

第9步 以同样的方法将A9单元格中数据方向更改为竖排显示，如下图所示。

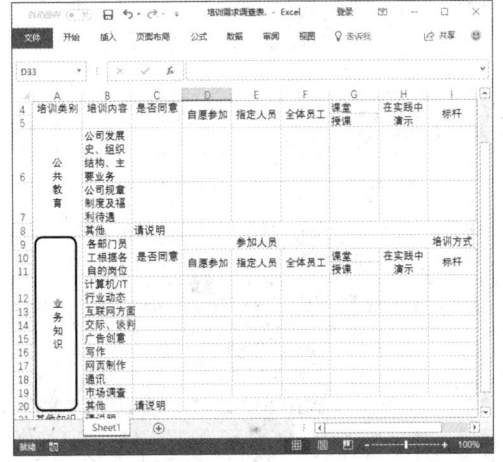

9.1.2 美化培训调查表

培训调查表大体结构和内容制作完成后，接着需要对表格样式进行设置，让其更加规范和好看，具体操作步骤如下。

第1步 1选择A1:K21单元格区域，2设置【字体】为【微软雅黑】，然后按【Enter】键确认，如下图所示。

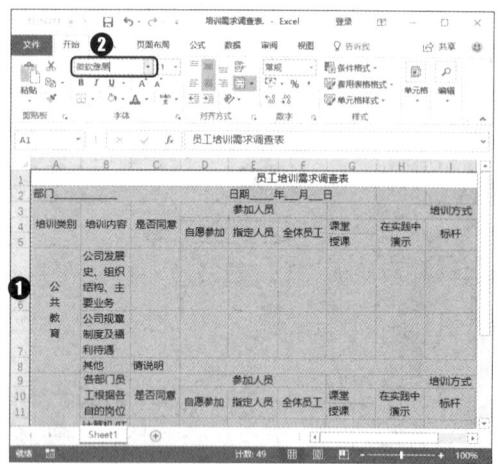

第2步 按住【Ctrl】键，1 选择需要居中对齐的单元格或单元格区域，2 在【对齐方式】组中单击【居中】按钮≡，如下图所示。

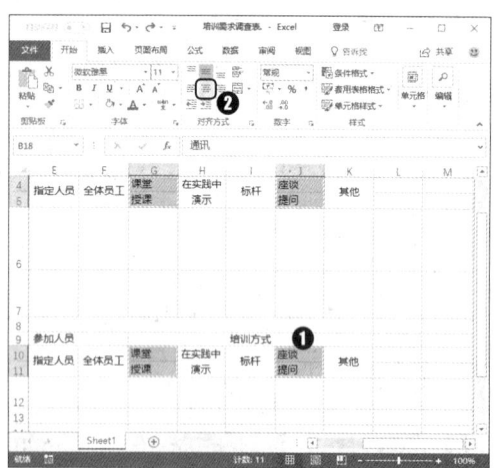

第3步 1 选择 A1 单元格，2 在【字号】文本框中输入【18】，3 单击【加粗】按钮 B，如下图所示。

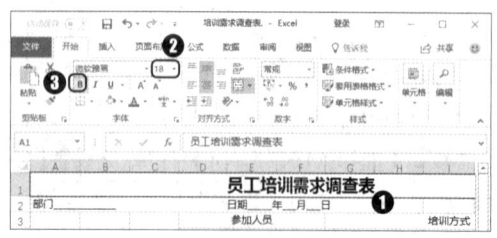

第4步 将鼠标指针移到第 1 行和第 2 行交界处，当鼠标指针变成 ✢ 形状时，按住鼠标左键不放，拖动鼠标指针调整行高到合适高度，然后释放鼠标，如下图所示。

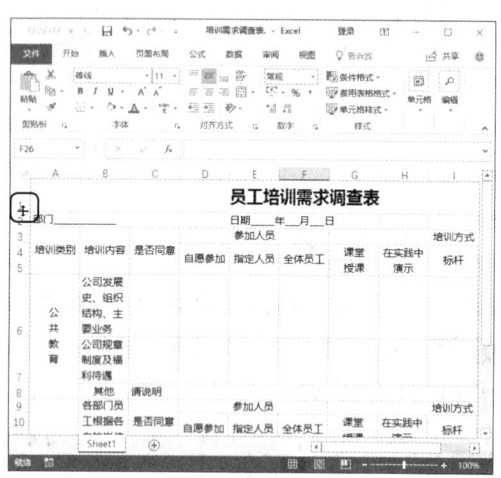

第5步 以同样的方法调整其他行的高度，如下图所示。

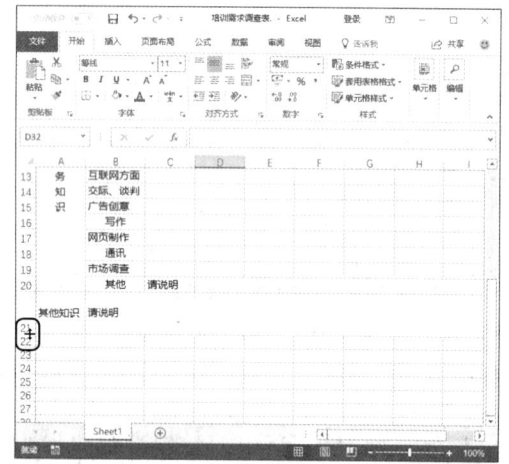

第6步 1 选择 B21 单元格，2 单击【顶端对齐】按钮，让【请说明】数据位于单元格的左上角位置，如下图所示。

第 9 章
员工培训管理

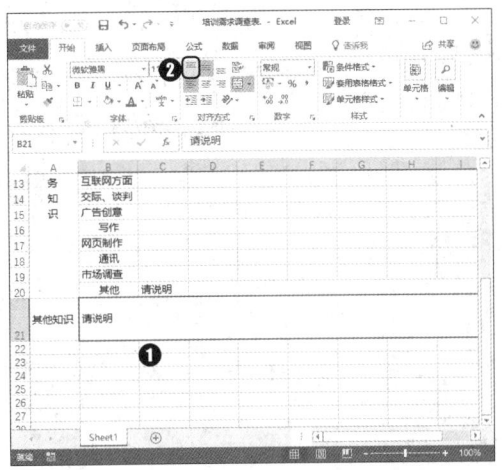

第7步 按住【Ctrl】键选择第8行和第13~20行，并在行号上右击，在弹出的快捷菜单中选择【行高】命令，如下图所示。

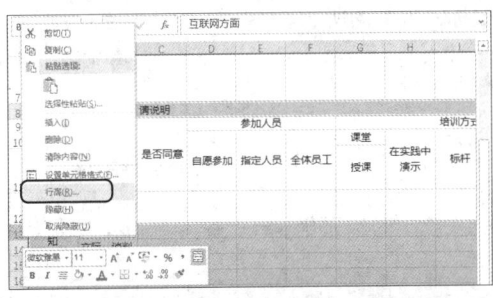

教您一招

避免没有【行高】命令情况

在第一列有跨行合并的单元格中选择不连续的多行时，最好不要通过在表格区域中右击来选择【行高】命令，因为在这种情况下，快捷菜单中会没有该条命令，如下图所示。

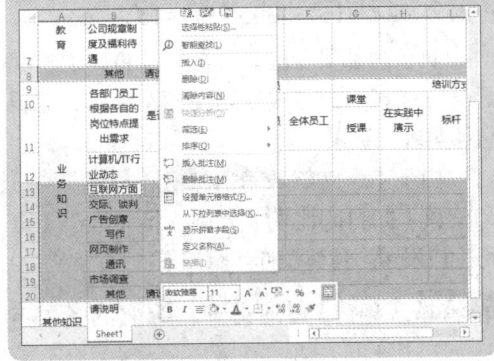

第8步 打开【行高】对话框，1 在【行高】文本框中输入【18】，2 单击【确定】按钮，如下图所示。

第9步 选择第 A~K 列并右击，在弹出的快捷菜单中选择【列宽】命令，如下图所示。

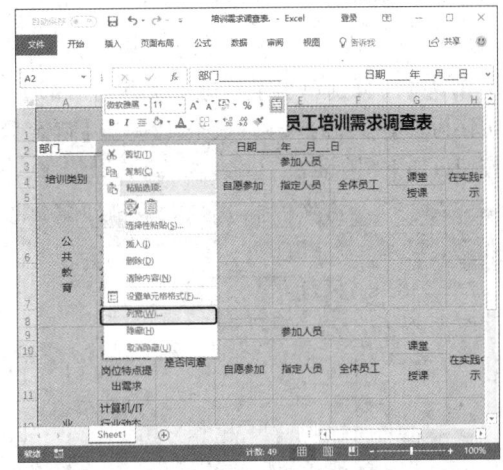

第10步 打开【列宽】对话框，1 在【列宽】文本框中输入【10】，2 单击【确定】按钮，如下图所示。

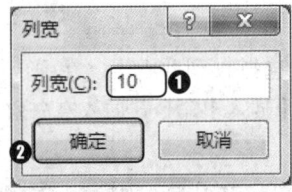

第11步 选择 A3:K21 单元格区域，按【Ctrl+1】组合键，打开【设置单元格格式】对话框，1 选择【边框】选项卡，2 单击【颜色】下拉按钮，3 在弹出的拾色器中选择【白色,背景1,深色25%】选项，如下图所示。

Excel 在人力资源管理中的应用

第12步 1分别单击【外边框】和【内部】按钮为表格添加内外边框线条，2单击【确定】按钮，如下图所示。

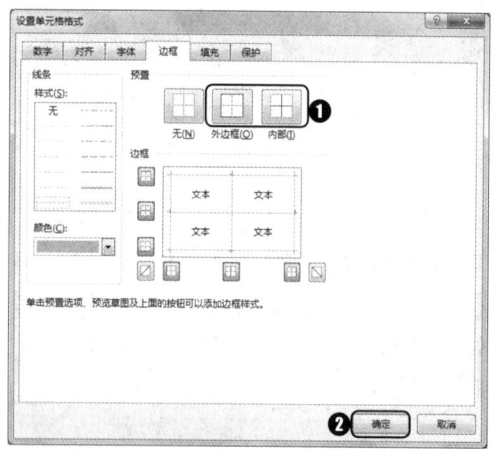

第13步 选择A列并右击，在弹出的快捷菜单中选择【插入】命令，插入空白列，如下图所示。

> **教您一招**
>
> **第1列打印不出边框线的解决方法**
>
> 本例在A列前插入空白列，是为了让系统自动在表格左侧添加边框线，让打印出来的表格具有完整的边框轮廓。

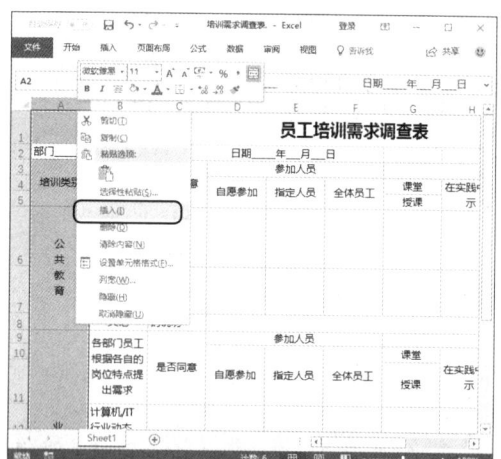

第14步 将鼠标指针移到新插入A列和B列之间的交界线上，当鼠标指针变成┿形状时，按住鼠标左键拖动调整列宽到合适宽度，释放鼠标，如下图所示。

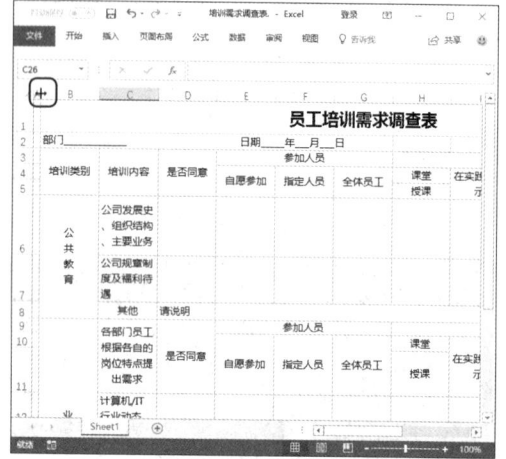

9.1.3 打印培训需求调查表

对于内部员工的培训需求调查，通常都是通过调查单的方式来呈现的，因此，需要打印需求调查表。

由于本例中的表单稍微特殊，需要对打印参数（如打印比例、方向、纸张大小）进行相应设置，具体操作步骤如下。

第1步 1选择【页面布局】选项卡，2单击

【纸张方向】下拉按钮，3在弹出的下拉列表中选择【横向】选项，如下图所示。

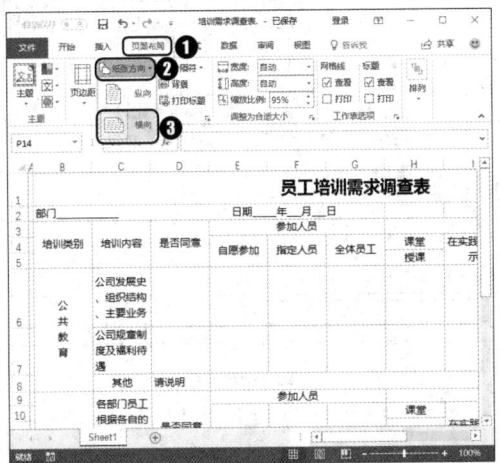

第2步 1单击【纸张大小】下拉按钮，2在弹出的下拉列表中选择【B5】选项，如下图所示。

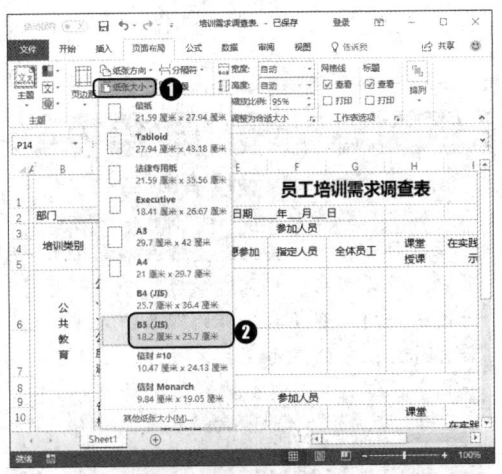

> **温馨提示**
>
> 在选择纸张大小时，不一定能够一步到位，HR在没有事先设置的情况下，可以多次选择纸张的大小，以选择到最合适的纸张来打印培训需求调查表。

第3步 单击【页面设置】组中的【对话框启动器】按钮，如下图所示。

第4步 打开【页面设置】对话框，1在【页面】选项卡中选中【缩放比例】单选按钮，在其后的文本框中输入数字"95"，2单击【打印预览】按钮，如下图所示。

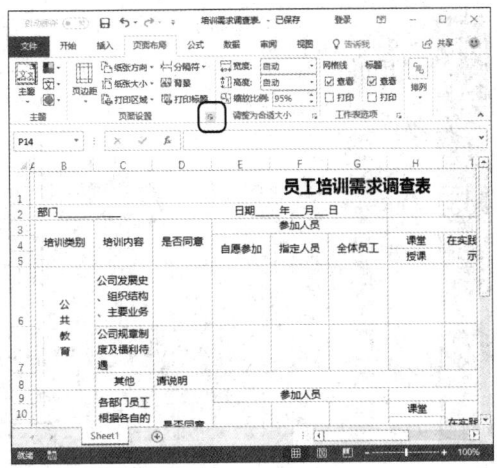

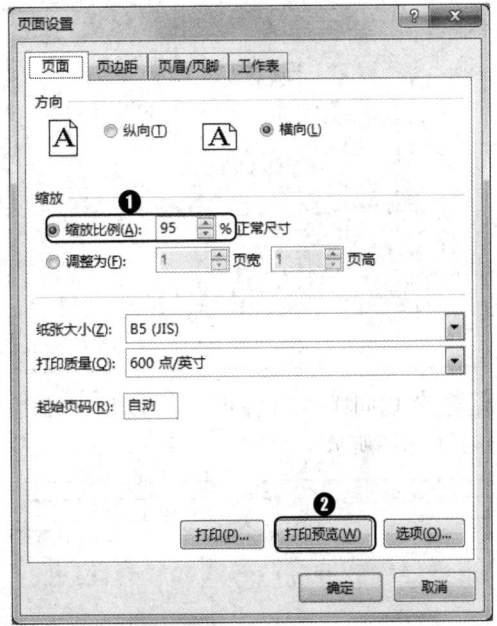

第5步 在打印界面中的预览区域中，即可预览到培训需求调查表的打印效果，单击【缩放到页面】按钮和【页边距】按钮，让显示区域适应打印区域显示的同时，显示出页边距控制线条，如下图所示。

| 229 |

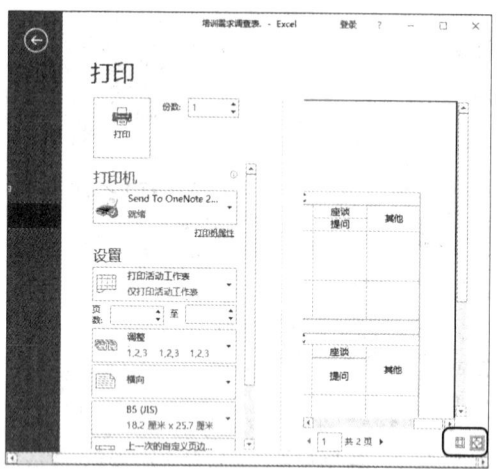

第6步 将鼠标指针移到页边距控制线条上，当鼠标指针变成✥形状时，按住鼠标左键进行微调，调整表格距左侧纸张的距离，如下图所示。

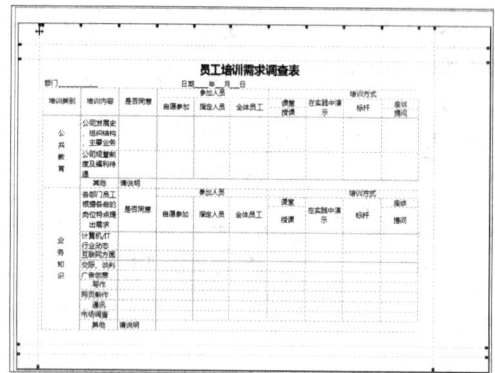

第7步 以同样的方法调整上、下及右侧的边距，如下图所示。

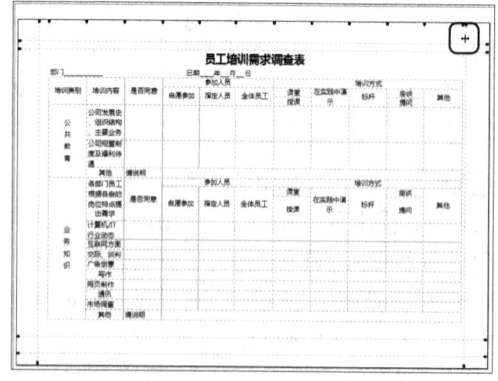

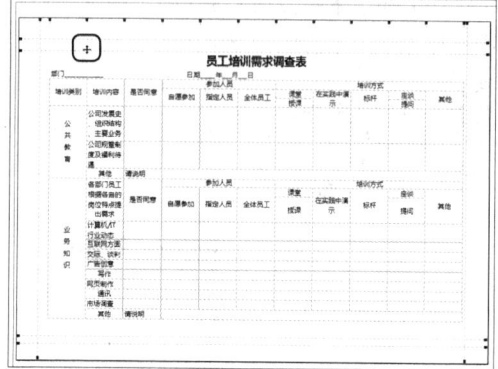

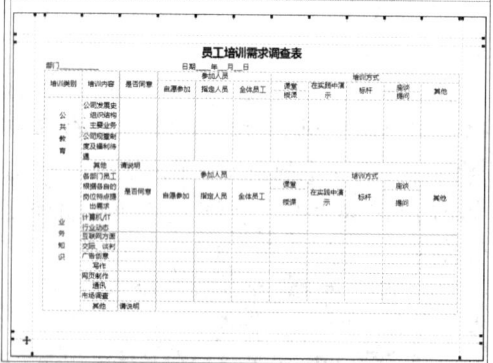

教您一招

查看表单行列是否同页

对于表单这类表格，通常表格同行内容必须在同一页中，甚至是整张表格都在同一页中，因此，在调整页边距后，必须查看同行或同列内容有没有跨页的现象，方法为：若有多页，则会显示"共×页"，单击【下一页】按钮，查看跨页内容。若只有一页，则显示"共1页"，这样的情况就不会有同行或同列内容分页显示，如下图所示。

第8步 ❶设置打印份数，❷单击【打印】按钮，完成整个操作，如下图所示。

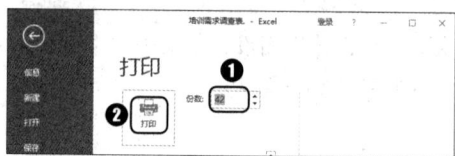

第 9 章
员工培训管理

9.2 培训流程一览表

案例背景

培训内容、时间、地点及对象等确定后，需要对培训对象，如指定部门人员、指定阶层人员、指定技术人员或全体成员，进行通知或张贴公告等。其中的培训流程和培训内容需要进行公示，让培训人员知道什么时间段该培训什么内容，在哪里培训及培训的时间和讲师等信息。

本例将借助SmartArt图形制作和设计一份内部员工礼仪培训流程，制作完成后的效果如下图所示。实例最终效果见"下载\结果文件\第9章\培训流程一览表.xlsx"文件。

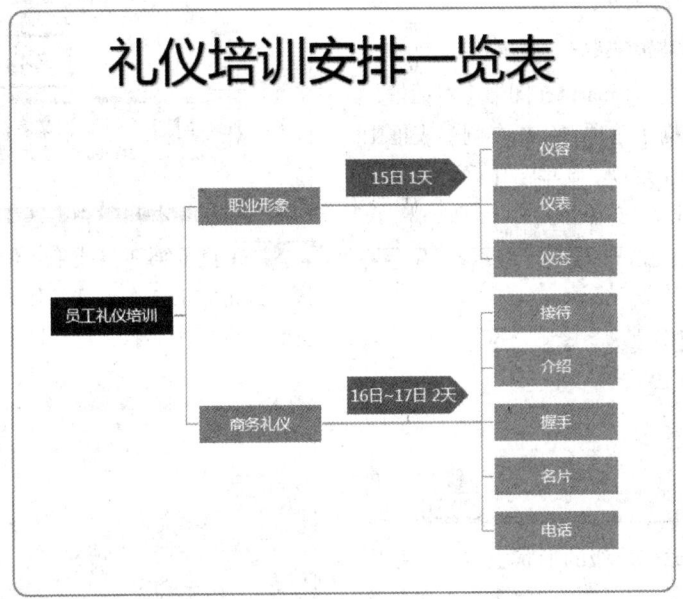

下载文件	素材文件	无
	结果文件	下载\结果文件\第9章\培训流程一览表.xlsx
	教学视频	下载\视频文件\第9章\9.2 培训流程一览表.mp4

9.2.1 利用SmartArt图形制作培训流程示意图

培训流程示意图相对于其他流程图（如招聘流程图、面试录用流程图等）要简洁很多，不需要太多的形状，而且结构层次较为简单，因此，使用SmartArt图形就能轻松搞定，具体操作步骤如下。

第1步 新建空白工作簿并将其保存名为"培训流程一览表"，1选择【插入】选项卡，2单击【插图】组中的【SmartArt】按钮，如下图所示。

Excel 在人力资源管理中的应用

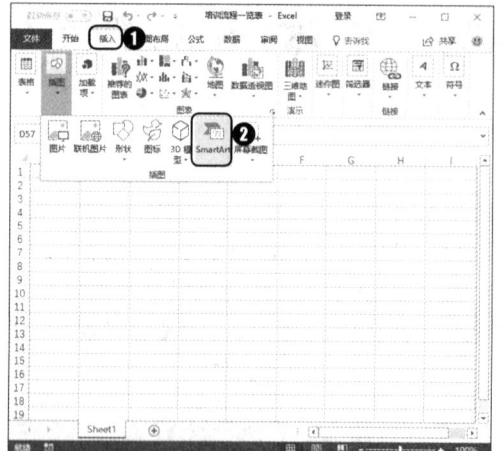

第2步 打开【选择 SmartArt 图形】对话框，1 选择【层次结构】选项，2 在右侧列表框中选择【层次结构】选项，3 单击【确定】按钮插入 SmartArt 图形，如下图所示。

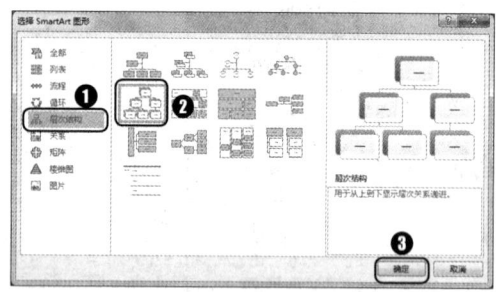

第3步 在左侧第二层级的形状上右击，在弹出的快捷菜单中选择【添加形状】→【在下方添加形状】命令添加形状，如下图所示。

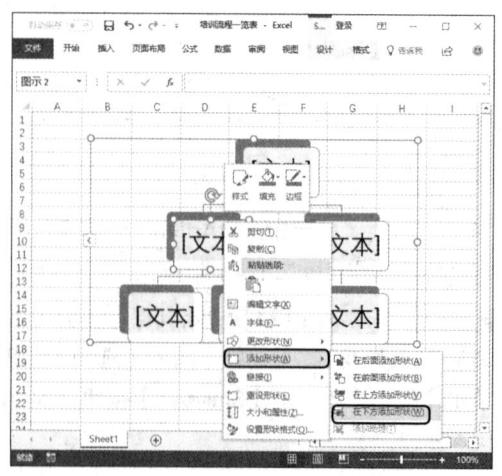

第4步 1 选择右侧第二层级的形状，2 选择【SmartArt 工具 / 设计】选项卡，3 单击【添加形状】下拉按钮，4 在弹出的下拉列表中选择【在下方添加形状】选项，如下图所示。

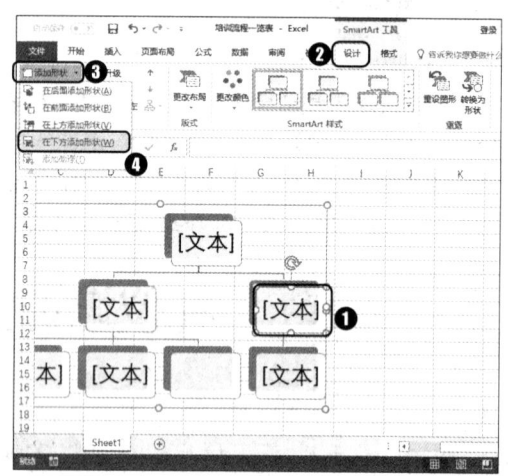

第5步 重复第 3 步或第 4 步操作，在右侧形状下方再添加 3 个形状，作为商务礼仪培训板块的内容备用形状，如下图所示。

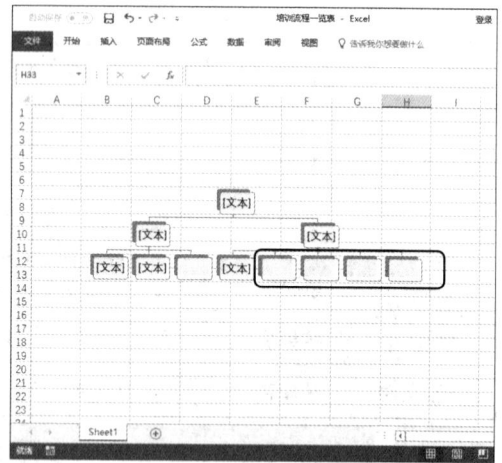

9.2.2 手动更改SmartArt布局样式

制作过程中发现，无法实现为第二层级形状添加助理形状，因为在快捷菜单中选择【添加助理】命令和功能选项都呈现灰色不可用状态，如下图所示。

第9章
员工培训管理

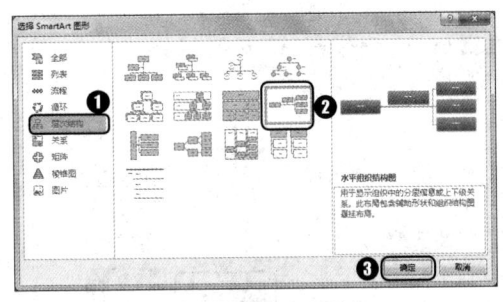

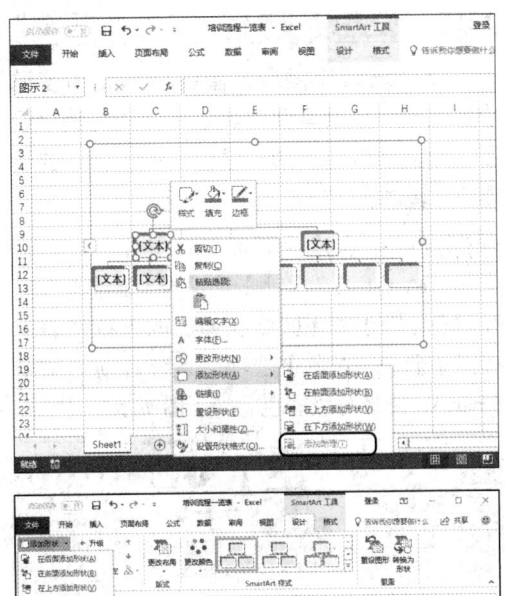

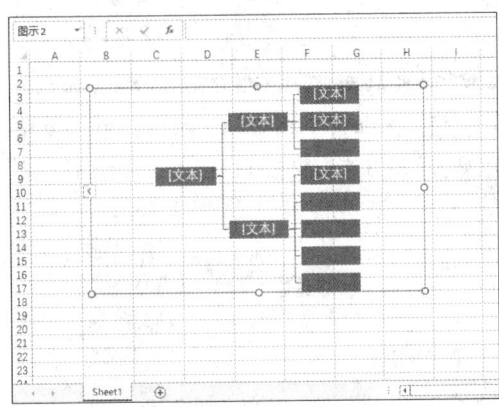

因此，要为第二层级形状添加助理形状，必须更改SmartArt图形类型，具体操作步骤如下。

第1步 在SmartArt图形上右击，在弹出的快捷菜单中选择【更改布局】命令，如下图所示。

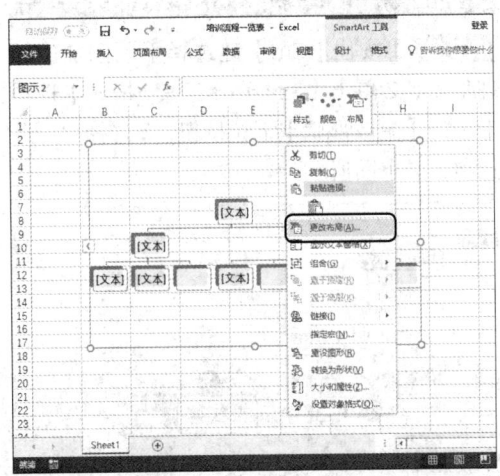

第2步 打开【选择SmartArt图形】对话框，1选择【层次结构】选项，2在右侧列表框中选择【水平组织结构】选项，3单击【确定】按钮，如下图所示。

第3步 在上侧的第二层次形状上右击，在弹出的快捷菜单中选择【添加形状】→【添加助理】命令，如下图所示。

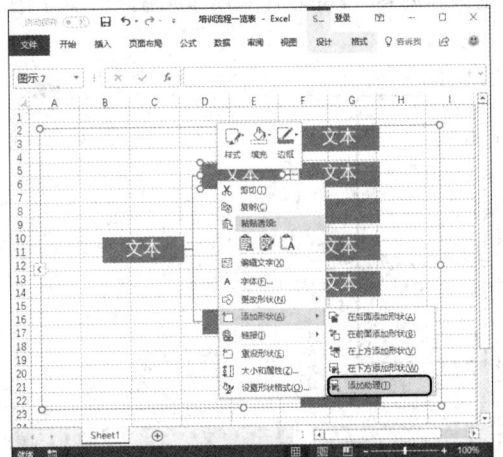

第4步 以同样的方法为下方的第二层级形状添加助理形状，如下图所示。

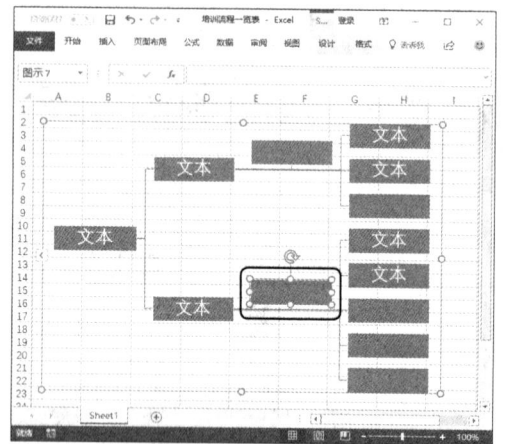

9.2.3 设置培训流程展示图外观样式

整个培训流程示意图的架构和内容已全部完成，接着需要对其进行样式的美化设置，如整体颜色、形状颜色、形状样式的设置等，具体操作步骤如下。

第1步 选择整个SmartArt图形，1选择【SmartArt工具/设计】选项卡，2单击【更改颜色】下拉按钮，3在弹出的下拉列表中选择【彩色，着色】选项，系统自动为整个SmartArt图形分级着色，如下图所示。

第5步 选择整个SmartArt图形，单击窗格左侧的【展开文本窗格】按钮，如下图所示。

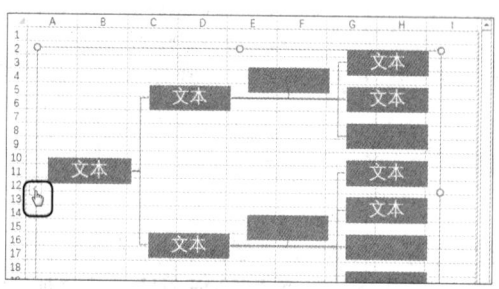

第6步 1在打开的文本输入窗格中输入对应的文本内容，2单击【关闭】按钮，如下图所示。

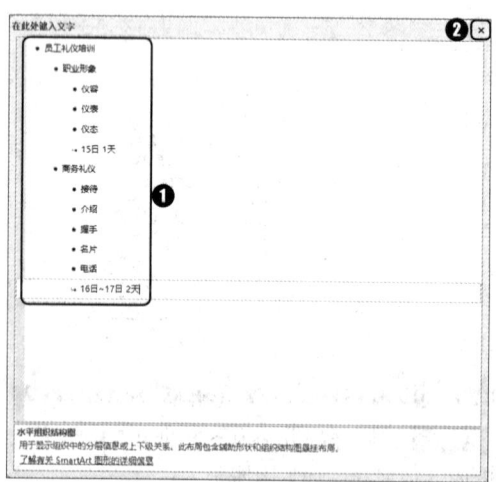

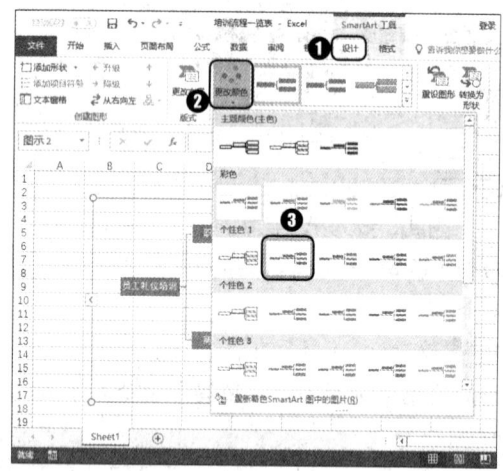

第2步 1按住【Ctrl】键选择手动添加的助理形状，2单击【SmartArt工具/格式】选项卡中的【更改形状】下拉按钮，3选择"▱"选项，如下图所示。

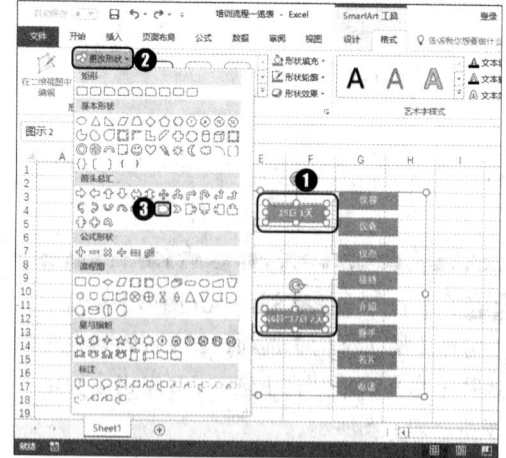

第9章
员工培训管理

第3步 保持助理形状的选择状态，1 单击【开始】选项卡中的【填充颜色】右侧的下拉按钮，2 在弹出的拾色器中选择绿色，如下图所示。

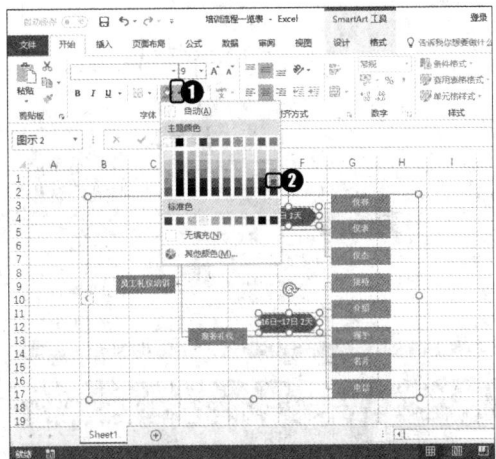

第4步 1 选择标题形状【员工礼仪培训】，2 单击【开始】选项卡中的【填充颜色】右侧的下拉按钮，3 在弹出的拾色器中选择深蓝色，如下图所示。

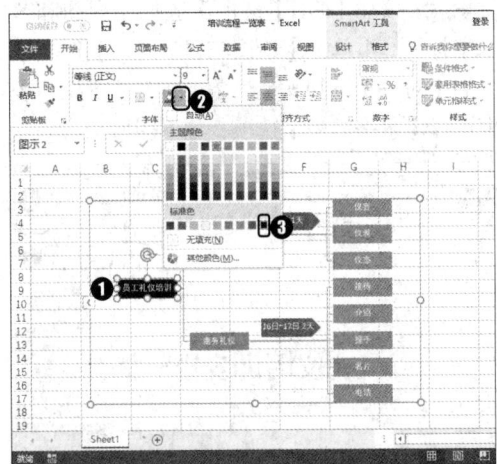

> **温馨提示**
>
> HR制作培训流程示意图若是以黑白色打印的，不需要进行多层级颜色的设置，因为黑白打印颜色只有2~3种，黑白色或黑灰白色。

第5步 1 选择整个 SmartArt 图形，2 在【字体】文本框中输入【微软雅黑】，按【Enter】键确认，如下图所示。

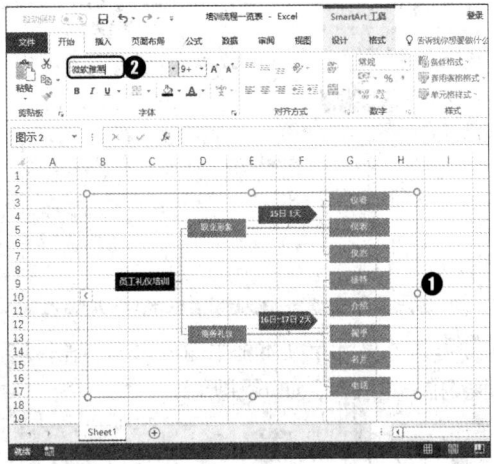

第6步 将鼠标指针移到 SmartArt 图形的角边框上，当鼠标指针变成形状时，按住鼠标左键拖动调整大小，如下图所示。

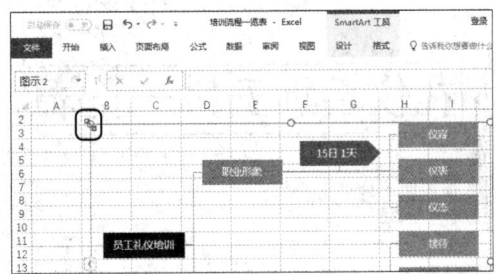

9.2.4 插入艺术字和矩形形状完善流程示意图

制作的培训示意图需要有一个较为醒目的标题，同时要让标题和流程示意图成为一个模块整体，这时可以借助于艺术字和圆角矩形形状，具体操作步骤如下。

第1步 1 单击【插入】选项卡中的【文本】→【艺术字】下拉按钮，2 在弹出的下拉列表中选择需要的艺术字选项插入艺术字，如下图所示。

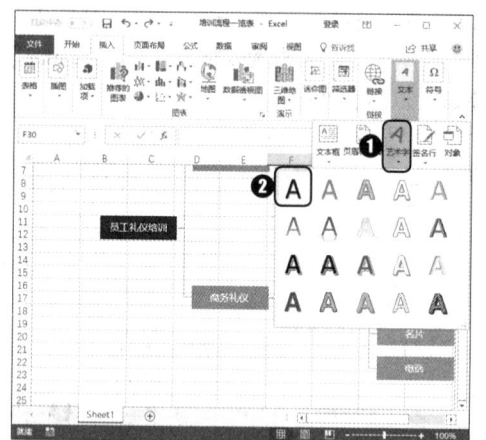

第2步 在艺术字文本框中输入内容"礼仪培训安排一览表",如下图所示。

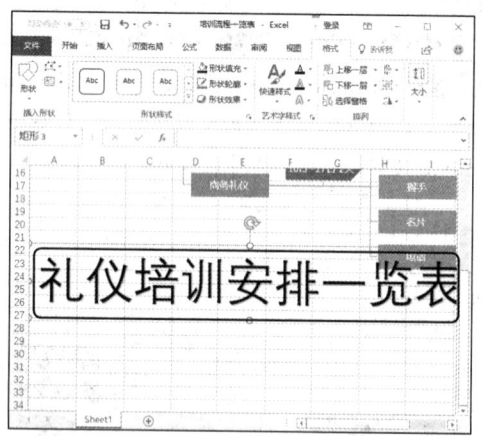

第3步 1选择整个艺术字,2设置【字体】为【微软雅黑】、【字号】为【36】,如下图所示。

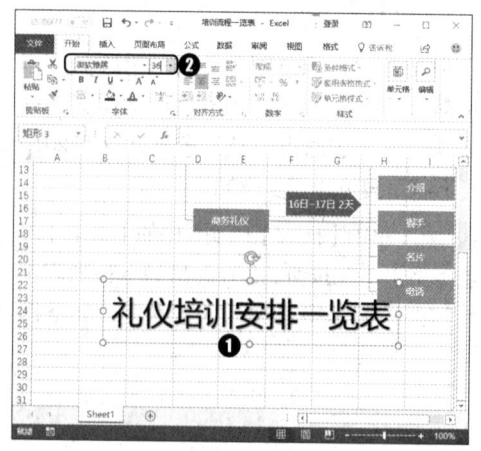

第4步 分别移动艺术字文本框和培训流程图到合适位置,如下图所示。

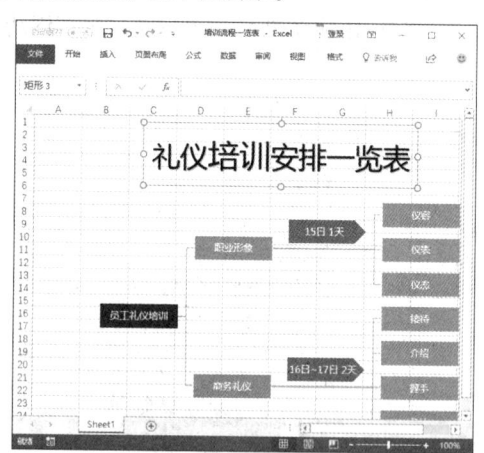

教您一招

移动表格对象位置通用方法

在Excel中移动对象位置的通用方法是:选择对象后,将鼠标指针移到对象的控制框上,当鼠标指针变成十形状时,按住鼠标左键进行拖动,移到目标位置释放鼠标即可。

第5步 按住【Ctrl】键依次选择流程图和艺术字标题,1单击【绘图工具/格式】选项卡中的【对齐】下拉按钮,2在弹出的下拉列表中选择【水平居中】选项,如下图所示。

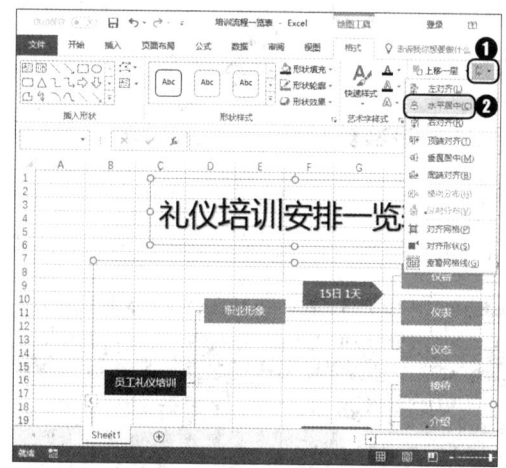

第6步 在【视图】选项卡中取消选中【网格线】复选框隐藏网格线,如下图所示。

第9章
员工培训管理

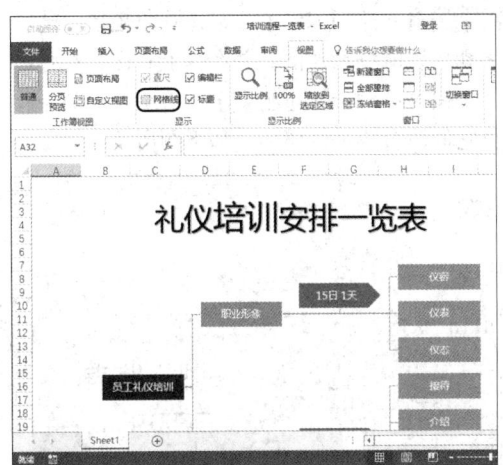

第7步 1 单击【插入】选项卡中的【插图】→【形状】下拉按钮，2 在弹出的下拉列表中选择【圆角矩形】选项，如下图所示。

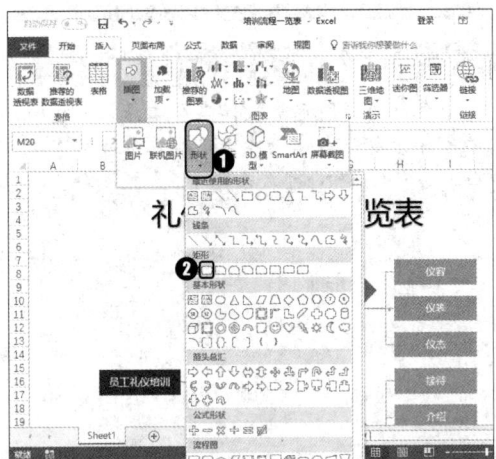

> **温馨提示**
> 在Excel中形状分为矩形和圆角矩形两种。它们的主要区别在于圆角矩形可以对矩形的4个角进行圆滑调节，而矩形不具备这一特点。

第8步 绘制矩形以保证其大小能覆盖艺术字和培训流程图所占区域，如下图所示。

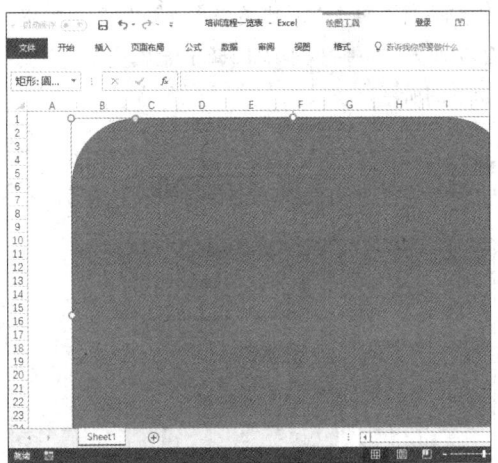

第9步 将鼠标指针移到圆角矩形的小黄点上，按住鼠标左键不放，拖动调整圆角大小，如下图所示。

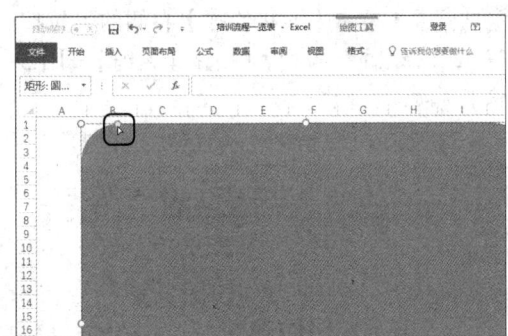

第10步 保持圆角矩形选择状态，在【绘图工具/格式】选项卡【形状样式】列表框中选择形状样式对圆角矩形快速设置样式，如下图所示。

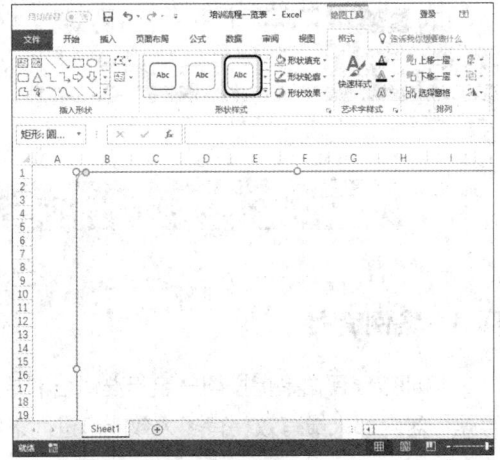

Excel
在人力资源管理中的应用

第11步 ❶单击【形状填充】右侧的下拉按钮，❷在弹出的下拉列表中选择【无填充】选项，如下图所示。

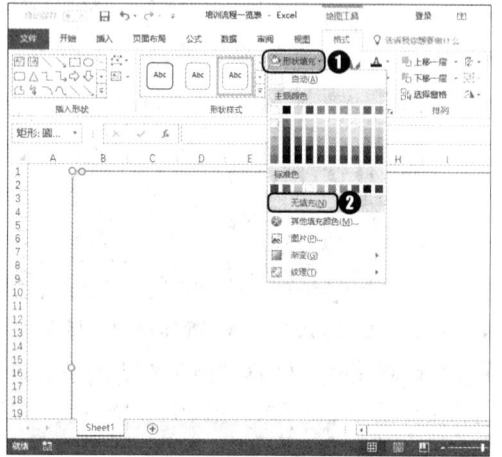

第12步 ❶单击【形状轮廓】右侧的下拉按钮，❷在弹出的下拉列表中选择【粗细】→【1.5磅】选项，如下图所示。

第13步 按住【Ctrl】键选择圆角矩形、艺术字和培训流程示意图，并在其上右击，在弹出的快捷菜单中选择【组合】→【组合】命令，将它们组合成一个整体，如下图所示。

温馨提示

要将组合图形解散，只需选择组合后的整体并右击，在弹出的快捷菜单中选择【组合】→【取消组合】命令即可。

9.3 培训成绩统计分析表

 案例背景

培训效果评估是指按照一定标准对培训结果好坏进行测评，以检验培训方式、方法、方案等是否对内部人员有效，有多大效能，进而进行培训方式、方法和方案的修改和完善，从而让

第9章 员工培训管理

培训效果更佳，达到预期的培训目标。

培训效果评估一般有这样几个指标：认知成果、技能成果、情感成果、绩效成果和投资回报率。本例将对可量化的认知成果和技能成果两方面培训效果数据进行分析，制作完成后的效果如下图所示。实例最终效果见"下载\结果文件\第9章\员工培训效果评估.xlsx"文件。

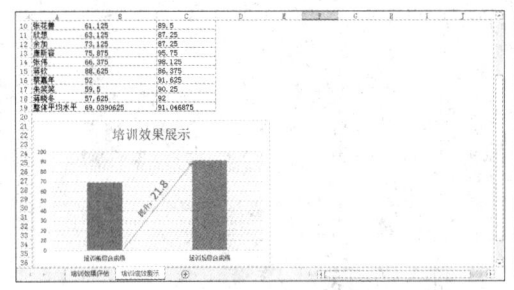
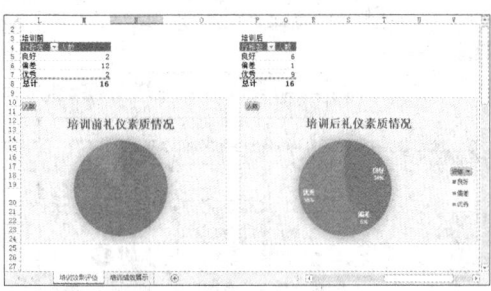

下载文件	素材文件	下载\素材文件\第9章\员工培训效果评估.xlsx
	结果文件	下载\结果文件\第9章\员工培训效果评估.xlsx
	教学视频	下载\视频文件\第9章\9.3培训成绩统计分析表.mp4

9.3.1 培训前后效果对比展示

要直观展示出培训效果，一种有效的方法是将培训前后的数据进行直观的展示对比，其中关键信息的对比，如优秀员工比例增加到了多少、占比多少等。

下面将借助于公式函数、数据透视图表来直观展示和对比培训前后的员工情况。

1. 使用IF和AND函数评估培训效果

要对培训效果进行评估，必须对单个员工进行评估。对培训前后的统计数字进行评估，具体操作步骤如下。

第1步 打开"下载\素材文件\第9章\员工培训效果评估.xlsx"文件，1 选择J3:J18单元格区域，2 在编辑栏中输入培训评估嵌套函数"=IF(AND(B3>=80,C3>=80,D3>=80,E3>=80,F3

=80,G3>=80,H3>=80,I3>=80)," 优秀 ",IF(AND(B3>=60,C3>=60,D3>=60,E3>=60,F3>=60,G3>=60,H3>=60,I3>=60)," 良好 "," 偏差 "))，按【Ctrl+Enter】组合键，如下图所示。

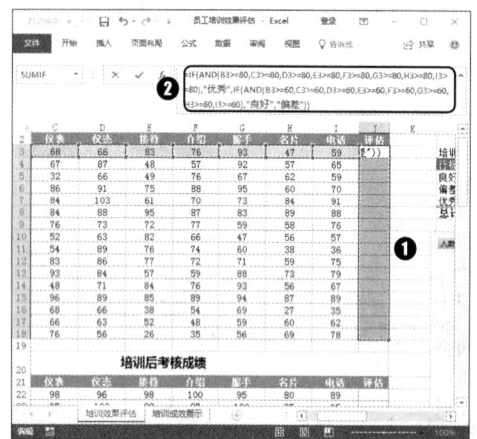

第 2 步 1 选择 J22:J37 单元格区域，2 在编辑栏中输入嵌套函数 "=IF(AND(B22>=80,C22>=80,D22>=80,E22>=80,F22>=80,G22>=80,H22>=80,I22>=80)," 优秀 ",IF(AND(B22>=60,C22>=60,D22>=60,E22>=60,F22>=60,G22>=60,H22>=60,I22>=60)," 良好 "," 偏差 "))，按【Ctrl+Enter】组合键，如下图所示。

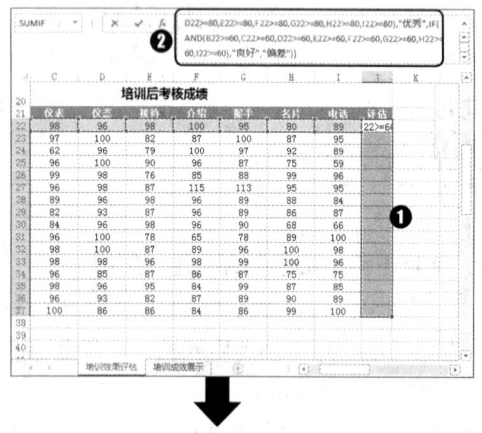

2．插入透视表

对单一学员成绩进行评估后，还需要对培训前后的总体状况进行直观的展示和分析，具体操作步骤如下。

第 1 步 1 在培训前的数据区域中选择任一单元格，2 单击【插入】选项卡中的【数据透视表】按钮，如下图所示。

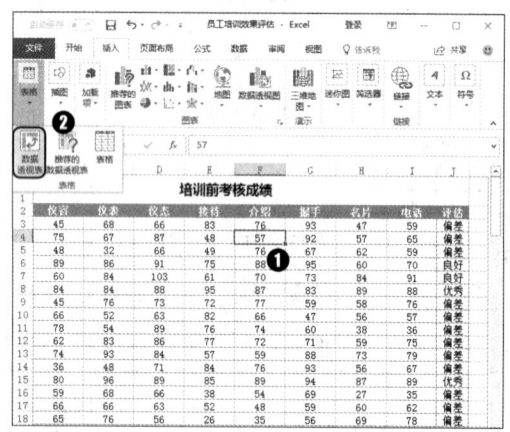

第 2 步 打开【创建数据透视表】对话框，1 选中【现有工作表】单选按钮并设置【位置】为【L4】单元格，2 单击【确定】按钮，如下图所示。

第 9 章
员工培训管理

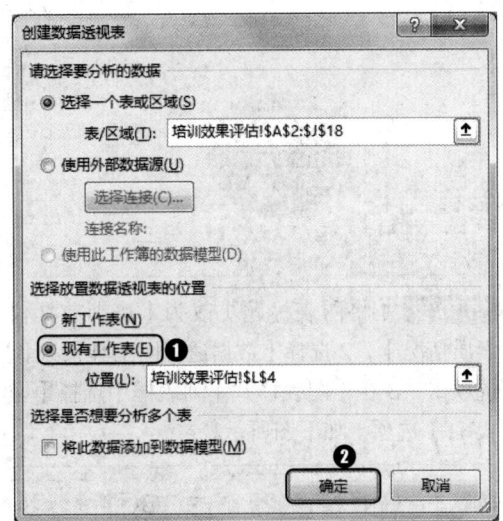

第3步 打开【数据透视表字段】窗格,依次选中【仪容】和【评估】复选框,如下图所示,系统自动根据选中的字段数据创建数据透视表。

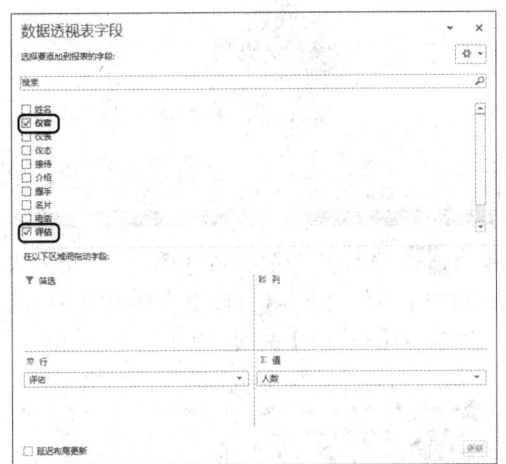

第4步 在汇总字段上右击,在弹出的快捷菜单中选择【值汇总依据】命令,在弹出的子菜单中选择【计数】命令,更改汇总字段的数字汇总方式为"计数",如下图所示。

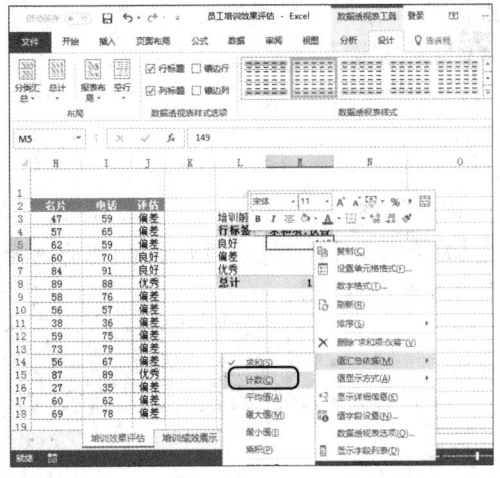

第5步 ❶选择M4单元格,❷在编辑栏中输入"人数",按【Ctrl+Enter】组合键确认并将原有的字段名称【计数项:仪容】修改为【人数】,让数据透视表整体更加直观明了,如下图所示。

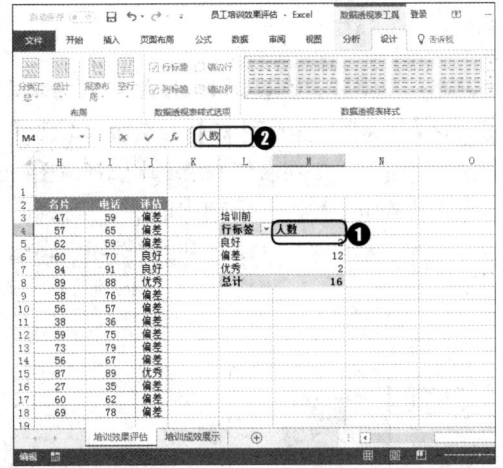

第6步 选择透视表中任一数据单元格,在【数据透视表样式】列表框中选择【数据透视表样式中等深浅10】选项,如下图所示。

241

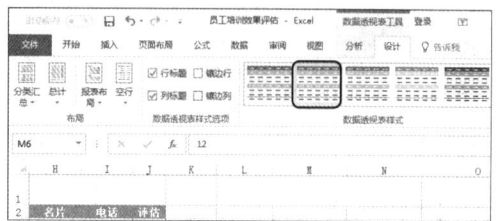

第7步 单击【插入】选项卡中的【数据透视图】按钮，如下图所示。

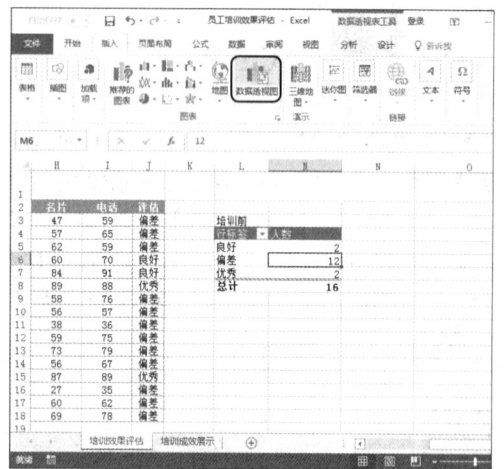

第8步 打开【插入图表】对话框，1选择【饼图】选项，2在右侧的区域中选择饼图，3单击【确定】按钮，如下图所示。

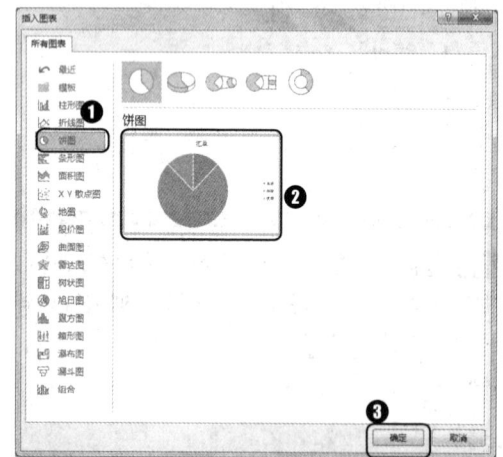

第9步 将插入的数据透视图移到培训前数据透视表的正下方位置并调整其大小，如下图所示。

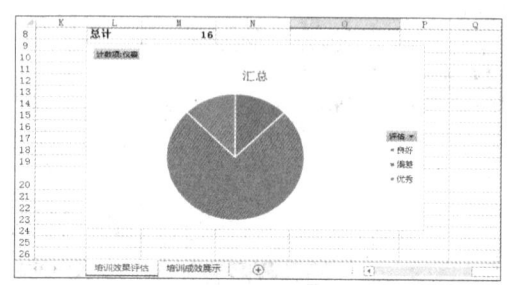

第10步 1将图表标题更改为【培训前礼仪素质情况】，2选择【数据透视图工具/设计】选项卡，3在【图表样式】列表框中选择【样式11】选项，如下图所示。

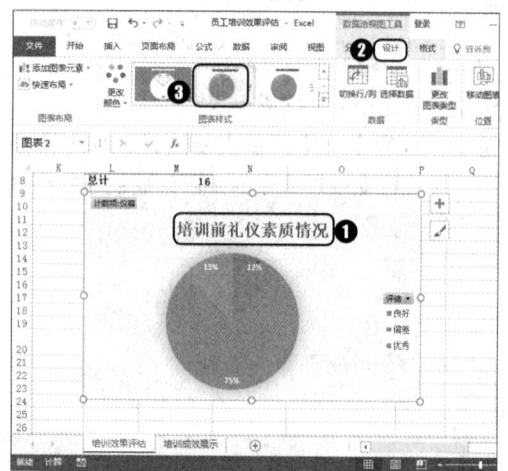

第11步 选择整个数据透视图，1单击【快速布局】右侧的下拉按钮，2在弹出的下拉列表中选择【布局1】选项，如下图所示。

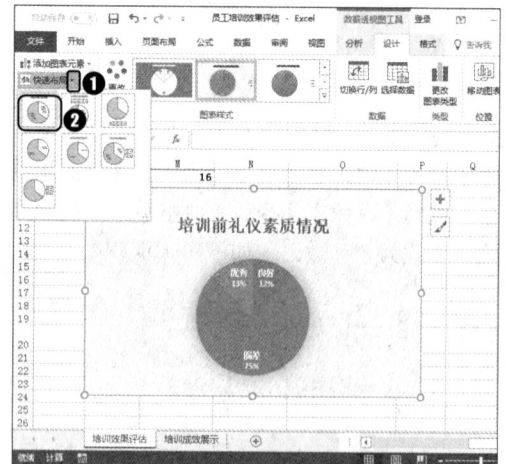

第12步 以同样的方法和样式，根据培训后的数据，创建和设置数据透视表与数据透视图，并对照已有的数据透视表和数据透视图位置进行放置，如下图所示。

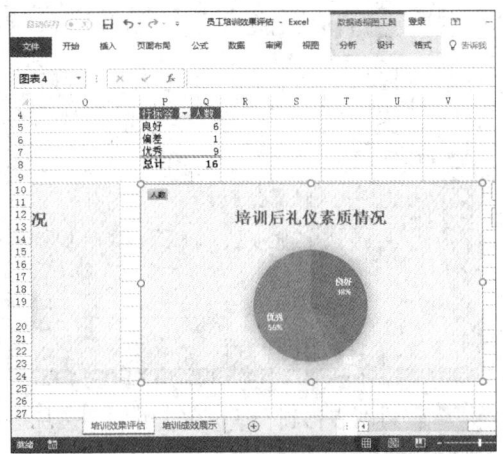

9.3.2 培训效果提升展示

培训效果的提升与否，不仅要看单个员工的素质状况，还需要对员工整体的综合素质情况进行对比，这样就能较为准确和客观地反映出培训后的整体提升情况。

1. 计算个体和整体平均素质

员工培训后的综合素质情况，需要较为综合的平均数值，最高和最低都不能真实反映实际情况。

下面将使用AVERAGE函数计算出这些单个员工和整体员工的综合素质，具体操作步骤如下。

第1步 ❶单击【培训成效展示】工作表标签，❷选择 B3:B18 单元格区域，❸在编辑栏中输入函数"=AVERAGE(培训效果评估 !B3:I3)"，按【Ctrl+Enter】组合键计算出每一位员工培训前的综合礼仪素质成绩，如下图所示。

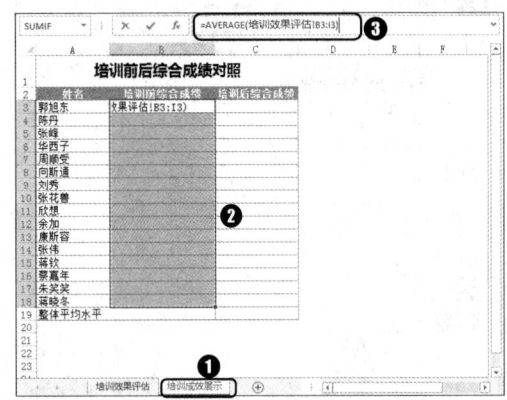

第2步 ❶选择 C3:C18 单元格区域，❷在编辑栏中输入函数"=AVERAGE(培训效果评估 !B22:I22)"，按【Ctrl+Enter】组合键计算出每一位员工培训后的综合礼仪素质成绩，如下图所示。

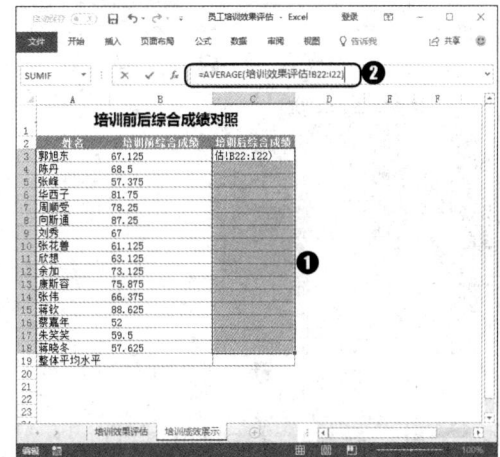

第3步 ❶选择 B19 单元格，❷在编辑栏中输入函数"=AVERAGE(B3:B18)"，按【Ctrl+Enter】组合键计算出培训前员工综合礼仪素质的平均成绩，如下图所示。

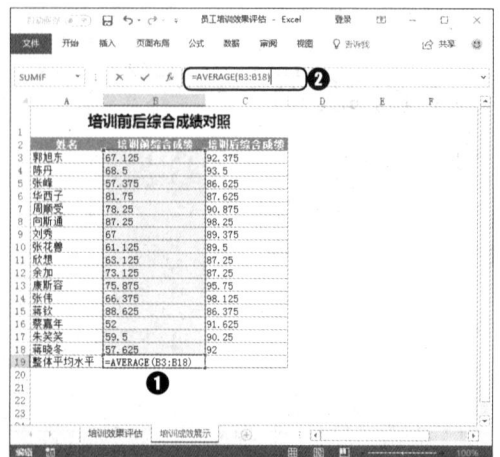

第4步 1 选择 C19 单元格，2 在编辑栏中输入函数"=AVERAGE(C3:C18)"，按【Ctrl+Enter】组合键计算出培训后员工综合素质的平均成绩，如下图所示。

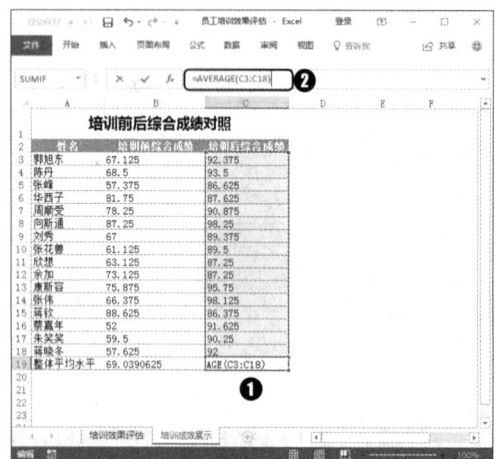

2. 使用图表直观展示培训前后综合素质

要直观展示、对比员工培训前后的综合素质情况，选用柱形图非常适合，具体操作步骤如下。

第1步 选择 A2:C2 和 A19:C19 单元格区域，1 单击【插入】选项卡中的【插入柱形图】下拉按钮，2 在弹出的下拉列表中选择【簇状柱形图】选项，如下图所示。

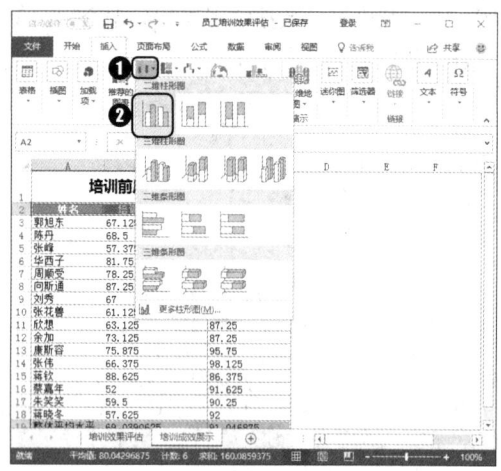

第2步 将图表移到合适位置，并将图表标题名称更改为【培训效果展示】，如下图所示。

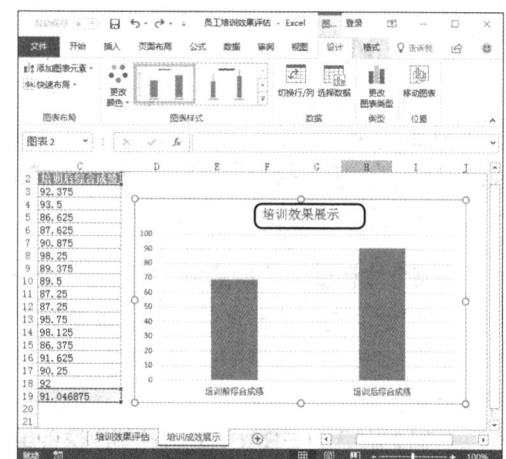

第3步 在数据系列上右击，在弹出的快捷菜单中选择【设置数据系列格式】命令，如下图所示。

第9章
员工培训管理

3. 插入形状标识培训提升状态

为了让图表更直观和清晰地展示出培训后效果提升的情况，用户可在图表中添加形状标识，具体操作步骤如下。

第1步 1 单击【插入】选项卡中的【插图】→【形状】下拉按钮，2 在弹出的下拉列表中选择【箭头】形状，如下图所示。

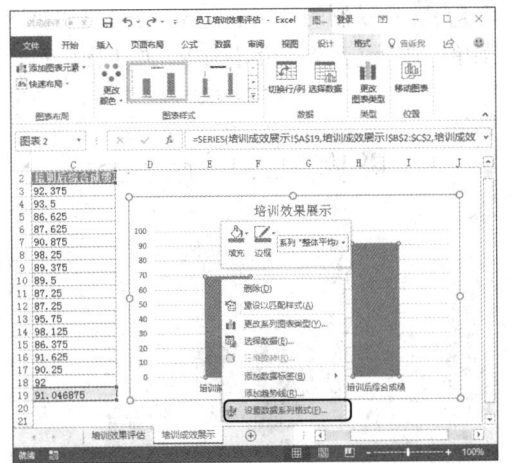

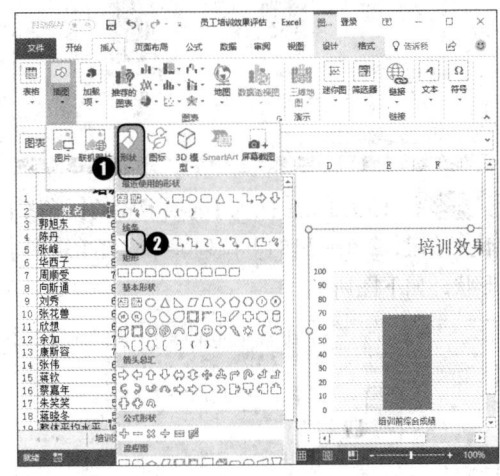

第2步 在图表中的两个数据系列之间绘制箭头，标明上升指向，如下图所示。

第4步 打开【设置数据系列格式】窗格，1 选择【填充线条】选项卡，2 选中【依数据点着色】复选框，如下图所示。

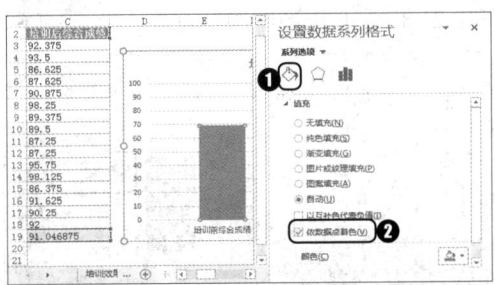

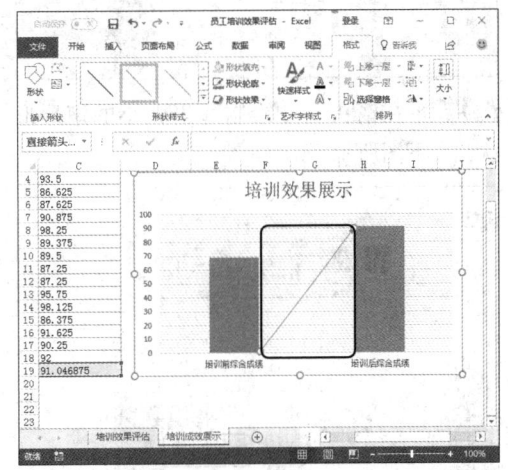

第5步 选择整个图表，在【图表工具/设计】选项卡【图表样式】列表框中选择【样式12】选项，如下图所示。

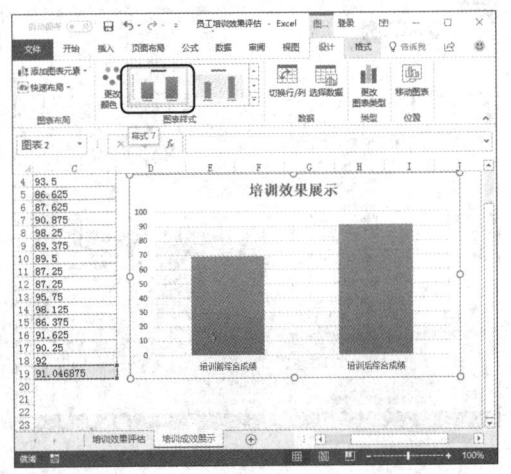

第3步 选择绘制箭头形状，在【绘图工具/格式】选项卡的【形状样式】列表框中选择【粗线-强调颜色6】选项，如下图所示。

245

Excel
在人力资源管理中的应用

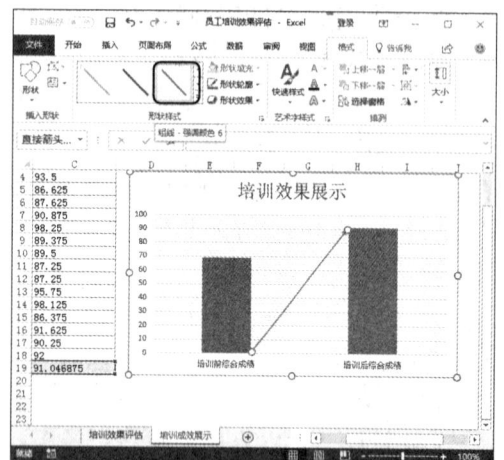

第4步 1再次单击【插入】选项卡中的【形状】下拉按钮，2在弹出的下拉列表中选择【矩形】形状，如下图所示。

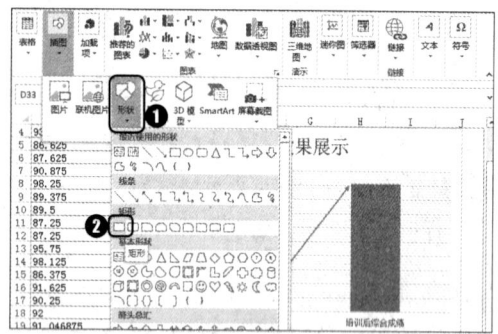

第5步 在箭头上方绘制适当大小的矩形形状，如下图所示。

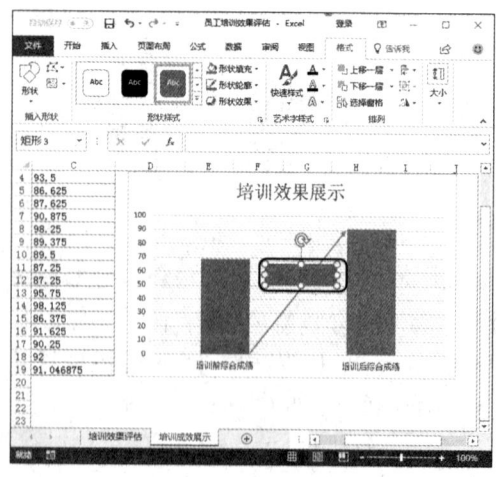

第6步 在绘制的形状上右击，在弹出的快捷菜单中选择【编辑文字】命令，如下图所示。

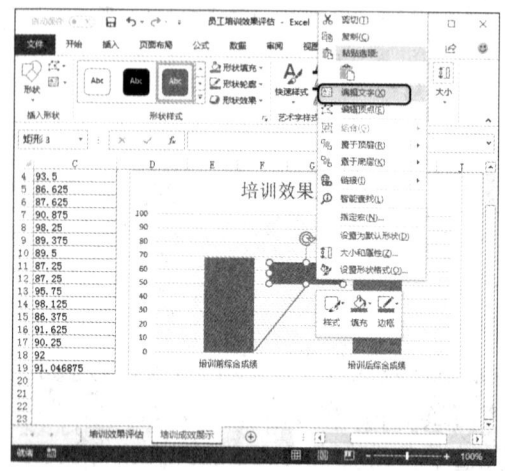

第7步 进入编辑文字状态后，输入文本"提升：21.8"，如下图所示。

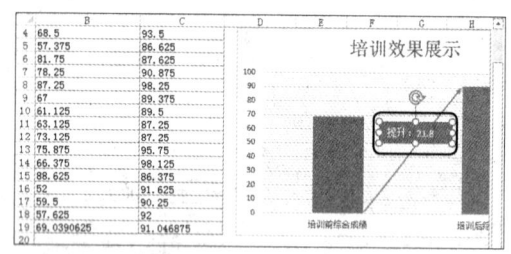

第8步 1选择输入的文本内容，2设置【字体】为【微软雅黑】，如下图所示。

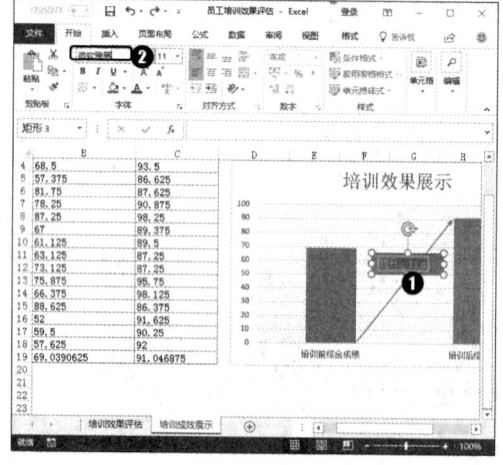

第9章
员工培训管理

> **温馨提示**
> 本例中的"21.8"是用培训后的综合平均值减去培训前的综合平均值，也就是C19-B19，然后四舍五入得到。

第9步 1选择【提升：】部分，2单击【字体颜色】右侧的下拉按钮，3在弹出的拾色器中选择【黑色，文字1,淡色5%】，如下图所示。

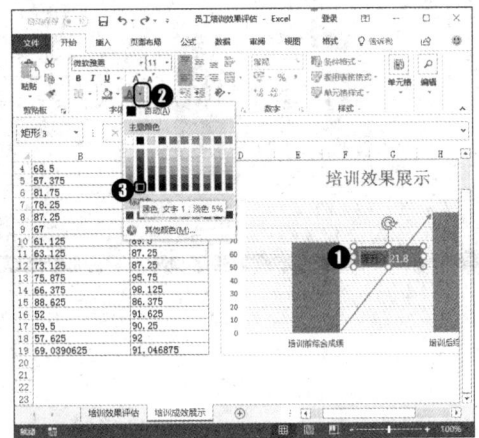

第10步 1选择【21.8】部分，2单击【字体颜色】右侧的下拉按钮，3在弹出的拾色器中选择【红色】，如下图所示。

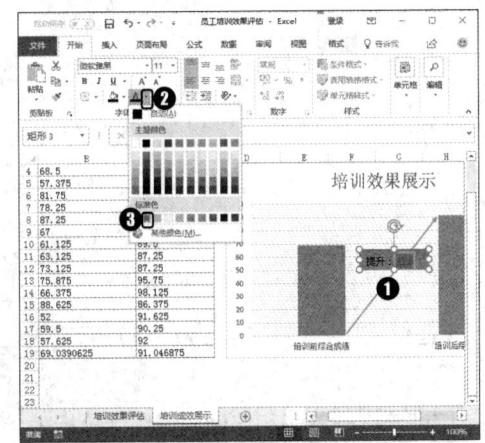

第11步 保持【21.8】选中状态，设置【字号】为【14】，如下图所示。

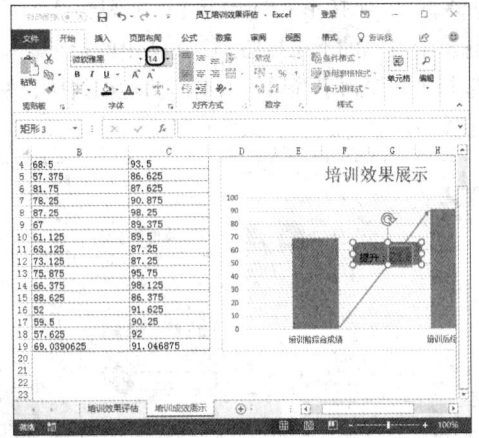

第12步 选择矩形，将鼠标指针移到旋转控制柄上，当鼠标指针变成形状时，按住鼠标左键不放，旋转矩形，使其倾斜角度与箭头形状的倾斜角度一致，如下图所示。

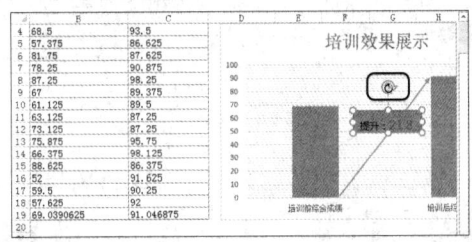

第13步 保持形状选中状态，1在【绘图工具/格式】选项卡中单击【形状填充】右侧的下拉按钮，2在弹出的拾色器中选择【无填充】选项，去掉矩形的底纹填充，如下图所示。

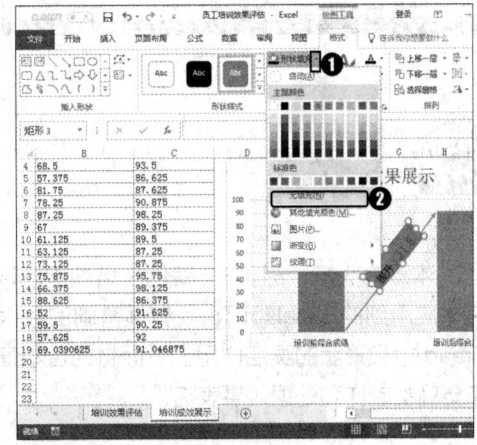

第14步 保持形状选中状态，1单击【形状轮廓】右侧的下拉按钮，2在弹出的拾色器中选择【无轮廓】选项，取消形状边框线条，如下图所示。

第16步 单击表格中任一其他位置，取消形状选中状态，结束整个项目的操作，如下图所示。

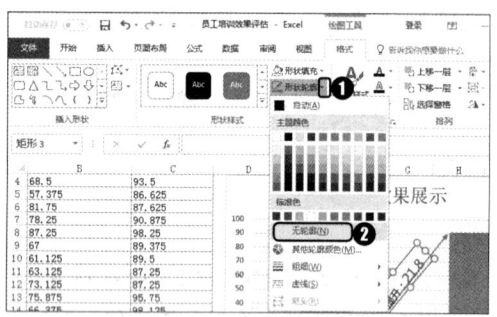

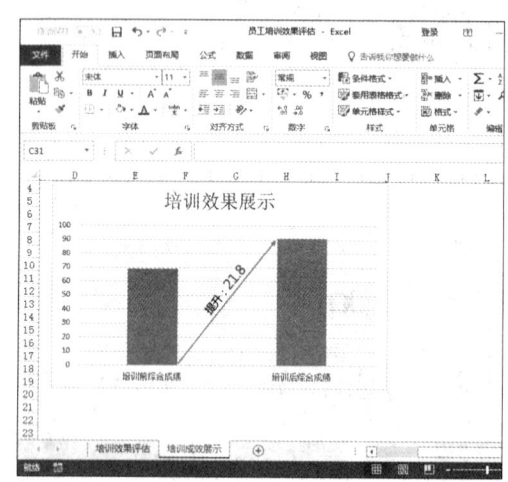

第15步 保持形状选中状态，按左方向键【←】，微移形状位置，使其文本能够显示在斜线箭头的上方，如下图所示。

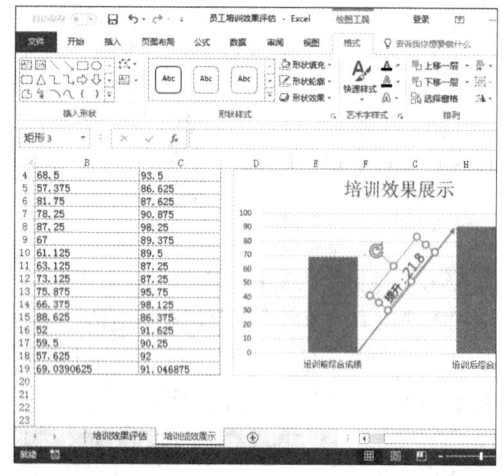

大神支招

本章为大家介绍了3个案例：培训需求调查表、培训流程一览表和培训成绩统计分析表。其中应用到的Excel知识，既有最基础的数据格式处理，又有稍微高级的数据计算和分析以及SmartArt和形状的灵活应用。下面将结合本章知识介绍一些实用高效的Excel操作技巧，帮助大家更轻松制作和处理人事表格。

第9章
员工培训管理

01：让心仪图片秒变 SmartArt 图形

视频文件：下载\视频文件\第9章\01.mp4

人力资源从业者不仅可以通过插入 SmartArt 的方式调用固定的 SmartArt 图形，同时还可以自由地将心仪的图片转换为 SmartArt 图形，丰富人事表格样式，具体操作步骤如下。

第1步 选择图片，1切换到【图片工具/格式】选项卡，2单击【图片样式】组中的【图片版式】右侧的下拉按钮，3在弹出的下拉列表中选择一种 SmartArt 图形，如下图所示。

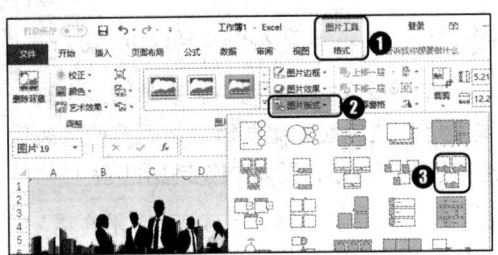

第2步 系统自动将图片转换为所选布局的 SmartArt 图形，在文本编辑框中输入相应的文本内容即可，如下图所示。

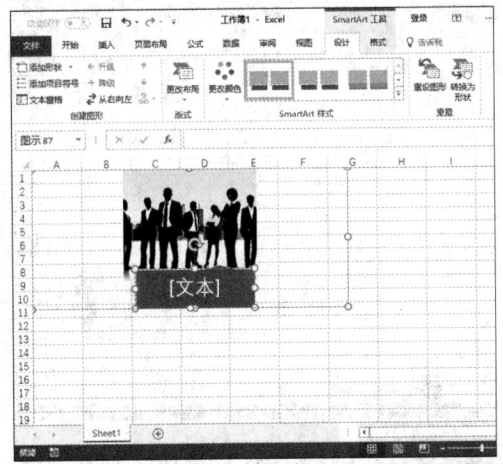

02：将表格变成网页文件

视频文件：下载\视频文件\第9章\02.mp4

若公司企业有内网，也就是自己的网站，为了更加方便地下载使用表格或在线填写表格。HR可以将表格发布成网页文件，便于将其直接上传到网站中，具体操作步骤如下。

第1步 打开要变成网页的表格，按【F12】键打开【另存为】对话框，1设置【保存类型】为【网页】或者【单个文件网页】，2单击【保存】按钮，如下图所示。

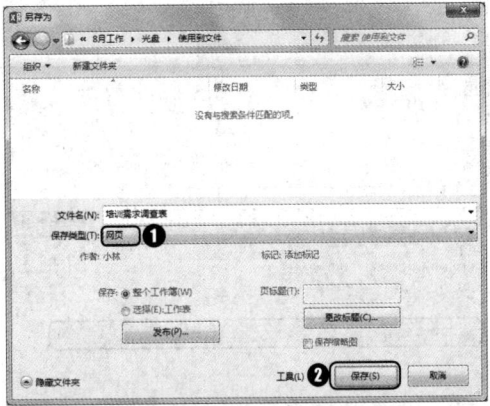

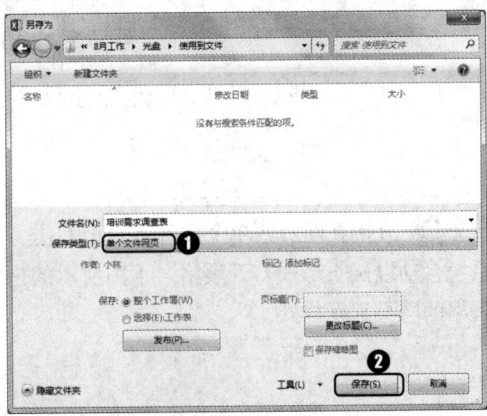

第2步 在打开的提示对话框中单击【是】按钮，如下图所示。

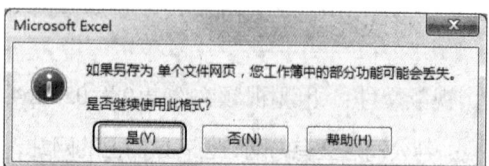

第3步 系统自动将表格变成网页或单个文件网页，分别如下图所示。

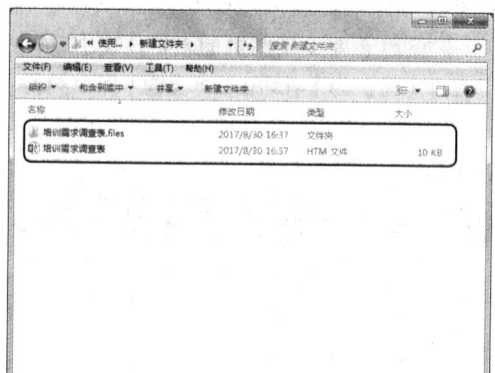

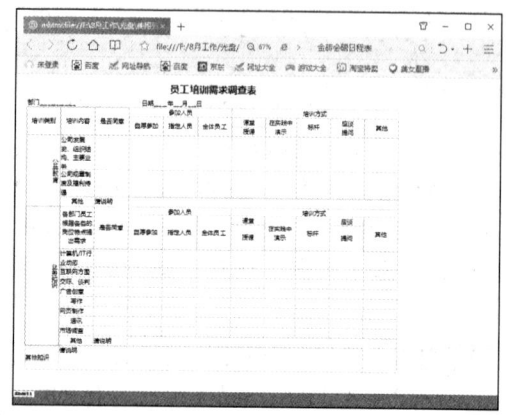

03：让图表独占整张表格

📀 视频文件：下载\视频文件\第9章\03.mp4

在Excel中，HR可将图表单独地占有一张表格，让其最大化显示，从而方便图表信息的查看和传递，具体操作步骤如下。

第1步 打开"下载\素材文件\第9章\培训情况分析.xlsx"文件，1选择图表，2单击【图表工具/设计】选项卡【位置】组中的【移动图表】按钮，如下图所示。

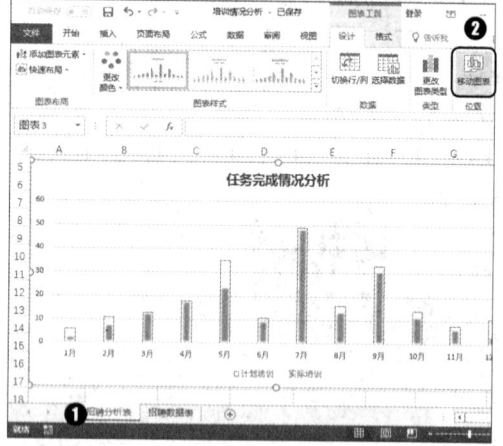

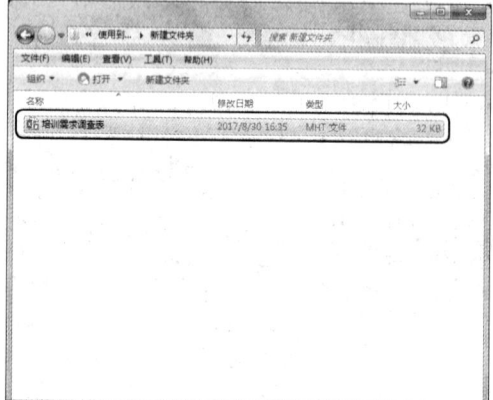

第4步 直接在网页或单个文件网页上双击，系统自动以网页形式打开表格。下图所示的是表格的网页显示样式。

第2步 打开【移动图表】对话框，1选中【新工作表】单选按钮，2在其后的文本框中输入移动图表后新建的工作表名称，这里输入"培训任务完成情况"，3单击【确定】按钮，如下图所示。

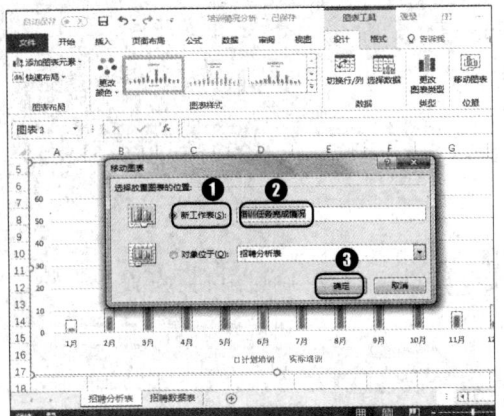

据当前窗口中编辑区的大小自动以全屏显示进行调节，如下图所示。

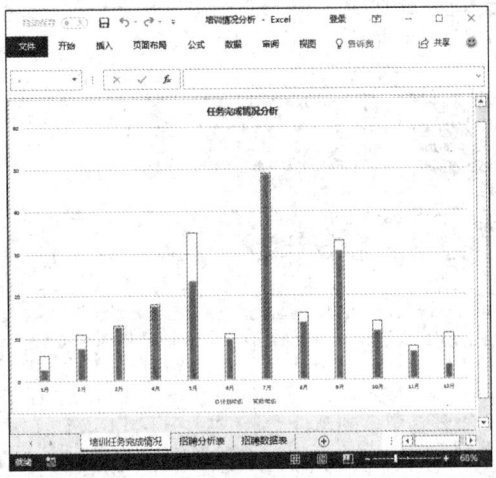

第3步 返回工作簿中即可看到新建的"培训任务完成情况"工作表，而且图表的大小会根

第10章
绩效评估与分析管理

本章导读

HR有两个重要的核心工作：绩效管理和绩效评估。前者用于改善和提高员工未来的绩效，从而推动组织战略目标的实现（常常通过集合、辅导、评估和激励等手段）。后者是对员工过去一定时间内的工作表现和工作成果给予考核、评判和总结，来判定以前的绩效管理手段是否有效，起到了多大的作用，弥补和改善绩效管理中的不足或漏洞。本章将围绕绩效（或业绩）进行管理和分析，帮助HR更灵活地通过量化的数字来辅助自己的人事工作。

知识要点

- ❖ 员工业绩管理分析
- ❖ 创建员工业绩评定表
- ❖ 创建员工工作态度评估表

第 10 章
绩效评估与分析管理

10.1 员工业绩管理分析

案例背景

业绩管理是企业通过一定的人力资源管理手段和方式对员工及组织业绩进行管理的活动，是保证组织目标实现的关键。HR通过业绩管理，实现员工业绩的改善和组织业绩的提升，最终实现员工和组织的共同发展。

本例将对指定个人业绩数据进行管理分析并对未来业绩数据进行预测，制作完成后的效果如下图所示。实例最终效果见"下载\结果文件\第10章\销售业绩.xlsx"文件。

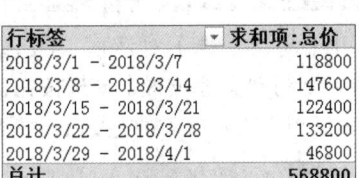

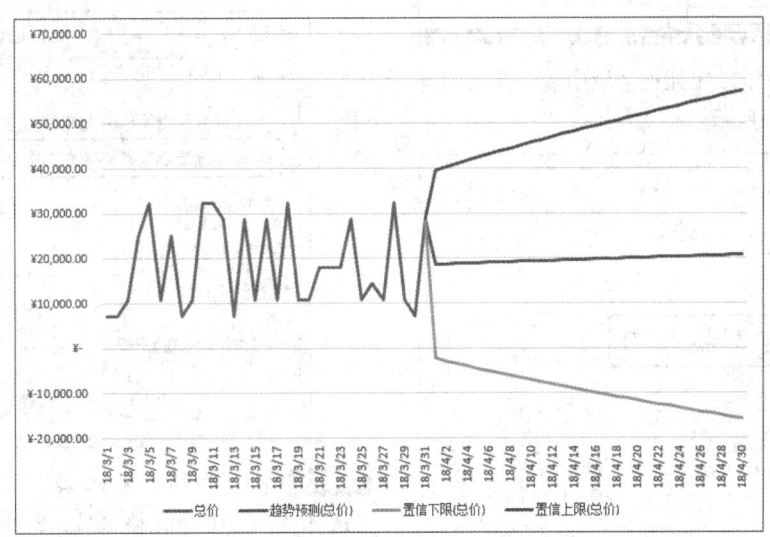

	素材文件	下载\素材文件\第10章\销售业绩.xlsx
下载文件	结果文件	下载\结果文件\第10章\销售业绩.xlsx
	教学视频	下载\视频文件\第10章\10.1员工业绩管理分析.mp4

10.1.1 找出指定人员业绩数据

在对个体人员业绩进行管理分析前，通常情况下，需要将指定人员业绩数据从众多业绩中"找"出来，具体操作步骤如下。

第1步 打开"下载\素材文件\第10章\销售业绩.xlsx"文件，新建工作表并将其重命名为"周业绩管理分析"，如下图所示。

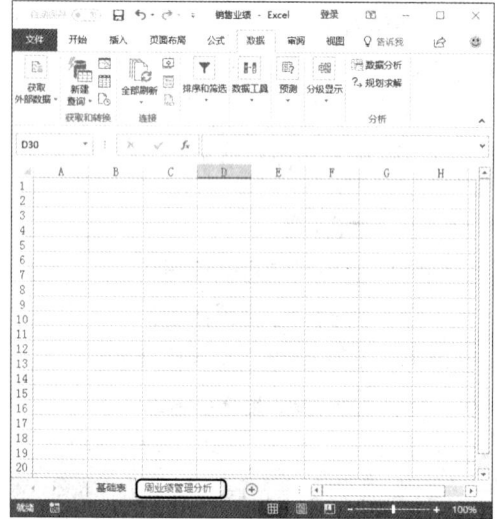

第2步 在F1:H2单元格区域中输入高级筛选条件，如下图所示。

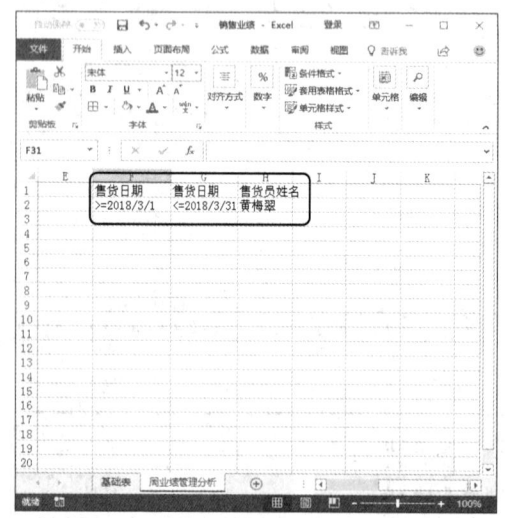

第3步 单击【数据】选项卡【排序和筛选】组中的【高级】按钮，如下图所示。

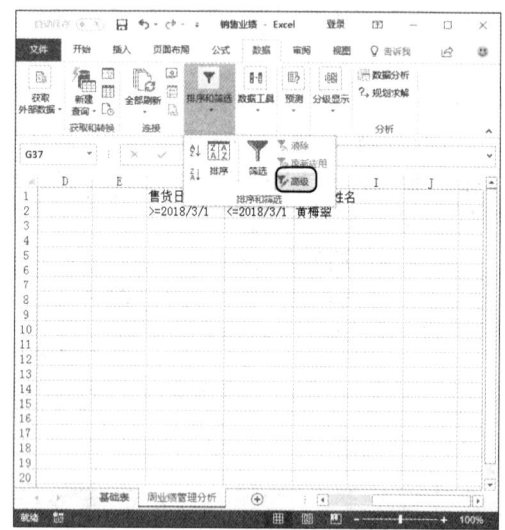

第4步 打开【高级筛选】对话框，1 选中【将筛选结果复制到其他位置】单选按钮，2 单击【列表区域】文本框后的 按钮，如下图所示。

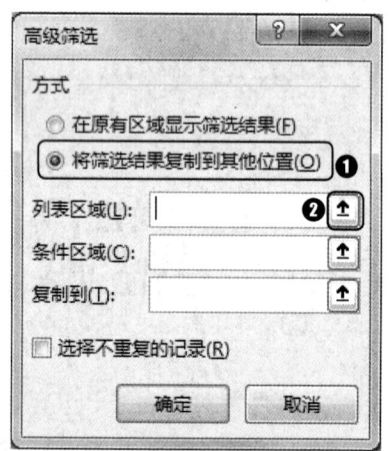

第5步 1 切换到"基础表"工作表中，2 选择A1:C310单元格区域，3 单击 按钮，如下图所示。

第10章
绩效评估与分析管理

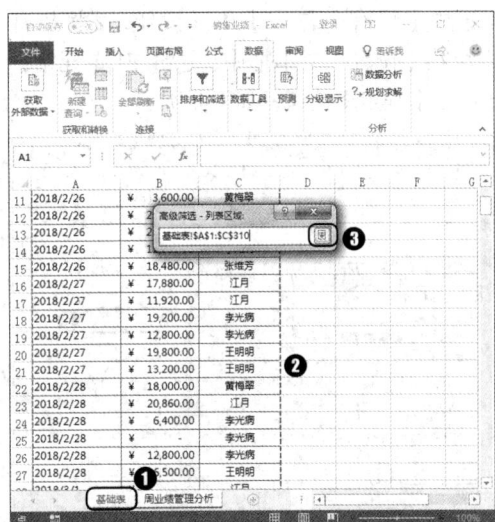

第6步 用同样的方法设置【条件区域】为【周业绩管理分析!F2:H2】，如下图所示。

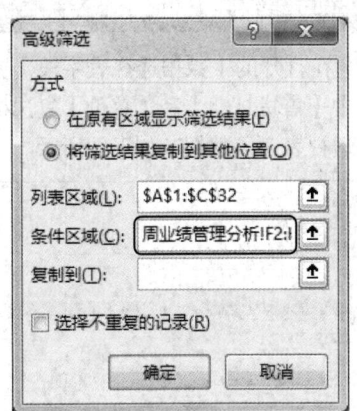

第7步 1将指针定位在【复制到】文本框中，在"周业绩管理分析"工作表中选择A1单元格，2单击【确定】按钮，如下图所示。

> **温馨提示**
>
> 当指针定位在【复制到】文本框中时，系统会自动切换到"周业绩管理分析"工作表中。

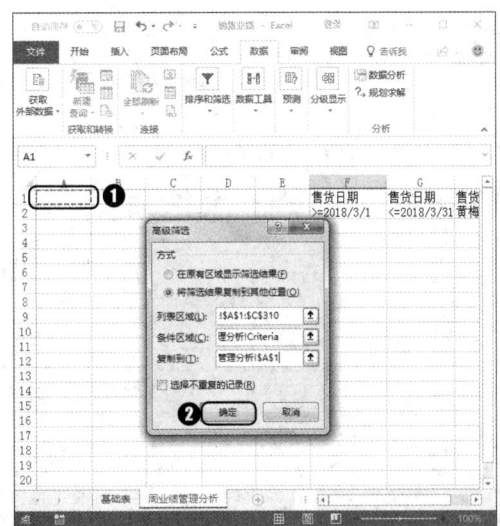

第8步 系统自动筛选出指定人员指定日期范围的业绩数据；选择B~C列，将鼠标指针移到C列与D列的交界处，当鼠标指针变成+形状时双击，自动调整B列与C列的列宽，让其自动适应单元格内容宽度，如下图所示。

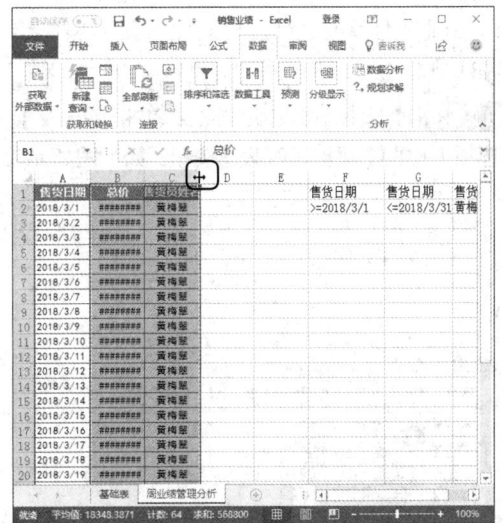

第9步 选择F1:H2单元格区域，按【Delete】键将其删除，如下图所示。

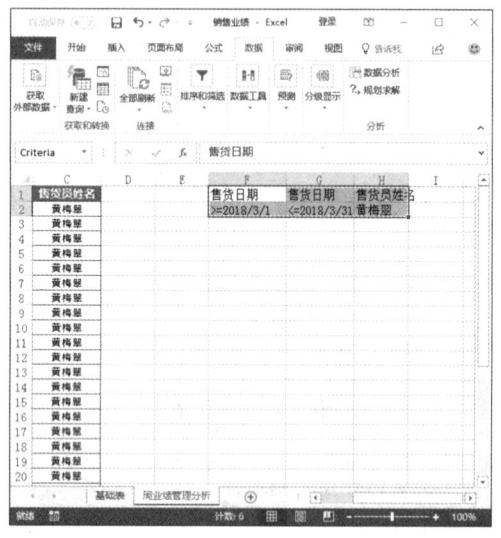

10.1.2 按周管理分析业绩数据

当月业绩大小对比情况,最好不要以"天"为单位,因为这样会导致图表数据系列过多,不利于数据信息的展示和分析,可以"周"为单位进行汇总对比,具体操作步骤如下。

第1步 1选择 A5 单元格,2 单击【插入】选项卡中的【数据透视表】按钮,如下图所示。

第2步 打开【创建数据透视表】对话框,

1 选中【现有工作表】单选按钮,2 将指针定位在【位置】文本框中,选择 F1 单元格,3 单击【确定】按钮,如下图所示。

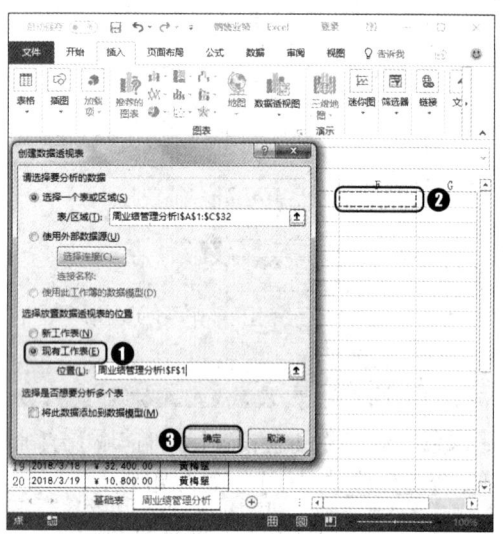

第3步 在打开的【数据透视表字段】窗格中依次选中【售货日期】和【总价】复选框,作为数据透视表字段数据,如下图所示。

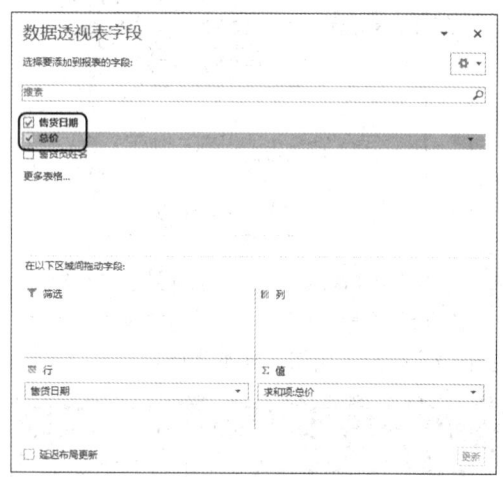

第4步 1在数据透视表中选择任一单元格,2 选择【数据透视表工具/分析】选项卡,3 单击【组合】组中的【分组选择】按钮,如下图所示。

第 10 章
绩效评估与分析管理

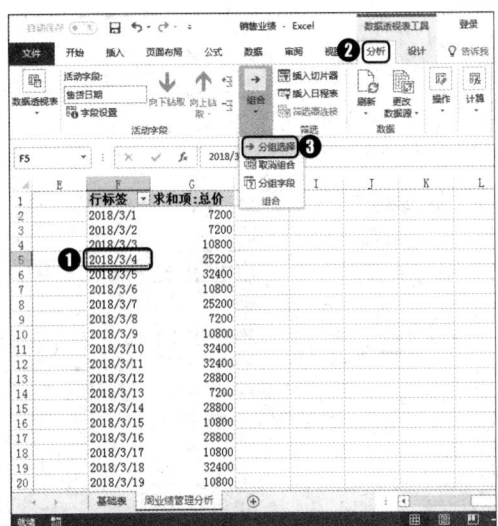

如下图所示。

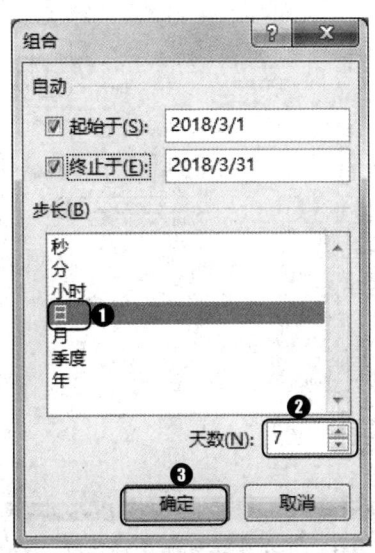

第5步 打开【组合】对话框,1将【终止于】文本框中的日期更改为【2018/3/31】,选中【终止于】复选框,2在【步长】列表框中选择【月】选项让其取消选择(打开【组合】对话框中系统默认选择【月】选项),如下图所示。

第7步 在表格中即可查看到按"周"对3月业绩数据进行汇总管理的效果,如下图所示。

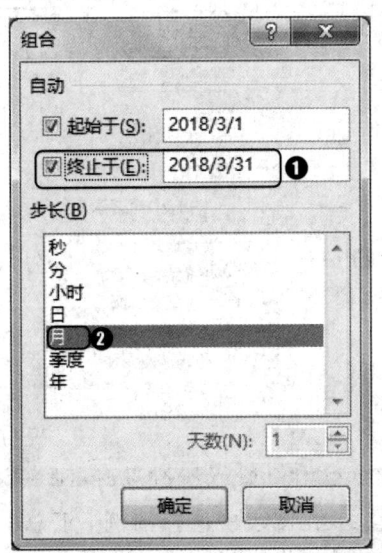

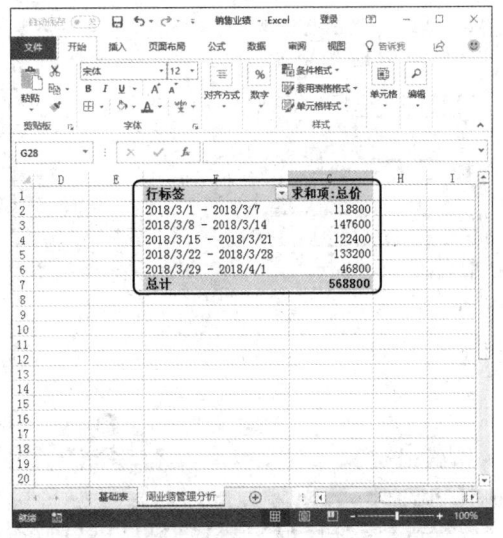

第6步 1选择【日】选项,2在激活的【天数】数值框中输入数字"7",3单击【确定】按钮,

第8步 1在数据透视表中选择任一单元格,2单击【数据透视表工具/分析】选项卡中的【数据透视图】按钮,如下图所示。

257

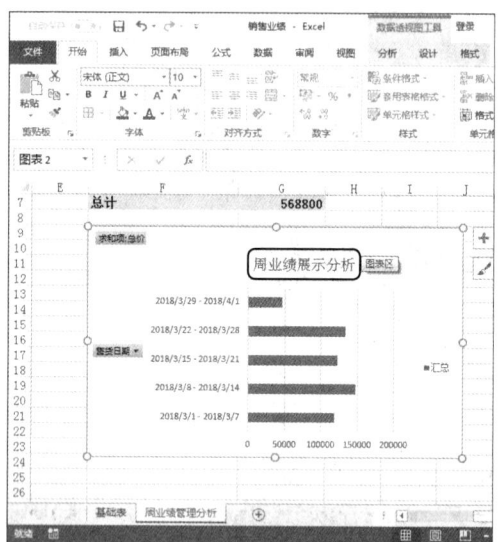

第9步 1打开【插入图表】对话框，选择【条形图】选项，2选择【簇状条形图】选项，3单击【确定】按钮，如下图所示。

第11步 1选择整个数据透视图，2选择【数据透视图工具/设计】选项卡，3在【图表样式】列表框中选择【样式5】选项，如下图所示。

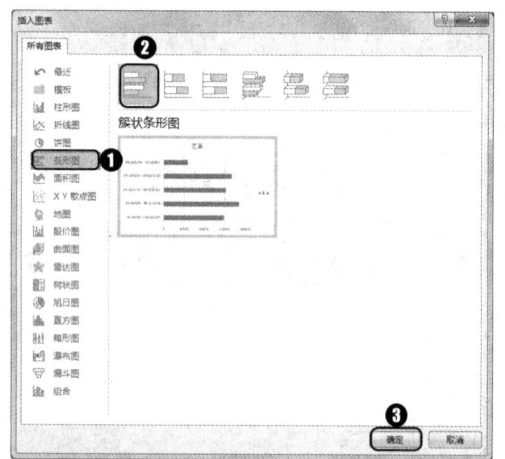

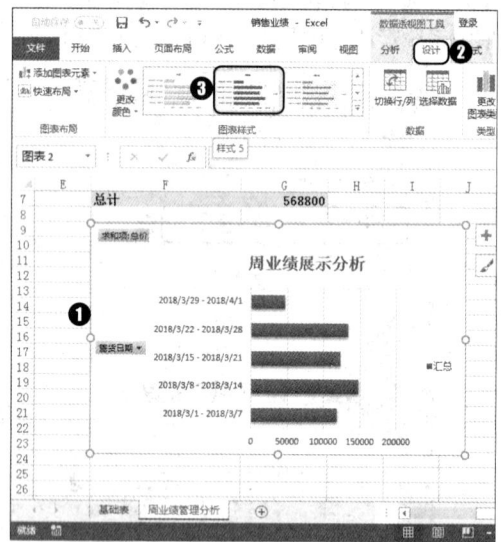

教您一招

怎样选择更合适的图表

在选择图表类型时，可通过选择不同图表类型进行预览，通过对比来选择最需要和最合适的。

第10步 将图表移到合适位置，将图表标题更改为"周业绩展示分析"，如下图所示。

第12步 在图表中选择图例【汇总】，按【Delete】键将其删除，如下图所示。

温馨提示

如果要让数据透视表与数据透视图的样式协调，可为数据透视表应用一种与数据透视图样式相近的样式。

第 10 章
绩效评估与分析管理

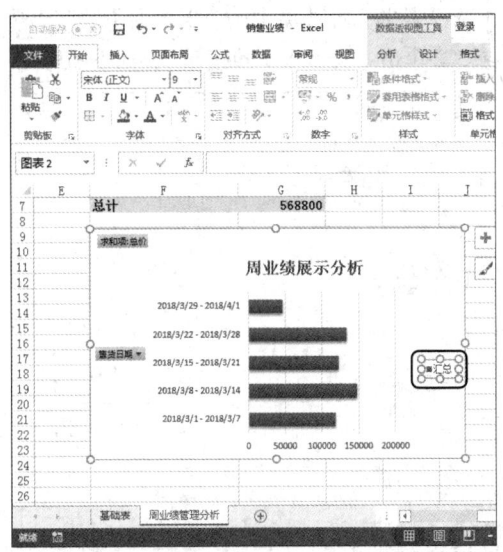

如下图所示。

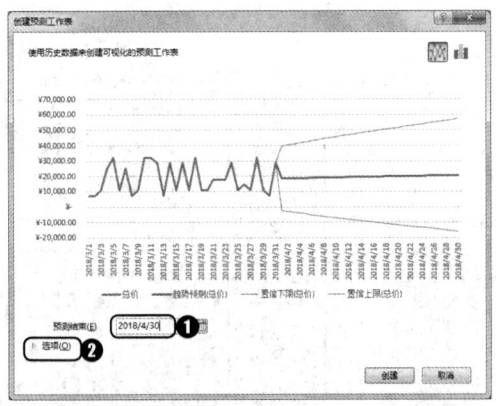

10.1.3 预测员工未来业绩

在Excel 2016中，可以通过一键式预测功能预测指定人员未来业绩的大概数据及发展走势，具体操作步骤如下。

第1步 ❶选择B2单元格，❷单击【数据】选项卡中的【预测工作表】按钮，如下图所示。

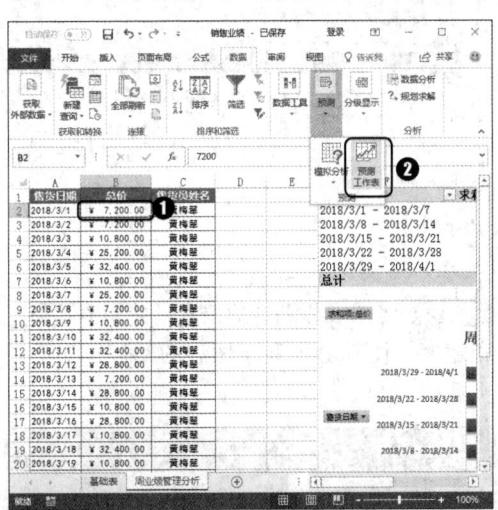

第2步 ❶打开【创建预测工作表】对话框，在【预测结束】文本框中输入"2018/4/30"，❷单击【选项】折叠按钮展开更多设置选项，

教您一招

预测图表不出图的情况

系统默认预测期限是7天，同时需要提供的数据明细至少有7天，而且是连续的日期数据项，否则图表将会是空白或报错。

第3步 ❶在【预测开始】文本框中输入"2018/3/31"，❷选中【包含预测统计信息】复选框，❸单击【创建】按钮，如下图所示。

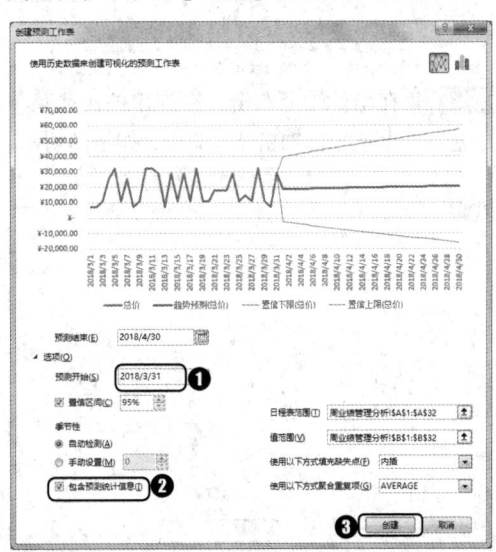

第4步 系统自动对未来一月的业绩数据进行预测，得出明确数据的同时绘制出对应的走势图表，如下图所示。

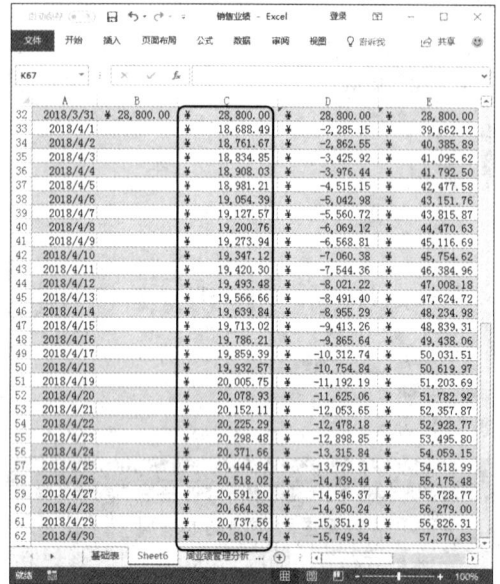

1 选择【坐标轴选项】选项卡中的【数字】选项，2 单击【类型】下拉按钮，如下图所示。

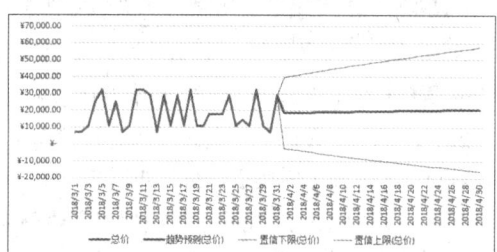

第5步 在坐标轴上右击，在弹出的快捷菜单中选择【设置坐标轴格式】命令，如下图所示。

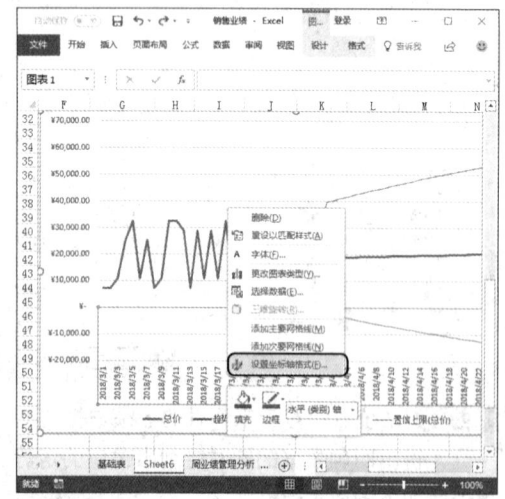

第6步 打开【设置坐标轴格式】窗格，

第7步 在弹出的下拉列表框中选择【12/3/14】选项，如下图所示。

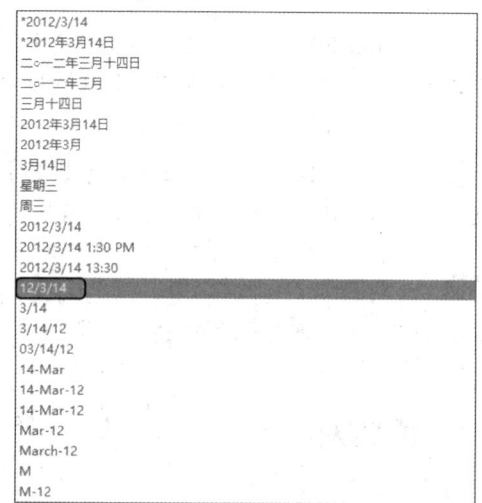

第8步 将图表移到合适位置，并调整其高度和宽度，使其更加利于图表的阅读，如下图所示。

> **温馨提示**
>
> 预测图表中置信上限和置信下限，可简单将其理解为最大值和最小值，来标识未来值的范围。

第10章
绩效评估与分析管理

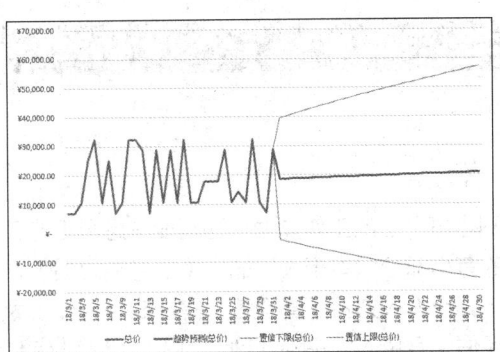

第9步 保持预测图表的选中状态，在【图表工具/设计】选项卡的【图表样式】列表框中选择【样式1】选项，如下图所示。

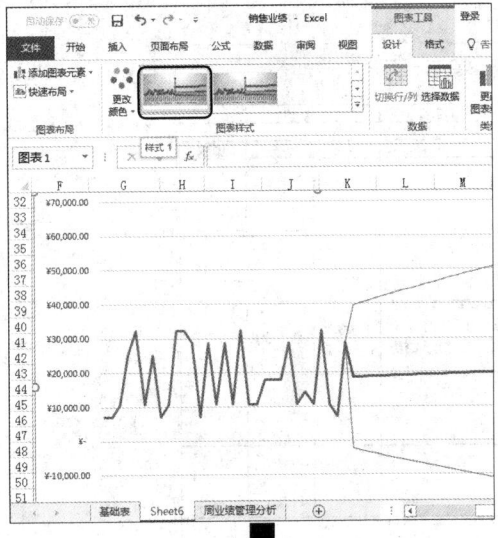

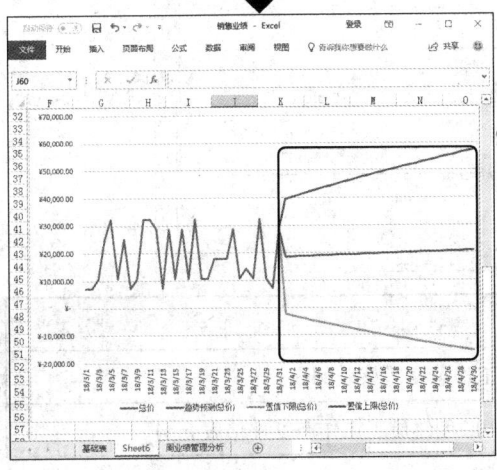

第10步 更改工作表名称为"预测未来业绩"，如下图所示。

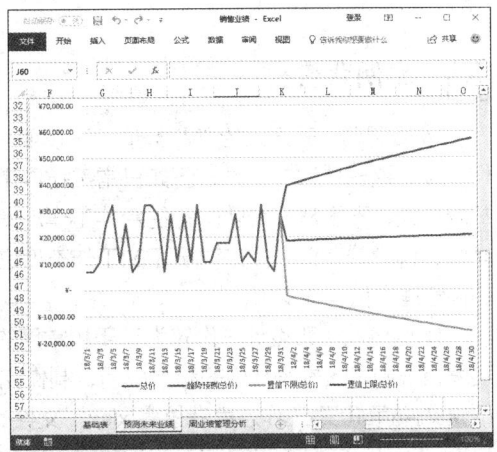

第11步 将鼠标指针移到"预测未来业绩"工作表标签上，按住鼠标左键，将其拖动到工作表标签最后的位置，释放鼠标，将"预测未来业绩"工作表移到"周业绩管理分析"工作表之后，如下图所示。

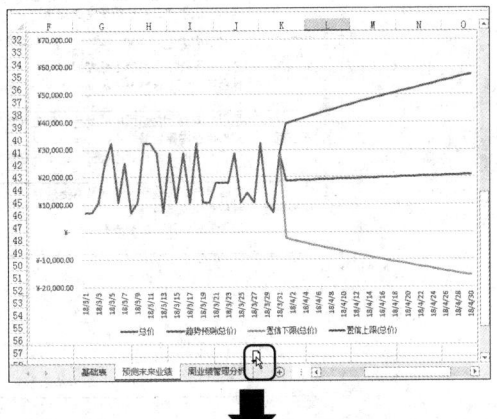

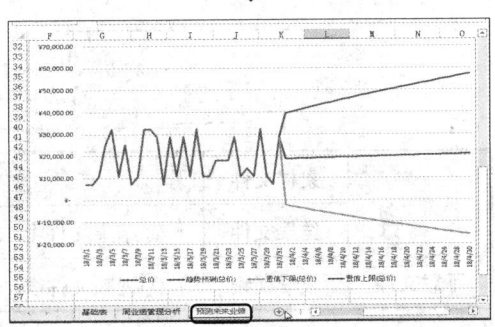

| 261 |

10.2 创建员工工作态度评估表

 案例背景

人员调动、升迁、招聘和辞退，不仅要考虑到当事员工的工作能力，还需要考虑员工的工作态度，这一"软"实力，正如日常工作中常见的有小部分"本事大"的人（业务能力强），却脾气大、不服从整个团队的配合（工作态度差）。作为人力资源管理者，需要制定一个较为客观、科学的考核方式来对员工的工作态度进行评估，避免人为主观误判，为人力资源的综合调用管理提供科学支撑。

本例将制作和设计一份较为通用和常用的员工工作态度考核表，着重介绍函数、数据验证及编辑限制在人事表格中的综合应用，制作完成后的效果如下图所示。实例最终效果见"下载\结果文件\第10章\工作态度考核表.xlsx"文件。

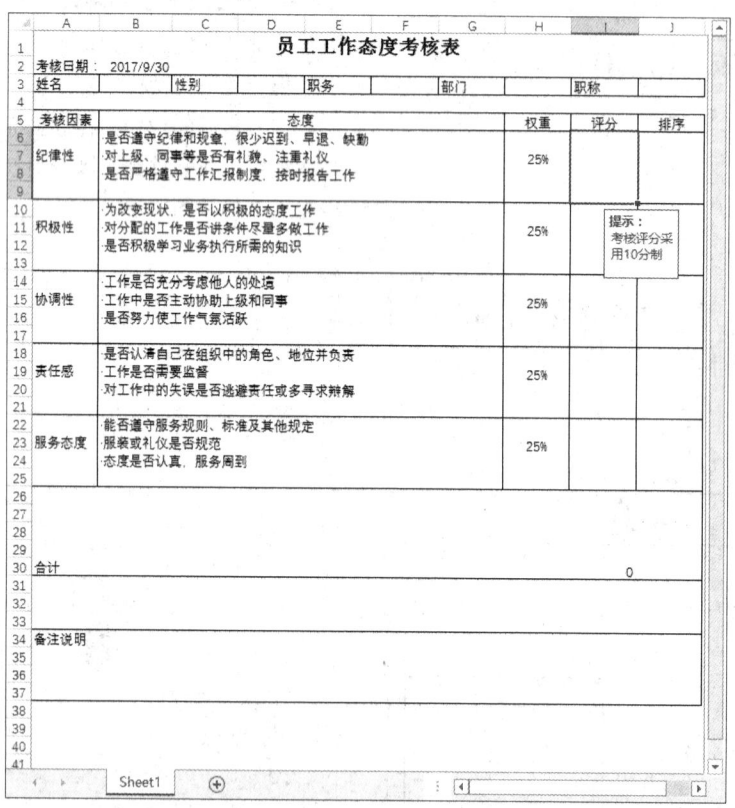

下载文件	素材文件	无
	结果文件	下载\结果文件\第10章\工作态度考核表.xlsx
	教学视频	下载\视频文件\第10章\10.2创建员工工作态度评估表.mp4

10.2.1 创建和设置员工工作态度评估表

HR对员工的绩效考核，不仅包括业绩，也就是业绩能力，还要对员工的工作态度进行考核，为人员调动、升迁及辞退等作为支撑和依据。对于公司内部员工工作态度评估表，需要HR手动进行创建和设置，具体操作步骤如下。

第1步 新建工作簿并将其保存为"工作态度考核表"，在表格中输入考核内容，如下图所示。

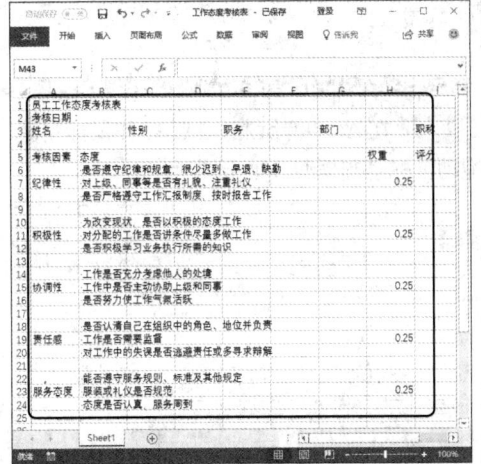

第2步 ❶选择A1:J1单元格区域，❷单击【合并后居中】按钮，❸设置【字体】为【宋体】、【字号】为【16】，然后单击【加粗】按钮，如下图所示。

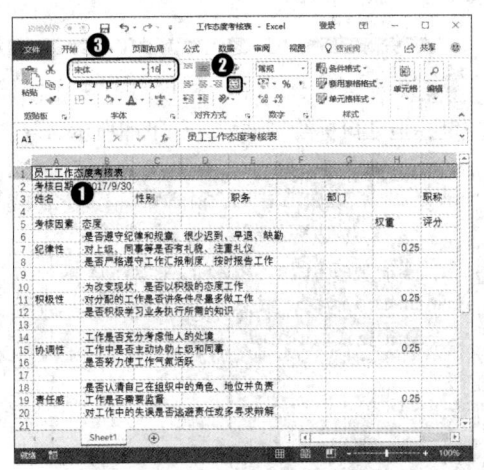

第3步 ❶选择B2单元格，❷在编辑栏中输入函数"=TODAY()"，按【Ctrl+Enter】组合键获取当天日期，如下图所示。

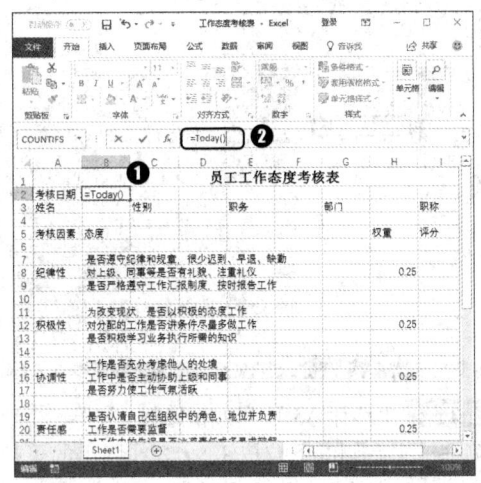

第4步 ❶选择B5:G5单元格区域，❷单击【合并后居中】按钮，如下图所示。

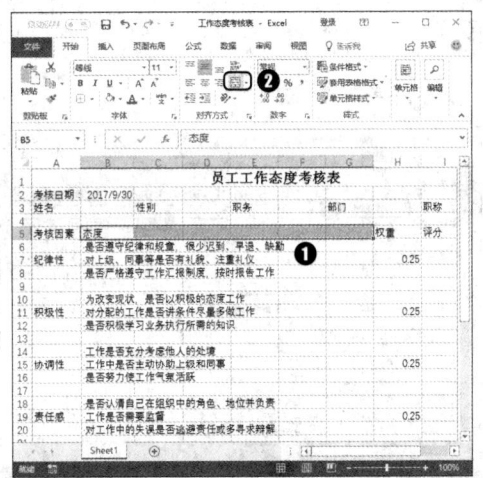

第5步 ❶选择A5:J37单元格区域，❷单击【下框线】右侧的下拉按钮，❸在弹出的下拉列表中选择【外侧框线】选项，为选择区域添加外边框，如下图所示。

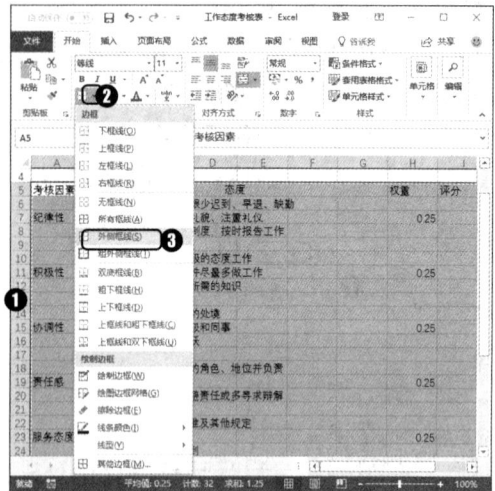

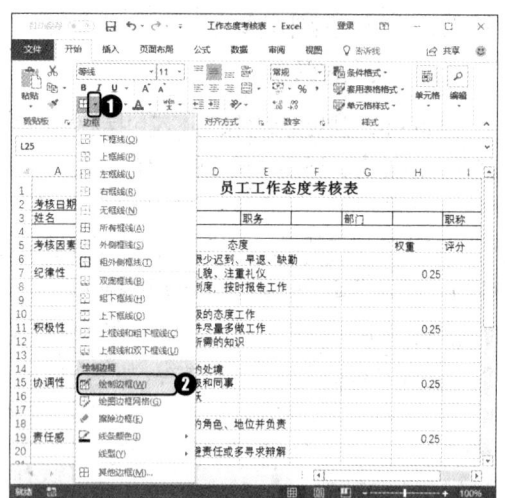

第6步 1选择A3:J3单元格区域，2单击【外侧框线】右侧的下拉按钮，3在弹出的下拉列表中选择【所有框线】选项，为选择区域添加内外边框，如下图所示。

第8步 在A6:J9单元格区域，按住鼠标左键，拖动鼠标绘制框线，如下图所示。

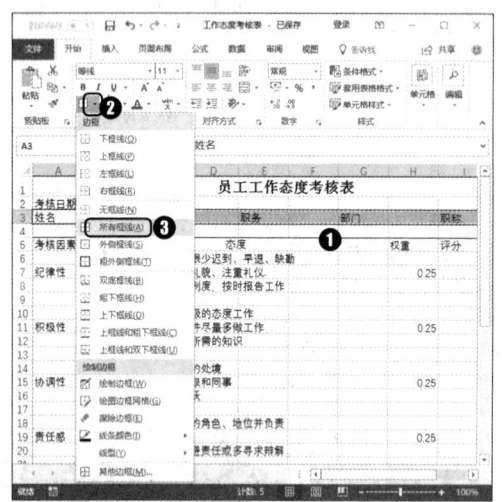

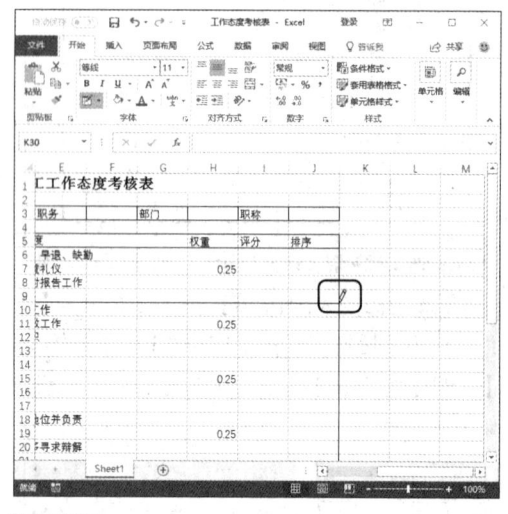

第7步 1单击【所有框线】右侧的下拉按钮，2在弹出的下拉列表中选择【绘制边框】选项，如下图所示。

第9步 在A14:H17单元格区域，按住鼠标左键，拖动鼠标绘制框线，如下图所示。

教您一招

边框绘制控制方式

在绘制边框时，拖动鼠标选择区域，则绘制出矩形框线；直线拖动鼠标，绘制的则是直线或竖线。

第10章
绩效评估与分析管理

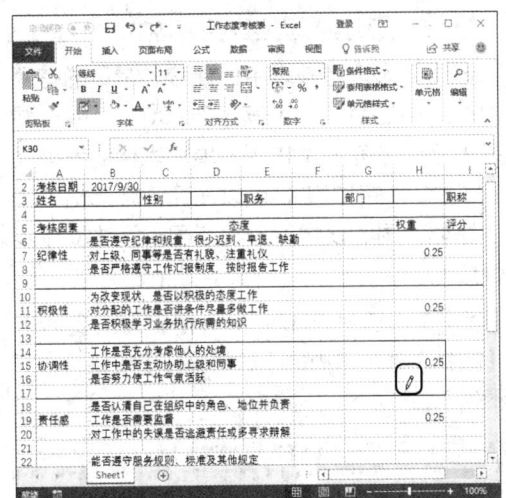

第10步 以同样的方法在表格区域中绘制需要的线条，效果如下图所示。

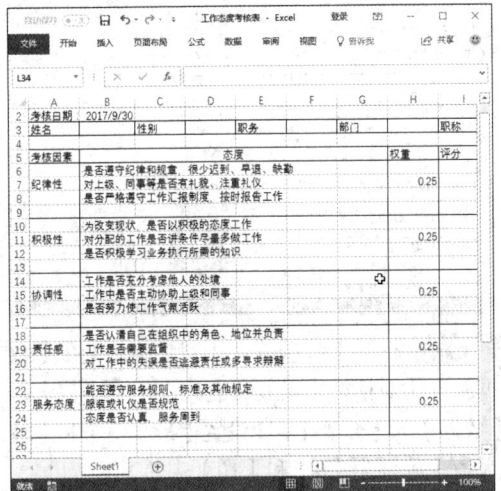

第11步 1选择H6:H25单元格区域，2单击【开始】选项卡【数字】组中的【对话框启动器】按钮，如下图所示。

温馨提示

在【字体】【对齐方式】【数字】组中单击【对话框启动器】按钮，不仅可以打开【设置单元格格式】对话框，同时还能自动切换到对应的选项卡中。

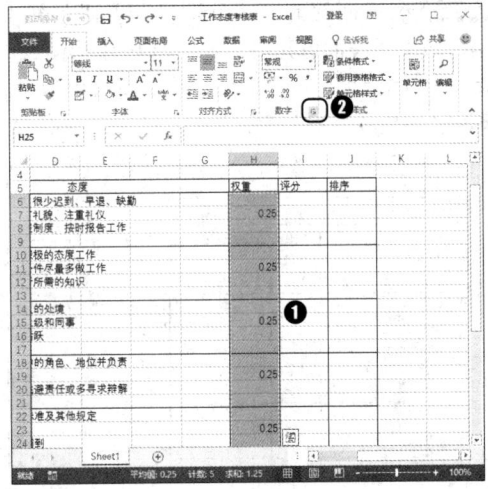

第12步 1在打开的【设置单元格格式】对话框【分类】列表框中选择【百分比】选项，2在【小数位数】数值框中输入"0"，3单击【确定】按钮，如下图所示。

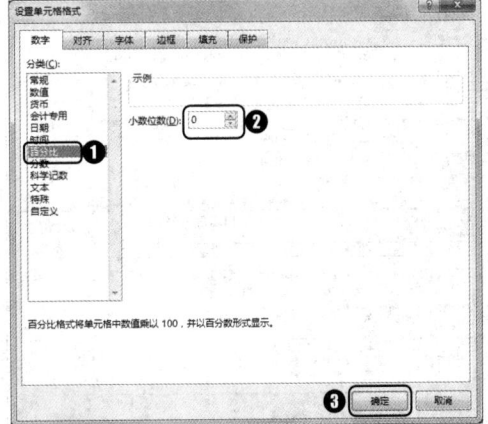

第13步 1选择I6:I9单元格区域，2单击【合并后居中】按钮，如下图所示。

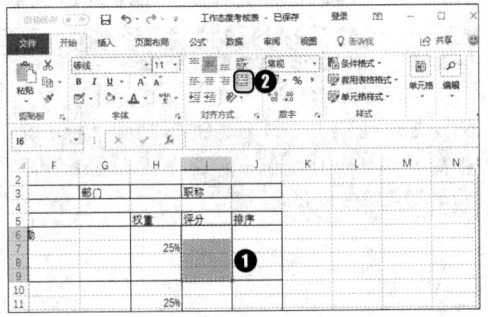

Excel
在人力资源管理中的应用

第14步 以同样的方法分别合并 I6:J25 单元格区域中对应的单元格，效果如下图所示。

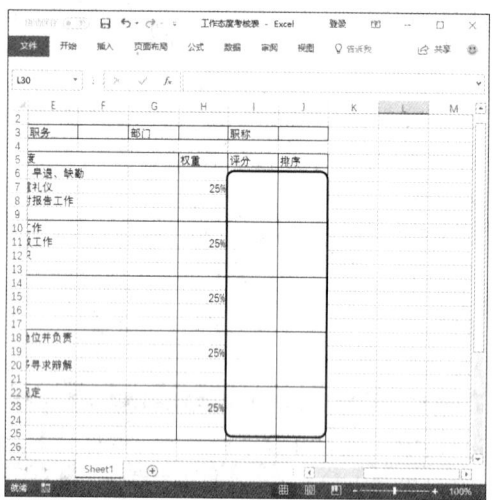

第15步 按住【Ctrl】键，选择 A5:J5、H6:H25 单元格区域，单击【居中】按钮，如下图所示。

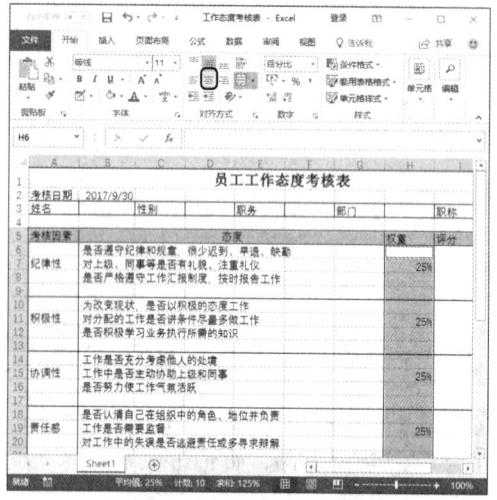

> **温馨提示**
>
> 用于输出打印的"员工态度考核表"，到这里就结束了，只要将B3单元格中的函数删除，就可以打印输出，让考核人员进行手动填写后就可以使用了。

10.2.2 设置评分范围和提醒

员工态度考核表中的评分，常见的有两种：一种是百分制（满分为100）；另一种是十分制（满分为10），填写表格的考核人员，也许并不知道，可以在评分单元格中添加提醒，同时设置评分的范围，具体操作步骤如下。

第1步 1 选择 I6:I25 单元格区域，2 单击【数据】选项卡中的【数据验证】按钮，如下图所示。

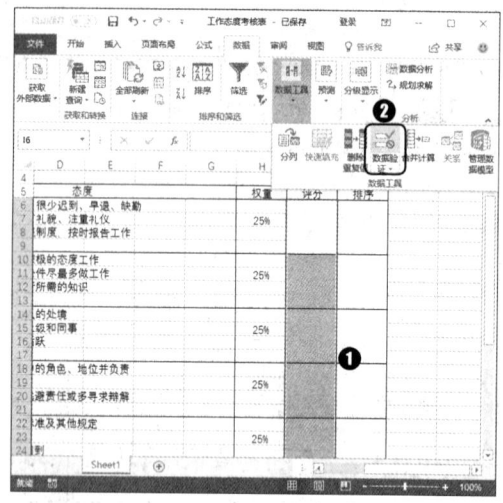

第2步 打开【数据验证】对话框，1 在【数据验证】对话框中设置【允许】为【小数】、【数据】为【介于】，2 设置【最小值】和【最大值】分别为【0】和【10】，如下图所示。

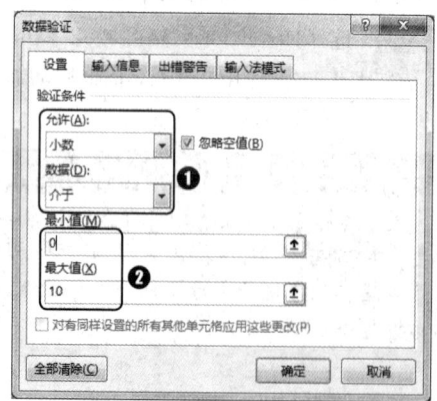

第10章
绩效评估与分析管理

第3步 1选择【输入信息】选项卡，2在【标题】文本框中输入"提示："，在【输入信息】文本框中输入提示内容，3单击【确定】按钮，如下图所示。

具体操作步骤如下。

第1步 1选择I30单元格，2在编辑栏中输入"=SUM(I6:I25)*0.25"，按【Ctrl+Enter】组合键确认，如下图所示。

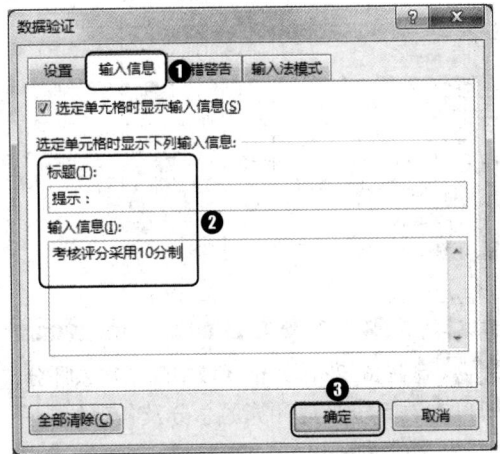

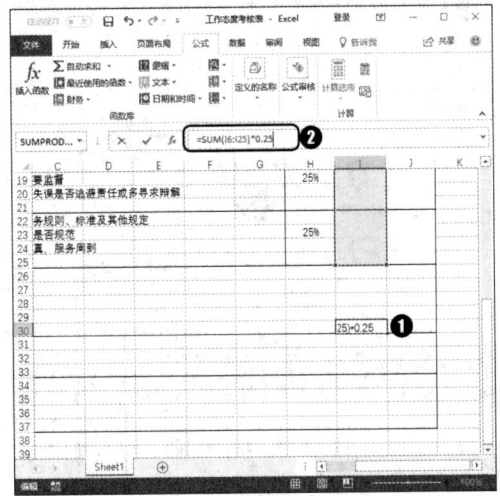

第4步 返回表格，即可看到评分单元格中的提示信息，如下图所示。

第2步 1选择J6:J22单元格区域，2单击【公式】选项卡中的【其他函数】下拉按钮，3在弹出的下拉列表中选择【统计】→【RANK.EQ】选项，如下图所示。

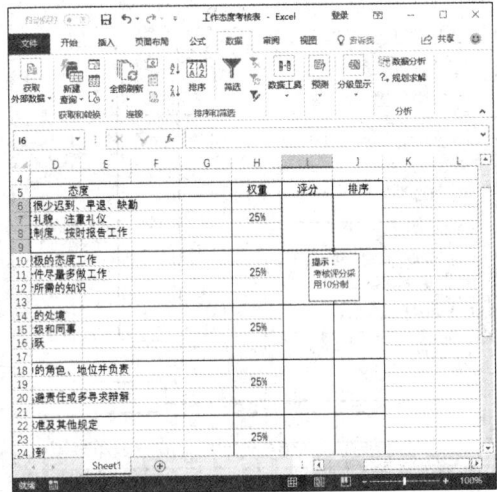

10.2.3 使用SUM和RANK.EQ函数自动获取总分和排序情况

在考核表格中，评估分需要汇总求和，同时对各项考核成绩进行名次排序。在这里借用SUM函数和RANK.EQ函数来轻松完成，

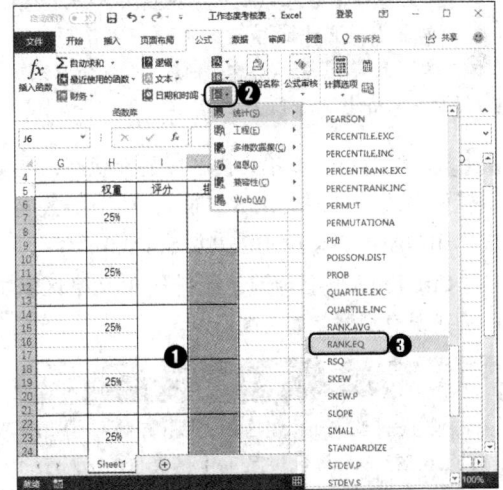

第3步 打开【函数参数】对话框，1分别设置【Number】【Ref】和【Order】为【I6】【I6:I22】和【0】，2单击【确定】按钮，如下图所示。

267

Excel
在人力资源管理中的应用

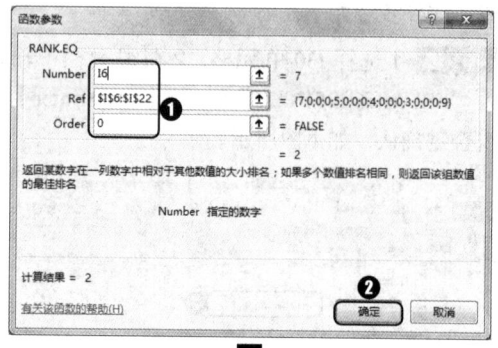

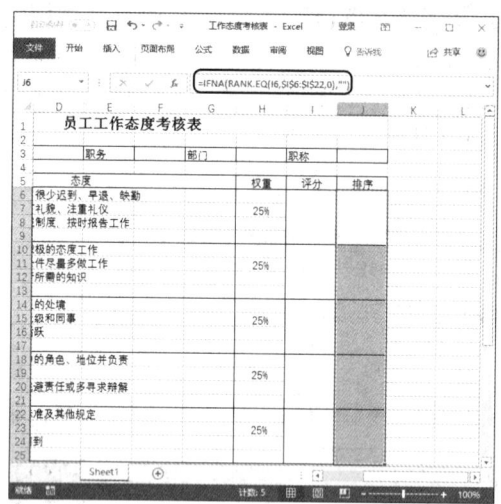

第5步 在I6:I22单元格区域中随意输入评分，即可查看系统自动计算的总分及各项的排序情况，如下图所示。

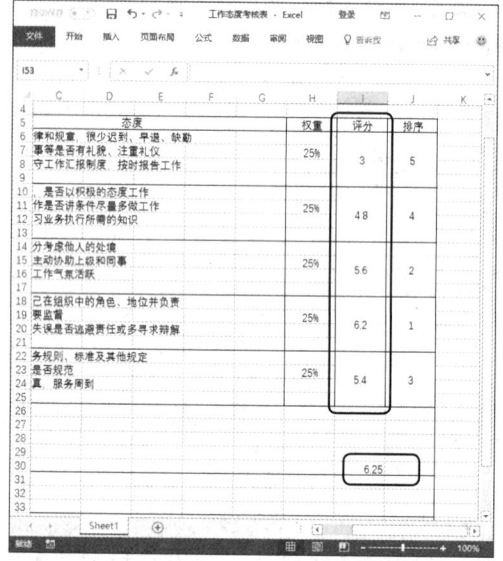

> **温馨提示**
> 单击【确定】按钮返回表格，若函数只被应用于J6单元格，则需要手动将函数填充到J22单元格中。

第4步 保持J6:J22单元格区域的择状态，在编辑栏中添加外嵌套函数IFNA，整个函数变成"=IFNA(RANK.EQ(I6,$I$6: $I$22,0),"")"，按【Ctrl+Enter】组合键，让排序单元格区域中的错误值隐藏，如下图所示。

> **温馨提示**
> 当I6:I22单元格区域中没有输入分数时，J6:J22单元格区域显示为错误值(#N/A)，这不符合通常习惯，所以，在RANK.EQ函数外嵌套IFNA函数，让J6:J22单元格区域在没有评分数据输入时，显示为空白。

10.2.4 设置允许编辑区域

在员工态度考核表中，只需要考核人填写的单元格区域包括：I6:I22单元格区域及B3、D3、F3、H3和J3单元格，其他数据单元格不允许进行编辑或修改。此时，HR可以通过设置允许编辑区域轻松完成，具体操作

第10章
绩效评估与分析管理

步骤如下。

第1步 单击【审阅】选项卡【更改】组中的【允许用户编辑区域】按钮,如下图所示。

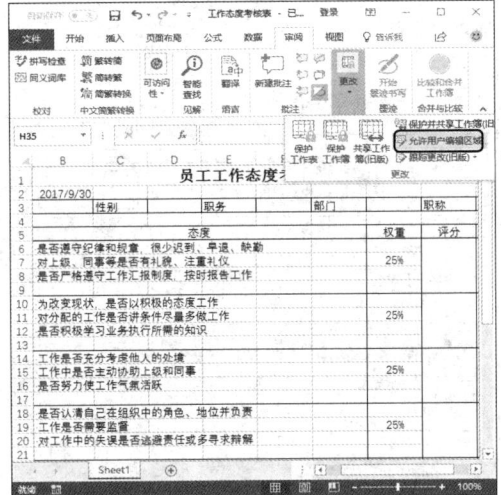

第2步 打开【允许用户编辑区域】对话框,单击【新建】按钮,如下图所示。

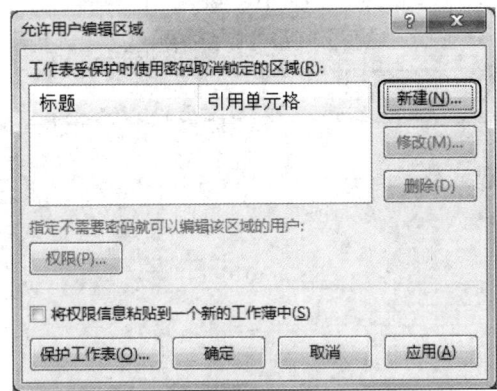

第3步 打开【新区域】对话框,1将指针定位在【引用单元格】文本框中,2在表格中选择 I6:I25 单元格区域,3单击【确定】按钮,如下图所示。

> **温馨提示**
> 由于I6:I25单元格区域是由多个合并单元格组成的,它与排序函数中单元格区域显示有些不一样,这是系统识别方式造成的,不用担心区域选择错误。

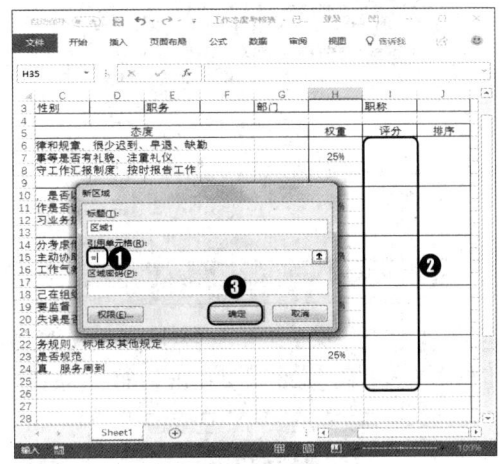

第4步 返回【允许用户编辑区域】对话框中,单击【新建】按钮,如下图所示。

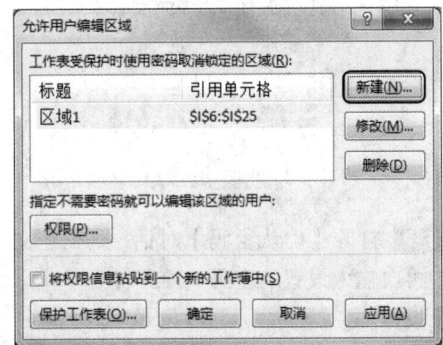

第5步 打开【新区域】对话框,1将鼠标指针定位在【引用单元格】文本框中,在表格中按住【Ctrl】键,依次选择 D3、F3、H3、J3 和 B3 单元格,2单击【确定】按钮,如下图所示。

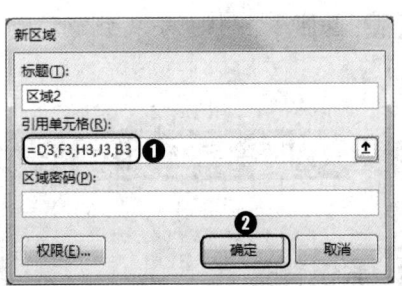

第6步 返回【允许用户编辑区域】对话框中,单击【保护工作表】按钮,如下图所示。

269

Excel
在人力资源管理中的应用

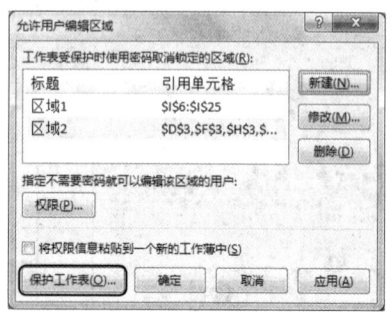

I6:I25 单元格区域、B3、D3、F3、H3 和 J3 单元格中可以进行正常的编辑。下图所示为在 I6 单元格插入光标，准备进行编辑的状态。

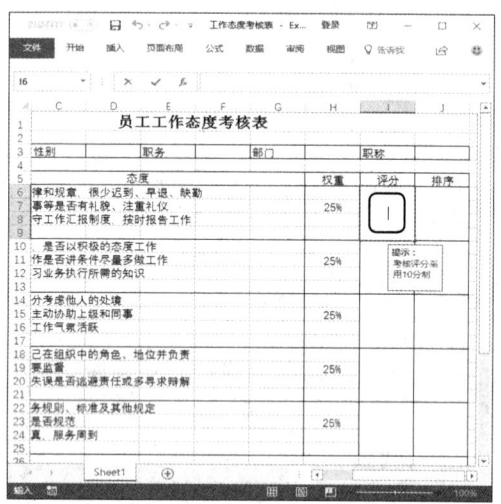

第7步 打开【保护工作表】对话框，1 在文本框中输入密码"123"，2 单击【确定】按钮。

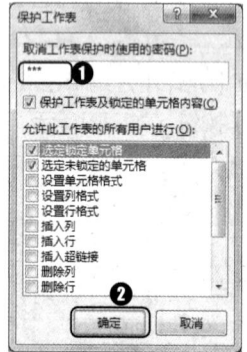

第8步 打开【确认密码】对话框，1 在文本框中再次输入设置的密码"123"，2 单击【确定】按钮。

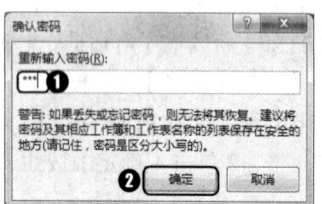

第9步 返回表格中，可以明显发现，在

第10步 在表格的其他任一单元格中进行编辑或修改的操作，系统会自动打开提示对话框进行保护，如下图所示。

10.3 创建员工业绩评定表

案例背景

业绩评定表又称"等级量度法"，是采用最为广泛的一种考核法，它根据所限定的因素来对员工进行考绩和判断并评出等级。业绩评定表在人力资源管理中广受欢迎，其制作方法需要

HR掌握。

本例将制作和设计一份较为通用的业绩考核表，其中，大部分使用公式函数让整个评估表自动进行数据计算、评估等，制作完成后的效果如下图所示。实例最终效果见“下载\结果文件\第10章\业绩评定表.xlsx”文件。

业绩评估表

姓名　　所属分区　　评估日期　2017/10/11

月份	阶段完成业绩（金额）	完成任务比重（%）（A）		业绩考评分析（等级）	单项得分（满分100）（B）	加权得分（B）×50%	
1月		#VALUE!		#VALUE!	#VALUE!	#VALUE!	
2月		#VALUE!	#VALUE!	#VALUE!	#VALUE!	#VALUE!	#VALUE!
3月		#VALUE!	#VALUE!	#VALUE!	#VALUE!	#VALUE!	#VALUE!
4月		#VALUE!	#VALUE!	#VALUE!	#VALUE!	#VALUE!	#VALUE!
5月		#VALUE!	#VALUE!	#VALUE!	#VALUE!	#VALUE!	#VALUE!
6月		#VALUE!	#VALUE!	#VALUE!	#VALUE!	#VALUE!	#VALUE!
综合得分	#VALUE!						

直接主管签字 ____________
员工签字 ____________
部门经理签字 ____________

业绩评估表

姓名　熊亮　　所属分区　三分区　　评估日期　2017/10/11

月份	阶段完成业绩（金额）	完成任务比重（%）（A）	综合排名	业绩考评分析（等级）	单项得分（满分100）（B）	加权得分（B）×50%	评估
1月	100000	166.67%	3	1	100.00	50.00	特级
2月	20000	33.33%	13	4	33.33	16.67	较差
3月	12000	20.00%	19	4	20.00	10.00	较差
4月	90000	150.00%	6	2	100.00	50.00	优秀
5月	27000	45.00%	9	2	45.00	22.50	优秀
6月	250000	416.67%	2	1	100.00	50.00	特级
综合得分	33.19						

直接主管签字 ____________
员工签字 ____________
部门经理签字 ____________

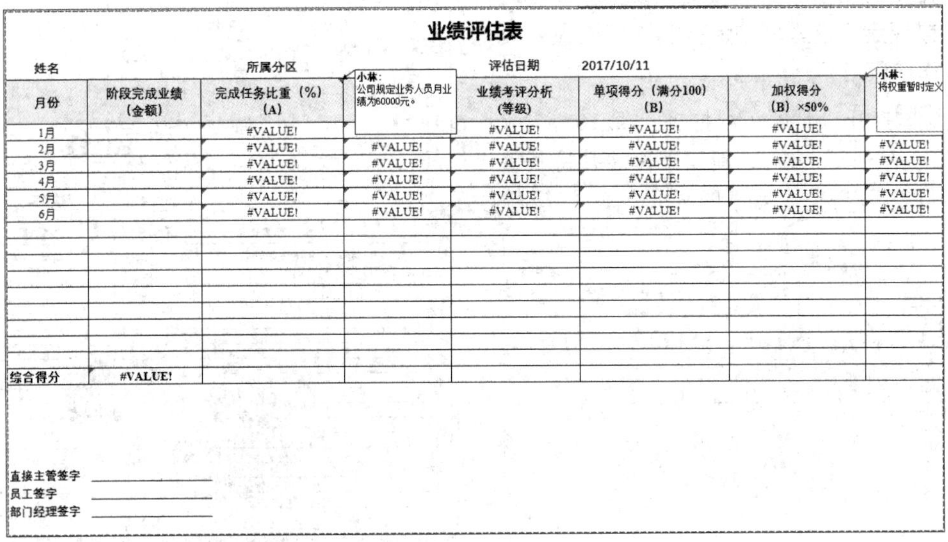

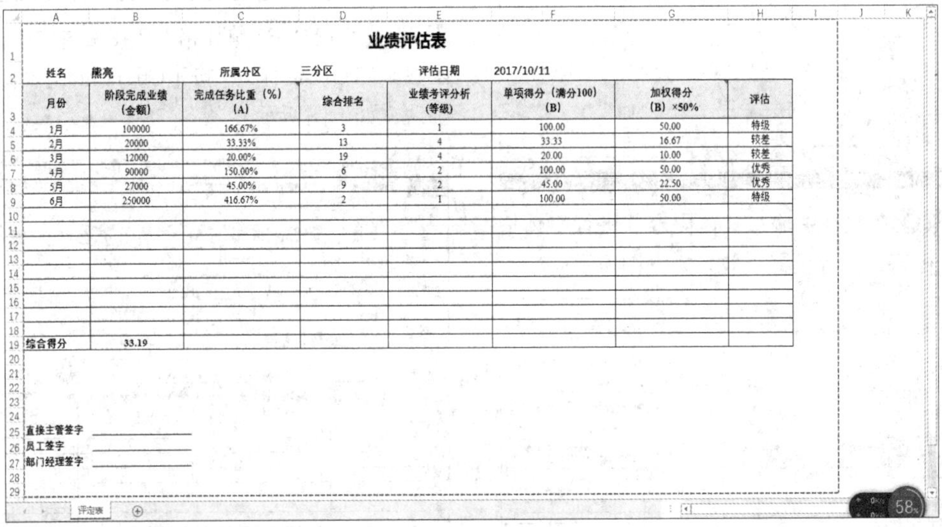

下载文件	素材文件	下载\素材文件\第10章\业绩评定表.xlsx
	结果文件	下载\结果文件\第10章\业绩评定表.xlsx
	教学视频	下载\视频文件\第10章\10.3创建员工业绩评定表.mp4

10.3.1 制作和设置表格格式

业绩评估表（或称为业绩评定表）可以是独立的，也可以是绩效考核表中的一部分。为了对指定时间段员工业绩更加细化的评估或评定，这里单独进行制作和设置，具体操作步骤如下。

第1步 打开"下载\素材文件\第10章\业绩评定表.xlsx"文件，新建工作表并将其重命名为"评定表"，如下图所示。

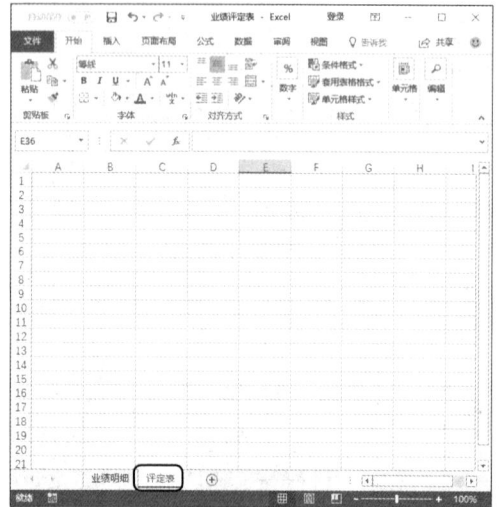

第2步 在表格中输入具体内容并进行字体格式、行高列宽等设置，效果如下图所示。

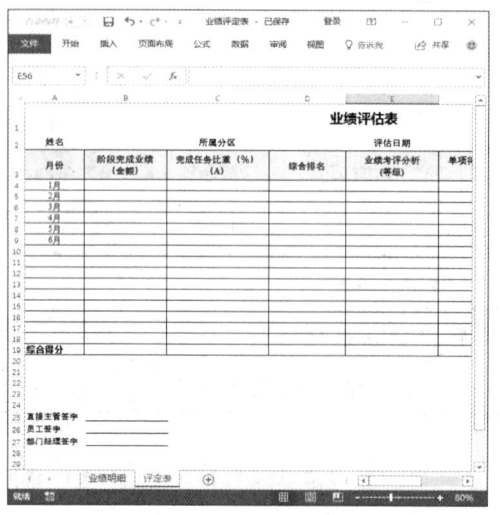

第3步 ❶选择C4:C18单元格区域，❷单击【开始】选项卡【数字】组中的【数据类型】下拉按钮，❸在弹出的下拉列表中选择【百分比】选项，如下图所示。

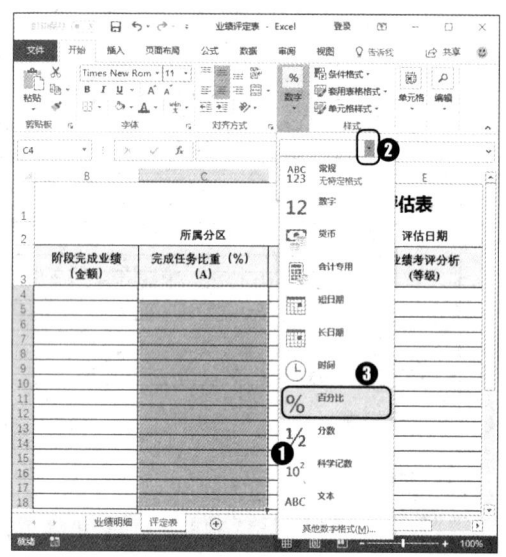

第4步 ❶选择F2单元格，❷在编辑栏中输入函数"=TODAY()"，按【Ctrl+Enter】组合键确认，如下图所示。

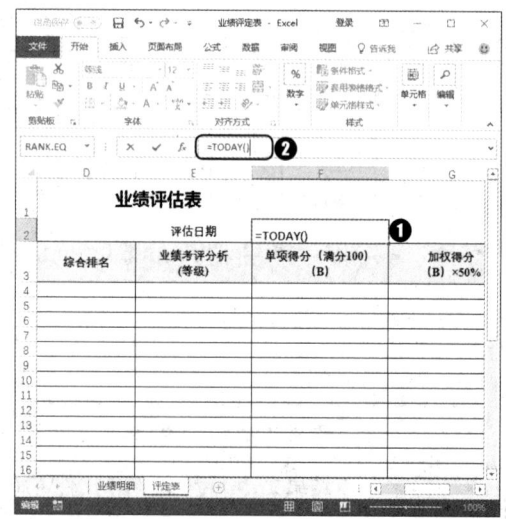

第5步 ❶选择D2单元格，❷在编辑栏中输入函数"=IF(B2="","",VLOOKUP(B2,业绩明细!$B$1:$I$22,2,0))"，根据输入的姓名查找出对应的所属分区，按【Ctrl+Enter】组合键

第10章
绩效评估与分析管理

确认，如下图所示。

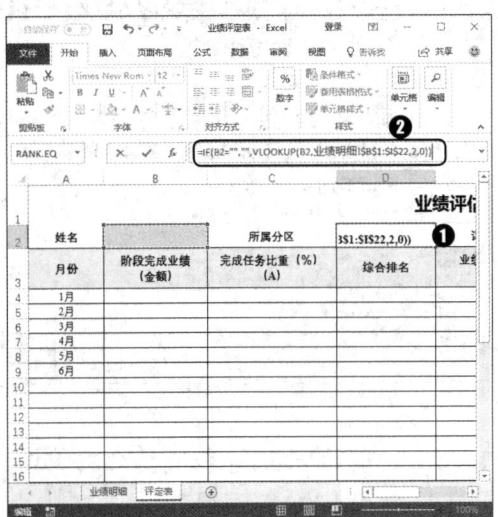

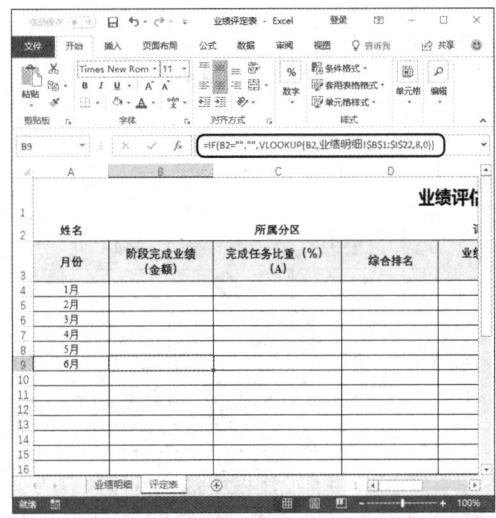

温馨提示

B5:B9单元格中的函数依次为：
=IF(B2="","",VLOOKUP(B2,业绩明细!$B$1:$I$22,4,0))
=IF(B2="","",VLOOKUP(B2,业绩明细!$B$1:$I$22,5,0))
=IF(B2="","",VLOOKUP(B2,业绩明细!$B$1:$I$22,6,0))
=IF(B2="","",VLOOKUP(B2,业绩明细!$B$1:$I$22,7,0))
=IF(B2="","",VLOOKUP(B2,业绩明细!$B$1:$I$22,8,0))

第6步 ❶选择B4单元格，❷在编辑栏中输入函数"=IF(B2="","",VLOOKUP(B2,业绩明细!$B$1:$I$22,3,0))"，根据输入的姓名查找出1月对应阶段完成的业绩，按【Ctrl+Enter】组合键确认，如下图所示。

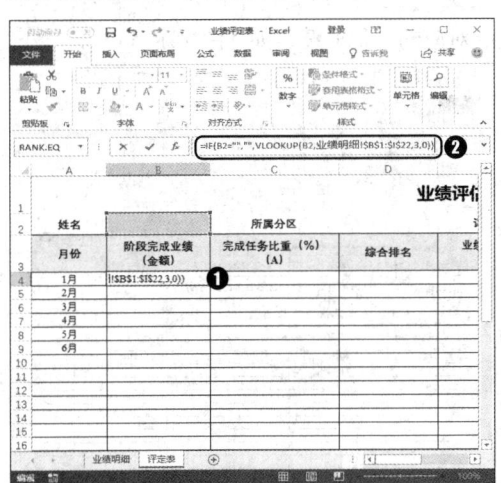

第7步 分别在B5、B6、B7、B8、B9单元格中输入对应查找函数，如下图所示。

温馨提示

本例中，外层嵌套函数IF用于判定B2单元格中是否输入姓名，真正地查找核心函数是VLOOUP函数。

10.3.2 插入批注补充说明

业绩评估中，需要让评估者知道一些关键信息，如目标业绩是多少，权重比例是多少，保证评估人能使用正确系数进行计算，具体操作步骤如下。

第1步 ❶选择C3单元格，❷单击【审阅】选项卡【批注】组中的【新建批注】按钮，如下图所示。

273

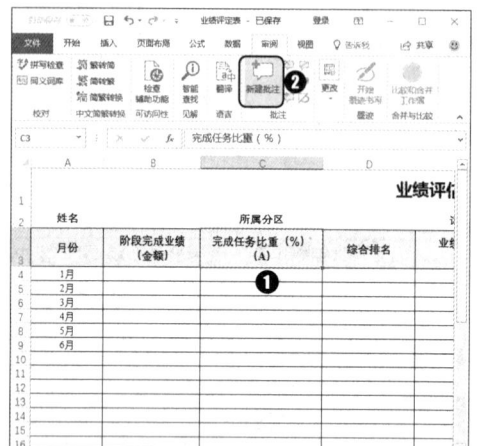

第2步 在新建的批注框中输入批注内容"公司规定业务人员月业绩为 60000 元。",在任一单元格中单击,完成批注输入,批注框自动隐藏,如下图所示。

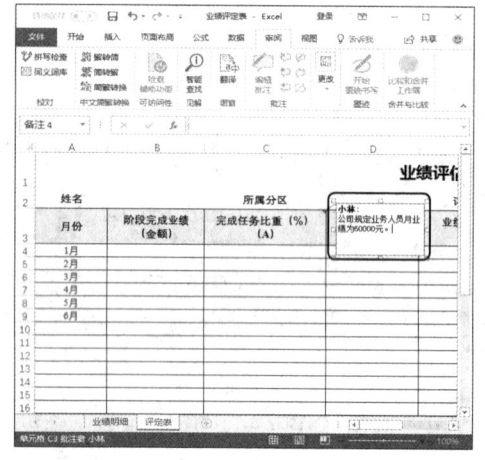

第3步 以同样的方法在 G3 单元格中新建批注,并输入批注内容,对加权或权重比值进行说明,如下图所示。

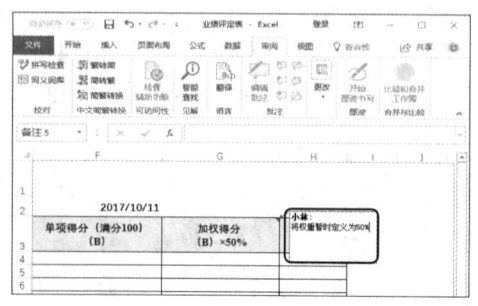

> **教您一招**
>
> **手动隐藏批注**
>
> 结束批注框内容输入后,若没有自动隐藏,HR可单击【审阅】选项卡中的【显示/隐藏批注】按钮(保持插入批注的单元格选择状态),如下图所示。

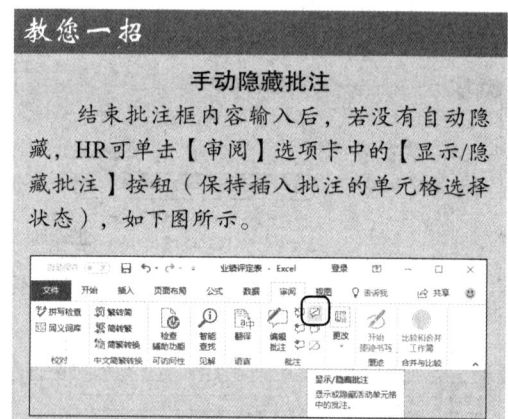

10.3.3 使用公式计算比重、单项得分和加权得分

对员工业绩进行评估时,需要根据业绩任务计算出完成任务的比重、对应得分及加权得分(也就是权重得分),得出一个完善和科学的评估分数,具体操作步骤如下。

第1步 在 B2 单元格中输入人员姓名,查找出对应的月份业绩,如下图所示。

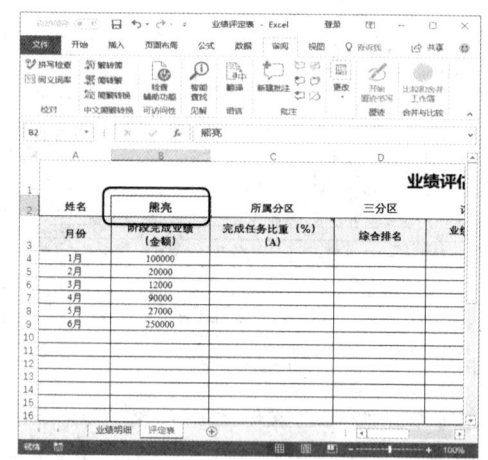

第2步 ❶选择 C4:C9 单元格区域,❷在编辑栏中输入公式"=B4/60000",按【Ctrl+Enter】组合键确认,并得出各个月份业绩完成的任务比重数据,如下图所示。

第 10 章
绩效评估与分析管理

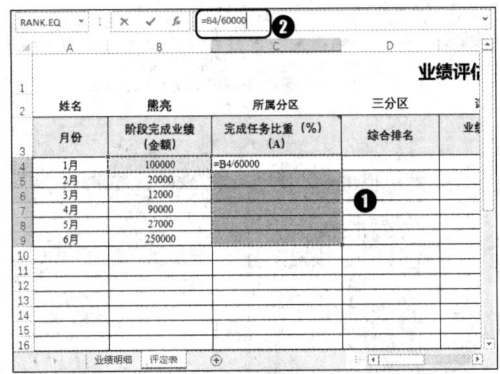

第3步 ❶选择 F4:F9 单元格区域，❷在编辑栏中输入公式"=IF(100*C4>=100,100,100*C4)"，按【Ctrl+Enter】组合键确认，并计算出各个月份业绩的单项得分，如下图所示。

第4步 ❶选择 G4:G9 单元格区域，❷在编辑栏中输入公式"=F4*0.5"，按【Ctrl+Enter】组合键确认，并计算出各个月份业绩的加权得分，如下图所示。

10.3.4 使用RANK.EQ和IF函数计算综合排名和所属等级

业绩完成的情况，既要从单独的月份业绩入手评估，同时也需要将个人与整个团队进行对照，从而明确该人员业绩在整体中所处的水平，从而更加综合客观地对该员工业绩情况进行评定。

本例将从两个方面入手，一是使用RANK.EQ函数计算综合排名；二是使用IF函数根据排名对人员业绩进行整体等级划分，具体操作步骤如下。

第1步 ❶选择 D4 单元格，❷单击【公式】选项卡中的【其他函数】下拉按钮，❸在弹出的下拉列表中选择【统计】→【RANK.EQ】选项，如下图所示。

| 275

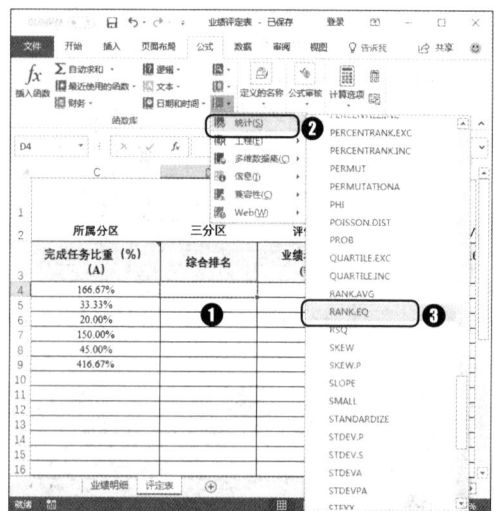

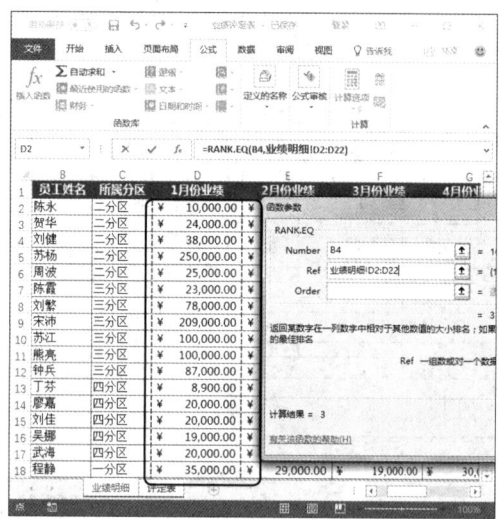

第2步 打开【函数参数】对话框，1在【Number】文本框中输入1月对应的业绩数据单元格"B4"，2将光标定位在【Ref】文本框中，3单击【业绩明细】工作表标签，如下图所示。

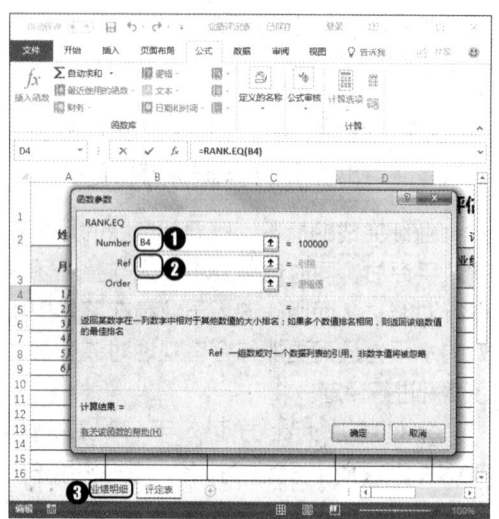

第3步 在"业绩明细"工作表中选择D2单元格，然后按【Ctrl+Shift+↓】组合键，自动选择D2:D22单元格区域，引用团队整体人员的业绩数据，如下图所示。

第4步 1在【Order】文本框中输入"0"，2单击【确定】按钮，如下图所示。

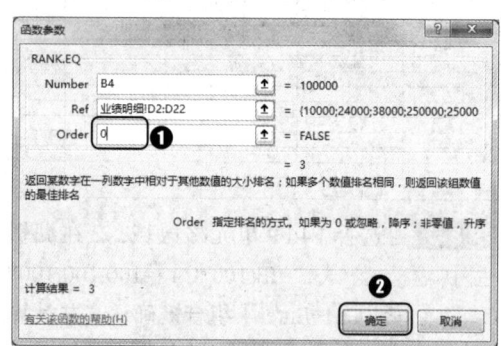

第5步 系统自动根据B4单元格业绩数据，计算出当前人员在整个团队中的业绩综合排名，如下图所示。

第10章
绩效评估与分析管理

第6步 以同样的方法分别计算出 2~6 月业绩综合排名，如下图所示。

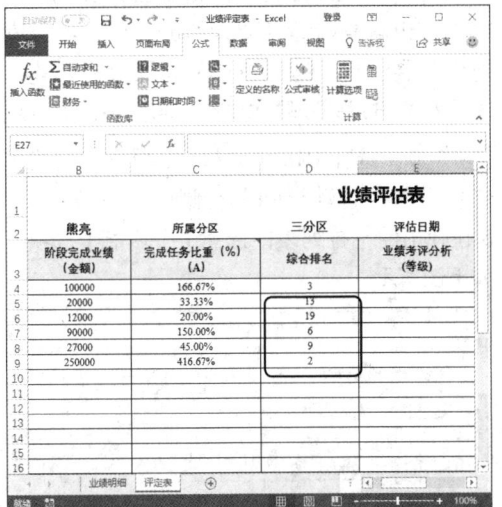

> **温馨提示**
>
> D5:D9 单元格中的函数依次为：
> =RANK.EQ(B5,业绩明细!E2:E22,0)
> =RANK.EQ(B6,业绩明细!F2:F22,0)
> =RANK.EQ(B7,业绩明细!G2:G22,0)
> =RANK.EQ(B8,业绩明细!H2:H22,0)
> =RANK.EQ(B9,业绩明细!I2:I22,0)

第7步 ❶选择 E4:E9 单元格区域，❷在编辑栏中输入公式"=IF(D4<5,1,IF(D4<10,2,IF(D4<12,3,4)))"，如下图所示。

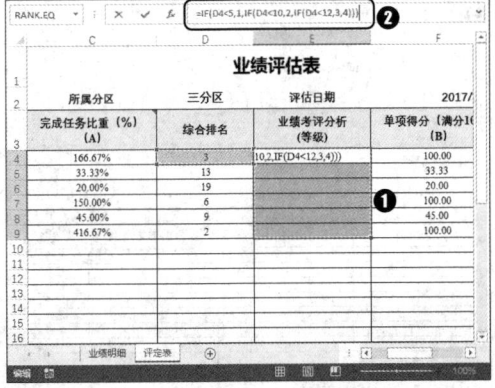

第8步 按【Ctrl+Enter】组合键确认，并计算出各个月份业绩考评分析的等级，如下图所示。

10.3.5 使用CHOOSE函数自动进行评估

在评定表中需要明确的评估或评定，但是，这些评估、评定是根据已有的数据进行确定的，所以，HR可使用函数自动进行评定，提高效率和准确性，这里使用CHOOSE函数，具体操作步骤如下。

第1步 ❶选择 H4 单元格，❷单击【公式】选项卡中的【查找与引用】下拉按钮，❸在弹出的下拉列表中选择【CHOOSE】选项，如下图所示。

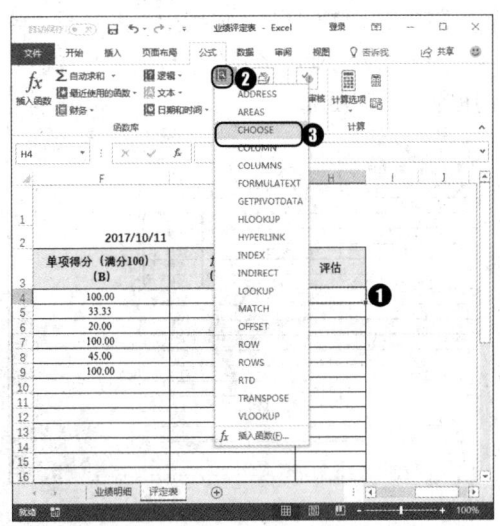

第2步 在打开的【函数参数】对话框中，1 分别设置各个对应参数，2 单击【确定】按钮，如下图所示。

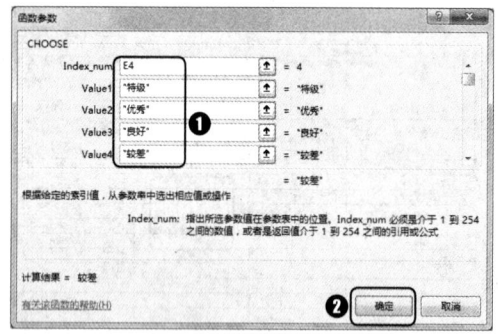

10.3.6 完善表格

评估表大体结构和内容都已经实现自动化，这也就意味着整体操作的结束，不过表格仍然要进行一些完善操作，如补充公式、设置对齐方式等，具体操作步骤如下。

第1步 1 选择 B19 单元格，2 单击【公式】选项卡中【自动求和】右侧的下拉按钮，3 在弹出的下拉列表中选择【平均值】选项，如下图所示。

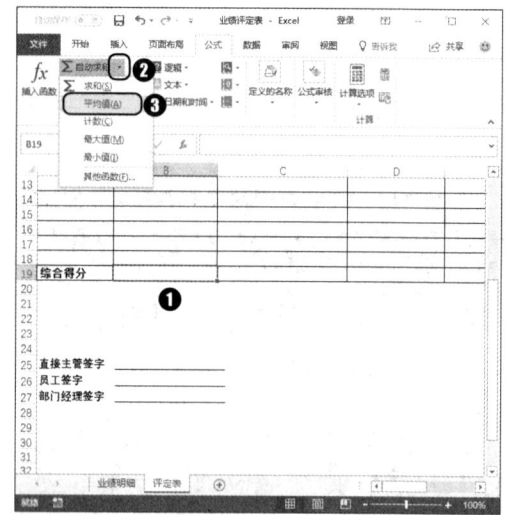

第3步 系统根据 E4 单元格中业绩考评分析数据，自动进行评估，如下图所示。

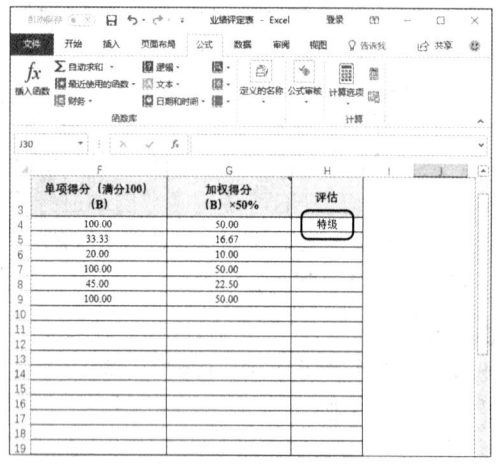

第4步 使用填充柄填充函数到数据末行，系统自动根据各月业绩考评分析数据，做出对应的评估，如下图所示。

第2步 自动调用 AVERAGE 函数，选择 G4:G9 单元格区域作为平均参数，如下图所示。

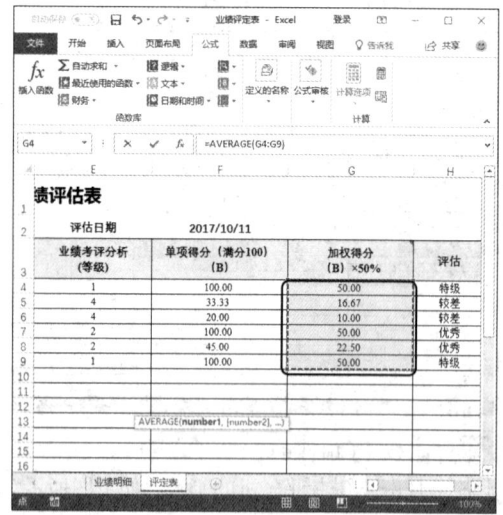

第10章
绩效评估与分析管理

第3步 计算出上半年（或前6个月）的综合得分数值，如下图所示。

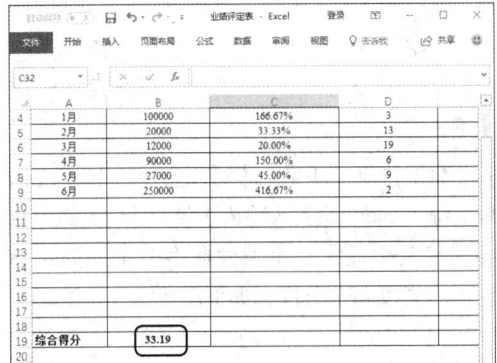

第4步 1 按住【Ctrl】键，选择 B2、D2 和 F2 单元格，2 单击【开始】选项卡中的【左对齐】按钮，如下图所示。

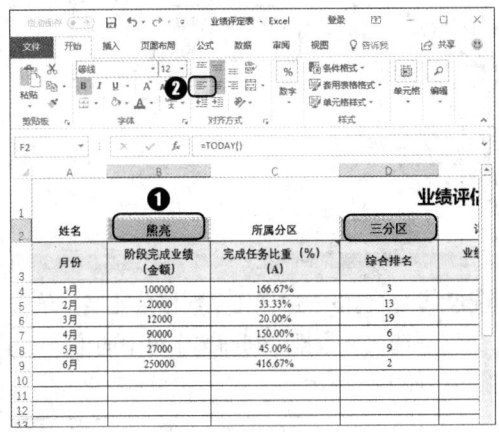

第5步 在【业绩明细】工作表标签上右击，在弹出的快捷菜单中选择【隐藏】命令将其隐藏，完成整个操作，如下图所示。

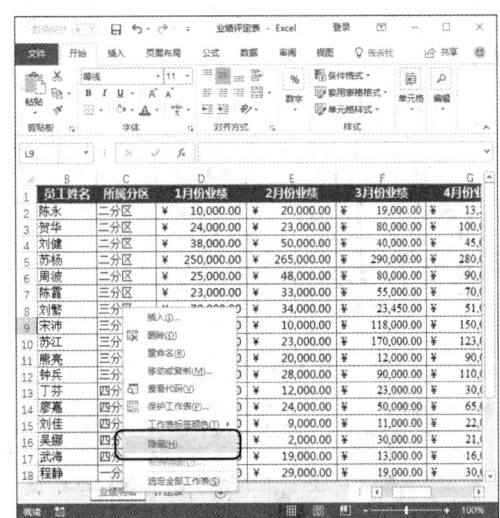

大神支招

本章主要讲解了人事管理过程中绩效的评估与分析方法，以帮助HR快速对绩效做出正确的评估和分析方案。下面结合本章内容，向大家介绍几个实用和常用的相关技巧，帮助HR提高工作效率和质量。

01：一次性全部显示表格中的批注

表格中若有批注，且是处于隐藏状态，为了方便查看全部批注信息，HR可以在需要时一次性将其全部显示出来，操作方法如下。

单击【审阅】选项卡中的【显示所有批注】按钮，将所有批注全部显示，如下图所示。

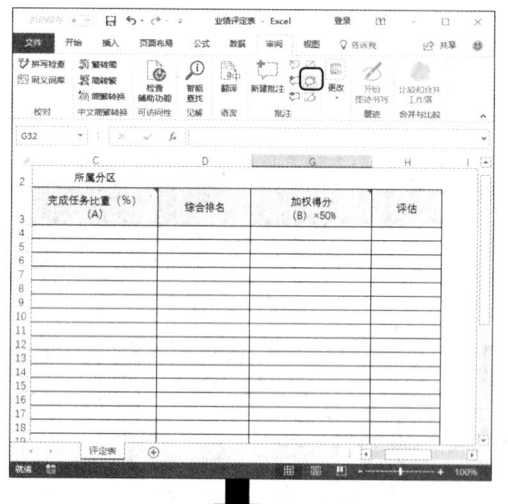

教您一招

一次性隐藏所有批注

要将显示的批注统一隐藏，可再次单击【显示所有批注】按钮。

02：高级筛选条件"或"

💿 视频文件：下载\视频文件\第10章\02.mp4

在高级筛选中，有时会筛选出一些"或"，如业绩金额大于5000元或业绩金额小于3000元；生产线1或生产线2产量大于4500元等，此时使用"或"条件的高级筛选非常合适。

下面通过设置"或"条件，高级筛选出指定的两位人员的业绩数据，具体操作步骤如下。

第1步 打开"下载\素材文件\第10章\销售业绩1.xlsx"文件，输入表示"或"关系（只要满足其中任意一个条件或多个条件同时满足）的高级筛选条件，如下图所示。

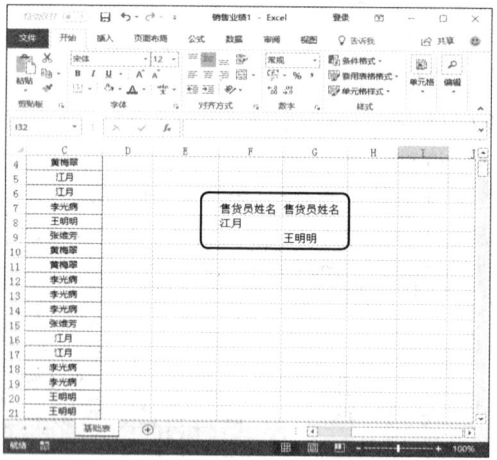

第2步 在表格中选择任一数据单元格，单击【数据】选项卡【排序和筛选】组中的【高级】按钮，如下图所示。

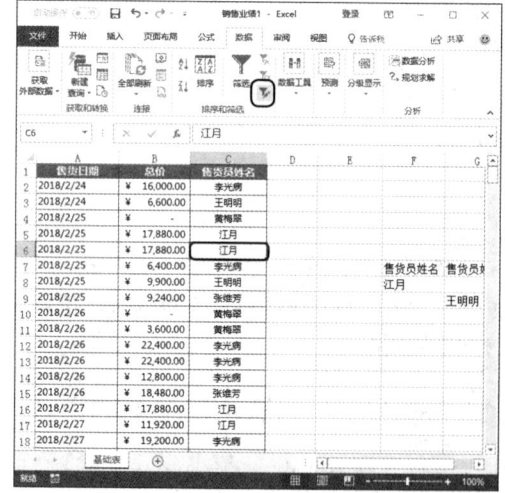

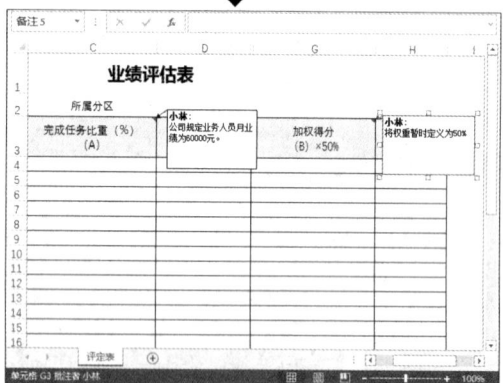

第10章
绩效评估与分析管理

第3步 1 在打开的【高级筛选】对话框中，分别设置包括条件区域的高级筛选参数，2 单击【确定】按钮，如下图所示。

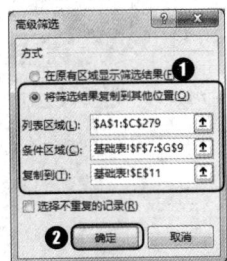

第4步 系统自动筛选出指定两位人员的业绩数据，实现表示"或"的高级筛选，如下图所示。

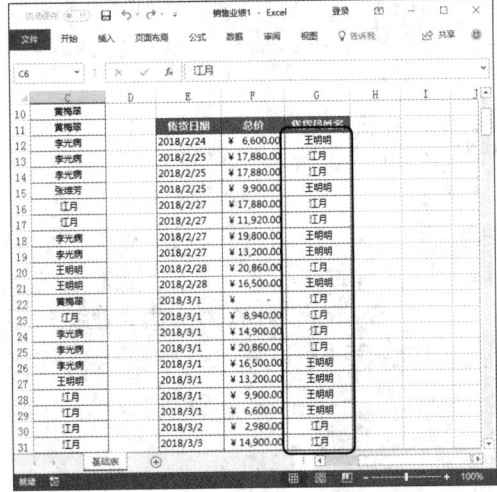

03：快速突出显示低于平均值的数据项

视频文件：下载\视频文件\第10章\03.mp4

在业绩管理分析中，要快速突出显示高于团队平均值的数据单元格，借助于条件规则可快速完成，具体操作步骤如下。

第1步 打开"下载\素材文件\第10章\业绩评定表1.xlsx"文件，1 选择目标单元格区域，2 单击【开始】选项卡中的【条件格式】下拉按钮，3 在弹出的下拉列表中选择【最前/最后规则】→【高于平均值】选项，如下图所示。

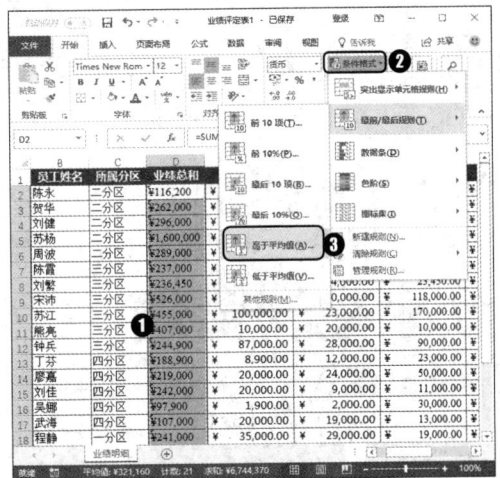

第2步 打开【高于平均值】对话框，1 设置突出显示样式，2 单击【确定】按钮，如下图所示。

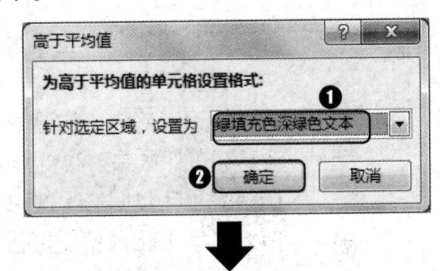

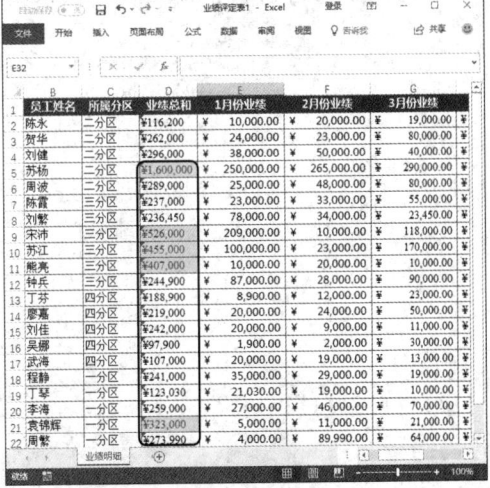

| 281 |

第11章
薪酬福利管理

本章导读

薪酬福利是员工最关心的事情之一，因为它直接关系到员工的利益，决定其生活质量和水准，直接影响其去留、工作努力程度和奉献程度。对企业管理者而言，它是管理过程中进行的一系列成本开支方面的权衡和取舍，以确保未来财政支出的可调整性和可控制性。所以，HR一定要熟练掌握薪酬福利数据的管理和分析方法，发现其中的问题和规律，为管理者决策提供意见和数据支撑。本章将会在4个方面进行讲解：工资条的高效制作、员工薪酬数据汇总、分析和预算。

知识要点

- ❖ 制作员工工资条
- ❖ 员工薪酬分析
- ❖ 制作员工月度工资部门汇总表
- ❖ 制作年度薪酬福利费用预算

11.1 制作员工工资条

案例背景

工资条由单位定期发放给员工，用来反映工资的情况。工资条的制作，看上去特别简单，只需一两步操作，其实不然。制作工资条包括工资明细数据的收集、整理和打印。工资明细数据的收集、整理需要使用函数来计算，既便捷又能保证其准确性。最后一个环节打印也不是简单地直接单击【打印】按钮进行打印，而是要对打印参数进行具体的设置。HR要想高效快速制作完成工资条，需要一定的技巧。

本例将制作内部和外部工作人员的工资条，制作完成后的效果如下图所示。实例最终效果见“下载\结果文件\第11章\内部人员工资、临时兼职人员工资.xlsx”文件。

	A	B	C	D	E	F	G	H	I	J
1	编号	姓名	所在部门	基本工资	岗位工资	工龄工资	提成或奖金	加班工资	全勤奖金	应发工资
2	0001	陈果	总经办	10000	8000	750		90.0	0.0	18840.0
3	编号	姓名	所在部门	基本工资	岗位工资	工龄工资	提成或奖金	加班工资	全勤奖金	应发工资
4	0002	欧阳娜	总经办	9000	6000	450		0.0	200.0	15650.0
5	编号	姓名	所在部门	基本工资	岗位工资	工龄工资	提成或奖金	加班工资	全勤奖金	应发工资
6	0004	蒋丽程	财务部	4000	1500	1150		60.0	0.0	6710.0
7	编号	姓名	所在部门	基本工资	岗位工资	工龄工资	提成或奖金	加班工资	全勤奖金	应发工资
8	0005	王思	销售部	3000	1500	350	2170.3	60.0	0.0	7080.3
9	编号	姓名	所在部门	基本工资	岗位工资	工龄工资	提成或奖金	加班工资	全勤奖金	应发工资
10	0006	胡林丽	生产部	3500	1500	750	0.0	1424.4	200.0	7374.4
11	编号	姓名	所在部门	基本工资	岗位工资	工龄工资	提成或奖金	加班工资	全勤奖金	应发工资
12	0007	张德芳	销售部	4000	1500	450	2139.6	478.3	200.0	8767.9
13	编号	姓名	所在部门	基本工资	岗位工资	工龄工资	提成或奖金	加班工资	全勤奖金	应发工资
14	0008	欧俊	技术部	8000	1500	750	0.0	1802.2	0.0	12052.2
15	编号	姓名	所在部门	基本工资	岗位工资	工龄工资	提成或奖金	加班工资	全勤奖金	应发工资

	A	B	C	D	E	F	G	H	I	J
55	编号	姓名	所在部门	基本工资	岗位工资	工龄工资	提成或奖金	加班工资	全勤奖金	应发工资
56	0039	蔡依蝶	销售部	1500	300	0	1000.0	156.5	0.0	2956.5
57	编号	姓名	所在部门	基本工资	岗位工资	工龄工资	提成或奖金	加班工资	全勤奖金	应发工资
58	0040	刘允礼	销售部	1500	300	0	1000.0	156.5	200.0	3156.5
59	编号	姓名	所在部门	基本工资	岗位工资	工龄工资	提成或奖金	加班工资	全勤奖金	应发工资
60	0041	余好佳	销售部	1500	300	50	1000.0	156.5	0.0	3006.5
61	编号	姓名	所在部门	基本工资	岗位工资	工龄工资	提成或奖金	加班工资	全勤奖金	应发工资
62	0042	陈丝丝	销售部	1500	300	100	1550.0	156.5	0.0	3606.5
63	编号	姓名	所在部门	基本工资	岗位工资	工龄工资	提成或奖金	加班工资	全勤奖金	应发工资
64	0044	蔡骏麒	销售部	1500	300	100	1000.0	0.0	0.0	2900.0
65	编号	姓名	所在部门	基本工资	岗位工资	工龄工资	提成或奖金	加班工资	全勤奖金	应发工资
66	0045	王翠	销售部	1500	300	0	1333.3	0.0	0.0	3133.3
67	编号	姓名	所在部门	基本工资	岗位工资	工龄工资	提成或奖金	加班工资	全勤奖金	应发工资
68	0046	胡文国	销售部	1500	300	0	1000.0	156.5	200.0	3156.5
69	编号	姓名	所在部门	基本工资	岗位工资	工龄工资	提成或奖金	加班工资	全勤奖金	应发工资

下载文件		
	素材文件	下载\素材文件\第11章\内部人员工资、临时兼职人员工资.xlsx
	结果文件	下载\结果文件\第11章\内部人员工资、临时兼职人员工资.xlsx
	教学视频	下载\视频文件\第11章\11.1制作员工工资条.mp4

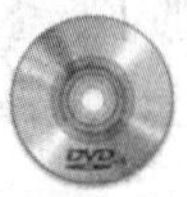

Excel
在人力资源管理中的应用

11.1.1 完善工资表数据

要制作工资条，首先需将工资数据汇总，计算出各类数据，如岗位工资、工龄工资、个人所得税等。下面通过各类函数快速进行汇总。

1. 查找获取基本类工资数据

基本类工资数据通常是工资数据获取的优先类，包括所在部门、基本工资、岗位工资、工龄工资等，同时，它们大多数是可以根据姓名查找得到的，具体操作步骤如下。

第1步 打开"下载\素材文件\第11章\内部人员工资.xlsx"文件，1单击【工资统计表】工作表标签，2在【姓名】列中输入内部人员姓名，如下图所示。

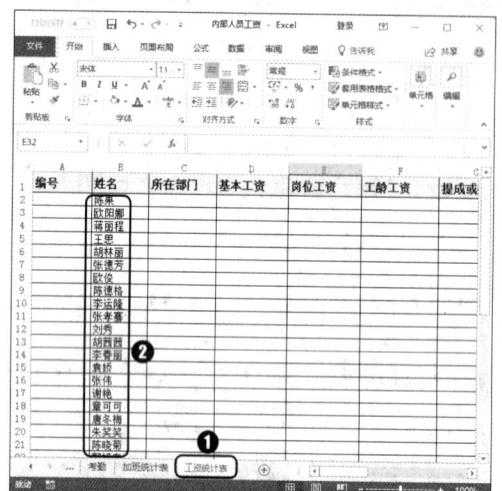

温馨提示

根据姓名查找基本信息和基本类工资数据时，一定要保证姓名没有重复项，否则，容易出现查找到的数据错误。当然，一旦出现重复名称，需要HR手动添加区分符号，如部门缩写、编号等。

第2步 1选择C2单元格，2单击编辑栏中的【插入函数】按钮，如下图所示。

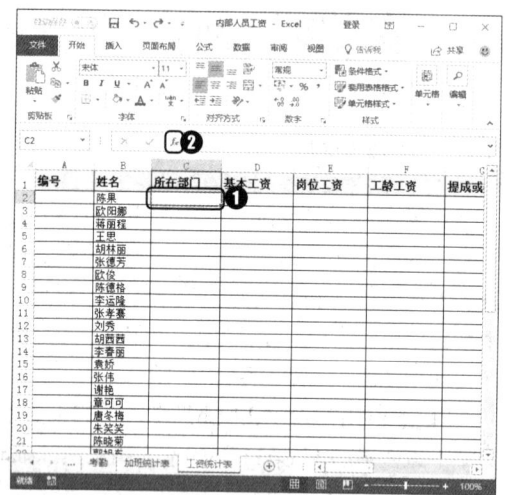

第3步 打开【插入函数】对话框，1在【搜索函数】文本框中输入"VLOOKUP"，2单击【转到】按钮，3在【选择函数】列表框中选择【VLOOKUP】选项，4单击【确定】按钮，如下图所示。

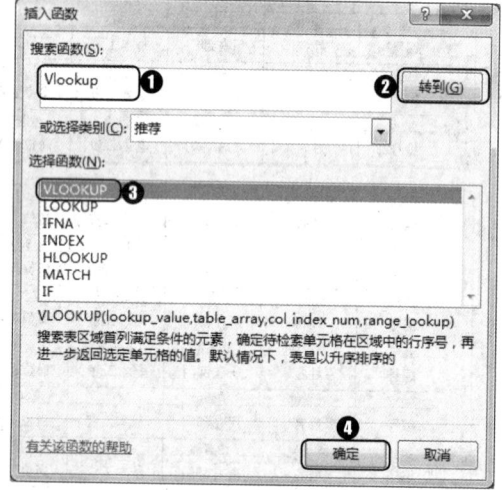

第4步 打开【函数参数】对话框，1在【Lookup_value】参数框中输入"B2"，并按3次【F4】键，将其转换为绝对引用，2单击【Table_array】参数框右侧的【折叠】按钮，如下图所示。

第11章
薪酬福利管理

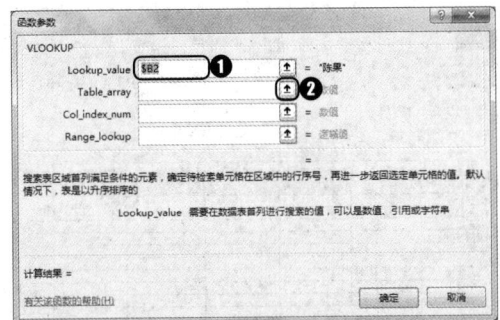

第5步 将【函数参数】对话框折叠，1单击【基本工资管理表】工作表标签，2在表格中选择B2:I39单元格区域，3单击【展开】按钮，如下图所示。

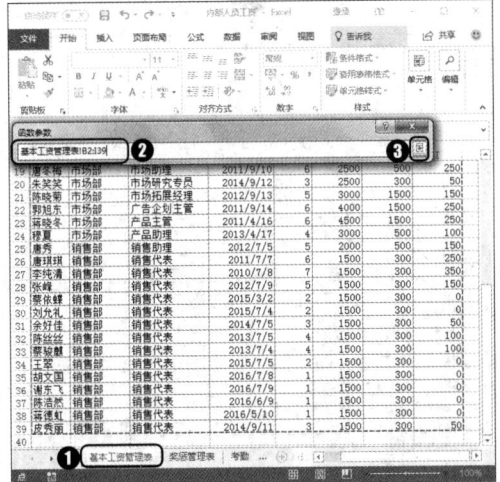

第6步 展开【函数参数】对话框，1在【Table_array】参数框中引用【B2:I39】，按【F4】键将其转换为绝对引用，在【Col_index_num】参数框中输入"2"，在【Range_lookup】参数框中输入"0"，2单击【确定】按钮，如下图所示。

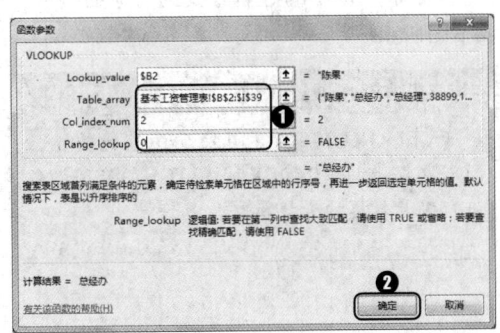

第7步 返回工作表，在C2单元格中即可查看根据B2单元格中的姓名查找到的所在部门，如下图所示。

第8步 使用填充柄横向填充VLOOKUP函数到F2单元格，如下图所示。

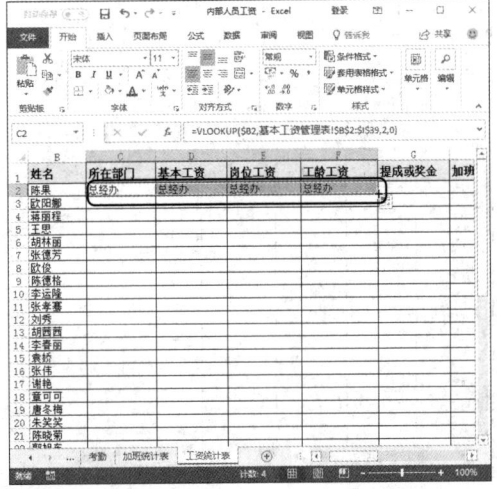

第9步 1选择D2单元格，2在编辑栏中将"Col_index_num"参数修改为"6"，然后按【Ctrl+Enter】组合键，如下图所示。

Excel
在人力资源管理中的应用

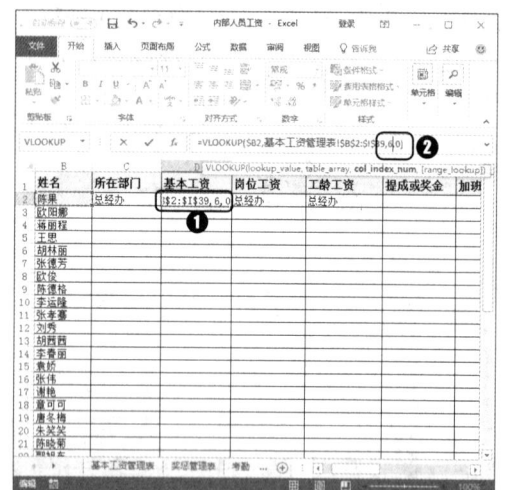

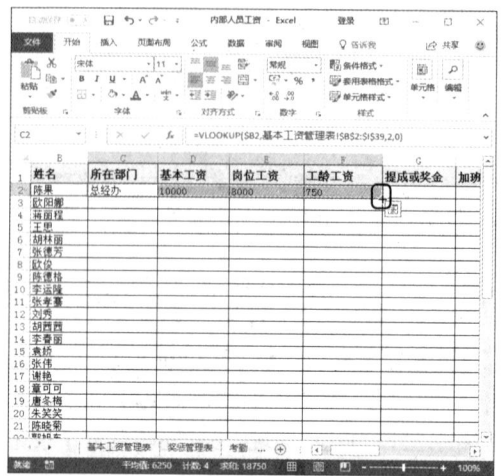

第10步 重复第9步操作，依次将E2和F2单元格中VLOOKUP函数的"Col_index_num"参数修改为"7""8"，最后按【Ctrl+Enter】组合键确认函数，并得到B2单元格对应人员的岗位工资和工龄工资数据，如下图所示。

第11步 选择C2:F2单元格区域，将鼠标指针移到单元格区域右下角，当鼠标指针变成+形状时双击，让函数自动填充到数据末行，并根据对应的人员得到对应的数据，如下图所示。

第12步 ❶选择A2单元格，❷在编辑栏中输入嵌套函数"=INDEX(基本工资管理表!$A$2:$A$39,MATCH(B2,基本工资管理表!$B$2:$B$39,))"，按【Ctrl+Enter】组合键，根据B2单元格中的姓名查找到对应的编号，如下图所示。

> **温馨提示**
>
> VLOOKUP函数不具有反向查找功能，所以这里借助于INDEX和MATCH的嵌套函数进行编号数据的查找获取。

第 11 章
薪酬福利管理

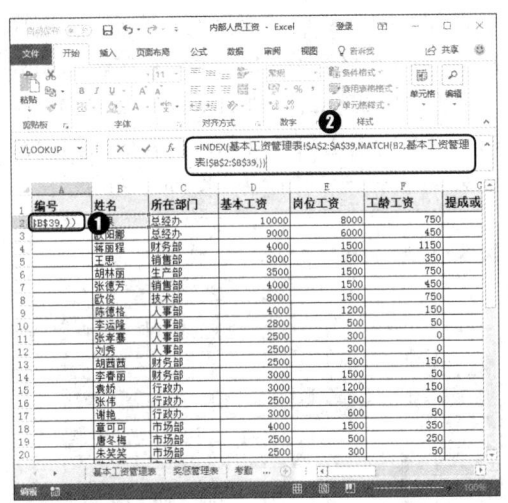

$H$39,7,FALSE))",按【Ctrl+Enter】组合键确认,并根据编号获取对应的提成或奖金数据,如下图所示。

第13步 使用填充柄填充函数到数据末行,查找到对应人员的编号,如下图所示。

2.获取其他明细类工资

加班、提成、全勤、个人所得税等数据,需要通过函数根据姓名或编号进行获取,为了保证数据获取的准确无误,以编号为查找关键数据,具体操作步骤如下。

第1步 ❶选择 G2 单元格,按【Ctrl+Shift+↓】组合键自动选择到数据末行的单元格区域,❷在编辑栏中输入函数"=IF(ISERROR(VLOOKUP(A2,奖惩管理表!$A$3:$H$39,7,FALSE)),"",VLOOKUP(A2,奖惩管理表!$A$3:

第2步 ❶选择 H2 单元格,按【Ctrl+Shift+↓】组合键,自动选择到数据末行的单元格区域,❷在编辑栏中输入函数"=VLOOKUP(A2,加班统计表!$A$6:$AM$60,39)",按【Ctrl+Enter】组合键确认,并根据编号获取对应的加班工资,如下图所示。

287

Excel
在人力资源管理中的应用

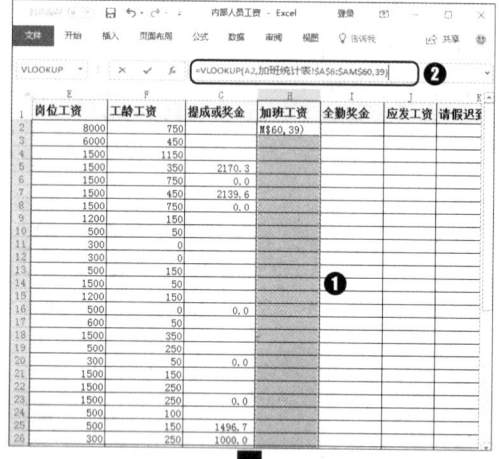

根据编号获取对应的全勤奖金数据,**1** 选择 K2:K39 单元格区域,**2** 在编辑栏中输入函数 "=VLOOKUP(A2,考勤!$A$6: $AZ$60,51)",按【Ctrl+Enter】组合键确认,并根据编号获取对应的请假迟到扣款数据,如下图所示。

第3步 **1** 选择 I2:I39 单元格区域,**2** 在编辑栏中输入函数 "=VLOOKUP(A2,考勤!$A$6: $AZ$60,52)",如下图所示。

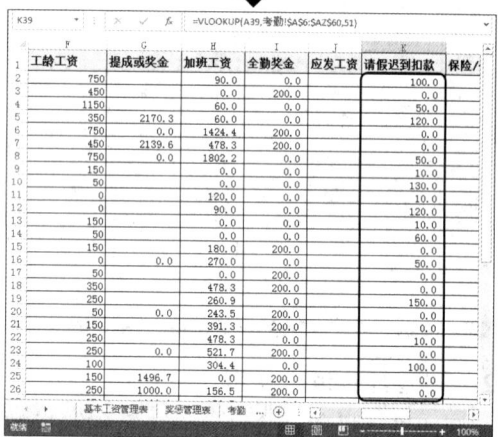

第5步 **1** 选择 L2 单元格,**2** 在编辑栏中输入函数 "=(D2+E2+F2)*(0.08+0.02+0.005+0.12)",如下图所示。

第4步 按【Ctrl+Enter】组合键确认,并

第11章
薪酬福利管理

教您一招
个税的计算方式
个人所得税是根据总工资的多少进行阶段收取的，如大于3500元需要缴纳多少比例的税，大于5000元需要缴纳多少比例的税等，所以，这里用了多层IF嵌套。

第7步 按【Ctrl+Enter】组合键确认，自动得到第一位员工的个税金额，如下图所示。

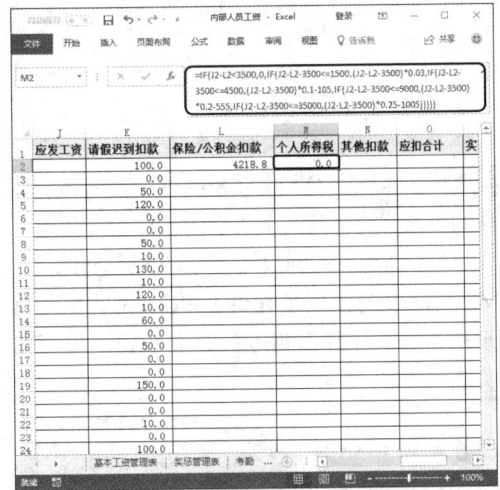

温馨提示
社保或公积金，并不是一个不变的数字，它是根据基本类工资（基本工资+岗位工资+工龄工资）的不同比例计算得到的，也就是基数×比例。所以，会出现同一个公司企业不同人员的社保和公积金金额不一样的情况。

第6步 按【Ctrl+Enter】组合键确认，并根据编号获取对应的保险/公积金扣款数据，1 选择M2单元格，2 在编辑栏中输入函数"=IF(J2-L2<3500,0,IF(J2-L2-3500<=1500,(J2-L2-3500)*0.03,IF(J2-L2-3500<=4500,(J2-L2-3500)*0.1-105,IF(J2-L2-3500<=9000,(J2-L2-3500)*0.2-555,IF(J2-L2-3500<=35000,(J2-L2-3500)*0.25-1005)))))"，如下图所示。

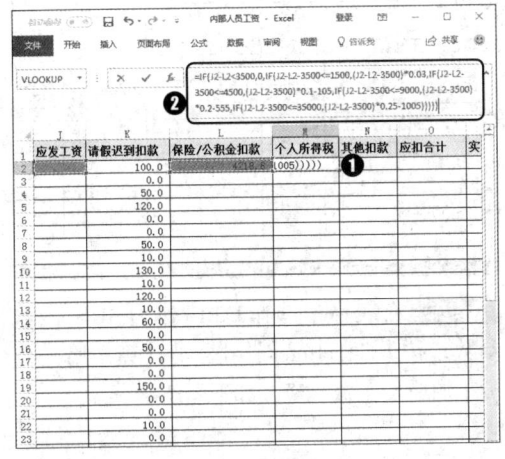

温馨提示
由于J列中的应发工资数据暂时为空，没有计算。因此，这里的个人所得税为0元。

第8步 1 选择N2单元格，2 在编辑栏中输入函数"=IF(ISERROR(VLOOKUP(A2,奖惩管理表!$A$3:$H$39,8,FALSE)),"",VLOOKUP(A2,奖惩管理表!$A$3:$H$39,8,FALSE))"，按【Ctrl+Enter】组合键获取其他扣款数据，如下图所示。

Excel
在人力资源管理中的应用

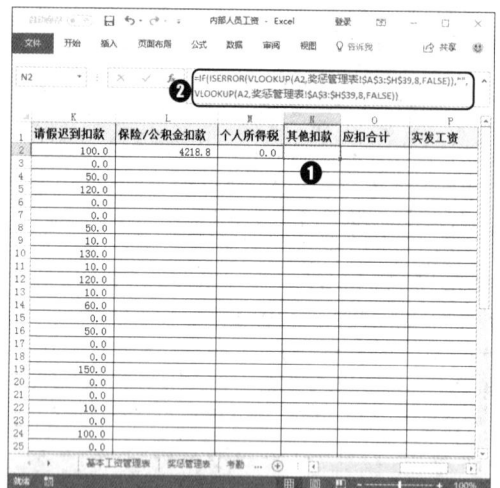

第9步 选择 L2:N2 单元格区域,将鼠标指针移到单元格区域的右下角,当鼠标指针变成+形状时,拖动鼠标到数据末行,分别进行 L2、M2、N2 中的函数填充到 L39、M39、N39 单元格并自动计算出相应的金额数据,如下图所示。

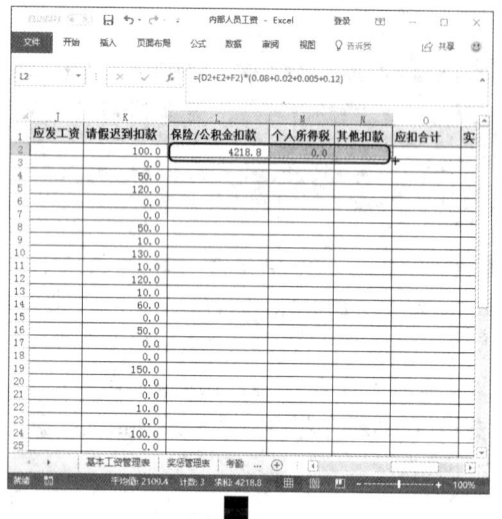

3. 计算合计类工资

获取和计算员工各类工资明细数据后,就可以对合计汇总类数据进行计算,如应发金额、应扣合计、实发工资等,具体操作步骤如下。

第1步 1 选择 J2 单元格,2 单击【公式】选项卡中的【自动求和】按钮,如下图所示。

第2步 在表格中选择 D2:I2 作为 SUM 函数参数,按【Ctrl+Enter】组合键计算出第一位员工的应发工资金额,如下图所示。

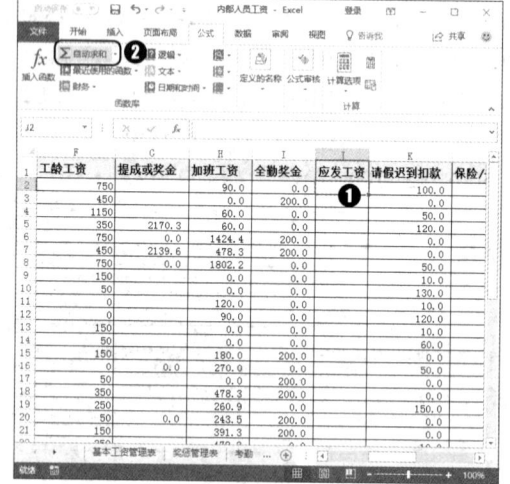

第11章
薪酬福利管理

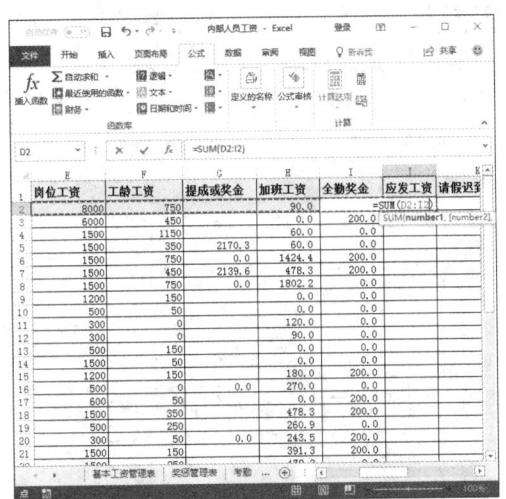

温馨提示
由于G2、I2单元格中数字为空，因此，SUM函数不能自动识别或识别错误连续的参数单元格区域，需要手动进行选择。

第3步 使用填充柄填充SUM函数到数据末行，也就是J39单元格，自动计算出各个员工的应发工资数据（个税金额数据随之自动计算得到），如下图所示。

第4步 1 选择O2单元格，2 在编辑栏中输入函数"=SUM(K2:N2)"，按【Ctrl+Enter】组合键，如下图所示。

第5步 使用填充柄填充SUM函数到数据末行，也就是O39单元格，自动计算出各个员工的应扣金额，如下图所示。

第6步 1 选择P2单元格，2 在编辑栏中输入函数"=J2-O2"，按【Ctrl+Enter】组合键，使用填充柄填充函数到P39单元格，自动计算出每一位员工的实发工资金额，如下图所示。

Excel
在人力资源管理中的应用

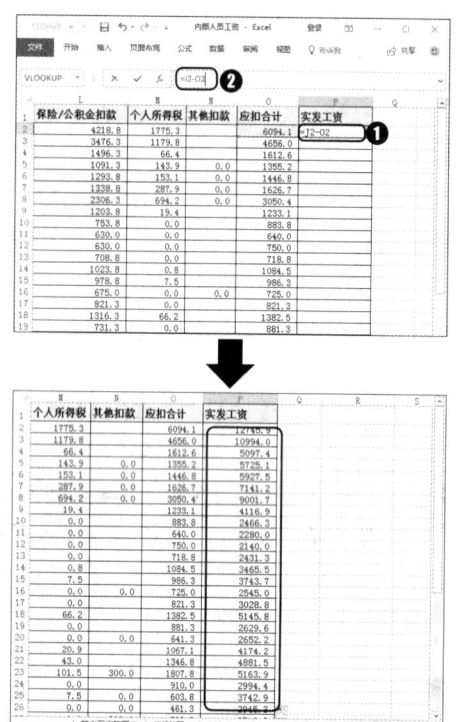

11.1.2 制作内部人员工资条

所有工资数据已全部计算出来，对数据格式进行完善后，即可开始制作工资条，具体操作步骤如下。

第1步 1选择任一数据单元格，按【Ctrl+A】组合键，选择整个数据单元格区域，2单击【居中】按钮 ≡，如下图所示。

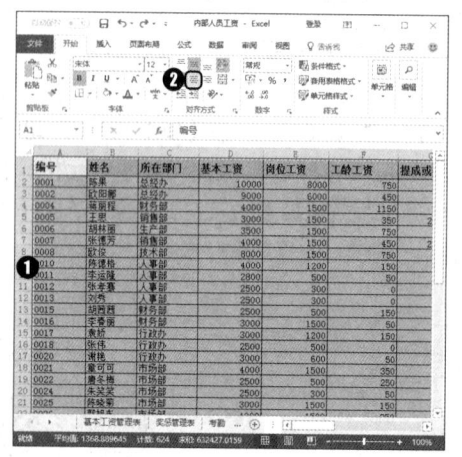

第2步 在Q2和R3单元格中分别输入【1】和【3】，选择Q2:R3单元格区域，将鼠标指针移到单元格区域的右下角，当鼠标指针变成+形状时双击，填充序列数据到数据末行，如下图所示。

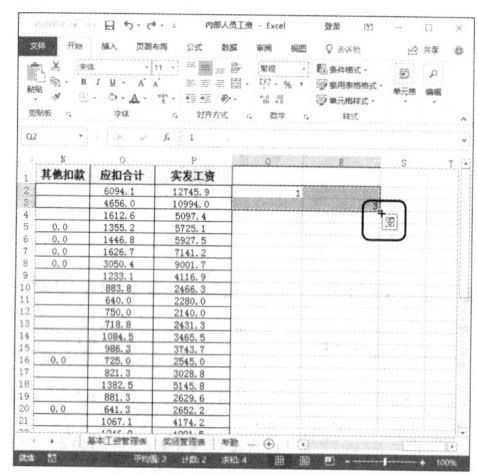

第3步 1选择Q3:R39单元格区域，2单击【查找和选择】下拉按钮，3在弹出的下拉列表中选择【定位条件】命令，如下图所示。

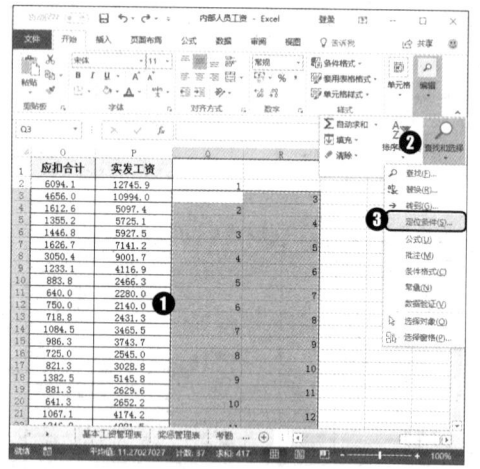

第4步 打开【定位条件】对话框，1选中【空值】单选按钮，2单击【确定】按钮，如下图所示。

第 11 章
薪酬福利管理

第7步 选择 A1:P1 单元格区域，按【Ctrl+C】组合键复制标题行，如下图所示。

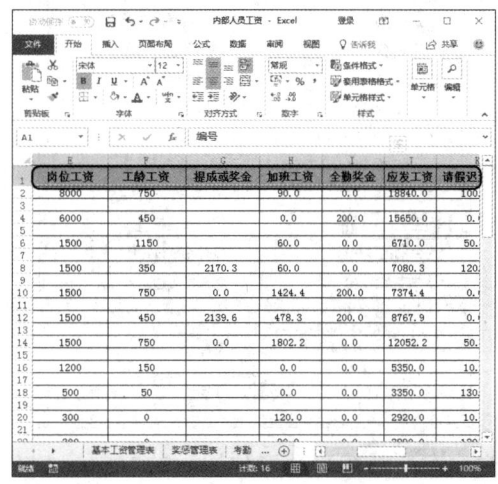

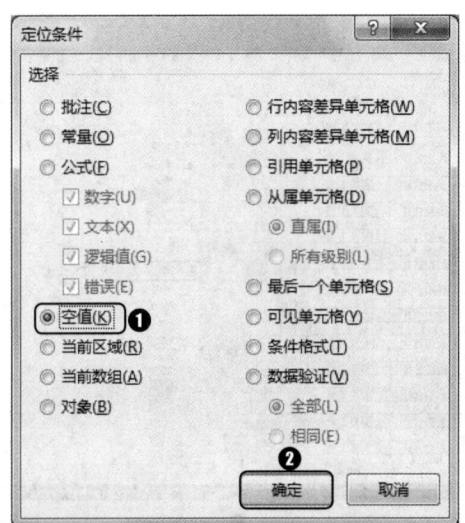

第5步 选中是空值的单元格，并在其上右击，在弹出的快捷菜单中选择【插入】命令，如下图所示。

第8步 1选择 A1:P76 单元格区域，2单击【查找和选择】下拉按钮，3在弹出的下拉列表中选择【定位条件】命令，如下图所示。

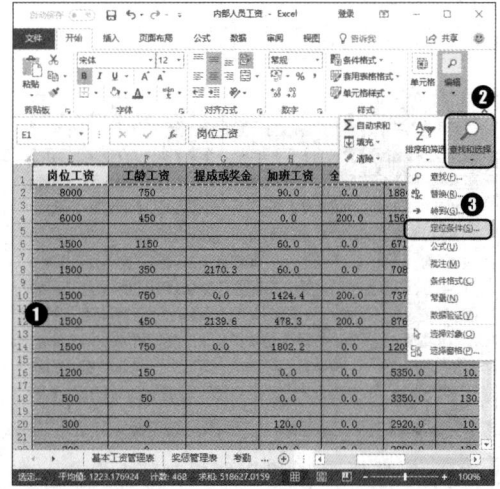

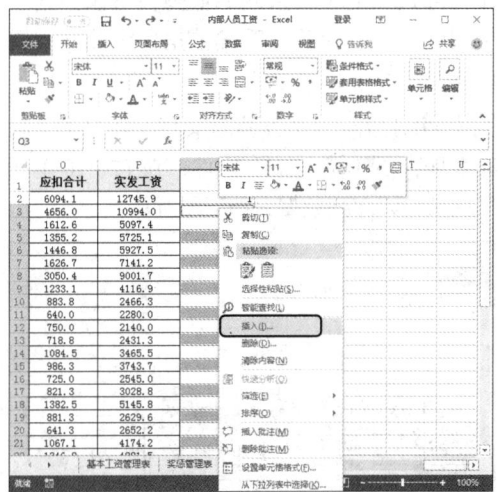

第6步 打开【插入】对话框，1选中【整行】单选按钮，2单击【确定】按钮，如下图所示。

第9步 打开【定位条件】对话框，1选中【空值】单选按钮，2单击【确定】按钮，如下图所示。

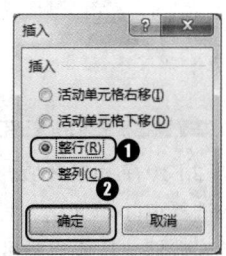

293

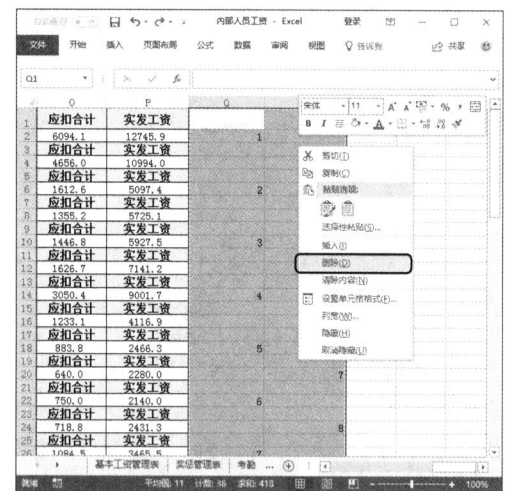

第10步 系统自动定位插入的空白行，按【Ctrl+V】组合键，粘贴标题行，完成工资条的制作，如下图所示。

第11步 选择 Q 列和 R 列并在其上右击，在弹出的快捷菜单中选择【删除】命令，删除添加的序列辅助列，完成内部人员工资条的制作，如下图所示。

11.1.3 制作外部兼职人员工资条

外部兼职人员的工资条制作，相对于制作内部人员的工资条简单很多，不仅数据项相对较少，同时工资明细数据也很简洁，具体操作步骤如下。

第1步 打开"下载\素材文件\第 11 章\临时兼职人员工资 .xlsx"文件，在 F2:F10 单元格区域输入序列数据，如下图所示。

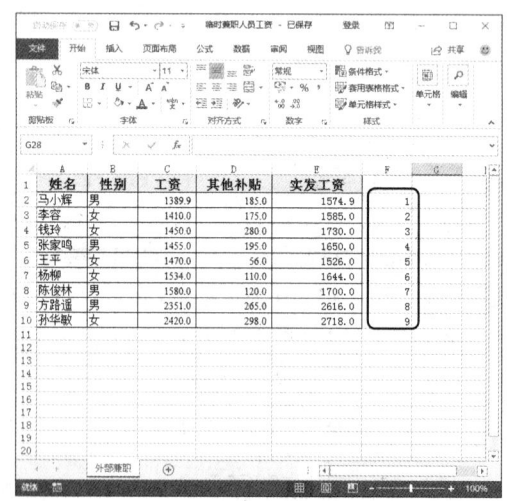

第2步 选择 F2:F10 单元格区域，按【Ctrl+C】组合键复制，选择 F11 单元格，按【Ctrl+V】组合键粘贴序列数据，构成完整的辅助列，如

下图所示。

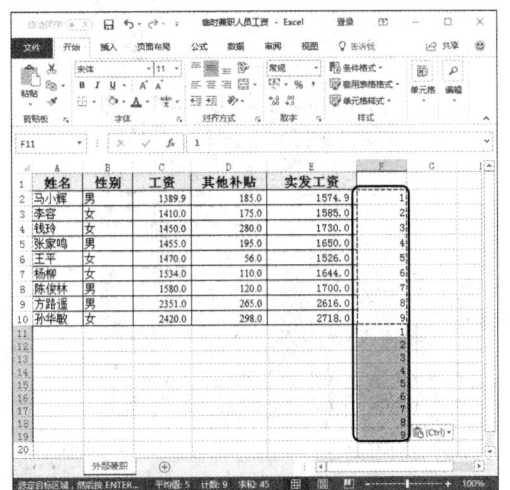

第3步 ❶选择A1:E1单元格区域，也就是标题行，按【Ctrl+C】组合键复制，❷选择与第二部分辅助序列相当的单元格区域，这里选择A11:E19单元格区域，按【Ctrl+V】组合键粘贴，如下图所示。

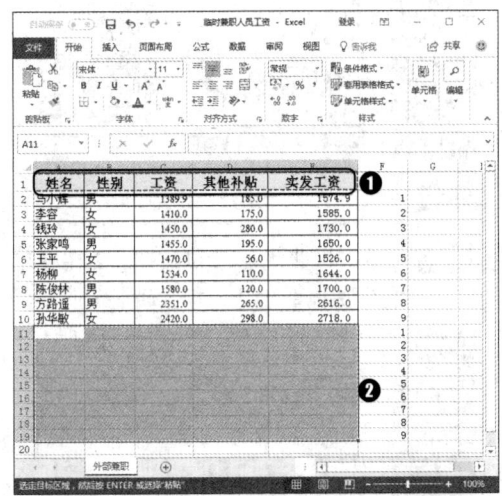

第4步 ❶选择F2单元格，❷单击【数据】选项卡中的【升序】按钮，让标题行与工资数据相互嵌套排列，如下图所示。

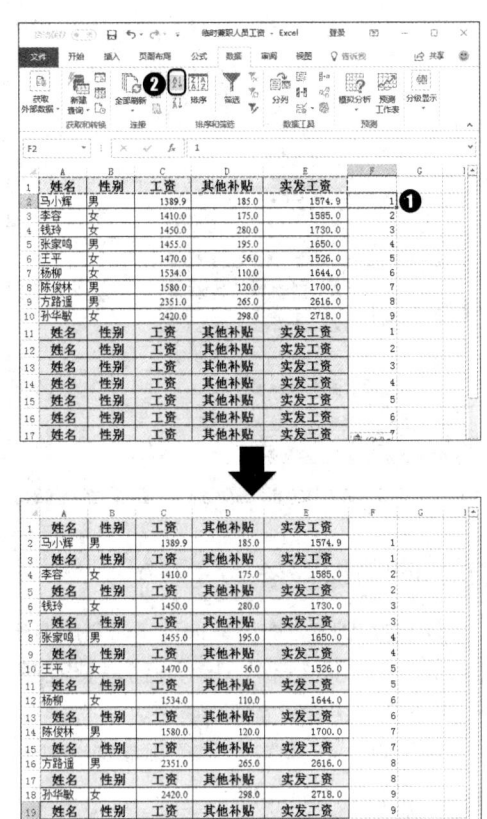

第5步 选择F列并在其上右击，在弹出的快捷菜单中选择【删除】命令，删除添加的序列辅助列，完成外部兼职人员工资条的制作，如下图所示。

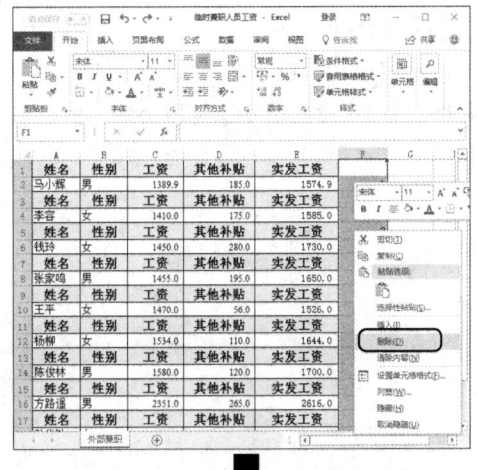

11.1.4 打印工资条

HR在打印工资条时要保证工资条所有明细数据字段必须全部打印，并且是打印在同一张纸张上，不能有断裂或缺失。

鉴于此，这里需要对打印参数，如纸张、方向等进行相应设置。

1. 打印内部人员工资条

由于内部人员的工资条明细字段数据较多，要将其打印在同一张纸条上，需要对列与列之间的边距、纸张、方向等进行手动设置，具体操作步骤如下：

第1步 切换到"内部人员工资"工作簿中，按【Ctrl+P】组合键快速切换到打印界面，明显可以看出工资明细字段数据不能完全显示，如下图所示。

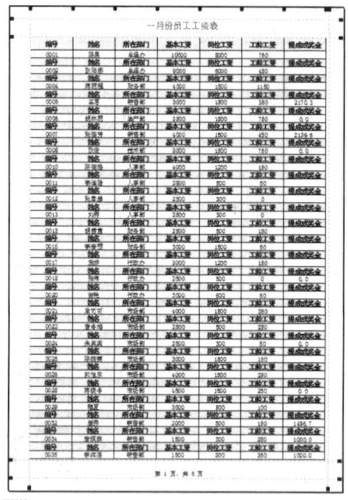

第2步 1 单击纸张方向下拉按钮，2 在弹出的下拉列表中选择【横向】选项，如下图所示。

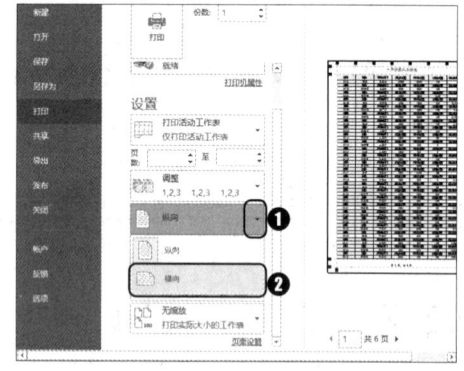

第3步 1 单击纸张大小下拉按钮，2 在弹出的下拉列表中选择【A3】选项，如下图所示。

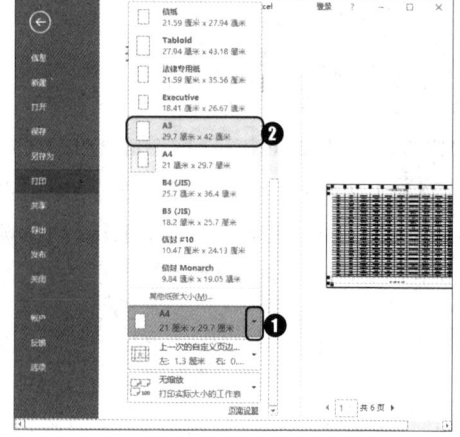

第 11 章
薪酬福利管理

第4步 将鼠标指针移到列与列之间的交界线上，按住鼠标左键进行列宽调整，使所有字段显示在当前页中，如下图所示。

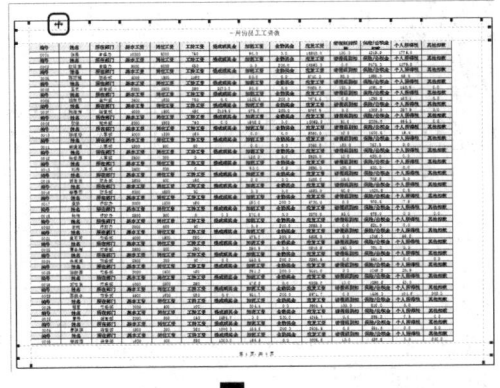

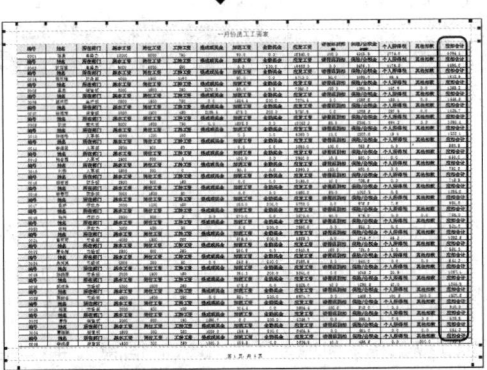

第5步 单击【打印】按钮进行打印，如下图所示。

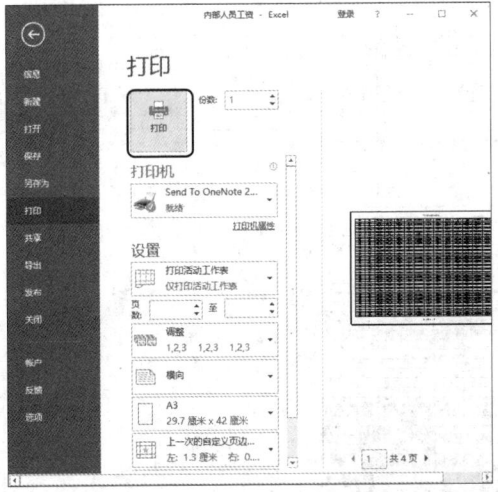

2. 打印外部兼职人员工资条

外部兼职人员的工资条，由于工资明细字段较少，基本上可以直接打印，只需事先选定打印区域即可，具体操作步骤如下。

第1步 切换到"临时兼职人员工资"工作簿中，选择工资条区域（每一个工资条都是一个标题行对应一行工资明细数据，对于没有工资明细数据的标题行不用选择，这种情况多出现表格末尾），如下图所示。

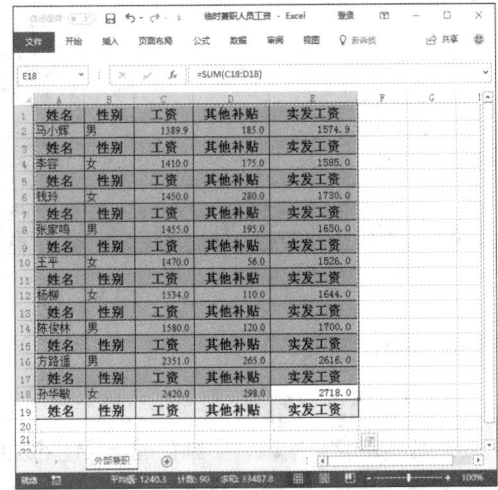

第2步 按【Ctrl+P】组合键切换到【打印】界面中，1 单击【打印活动工作表】下拉按钮，2 在弹出的下拉列表中选择【打印选定区域】选项，如下图所示。

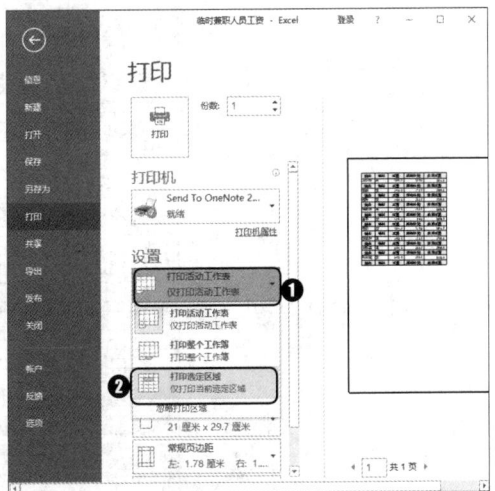

Excel 在人力资源管理中的应用

第3步 在打印预览区域中即可预览到工资条的打印效果（没有多余的标题行），如下图所示。

第4步 单击【打印】按钮打印工资条，完成操作，如下图所示。

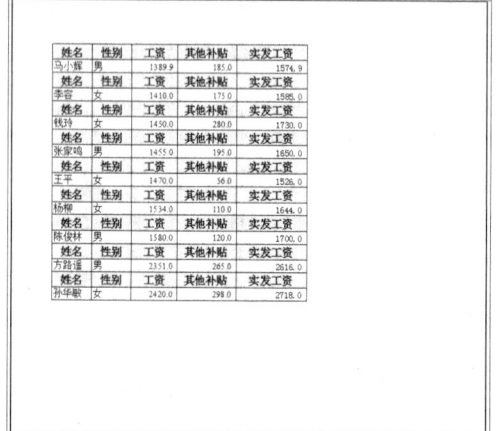

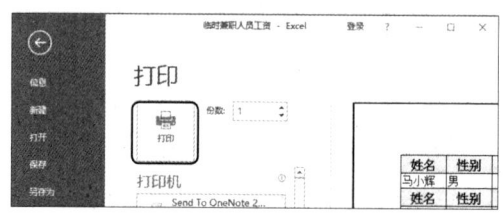

11.2 制作员工月度工资部门汇总表

案例背景

对员工而言，薪酬既是保障又是动力。工资收入让员工的生活得到保障，增加员工工作的积极性和能动性。所以，薪酬管理与公司的发展相辅相成。HR的任务之一就是对员工薪酬进行统计管理，清晰地知道内部员工的收入是多少，每个部门的工资是多少，平均工资是多少等。

本例将对一份常用内部人员工资统计表进行部门汇总，得到想要的工资数据信息，制作完成后的效果如下图所示。实例最终效果见"下载\结果文件\第11章\员工薪酬.xlsx"文件。

第 11 章
薪酬福利管理

	素材文件	下载\素材文件\第11章\员工薪酬.xlsx
下载文件	结果文件	下载\结果文件\第11章\员工薪酬.xlsx
	教学视频	下载\视频文件\第11章\11.2 制作员工月度工资部门汇总表.mp4

11.2.1 部门分类汇总统计

部门工资数据分类汇总，需要做到两个关键点：一是员工工资明细数据；二是排序汇总（也就是将不同部门数据归类到一起）。

1. 准备工资明细数据

工资数据明细一般来源于工资统计表，工资统计表中的数据往往是通过计算或引用得到的，因此，要让整个工作簿更加简洁，同时又让工资统计表中的数据继续存在，就需要进行相应的处理，具体操作步骤如下。

第1步 打开"下载\素材文件\第11章\员工薪酬.xlsx"文件，❶单击【工资统计表】工作表标签，❷选择任一工资数据单元格，都可以在编辑栏中看到公式，按【Ctrl+A】组合键，如下图所示。

第2步 选中整个数据表格区域，单击【开始】选项卡中的【复制】按钮复制表格数据，按【Alt+E+S】组合键，如下图所示。

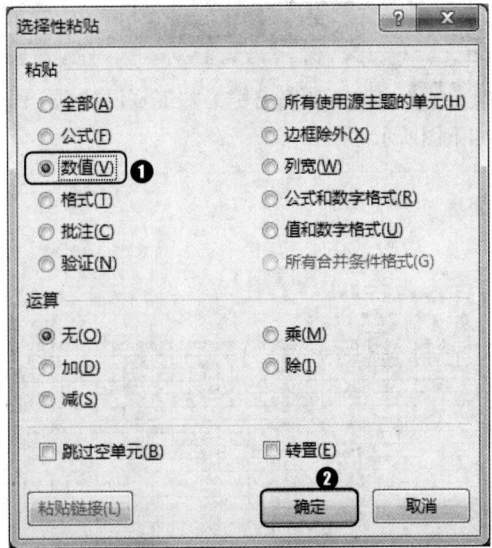

第3步 打开【选择性粘贴】对话框，❶选中【数值】单选按钮，❷单击【确定】按钮，如下图所示。

第4步 系统自动将工作表中选择区域的数据变成数字，所有公式被去除。按住【Shift】键，单击【基本工资表】和【加班统计表】工作表标签，选择这两表之间的所有工作表（包含这张表自身）并右击，在弹出的快捷菜单中选择【删除】命令，如下图所示。

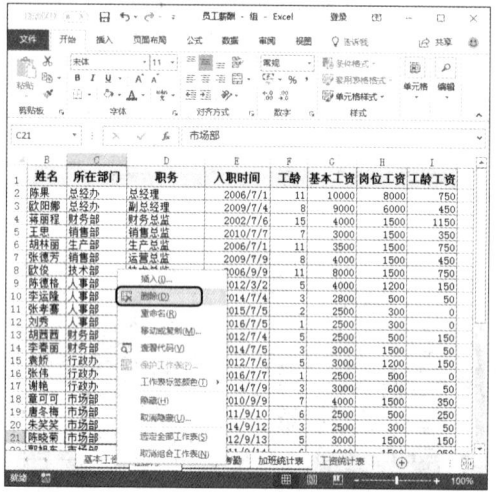

第5步 在打开的提示对话框中单击【删除】按钮，如下图所示。

第6步 更改工作表名称为"工资源数据"，如下图所示。

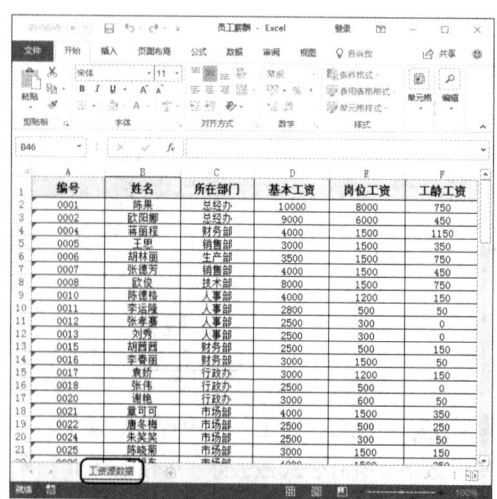

第7步 在【工资源数据】工作表标签上右击，在弹出的快捷菜单中选择【移动或复制】命令，如下图所示。

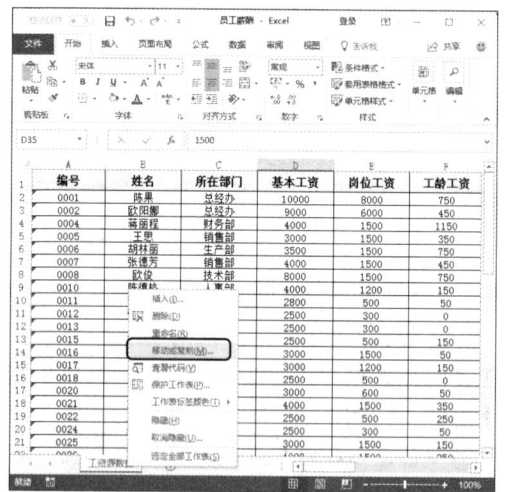

第8步 打开【移动或复制工作表】对话框，1 在【下列选定工作表之前】列表框中选择【工资源数据】选项，2 选中【建立副本】复选框，3 单击【确定】按钮，如下图所示。

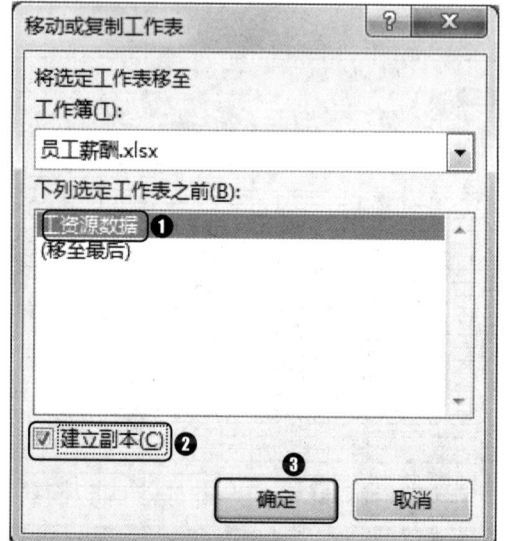

第9步 系统自动创建"工资源数据副本"工作表，在工作表标签上双击进入其名称编辑状态，将其重命名为"工资统计与管理"，按【Enter】键确认，如下图所示。

第11章
薪酬福利管理

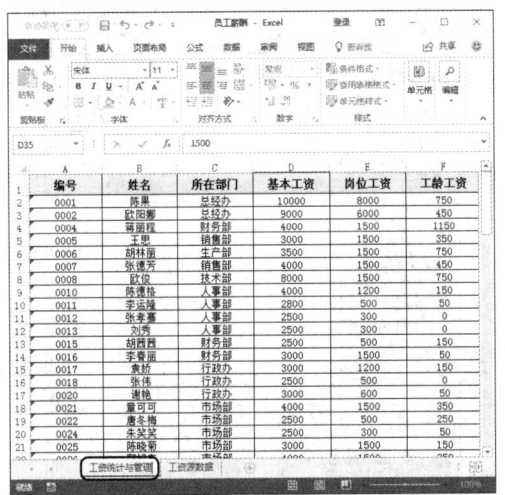

温馨提示

对"工资源数据"表进行复制的目的是保证后面的操作不破坏源数据或结构,以便于数据的再次调用、留底。

第10步 选择 G 到 O 列并在其上右击,在弹出的快捷菜单中选择【删除】命令,删除不需要的薪酬数据明细,如下图所示。

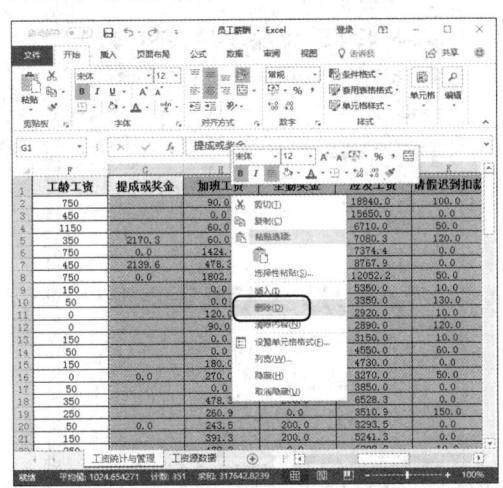

2. 排序分类汇总

工资数据的准备工作已完成,下面只需要进行部门排序和汇总操作,就能达到目标了,具体操作步骤如下。

第1步 1 在表格中选择任一单元格,2 单击【数据】选项卡中的【排序】按钮,如下图所示。

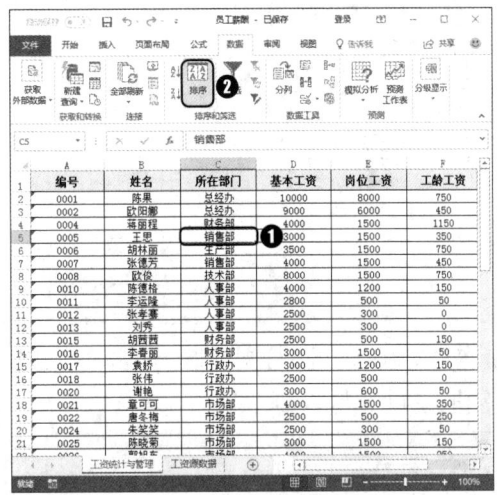

第2步 打开【排序】对话框,1 单击【主要关键字】下拉按钮,2 在弹出的下拉列表中选择【所在部门】选项,如下图所示。

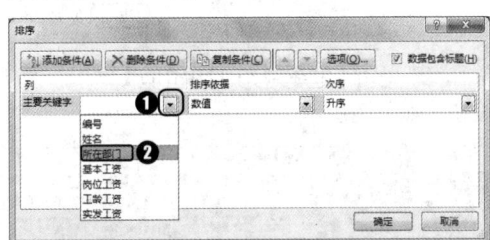

第3步 1 单击【次序】下拉按钮,2 在弹出的下拉列表中选择【自定义序列】命令,如下图所示。

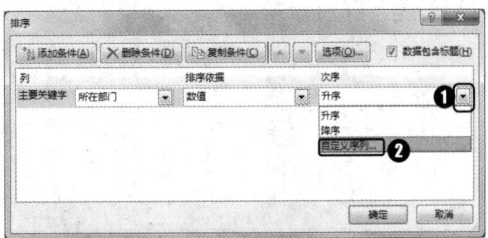

第4步 打开【自定义序列】对话框,1 在【输入序列】列表框中输入排序序列的文本内容,2 单击【确定】按钮,如下图所示。

Excel 在人力资源管理中的应用

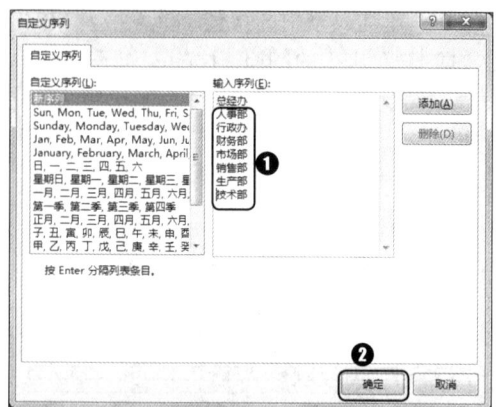

第5步 返回【排序】对话框，单击【确定】按钮，如下图所示。

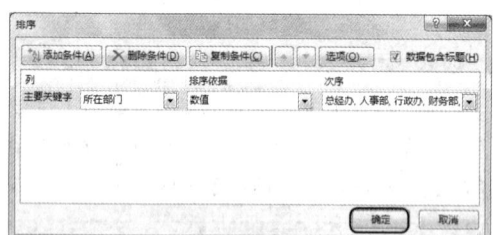

第6步 单击【分级显示】组中的【分类汇总】按钮，如下图所示。

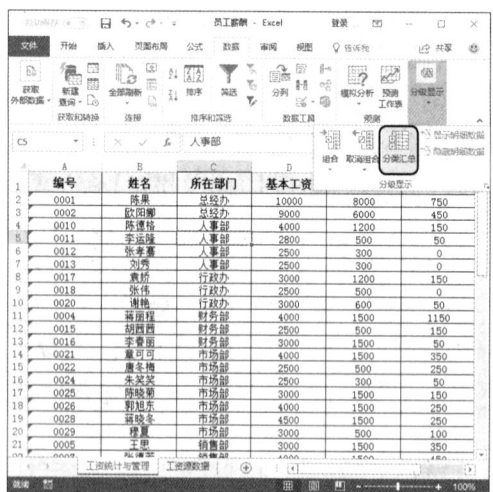

第7步 打开【分类汇总】对话框，1 单击【分类字段】下拉按钮，2 在弹出下拉列表框中选择【所在部门】选项，如下图所示。

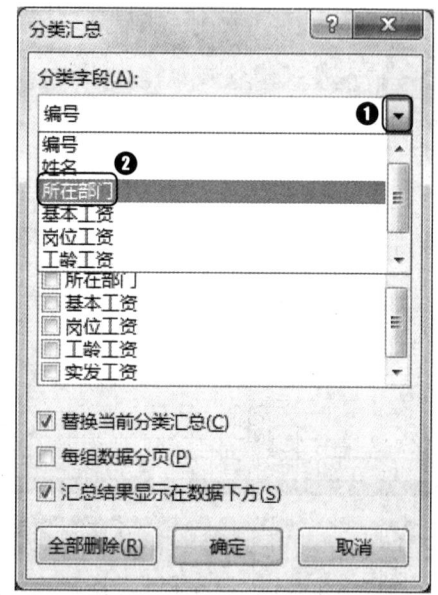

第8步 1 在【选定汇总项】列表框中取消选中除【实发工资】复选框外的其他所有复选框，2 单击【确定】按钮，如下图所示。

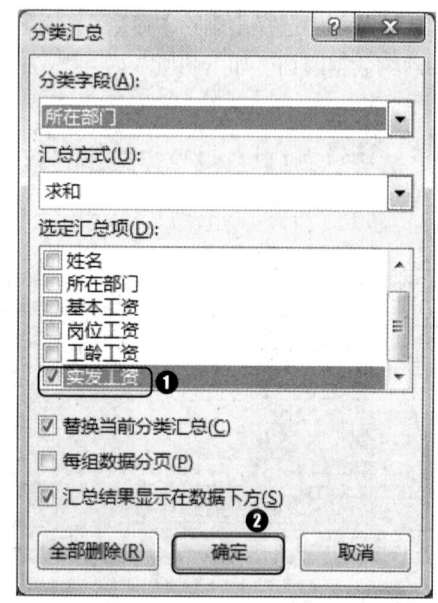

第9步 在表格中系统自动按照所在部门数据类进行求和汇总，再次单击【分类汇总】按钮，如下图所示。

第 11 章
薪酬福利管理

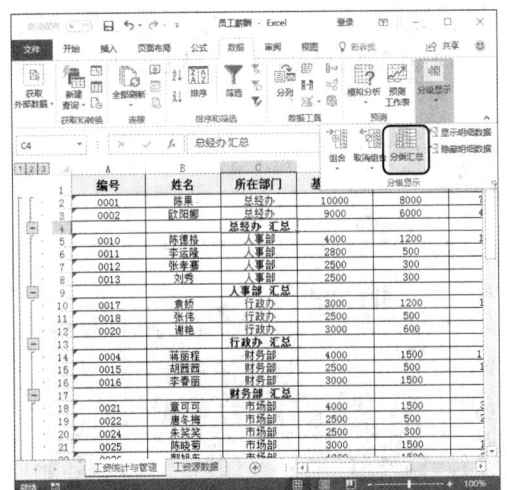

第10步 打开【分类汇总】对话框，1设置【汇总方式】为【平均值】，2取消选中【替换当前分类汇总】复选框，3单击【确定】按钮，如下图所示。

第11步 在表格中即可查看到按部门进行平均值和求和计算的双重分类汇总，如下图所示。

11.2.2 高亮显示部门小计

对工资数据进行分类汇总后，为了更加凸显汇总数据，可以让其高亮显示，当然不是手动逐一进行颜色或是底纹的设置，而是非常快速地使用统一设置方式，具体操作步骤如下。

第1步 在分级显示窗格中单击 3 按钮，切换到 3 级汇总数据显示模式中，如下图所示。

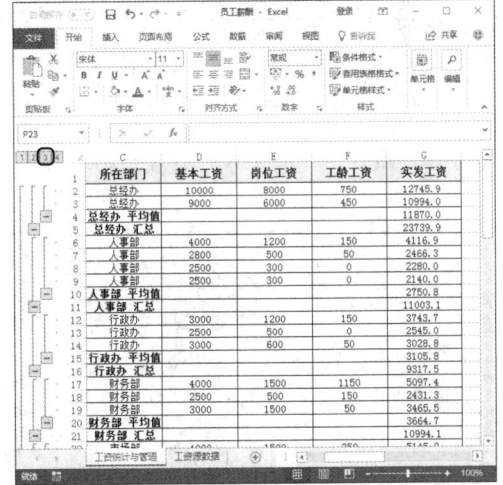

第2步 1选择汇总数据行（除标题行的所有汇总项数据行），2单击【开始】选项卡中的【查找和选择】下拉按钮，3在弹出的下拉列表中选择【定位条件】选项，如下图所示。

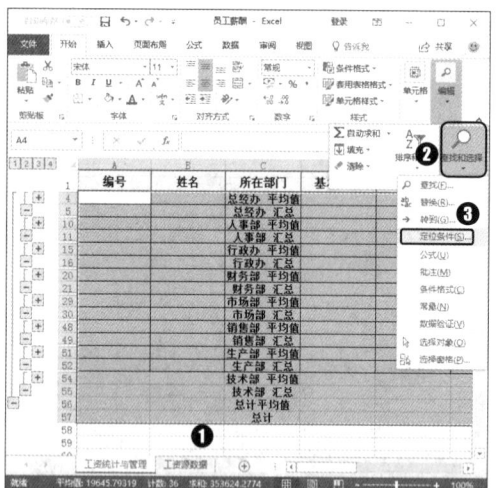

温馨提示

选择汇总数据行是保证系统选择的可见单元格，只选择显示的汇总数据行，不包括表格中其他没有任何数据的显示单元格。

第3步 打开【定位条件】对话框，1 选中【可见单元格】单选按钮，2 单击【确定】按钮，如下图所示。

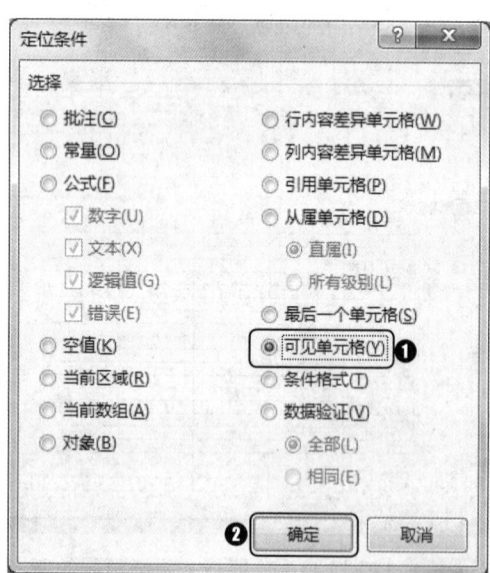

第4步 1 单击【填充颜色】右侧的下拉按钮，2 在弹出的拾色器中选择【橙色，个性2，淡色40%】选项，如下图所示。

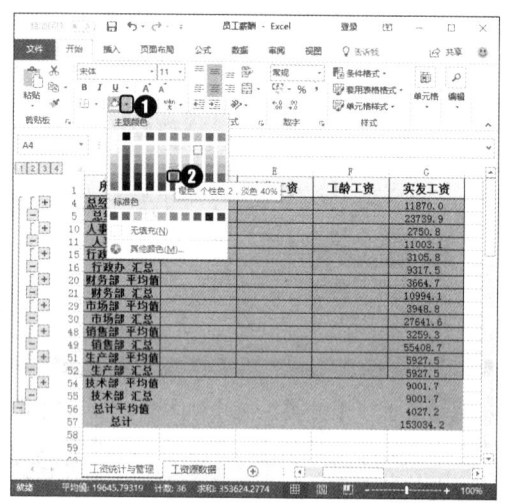

第5步 1 单击【字体颜色】右侧的下拉按钮，2 在弹出的拾色器中选择【黄色】选项，如下图所示。

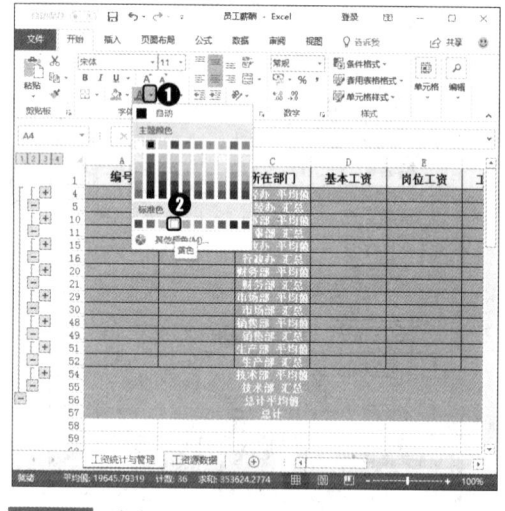

第6步 单击 4 按钮，切换到分类汇总的最小级别数据模式中，如下图所示。

第11章
薪酬福利管理

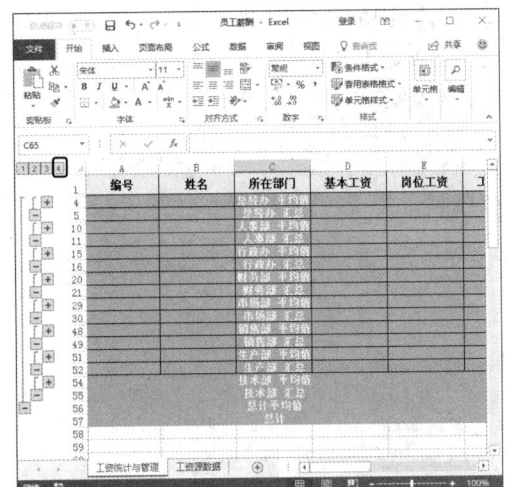

第7步 在汇总明细数据中,即可查看到汇总项目数据凸显的效果,如下图所示。

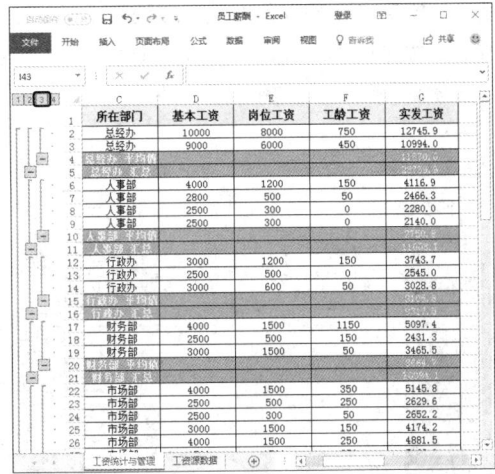

11.2.3 打印不同汇总结果

在汇总数据中,要打印指定级别的数据,只需切换到相应的分级汇总数据中,然后打印就可以了。如要打印3级和2级的分类汇总数据,具体操作步骤如下。

第1步 在分级显示窗格中单击 3 按钮,切换到3级汇总数据显示模式中,如下图所示。

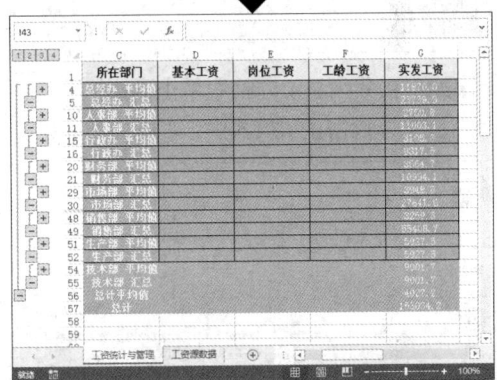

第2步 按【Ctrl+P】组合键,切换到【打印】界面中,单击【打印】按钮打印,如下图所示。

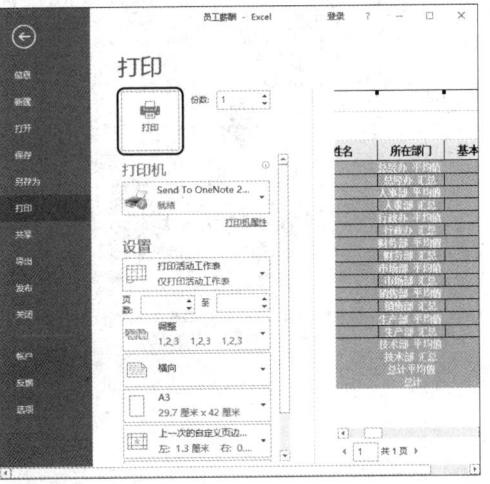

305

第3步 单击软件界面左上角 ⊙ 按钮，返回工作表，如下图所示。

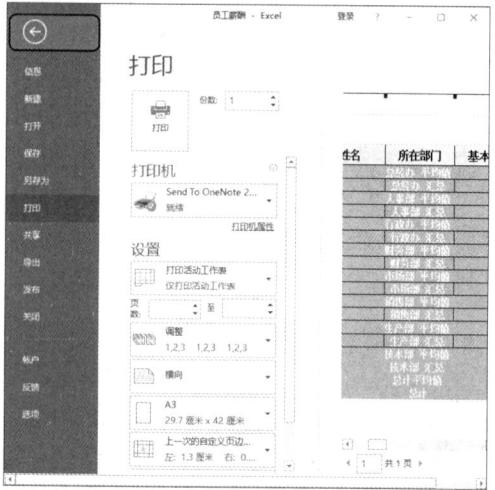

第4步 在分级显示窗格中单击 2 按钮，切换到2级汇总数据显示模式中，如下图所示。

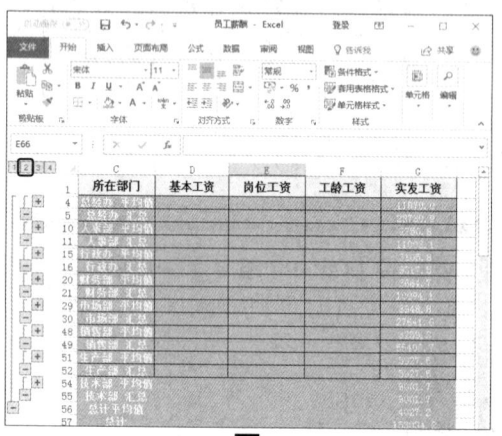

第5步 在预览区域中即可查看到打印2级分类汇总项数据的效果，如下图所示。

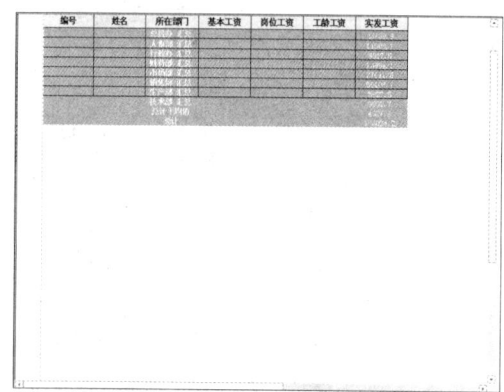

温馨提示

在预览汇总项打印效果时，若对打印效果不满意，如字段列没有完全显示、页边距太小等，可手动进行调整，并参考11.1.4节的操作方法。

第6步 ❶设置打印份数，❷单击【打印】按钮打印，完成整个操作，如下图所示。

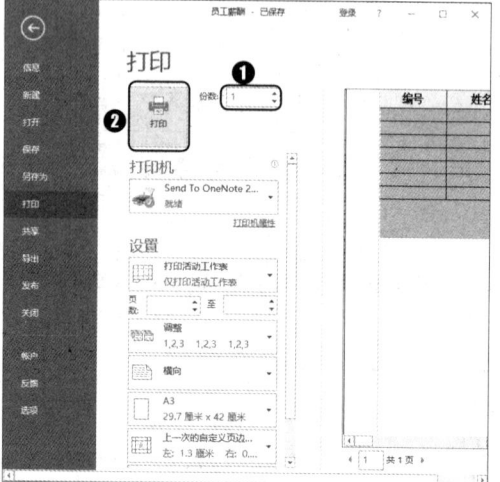

第 11 章
薪酬福利管理

11.3 员工薪酬分析

 案例背景

薪酬分析是对一定时期内企业的薪酬数据进行综合分析（通常是以月、季度、半年和年为单位），从而反映薪酬现状，诊断薪酬缺陷，推进人力资源变革，提出优化建议的过程。在Excel中HR可以对岗位薪资情况、行业薪酬情况和走势，以及管理人员和普通人员薪酬情况进行对比分析等。

本例将对不同岗位的薪资情况、公司内部与行业的薪资情况及走势进行量化分析，制作完成后的效果如下图所示。实例最终效果见"下载\结果文件\第11章\员工薪酬分析.xlsx"文件。

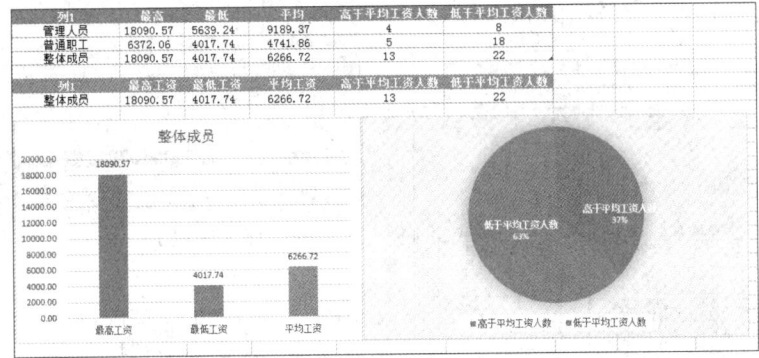

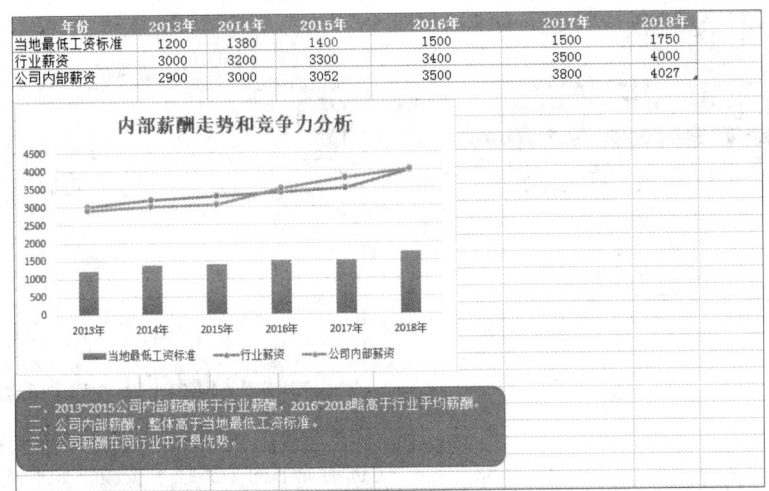

下载文件	素材文件	下载\素材文件\第11章\员工薪酬分析.xlsx
	结果文件	下载\结果文件\第11章\员工薪酬分析.xlsx
	教学视频	下载\视频文件\第11章\11.3员工薪酬分析.mp4

11.3.1 统计公司人员薪资状况数据

要掌握公司整体的薪酬情况，可以先从整体上入手，也就是从整体方向上对管理人员、普通职工和所有成员的工资进行统计。

1. 分类筛选管理人员与普通职工工资数据

为了准确地统计出管理人员与普通职工的工资数据，需要根据工资数据源进行两次高级筛选，具体操作步骤如下。

第1步 打开"下载\素材文件\第11章\员工薪酬分析.xlsx"文件，在工作表标签中单击【新工作表】按钮⊕，如下图所示。

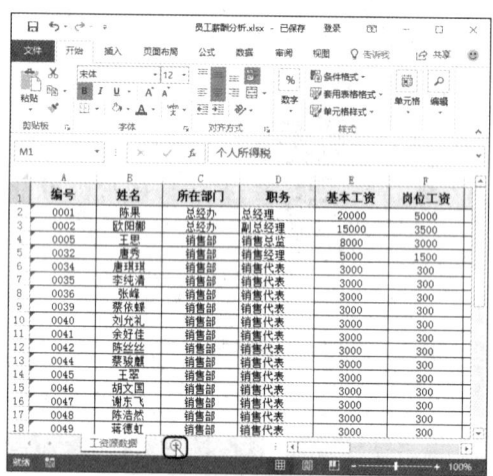

第2步 新建一个工作表，将其命名为"工资统计分析"，如下图所示。

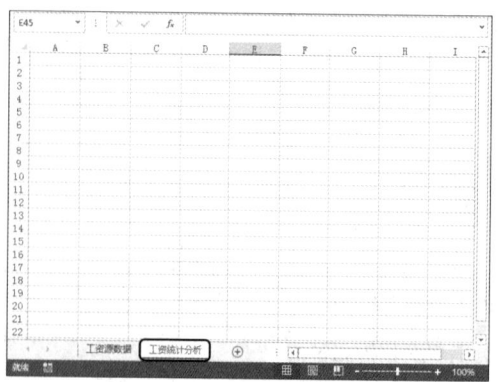

第3步 在A1单元格中输入"管理人员工资数据"，然后设置字体为【微软雅黑】【加粗】，如下图所示。

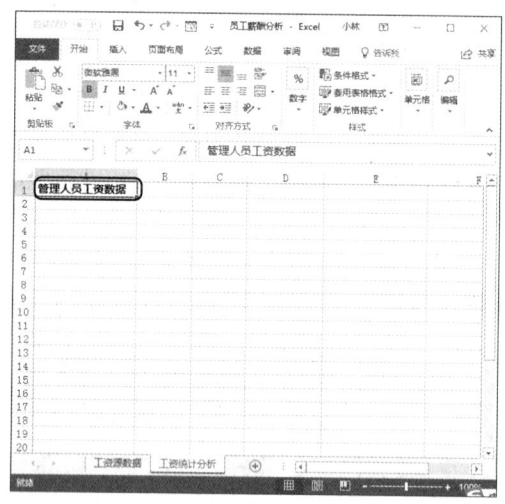

第4步 在A2:A5单元格区域中输入高级筛选条件，如下图所示。

第5步 ❶选择A7单元格，❷单击【数据】选项卡下的【高级】按钮，如下图所示。

第11章
薪酬福利管理

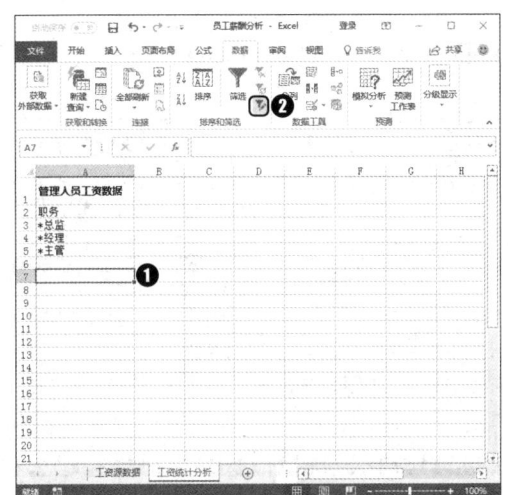

第6步 打开【高级筛选】对话框，1 选中【将筛选结果复制到其他位置】单选按钮，2 单击【列表区域】文本框右侧的【折叠】按钮，如下图所示。

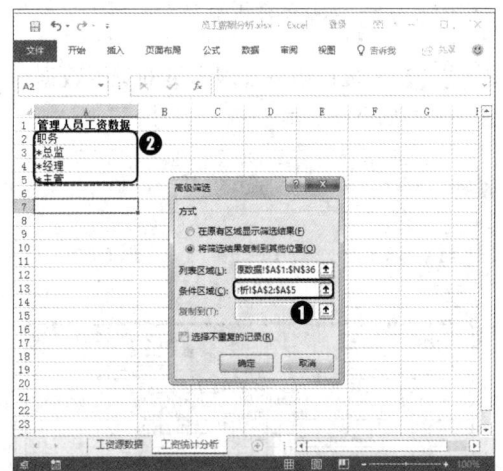

第8步 展开【高级筛选】对话框，1 将鼠标指针定位在【条件区域】文本框中，自动切换到"工资统计分析"工作表中，2 在表格中选择 A2:A5 单元格区域作为高级筛选的条件区域，如下图所示。

第7步 1 在"工资源数据"工作表中拖动鼠标选择 A1:N36 单元格区域，2 单击【展开】按钮，如下图所示。

教您一招
快速选择整个数据区域
在【工资源数据】工作表中选择列表区域时，由于数据区域较大，可以选择任一单元格，然后按【Ctrl+A】组合键快速全选数据。

教您一招
避免高级筛选结果与初始数据完全相同
放置高级筛选数据的位置不能覆盖条件区域，否则高级筛选不会起到任何作用。

第9步 1 将鼠标指针定位在【复制到】文本框中，2 在表格中选择 A6 单元格作为高级筛选的起始位置，3 单击【确定】按钮，如下图所示。

温馨提示

为了避免筛选出重复的记录，可在【高级筛选】对话框中选中【选择不重复的记录】复选框，这样在进行高级筛选时，重复的记录将不会被筛选出来。

第10步 系统自动将管理人员的工资数据筛选出来，如下图所示。

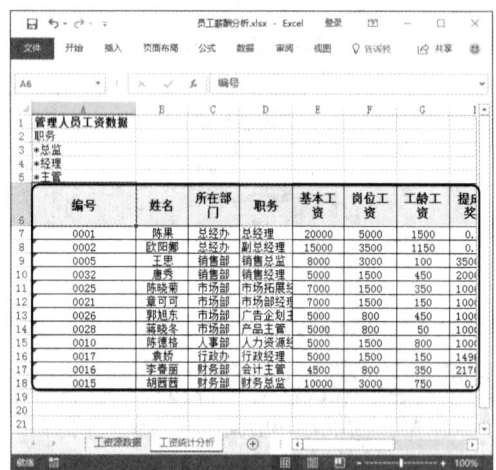

第11步 选择第2行到第5行，并在其上右击，在弹出的快捷菜单中选择【删除】命令，手动删除添加的高级筛选条件区域，让筛选出的数据与A1单元格中的标题靠近，如下图所示。

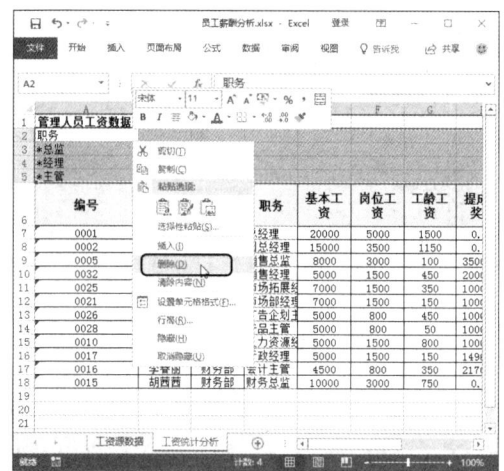

第12步 1在A16到A17单元格中分别输入普通职员工资数据标题和对应的高级筛选条件，2单击【数据】选项卡中的【高级】按钮，如下图所示。

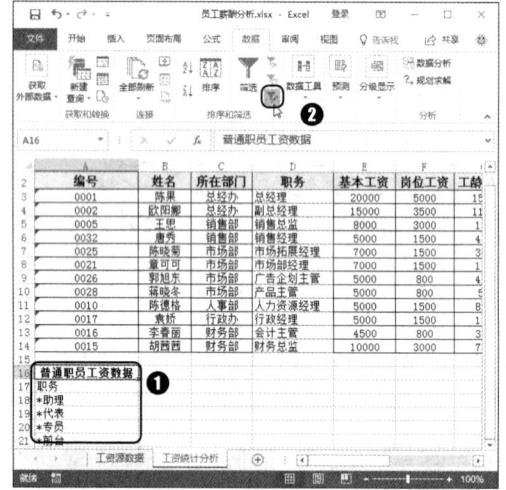

第13步 打开【高级筛选】对话框，1选中【将筛选结果复制到其他位置】单选按钮，2设置【列表区域】为【工资源数据!$A$1:$N$36】，【条件区域】为【工资统计分析!$A$17:$A$21】，【复制到】为【工资统计分析!$A$22】，3单击【确定】按钮确认设置，如下图所示。

第 11 章
薪酬福利管理

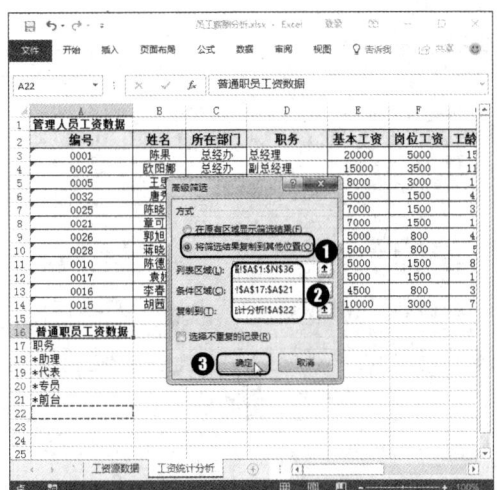

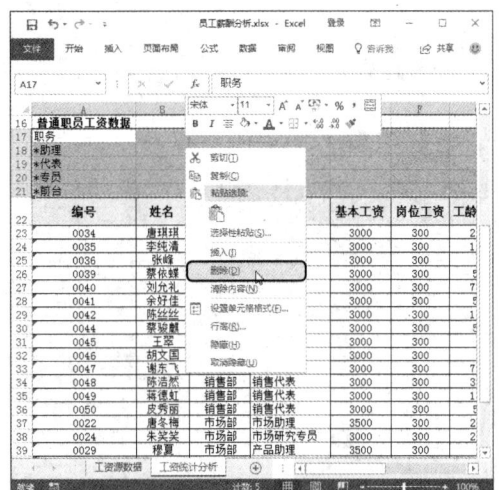

第 14 步 系统自动将公司职员工资数据筛选出来，如下图所示。

2. 使用函数统计各类职员的工资数据

通过高级筛选功能，已将管理人员与普通职工工资数据分别放置，接着就可以借助这些分类数据统计出想要的结果，具体操作步骤如下。

第 1 步 在表格中选中输入统计工资数据字段的表格区域，并让其居中对齐，如下图所示。

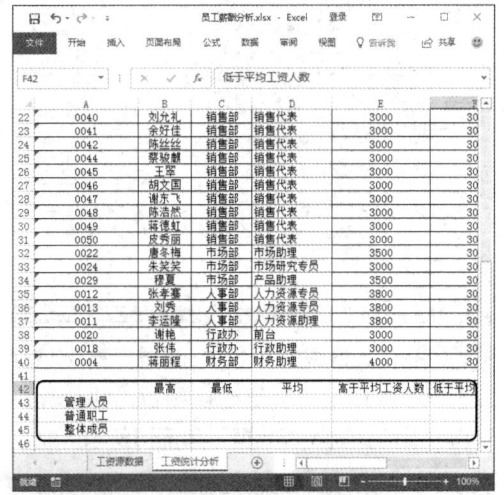

第 15 步 选择第 17 行到第 21 行，在其上右击，在弹出的快捷菜单中选择【删除】命令，手动删除添加的高级筛选条件区域，让筛选出的普通职工工资数据与 A16 单元格中的标题靠近，如下图所示。

第 2 步 ❶选择 B43 单元格，❷单击【自动求和】右侧的下拉按钮▼，❸在弹出的下拉列表中选择【最大值】选项，如下图所示。

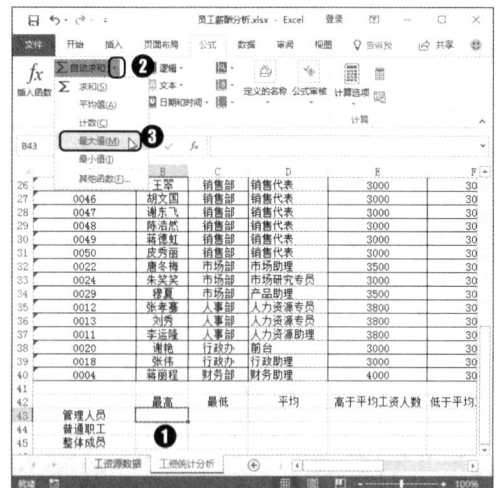

第3步 插入 MAX 函数，将文本插入点（或鼠标指针）定位在 MAX 函数的括号中，如下图所示。

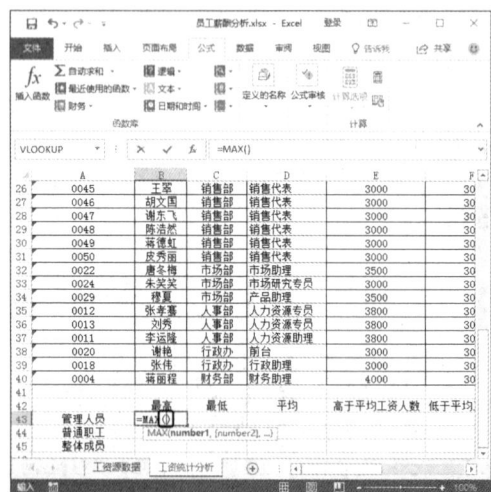

第4步 在表格中选择 N3:N14 单元格区域，按【Ctrl+Enter】组合键确认函数，并计算出管理人员的最大工资数据，如下图所示。

温馨提示

在 Excel 中确认函数，不仅可以按【Ctrl+Enter】组合键或【Enter】键，还可以直接单击编辑栏中的【输入】按钮 ✓ 确认。

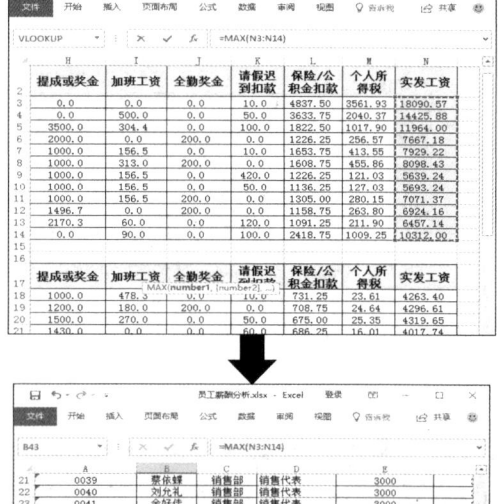

第5步 以同样的方法使用 MAX 函数计算出普通职员的最高工资数据和整体成员的最高工资，如下图所示。

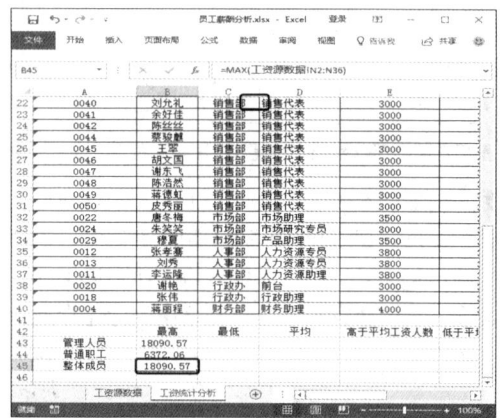

第6步 复制 B43 单元格中的公式，将其粘贴到 C43 单元格中，在编辑栏中选择函数中的【MAX】，如下图所示。

第11章
薪酬福利管理

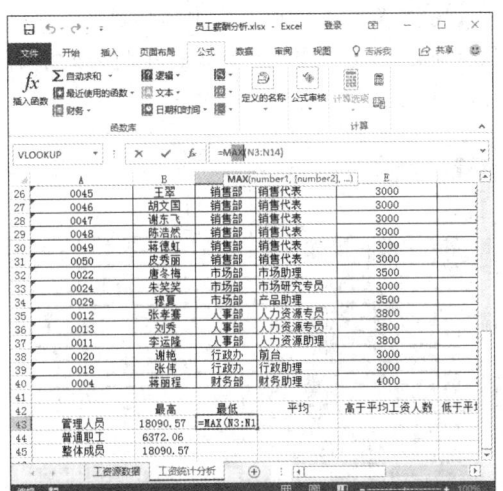

第7步 输入【IN】，将函数更改为最小值函数，按【Enter】键，即可计算出结果，继续使用相同的方法计算 C44:C45 和 D43:D45 单元格区域，如下图所示。

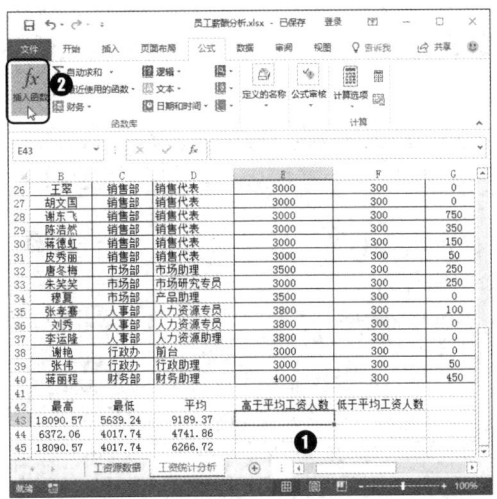

第9步 打开【插入函数】对话框，1 设置【或选择类别】为【统计】，2 在【选择函数】列表框中选择【COUNTIF】选项，3 单击【确定】按钮，如下图所示。

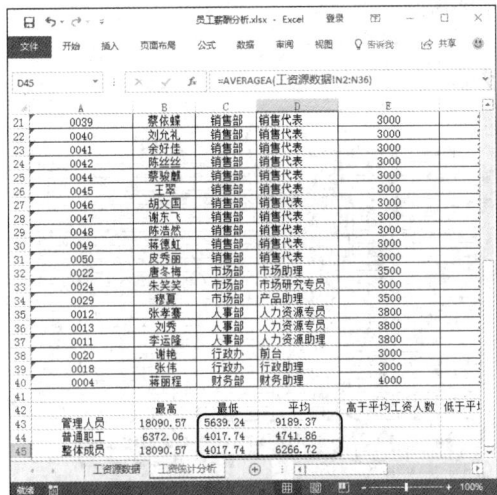

温馨提示

由于 B43:D43，B44:D44，B45:D45 这些单元格中的公式所引用的单元格区域相同，只是需要的函数不同，那么可以通过复制公式更改函数来提高计算效率。

第8步 1 选择 E43 单元格，2 单击【插入函数】按钮，如下图所示。

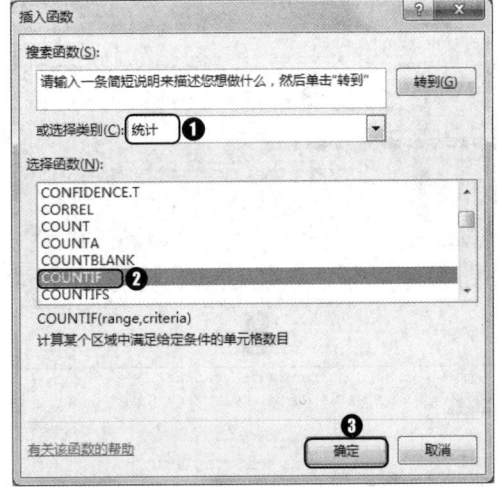

第10步 打开【函数参数】对话框，1 将鼠标指针定位在【Range】文本框中，2 在表格中选择 N3:N14 单元格区域，如下图所示。

温馨提示

在本例中不提倡手动输入 COUNTIF 函数，因为这样特别容易造成统计错误或函数报错。

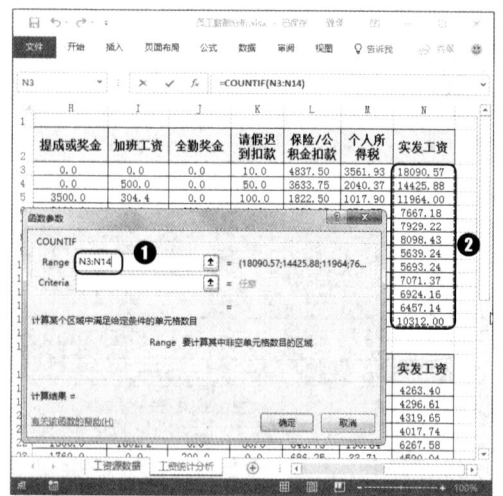

第12步 复制E43单元格中的公式，将其粘贴到F43单元格中，在编辑栏中将公式中的【>=】更改为【<】，如下图所示。

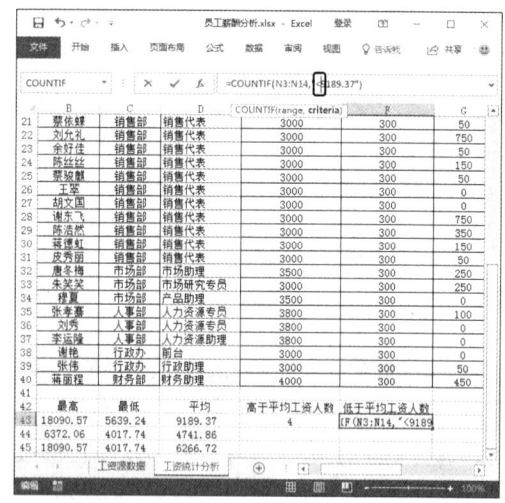

第11步 1在【Criteria】文本框中输入""">=9189.37""，2单击【确定】按钮确认设置，并计算出管理人员中工资高于平均工资的人数，如下图所示。

第13步 按【Enter】键即可计算出结果，如下图所示。

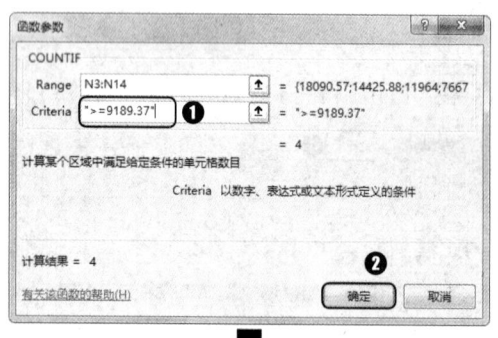

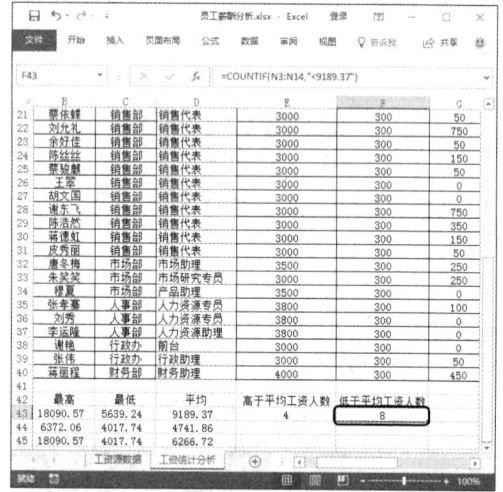

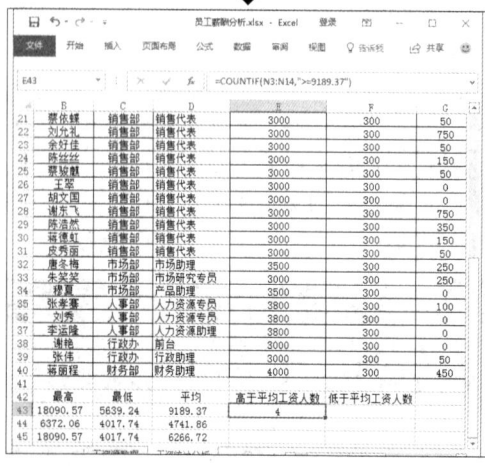

教您一招

怎样复制函数，参数不发生变化

在编辑栏中复制粘贴函数，作为参数的引用单元格不会发生变化。若直接选择单元格，然后按【Ctrl+C】组合键复制函数，再进行粘贴，引用的单元格会发生相应的变化。

第14步 选择E43单元格，向下拖动控制柄

第 11 章
薪酬福利管理

至 E45 单元格，选择 E44 单元格，在编辑栏中对公式进行修改，如下图所示。

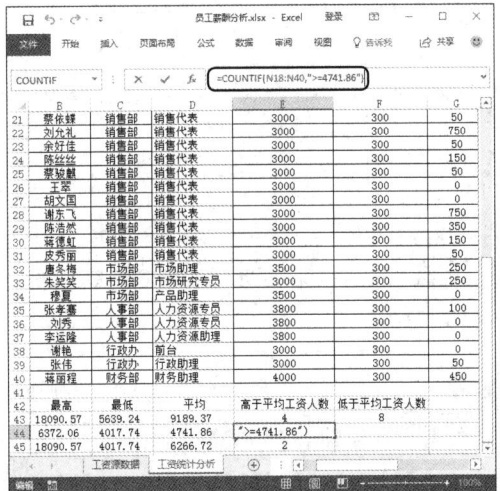

第 15 步 按【Enter】键计算出正确的结果，以同样的方法分别统计出高于和低于平均工资的对应人数，如下图所示。

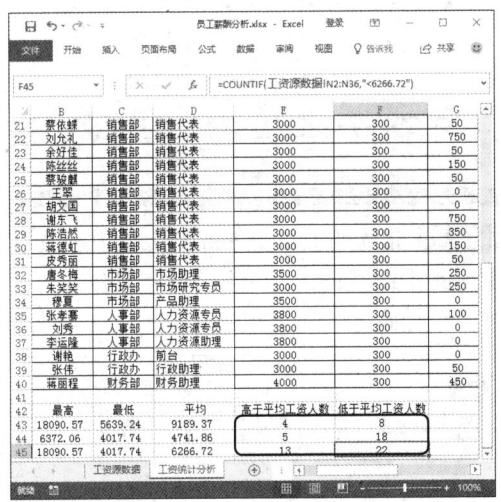

11.3.2 分析公司人员薪资状况数据

要直观展示或分析员工的实际薪酬情况，发现其中潜在的问题或规律，使用图表是非常合适的。下面使用柱形图和饼图的联合动态图表展示分析各类人员薪酬情况。

1. 制作动态数据源区域

动态图表需要动态的数据源，这里用【数据验证】和VLOOKUP函数来实现，具体操作步骤如下。

第 1 步 ❶选择 B42:F42 单元格区域，按【Ctrl+C】组合键复制数据，❷选择 B51 单元格，按【Ctrl+V】组合键粘贴数据作为动态数据区的标题行，如下图所示。

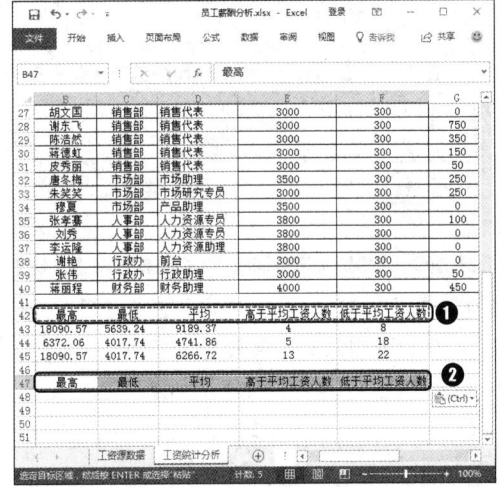

第 2 步 ❶选择 A48 单元格，❷单击【数据验证】按钮，如下图所示。

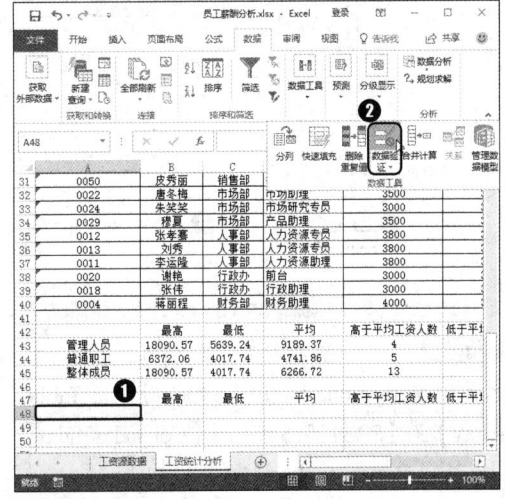

第 3 步 打开【数据验证】对话框，❶在【允许】下拉列表框中选择【序列】选项，❷将鼠

标指针定位在【来源】文本框中，在表格中选择 A43:A45 单元格区域，3 单击【确定】按钮，如下图所示。

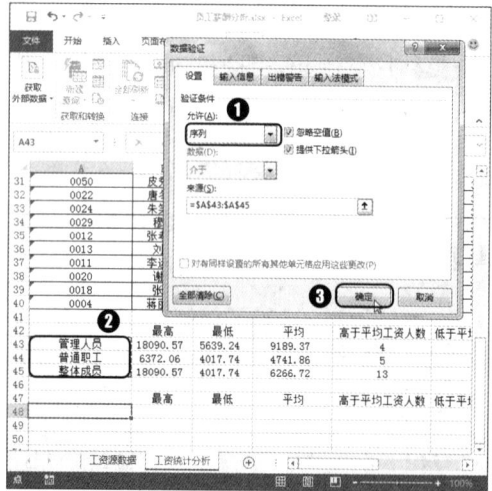

第4步 1 选择 B48 单元格，2 单击【查找与引用】按钮，3 在弹出的下拉列表中选择【VLOOKUP】选项，如下图所示。

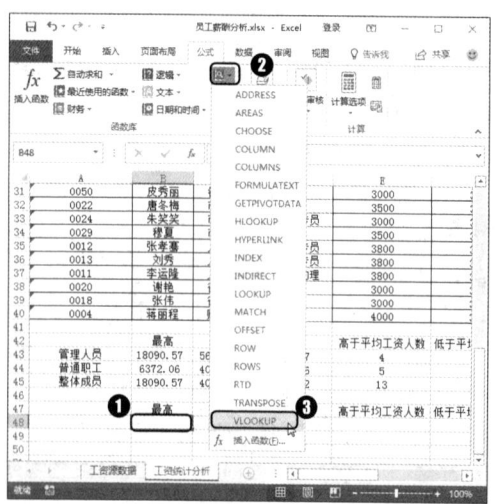

第5步 打开【函数参数】对话框，1 分别设置【Lookup_value】为【$A$48】、【Table_Array】为【$A$43:$F$45】、【Col_index_num】为【2】、【Range_lookup】为【0】，并将【Lookup_value】【Table_Array】参数转换为绝对引用，2 单击【确定】按钮，如下图所示。

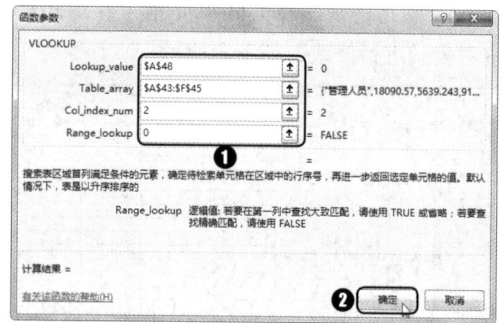

第6步 使用填充柄填充函数到 F48 单元格，如下图所示。

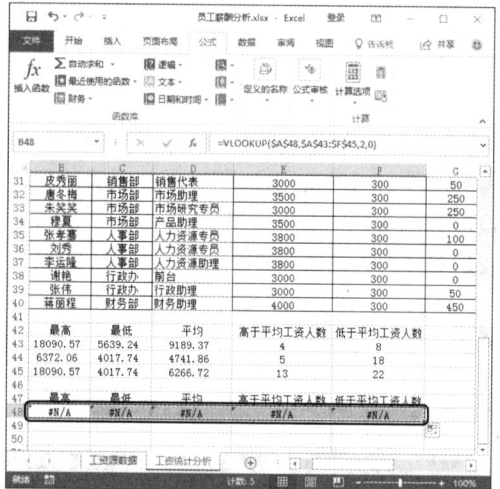

第7步 依次将 C48 到 F48 单元格中函数参数 Col_index_num 修改为"3""4""5""6"，如下图所示。

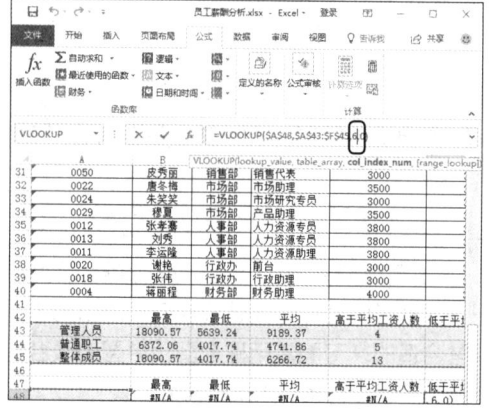

第 11 章
薪酬福利管理

第8步 1 选择 A48 单元格，单击右侧出现的下拉按钮，2 在弹出的下拉列表选择相应的选项，如下图所示。

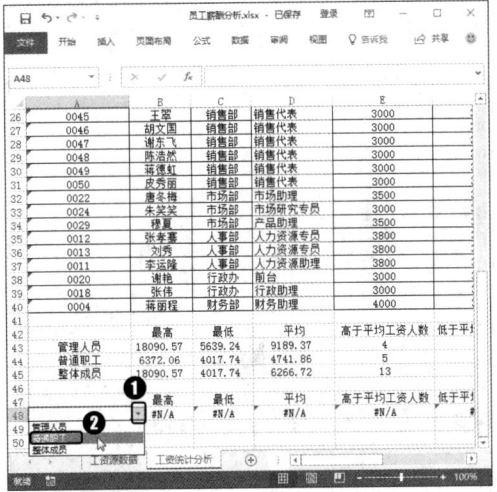

第9步 在 B48:F48 单元格区域中，自动显示出对应的数据，如下图所示。

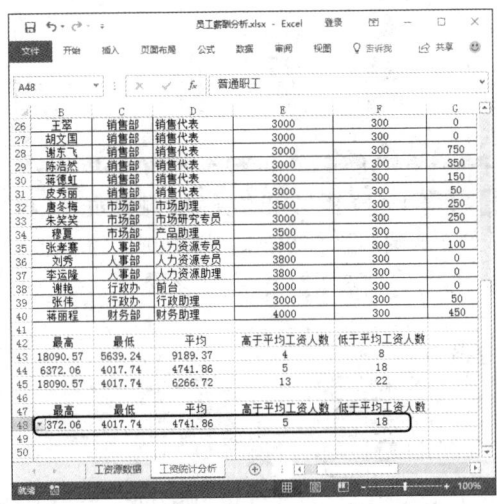

2. 创建联合动态图表

为了更好地展示最高、最低与平均工资数据对比，以及高于、低于平均工资的人数对比，下面使用柱形图和饼图构成的一组联合动态图表，具体操作步骤如下。

第1步 选择 A47:D48 单元格区域，1 单击【插入柱形图或条形图】按钮，2 在弹出的下拉列表中选择【簇状柱形图】选项，如下图所示。

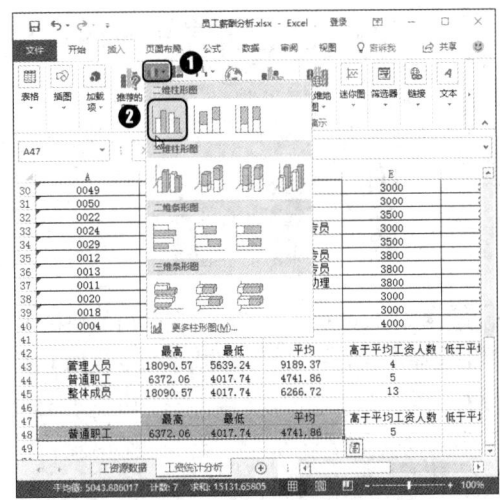

第2步 将图表移到合适位置，如下图所示。

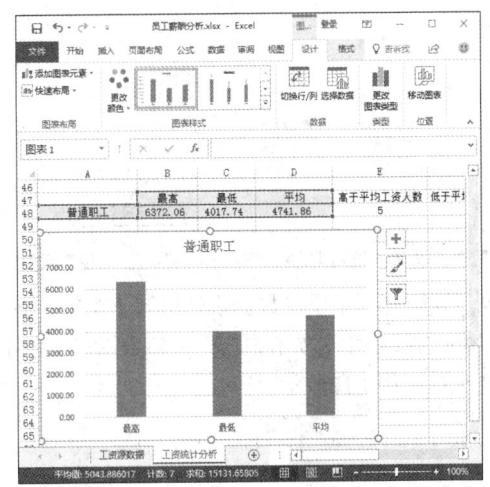

第3步 依次将 B47、C47 和 D47 单元格中的"最高""最低"和"平均"更改为"最高工资""最低工资"和"平均工资"，如下图所示。

Excel
在人力资源管理中的应用

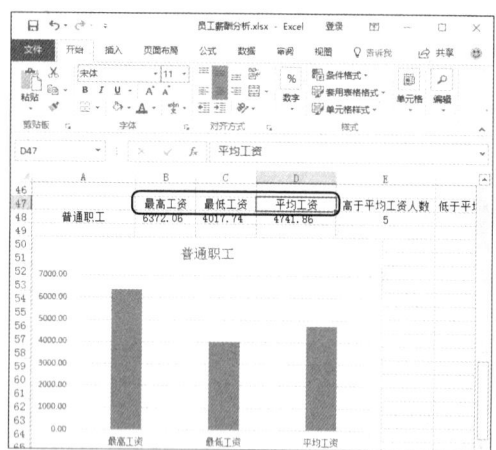

第4步 在数据系列上右击，在弹出的快捷菜单中选择【设置数据系列格式】命令，如下图所示。

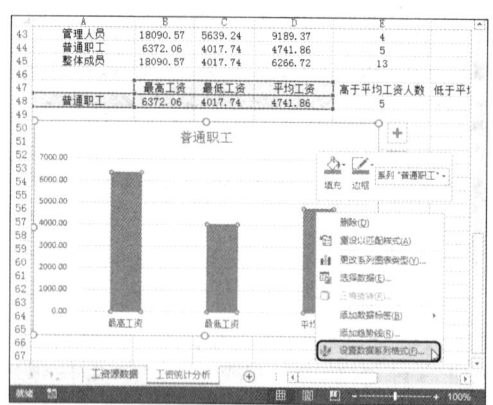

第5步 打开【设置数据系列格式】窗格，在【填充与线条】选项卡中选中【依数据点着色】复选框，如下图所示。

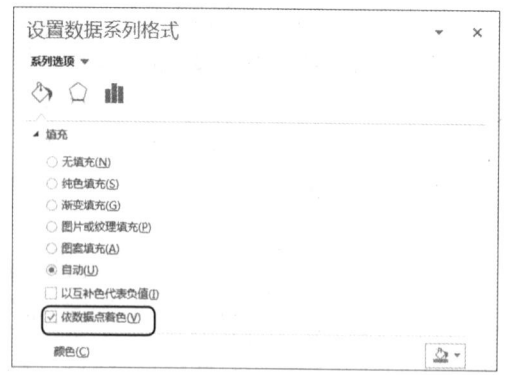

第6步 在数据系列上右击，在弹出的快捷菜单中选择【添加数据标签】命令，添加数据标签，如下图所示。

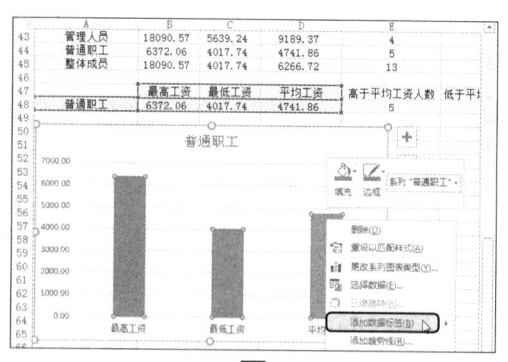

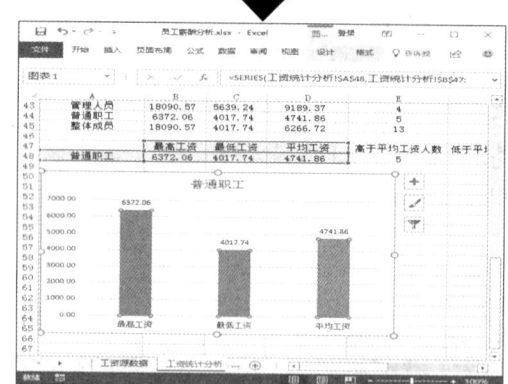

第7步 1 选择 E47:F48 单元格区域，2 单击【插入饼图或圆环图】按钮，3 在弹出的下拉列表中选择【饼图】选项，如下图所示。

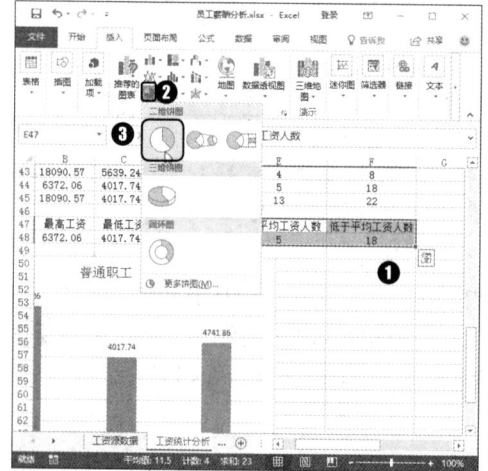

第11章
薪酬福利管理

第8步 将图表移到合适位置，1 单击【图表工具/设计】选项卡中的【快速布局】下拉按钮，2 在弹出的下拉列表中选择【布局1】选项，如下图所示。

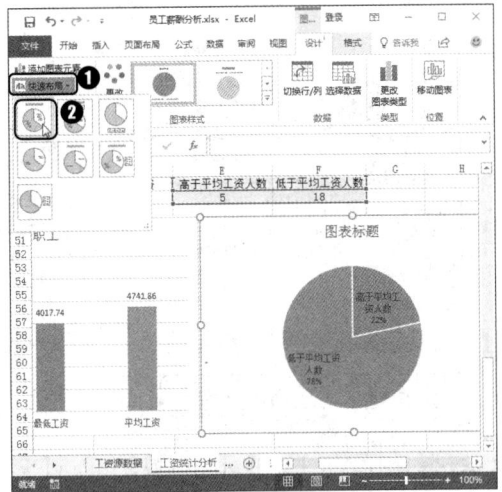

第9步 在【图表样式】列表框中选择【样式11】选项，快速对图表进行美化，如下图所示。

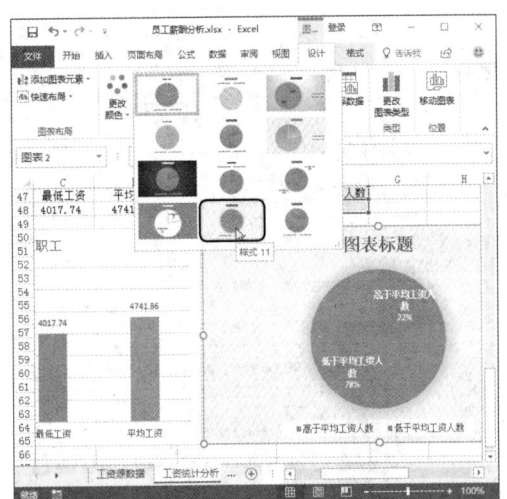

第10步 在图表中选择标题，按【Delete】键将其删除，选择数据标签，将鼠标指针移到控制框的右侧控制点上，当指针变成 ⟺ 形状时，按住鼠标左键不放，拖动鼠标调整宽度，直到文本内容呈一行显示，如下图所示。

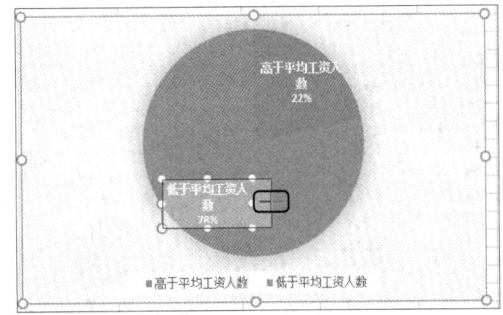

第11步 以同样的方法调整另一个数据标签的宽度，如下图所示。

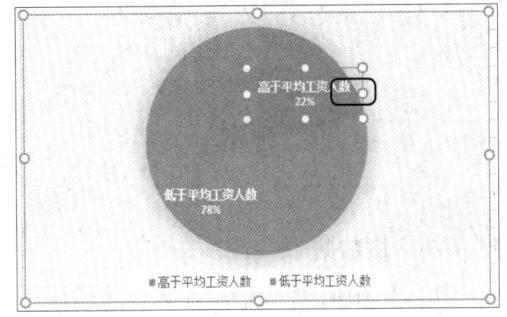

第12步 选择 A48 单元格，1 单击单元格右侧出现的下拉按钮，2 在弹出的下拉列表中选择所需选项，这里选择【整体成员】选项，如下图所示。

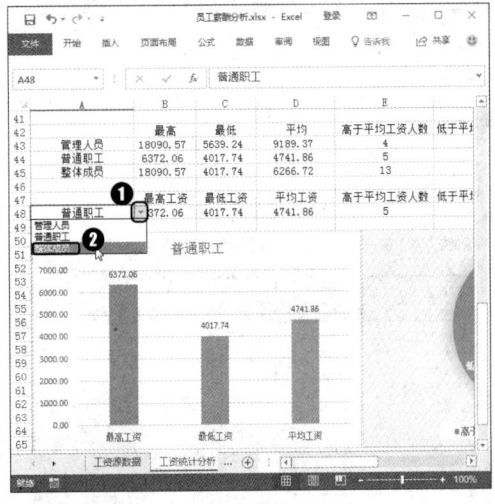

第13步 自动绘制出与数据对应的柱形图和饼图，如下图所示。

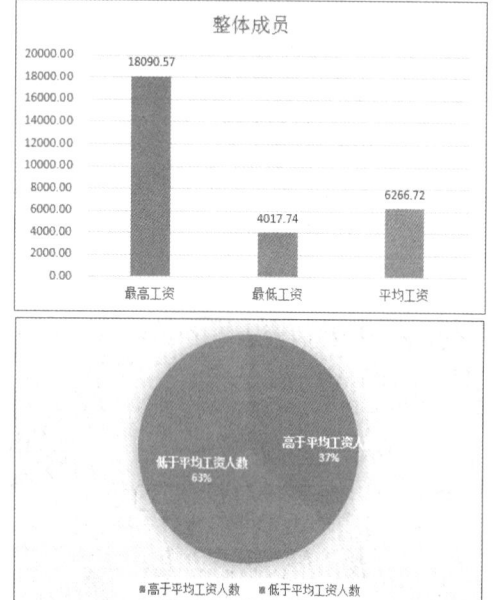

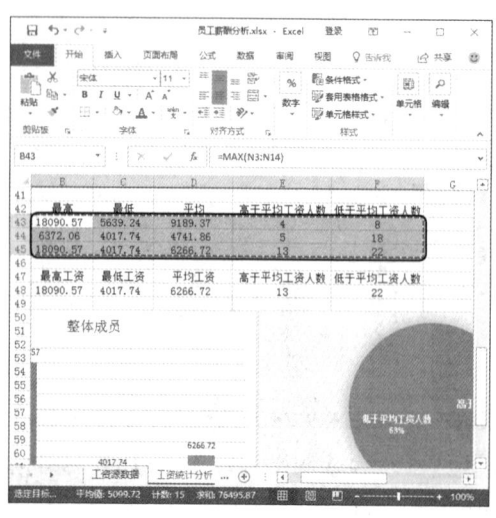

3. 完善区域数据

在表格中展示和分析数据，只需保留主要的数据，对于那些不需要的数据，可将其删除或转换，同时保留数据区域的外表美观，具体操作步骤如下。

第1步 选择 B43:F45 单元格区域，按【Ctrl+C】组合键复制，然后，按【Alt+E+S】组合键，如下图所示。

第2步 打开【选择性粘贴】对话框，1 选中【数值】单选按钮，2 单击【确定】按钮，如下图所示。

第3步 选择 A42:F45 单元格区域，1 单击【套用表格格式】下拉按钮，2 在弹出的下拉列表中选择【橙色，表样式浅色 10】选项，如下图所示。

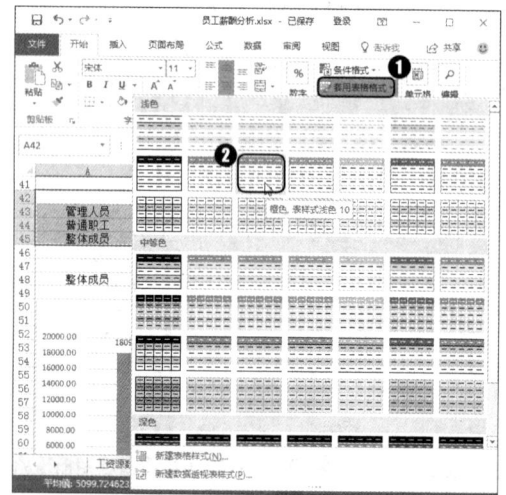

第4步 打开【套用表格式】对话框，1 选中【表包含标题】复选框，2 单击【确定】按钮，如下图所示。

第11章
薪酬福利管理

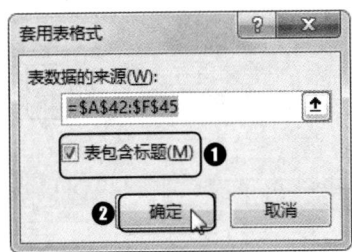

第5步 单击【数据】选项卡中的【筛选】按钮,取消第 42 行中的下拉筛选按钮,如下图所示。

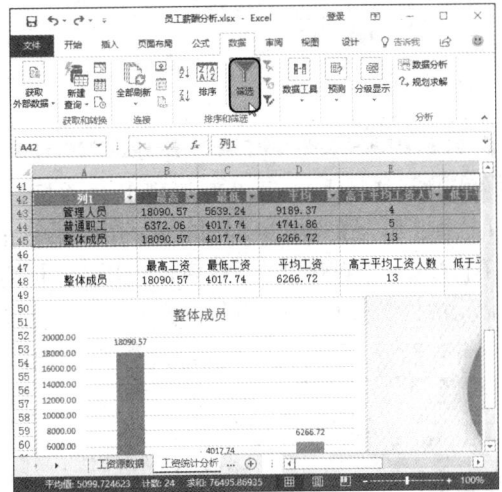

第6步 用同样的方法美化 A47:F48 数据区域,如下图所示。

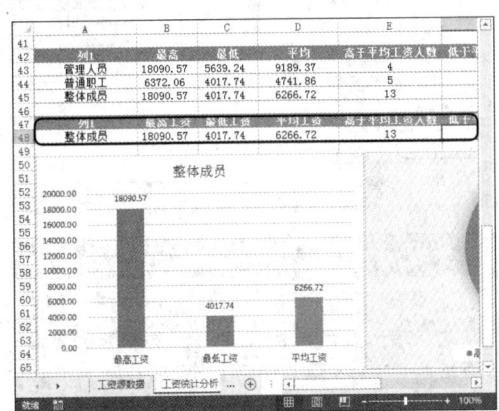

第7步 选择第 1 行到第 46 行并右击,在弹出的快捷菜单中选择【删除】命令,删除已用过、不需要的数据区域,如下图所示。

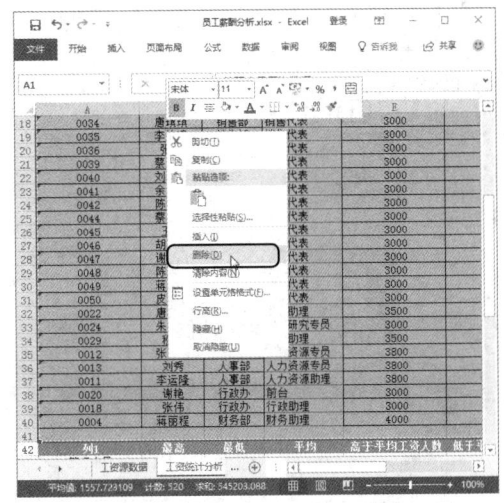

11.3.3 分析公司薪酬现状和竞争力

HR需要将公司内部的薪酬情况与同行业进行对比分析,知道其实际的竞争力情况,同时,与当地最低工资标准进行比较,避免违反地方法律法规,具体操作步骤如下。

第1步 在表格中输入 2013~2018 年的薪酬数据,并对其进行格式设置和美化,如下图所示。

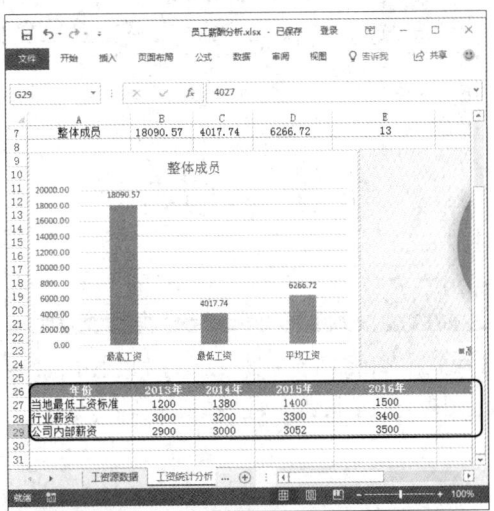

第2步 1 选择 A26:G29 单元格区域,2 单击【插入柱形图或条形图】按钮 ，3 在弹出的下拉

| 321

列表中选择【簇状柱形图】选项，如下图所示。

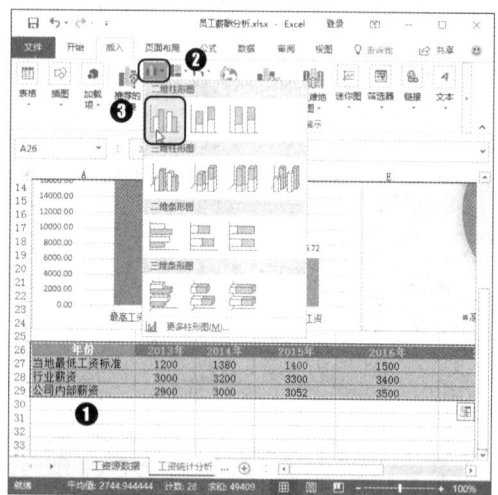

第3步 将插入的图表移到合适位置，单击【图表工具/设计】选项卡中的【切换行/列】按钮，如下图所示。

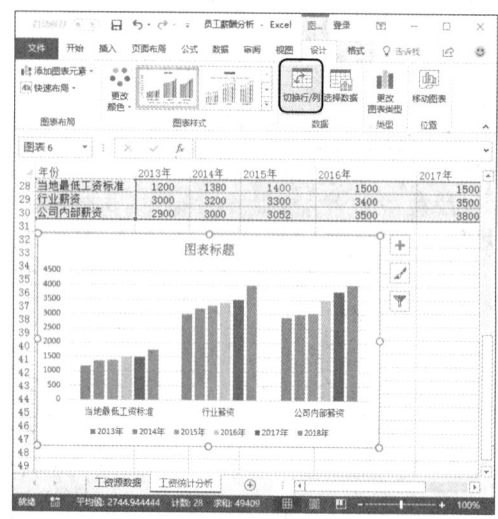

第4步 单击【图表工具/设计】选项卡中的【更改图表类型】按钮，如下图所示。

第5步 打开【更改图表类型】对话框，1选择【组合】选项，2单击【公司内部薪资】下拉按钮，3在弹出的下拉列表框中选择【带标记的折线图】选项，如下图所示。

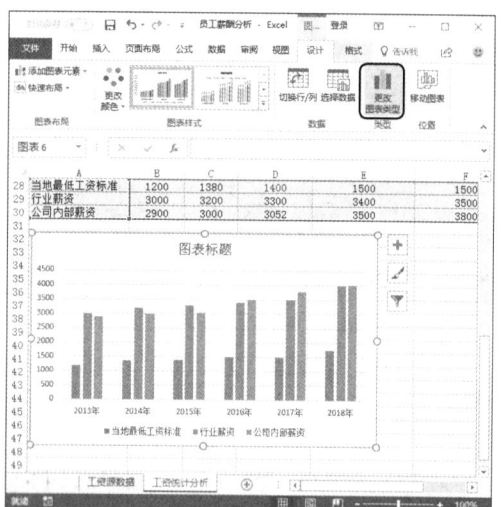

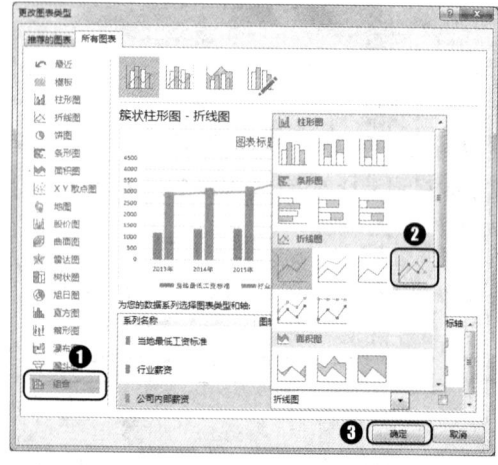

温馨提示

在本例中由于薪资数据基本相同，且范围差距不大，所以，这里不需要添加次要坐标轴。

第6步 1单击【行业薪酬】下拉按钮，2在弹出的下拉列表框中选择【带标记的折线图】选项，3单击【确定】按钮，如下图所示。

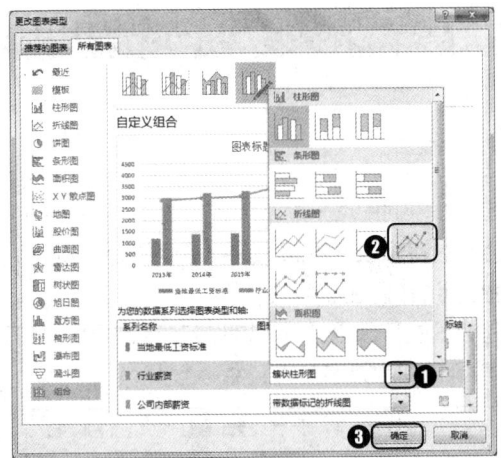

第7步 1 重命名图表标题为"内部薪酬走势和竞争力分析",2 选择整个图表,在【图表工具/设计】选项卡【图表样式】列表框中选择【样式4】选项,如下图所示。

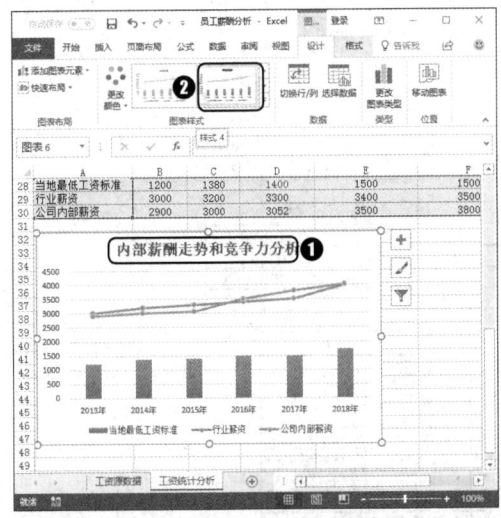

温馨提示

在本例中只需对3组数据进行比较,所以,不需要添加薪资数据标签。

第8步 1 单击【插入】选项卡中的【形状】下拉按钮,2 在弹出的下拉列表中选择【圆角矩形】选项,如下图所示。

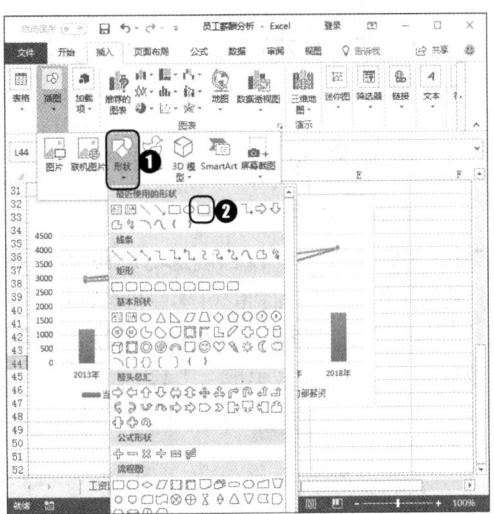

第9步 1 绘制形状并在其上右击,在弹出的快捷菜单中选择【编辑文字】命令,进入编辑状态,2 输入相应的分析薪资数据文本内容,完成整个操作,如下图所示。

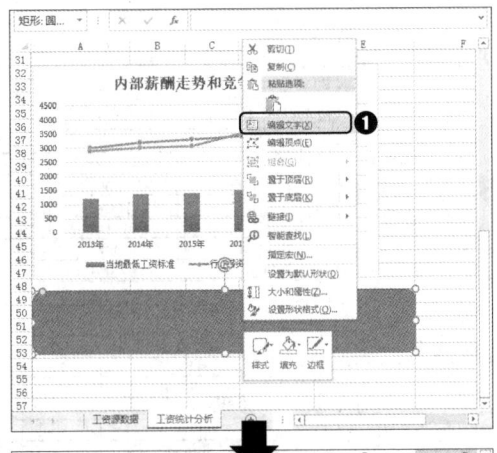

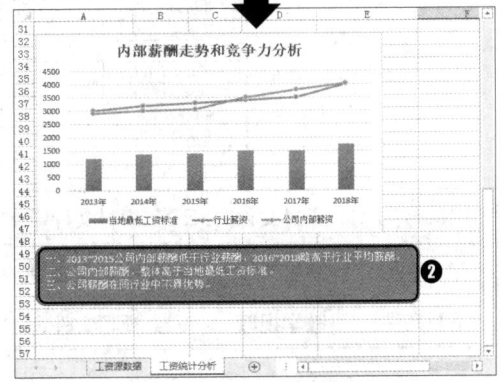

Excel 在人力资源管理中的应用

11.4 制作年度薪酬福利费用预算

案例背景

薪酬福利预算是薪酬控制的重要环节，HR对薪酬准确的预算可以保证企业在未来一段时间内的薪酬支付受到一定程度的协调和控制。确保企业的薪酬成本不超出企业承受能力的同时，又能保障员工薪酬福利的科学性和合理性，帮助企业引进和留住需要的人才。

本例将对工资、津贴和社保等基本类薪酬福利数据进行预算编制，制作完成后的效果如下图所示。实例最终效果见"下载\结果文件\第11章\薪酬福利预算.xlsx"文件。

核算月份	养老保险		失业保险		医疗保险		生育保险	工伤险
	公司 22%	个人 8%	公司 2%	个人 1%	公司 12%	个人 2%	公司 0.5%	公司 0.5%
12	514.36	187.04	46.76	23.38	280.56	46.76	11.69	11.69
12	514.36	187.04	46.76	23.38	280.56	46.76	11.69	11.69
12	514.36	187.04	46.76	23.38	280.56	46.76	11.69	11.69
12	514.36	187.04	46.76	23.38	280.56	46.76	11.69	11.69
12	514.36	187.04	46.76	23.38	280.56	46.76	11.69	11.69
12	514.36	187.04	46.76	23.38	280.56	46.76	11.69	11.69
12	514.36	187.04	46.76	23.38	280.56	46.76	11.69	11.69
12	514.36	187.04	46.76	23.38	280.56	46.76	11.69	11.69
12	550	200	50	25	300	50	12.5	12.5
12	514.36	187.04	46.76	23.38	280.56	46.76	11.69	11.69
12	393.04	157.216	38.428	19.214	153.712	45.428	13.4498	9.607
12	393.04	157.216	38.428	19.214	153.712	45.428	13.4498	9.607
12	393.04	157.216	38.428	19.214	153.712	45.428	13.4498	9.607

	标准费用	费用增减	调整系数	最终费用
基本工资	933600		0.98	914928
岗位工资	415200		0.97	402744
绩效工资	944611.296		0.912	861485.502
工龄津贴	94200	7850	0.96	97968
全勤奖	91200		0.73	66576

	标准	标准费用	调整系数	最终费用
劳动保护用品	48	21888	100%	21888
员工餐补	200	91200	100%	91200
高温补贴	1.3		100%	0
养老保险（公司）		17948.886	1.05%	188.463303
工伤保险（公司）		37754.8326	1.05%	396.4257423
失业保险(公司）		26267.548	1.05%	275.809254
生育保险(公司)		37243.6176	1.05%	391.0579848
医疗保险(公司)		34852.153	1.05%	365.9476065
养老保险（个人）		24703.302	1.05%	259.384671
工伤保险（个人）		0	1.05%	0
失业保险(个人)		27058.246	1.05%	284.111583
生育保险(个人)		0	1.05%	0
医疗保险(个人)		36680.577	1.05%	385.1460585

下载文件	素材文件	下载\素材文件\第11章\薪酬福利预算.xlsx
	结果文件	下载\结果文件\第11章\薪酬福利预算.xlsx
	教学视频	下载\视频文件\第11章\11.4制作年度薪酬福利费用预算.mp4

11.4.1 工资奖金数据预算

工资奖金数据预算主要包括各类工资数据的标准费用、增减费用、调整系数和最终费用，如基本工资、岗位工资等。

1. 完善主要字段数据

在计算工资预算数据前，需要整理收集一些关键字段数据，具体操作步骤如下。

第1步 打开"下载\素材文件\第11章\薪酬福利预算.xlsx"文件，在【基本工资】列上右击，在弹出的快捷菜单中选择【插入】命令，如下图所示。

第2步 在新插入的列中添加【入职日期】字段和输入对应的数据，如下图所示。

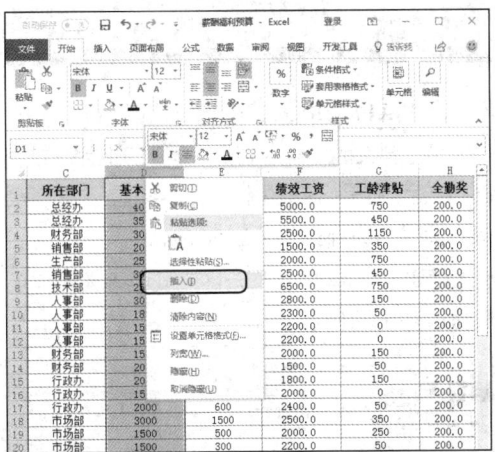

第3步 在表格末列添加3个字段数据【月份数】【工龄津贴增长】和【是否离职】，并在【月份数】和【是否离职】列字段中输入对应的数据，如下图所示。

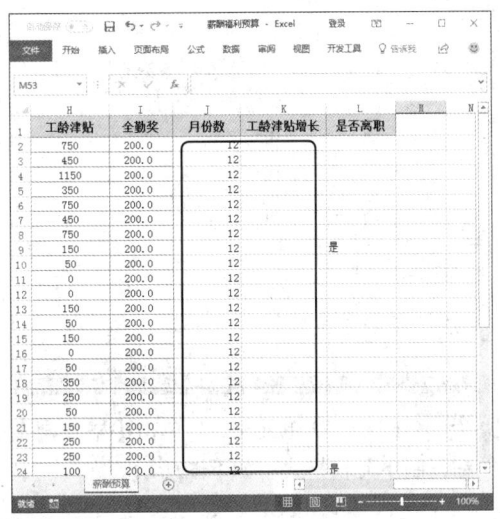

第4步 1 选择K2单元格，2 在编辑栏中输入函数"=IF(L2=" ",0,IF(YEAR(D2)<2018,(12-MONTH(D2))*100,0))"，按【Ctrl+Enter】组合键确认并得到计算结果，如下图所示。

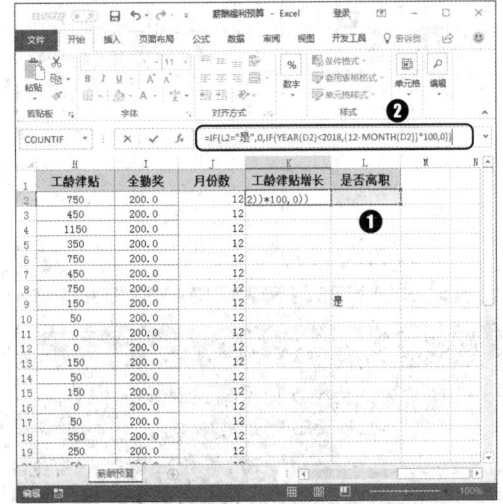

第5步 将鼠标指针移到K2单元格右下角，当指针变成+形状时双击，将IF函数填充到数据末行，计算出对应人员的工龄津贴增长数

据，如下图所示。

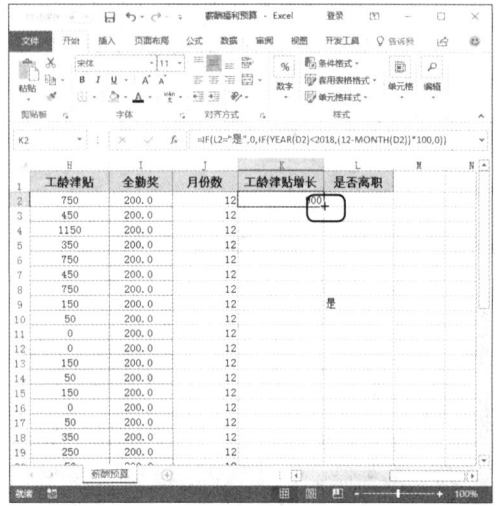

应用 I2 单元格格式，如下图所示。

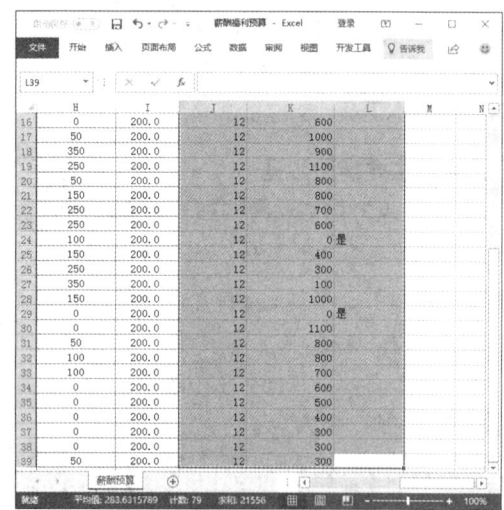

第6步 1 选择 I2 单元格，2 单击【格式刷】按钮复制单元格格式，如下图所示。

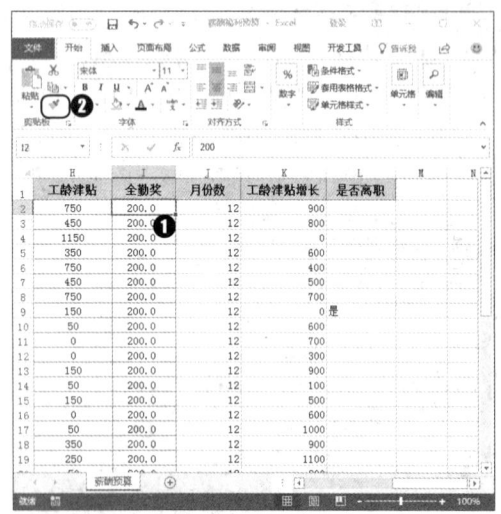

教您一招

无限次使用格式刷

单击一次【格式刷】按钮只能使用一次，也就是选择一次应用格式区域后，自动退出格式刷模式。双击【格式刷】按钮，可以使用N次，需要退出该模式，可直接单击【格式刷】按钮或按【Esc】键。

第7步 拖动鼠标选择 J2:L39 单元格区域，

2. 统计预算工资奖金数据

工资奖金数据完善后，可以对相关数据进行统计预算，如基本工资、岗位工资、绩效工资等，具体操作步骤如下。

第1步 在 A44:E49 单元格区域中输入相应的数据，如下图所示。

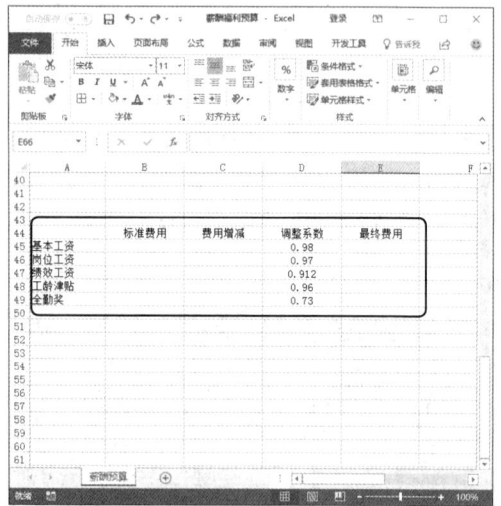

第2步 1 选择 A44:E49 单元格区域，2 单击【下框线】右侧的下拉按钮，3 在弹出的下拉列表中选择【所有框线】选项，如下图所示。

第 11 章
薪酬福利管理

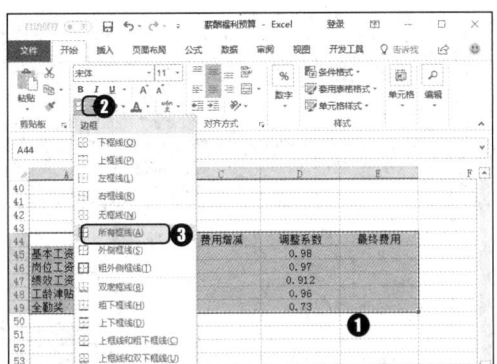

第3步 1 选择 B45 单元格，2 单击【编辑栏】中的【插入函数】按钮，如下图所示。

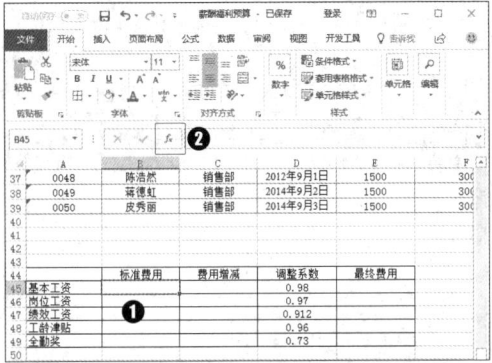

第4步 打开【插入函数】对话框，1 设置【或选择类别】为【数学与三角函数】，2 在【选择函数】列表框中选择【SUMPRODUCT】选项，3 单击【确定】按钮，如下图所示。

温馨提示

SUMPRODUCT 函数专用于多组数据区域乘积后的求和计算，也就是先对多组数据区域进行一对一的乘积计算，再将所有乘积结果相加求和。

第5步 1 在打开的【函数参数】对话框中，分别设置【Array1】【Array2】参数，2 单击【确定】按钮，计算出【基本工资】对应的【标准费用】数据，如下图所示。

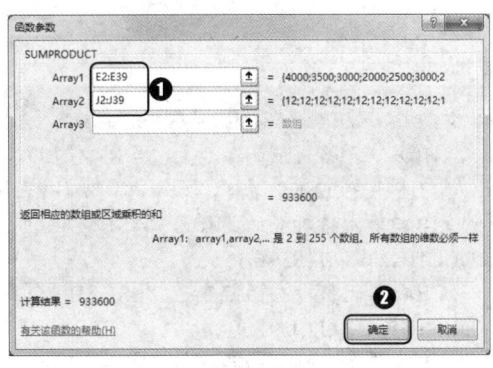

↓

第6步 使用 SUMPRODUCT 函数分别计算出【岗位工资】【绩效工资】【工龄津贴】和【全勤奖】对应的【标准费用】数据，如下图所示。

| 327 |

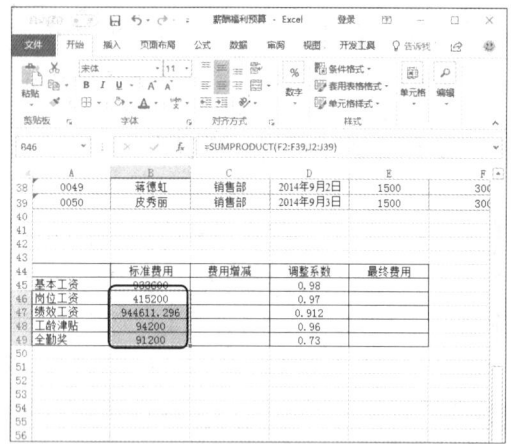

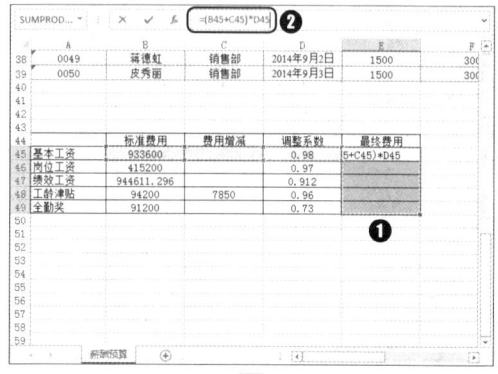

温馨提示

B46单元格对应的函数为"=SUMPRODUCT(F2:F39,J2:J39)"。

B47单元格对应的函数为"=SUMPRODUCT(G2:G39,J2:J39)"。

B48单元格对应的函数为"=SUMPRODUCT(H2:H39,J2:J39)"。

B49单元格对应的函数为"=SUMPRODUCT(I2:I39,J2:J39)"。

第7步 ❶选择C48单元格,❷在编辑栏中输入函数"=SUM(H2:H39)",按【Ctrl+Enter】组合键,计算出【工龄津贴】对应的【费用增减】数据,如下图所示。

第8步 ❶选择E45:E49单元格区域,❷在编辑栏中输入公式"=(B45+C45)*D45",按【Ctrl+Enter】组合键,计算出各类数据对应的最终费用,如下图所示。

11.4.2 保险福利预算

HR不仅要预算员工的工资、奖金和津贴的金额,同时还要预算出员工的保险福利金额,具体操作步骤如下。

第1步 单击【新建工作表】按钮⊕,在新建的工作表中输入保险福利的数据,如下图所示。

第 11 章
薪酬福利管理

温馨提示

HR可以通过导入或复制的方式，将公司内部员工社保福利数据"拿"到当前工作表中，不用手动输入。

第2步 在B43:F56单元格区域中输入对应的数据，如下图所示。

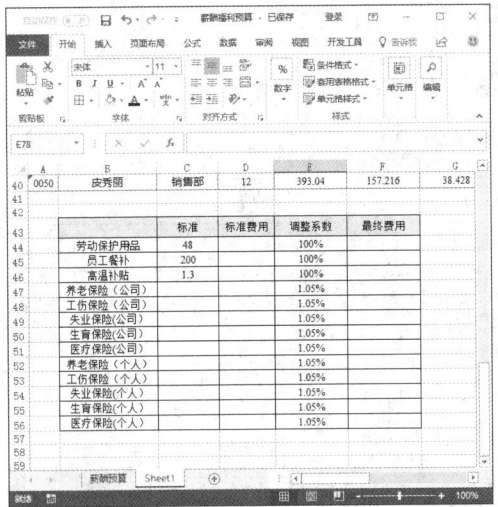

第3步 1选择D44单元格，2在编辑栏中输入函数"=SUM(D3:D40)*C44"，按【Ctrl+Enter】组合键，计算出【劳动保护用品】的【标准费用】金额，如下图所示。

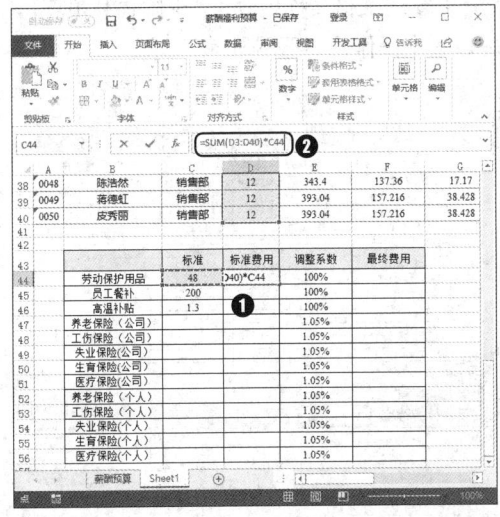

温馨提示

HR在对年度薪酬福利金额进行预算时，是从整体角度出发的，计算的数据包含每一位在职人员（一些情况需要考虑到未来招聘预算）。

第4步 1选择D45单元格，2在编辑栏中输入函数"=SUM(D3:D40)*C45"，按【Ctrl+Enter】组合键，计算出【员工餐补】的【标准费用】金额，如下图所示。

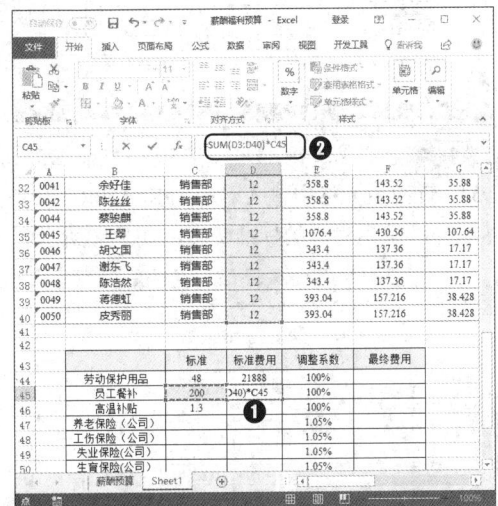

温馨提示

【高温补贴】对应的【标准费用】，需要用基本补贴数乘以标准系数。在本例中没有提供补贴基本数字，这里不用公式进行计算，直接填写即可。

第5步 1选择D47单元格，2在编辑栏中输入函数"=SUMPRODUCT(D3:D40:E3:E40)"，按【Ctrl+Enter】组合键，计算出【养老保险（公司）】的【标准费用】金额，如下图所示。

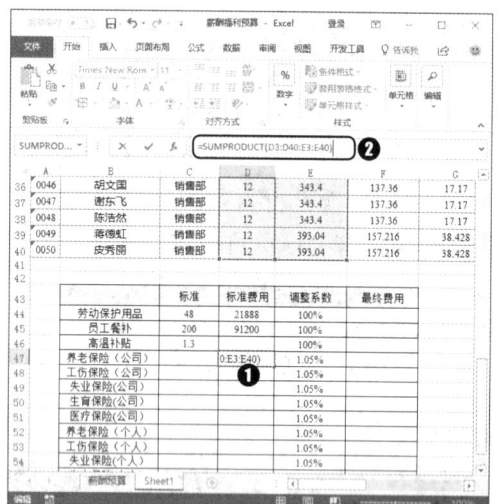

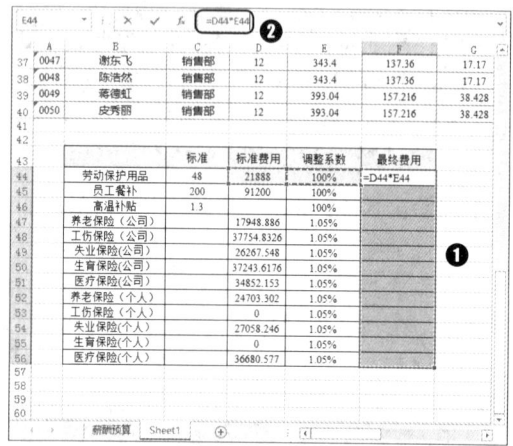

第6步 分别在 D48、D49、D50、D51、D52、D54、D56 单元格中输入对应的 SUMPRODCT 函数，计算出对应的标准费用，如下图所示。

温馨提示

在本例中，工伤和生育保险全由公司购买，员工不用缴纳，所以，D53、D55单元格中的数字为空，不用计算。

第7步 1 选择 F44:F56 单元格区域，2 在编辑栏中输入函数"=D44*E44"，按【Ctrl+Enter】组合键，计算出各项对应的最终费用，如下图所示。

第8步 将表格名称更改为"保险福利预算"，完成整个操作，如下图所示。

第11章
薪酬福利管理

下面再为HR分享几个实用的处理类型数据的技巧。

01：快速切换到指定工作表中

◉ 视频文件：下载\视频文件\第11章\01.mp4

通常选择或切换表格的方法，基本上都是单击工作表的标签，这在表格相对较少的工作簿中很实用，不过，在表格过多的工作簿中就不是那么实用了，一些表格会因"空间"不足暂时隐藏（左右两端的省略号是明显标记），如下图所示。

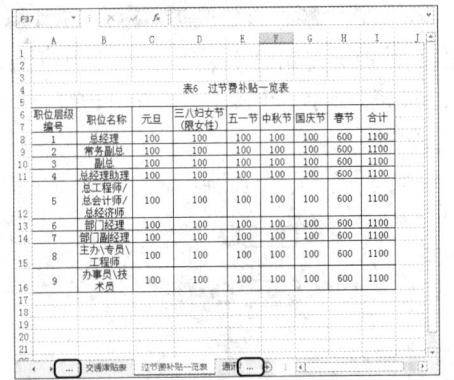

这时，HR可借助【激活】对话框来轻松解决，具体操作步骤如下。

第1步 在工作表切换处右击，如下图所示。

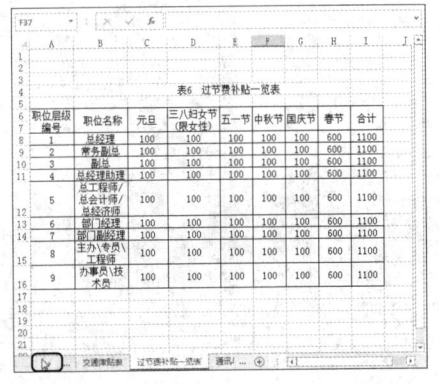

第2步 系统自动打开【激活】对话框，1 在【激活文档】列表框中选择要指定选择或切换到的表格选项，2 单击【确定】按钮，如下图所示。

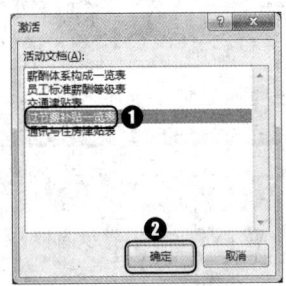

02：如何消除右侧的分级显示窗格

◉ 视频文件：下载\视频文件\第11章\02.mp4

在分类汇总表格中，系统会自动在表格的左侧生成数据明细控制的分析窗格，自由切换不同级别的汇总明细数据。有时不需要进行数据明细级别的切换，同时，只要汇总数据，不要分级显示窗格。这时，就可以将其隐藏，如下图所示。

第1步 1 单击【数据】选项卡中的【取消组合】下拉按钮，2 在弹出的下拉列表中选择【清除分级显示】选项，如下图所示。

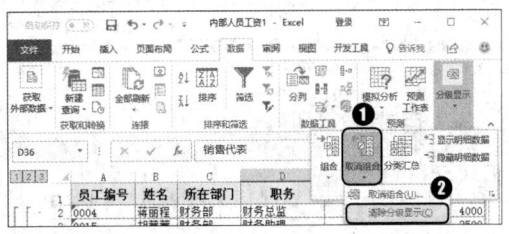

第2步 系统自动清除表格右侧的分级显示窗

331

格（或区），如下图所示。

行自由分类，以满足实际工作需要，具体操作步骤如下。

第1步 1选择要归为一类的数据区域，2单击【数据】选项卡中的【组合】按钮，如下图所示。

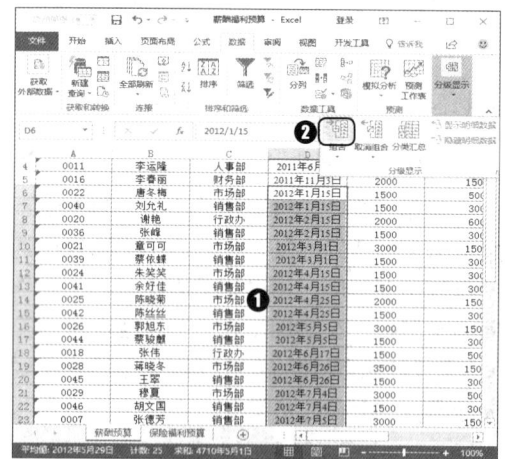

第2步 打开【组合】对话框，1选中【行】单选按钮，2单击【确定】按钮分类组合，如下图所示。

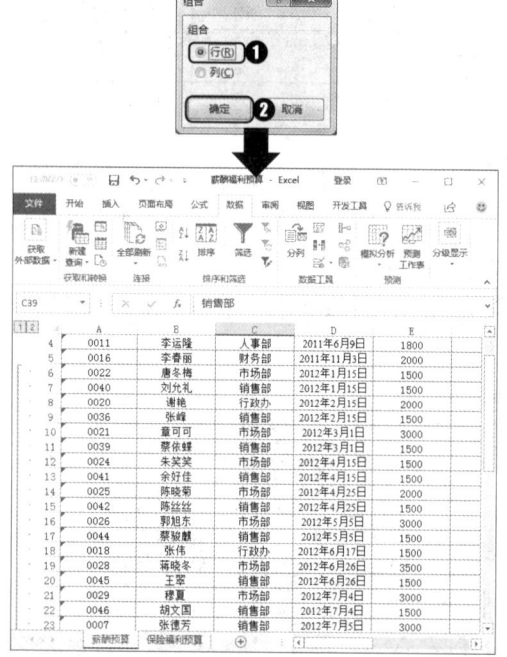

教您一招

重新显示分级显示窗格

将清除的分级显示窗格或区域重新显示，只需1单击【数据】选项卡中的【组合】下拉按钮，2在弹出的下拉列表中选择【自动建立分级显示】选项，如下图所示。

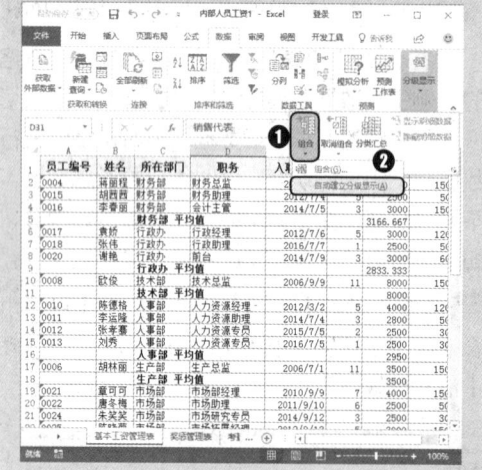

03：自由分组归类

📹 视频文件：下载\视频文件\第11章\03.mp4

在表格中不仅可以使用分类汇总功能对数据按类汇总，同时，还可以手动对数据进

04：如何恢复通过排序制作的工资

第 11 章
薪酬福利管理

条数据

视频文件：下载\视频文件\第11章\04.mp4

使用工资明细汇总表格制作的工资条，已经完全将原有的数据打散了，要让其恢复到最初的状态，最常用的方法是通过排序，只需两步操作，具体操作步骤如下。

第1步 ❶选择任一数据单元格，❷单击【数据】选项卡中的【升序】❷↓或【降序】按钮❷↓，让重复的标题行自动汇集到一起，如下图所示。

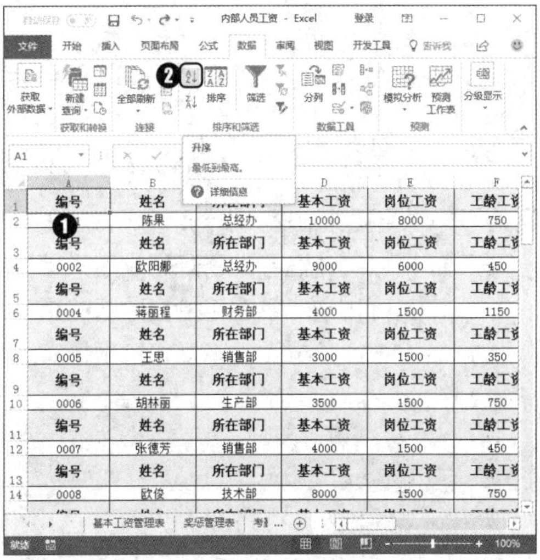

第2步 在工资条的标题行区域上右击，在弹出的快捷菜单中选择【删除】命令，删除手动添加的工资条标题行，恢复原的有数据状态，如下图所示。

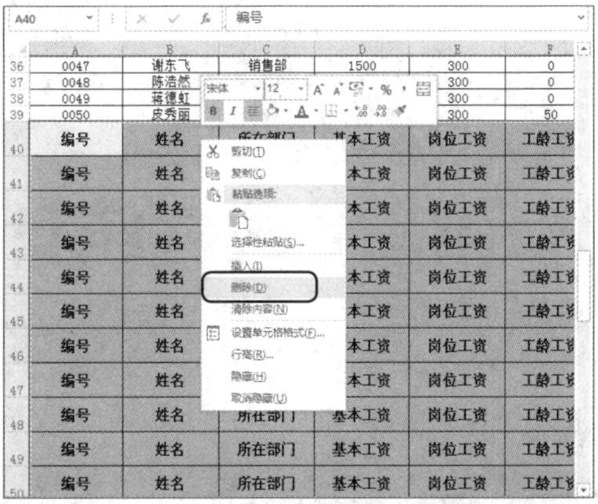

> **温馨提示**
>
> 在表格中选择的任一数据单元格，最好是编号列的任一数据单元格，因为编号默认会有顺序，通常情况下，工资汇总明细数据项目顺序都是按编号的先后排列的，这样排序操作，更能准确地恢复到数据的最初状态。

第12章
人事信息数据统计分析

本章导读

人事统计指对人事管理的基本状况和发展趋势进行统计调查，开展统计分析，实行统计监督，为人事管理工作提供统计信息。它既是制定人事计划和政策的重要依据，也是对人事工作实行科学化管理和检查监督的重要手段。HR如何利用Excel对人事数据进行统计分析呢？本章将会根据实际案例进行引导讲解。

知识要点

- ❖ 制作人事信息数据表
- ❖ 在职人员数据统计分析
- ❖ 制作人事月度报表
- ❖ 员工信息快速查询区
- ❖ 人员流动情况分析

第12章
人事信息数据统计分析

12.1 制作人事信息数据表

案例背景

员工人事信息表，也称为职工档案表，是公司为加强对员工的管理建立起来的有关员工基本情况的资料，是考察职工的主要依据。由公司或企业的人力资源专员负责人事信息表或档案表的建立、完善和更新并进行保管。

本例将主要使用函数和数据验证功能制作和设计一份较为通用和常用的员工信息数据汇总表，制作完成后的效果如下图所示。实例最终效果见"下载\结果文件\第12章\人事信息表.xlsx"文件。

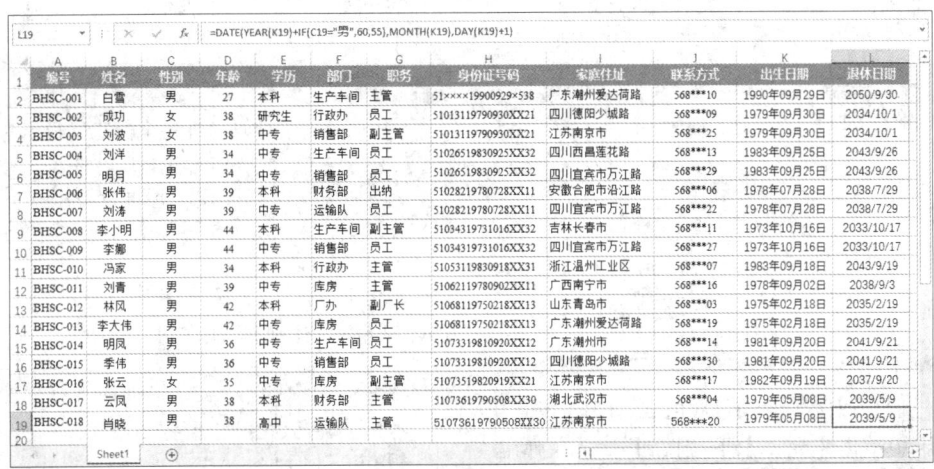

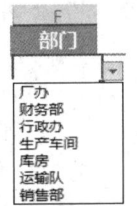

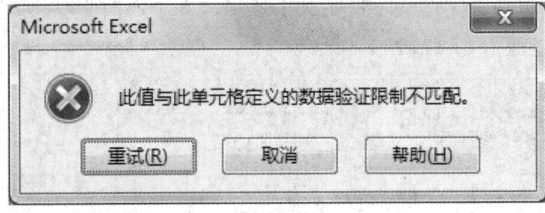

	素材文件	下载\素材文件\第12章\人事信息表.xlsx
	结果文件	下载\结果文件\第12章\人事信息表.xlsx
下载文件	教学视频	下载\视频文件\第12章\12.1制作人事信息数据表.mp4

12.1.1 限制身份证号和员工编号重复

身份证号具有唯一性，因此，在人事信息表格中身份证号不能重复。公司企业内部员工编号是唯一的，也不能重复。

鉴于这两类数据的唯一性，在制作和设计表格时，需要限制身份证号和员工编号的重复输入，保证它们的唯一性。具体操作步骤如下。

第1步 打开"下载\素材文件\第12章\人事信息表.xlsx"文件，1 选择 H2 单元格，按【Ctrl+Shift+↓】组合键选择该列除 H1 单元格外的所有单元格区域，2 在【数据】选项卡中单击【数据验证】按钮，如下图所示。

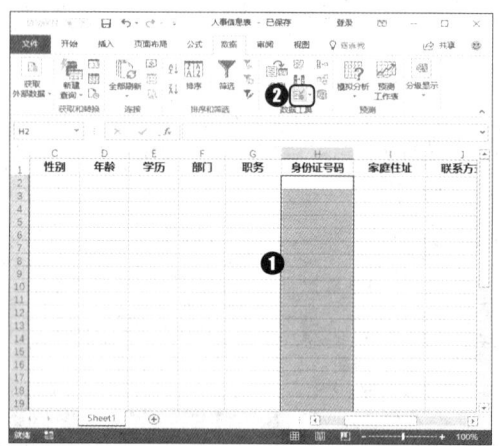

第2步 打开【数据验证】对话框，1 在【设置】选项卡中单击【允许】下拉按钮，2 在弹出的下拉列表中选择【自定义】选项，如下图所示。

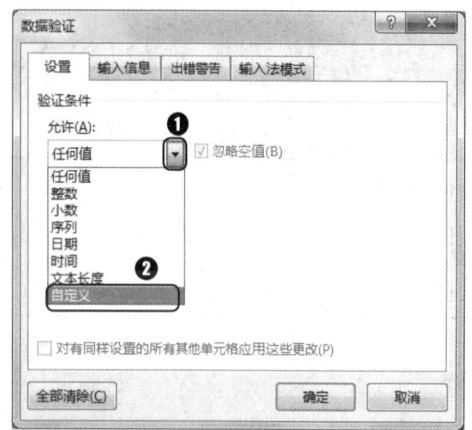

第3步 1 在激活的【公式】文本框中输入限制 B 列中输入重复数据的函数 "=COUNTIF(H:H,H5)<2"，2 单击【确定】按钮，如下图所示。

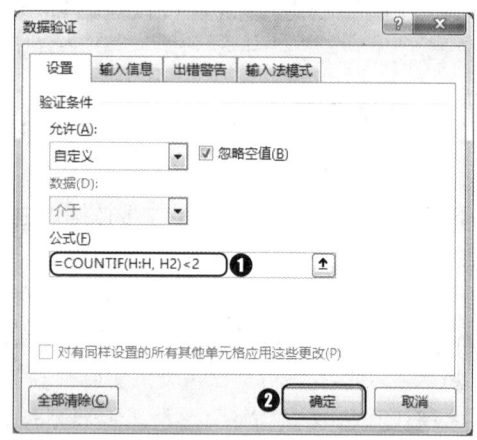

教您一招

如何一次性让身份证号全部正常显示

对于身份证号码列，HR 需要将其数据类型统一设置为文本类型，以保证身份证号的全部正常显示，而不变成科学计数。

第4步 以同样的方法为编号列单元格区域添加限制重复的数据验证，如下图所示。

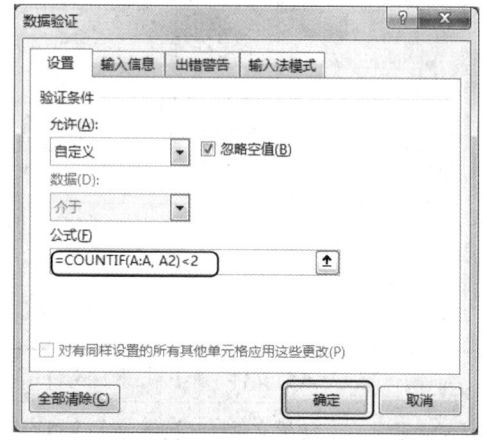

12.1.2 为身份证号添加提示信息

身份证号绝大部分都是18位数，为了保证输入的身份证号码准确，可以在身份证号码列中添加提示：要求输入18位数的身份证号。这样不仅有效防止输入的身份证号码少

第12章
人事信息数据统计分析

位数或多位数，还可以在一定程度上辨别身份证号码的真伪，具体操作步骤如下。

第1步 1选择H2单元格，按【Ctrl+Shift+↓】组合键选择该列除H1单元格外的所有单元格区域，2在【数据】选项卡中单击【数据验证】按钮，如下图所示。

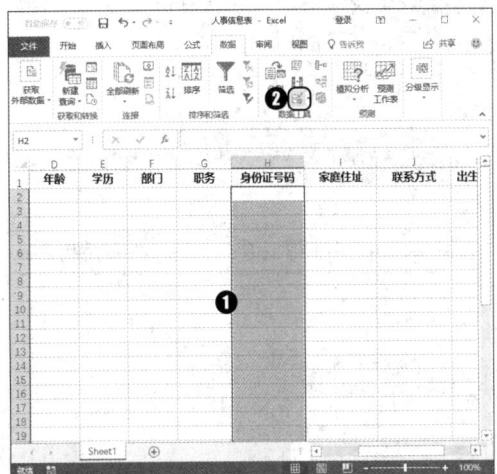

第2步 打开【数据验证】对话框，1选择【输入信息】选项卡，2分别设置提示标题和输入信息内容，3单击【确定】按钮，如下图所示。

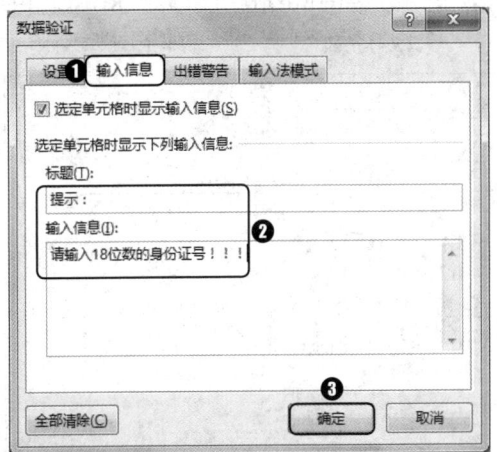

第3步 在表格中即可查看到设置的提示信息，如下图所示。

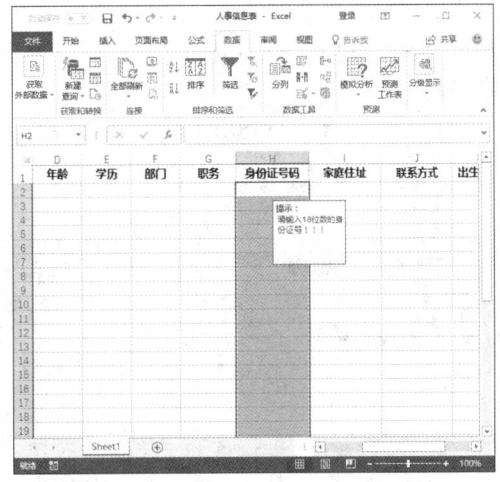

12.1.3 提供部门数据选项

公司企业中的部门在一定时期是相对固定的，因此，可以为部门数据提供选项或限定，以保证输入的部门数据准确，同时也起到提醒作用，便于数据的输入，具体操作步骤如下。

第1步 1选择F2单元格，按【Ctrl+Shift+↓】组合键选择该列除F1单元格外的所有单元格区域，2在【数据】选项卡中单击【数据验证】按钮，如下图所示。

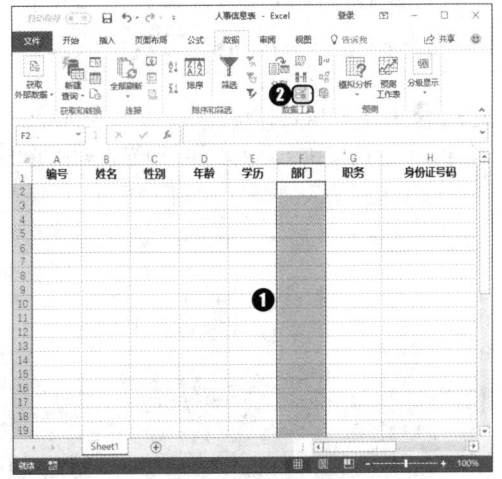

第2步 打开【数据验证】对话框，1在【设

置】选项卡中单击【允许】下拉按钮，2 在弹出的下拉列表中选择【序列】选项，如下图所示。

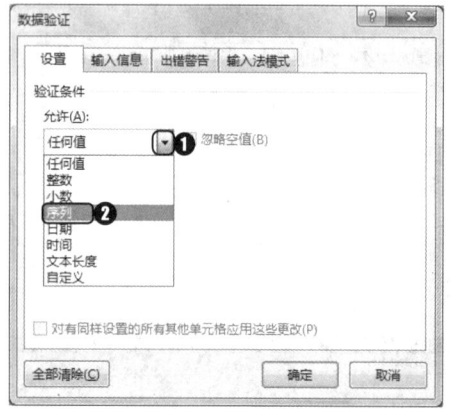

第3步 1 在激活的【来源】文本框中输入各个部门数据，2 单击【确定】按钮，如下图所示。

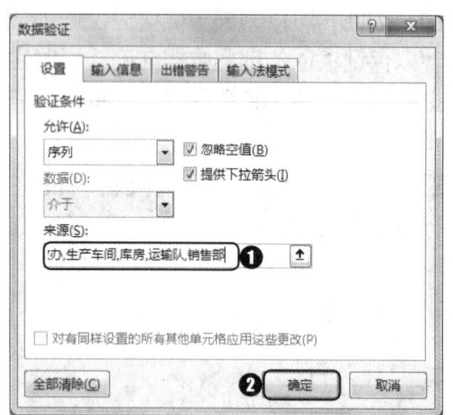

第4步 在 F 列中选择单元格，单击单元格右侧出现的下拉按钮，在弹出的下拉列表中即可快速选择想要输入的部门，如下图所示。

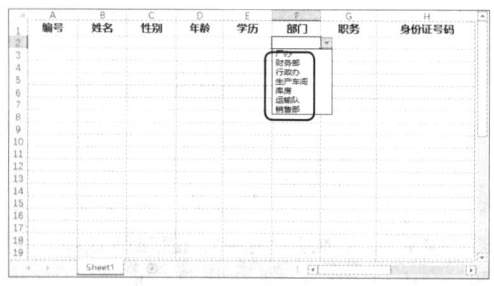

12.1.4 自动获取身份证中性别、出生日期数据信息

在人事信息表格中可以根据输入的身份证号，自动获取到性别和出生日期等关键信息，具体操作步骤如下。

第1步 在表格中输入包含身份证号的主要数据信息后，如下图所示。

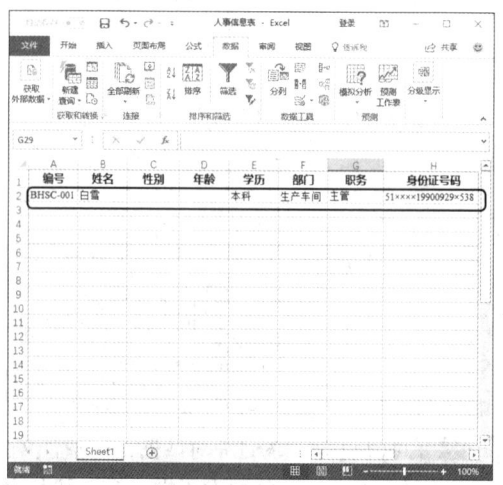

第2步 1 选择 C2 单元格，2 在编辑栏中输入函数 "=IF(MID(H2,17,1)/2=TRUNC(MID(H2,17,1)/2)," 女 "," 男 ")"，如下图所示。

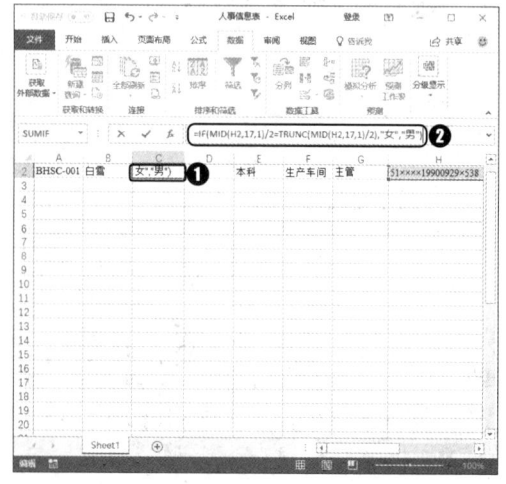

第3步 按【Ctrl+Enter】组合键确认函数并得到性别数据，如下图所示。

第 12 章

人事信息数据统计分析

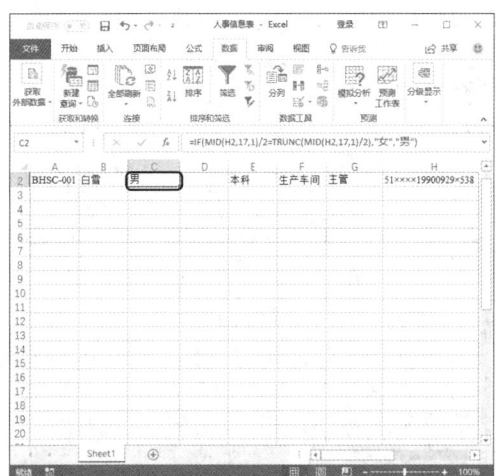

第4步 ① 选择 K2 单元格，② 在编辑栏中输入函数 "=MID(H2,7,4)&" 年 "&MID(H2,11,2)&" 月 "&MID(H2,13,2)&" 日 ")"，如下图所示。

12.1.5 使用YEAR和DAY函数计算员工年龄和退休日期

根据身份证号自动获取出生日期数据，现在就可以顺势将员工年龄和退休日期计算出来，具体操作步骤如下。

第1步 ① 选择 D2 单元格，② 在编辑栏中输入函数 "=YEAR(TODAY())-YEAR(K2)"，如下图所示。

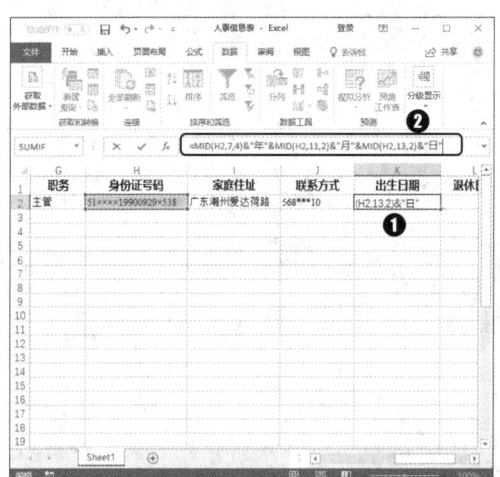

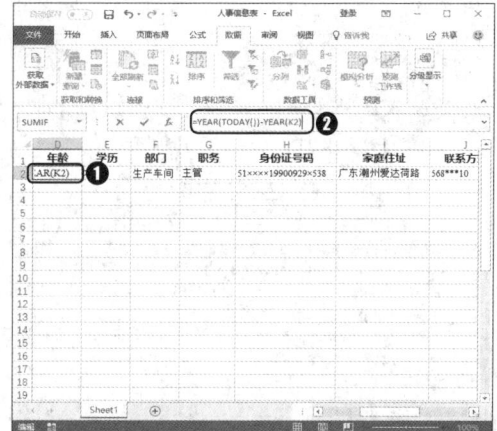

温馨提示

直接从身份证号中提取员工的性别、出生日期等信息，可以反推该员工的身份信息与身份证号是否一致，在一定程度上可以辨别员工身份信息的真伪。

第5步 按【Ctrl+Enter】组合键确认函数并得到出生日期数据，如下图所示。

温馨提示

YEAR函数中的参数K2是包含出生日期数据单元格。

339

第2步 按【Ctrl+Enter】组合键确认函数并得到员工的周岁年龄，如下图所示。

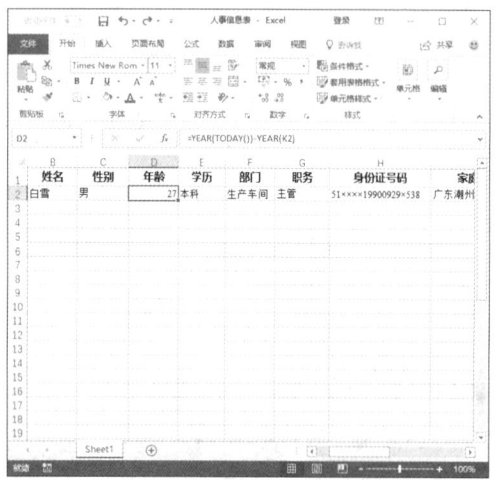

教您一招

解决年龄数字出现小数的问题

如果由函数获得的年龄数字出现小数，那是由于数据类型变成数值而造成的，如下图所示。手动将其数据类型更改为【常规】即可。

HR也可以在函数中直接添加INT函数获取整数，函数为"=INT(YEAR(TODAY())-YEAR(K2))"，如下图所示。

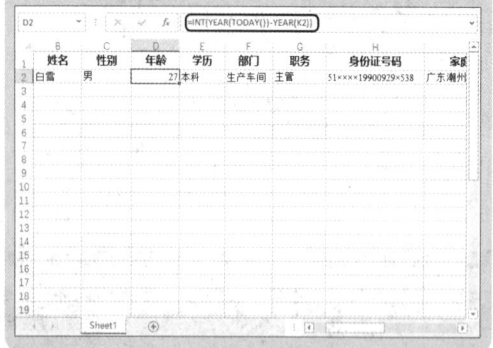

第3步 1选择L2单元格，2在编辑栏中输入函数"=DATE(YEAR(K2)+IF(C2=" 男 ",60,

55),MONTH(K2),DAY(K2)+1)"，如下图所示。

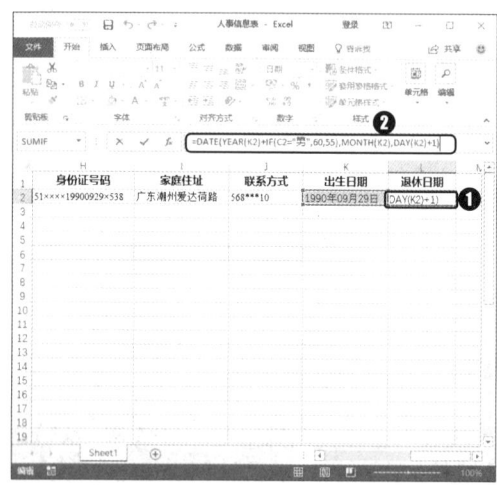

第4步 按【Ctrl+Enter】组合键确认函数并得到员工的退休日期，如下图所示。

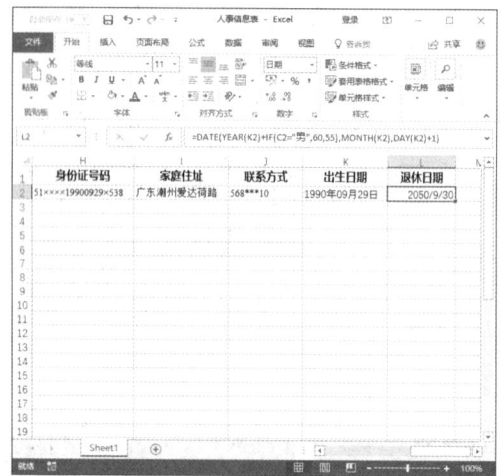

温馨提示

在计算员工退休日期时，不能直接在出生日期上加上60岁，因为，在我国男人和女人的退休年龄不一样：退休年龄暂定的是男人60岁、女人55岁。所以在使用函数计算退休年龄时，要对性别进行判定，然后再进行退休日期的计算。函数中IF(C2="男",60,55)，就是对性别进行判定的参数。

12.1.6 完善并美化表格

对第一条员工信息进行输入和完善后，可以使用同样的方法对其他员工信息进行快速输入和完善，并进行快速美化，具体操作步骤如下。

第1步 输入其他员工的主要信息，如下图所示。

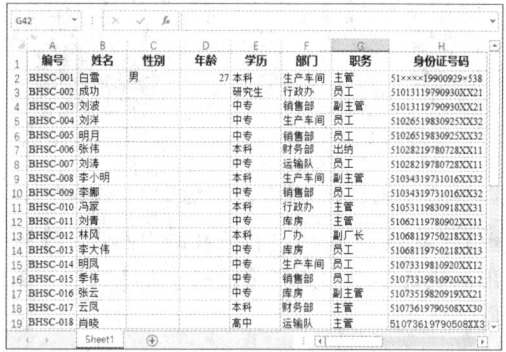

第2步 选择 K2:L2 单元格区域，将鼠标指针移到单元格区域的右下角，当指针变成 + 形状时双击，将函数填充到数据末行，自动获取对应员工的出生日期和退休日期，如下图所示。

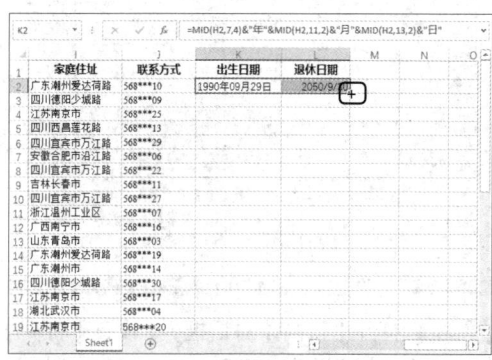

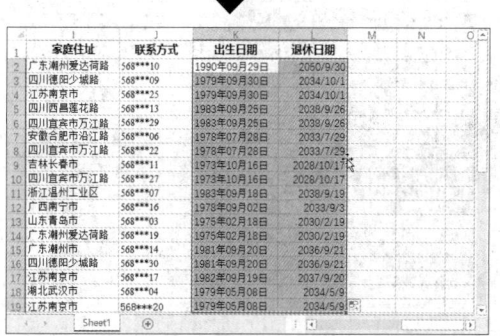

第3步 选择 C2:D2 单元格区域，将鼠标指针移到单元格区域的右下角，当指针变成 + 形状时双击，将函数填充到数据末行，自动获取对应员工的性别和年龄，如下图所示。

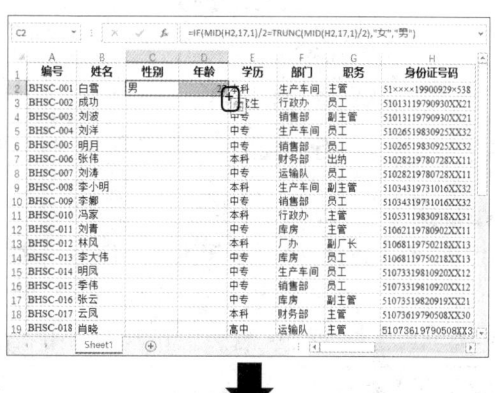

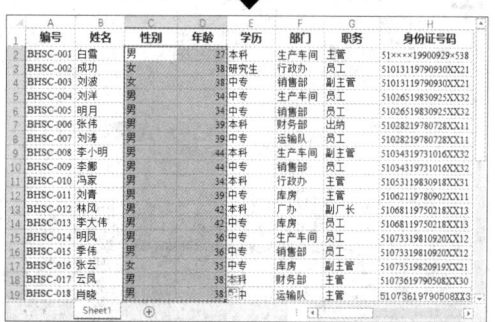

第4步 选择任一数据单元格，1 单击【开始】选项卡【样式】组中的【套用表格格式】按钮，2 在弹出的下拉列表中选择【绿色，表样式浅色 14】选项，如下图所示。

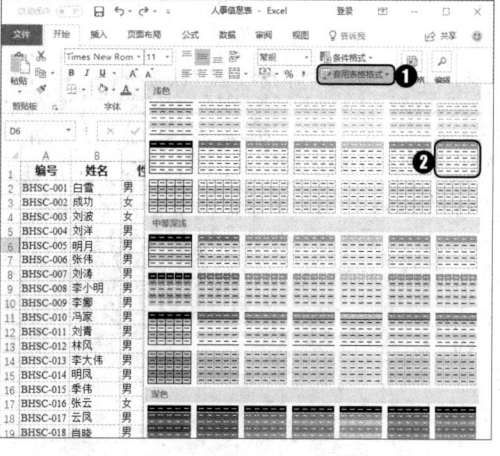

第5步 打开【套用表格式】对话框，❶选中【表包含标题】复选框，❷单击【确定】按钮关闭对话框，如下图所示。

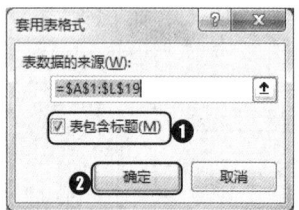

第6步 ❶在激活的【表格工具/设计】选项卡中单击【转换为区域】按钮，❷在打开的提示对话框中单击【是】按钮，将表格转换为普通表格，如下图所示。

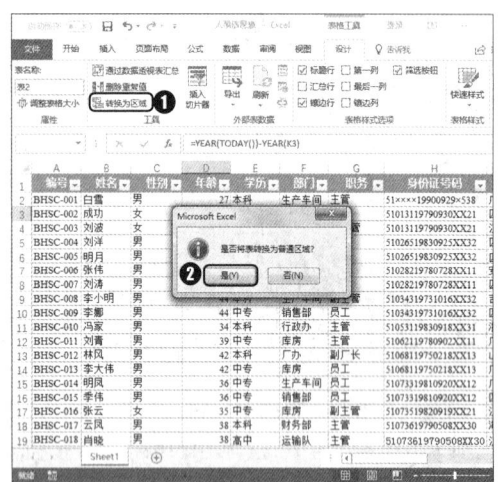

第7步 ❶按住【Ctrl】键选择 B2:D19 和 J2:L19 单元格区域，❷单击【对齐方式】组中的【居中】按钮，如下图所示。

> **温馨提示**
>
> 若是按住【Ctrl】键选择 B~G 列、J~L 列，则需要单击两次【居中】按钮，才能让标题行和数据区域中的数据居中对齐，因为第一次单击【居中】按钮会让标题行中的数据左对齐，第二次单击【居中】按钮才会统一让标题行数据和数据区域中的数据居中对齐。

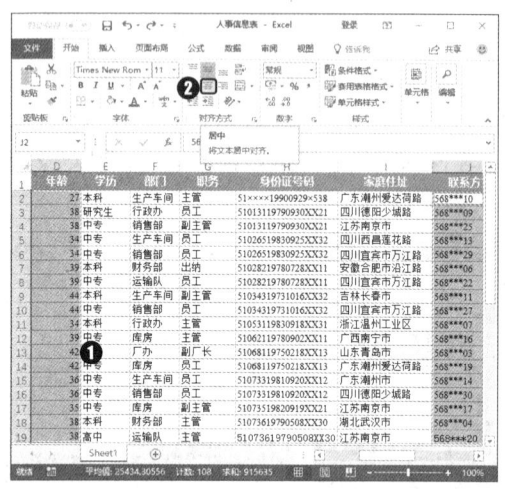

第8步 选择第 2~19 行并在其上右击，在弹出的快捷菜单中选择【行高】命令，如下图所示。

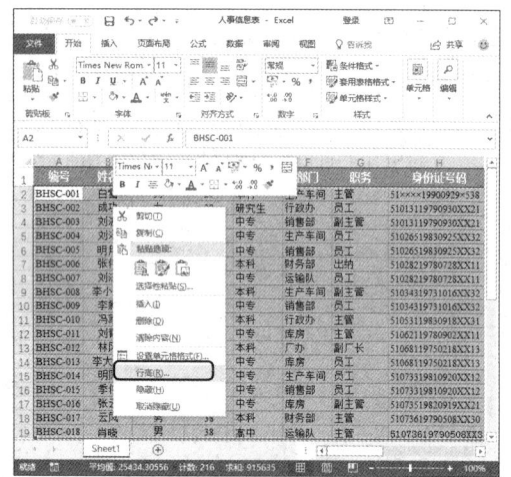

第9步 打开【行高】对话框，❶设置【行高】为【18】，❷单击【确定】按钮，如下图所示。

第 12 章
人事信息数据统计分析

12.2 在职人员数据统计分析

案例背景

公司的在职人员是HR的关键资源。对于"人"资源的整合、配置、分析和高效运用，让其发挥最大效益是HR的工作职责。不过，要做到人尽其用，就必须先把"家底"（公司在职员工的具体情况）弄清楚，如总人数有多少、各个部门人数有多少、各层级人才有多少及人员的年龄情况等。

本例将主要使用函数和图表来统计和分析在职人员的情况（学历、年龄和人数），制作完成后的效果如下图所示。实例最终效果见"下载\结果文件\第12章\人事信息表1.xlsx"文件。

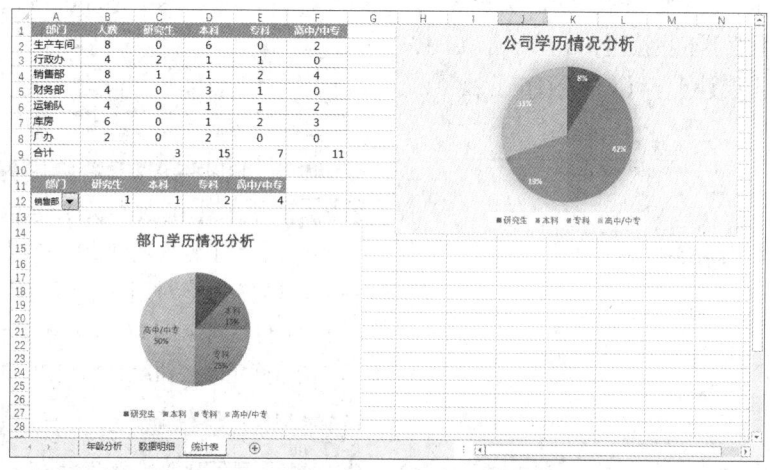

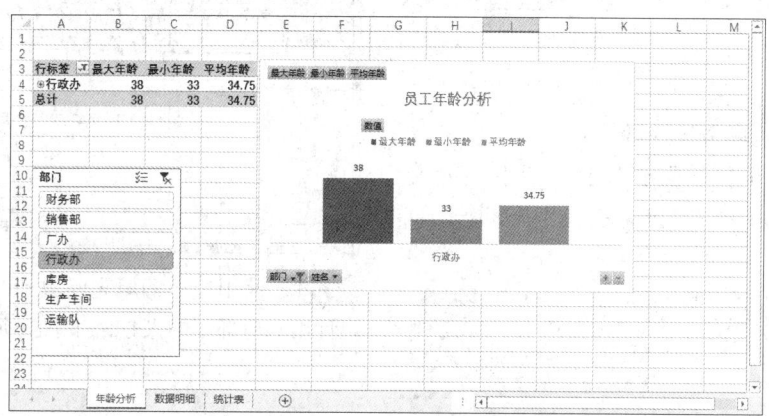

下载文件	素材文件	下载\素材文件\第12章\人事信息表1.xlsx
	结果文件	下载\结果文件\第12章\人事信息表1.xlsx
	教学视频	下载\视频文件\第12章\12.2 在职人员数据统计分析.mp4

12.2.1 统计部门人员数

作为一名HR，要对公司内部各部门单位的人数了如指掌，对人力资源情况有个大概的了解，做到知根知底。

作为HR，最有效和最快速地了解部门人员数的最直接方法，是根据现有的人事档案表或信息表进行统计。

下面使用COUNTIF函数快速统计出各个部门的人数，具体操作步骤如下。

第1步 打开"下载\素材文件\第12章\人事信息表1.xlsx"文件，1选择B2单元格，2单击【其他函数】下拉按钮，3在弹出的下拉列表中选择【统计】→【COUNTIF】选项，如下图所示。

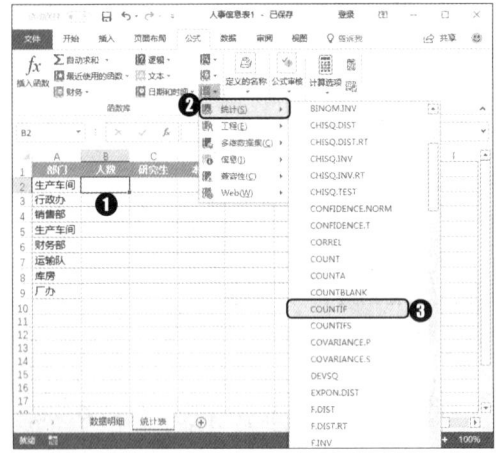

第2步 打开【函数参数】对话框，单击【Range】参数框右侧的【折叠】按钮，如下图所示。

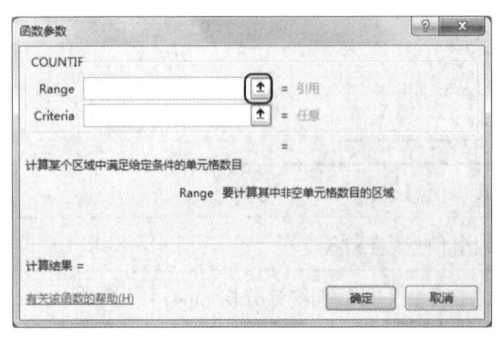

第3步 将【函数参数】对话框折叠，1在表格中选择用于统计的单元格区域，这里选择F2:F37单元格区域，2单击【展开】按钮，如下图所示。

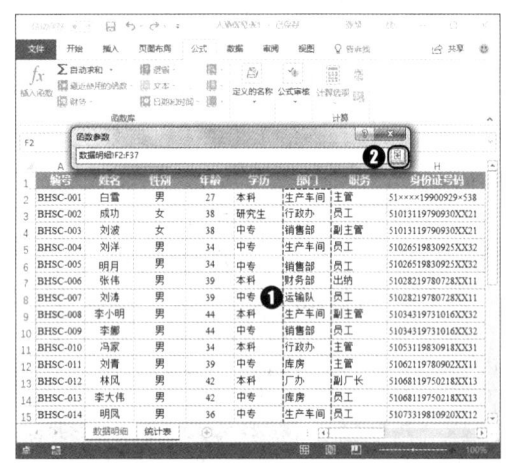

第4步 展开【函数参数】对话框，1设置【Range】为【数据明细!F2:F37】，按【F4】键将其转换为绝对引用，设置【Criteria】的统计条件为【A2】（或【生产车间】），2单击【确定】按钮统计出结果，如下图所示。

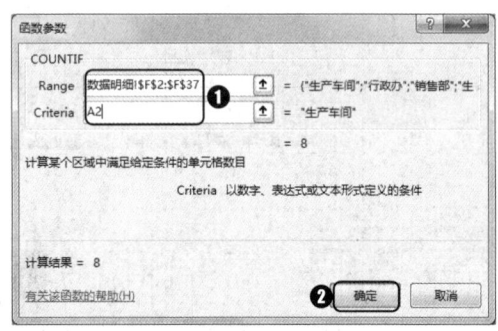

第5步 使用填充柄填充函数到B9单元格，统计出对应部门的人数，如下图所示。

第 12 章
人事信息数据统计分析

12.2.2 统计同一部门各学历人数

要对部门中各个学历人数进行统计，相对于人数统计要复杂一点，因为其中要两个条件：一是部门，二是学历。

在 Excel 中可以使用多条件统计函数 COUNTIFS 轻松实现，具体操作步骤如下。

第1步 1 选择 C2 单元格，2 单击【其他函数】下拉按钮，3 在弹出的下拉列表中选择【统计】→【COUNTIFS】选项，如下图所示。

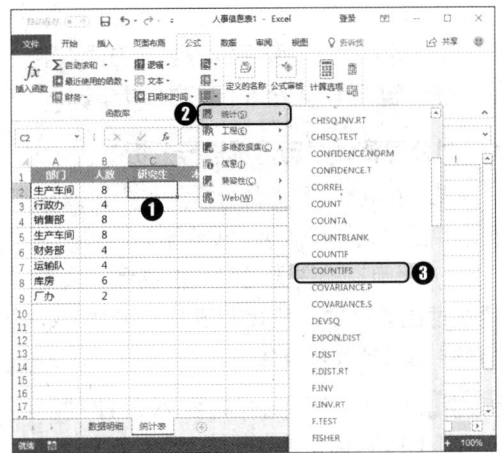

第2步 打开【函数参数】对话框，分别设置第一组统计参数，将 F2:F37 转换为绝对引用，如下图所示。

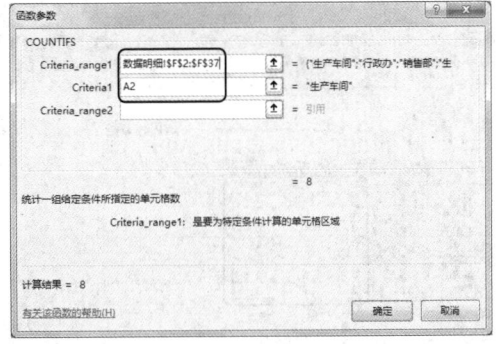

第3步 1 分别设置第二组统计参数，将 E2:E37 和 C1 转换为绝对引用，2 单击【确定】按钮，如下图所示。

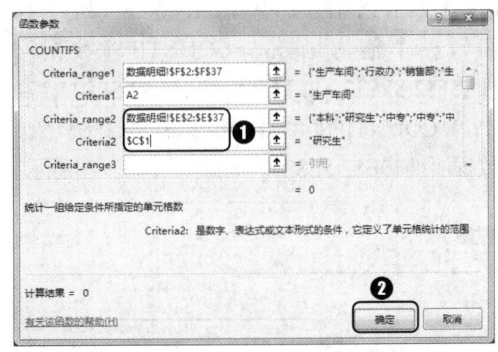

第4步 使用填充柄填充 COUNTIFS 函数到 C9 单元格，统计出各部门研究生的人数，如下图所示。

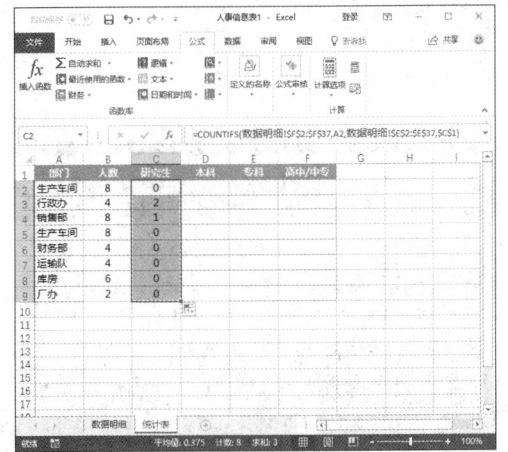

第5步 以同样的方法统计出各部门对应的本科和专科人数，如下图所示。

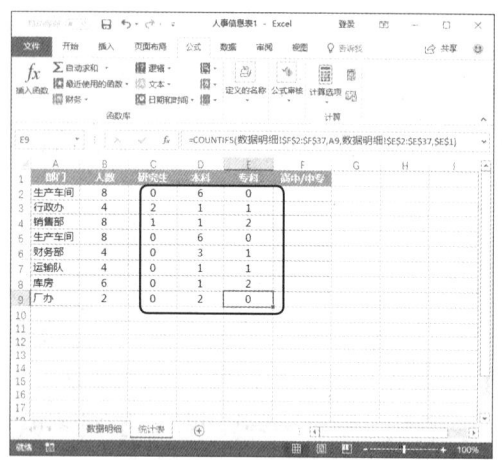

图所示。

第6步 ❶选择F2:F9单元格区域，❷在编辑栏中输入函数"=COUNTIFS(数据明细!$F$2:$F$37,A2,数据明细!$E$2:$E$37,"高中")+COUNTIFS(数据明细!$F$2:$F$37,A2,数据明细!$E$2:$E$37,"中专")"，如下图所示。

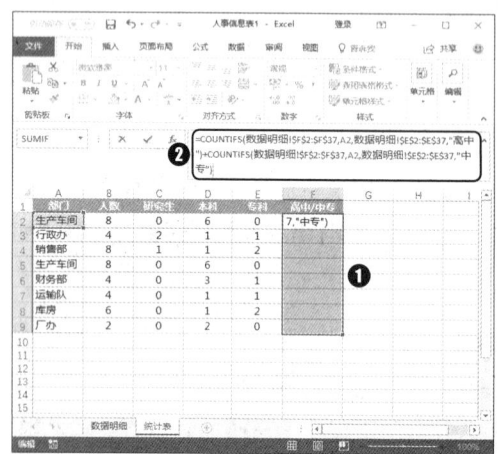

温馨提示

在统计各部门高中和中专人数时，由于高中和中专属于同一学历，同时，函数中不能直接对F1单元格中的【高中/学历】进行识别，所以这里用了两个函数相加的方式，将高中和中专学历人数分别进行统计，然后相加。

第7步 按【Ctrl+Enter】组合键确认函数，并统计出各部门高中和中专的对应人数，如下

12.2.3 员工学历情况分析

员工学历素质的高低，在一定程度上决定公司发展状况和未来前景。所以，HR需要对人员学历情况进行掌握和分析，及时发现人才的配置是否合理，是否需要改进或人才引进。

怎样科学分析呢？可以从两个方面入手：公司整体学历情况和各部门人才学历情况。

1. 对公司整体学历情况进行分析

要对学历情况进行分析，首先可以从整体的情况分析进行入手，做到整体把握。

下面用二维饼图进行分析展示，通过应用快速图表样式，美化图表并自动添加数据标签，具体操作步骤如下。

第1步 ❶在A10单元格输入"合计"，❷选择C10:F10单元格区域，❸单击【公式】选项卡中的【自动求和】按钮，如下图所示。

第 12 章

人事信息数据统计分析

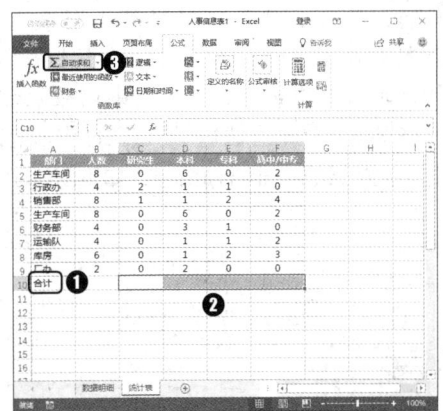

第2步 ❶按住【Ctrl】键,选择 A1、C1:F1、A10、C10:F10 单元格区域,❷单击【插入】选项卡中的【推荐的图表】按钮,如下图所示。

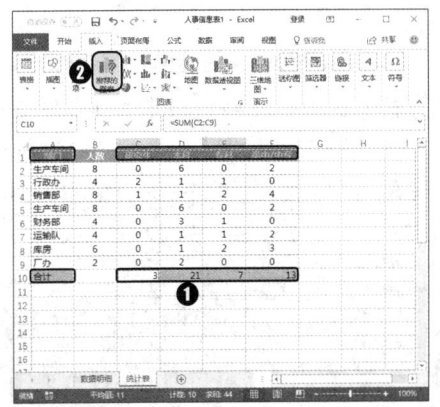

第3步 将插入的图表移动到合适位置,在【图表工具/设计】选项卡【图表样式】列表框中选择【样式11】选项,美化图表并自动添加数据标签,如下图所示。

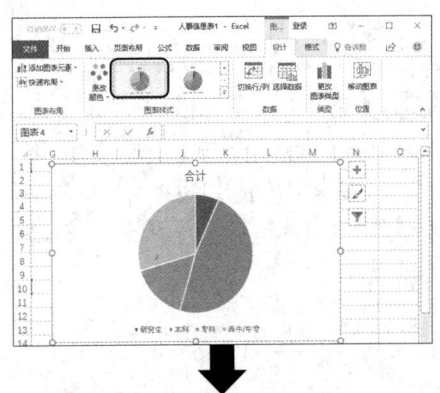

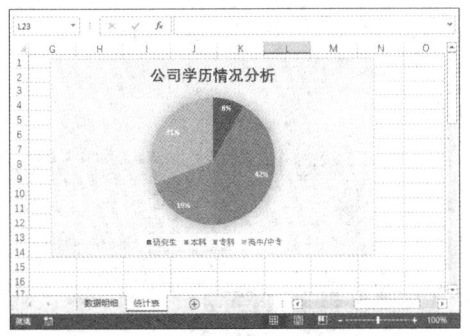

2. 对各部门学历情况进行分析

用人、用好人是HR的重要职责,也就是人力资源的优化配置。部门人才的配置直接关系到该部门的生产力和创新力,决定部门事业的水平质量和成败。鉴于此,HR需要对每个部门的学历情况进行分析。

下面用动态的二维饼图来展示分析各部门的学历情况,具体操作步骤如下。

第1步 按住【Ctrl】键,选择 A1、C1:F1 单元格区域,按【Ctrl+C】组合键复制,如下图所示。

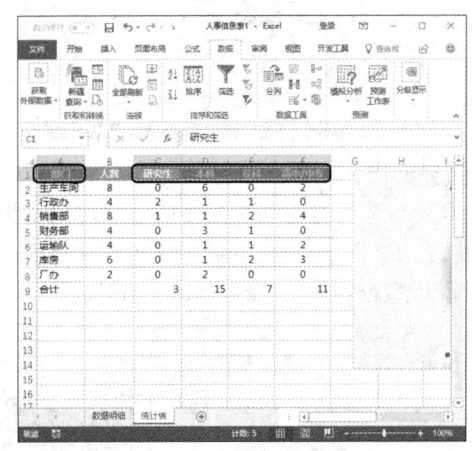

第2步 ❶选择 A11 单元格,按【Ctrl+V】组合键粘贴复制的数据,❷选择【开发工具】选项卡,如下图所示。

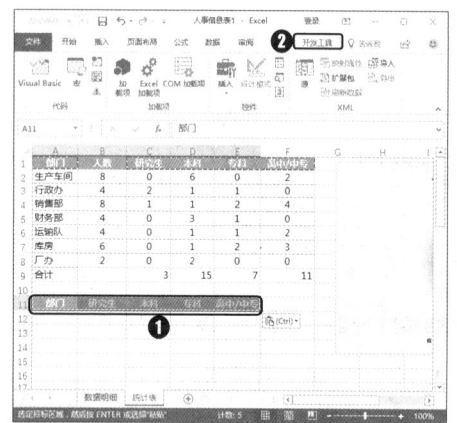

第3步 1单击【插入】按钮，2在弹出的下拉列表中选择【组合框控件】选项，如下图所示。

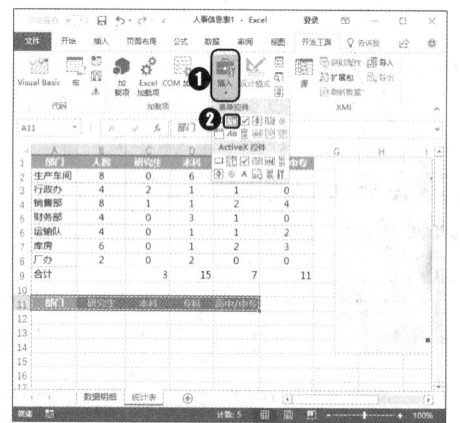

第4步 在A12单元格上绘制等高等宽控件（高度与宽度与A12单元格的行高和列宽相同），并在其上右击，在弹出的快捷菜单中选择【设置控件格式】命令，如下图所示。

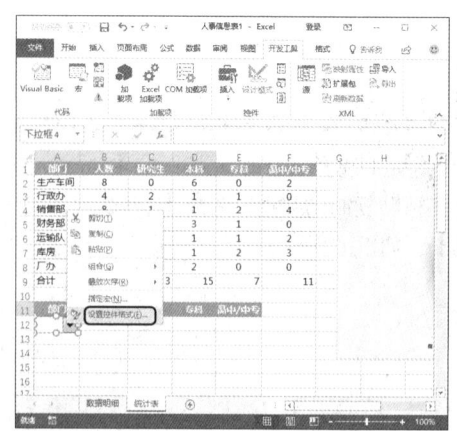

第5步 打开【设置对象格式】对话框，1选择【控制】选项卡，2将鼠标指针定位在【数据源区域】文本框中，在表格中选择A2:A8单元格区域（这种方法适用于Excel中所有对话框参数的设置，非常简洁），如下图所示。

第6步 1在【单元格链接】文本框中输入"A12"，2单击【确定】按钮，如下图所示。

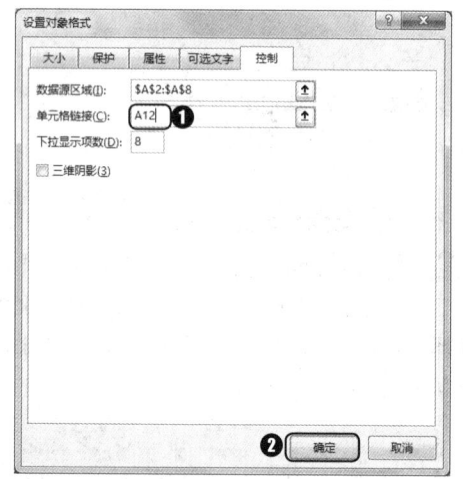

第7步 1选择B12单元格，2单击【公式】选项卡中的【查找和引用】下拉按钮，3在弹出的下拉列表中选择【INDEX】选项，如下图所示。

第12章
人事信息数据统计分析

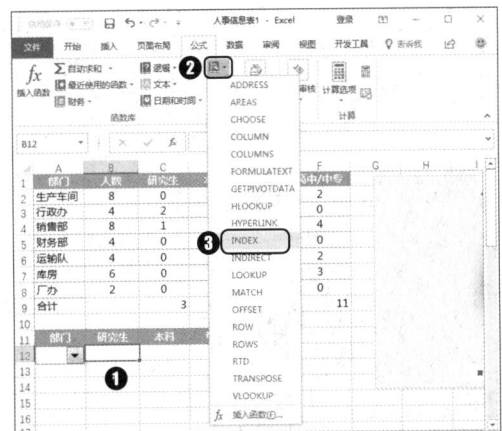

第8步 打开【选定参数】对话框，1 选定所需的数组组合方式，2 单击【确定】按钮，如下图所示。

第9步 打开【函数参数】对话框，1 分别设置对应的参数，并将第一和第二项参数转换为绝对引用，2 单击【确定】按钮，如下图所示。

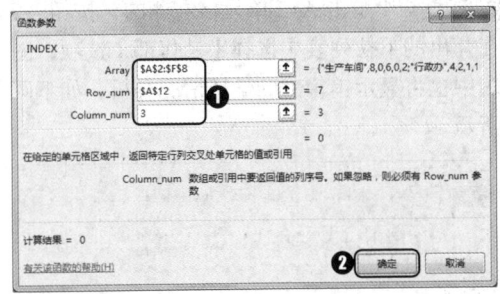

第10步 使用填充柄填充函数到E12单元格，依次设置【Column_num】为【4】【5】【6】，如下图所示。

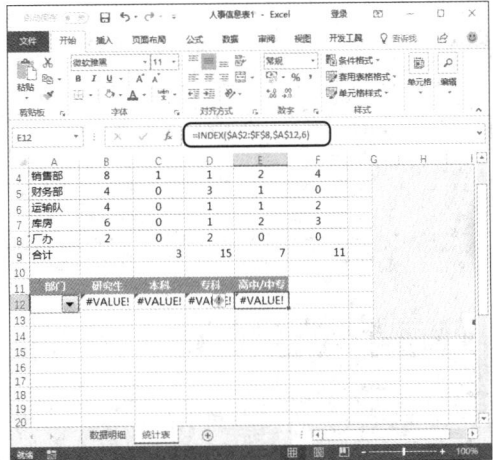

温馨提示

C12、D12、E12单元格中函数分别为"=INDEX($A$2:$F$7,$A$12,4)""=INDEX($A$2:$F$7,$A$12,5)""=INDEX($A$2:$F$7,$A$12,6)"。

第11步 单击【组合框控件】右侧的下拉按钮，在弹出的下拉列表中选择相应的部门，如下图所示。

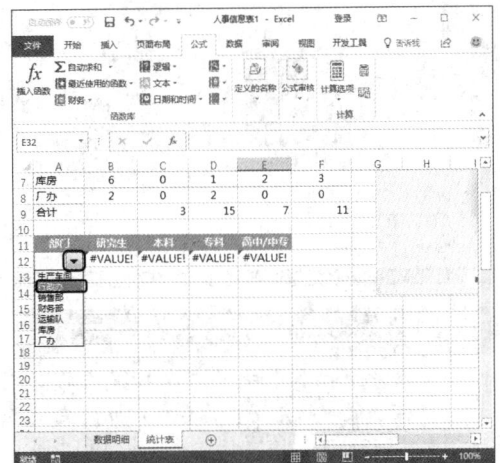

第12步 1 选择 B11:E12 单元格区域，2 单击【插入】选项卡中的【插入饼图和圆环图】下拉按钮，3 在弹出的下拉列表中选择【饼图】选项，如下图所示。

| 349 |

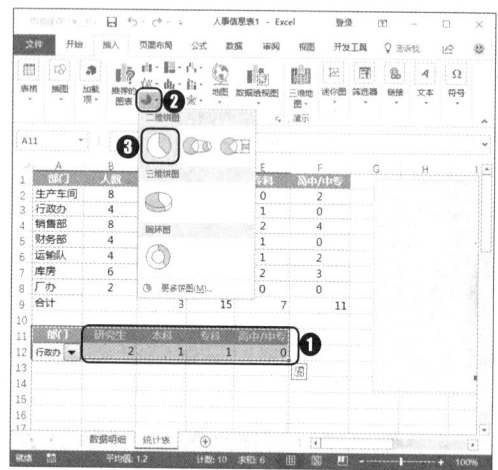

第13步 将图表移到合适位置，1 单击【图表工具/设计】选项卡中的【快速布局】下拉按钮，2 在弹出的下拉列表中选择【布局1】选项，如下图所示。

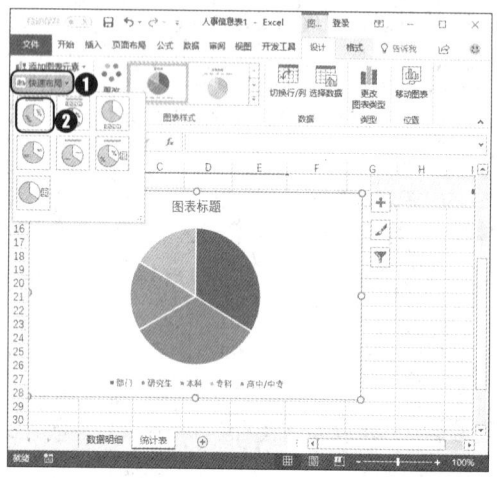

> **温馨提示**
>
> 图表的移动位置要紧靠在数据源的下方，这样方便数据与图表的直观对照，更便于数据的分析。

第14步 在【图表样式】列表框中选择【样式5】选项，如下图所示。

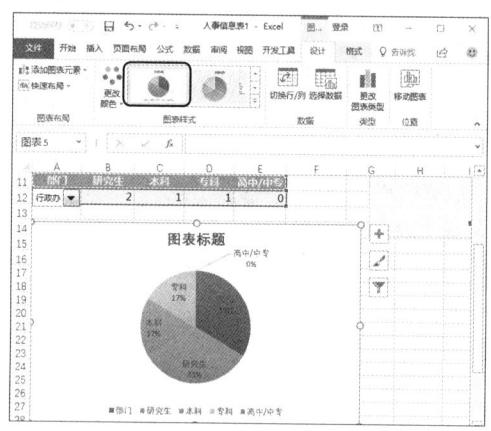

第15步 更改图表标题为"部门学历情况分析"，如下图所示。

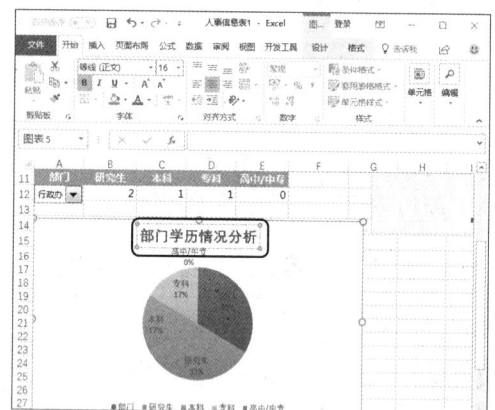

第16步 1 单击 A12 单元格右侧的 ▼ 按钮，2 在弹出的下拉列表中选择【销售部】选项，图表中也将显示销售部的学历情况分析，如下图所示。

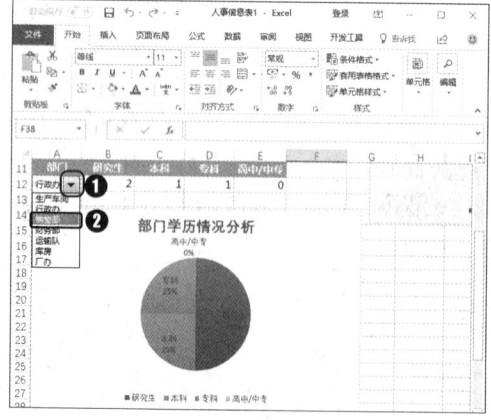

第12章
人事信息数据统计分析

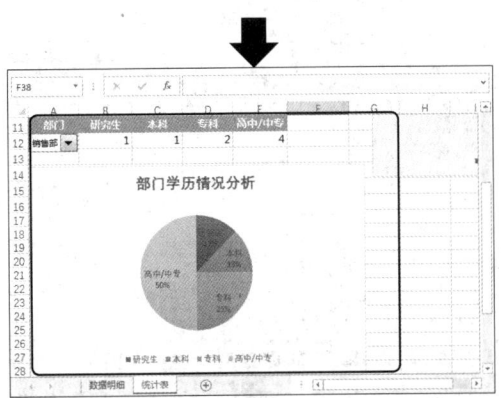

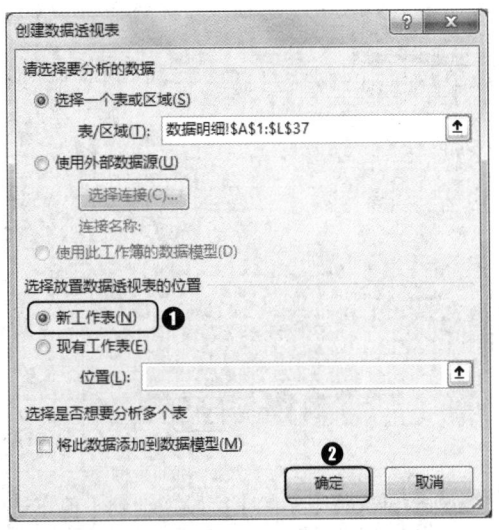

12.2.4 统计不同年龄段员工信息

HR不仅要对学历情况进行分析，同时还需要对公司成员的年龄进行分析，为后期的人员岗位调动和人事安排打下基础，具体操作步骤如下。

第1步 1切换到"数据明细"工作表中，选择任一数据单元格，2单击【插入】选项卡【表格】组中的【数据透视表】按钮，如下图所示。

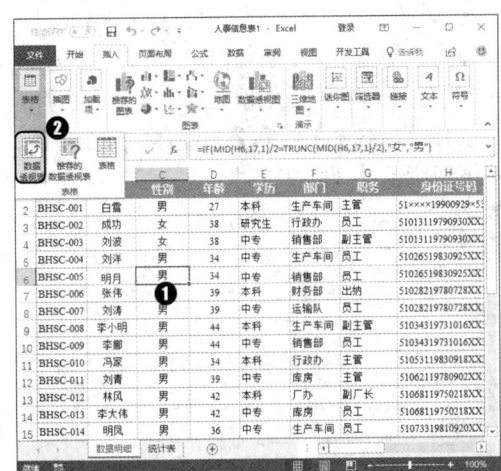

第2步 打开【创建数据透视表】对话框，1在【选择放置数据透视表的位置】选项区域中选中【新工作表】单选按钮，2单击【确定】按钮，如下图所示。

第3步 在打开的【数据透视表字段】任务窗格中依次选中【部门】【姓名】【年龄】复选框（必须按照该顺序进行依次选中，否则透视表结构会完全不一样，分析效果和目的不一定能达到），如下图所示。

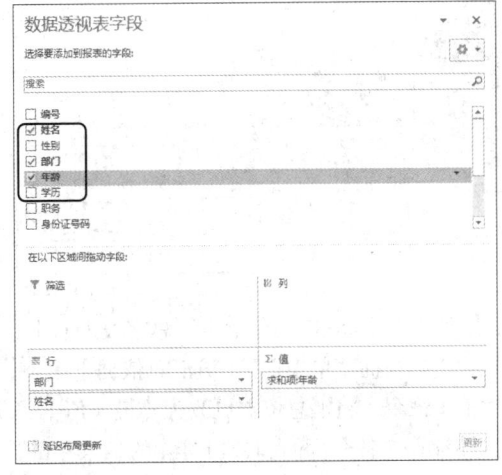

第4步 将【年龄】字段拖动到【值】选项区域中，如下图所示。

| 351 |

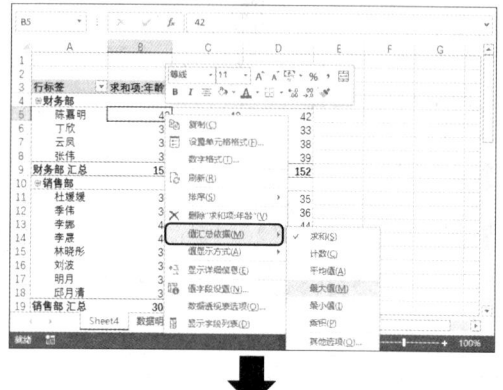

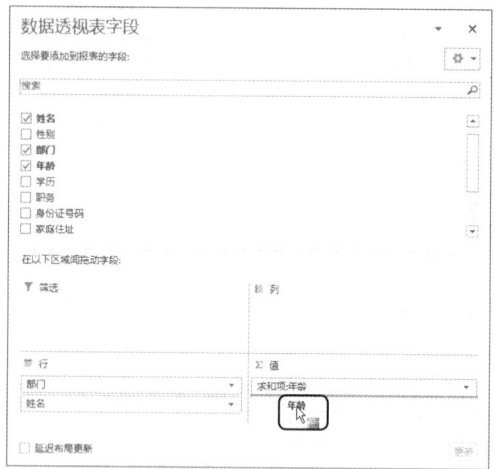

第5步 再次将【年龄】字段拖动到【值】选项区域中，如下图所示。

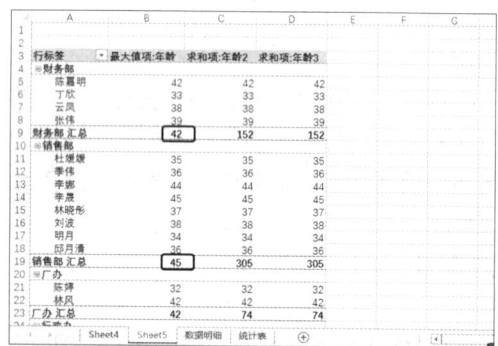

第7步 在【求和项:年龄2】汇总字段上右击，在弹出的快捷菜单中选择【值汇总依据】→【最小值】命令，将汇总依据更改为【最小值】，自动计算出各个部门和公司整体的最小年龄，如下图所示。

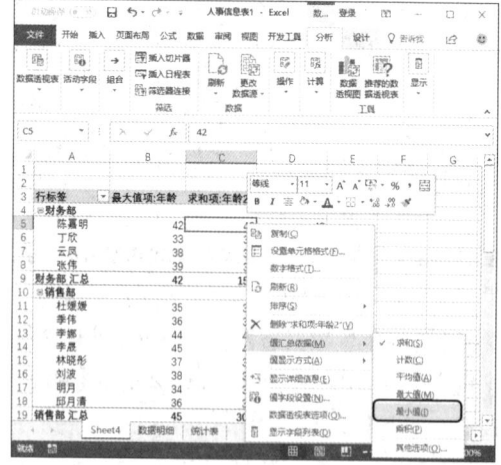

第6步 在【求和项:年龄】汇总字段上右击，在弹出的快捷菜单中选择【值汇总依据】→【最大值】命令，将汇总依据更改为【最大值】，自动计算出各个部门和公司整体的最大年龄，如下图所示。

第8步 在【求和项:年龄3】汇总字段上右击，

第12章
人事信息数据统计分析

在弹出的快捷菜单中选择【值汇总依据】→【平均值】命令,将汇总依据更改为【平均值】,自动计算出各个部门和公司整体的平均年龄,如下图所示。

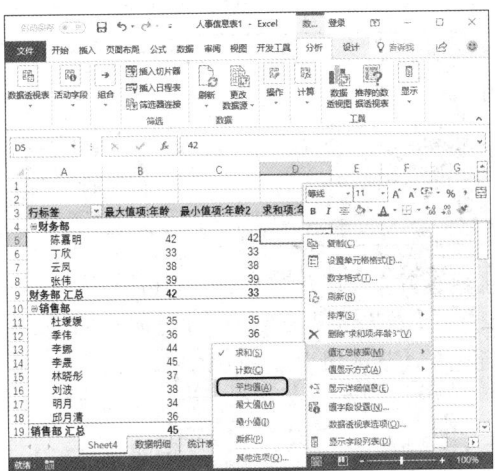

第9步 在行标签字段(也就是第一列字段)上右击,在弹出的快捷菜单中选择【展开/折叠】→【折叠整个字段】命令,将所有字段明细折叠,如下图所示。

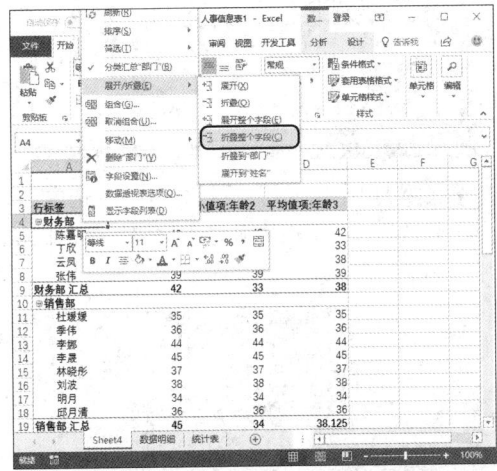

温馨提示

折叠所有字段明细是为了让创建的数据透视图更有可读性,达到展示分析年龄的目的。

第10步 1在数据透视表中选择任一数据单元格,2单击【插入】选项卡【图表】组中的【数据透视图】按钮,如下图所示。

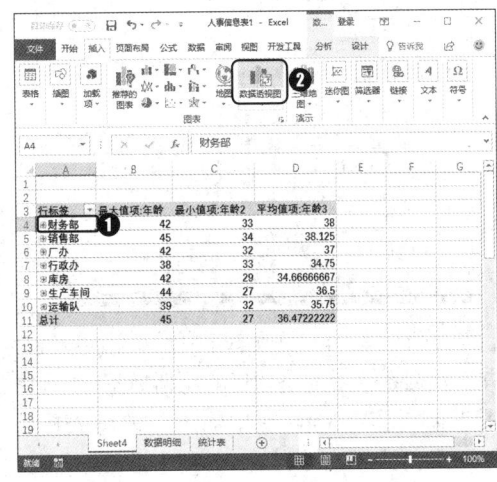

第11步 打开【插入图表】对话框,1在左侧选择【柱形图】选项,2在右侧选择【簇状柱形图】选项,3单击【确定】按钮,如下图所示。

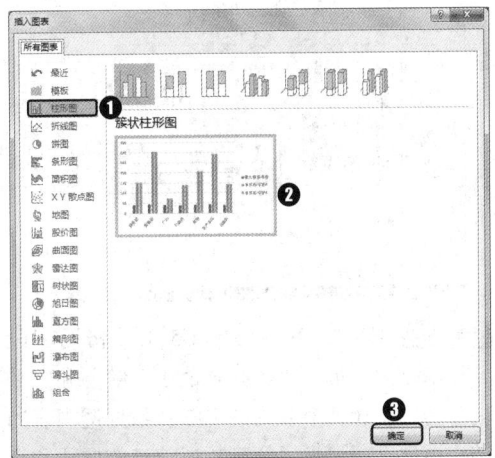

第12步 将插入的数据透视图移到合适位置,1单击【数据透视图工具/设计】选项卡中的【快速布局】下拉按钮,2在弹出的下拉列表中选择【布局2】选项,如下图所示。

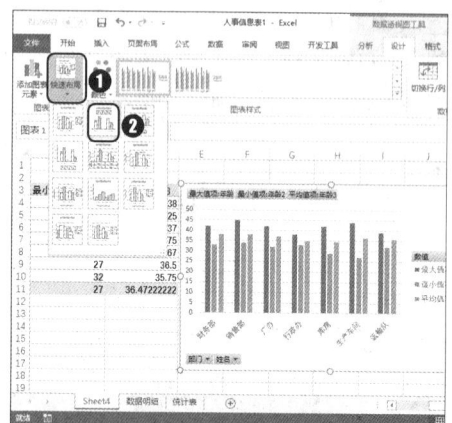

第13步 系统自动更改图表中元素布局位置，并在数据系列上方添加年龄数据标签，1选中图表标题，2在编辑栏中输入新的图表标题"员工年龄分析"，按【Ctrl+Enter】组合键（或按【Enter】键）确认输入，如下图所示。

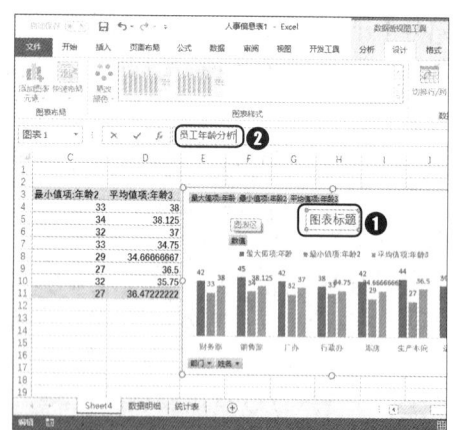

第14步 依次将B3、B4、B5单元格的字段名称修改为"最大年龄""最小年龄"和"平均年龄"，让整个数据透视图和数据透视表的结构更加直观清晰，便于数据信息的展示和传递，如下图所示。

教您一招

更改字段名称

更改字段的名称方法非常简单，与单元格中输入或修改编辑普通数据的方法完全相同（定位在单元格中删除原有的数据，再输入新的数据）。

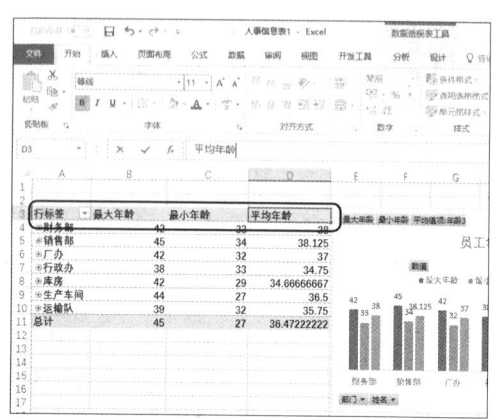

第15步 1在数据透视表中选择任一单元格，2单击【数据透视表工具/分析】选项卡【筛选】组中的【插入切片器】按钮，如下图所示。

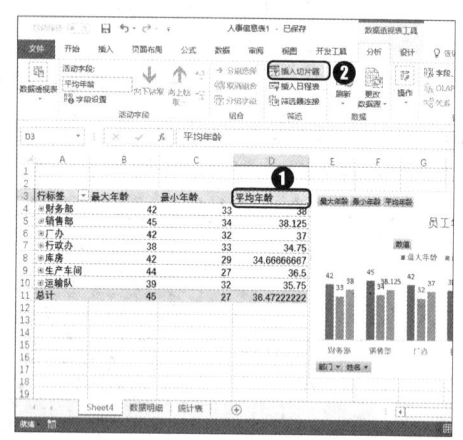

第16步 打开【插入切片器】对话框，1选中【部门】复选框，2单击【确定】按钮插入部门切片，如下图所示。

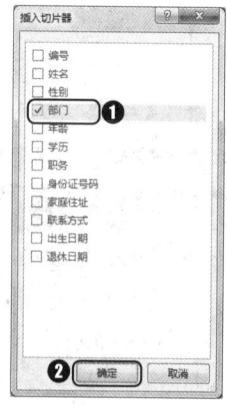

第12章
人事信息数据统计分析

第17步 在切片器中单击相应的筛选形状，如【厂办】筛选形状，如下图所示。

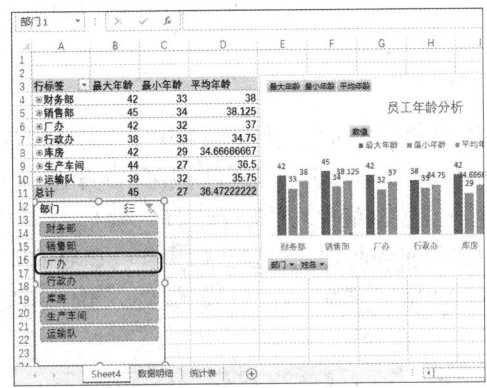

第18步 数据透视图表中立即筛选出需要查看的部门年龄情况，如下图所示。

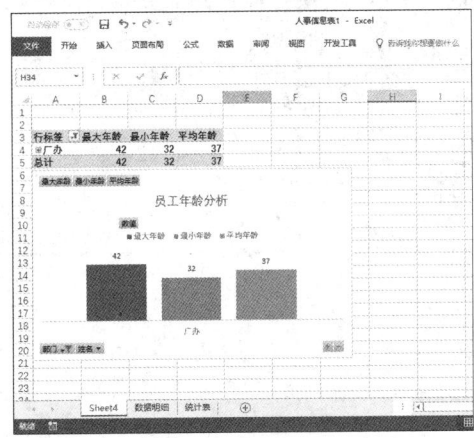

第19步 更改工作表标签名称为"年龄分析"，如下图所示。

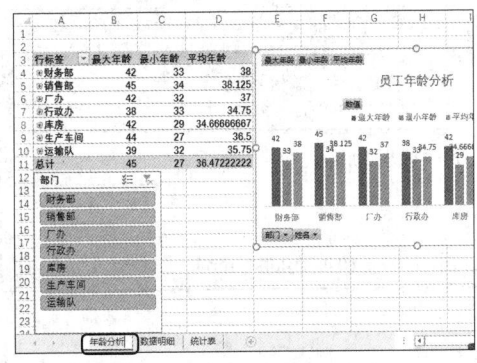

教您一招

筛选数据的两种其他途径

HR可以根据自身的使用习惯来决定筛选数据的途径，不一定完全借助于切片器（当然，切片器是最方便的）。

（1）直接在数据透视表中进行筛选，1单击行标签下拉按钮，2在弹出的下拉列表中选中要筛选的字段复选框，然后单击【确定】按钮，如下图所示。

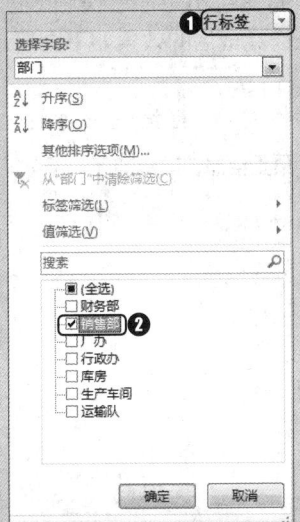

（2）直接在数据透视图中进行筛选，1单击行标签下拉按钮，2在弹出的下拉列表中选中要筛选的字段复选框，然后单击【确定】按钮，如下图所示。

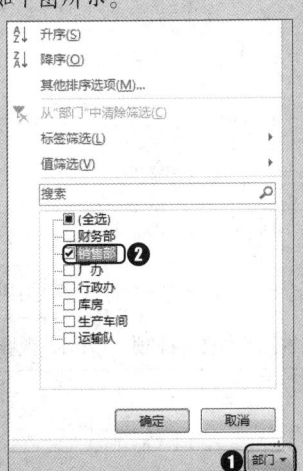

12.3 员工信息快速查询区

案例背景

快速信息查询区是一个简单的小模块系统，能快速查找出指定人员的数据记录，获取相应的数据信息。最常用见的查询方式分为两种：按姓名和按编号，它们原理基本相同，方法差别不大，相对而言按姓名进行查找稍微难一点，因为有一个逆向查找编号的操作。

本例将围绕员工信息快速区进行操作，其中主要使用函数及一些其他操作，思路清晰明了，制作完成后的效果如下图所示。实例最终效果见"下载\结果文件\第12章\人事信息表2.xlsx"文件。

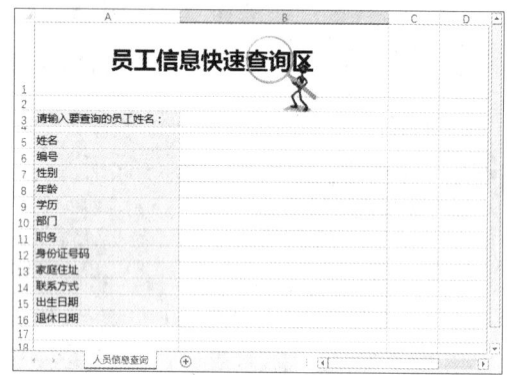
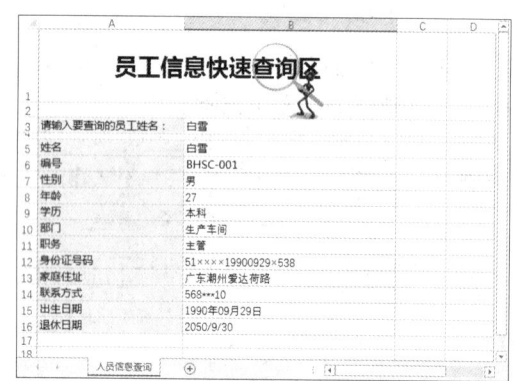
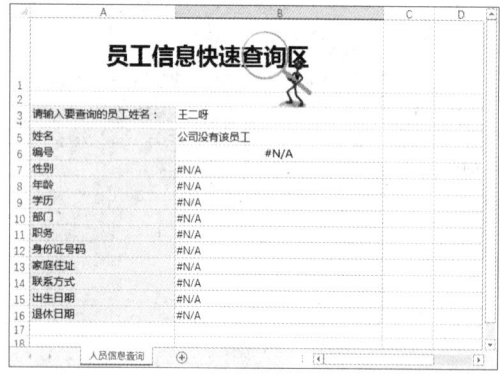

下载文件	素材文件	下载\素材文件\第12章\人事信息表2.xlsx
	结果文件	下载\结果文件\第12章\人事信息表2.xlsx
	教学视频	下载\视频文件\第12章\12.3员工信息快速查询区.mp4

第 12 章
人事信息数据统计分析

12.3.1 设计查询区样式

在制作人员信息查询区域时，不仅要保证其信息精确快速查找，还要让整个查询区清晰、美观，具体操作步骤如下。

第1步 打开"下载\素材文件\第 12 章\人事信息表 2.xlsx"文件，选择 A2:B14 单元格区域，按【Ctrl+1】组合键，如下图所示。

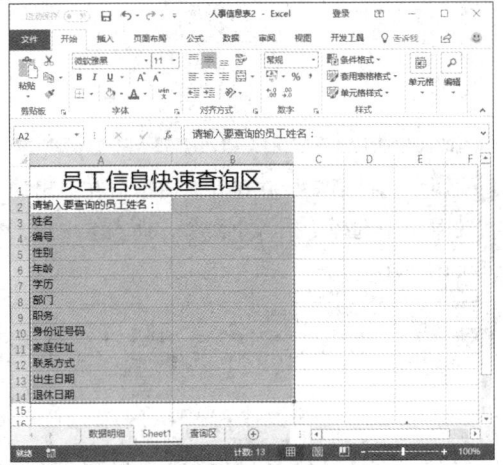

第2步 打开【设置单元格格式】对话框，1 选择【边框】选项卡，2 单击【颜色】下拉按钮，3 在弹出的拾色器中选择【白色，背景 1，深色 15%】选项，如下图所示。

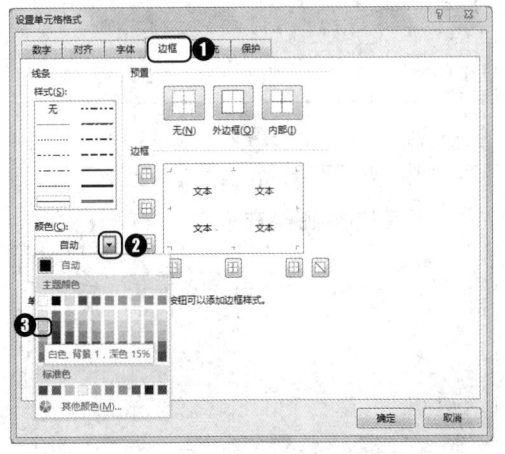

第3步 1 分别单击【外边框】和【内部】按钮为表格添加内外边框线条，2 单击【确定】按钮，如下图所示。

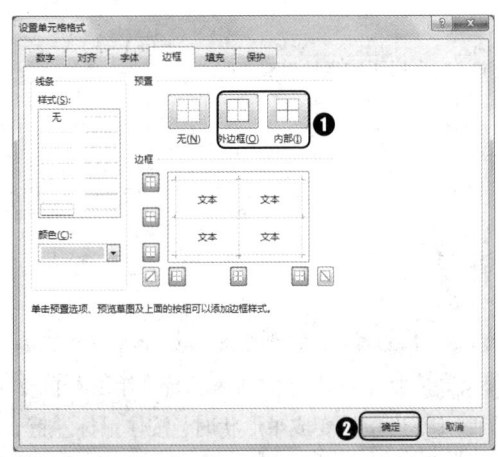

第4步 1 选择 A2:A14 单元格区域，2 单击【填充颜色】右侧的下拉按钮，3 在弹出的拾色器中选择【白色，背景 1，深色 5%】选项，如下图所示。

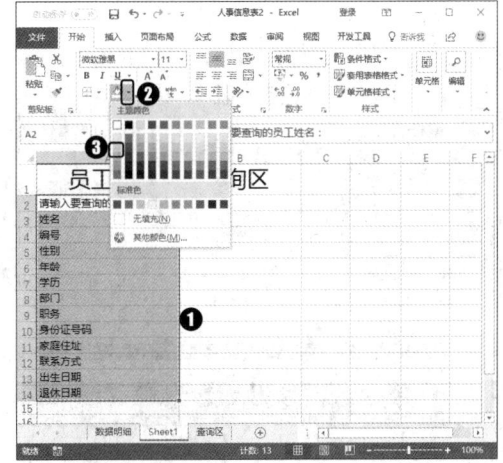

第5步 将鼠标指针移到 B 列和 C 列之间的交界线上，当指针变成 ✥ 形状时，按住鼠标左键，拖动鼠标调整 B 列列宽，调整到合适宽度后释放鼠标，如下图所示。

Excel
在人力资源管理中的应用

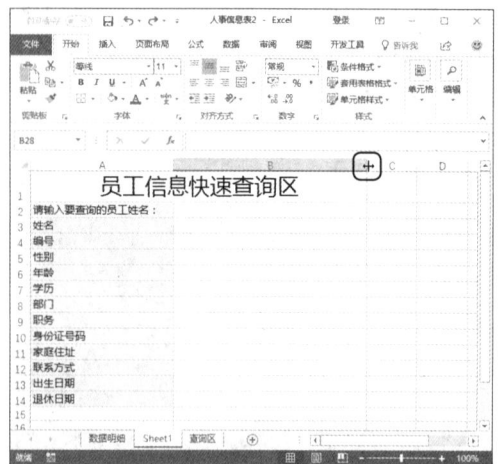

第6步 将鼠标指针移到第1行和第2行的交界线上,当指针变成 ✢ 形状时,按住鼠标左键,拖动鼠标调整第1行的行高,调整到合适高度后释放鼠标,如下图所示。

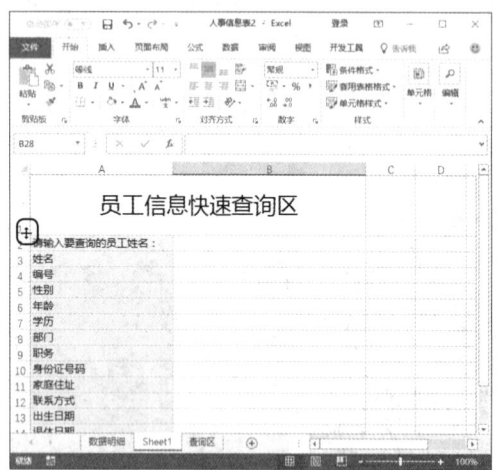

> **温馨提示**
>
> 在调整行高列宽的同时,不一定完全能够一步到位,也不一定完全满意,HR可以根据设计需要,在任何操作时,手动调整进行完善,不要误以为只能在这里进行一次性调整。

第7步 ❶选择A1单元格,❷单击【加粗】按钮,如下图所示。

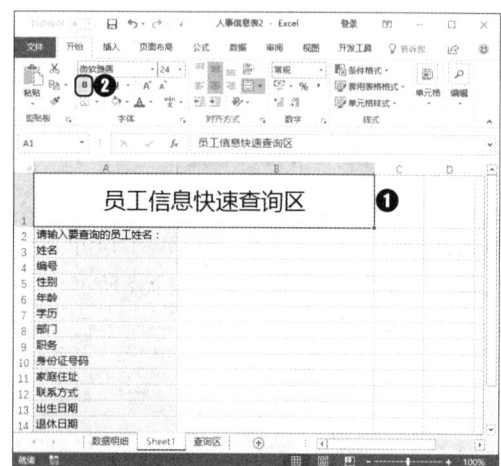

第8步 选择第3行并在其上右击,在弹出的快捷菜单中选择【插入】命令,插入空白行,如下图所示。

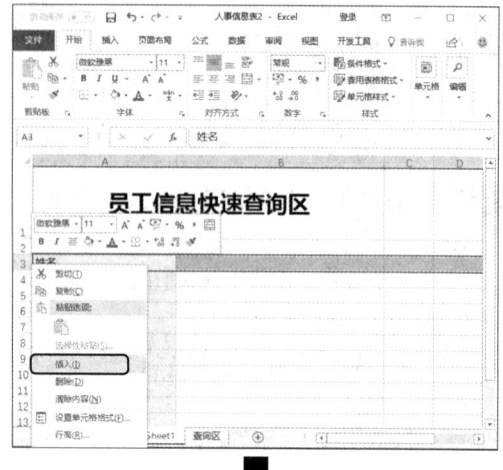

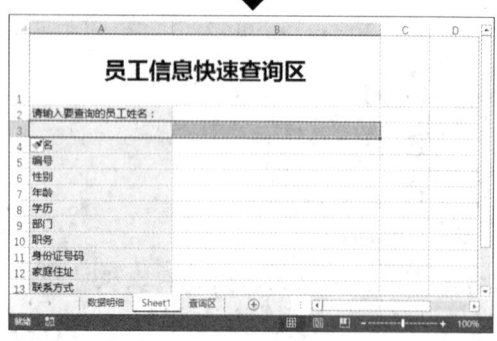

第9步 ❶选择A3:B3单元格区域,❷单击

第 12 章
人事信息数据统计分析

【填充颜色】右侧的下拉按钮，3 在弹出的拾色器中选择【无填充】选项，4 单击【合并并居中】按钮，如下图所示。

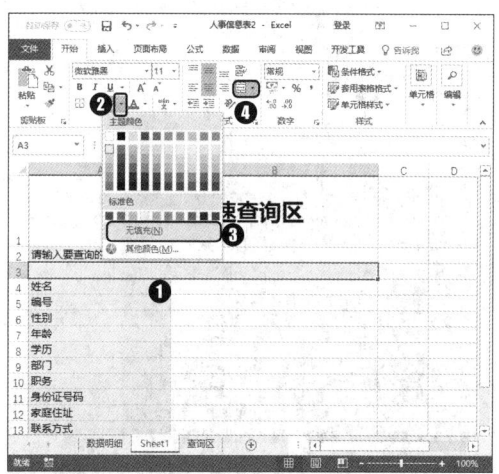

第10步 将鼠标指针移到第 3 行和第 4 行的交界线上，当指针变成 ╋ 形状时，按住鼠标左键，拖动鼠标调整第 3 行的行高，调整到合适高度后释放鼠标，如下图所示。

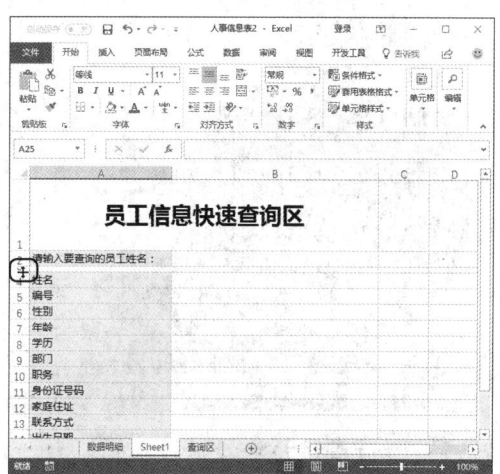

第11步 以同样的方法在第 1 行和第 2 行之间插入空白行，取消底纹填充颜色，将 A2:B2 单元格区域合并，然后手动调整插入的空白行高度，使第 1 行和第 3 行之间有明显的间隔空隙，体现出层次感，如下图所示。

12.3.2 插入图片进行装饰

在查询区域中为了让整个区域更加美观、有趣、多样性，可以在其中插入一张与查询有关的图片，具体操作步骤如下。

第1步 单击【插入】选项卡中的【图片】按钮，如下图所示。

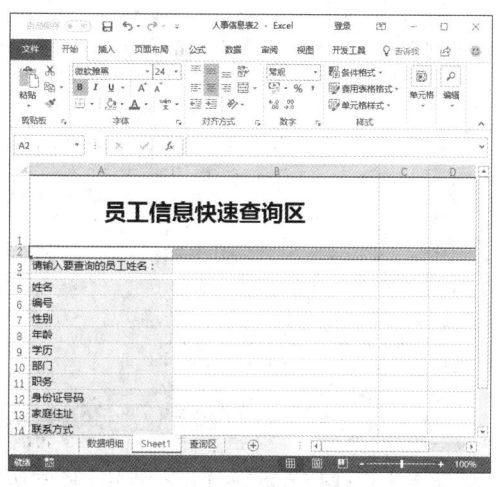

第2步 打开【插入图片】对话框，1 选择图片的存放路径位置，2 选择【放大镜】图片，3 单击【插入】按钮插入图片，如下图所示。

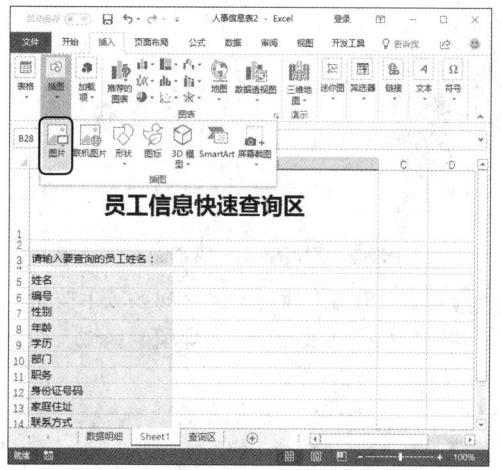

| 359 |

第3步 1 选择插入的图片，2 单击【图片工具/格式】选项卡【调整】组中的【删除背景】按钮，如下图所示。

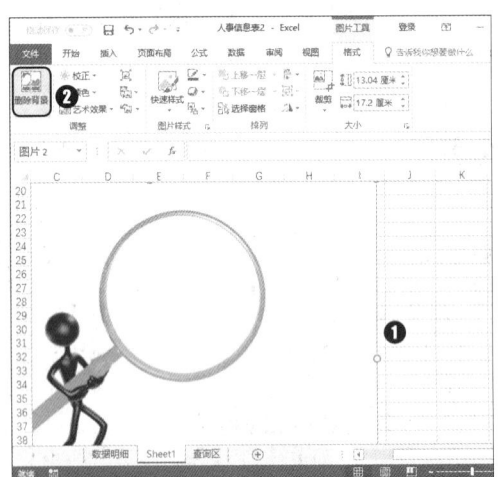

第4步 1 单击【标记要保留的区域】按钮，2 在图片中拖动鼠标标记要保留的区域，如下图所示。

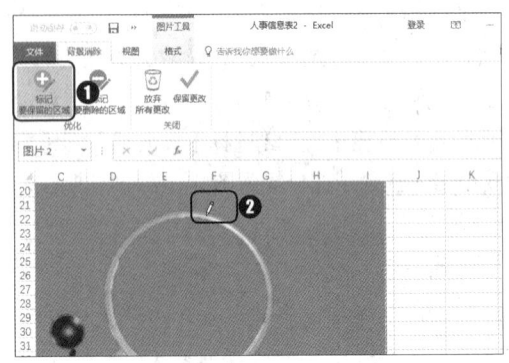

第5步 1 单击【标记要删除的区域】按钮，2 在图片中拖动鼠标标记要删除的区域，如下图所示。

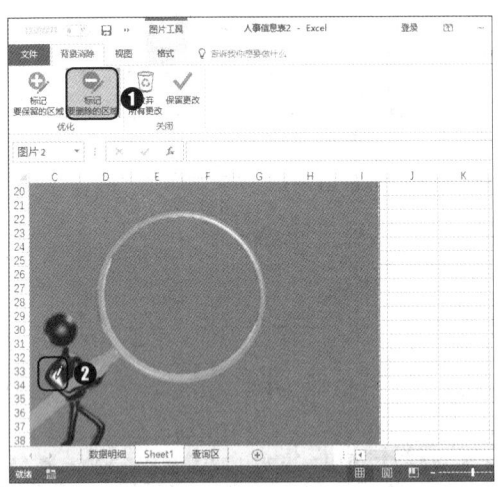

第6步 单击【保留更改】按钮，保留设置并自动删除图片背景，如下图所示。

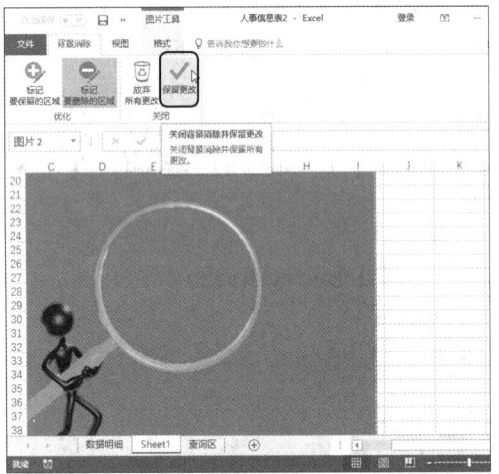

教您一招

确认删除背景设置其他方法

HR也可直接在表格中的任一位置进行单击，系统自动确认并删除图片背景。

第7步 保持图片选择状态，分别设置【高度】和【宽度】为【3.61厘米】和【4.76厘米】，如下图所示。

第 12 章
人事信息数据统计分析

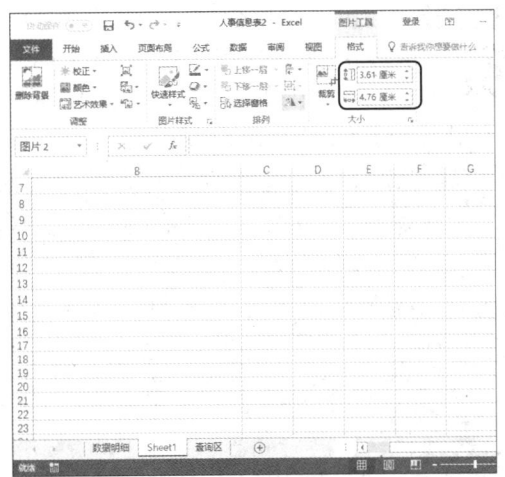

第8步 保持图片选择状态，1 单击【旋转】下拉按钮，2 在弹出的下拉列表中选择【水平翻转】选项，如下图所示。

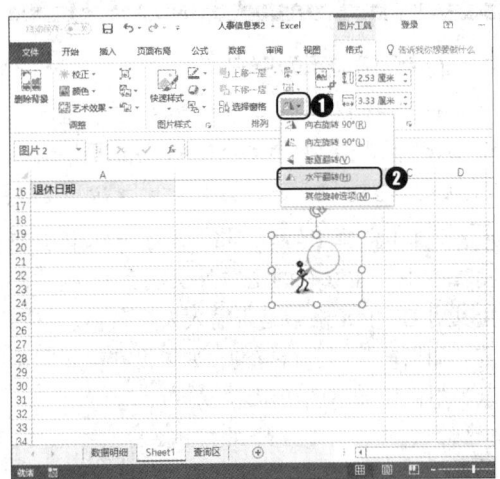

第9步 将图片移到表头中的合适位置，如下图所示。

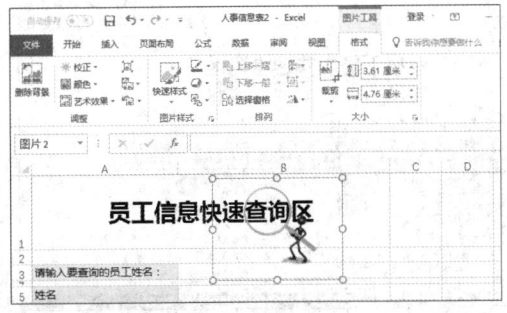

12.3.3 设计查询区显示

查询区域不仅要快速准确地查找并显示出查询的数据记录，同时，还需要进行其他设计，如没有输入查询名称时，所有显示查询结果的单元格显示为空白，而不是#N/A；如没有对应数据的人员查询，则显示该公司没有该人员等。

1. 使用函数查找明细数据

对于指定人员明细数据进行快速查找，可以使用VLOOKUP轻松做到，具体操作步骤如下。

第1步 1 选择 B5 单元格，2 在编辑栏中输入函数 "=VLOOKUP(B3,数据明细!B2:L35,1,0)"，按【Ctrl+Enter】组合键，如下图所示。

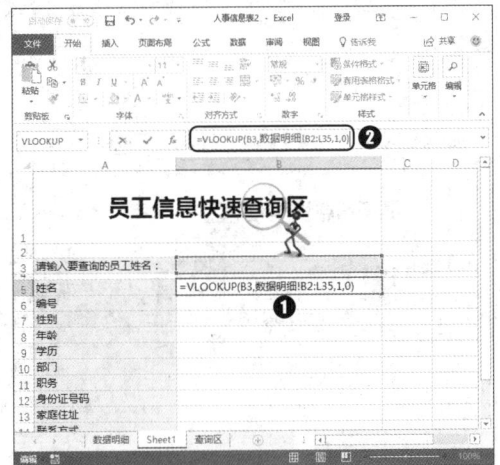

第2步 1 选择 B6 单元格，2 在编辑栏中输入函数 "=INDEX(数据明细!A2:A37,MATCH(B3,数据明细!B2:B37,))"，按【Ctrl+Enter】组合键，如下图所示。

> **温馨提示**
>
> 本例中，由于"数据明细"工作表中【编号】列位于【姓名】列前面，所以，这里不能用LOOKUP函数进行反向查找，需用INDEX和MATCH函数的嵌套来实现，HR需要注意这点。

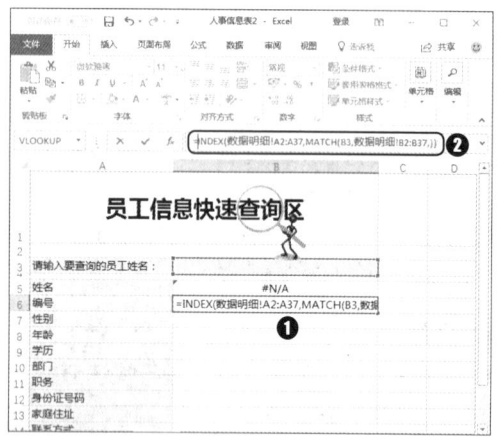

第3步 ①选择B7单元格，②在编辑栏中输入函数"=VLOOKUP($B$3,数据明细!$B$2:$L$37,2,)"，按【Ctrl+Enter】组合键，如下图所示。

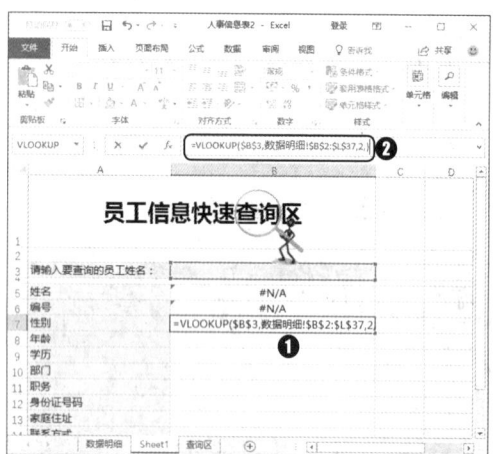

教您一招

应对VLOOKUP函数查找数据错误的漏洞

在输入VLOOKUP函数时，必须保持其结构完整，也就是最后一位参数【Range_lookup】，即使省略，也必须将逗号保留，不能写成"=VLOOKUP($B$3,数据明细!$B$2:$L$37,2)"，必须写成"=VLOOKUP($B$3,数据明细!$B$2:$L$37,2,)"或"=VLOOKUP($B$3,数据明细!$B$2:$L$37,2,0)"。否则，一旦遇到不存在数据记录的人员时，系统会随机显示错误的数据记录。这一点HR必须注意。

第4步 使用填充柄填充B7单元格中的函数到B16单元格，并依次将【Col_index_num】参数修改为【3】【4】【5】【6】【7】【8】【9】【10】【11】，如下图所示。

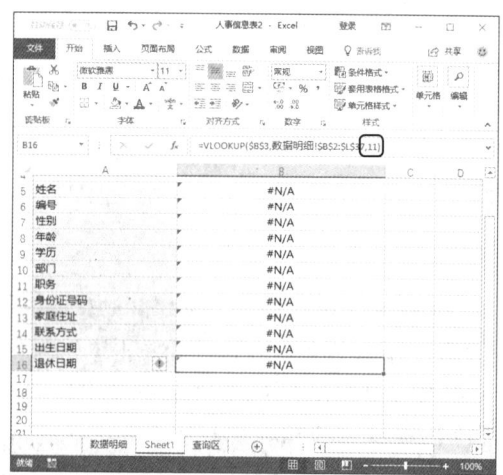

2. 让单元格显示为空白

在B3单元格中没有输入查询人员名称时，B5:B16单元格区域显示为#N/A，这时可以借助IF函数让其显示为空白，具体操作步骤如下。

第1步 ①选择B6单元格，②将光标定位在编辑栏中，在原有的函数外层嵌套IF函数，让其对B3单元格中是否输入人员名称进行判定，如果输入则进行查询，如果没有输入则显示为空白，如下图所示。

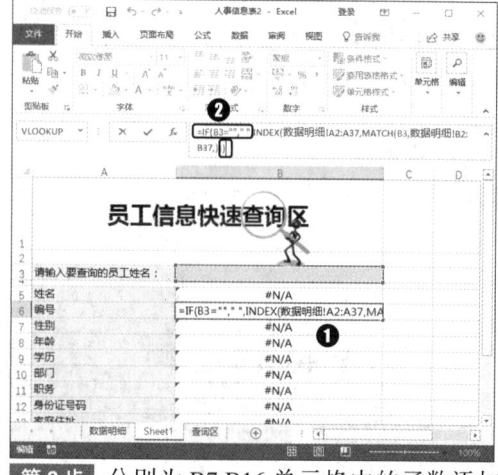

第2步 分别为B7:B16单元格中的函数添加

第12章
人事信息数据统计分析

IF 嵌套函数。在 B3 单元格没有输入人员姓名时，B6:B16 单元格全部显示为空白，如下图所示。

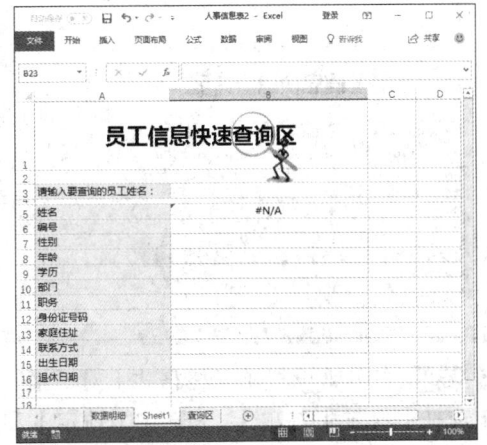

第3步 在 B3 单元格中输入现有人员的姓名，如输入"白雪"，系统自动查找到对应的明细数据，如下图所示。

3. 判定查找人员是否为公司人员

根据姓名查找人员时，有一种情况需要 HR 处理，那就是要查找的人员是否为公司内部人员，若不是则需要显示出公司没有该人员的字样，让查询者知晓，不能误以为是查询系统出现问题。同时，也让该单元格在 B3 单元格中没有输入人名时显示为空白，具体操作步骤如下。

第1步 ❶选择 B5 单元格，❷在编辑栏中编辑原有函数，添加 IF 和 IFNA 嵌套函数 "=IF(B3="",""，IFNA(VLOOKUP(B3,数据明细!B2:L35,1,0),"公司没有该员工"))"，按【Ctrl+Enter】组合键，如下图所示。

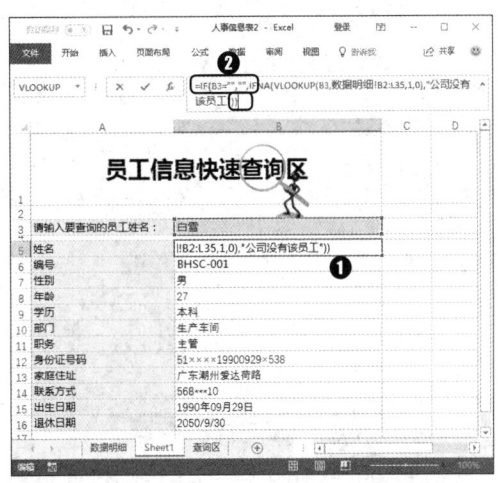

第2步 删除 B3 单元格中已有的姓名，可以看到 B5 单元格显示为空白，如下图所示。

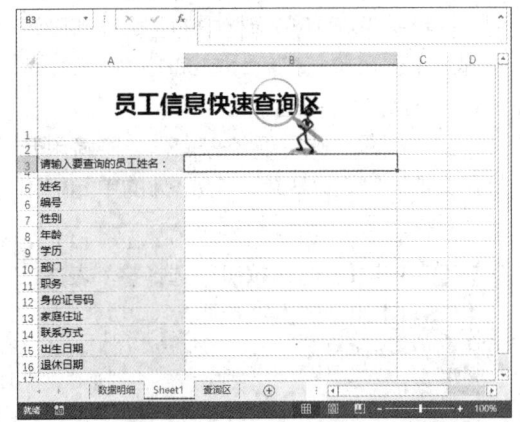

第3步 在 B3 单元格中输入不是本公司人员的姓名，在 B5 单元格中显示为"公司没有该员工"，如下图所示。

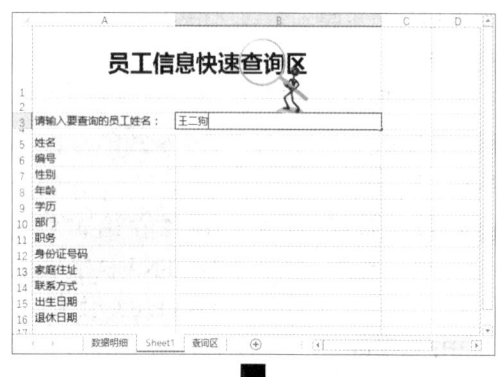

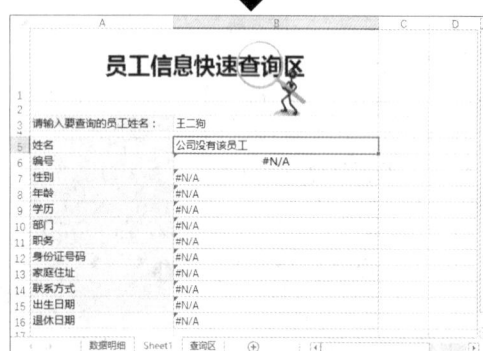

12.3.4 锁定自动查询区域

在查询区域中，除了B3单元格留给用户输入要查询的姓名外，其他的单元格可以不用有任何操作，也不允许有任何操作。同时，还希望B5:B16单元格中的函数能够隐藏不显示（选择单元格后，在编辑栏中不显示函数），保护查询安全。

这个时候，只需要统一操作，隐藏单元格函数加上锁定除B3单元格以外的单元格和图片对象，具体操作步骤如下。

第1步 单击【全选】按钮 选择整个表格，按【Ctrl+1】组合键，如下图所示。

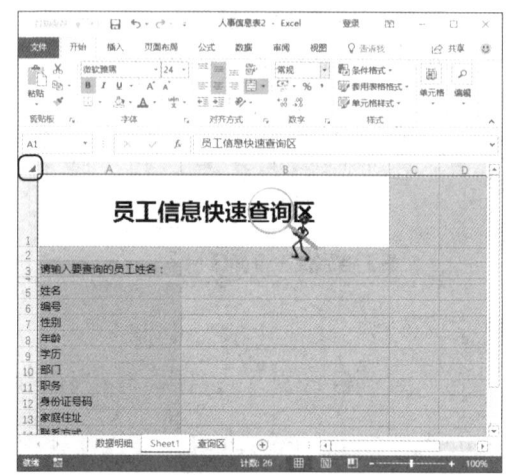

第2步 打开【设置单元格格式】对话框，1选择【保护】选项卡，2选中【锁定】和【隐藏】复选框，3单击【确定】按钮，如下图所示。

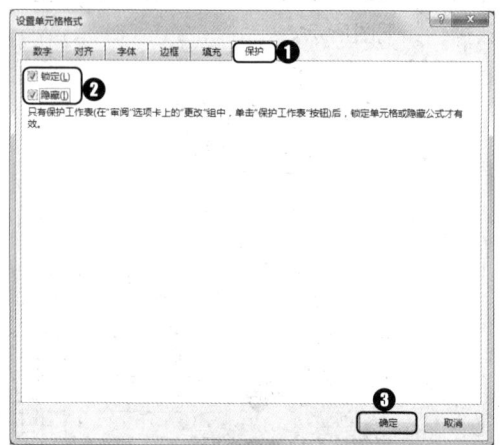

温馨提示

在【设置单元格格式】的【保护】选项卡中选中【隐藏】复选框，是为了让B5:B16单元格中函数隐藏。若只锁定单元格，则只需选中【锁定】复选框。

第3步 选择B3单元格，按【Ctrl+1】组合键，如下图所示。

第 12 章
人事信息数据统计分析

第4步 打开【设置单元格格式】对话框，1 在【保护】选项卡中取消选中【锁定】和【隐藏】复选框，2 单击【确定】按钮，如下图所示。

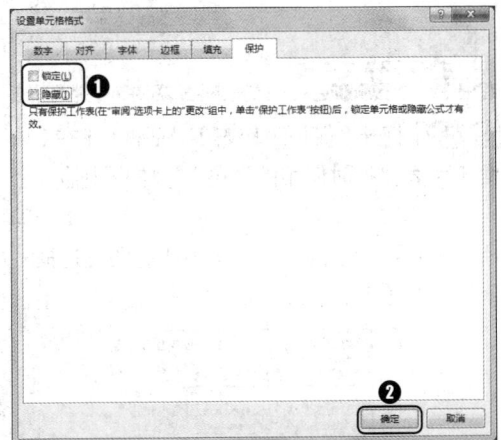

第5步 返回工作表，单击【审阅】选项卡中的【保护工作表】按钮，如下图所示。

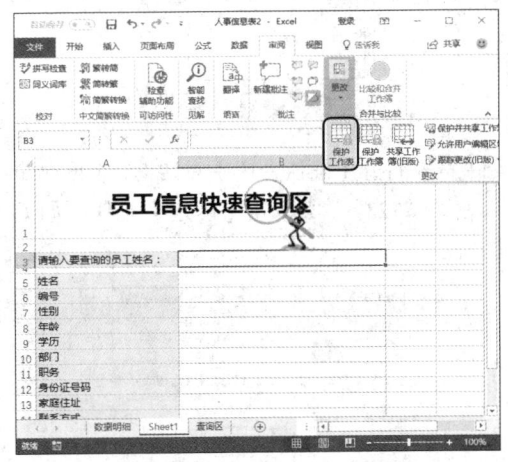

第6步 打开【保护工作表】对话框，1 在【取消工作表保护时使用的密码】文本框中输入密码，这里输入"123"，2 单击【确定】按钮，如下图所示。

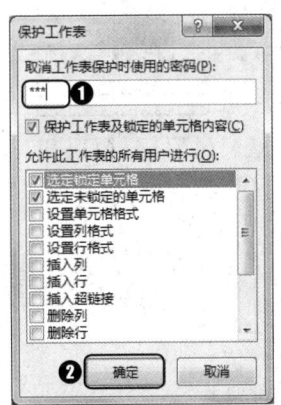

第7步 打开【确认密码】对话框，1 再次输入密码"123"，2 单击【确定】按钮，如下图所示。

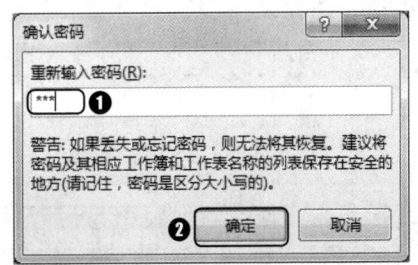

第8步 使 B3 单元格处于可编辑状态，能正常输入查询姓名并自动进行数据记录查找，如下图所示。

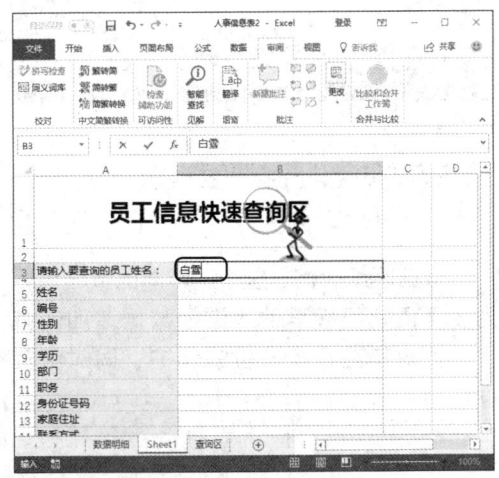

第9步 选择包含函数的任一单元格，在编辑栏中没有显示任何函数，如下图所示。

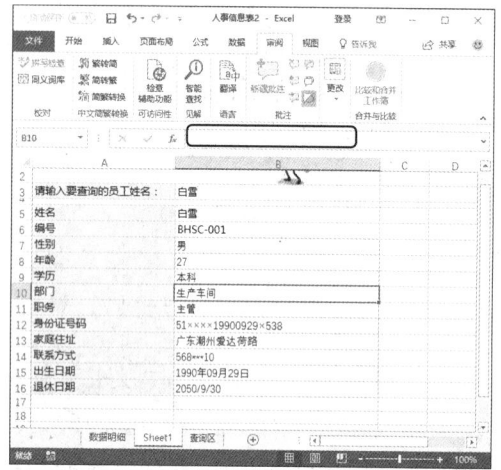

第10步 对除了 B3 单元格以外的任何单元格进行编辑操作，系统立即弹出受保护的提示对话框，如下图所示。

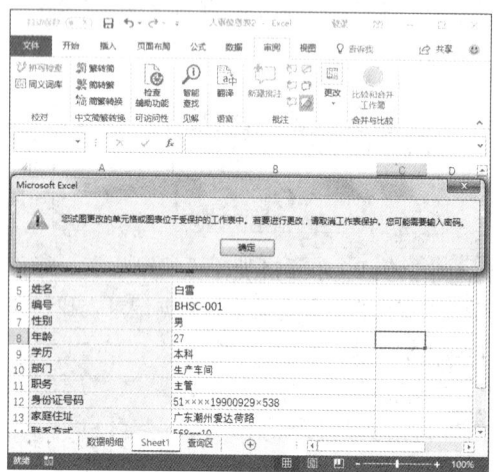

12.3.5 对数据明细表格进行全方位保护

数据明细表格是整个工作簿的数据源，为了保证它不被其他人进行数据增加或减少，可对其进行全方位的保护，同时将其隐藏。

第1步 1 单击【数据明细】工作表标签，切换到【数据明细】工作表中，2 单击【审阅】选项卡中的【保护工作表】按钮，如下图所示。

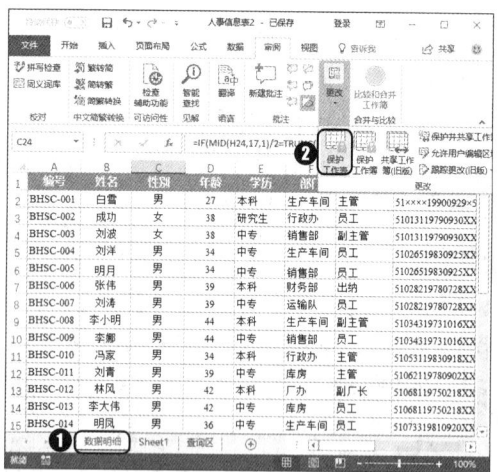

第2步 打开【保护工作表】对话框，1 在【取消工作表保护时使用的密码】文本框中输入密码，这里输入"123"，在【允许此工作表的所有用户进行】列表框中选中所有的复选框，2 单击【确定】按钮，如下图所示。

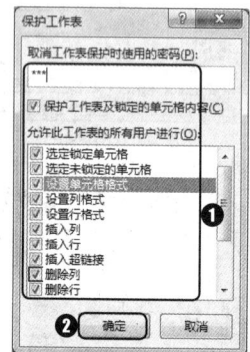

第3步 打开【确认密码】对话框，1 再次输入密码"123"，2 单击【确定】按钮，如下图所示。

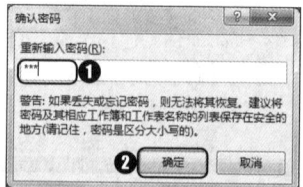

第4步 在【数据明细】工作表标签上右击，在弹出的快捷菜单中选择【隐藏】命令，隐藏工作表，如下图所示。

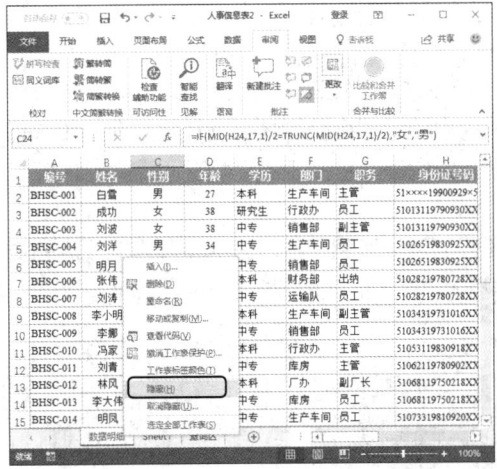

12.3.6 完善整个表格

为了让整个工作簿更加简洁，同时又只显示查询表格，可以隐藏工作表和功能区，并重命名工作表名称，具体操作步骤如下。

第1步 在【Sheet1】工作表标签上双击进入其编辑状态，输入"人员信息查询"，按【Enter】键确认，如下图所示。

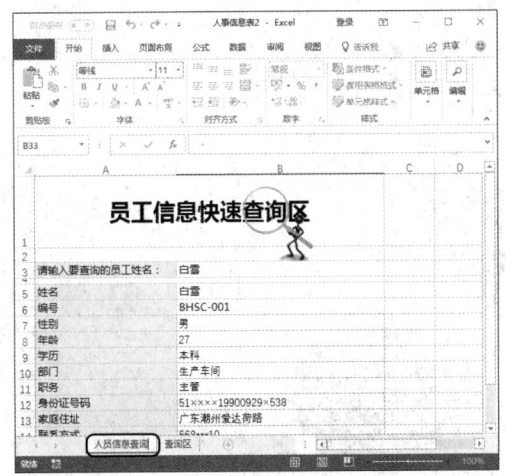

第2步 在【查询区】工作表标签上右击，在弹出的快捷菜单中选择【删除】命令，如下图所示。

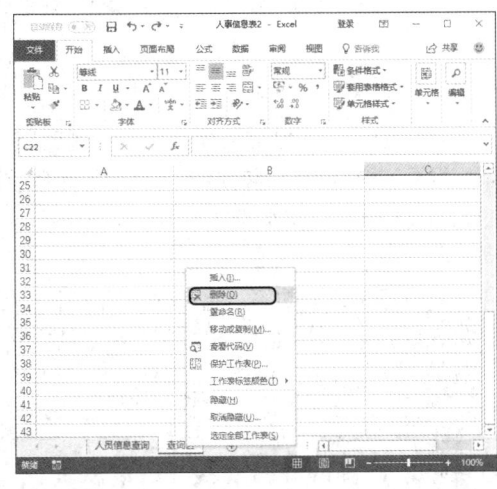

第3步 在打开的提示对话框中单击【删除】按钮确认删除，如下图所示。

第4步 在功能区上右击，在弹出的快捷菜单中选择【折叠功能区】命令隐藏功能区，完成整个操作，如下图所示。

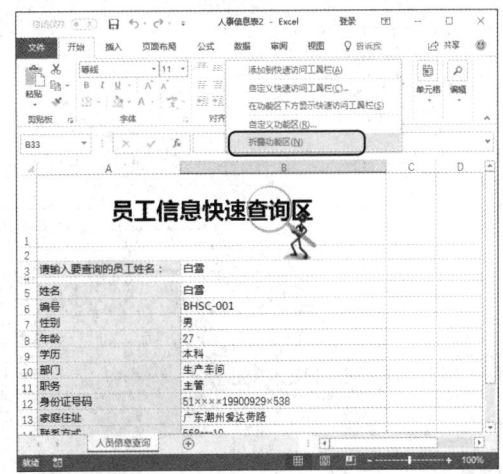

Excel
在人力资源管理中的应用

12.4 人员流动情况分析

案例背景

员工流动管理是指从社会资本的角度出发，对人力资源的注入、内部流动和流出进行计划、组织、协调和控制的过程，其目的是确保组织人力资源的可获得性，满足组织现在和未来的人力需要和员工的职业生涯需要。HR可以从3个大方向来分析员工流动情况：流入、内部流动和流出。

本例将围绕流动率、流失率、流入流出人数和趋势及离职原因进行分析，制作完成后的效果如下图所示。实例最终效果见"下载\结果文件\第12章\人员流动情况分析.xlsx"文件。

	1月	2月	3月	4月	5月	6月	7月	8月	9月	10月	11月	12月
期初人数	117	105	107	137	130	130	130	126	116	121	120	119
入职人数	5	21	57	12	24	18	33	12	12	4	18	8
离职人数	17	19	27	19	24	18	37	22	7	5	19	10
期末人数	105	107	137	130	130	130	126	116	121	120	119	117
增加/减少	-12	2	30	-7	0	0	-4	-10	5	-1	-1	-2
人员流失率	13.93%	15.08%	16.46%	12.75%	15.58%	12.16%	22.70%	15.94%	5.47%	4.00%	13.77%	7.87%
人员流动率	18.03%	31.75%	51.22%	20.81%	31.17%	24.32%	42.94%	24.64%	14.84%	7.20%	26.81%	14.17%

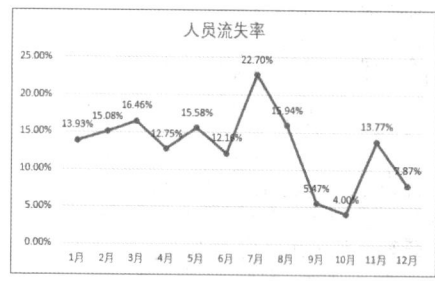
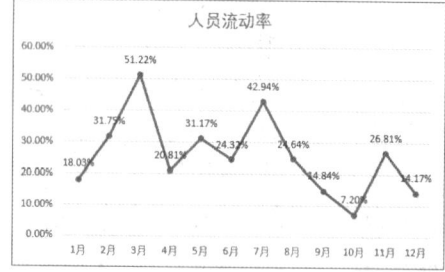
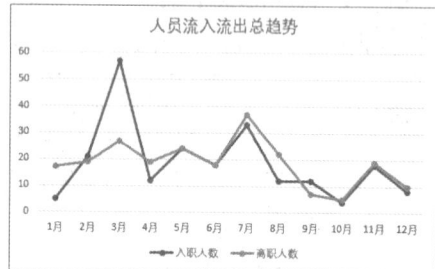
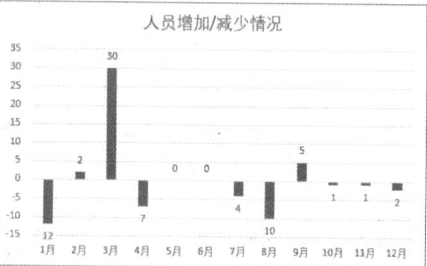
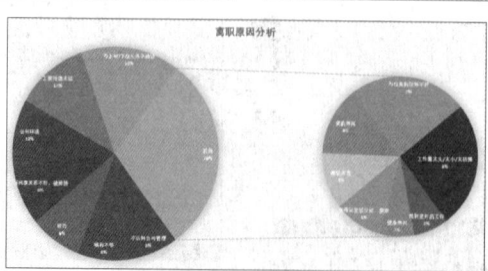

第 12 章

人事信息数据统计分析

 下载文件	素材文件	下载\素材文件\第12章\人员流动情况分析.xlsx
	结果文件	下载\结果文件\第12章\人员流动情况分析.xlsx
	教学视频	下载\视频文件\第12章\12.4 人员流动情况分析.mp4

12.4.1 年度人员流动情况分析

人员流动是公司或企业的正常现象，但是HR必须了解和掌握相应的数据，并对其进行分析，以保证人员流失、流动在可控范围之内，或者调整当前的人事政策。

1. 计算人员流动的主要数据

人员流动管理中涉及3个主要数据：流失率、流动率、期末人数，以及相关流入流出人数。下面用简单公式计算出这些数据，具体操作步骤如下。

第1步 打开"下载\素材文件\第12章\人员流动情况分析.xlsx"文件，❶选择 B5:M5 单元格区域，❷在编辑栏中输入公式"=B2+B3-B4"，按【Ctrl+Enter】组合键计算出每月的期末人数，如下图所示。

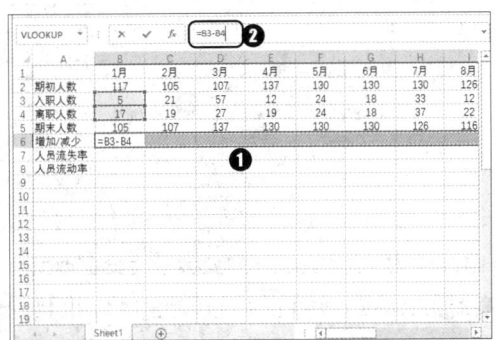

第2步 ❶选择 B6:M6 单元格区域，❷在编辑栏中输入公式"=B3-B4"，按【Ctrl+Enter】组合键计算出每月增加或减少的人数（流入/流出人数），如下图所示。

第3步 ❶选择 B7:M7 单元格区域，❷在编辑栏中输入公式"=B4/(B2+B3)"，按【Ctrl+Enter】组合键计算出每月人员流失率，如下图所示。

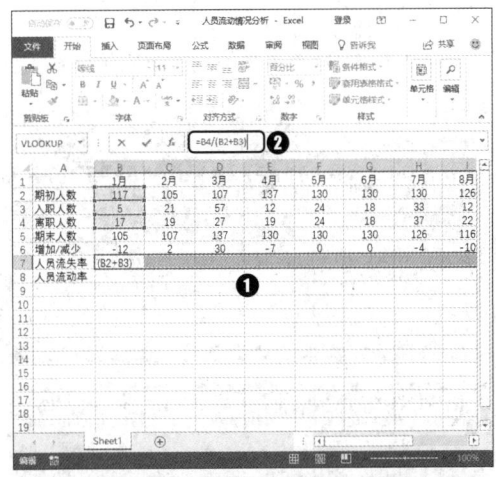

> **温馨提示**
>
> 人员流失率=离职人数/（期初人数+入职人数）。

第4步 ❶选择 B8:M8 单元格区域，❷在编辑栏中输入公式"=(B3+B4)/(B2+B3)"，如下图所示。

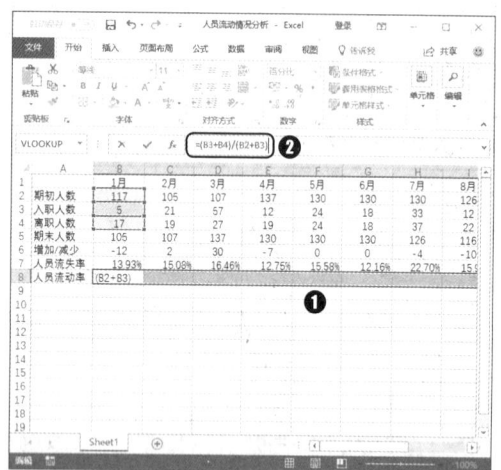

第5步 按【Ctrl+Enter】组合键计算出每月人员流动率，如下图所示。

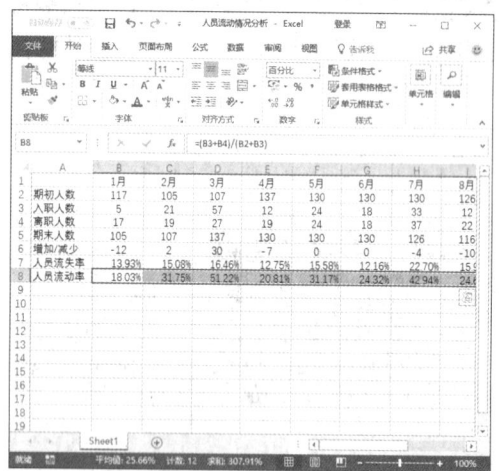

> **温馨提示**
>
> 人员流动率=（入职人数+离职人数）/（期初人数+入职人数）。

2. 分析人员年度流失和流动情况

对年度人员流动情况进行分析，既要显示每月的流失率，同时，还需要显示其走势情况，具体操作步骤如下。

第1步 1 按住【Ctrl】键选择 A1:M1、A7:M7 单元格区域，2 在【插入】选项卡【图表】组中单击【插入折线图或面积图】按钮，

3 在弹出的下拉列表中选择【带标记的折线图】选项，如下图所示。

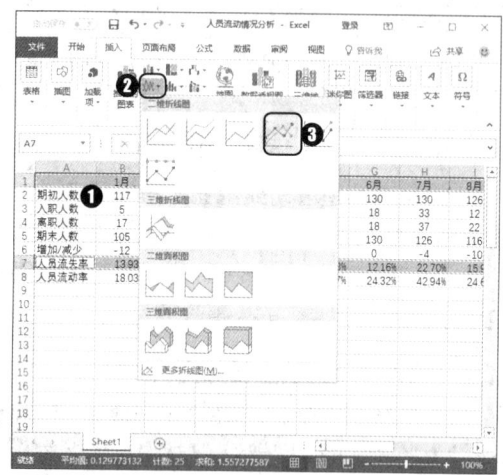

第2步 1 将图表移到合适位置，单击出现的【图表元素】按钮，2 在展开的列表中选择【数据标签】→【上方】选项，如下图所示。

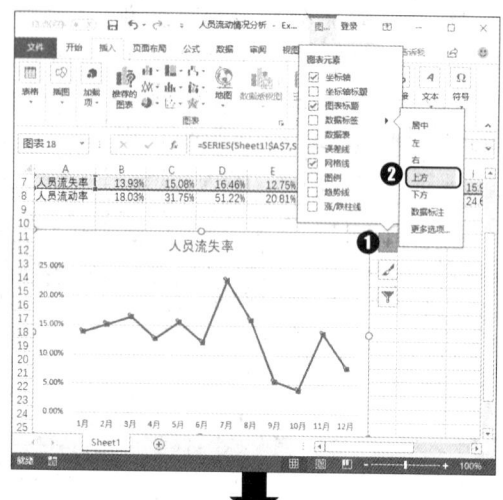

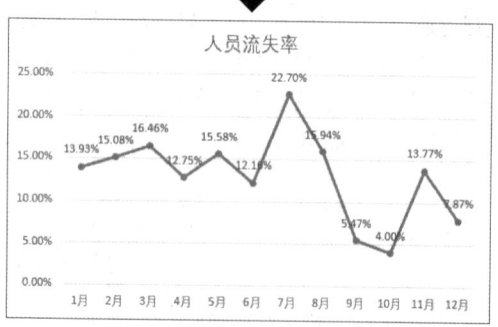

第 12 章

人事信息数据统计分析

第3步 以同样的方法根据 A1:M1、A8:M8 单元格区域创建人员流动率的标记折线图，如下图所示。

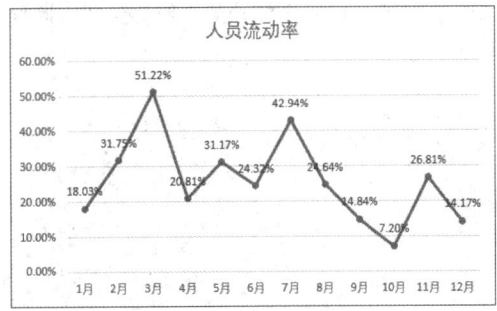

3. 分析入职与离职实际情况

离职人数与入职人数的多少与差距，直接影响公司企业实际的人员数量，决定公司的生成情况或效益状况。所以，HR必须了解掌握年度及每月人员的流入与流出的人数走势和具体情况，具体操作步骤如下。

第1步 1 按住【Ctrl】键选择 A1:M1、A3:M4 单元格区域，2 在【插入】选项卡【图表】组中单击【推荐的图表】按钮，如下图所示。

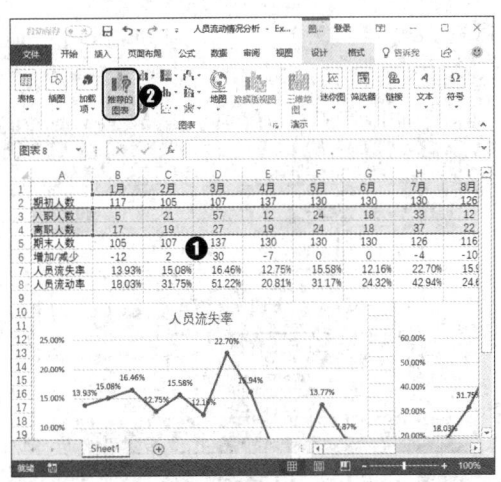

第2步 打开【插入图表】对话框，1 选择折线图，2 单击【确定】按钮，如下图所示。

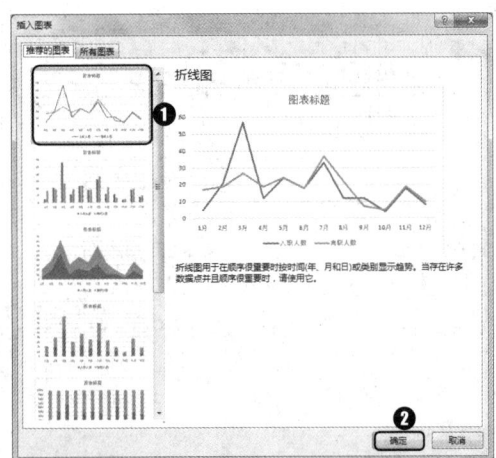

> **教您一招**
>
> **切换到默认图表类型选择中**
>
> 若推荐的图表中没有想要的，可选择【所有图表】选项卡，切换到所有图表类型中，选择需要的图表。

第3步 将图表移到合适位置，将图表名称更改为"人员流入流出总趋势"，如下图所示。

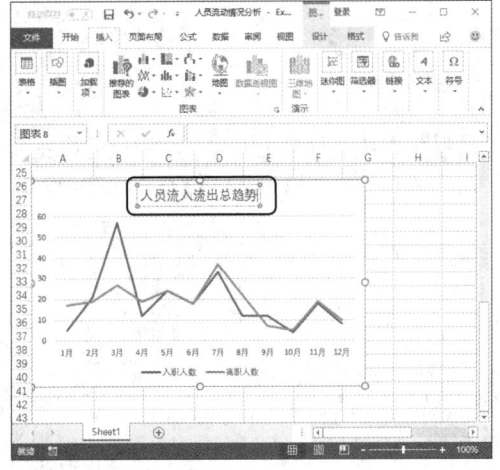

第4步 按住【Ctrl】键选择 A1:M1、A6:M6 单元格区域，1 单击【插入柱形图或条形图】按钮，2 在弹出的下拉列表中选择【二维簇状柱形图】选项，如下图所示。

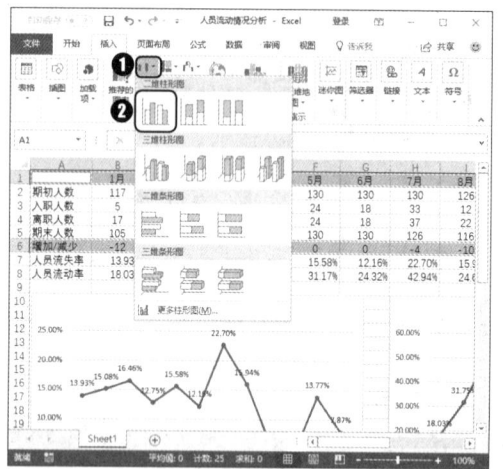

第5步 将插入的图表移到合适位置，将图表名称更改为"人员增加/减少情况"，如下图所示。

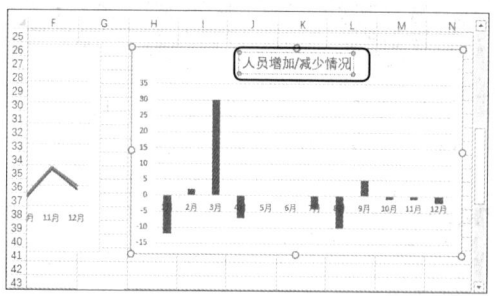

第6步 在横坐标轴上右击，在弹出的快捷菜单中选择【设置坐标轴格式】命令，如下图所示。

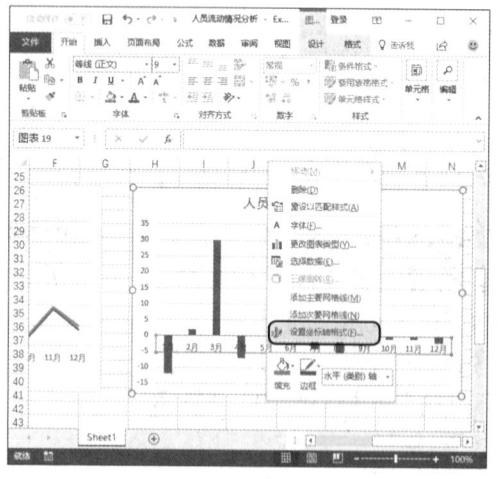

第7步 打开【设置坐标轴格式】对话框，1展开【标签】下拉选项，2单击【标签位置】右侧的下拉按钮，3在弹出的下拉列表中选择【低】选项，将横坐标轴的位置移到图表底部位置，如下图所示。

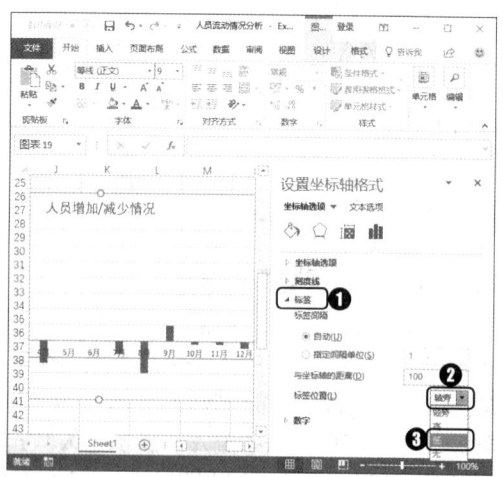

第8步 在数据系列上右击，在弹出的快捷菜单中选择【添加数据标签】命令，系统自动在每一数据系列上方添加数字，如下图所示。

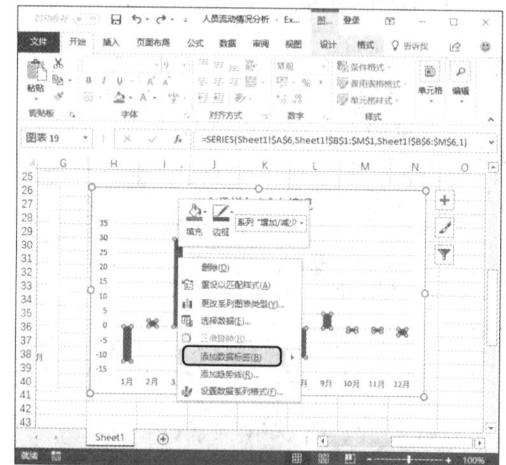

第9步 1在【数字】选项区域中单击【类别】下拉按钮，2在弹出的下拉列表中选择【数字】选项，如下图所示。

第12章
人事信息数据统计分析

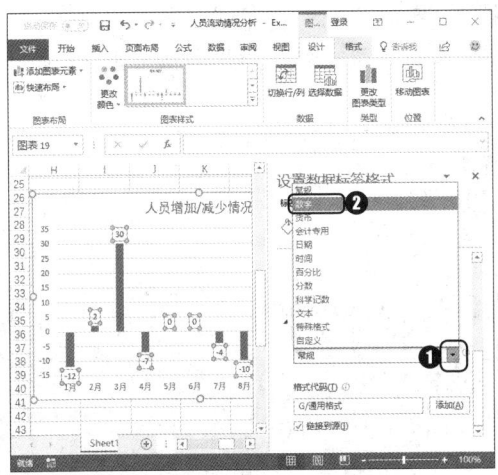

教您一招

快速切换到对应图表原始的设置格式窗格中

图表格式窗格打开后没有关闭，在图表中选择相应的元素，如数据系列、数据标签、坐标轴等，系统自动切换成对应的格式设置窗格。

第10步 在出现的【负数】列表框中选择第三项，让负数数据标签成红色显示并隐藏负号，如下图所示。

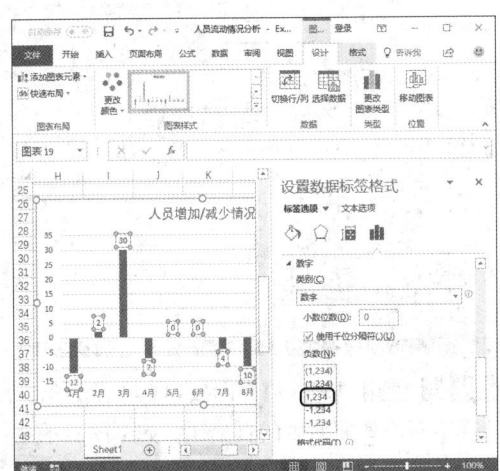

第11步 在表格中选择 B6:M6 单元格区域，按【Ctrl+1】组合键，如下图所示。

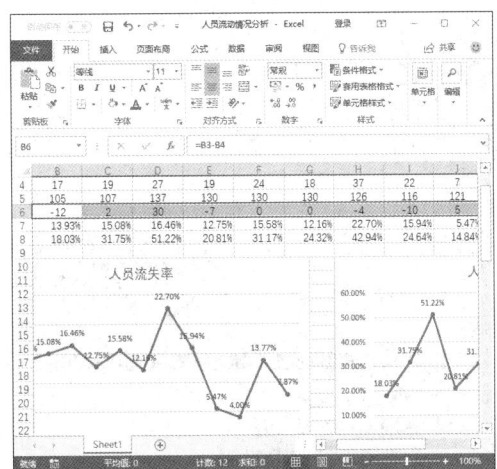

第12步 打开【设置单元格格式】对话框，1 在【数字】选项卡的【分类】列表框中选择【数值】选项，2 在【负数】列表框中选择最后一项，3 单击【确定】按钮，如下图所示。

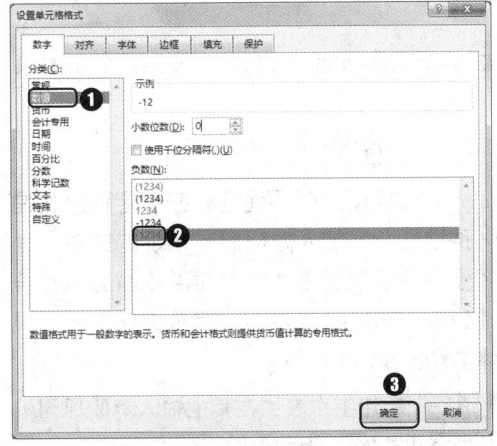

温馨提示

这里设置 B6:M6 单元格区域的数字格式，是为了让人员增加/减少情况在图表中的负数坐标轴部分显示红色，更直接地展示出流出人员的情况。

第13步 B6:M6 单元格区域中的负数成高亮红色显示，图表中纵坐标轴负数部分也成红色显示，如下图所示。

| 373

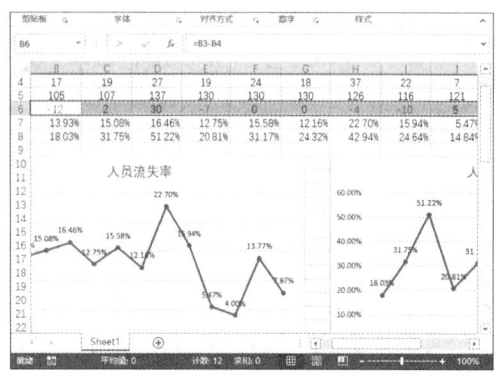

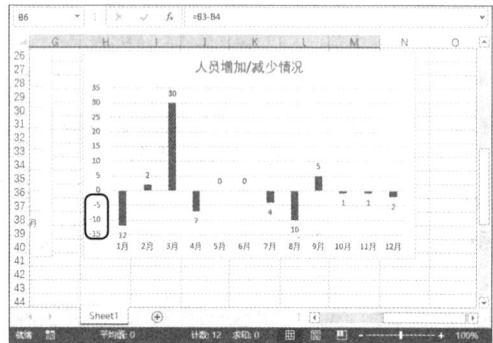

12.4.2 离职原因统计分析

人员离职对公司而言,在一定程度上是一种损失,增加人力招聘、培训的成本。为了更好地留住员工,可以对离职原因进行统计分析,总结经验教训,完善弥补措施,具体操作步骤如下。

第1步 新建工作表,在其中输入离职原因汇总内容和数据,并设置格式,如下图所示。

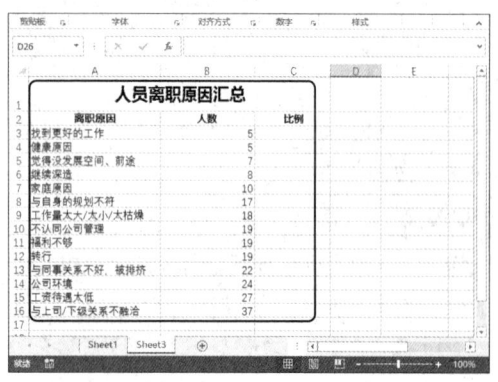

第2步 对工作簿中的两张工作表分别重命名为"人员流动分析""离职原因分析",如下图所示。

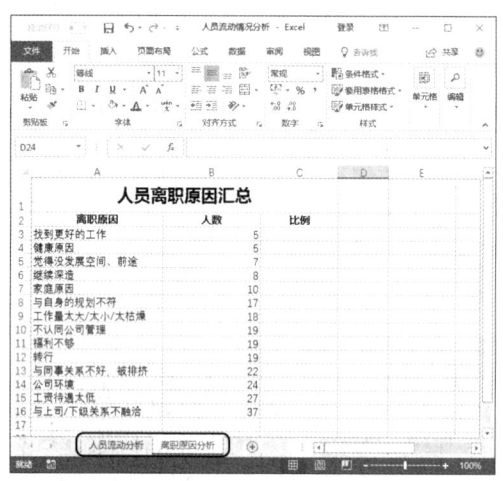

第3步 1 选择 C3 单元格,2 在编辑栏中输入公式"=B3/SUM($B$3:$B$16)",按【Ctrl+Enter】组合键,如下图所示。

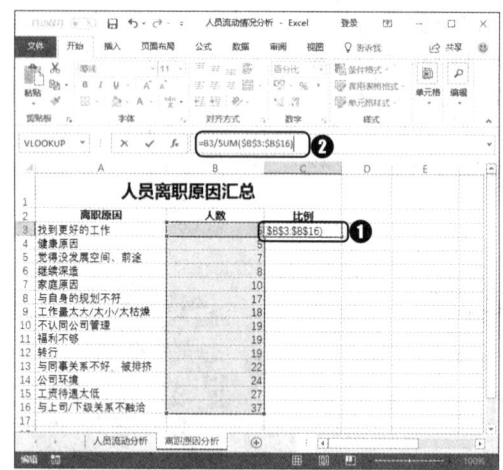

第4步 使用填充柄填充函数到 C16 单元格,计算出对应离职原因的百分比,如下图所示。

第12章
人事信息数据统计分析

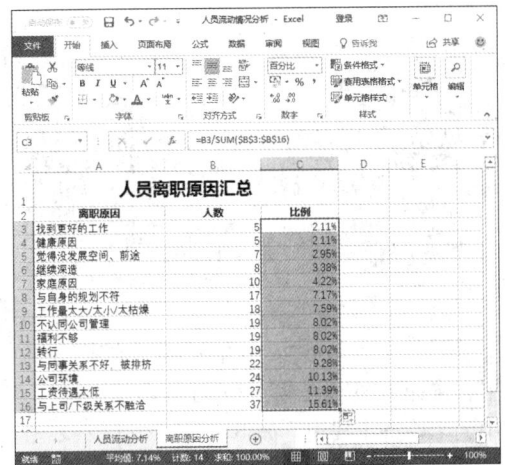

第5步 按住【Ctrl】键，选择A2:A16、C2:C16单元格区域，1单击【插入饼图和圆环图】下拉按钮，2在弹出的下拉列表中选择【复合饼图】选项，如下图所示。

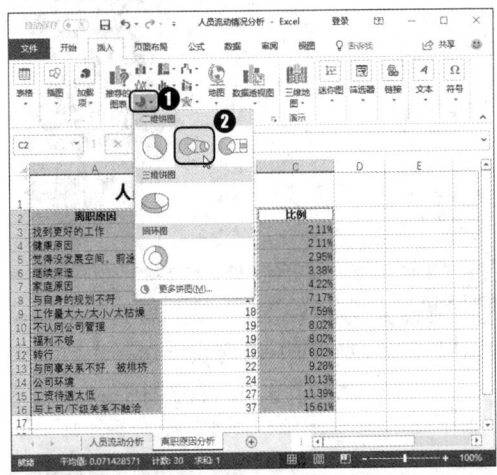

温馨提示
由于离职原因项较多，为了保证分析效果，这里不选用饼图，而是选择复合饼图。

第6步 选择插入的复合饼图，在【图表工具/设计】选项卡的【图表样式】列表框中选择【样式11】选项，如下图所示。

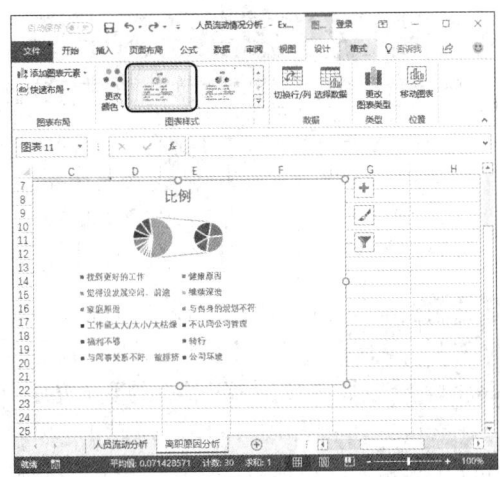

第7步 移动图表到合适位置，手动调整图表大小，如下图所示。

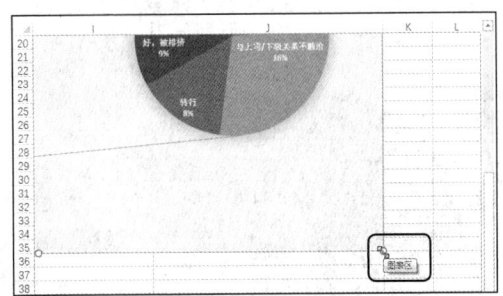

第8步 在数据标签上双击，打开【设置数据标签格式】窗格，选中【数据标签内】单选按钮，如下图所示。

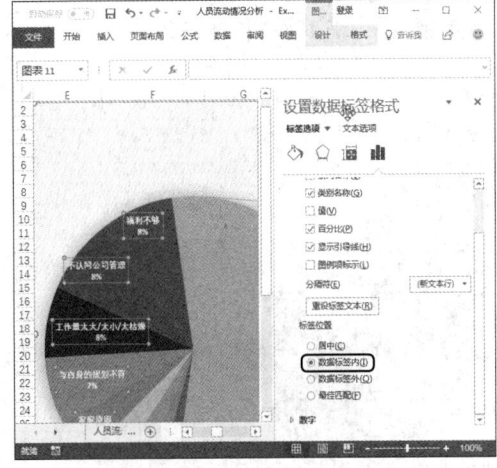

教您一招

解决数据标签内单选按钮已选中但不起作用的情况

若是窗格中已经选中【数据标签内】单选按钮,为了保证所有数据标签都在饼图扇区内,可选中任一其他标签位置单选按钮,再选中【数据标签内】单选按钮。

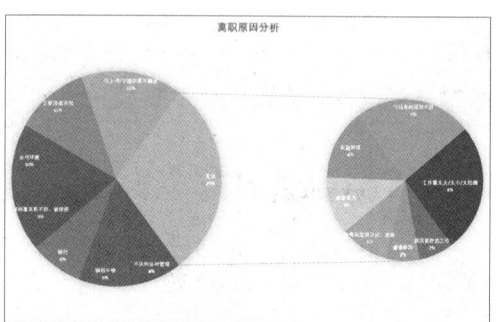

第9步 在图表中选择数据系列(单击任一数据系列),窗格变成【设置数据系列格式】窗格,1单击【系列分割依据】右侧的下拉按钮,2在弹出的下拉列表中选择【百分比值】选项,如下图所示。

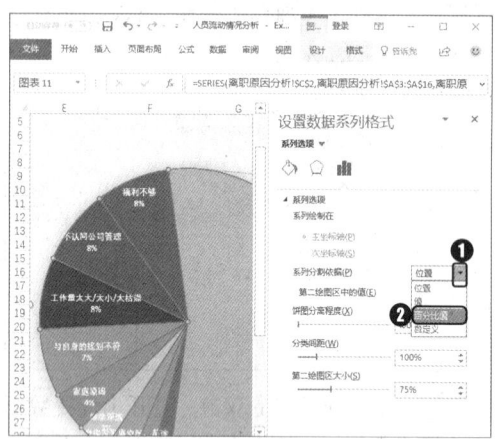

第10步 在【值小于】数值框中输入"8%",调整两个饼图的数据系列分布,让整个复合饼图更加便于分析,如下图所示。

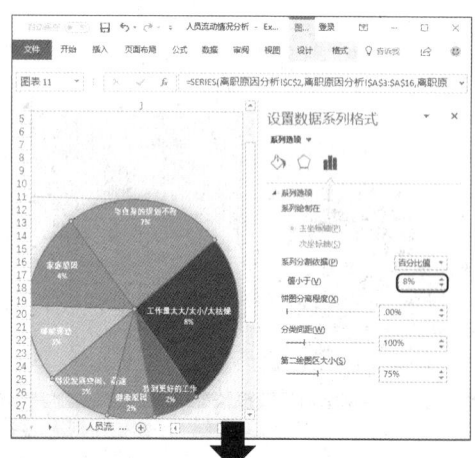

第11步 1复制 A2:C16 单元格区域到合适位置,选择 A20 单元格,2单击【数据】选项卡中的【筛选】按钮,如下图所示。

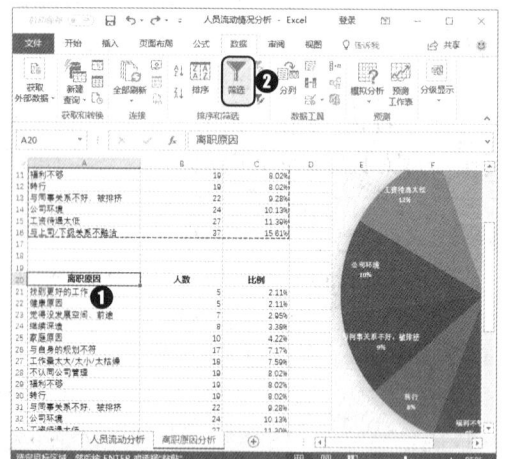

第12步 1单击【比例】单元格右侧的下拉按钮,2在弹出的下拉列表中选择【数字筛选】→【前10项】选项,如下图所示。

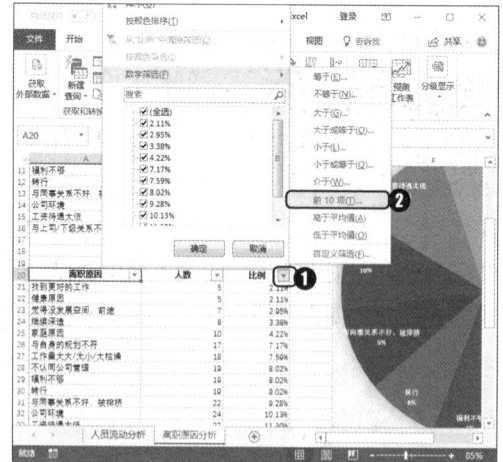

第12章
人事信息数据统计分析

第13步 打开【自动筛选前10个】对话框，1设置最大项为【5】，2单击【确定】按钮，如下图所示。

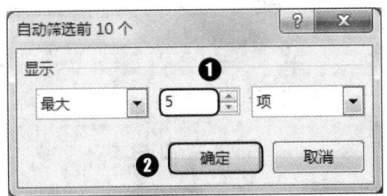

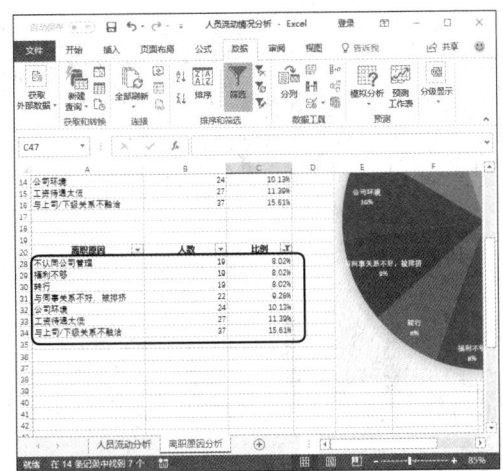

第14步 系统自动筛选出前5项离职原因，如下图所示。

12.5 制作人事月度报表

案例背景

人力资源部要想了解人事实时情况，人事报表是最常用的工具，它不仅能以数据表格形式清晰地记录人事相关数据，为人力资源规划提供强有力的数据支撑和可行性依据，还能借助动态图表直观地展示人事信息，特别是对大型企业来说，人事报表是最有效的人力资源管理工具。

不同企业的人事报表的内容会有所不同。本例将制作人事报表，制作完成后的效果如下图所示。实例最终效果见"下载结果文件\第12章\制作人事报表.xlsx"文件。

377

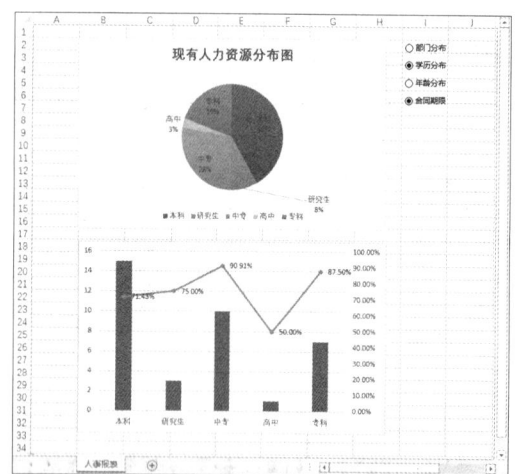
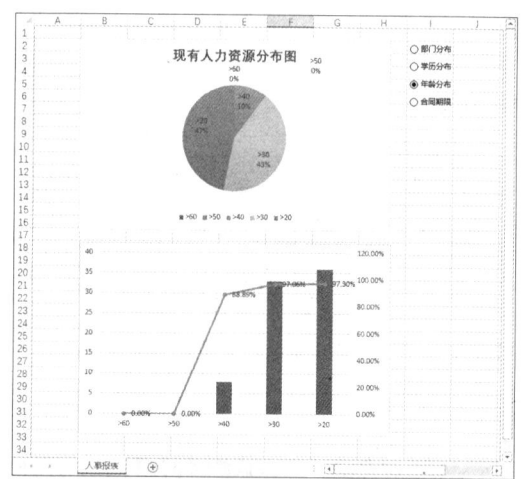

下载文件	素材文件	下载\素材文件\第12章\人事报表.xlsx
	结果文件	下载\结果文件\第12章\人事报表.xlsx
	教学视频	下载\视频文件\第12章\12.5制作人事月度报表.mp4

12.5.1 数据汇总

制作人事报表需要将一些关键数字进行统计，如部门人数、学历情况等，为后面的动态图表提供数据支持，具体操作步骤如下。

第1步 打开"下载\素材文件\第12章\人事报表.xlsx"文件，在"数据分析"表中输入需要统计的字段数据，如下图所示。

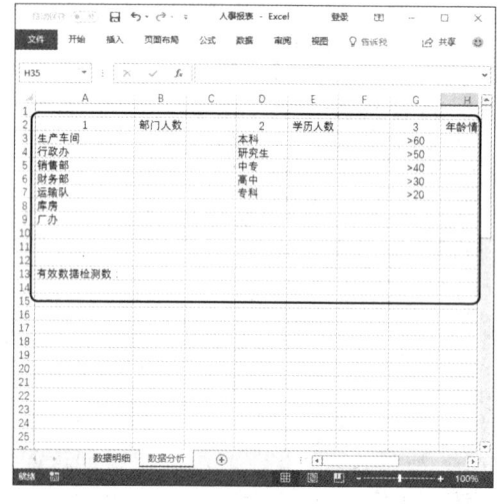

第2步 ❶选择 B3:B9 单元格区域，❷在编辑栏中输入函数"=COUNTIF(数据明细!\$F\$2:\$F\$37,\$A3)"，按【Ctrl+Enter】组合键，如下图所示。

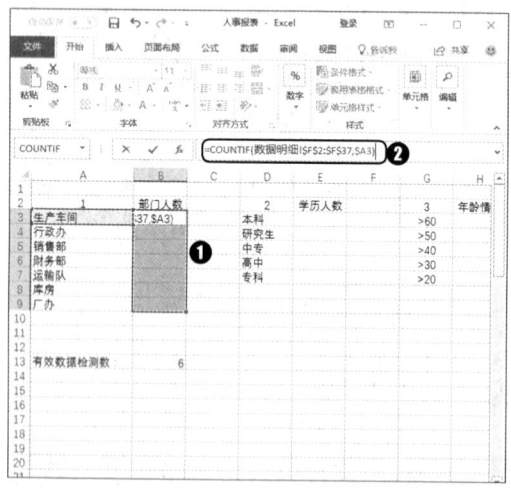

第3步 以同样的方法使用 COUNTIF 函数分别统计出学历人数、年龄情况和合同期限数字，如下图所示。

第12章
人事信息数据统计分析

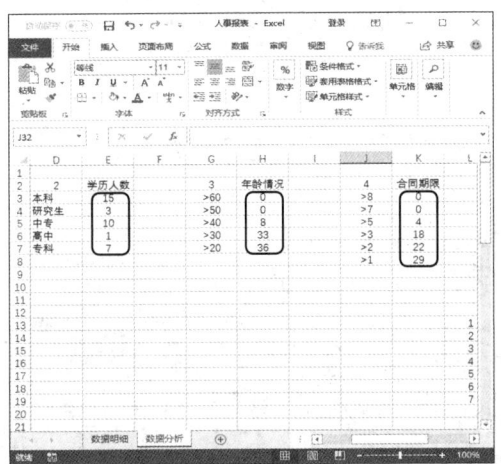

温馨提示
在使用COUNTIF函数统计各类数据时，若报错，建议不手动输入函数，而通过插入函数的方式进行设置。

第4步 1 在 N8 单元格中输入 1~4 之间的任一整数，2 选择 M13:M19 单元格区域，3 在编辑栏中输入函数"=OFFSET($A$2,$L13,($N$8-1)*3,1,1)"，按【Ctrl+Enter】组合键，如下图所示。

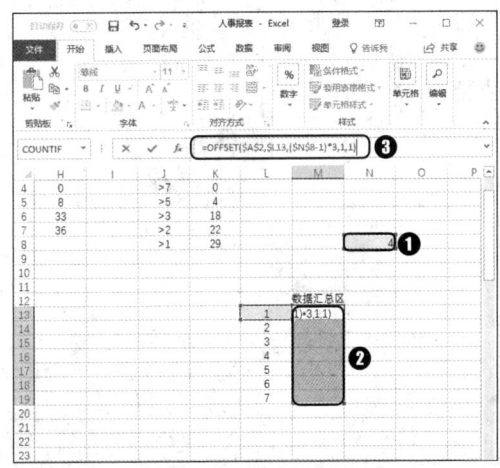

第5步 1 选择 N13:N19 单元格区域，2 在编辑栏中输入函数"=OFFSET($A$2,$L13,($N$8-1)*3+1,1,1)"，按【Ctrl+Enter】组合键，如下图所示。

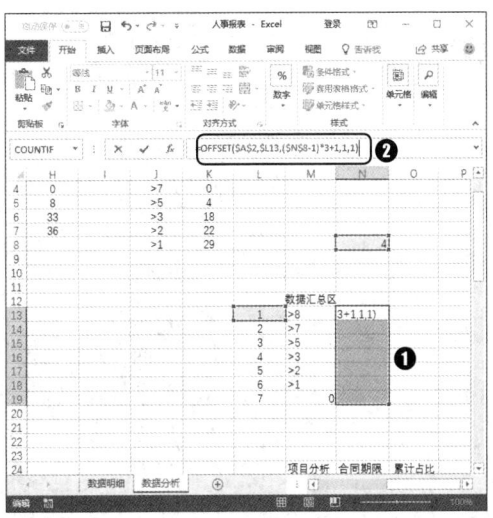

第6步 1 选择 B13 单元格，2 在编辑栏中输入函数"=7-COUNTIF(M13:M19,"=0")"，按【Ctrl+Enter】组合键，如下图所示。

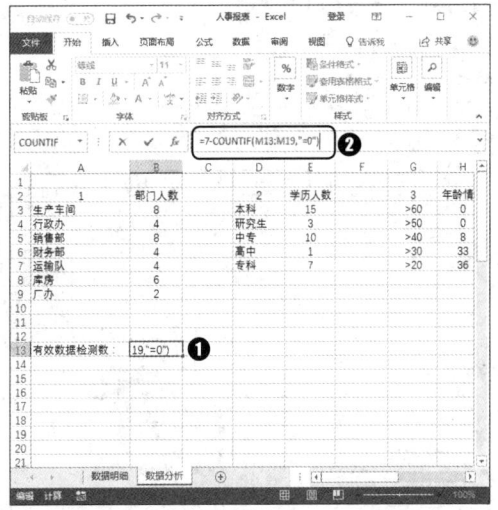

第7步 1 选择 M25:M31 单元格区域，2 在编辑栏中输入函数"=VLOOKUP($L25,$L$13:$N$19,2,)"，按【Ctrl+Enter】组合键，如下图所示。

Excel 在人力资源管理中的应用

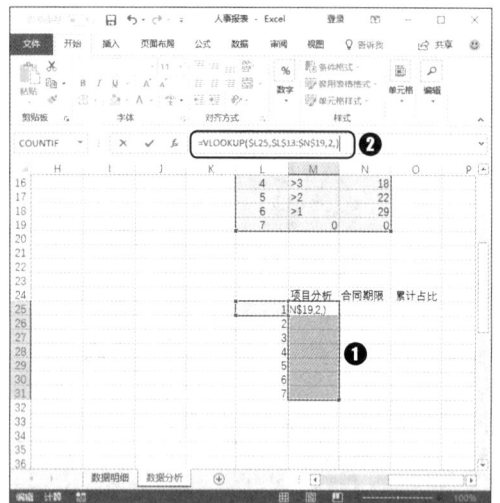

第8步 ❶选择 N25:N31 单元格区域，❷在编辑栏中输入函数"=VLOOKUP($L25,$L$13:$N$19,3,)"，按【Ctrl+Enter】组合键，如下图所示。

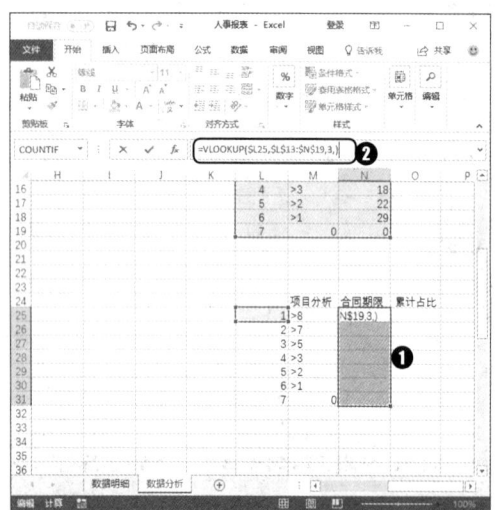

第9步 ❶选择 O25:O31 单元格区域，❷在编辑栏中输入函数"=N25/SUM(N25,,,B13,1)"，按【Ctrl+Enter】组合键，如下图所示。

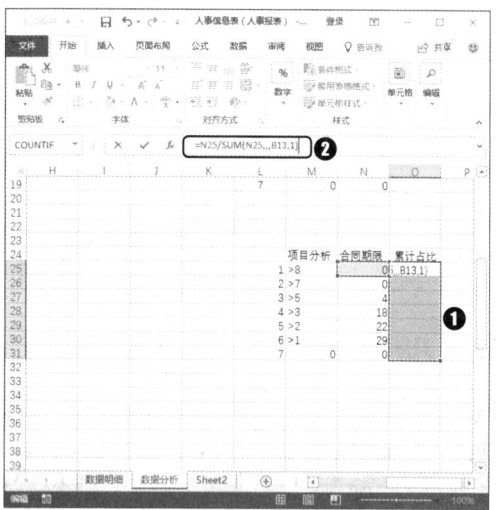

12.5.2 插入单选按钮控件

在报表中需要对不同数据源（也就是不同数据类）进行切换，以实现图表及时绘制显示对应的类数据，这里借助于单选按钮控件，具体操作步骤如下。

第1步 ❶单击【开发工具】选项卡中的【插入】按钮，❷在弹出的下拉列表中选择【单选按钮】选项，如下图所示。

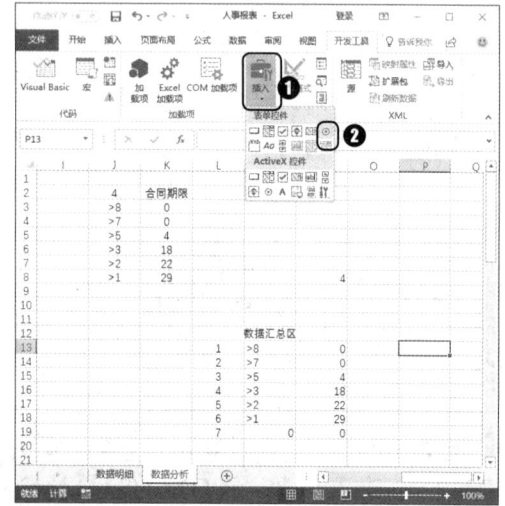

第2步 在合适位置绘制单选按钮并在其上右击，在弹出的快捷菜单中选择【编辑文字】命

| 380 |

令，如下图所示。

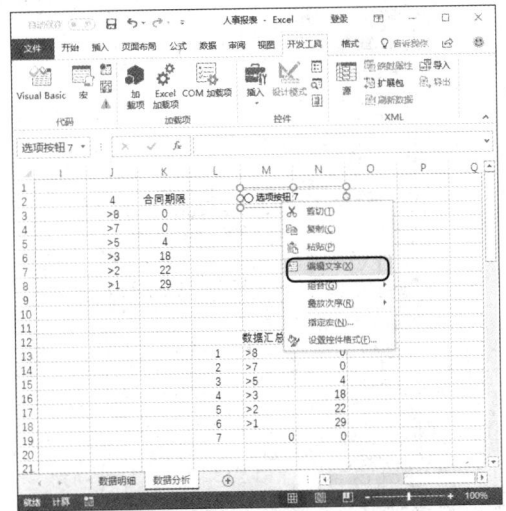

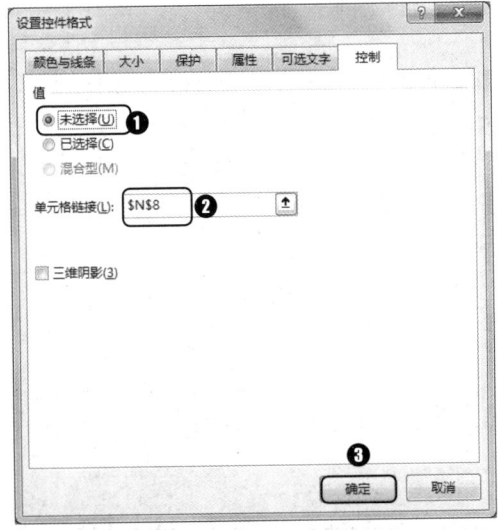

第3步 输入"部门分布"作为单选按钮名称，选择整个单选按钮并右击，在弹出的快捷菜单中选择【设置控件格式】命令，如下图所示。

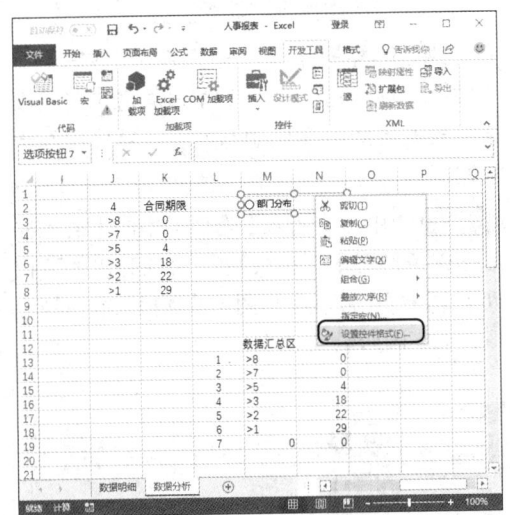

第4步 打开【设置控件格式】对话框，1在【控制】选项卡中选中【未选择】单选按钮，2设置【单元格链接】为【N8】（将鼠标指针定位在【单元格链接】文本框中，在表格中选择N8单元格），3单击【确定】按钮，如下图所示。

第5步 以同样的方法制作和设置其他3个单选按钮，如下图所示。

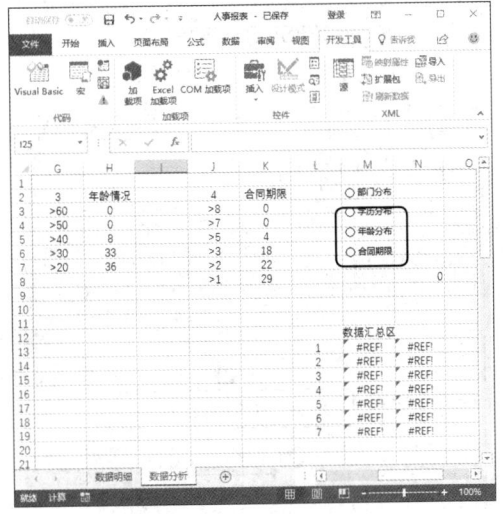

12.5.3 定义单元格名称

要用单选按钮控件控制后面即将创建的动态图表，需要借助于名称作为中间桥梁，下面就分别定义将用于图表数据系列和坐标轴标签的3个名称：QX、ZB和XM，具体操作步骤如下。

第1步 单击【公式】选项卡中【定义名称】

按钮，如下图所示。

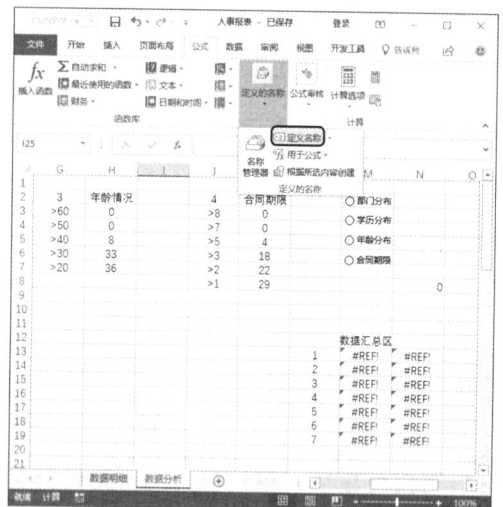

第2步 打开【新建名称】对话框，1设置【名称】为【QX】，2在【引用位置】文本框中输入函数"=OFFSET($N$25,,,$B$13,1)"，3单击【确定】按钮，如下图所示。

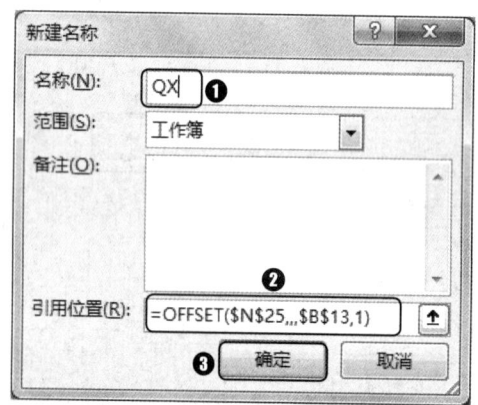

第3步 以同样的方法创建另外两个名称ZB和XM，如下图所示。

> **温馨提示**
>
> 名称ZB的【引用位置】函数为"=OFFSET($O$25,,,$B$13,1)"，XM的【引用位置】函数为"=OFFSET($M$25,,,$B$13,1)"。

12.5.4 创建动态图表

经过前面的操作，已经将动态数据源、控件、名称准备妥当，下面只需将这些元素与图表融合即可实现动态报表，具体操作步骤如下。

第1步 1单击【插入】选项卡中的【插入柱形图或条形图】下拉按钮，2在弹出的下拉列表中选择【簇状柱形图】选项插入空白柱形图，如下图所示。

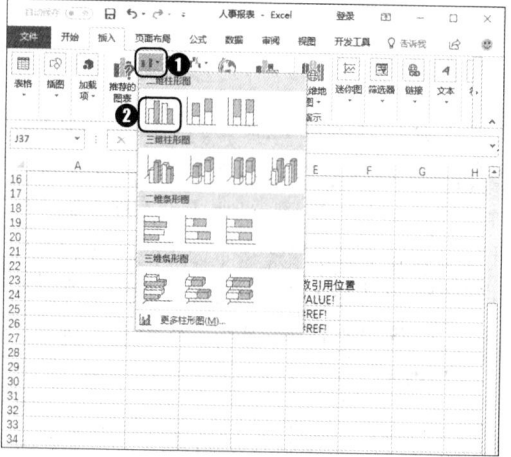

第12章
人事信息数据统计分析

第2步 在插入的空白图表上右击，在弹出的快捷菜单中选择【选择数据】命令，如下图所示。

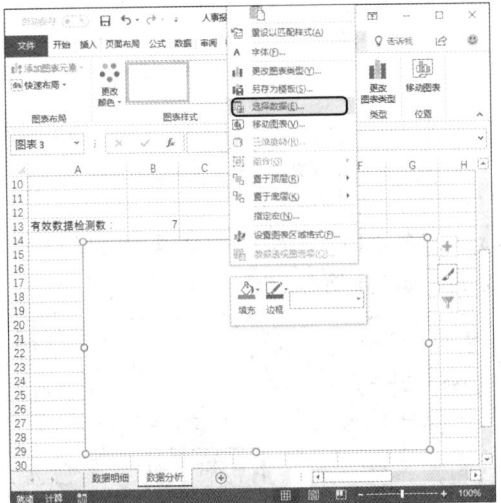

第3步 打开【选择数据源】对话框，单击【添加】按钮，如下图所示。

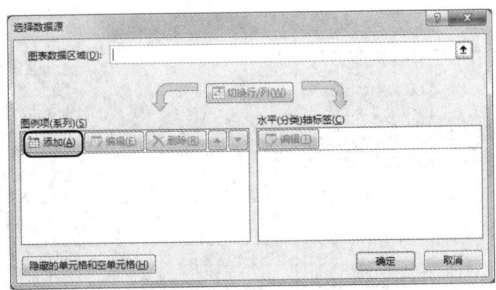

第4步 打开【编辑数据系列】对话框，设置【系列名称】为【数据分析!$N$24】，清除【系列值】文本框中原有的值，如下图所示。

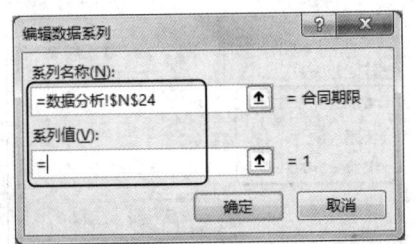

第5步 将鼠标指针定位在【系列值】文本框中，1 单击【数据分析】工作表标签，2 单击

【用于公式】下拉按钮，3 在弹出的下拉列表中选择【粘贴名称】命令，如下图所示。

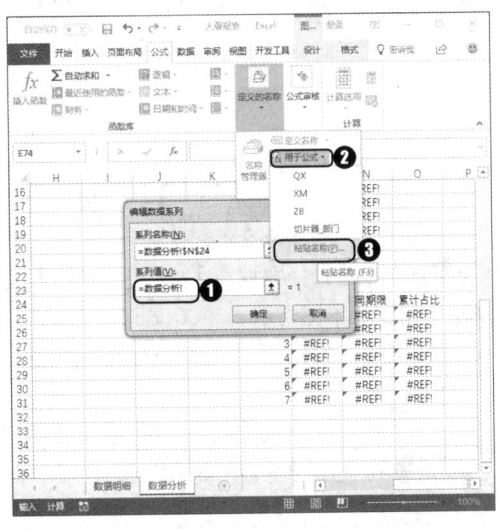

教您一招

系列名称无法正常识别

在【系列值】文本框中插入名称，调用其中的动态数据时，必须先单击【数据分析】工作表标签，否则插入后的名称系统无法正常识别，如下图所示。

第6步 打开【粘贴名称】对话框，1 在【粘贴名称】列表框中选择【QX】选项，2 单击【确定】按钮，如下图所示。

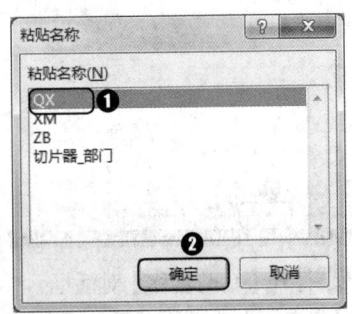

第7步 返回【编辑数据系列】对话框，单击

383

【确定】按钮确认，如下图所示。

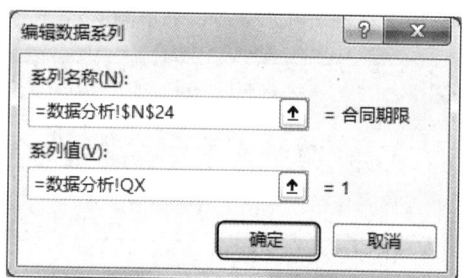

第8步 返回【选择数据源】对话框，单击【编辑】按钮，如下图所示。

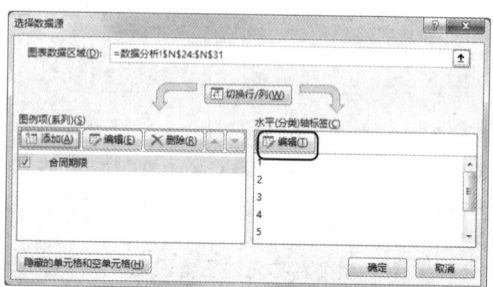

第9步 打开【轴标签】对话框，1选择【数据分析】工作表标签，2单击【用于公式】下拉按钮，3在弹出的下拉列表中选择【粘贴名称】命令，如下图所示。

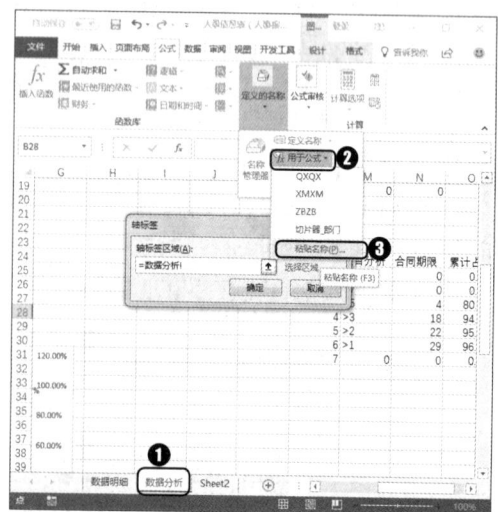

第10步 打开【粘贴名称】对话框，1在【粘贴名称】列表框中选择【XM】选项，2单击【确定】按钮，如下图所示。

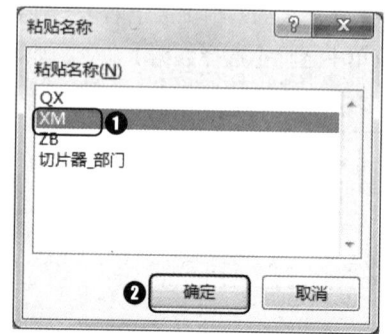

第11步 返回【轴标签】对话框，单击【确定】按钮，如下图所示。

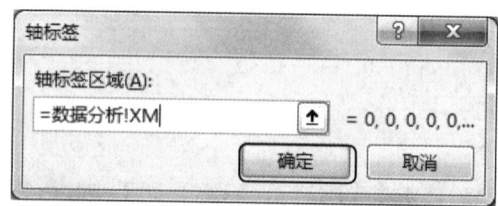

第12步 返回【选择数据源】对话框，单击【添加】按钮，如下图所示。

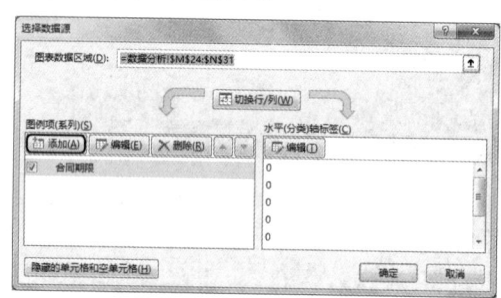

第13步 打开【编辑数据系列】对话框，1设置【系列名称】和【系列值】的参数，2单击【确定】按钮，如下图所示。

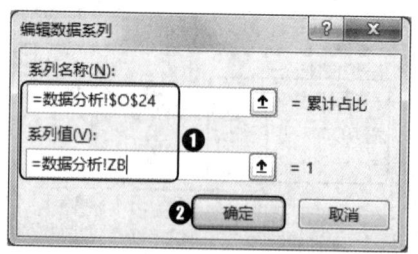

第14步 返回【选择数据源】对话框，单击【确定】按钮，如下图所示。

第12章
人事信息数据统计分析

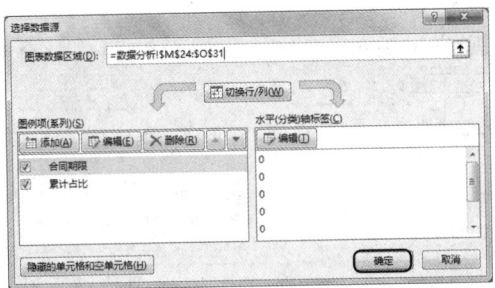

第15步 选择任一单选按钮，这里选中【合同期限】单选按钮，为图表赋予动态数据源，如下图所示。

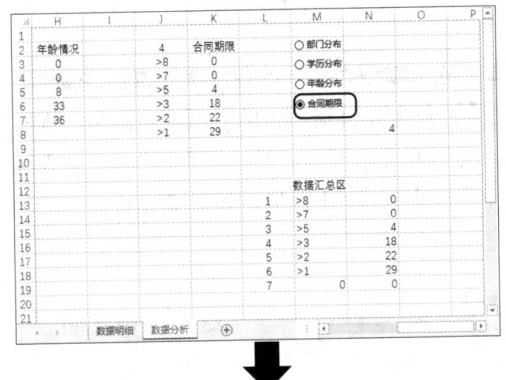

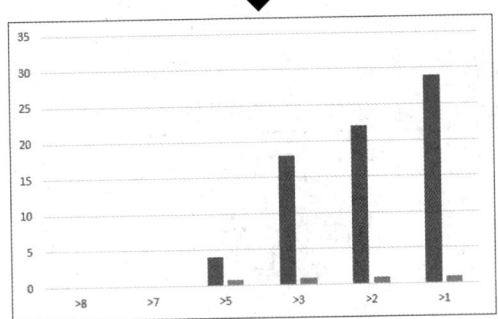

第16步 用类似的方法，根据定义的名称创建动态饼图，如下图所示。

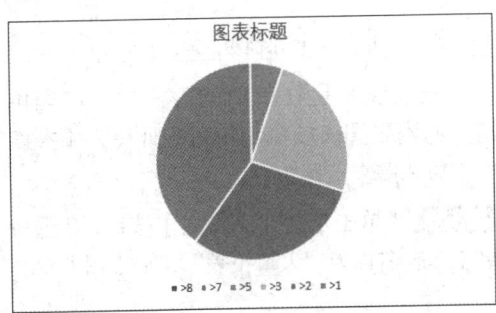

温馨提示

在饼图中，系列值由QX名称作为数据，坐标轴参数由XM名称作为参数，如下图所示。

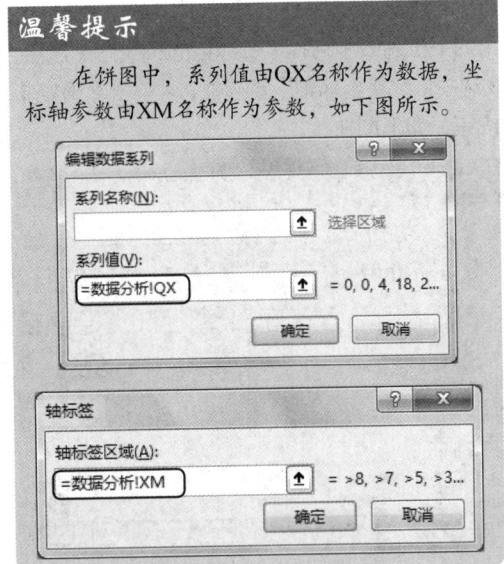

12.5.5 完善图表

直接创建的图表，不能完全满足分析人事数据的目的，需要进行数据系列类型的更改和数据标签的添加等，具体操作步骤如下。

第1步 在图表中选择【累计占比】数据系列并在其上右击，在弹出的快捷菜单中选择【更改系列图表类型】命令，如下图所示。

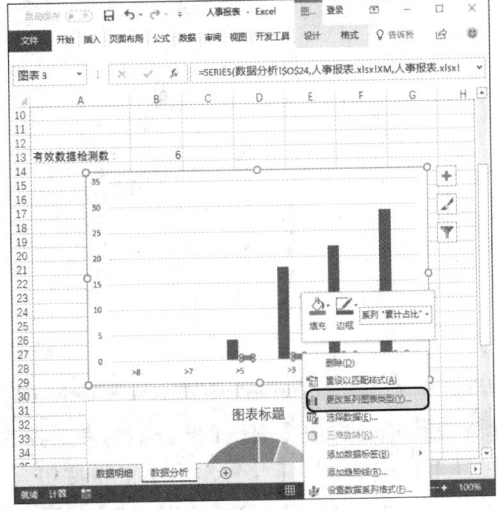

第2步 打开【更改图表类型】对话框，1 单

| 385 |

击【累计占比】系列右侧的下拉按钮，2 在弹出的下拉列表中选择【带标记的折线图】选项，3 选中【次要坐标轴】复选框，4 单击【确定】按钮，如下图所示。

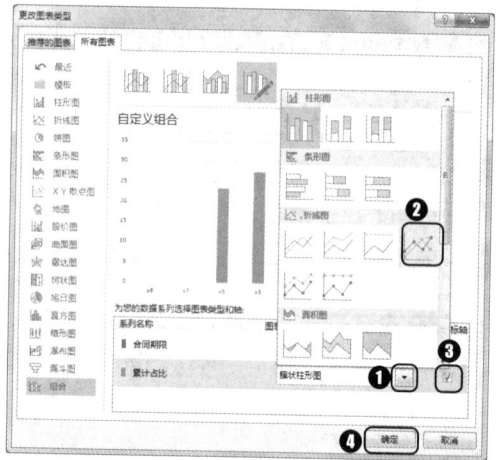

第3步 选择整个图表，1 单击出现的【添加元素】按钮，2 在弹出的列表中选择【数据标签】选项（系统会自动选中【数据标签】复选框），统一为图表中的两个数据系列添加数据标签，如下图所示。

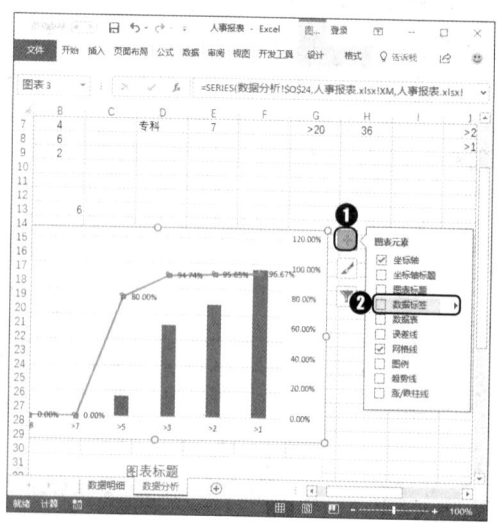

第4步 选择饼图图表，1 单击【图表工具/设计】选项卡中的【快速布局】下拉按钮，2 在弹出的下拉列表中选择【布局1】选项，如下图所示。

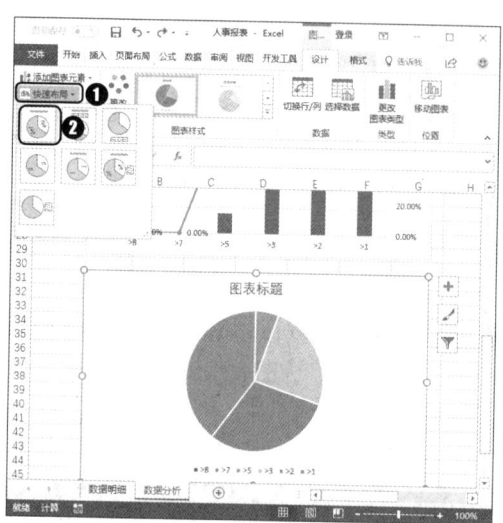

第5步 1 在饼图中将图表标题更改为"现有人力资源分布图"，2 在【图表样式】列表框中选择【样式5】选项，如下图所示。

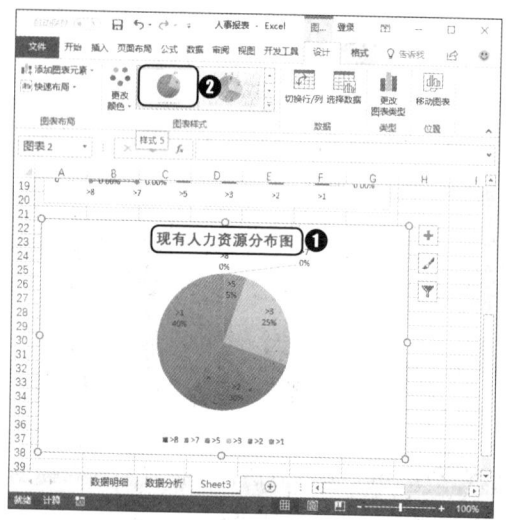

12.5.6 制作报表输出

报表通常是在单独的表格中，这里也需要将两张图表放置到特有的现有人事报表中，具体操作步骤如下。

第1步 1 单击【新建工作表】按钮，2 重命名工作表名称为"人事报表"，如下图所示。

第12章
人事信息数据统计分析

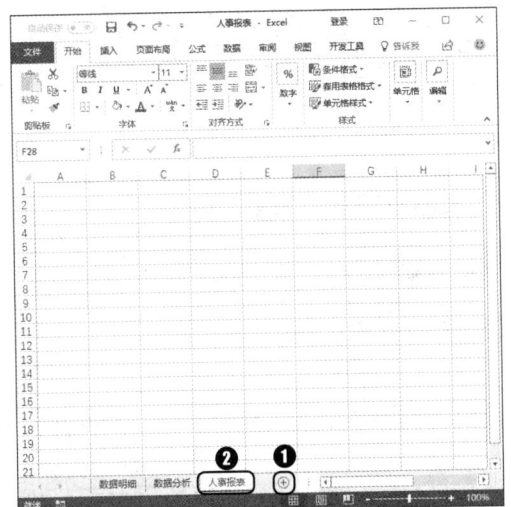

第2步 按住【Shift】键分别单击两张图表将其选择，按【Ctrl+C】组合键复制，如下图所示。

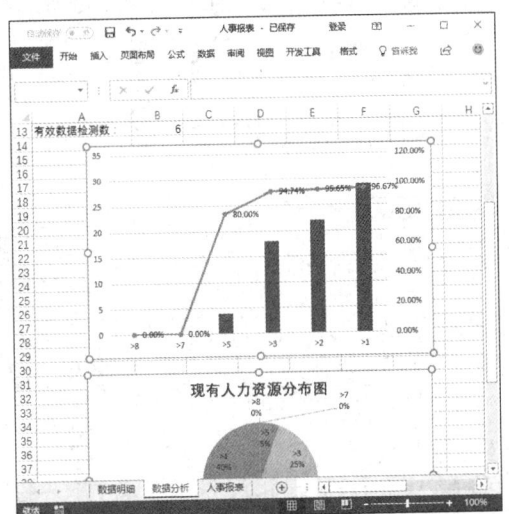

第3步 1单击【人事报表】工作表标签，2选择B2单元格，如下图所示。

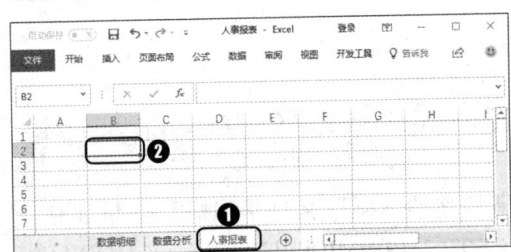

第4步 按【Ctrl+V】组合键粘贴复制的两张图表，对调两张图表的上下位置，如下图所示。

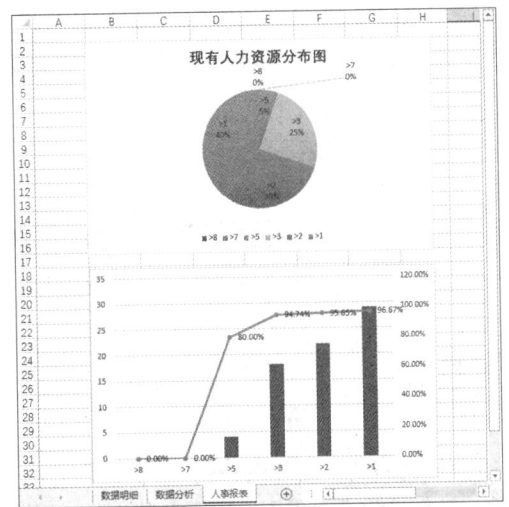

第5步 1切换到"数据分析"工作表中，2按【Shift】键，依次在单选按钮控件上右击，将它们选中，按【Ctrl+C】组合键复制，如下图所示。

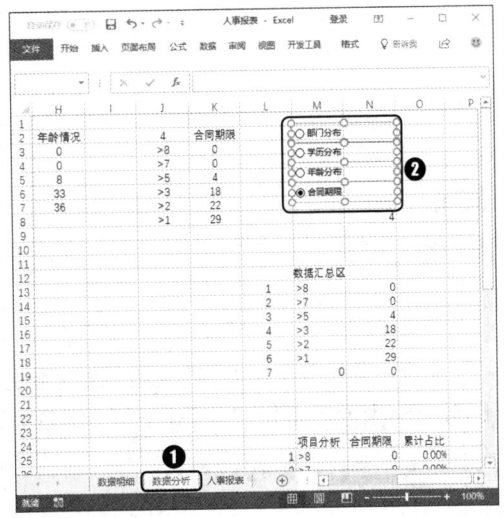

第6步 1切换到"人事报表"工作表中，选择H2单元格，按【Ctrl+V】组合键粘贴在图表的右侧，并在任一单选按钮上右击，2在弹出的快捷菜单中选择【设置控件格式】命令，如下图所示。

| 387

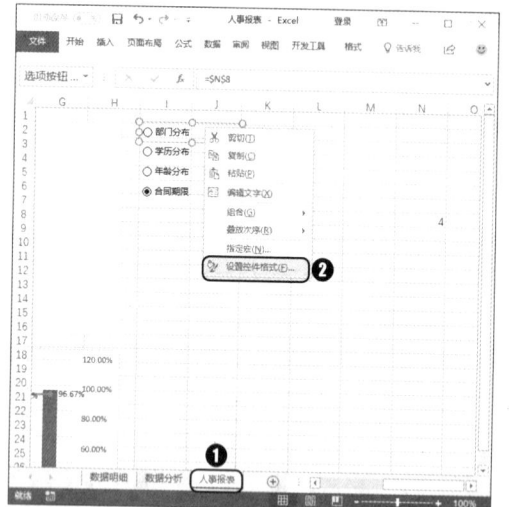
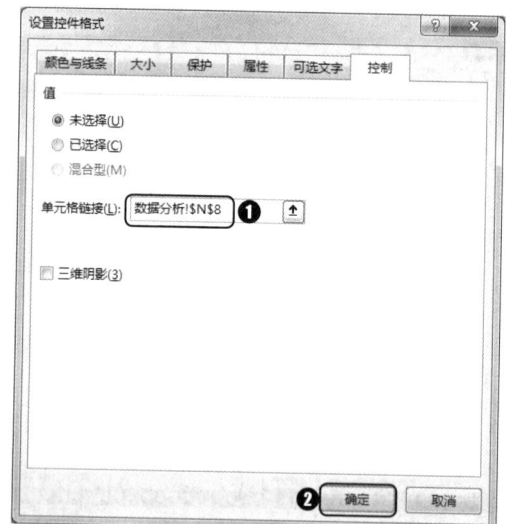

第7步 打开【设置控件格式】对话框，1 在【控制】选项卡中设置【单元格链接】为【数据分析!$N$8】，2 单击【确定】按钮，如下图所示。

第8步 分别将"数据分析""数据明细"工作表隐藏，完成整个报表的制作，如下图所示。

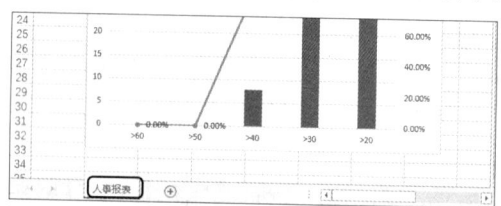

大神支招

本章主要是围绕人事信息数据的处理和分析，掌握公司现有人员的结构现状，为人力资源工作的开展和优化提供数据支撑。下面结合本章所用到的知识，向HR分享几个实用技巧。

01：身份证中的升位计算

📀 视频文件：下载\视频文件\第12章\01.mp4

在人事信息表中若发现仍有15位数的身份证号，HR可以通过计算将其升级为18位，具体操作步骤如下。

第1步 打开"下载\素材文件\第12章\简易档案表.xlsx"文件，1 选择 K2 单元格，2 在编辑栏中输入函数"=IF(LEN(F2)=15, REPLACE(F2,7,,19)&MID("10X98765432",MOD(SUM(MID(REPLACE(F2,7,,19),ROW(INDIRECT("1:17")),1)*2^(18-ROW(INDIRECT("1:17")))),11)+1,1),

F2)"，按【Ctrl+Enter】组合键确认，对身份证号码位数进行判定升级，如下图所示。

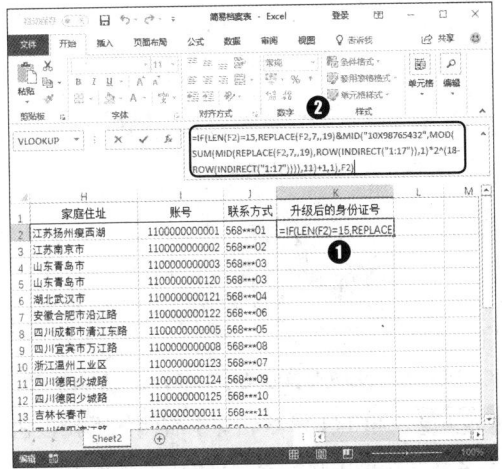

第2步 使用填充柄填充函数到数据末行，系统自动根据F2中的身份证号判定是否为18位，将15位数的身份证号根据计算自动填补3位数，升级为18位，如下图所示。

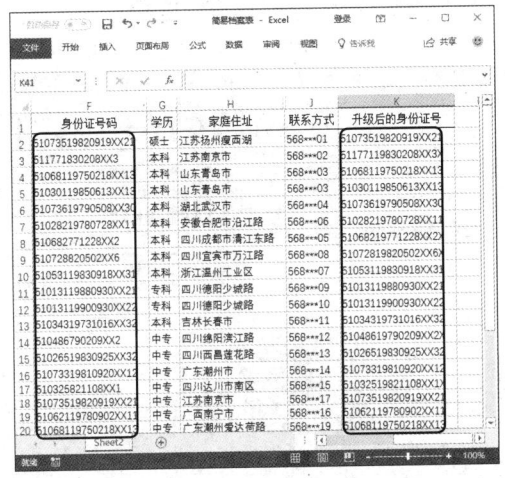

02：动态图表名称

📹 视频文件：下载\视频文件\第12章\02.mp4

默认情况下，图表名称都是静态的，除了自己手动进行更改外，不会发生变化。对于一些动态图表，有时候需要让图表标题随着数据源的变化自动变化，形成动态图表标题。例如，下面在图表标题中动态显示当前选择的部门名称，与图表中的部分标题构成完整的图表标题，具体操作步骤如下。

第1步 打开"下载\素材文件\第12章\人事信息表3.xlsx"文件，切换到"统计表"工作表中，单击【插入】选项卡中的【文本框】按钮，如下图所示。

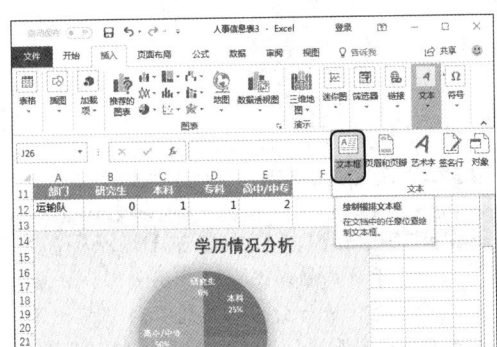

第2步 在表格中的任一位置绘制文本框，如下图所示。

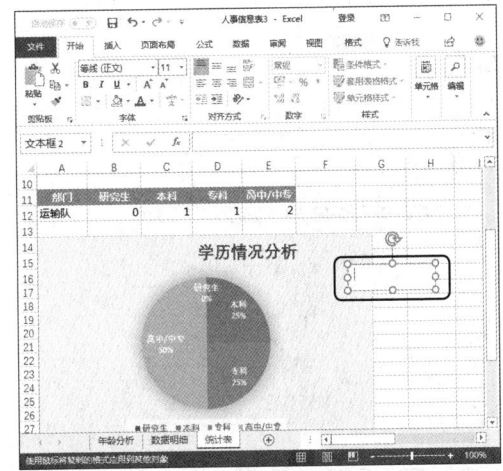

第3步 选择整个文本框，在编辑栏中输入要引用单元格内容的公式，按【Ctrl+Enter】组合键，如下图所示。

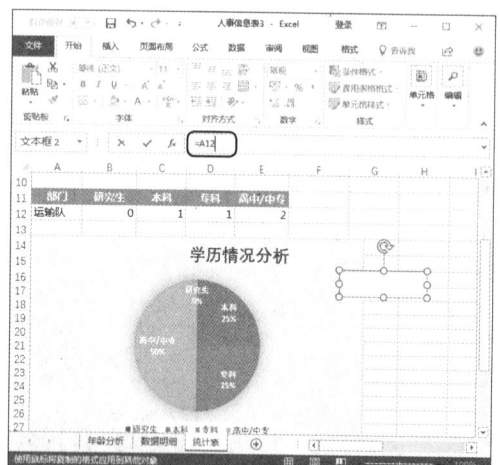

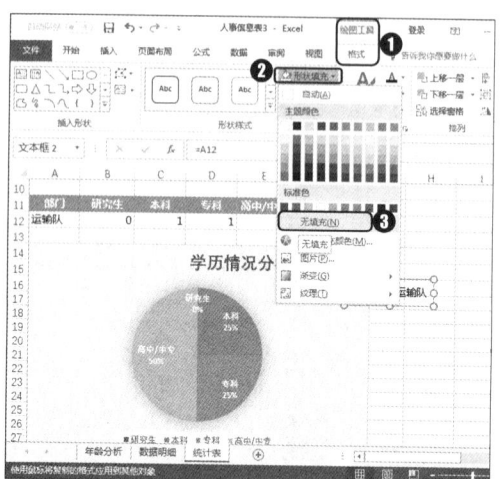

温馨提示

借助于文本框动态引用数据内容，一般都是对单元格进行引用，不能对组合框控件中的内容进行引用，大家必须明白这点。

第4步 保持文本框的选择状态，单击【垂直居中】和【居中】按钮，如下图所示。

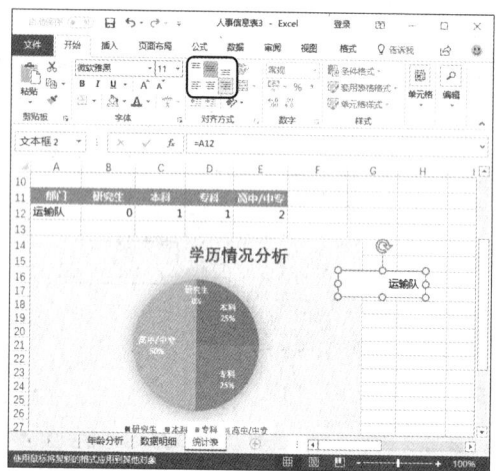

第5步 1选择【绘图工具/格式】选项卡，2单击【形状填充】右侧的下拉按钮，3在弹出的下拉列表中选择【无填充】选项，取消文本框的底纹填充颜色使其透明，如下图所示。

第6步 1单击【形状轮廓】右侧的下拉按钮，2在弹出的下拉列表中选择【无轮廓】选项，去除文本框轮廓边框线条，如下图所示。

温馨提示

去除文本框填充底纹和轮廓线条，都是为了让其与图表融为一体而做准备。

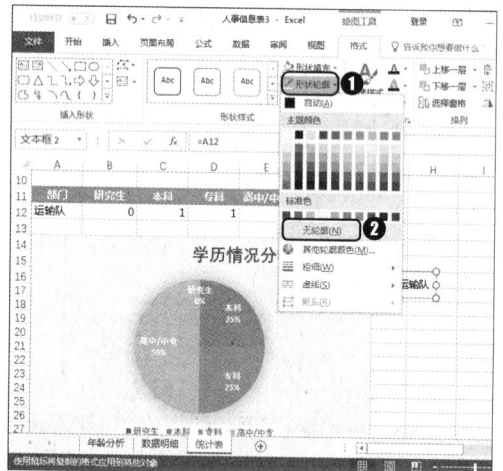

第7步 设置文本框中的内容字体颜色、字体、字号等字体格式，要与图表标题的字体格式完全一样，保证文本框与图表标题的协调性，如下图所示。

第12章

人事信息数据统计分析

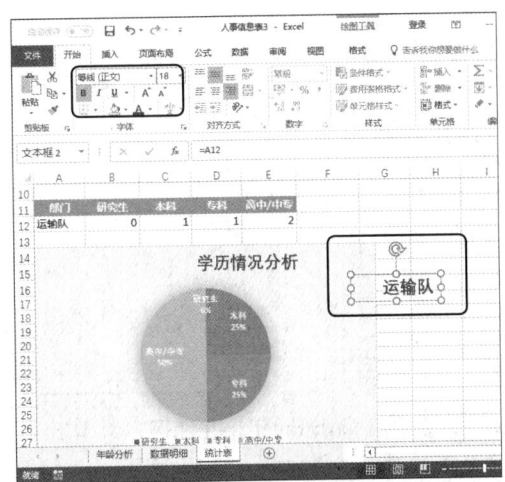

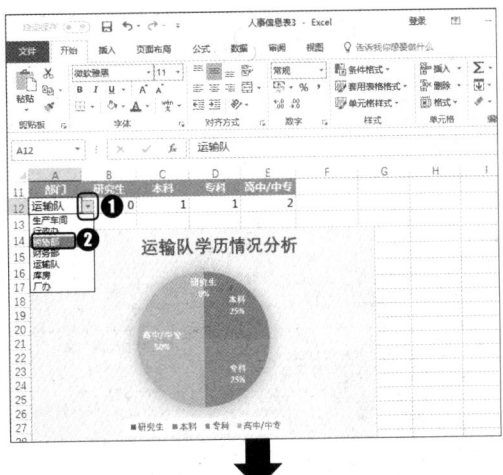

教您一招

强调文本框内容

若是要强调文本框中的内容,可将其设置成显眼的颜色,如红色、绿色等。

第8步 将文本框移到图表标题的合适位置,拼凑成一个整体标题,如下图所示。

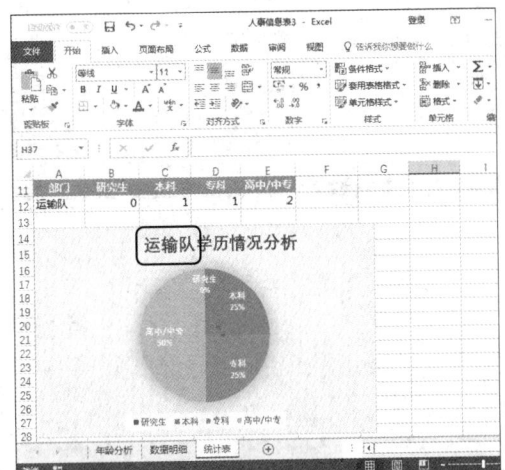

第9步 1选择A12单元格,单击右侧出现的下拉按钮,2在弹出的下拉列表中选择相应的部门,图表标题名称会随之发生变化,如下图所示。

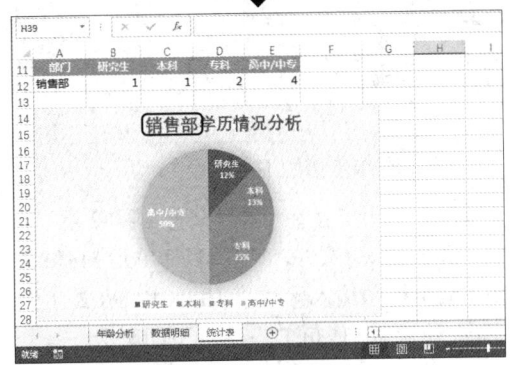

03:数据横向查找其实也很方便

视频文件:下载\视频文件\第12章\03.mp4

大家常用到查找函数,通常会将VLOOKUP函数列在首位(按列查找),其实很多时候按行查找的HLOOKUP函数也很重要,查找数据也非常简便,甚至在一定程度上便于VLOOKUP。

如下图所示,根据员工班次来决定其工资数据,而班次工资又有明确的规定。

391

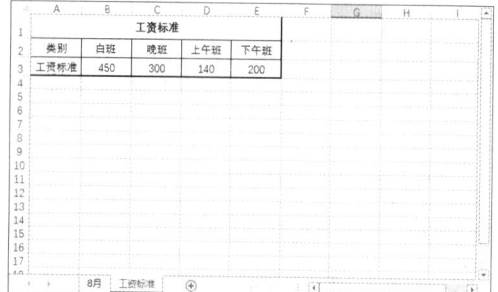

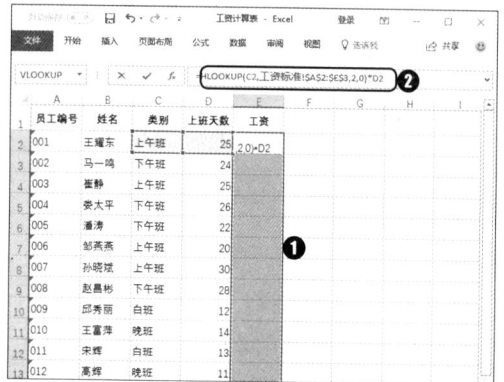

第2步 按【Ctrl+Enter】组合键,计算出各个员工的对应工资数据,如下图所示。

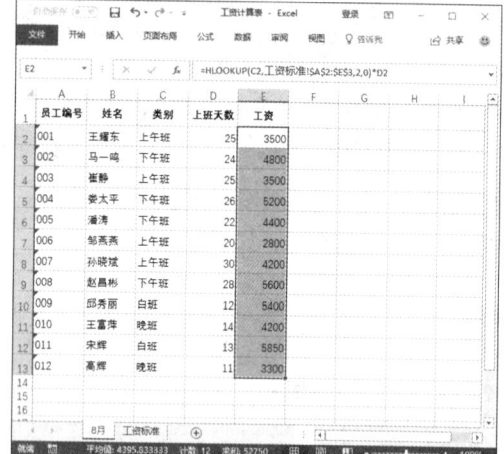

具体操作步骤如下。

第1步 打开"下载\素材文件\第12章\工资计算表.xlsx"文件,❶选择目标单元格区域,❷在编辑栏中输入函数"=HLOOKUP(C2,工资标准!\$A\$2:\$E\$3,2,0)*D2",如下图所示。

附录 索引

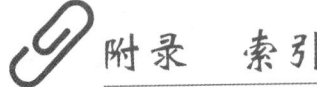

1. 工作簿和工作表的基本操作

操作工作簿
　　保护工作簿 ··· 8
　　共享工作簿 ··· 164
　　设置自动保存 ·· 57
　　设置工作簿的权限 ·· 54

操作工作表
　　隐藏工作表 ··· 6
　　保护工作表 ··· 7
　　移动或复制工作表 ·· 178
　　突出显示修订 ·· 185
　　打印工作表 ··· 297
　　打印指定区域 ·· 42
　　设置允许用户编辑的区域 ·· 268

页面设置
　　添加页脚 ·· 219
　　设置纸张方向 ·· 228
　　设置页边距 ··· 229

2. 数据的录入与编辑

数据录入
　　获取文本文件中的数据 ··· 11
　　获取Access数据 ··· 13
　　填充相同数据 ·· 25
　　填充序列数据 ·· 25
　　行列转置 ·· 26
　　限制重复数据的输入 ·· 28
　　删除重复值 ··· 105
　　限制身份证号码重复输入 ·· 336

单元格格式设置
　　设置文本格式 ·· 152
　　设置单元格格式 ··· 204
　　合并单元格 ··· 158
　　分列 ·· 15

| 393 |

　　　　调整行高和列宽 ·· 161
　　　　精确调整列宽 ·· 21
　　　　自定义数字格式 ·· 30
　　　　添加边框 ·· 113
　　　　绘制边框 ·· 197
　　　　制作斜线表头 ·· 146
　　　　设置数据有效性 ··· 266
　　美化表格
　　　　套用表格样式 ·· 32
　　　　应用数据条条件格式 ··· 33
　　　　应用图标集条件格式 ··· 34
　　　　应用最前/最后规则条件格式 ·· 281

3. 数据计算

　　公式的使用
　　　　定义名称 ·· 381
　　　　公式求值 ·· 76
　　　　错误检查 ·· 77
　　　　追踪引用单元格 ··· 78
　　　　追踪从属单元格 ··· 78
　　逻辑函数
　　　　IF函数 ·· 70
　　　　AND函数 ·· 239
　　　　IFNA函数 ··· 268
　　日期和时间函数
　　　　DATE函数 ·· 136
　　　　TODAY函数 ··· 137
　　　　YEAR函数 ·· 339
　　查找与引用函数
　　　　VLOOKUP函数 ··· 72
　　　　HLOOKUP函数 ··· 391
　　　　CHOOSE函数 ··· 277
　　　　INDEX函数 ··· 73
　　数学和三角函数
　　　　SUM函数 ··· 66
　　　　AVERAGE函数 ··· 66
　　　　SUMIF函数 ·· 173
　　　　SUMPRODUCT函数 ·· 130

统计函数
　　COUNTBLANK函数 ··· 64
　　COUNTA函数 ··· 63
　　MAX函数 ·· 67
　　MIN函数 ··· 68
　　COUNTIF函数 ·· 68
　　COUNTIFS函数 ·· 345
　　RANK.EQ函数 ··· 267

4. 数据分析

数据排序
　　简单排序 ·· 34
　　按行排序 ·· 38
　　自定义排序 ··· 301

数据筛选和分类汇总
　　自动筛选 ·· 35
　　高级筛选 ·· 254
　　创建分类汇总 ·· 178
　　取消分级显示 ·· 331

分析工具的使用
　　预测工作表 ·· 259
　　规划求解 ·· 132
　　移动平均 ·· 118

5. 使用图表和数据透视表/图分析

Excel图表
　　推荐的图表 ·· 36
　　创建图表 ·· 82
　　饼图 ··· 114
　　折线图 ··· 123
　　面积图 ··· 127
　　组合图 ··· 322
　　更改图表类型 ·· 83
　　设置数据系列类型 ··· 84
　　添加数据标签 ·· 85
　　添加趋势线 ·· 86
　　应用图表样式 ·· 87
　　快速布局 ·· 88

| 395

移动图表 ··· 250
　　创建动态图表 ··· 382
　　迷你图 ·· 101

数据透视表和数据透视图
　　推荐的数据透视表 ·· 37
　　创建数据透视表 ·· 89
　　添加字段 ·· 90
　　数据透视表布局 ·· 91
　　应用数据透视表样式 ···································· 92
　　创建数据透视图 ·· 95
　　筛选数据透视图 ·· 97
　　插入切片器 ·· 98

6. 图形对象的使用

形状和SmartArt对象
　　绘制形状 ·· 150
　　设置形状样式 ··· 153
　　调整形状大小和位置 ··································· 154
　　插入SmartArt图形 ······································ 231
　　更改SmartArt布局 ······································ 232
　　美化SmartArt图形 ······································ 234
　　将图片转换为SmartArt图形 ······················ 249

其他图形对象
　　插入符号 ·· 195
　　插入文本框 ·· 128
　　插入艺术字 ·· 235
　　插入图片 ·· 359
　　删除图片背景 ··· 360

7. 控件

　　插入控件 ·· 198
　　设置控件对齐 ··· 199
　　ActiveX 控件的使用 ···································· 216
　　设置控件属性 ··· 217
　　设置控件格式 ··· 218